인간 행위와 사회 구조

인간 행위와 사회구조

• 함인희 지음 •

이화여자대학교출판문화원

머리말

이 책은 동명의 K-MOOC 강의 교재로 개발되었다.[1] 2015년 가을 한국에서 최초로 시연된 23개 무크 강좌 중 만족도에서 4위에 올랐고,[2] 2,500여 명의 수강생이 접속했던 〈인간 행위와 사회 구조〉는 미시적 일상생활에서부터 거시적 환경에 이르기까지 사회학의 핵심이라 할 14개 주제를 포함하고 있다. 보다 구체적으로는 일상생활과 의사소통에 담긴 의미, 사회화 과정, 생애주기 및 고령화, 현대 사회의 성과 사랑, 가족과 친밀성, 섹슈얼리티의 이해 등 미시적 세계를 다루는 주제에서부터 관료제를 위시한 사회 조직, 일의 세계, 교육 제도의 두 얼굴 등 현대인의 삶과 밀착된 주제를 거쳐, 계급 및 계층으로 대표되는 사회 불평등, 범죄와 일탈, 대중 매체의 세계, 도시적 삶의 의미, 그리고 글로벌하게 영향을 미치는 환경과 위험의 거시적 이슈까지 다루고 있다.

이 책은 영국의 사회학자 앤서니 기든스Anthony Giddens의 역작 『현대사회학Sociology』[3]을 참고하되, 사회학적 개념을 설명하는 과정에서 서구 사례가 중심이 되고 있음을 보완하기 위해 한국적 상황과 사례를 풍성하게 제시했다. 일례로 시카고학파의 도시생태학 이론은 미국의 대도시 시카고의 발달 과정을 이론화한 것으로는 손색이 없지만, 한국의 수도 서울의 팽창 및 발전 과정을 설명하는 데는 분명 한계가 있다. 이에 이 책에서는 한국 사회 특유의 교육열 및 정부 주도하의 개발 전략 등에 주목하여 기존의 서구 중심적 설명 방식을 보완하고자 했다.

〈인간 행위와 사회 구조〉는 동영상 강의가 이미 개발되어 있는 만큼 앞으로 온라인 강의와 오프라인 교재를 동시에 활용하여, 새로운 강의법으로 부상 중인 플립트 러닝flipped learning 및 블랜디드 러닝blended learning을 시도할 수 있을 것으로 기대된다. K-MOOC 동영상 강의는 팔짱을 끼고 안락의자에 등을 기댄 채 편안하게 들을 수 있는 강의라기보다는, 몸을 앞으로 숙인 채 내용에 집중하며 진지하게 관심을 기울여야만 개념을 보다 명료하게 이해할 수 있고 사회를 바라보는 자신의 관점을 만들어갈 수 있는 강의의 성격을 지닌다. 이러한 강의의 특징은 4차 산업혁명 시대 교실에서 연마해야 하는 능력을 키우는 데 실질적인 도움을 제공할 것이다. 유럽의 고등 교육 전문가들은 향후 네 가지 'C'로 시작하는 역량을 교실에서 키워야 함을 주장한 바 있다. 4C는 소통communication, 협력cooperation, 창의력creativity, 그리고 비판적 사고력critical thinking을 칭하는 바, 이 강의는 창의력을 키우고 비판적 사고력을 훈련하는 데 든든한 동반자가 될 것으로 확신한다.

K-MOOC 〈인간 행위와 사회 구조〉는 대학 강의는 물론이요 다양한 사회 교육 및 인문학 강좌 등에서 폭넓게 활용될 수 있을 것이다. 이제 대학 교육은 20대 초반의 전유물을 넘어 생애주기 전반에 걸쳐 모두가 향유할 수 있게 되었고, 강의실도 사이버 공간의 확장에 힘입어 무한대로 확대되고 있다. K-MOOC 〈인간 행위와 사회 구조〉 강의에는 고등학생부터 70대 은퇴자까지 다양한 연령층이 참여하고 있고, 아시아·유럽·미주는 물론 아프리카 지역에서도 접속하고 있다. 현대인의 삶에서 중요한 의미를 갖는 14개 주제 각각에 대해 이해의 폭을 넓히고 분석의 깊이를 더하기 위해, 이 책은 읽을거리와 볼거리 그리고 생각할거리를 제시하고 있다. K-MOOC 게시판에 올라온 글 또한 다른 사람의 생각과 자신의 생각을 소통하며 강의의 맛을 더하는 데 일조하리라 생각한다.

이 책은 첫째, 변화하는 세계에 초점을 맞출 것이다. 학문으로서의 사회학은 19세기 말-20세기 초 유럽 사회를 배경으로 근대화, 산업화, 도시화의 소용돌이 속에서 새로운 사회 질서의 부상 과정을 이해하고 해석하기 위해 태동했다. 정보 사회 또한 산업혁명에 버금가는 획기적 변화를 겪고 있는 만큼, 변화의 본질과 방향을 포착하고자 하는 사회학적 패러다임은 깊은 통찰력을 선사해줄 것이다. 일례로 오프라인에서 실현하는 '나'의 모습과 온라인에서 시연하는 '나'의 모습 사이에 간극이 있을 수 있다는 점, 오프라인에서는 내성적 성격의 소유자가 사이버 공간에서는 다분히 공격적이고 적극적인 성향을 보인다는 점, 현대인은 희생과 헌신을 요구하는 몰입적 관계보다는 자신이 원할 때 들어갔다가 원치 않으면 부담 없이 빠져나올 있는 네트워크를 선호하는 경향이 있다는 점 등은 사회학적 통찰력에 힘입어 주목받기 시작한 현상이라 하겠다.

둘째, 사회 세계의 글로벌화에 주목할 것이다. 초기 글로벌화는 국경을 넘어 자유롭게 움직이는 자본의 이동이 주를 이루었다면, 오늘날은 사람의 이동, 곧 이주가 세계화의 주류를 이루고 있다. 한국 사회도 외국인 노동자, 결혼 이주 여성, 외국인 유학생 등의 사례에서 볼 수 있듯이 이주의 세계화에 적극 편입되고 있다. 글로벌화가 가속화되는 과정에서 심화되고 있는 선진 산업국과 개발도상국 간 의존성도 주목할 만하다.

셋째, 비교(사회학)적 관점 및 문화인류학적 관점을 통해 사회·문화 간 다양성을 폭넓게 이해하는 데 초점을 맞출 것이다. 흔히 '한국적'이라는 표현을 사용하지만 과연 무엇이 한국적인가는 여전히 모호하다. 우선은 타 문화권에서는 나타나지 않지만 한국에서만 고유하게 나타나는 현상을 생각해볼 수 있다. 외국인이 한국에서 가장 먼저 배우는 말이 '빨리빨리'라는 우스갯소리가 있다. 자판기에 동전을 넣는 순간 종이컵을 꺼내기 위해 손을 넣는 사람들은 한국 사람뿐이라는 농담도 들려온다. 한국의 정보 사회 진입이 빠르고 유연하게 추진된 배경에는 한국인의 '빨리빨리' 기질이 있었을 것이다.[4] 반면 명절 때마다 반복적으로 이루어지는 '민족의 대이동'은 과연 한국적 현상일까 의구심이 든다. 이는 한국만의 독특한 현상이라기보다는 부계 혈연제도가 발달된 곳에서 공통적으로 발견되는 현상인 듯하다. 중국에서도 시댁이나 친가를 향한 이동이 대규모로 진행됨은 널리 알려진 사실이다. 반면 부계와 모계를 동일시하는 양계제 사회에서는 어느 한편을 향한 대이동 현상은 나타나지 않는다.

넷째, 사회 현상 및 개념에 담긴 역사성에 주목할 것이다. 사회학의 핵심 개념이라 할 '사회'는 추상성이 높은 낯선 개념이다. 사회학적 개념 다수가 일본어 번역을 통해 한국에 소개되는 과정에서, 사회는 영어의 '연합체association'를 번역한 것이라는 의견이 있다. 일본에서도 사회라는 개념이 낯설었던 나머지, 일본 사회에서 발달해온 직업 집단이 서구식 사회 개념과 가장 유사하다는 추론하에 그렇게 번역했으리라는 것이다. 가족 및 친족도 아니요 국가도 아닌 제3의 영역으로서의 사회가 등장한 것은 서구에서도 신분 사회가 붕괴되고 시민 사회가 대두되면서부터의 일이다. 그런 점에서 사회란 그 자체로 근대적 개념이요, 사회에 대한 인식 또한 각 문화권별로 이질적 특성을 보이고 있음에 주목해야 할 것이다.

참정권 및 투표권의 역사를 생각해보는 것도 도움이 될 것이다. 서구에서는 1인 1표를 행사할 권리를 얻기 위해 200여 년에 걸친 투쟁을 했다.[5] 반면, 한국에서는 해방 이후 미군정기에 참정권이 '주어졌다'. 1945년을 전후한 시기 한국의 문맹률은 77.8%에 이르렀고, 투표 경험이 전무全無했던 상황에서 '투표하면 막걸리 대접하고 고무신 주던' 관행이 한국식 선거 문화의 역사적 배경이 된 셈이다. 참정권 및 투표권이 한국 사회에서 가진 의미를 역사적 맥락에서 조망해보면, 오늘의 후진적 선거 문화를 보다 선명하게 이해할 수 있을 것이다.

다섯째, 젠더 불평등을 향해 민감한 시선을 견지할 것이다. 사회 현상을 이해하고 분석할 때 기존의 데이터에 단순히 여성을 첨언 내지 부가하는 것이 아니라, 젠더 시각에서 기존의 사회 현상 및 개념을 재구성하거나 재구조화하는 노력을 기울일 것이다. 1976년 페미니스트 역사학자 조앤 켈리Joan Kelly가 발표한 논문 「여성에게도 르네상스가 있었는가?Did Women Have a

Renaissance?」는 광범위한 독자들에게 깊은 인상을 남겼다.[6] 서구 역사에서 르네상스 시기는 문예부흥기 혹은 인간의 존엄성에 눈뜨기 시작한 시기로 이해되고 있지만, 여성의 눈으로 당시의 역사를 해석해보면 인간은 곧 백인 남성만을 제한적으로 의미했다. 당시 여성은 인간으로서의 존엄성을 인정받지 못한데다 열등하고 열악한 지위에 머물러 있었던 만큼, 이 시기를 르네상스로 명명한 것을 폐기하고 역사의 시기 구분을 재조정해야 한다는 것이 켈리의 주장이었다. 사회학계의 고전적 사례로는 계층 이동 연구 시, 엄마와 딸은 배제한 채 아버지와 아들만을 대상으로 해온 관행을 들 수 있다.[7] 엄마와 딸은 노동시장 내에서 독립적 지위를 갖고 있지 않았기 때문이라는 변명이 이어졌지만, 계층 및 계급 연구의 분석 단위는 가족이요, 가족을 남성 가장의 사회적 지위와 동일시해오는 과정에서 여성의 계층적 지위가 이론 구성에서 배제된 결과라 할 수 있다. 따라서 노동시장 내 여성의 계층적 지위를 고려하여 계급 및 계층 연구 시 젠더를 통합하는 노력이 요구된다 하겠다.

마지막으로 이 책은 미시적 삶과 거시적 구조의 유기적 연계에 주목할 것이다. 미시적 수준에서 이루어지는 상호작용 유형이 거시적 수준의 조직 문화에 미치는 영향에 주목함은 물론, 거시적 수준의 문화가 미시적 일상생활에 미치는 영향에도 관심을 기울일 것이다.

사회학적 관점은 도그마나 편견 혹은 고정관념에 도전하는 동시에, 문화적 다양성에 대한 포용력을 확대하고 사회 제도의 작동 방식에 대한 통찰력을 높이고자 하는 특징을 갖는다. 이를 통해 개인의 자유 및 자율성이 확대되고 잠재력 또한 발현될 수 있음을 믿기 때문이다.

2018년 봄

함인희

차례

chapter 01

사회학적 상상력

1. 사회학적 상상력

커피 이야기

인간의 사회적 삶과 집단 및 사회에 대해 탐구하는 사회학은 사회적 존재인 우리 자신을 연구 대상으로 삼는 멋진 학문이라는 평가가 있다. 사회학에 남다른 호기심을 느끼기 시작했다면 '사회학적 상상력sociological imagination'이란 무엇인가에 관심을 가져봄 직하다.

사회학적 상상력 개념은 미국의 사회학자 밀즈C. Wright Mills에 의해 주창되었다. 밀즈는 미국 사회학계 내에서 독특한 위상을 차지하고 있는 학자다.[1] 미국 사회가 전후戰後 번영을 구가하던 1950-60년대 초반, 대다수 학자들이 보수 지향의 이론을 펴는 상황에서 밀즈는 미국 사회를 향해 통렬한 비판을 제기한 바 있다. 그 공을 인정받아 학계는 현대 사회에 대한 날카로운 비판 및 깊은 통찰력을 제공한 학자들에게 C. 라이트 밀즈 상을 수여하고 있다.

밀즈가 주창한 사회학적 상상력의 첫 번째 특징은 지금까지 당연시해왔던 현상에 물음표를 제기하는 것이다.[2] 영어 표현 'take for granted'는 '당연하게 생각하다', '자연스럽게 받아들이다'로 해석되는데, 이에 물음표를 찍어보자는 것이다. 당연시해온 현상을 새롭게 바라볼 것을 제안하는 사회학은 '가족이란 매우 자연스러운 제도이다', '사회적 불평등은 필연적으로 존재할 수밖에 없다' 등의 통념에 물음표를 제기하곤 한다. 왜냐하면 우리가 당연시해온 현상 다수가 실상은 역사적 조건 및 사회 구조적 힘에 의해 계속 영향을 받고 있기 때문이다.

그렇다면 커피를 주제로 사회학적 상상력의 날개를 펼쳐보기로 하자. '모닝커피'라는 표현도 있듯이 커피는 아침의 시작을 의미하곤 한다. 더욱 중요한 건 커피를 혼자 음미하는 경우도 있지만 대부분은 누군가와 함께 마신다는 사실이다. 커피를 함께 마실 수 있는 사이는 특별한 관계임이 분명하다. 공식적 자리에서 커피를 마실 때도 있지만, "우리 커피 한잔하러 갈까요?" 제안할 수 있는 상대는 분명 우리 삶에서 '의미 있는 타자'일 것이다. 대부분의 사회에서 먹고 마시는 행위는 기본적인 사회적 상호작용의 토대가 된다는 점에서, 커피는 무심코 스쳐 지나갈 수

만은 없는 매력적 소통 매체임을 알 수 있다.

커피를 통해 문화적 다양성의 실체를 만나볼 수도 있다. 커피에는 두뇌를 자극하는 카페인이 함유되어 있는데, 카페인에는 일종의 마약 성분이 포함되어 있다. 바로 이 성분 때문에 커피는 중독성을 갖는다. 한데 흥미로운 사실은 문화권에 따라 무엇을 허용하고 불허하느냐가 달라진다는 것이다. 이슬람 문화권에서는 마리화나류의 가벼운 마약은 허용되지만, 알코올은 절대 금지 품목이다.

모닝커피를 마시는 순간 우리의 의식과 무관하게, 전 세계를 하나로 연결시키는 복잡다기한 사회 경제적 관계망 속으로 편입됨을 상기할 수 있음은 사회학적 상상력 덕분이다. 커피는 대체로 가난한 나라에서 생산되고 부유한 나라에서 소비

읽을거리

마빈 해리스, 『문화의 수수께끼』(2017)

마빈 해리스는 마르크시스트 문화인류학자로, 모든 문화 현상에는 경제적·물질적 근거가 자리하고 있다고 주장한다. 인도에서 소를 신성시하고 숭배하는 이유는 인도 경제를 유지하는 데 소가 필수 불가결한 요소이기 때문이라 해석한다. 만일 인도에서 소를 쉽게 잡아먹게 되면 인도 경제는 크나큰 어려움을 겪게 되리라는 것이다. 인도에서 소는 농촌의 주 노동력이요, 소의 배설물은 농가에 필수적인 땔감을 제공해준다. 심지어 죽은 소의 고기는 불가촉천민인 달리트에게 제공된다. 인도인들 다수는 채식주의자지만 최하위층 카스트인 달리트에게는 소고기가 단백질 공급원이 되고 있는 것이다. 이슬람 문화권에서 돼지를 불경스러운 동물로 생각하는 이유에도 물질적 기반이 자리하고 있다. 돼지는 건조한 기후에서는 생육이 불가능한 동물이다. 온도가 높은 곳에서는 고기가 더 쉽게 부패된다. 사막이 넓게 자리한 아랍 지역에서 양고기를 대신하여 연하고 부드러운 돼지고기 맛에 익숙해지는 것을 미연에 방지하기 위해, 돼지를 불경스러운 동물로 간주하기 시작했다는 것이 마빈 해리스의 해석이다.

문화유물론적 관점에 입각한 문화 해석은 상징을 상징 자체로 이해해야 하는 경우 적절한 해석을 하지 못한다는 비판을 받기도 한다. 일례로 한국에서는 팥죽 혹은 복숭아가 귀신 쫓는 기능을 하는 것으로 인식되는데, 이 경우 물적 토대를 찾기는 쉽지 않다는 것이다. 그럼에도 유물론적 시각에서 문화 현상을 해석하는 작업은 흥미진진하다.

된다. 커피를 매개로 가난한 나라의 생산자와 부유한 나라의 소비자가 연결되는 것이다. 블루마운틴, 자메이카, 케냐, 에티오피아 등 커피 이름은 남미와 아프리카의 생산지를 지칭한다. 남미와 아프리카에서 생산된 커피는 복잡하고 치밀한 유통·운송·배분 과정을 거쳐 최종적으로는 부유한 나라에서 소비된다.

커피 거래 사슬을 통해 부자 나라의 소비자와 가난한 나라의 생산자가 하나로 연결된다는 사실 속에는 커피가 현대인들의 기호식품이 된 배경에 자리한 식민 지배의 역사가 투영되어 있다. 현재 부자 나라들이 과거엔 식민 모국이었고, 남미와 아프리카의 가난한 나라들이 식민 지배를 받았다는 사실이 커피의 역사에 담겨 있는 것이다. 커피가 대량 소비되기 시작한 시기는 영국이 인도를 식민지화하던 1800년대로 추정된다. 이 시기 인도의 차茶가 유럽으로 소개되었고, 바나나, 감자, 설탕 등이 유럽에서 소비되기 시작했다. 커피가 대량으로 소비되기 시작한 시점이 서구가 식민지를 팽창해가는 시점과 일치한다는 사실은 주목할 만하다.

제목부터 흥미를 유발하는 책 『고종, 스타벅스에 가다』에 따르면[3] 한국에 커피가 처음 유입된 것은 러시아 혹은 일본을 통해서일 것으로 추측되고 있다. 1890년경 고종이 커피를 매우 즐겼다는 기록이 남아 있다고 한다. 커피가 한국의 일반 대중에게 소개된 것은 미군정기 때로 추정되고 있는데, 이 책에는 한 무리의 일꾼들이 커피를 마시는 모습이 담겨 있는 사진 한 장이 등장한다. 양푼에 커피를 가득 담아 달달한 설탕을 섞어 마시면, 맛은 물론이요 커피의 각성 효과로 인해 힘도 났기에 일꾼들이 커피를 즐겼다는 일화가 전해온다고 한다.

상품으로서의 커피는 진화를 거듭해오면서 최근에는 브랜드화 이슈 및 정치화 쟁점을 제기하고 있다. 커피의 브랜드화는 고도 소비 사회 진입과 밀접한 관련이 있고, 고도 소비 사회 진입은 무엇을 어떻게 소비하느냐가 현대인의 정체성과 사회적 지위, 그리고 생활 양식을 상징하게 되었음을 뜻한다.[4] 커피는 큰돈 들이지 않고 최상의 브랜드를 소비할 수 있다는 점에서 매력적인 상품이라는 평가가 있다.[5] 스타벅스, 커피빈 등 기업형 커피 체인을 즐겨 찾는지, 유기농 커피를 구입하는지, 드립 커피를 애용하는지 여부는 개인의 소비 양식을 반영하는 동시에 정체성의 일부를 보여준다.

최근 커피는 정치적 쟁점이 되기도 했다. 스타벅스가 남미 및 아프리카 지역에서 유년 노동을 착취해 커피를 재배하고 있다는 기사가 보도된 이후, 소비자들이

스타벅스 불매운동을 전개한 것이다. 이후 스타벅스는 공정무역을 통해 수입된 커피만을 제공한다고 적극 홍보함으로써 가까스로 위기를 벗어났다. 결국 우리의 일상 속으로 깊이 들어와 있는 한 잔의 커피 속에서 인간관계의 친밀성에서부터 식민 지배의 역사까지 읽어낼 수 있는 것은 사회학적 상상력 덕분이라 하겠다.

개인적 고민으로부터 사회적 이슈로

사회학적 상상력의 두 번째 특징은 개인적 고민personal trouble을 공적 이슈pubic issue로 전환시킬 수 있는 능력이다. 우리는 흔히 살아가는 동안 부딪히는 많은 문제들을 개인의 불행이나 불운으로 여기지만, 실상 개인적 고민의 상당 부분은 사회 구조적 영향에 의한 사회 문제 혹은 공적 이슈의 성격이 강하다.

밀즈는 『사회학적 상상력』에서 개인적 고민이 아니라 사회적 이슈로 보아야 하는 구체적 사례의 하나로 이혼을 들고 있다. 미국에서도 1960년대 이전까지는 이혼을 개인의 고통 및 불행으로 받아들였다. 하지만 1960년대 이후부터 이혼율이 급증하면서 이혼을 바라보는 시선에도 획기적 변화가 진행되었다. (☞ 이혼율 통계의 허상에 대해서는 5장의 '이혼과 별거'를 볼 것) 곧 이혼은 대표적 가족 문제로서 가족 해체의 시각에서 조망되어 왔으나, 최근에는 이혼을 불행한 부부 관계의 해소로 보는 시각이 확산되고 있고, 결혼과 이혼과 재혼을 연속선에서 바라보는 시선이 일반화되고 있다.

한편 이혼율의 증가는 기존의 가족 제도가 결혼을 선택한 사람들의 기대 및 욕구를 더 이상 충족시켜주지 않기 때문에 결혼 및 부부 관계가 해소되는 것이라는 중요한 시사점을 내포하고 있다. 따라서 이혼율 증가 현상은 구조적이고 제도적인 차원에서 가족에 내재한 문제 및 한계를 성찰해보고 해결 방안을 모색할 것을 요구한다고 볼 수 있다.

한국 사회의 뜨거운 이슈인 청년실업도 사회학적 상상력을 통해 개인적 불운이 아닌 사회 구조적 차원의 문제로 인식할 필요가 있다. 왜 나만 취업이 안 되는 것일까, 능력이 없는 탓일까, 운이 따라주지 않기 때문일까, 더 좋은 가정 환경에서 태어나지 못했기 때문이 아닐까 생각하는 경향이 있지만, 청년실업의 증가는 사회

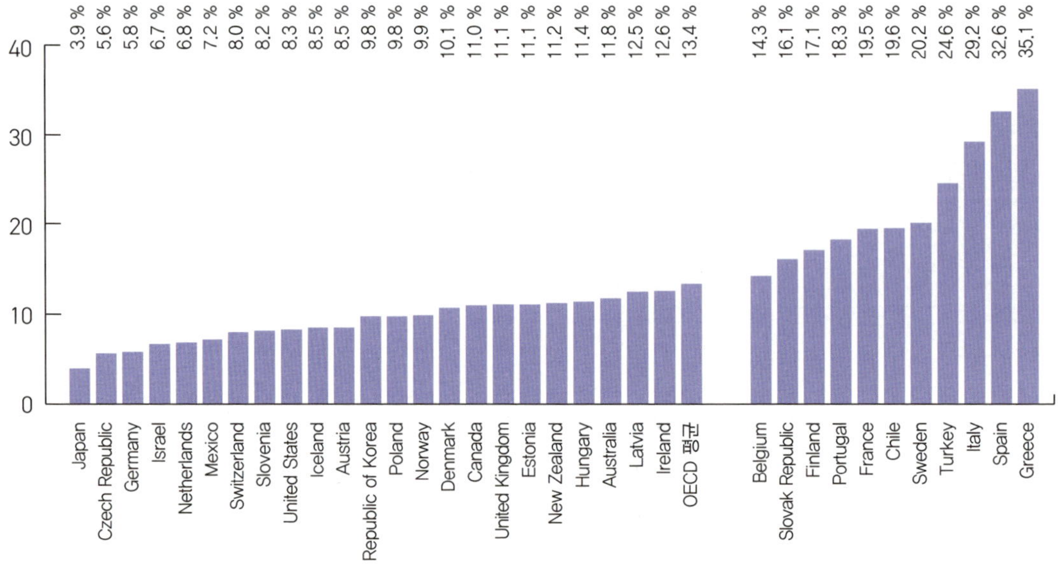

〈그림 1〉 국가별 청년(15–24세) 실업률, 2019

출처: OECD Labour Force Statistics Publication (2021)

구조적 차원의 이슈들과 연결되어 있음은 물론이다.

2019년 OECD 평균 청년실업률은 13.4%를 기록하고 있다. 일본의 청년실업률이 3.9%로 가장 낮고, 프랑스 19.5%, 이탈리아 29.2%, 스페인 32.6% 등으로 높게 나타나고 있다. 유럽 국가들과 비교해보면 한국의 청년실업률 9.8%는 상대적으로 낮은 편이라 할 수 있다(〈그림 1〉 참조).

대다수 국가에서 청년실업이 일반화되고 있는 이유는 자본주의의 성장 패턴과 밀접한 관련이 있다. 한국도 고도 성장기엔 실업률이 매우 낮았지만, 저속 성장기로 진입하면서부터는 고용 창출 비율이 눈에 띄게 둔화되고 있다. 기업은 점차 값싼 노동력을 찾아 베트남 등의 동남아시아나 폴란드 등의 동유럽으로 떠나고 있다. 고용 없는 성장이 이루어지고 있는 것이다. 한국의 노동시장은 미스매치miss-match 현상이 심각하다는 특징을 보이기도 한다. 사람을 구하는 쪽에서는 구인난에 시달리고, 직장을 구하는 쪽에서는 취업난에 시달리고 있다. 이 문제의 해결을 위해 눈높이를 조정해야 된다는 견해도 있지만, OECD 국가 중 대학 진학률 1위라는 사실에서 나타나듯 한국은 높은 학력 수준을 유지하고 있기 때문에 여타 선진국과 비교해볼 때 심각한 수준의 미스매치를 보이고 있는 것이다.

개인적 고민이 아니라 사회적 이슈로 인식해야 하는 또 하나의 실례로는 여성의 경력 단절이 있다. 여성의 경력 단절도 그간에는 '여자들은 별 수 없어. 어차피 일-가정 양립이 불가능하기 때문에 일을 그만둘 수밖에 없어'라는 식으로 개인적 차원에서 문제의 원인을 찾았다. 하지만 여성의 경력 단절도 사회 구조적 이슈로 접근할 때만 객관적 분석과 실현 가능한 해결 방안 모색이 가능하다.

여성의 생애주기는 남성의 생애주기와 비교할 때 차별화된 특징을 보인다. 여성은 결혼과 출산 그리고 경력 관리를 해야 하는 시기가 정확하게 중첩된다. 이 시기 과중한 역할 부담을 느낄 수밖에 없는 여성들은 무언가를 포기해야 한다는 압력에 노출되게 마련이다. 이때 결혼을 포기하기보다는 경력을 포기하는 것이 현실적으로 용이하기에 경력 단절이 빈번해지는 것이다.[6]

노동시장에서는 여성의 이직률이 남성보다 높을 뿐만 아니라 취업 경력 자체가 매우 불안정하다는 통념이 있다. 그러나 직종을 통제하면 남녀의 이직률 차이는 거의 사라진다. 여성 직종이 미숙련직, 비정규직 및 파트타임직 등 불안정성이 높은 부문에 집중되어 있기 때문에, 여성의 이직률이 남성보다 높은 것처럼 보이는 착시 현상이 나타나는 것이다. 결국 가사와 양육의 책임과 의무를 여성에게 부과하는 전통적 성 역할 분업이 바뀌지 않는 한, 여성들은 훨씬 빈번하게 경력 단절의 위험을 감수할 수밖에 없다. 그런 점에서 여성의 경력 단절은 사회 구조적 이슈의 성격이 강하다 할 것이다.

사회학적 상상력[7]은 기든스의 '구조화structuralization' 개념과도 밀접한 관계가 있다. 기든스의 구조화가 의미하는 바는 인간과 사회, 행위와 구조 이들 두 차원은 각각 고정된 실체가 아니라 상호 영향을 미치며 끊임없이 변화해가는 관계라는 것이다.[8] 앞서와 동일하게 구조화 개념을 이해함에도 커피의 실례를 동원하는 것이 도움이 될 것 같다. 커피를 마시고 소비하는 개인의 행위는 커피 시장이라는 거대한 구조를 만들어낸다. 일단 커피 시장 구조가 만들어지면, 지구 반대편의 남미 혹은 아프리카에 살고 있는 사람들이 커피를 재배하고 생산하는 활동에 들어간다. 커피 생산자 입장에서는 커피 시장 구조가 그들의 삶과 행위에 영향을 미치게 된 것이라 할 수 있다. 결국 우리는 사회학적 상상력 덕에 커피 시장을 매개로 커피를 마시는 소비자와 커피를 재배하는 생산자들이 유기적으로 연결되어 있음을 온몸으로 체감하게 된다.

2. 사회학을 공부하면 어떤 쓸모가 있나?

사회학의 유용성은 다음 세 가지로 요약될 수 있다.[9]

첫째, 사회학적 관점은 문화적 차이에 대한 민감성을 토대로 다양한 관점에서 사회를 바라보는 것을 가능하게 해준다.[10] 1970년대 말 미국 여성들이 사우디아라비아에서 겪었던 다음의 일화는 문화적 감수성의 의미를 상징적으로 보여준다. 1970년대 말은 미국 내에서 여성해방운동의 열기가 최고조에 달했던 시기다. 페미니즘으로 무장한 백인 여성들은 뜨거운 열정을 안고 사우디아라비아로 날아갔다. 수도 리야드에 도착한 미국 여성들은 곧장 "사우디 여성들이여, 베일을 벗어던져라!"라는 글귀가 적힌 피켓을 들고 행진을 시작했다. 한창 구호를 외치며 행진하던 중 베일을 쓴 사우디 여성이 미국 여성들에게 다가와 "지금 쓰고 있는 이 베일이 여성 억압의 상징이라는 것을 우리도 알고 있습니다. 하지만 우리가 베일을 쓰거나 차도르나 부르카를 두르는 것이나, 백인 여성들이 과도하게 노출한 채 거리를 활보하는 것이나 겉모습만 다를 뿐 본질은 같을지도 모릅니다. 우리는 이곳의 역사와 문화와 전통 안에서 우리 문제를 우리식으로 해결할 테니 여러분은 미국의 역사와 문화와 전통으로 돌아가 여러분의 문제를 해결하면 좋겠습니다."라고 충고했다고 한다. 이 역시 이슬람 문화에 민감하지 못했던 백인 중심주의가 낳은 일종의 해프닝이었다 하겠다.

둘째, 사회학적 연구는 사회 정책의 결과를 평가함에 있어 유용하고 현실적인 분석 시각을 제공한다. 사회학적 시각에서 정책의 효과를 평가할 경우 후속 정책 입안 시 실질적 도움을 받을 수 있다. 제2차 세계대전 직후 영국·프랑스·독일 등 유럽에서는 도심 지역에 대규모 주택단지를 건설하기 시작했다. 도심의 슬럼 지역에 거주하는 저소득층에게 보다 쾌적하고 살기 좋은 주거환경을 제공하는 데 사업의 1차 목적이 있었다. 그러나 대규모 주택단지 건설 정책은 실패로 끝났다. 이유인즉 도심의 고층 건물이 시간이 지나면서 황폐해짐에 따라 해당 지역이 강도, 폭력, 범죄의 온상이 되었기 때문이다. 이 사례는 도심에 대규모 주택단지를 건설하는 것만으로는 저소득층 및 빈곤층의 주거 문제를 해결하는 데 한계가 있음을 보여줬다. 반면 서구에서 실패한 대규모 주택단지 건설 정책은 한국에서 시행착오를 거치긴 했지만 괄목할 만한 성공을 거두었다. 유럽과 미국의 아파트가 중하류층 및 하류층 거주 지역으로 인식된 반면, 한국의 아파트는 서구와 달리 중류층 및 중상류층의 지위 상징으로 등장한 사실에 주목해야 할 것이다.

물론 한국에서도 도시화 초창기엔 서울 지역의 주거 부족 현상을 해결하기 위해 서민 아파트 건설에 주력했다. 그러나 1970년 4월 서울시 마포구 창전동에 위치한 와우아파트 한 동이 완공된 지 4개월 만에 붕괴되는 참사가 발생했다. 와우아파트가 '와르르' 무너지면서 아파트에 대한 인식 또한 와르르 무너졌다는 우스갯소리가 당대를 풍미했다. 이후 와우아파트의 시행착오를 교훈 삼아 1980년대 초반부터는 중류층 및 중상류층의 거주지로 방향을 전환하면서 아파트는 중산층 성공 신화의 징표가 된다.

아파트의 성공은 한국의 문화적 토양을 고려할 때 의외의 측면이 있다. 한국인에게는 전통적으로 토지와 집을 소유해야 한다는 강박 관념이 있다. 때문에 한정된 면적 위에 고층 아파트를 짓게 되면 아파트 소유주에게 배당되는 토지 면적이

읽을거리

발레리 줄레조, 『아파트 공화국: 프랑스 지리학자가 본 한국의 아파트』(2007)
전상인, 『아파트에 미치다: 현대한국의 주거사회학』(2009)

한국인의 주요한 주거양식으로 자리 잡은 아파트에 대해 프랑스의 지리학자가 던지는 질문은 날카롭고도 신선하다. 한국에 왜 이렇게 아파트가 많은지 물어보면 십중팔구는 "땅은 비좁은데 인구는 많기에" 주거 문제 해결을 위해 아파트를 짓기 시작했다고 답한다. 하지만 줄레조가 관찰한 바에 따르면 인구밀도가 낮은 지역에도 아파트가 들어서고 있고 최근엔 제주도에도 아파트 열풍이 불고 있음에 비추어볼 때, 한국의 아파트는 중류층 및 중상류층의 지위 상징으로서의 의미가 강하다는 것이다. 심지어 아파트의 경비 역할은 서구인의 시각에는 명백한 신분 사회의 흔적으로 보이기도 한다.

두 권의 책에는 한국에서 아파트가 지위 상징으로 부상하게 된 과정과 아파트의 사회학적 의미가 충실히 담겨 있다. 한국 사회 특유의 아파트 정책이 어떤 경로를 거쳐 성공하게 되었는가에 대한 실마리도 찾을 수 있을 것이다.

현격하게 줄어든다는 점(10층 아파트면 1/10로)으로 인해 아파트에 비우호적 태도를 보이곤 했다. 심지어 시아버지와 며느리가 어떻게 같은 화장실을 쓸 수 있을까부터 김장독은 어디에 묻어야 좋을지까지 소소한 걱정이 끊이질 않았다고 한다.

이런저런 우려를 성공적으로 극복하고 아파트가 확산될 수 있었던 기저에는 한국의 독특한 부동산 정책이 자리하고 있다. 주택 소유에 대한 한국인의 강박 관념을 토대로 부동산의 일종인 아파트를 환금성이 높은 상품으로 전환하는 동시에, 높은 인플레이션을 전제로 한 세계 유일의 전세 제도의 도움을 받아, 한국의 아파트 정책은 대성공을 거두게 된 것이다. 동일한 정책이 국가에 따라 상이한 결과를 가져오는 과정을 분석하는 작업은 사회학의 유용성 제고에 중요한 역할을 할 것이다.

대부분의 사회 정책이 입안 단계에서는 의도하지 않았던 결과를 야기한다는 사실도 사회학자들의 관심 대상이다. 1993년 도입된 부부재산분할청구권은 의도하지 않은 결과로서 중년 이혼율 증가에 실질적으로 기여하게 된다. 부부재산분할청구권은 원래 결혼 이후 모은 재산에 대해 남편과 부인이 동등한 권리를 갖도록 하자는 취지에서 도입되었으나, 결과적으로는 부부 관계를 해체시키는 데 기여한 사례라 하겠다.

대학 교육을 중심으로 한 고등 교육 대중화 정책도 의도하지 않은 결과를 보여주는 전형적 사례이다. 대학 수를 대폭 확대함으로써 원하는 이들에게 대학 진학 기회를 폭넓게 제공하고자 한 정책이었으나, 대학 교육이 확대되면서 오히려 대학 서열이 더욱 공고화되고 엘리트주의가 확산되는 의도하지 않은 결과가 나타났다.

보다 최근의 사례로는 비정규직노동자보호 법안을 들 수 있다. 이 법도 분명 비정규직 노동자의 보호를 목적으로 만들어졌지만 결과적으로는 정규직과 비정규직의 간극을 확대시키고 비정규직 노동자의 불안정성을 더욱 강화시키는 의도하지 않은 결과를 야기했다. 이상의 사례에 비추어볼 때 사회 정책 입안 시에는 의도하지 않은 결과까지 고려하여 보완책을 강구함으로써, 정책이 소기의 성과를 거둘 수 있도록 해야 할 것이다.

셋째, 사회학은 자기 계몽 및 자기 이해의 증진 기회를 제공해준다. 인간이 사회적 존재임은 누구에게나 해당되는 진실이요, 사회학의 매력은 사회 속에서 타인들과 상호작용하며 살아가는 인간을 연구 대상으로 한다는 점에 있다. 사회학에서 제기하는 제반 문제에 대해 스스로 답을 구할 수 있다면, 나를 포함하여 인간 사회 전반에 대한 이해가 넓어지고 깊어질 것이다.

인간은 왜 군중 심리에 따라 쏠림 현상을 보이거나 부화뇌동을 할까? 개인으로서의 인간은 충분히 합리적인데 집단으로서의 인간은 종종 비합리적 행동을 하는 이유가 무엇일까? 동일한 환경에서 자란 형제 중 왜 누군가는 범죄자가 되고 누군가는 성공한 사람이 될까? 이들 질문에 답하는 과정에서 자기 계몽 및 자기 이해가 증진됨은 재론의 여지가 없을 것이다. 한국 사회는 왜 유독 유행에 민감한 편일까 하는 질문 역시 사회학적으로 흥미로운 주제다. 일찍이 유행을 주제로 연구논문을 발표한 바 있는 독일의 사회학자 게오르그 짐멜Georg Simmel은 여성이 남성보다 유행에 민감하고, 소수집단이 주류집단보다 유행에 민감한 것으로 미루어, 유행에 민감하다는 것 자체가 열등감의 표현일 것이라는 해석을 제시한 바 있다.[11]

사회는 항상 균형 및 평형을 유지하려 한다고 주장하는 구조기능론과 사회는 늘 이해관계가 충돌하고 권력관계가 작동한다고 주장하는 갈등론 중, 어느 입장이 한국 사회의 조직 원리를 더욱 잘 설명하고 있을까? 나아가 진정 한국 사회를 작동시키는 가장 기본적인 원리는 무엇일까? 궁금하다. 한편에서는 민주주의가 확산되고 시장자본주의 원리가 한국 사회를 지배하고 있다고 주장하지만, 다른 한편에서는 민주주의 못지않게 권위주의도 뿌리 깊게 남아 있고, 시장자본주의의 공정한 경쟁 못지않게 특혜, 비리, 부정부패 등이 만연해 있다는 주장이 공존한다.

이상의 질문들에 보다 다양하고 풍성한 답을 구할수록 우리의 미래를 바람직한 방향으로 개척해나갈 수 있는 가능성이 확대될 것임은 확실하다. 오늘날은 사회학적 관점으로 무장한 후 사회 문제 해결에 직접 뛰어들고자 경영컨설턴트, 사회복지사, 도시계획전문가 등의 직업을 택하는 경우가 늘고 있다.

"사회학자가 되기 위한 노력이 학문을 위한 학문, 혹은 무미건조한 학문적 여정이어서는 안 된다."는 기든스의 충고는 금과옥조로 삼아도 좋을 것이다. 이 책을 통해 한 손에는 사회학 이론과 개념을 들고, 다른 한 손에는 나의 삶과 한국 사회에 대한 애정을 담아 삶의 질을 높이고 사회 구조의 성숙한 변화를 향해 노력할 때, 사회학 본래의 존재 이유를 확보할 수 있으리라 생각한다.

인터뷰

내 인생의 사회학

주인공: 김가영

Q. 간단히 자기소개를 한다면?

저는 농사짓다 인연이 닿아 농사지은 생산물로 밥을 지어서 파는 일을 하고 있습니다. 할머니들이랑 계약 재배하고 농사짓는 일부터 시작해서 거기서 나온 생산물들을 된장, 간장 형태로 2차 가공하고, 가공한 생산물을 가져다 한식 밥집을 하는 형태로 운영하고 있습니다.

학교 다닐 때 속상했던 건 부자고 예쁘고 훌륭한 친구들이 도시에서 쓰레기(같은) 음식을 먹는다는 것이었어요. 반면에 제가 처음 시골에 내려갔을 때 할머니들은 가난하고 못 배운 분들이지만 좋은 음식을 드시고 계셨어요. 이러한 양쪽의 괴리가 너무 슬펐어요. 왜 누구는 이래야 하고 누구는 저래야 하나 생각했지요. 내 친구들은 계급에 관계없이, 혹은 부모님의 사회적 배경에 관계없이 좋은 음식만 먹었으면 좋겠다, 할머니 할아버지들은 평생 우리를 위해서 희생하셨으니까 그분들의 가치만큼은 어느 정도 인정해주고 싶다, 내가 나중에 돈 많이 벌거나 이 문제를 해결할 수 있는 수준이 되면 반드시 해결하겠다고 생각했습니다. 십 년 만에 이루어진 그 꿈이 바로 제가 지금 있는 '소녀방앗간'이에요.

Q. 어떻게 사회학을 전공하게 되었나요?

솔직히 말하면 사회학이 뭔지 몰랐어요. 대다수의 사람들은 "사회학이 뭐에요? 사회 공부하는 거예요?" 이렇게 묻잖아요. 제가 대학 들어갔을 때는 굉장히 많은 친구들이 사회학보다는 경제학, 경영학 같은 실무 학문을 전공하는 분위기였어요. 300명 중 1/3이 넘는 120명의 친구가 경제·경영학을 전공하는 거예요. 당시 사회학은 침체기였거든요. 2, 30명 정도만 전공으로 사회학을 선택했지요. 그때 오히려 관심이 생겼어요. '왜 친구들은 이렇게 한 방향의 전공을 하는 걸까?' 그래서 사람들이 잘 선택하지 않는 학문에 대한 관심이 생겼죠.

공부를 하다 보니 사회학이 소수자를 위한 학문이라는 사실에 더욱 마음이 끌렸습니다. 소수는 말 그대로 숫자적으로 소수를 의미하는데요, 일반 사람들이 생각하는 소수는 주로 가난하고, 힘들고, 어렵고, 불쌍하다는 식의 고정관념이 있지요. 물론 이것을 포괄하기도 하지만 숫자 자체가 소수인, 소위 하위문화를 대표하는 학문이 사회학인 것 같아요. 예전 같으면 〈쇼미더머니〉에 나오는 것처럼 피어싱하고 힙합하면 누가 그걸 제정신인 사람으로 이해를 했겠어요. 하지만 사회학은 소수에 대해 다른 어떠한 학문보다 포괄적 관심을 갖고 사실에 대한 균형 잡힌 시각을 중시한다고 생각합니다. 저는 너도나도 택하는 대중적 학문보다는 하위문화에 대한 관심에서 자연스럽게 사회학을 선택했습니다.

Q. 본인의 삶에 사회학이 끼친 영향은?

영향이 많죠. 예를 들면, 농사지으러 내려갔을 때 "농사 왜 짓냐?" 물으실 때 "전공이 사회학이에요." 그러면 "그래 너네들은 그럴 수도 있겠다"는 답이 돌아오는 것 같아요. 만약에 제가 "법학이에요." 이랬으면 "너 왜 고시공부 하지 농사 짓냐?" 이러겠는데 "사회학해요." 이러면 "아!"라는 반응이에요. 농사짓다가 갑자기 밥집한다고 했을 때도, "너 왜 갑자기 밥집 하냐?" 물으시면 "요식업이나 서비스업이 생각보다 인간적인 영역인데 왜 내 또래 친구들은 그 업을 그렇게 천시하죠? 의사도 옛날에는 사람 자르는 직업이었는데 지금은 첨단직종이라고 하듯, 직업에 대한 생각도 변할 수 있고, 서비스직은 요즘같이 로봇이 개발되는 시기에 오히려 인간적인 직업이라 생각해요. 그래서 이 직업에 대한 관심이 있어요." 이렇게 답하고 "왜 네가 밥 먹고 사는 것도 힘든데 직업에 대한 관심을 갖냐?" 물으세요, 그러면 "저 사회학 했어요." 답하면 "아!" 하고 이해해주시지요. 누군가 어떤 선택을 했을 때 다양한 선택에 대해 가장 다양한 해답을 주는 학문이 사회학이에요. 해답이라기보단 해소에 가깝겠네요. 그래서 전 도움을 많이 받았어요. "왜?"라는 질문에 굉장히 자유로운 학문이 사회학이니깐요.

Q. 사회학에 관심을 갖게 될 사람들에게 하고 싶은 말은?

조심스러워요. 왜냐하면 사회학이 답을 내리는 학문은 아니기 때문이에요. "왜?"라고 질문을 많이 하는 학문이죠. 그래서 많은 사람들이 굉장히 의심을 많이 해요. "'왜?'라고 물으면 항상 그게 해결이 되나? 결론을 낼 때가 되지 않았냐. 항상 왜 '왜?'냐고 묻기만 하나?"라고 비판을 하죠. 그런데 "왜?"라고 물었기 때문에 수많은 갈등과 논쟁과 논의가 지속된 후에 결론이 나는 거예요. 그래서 "왜?"라고 하는 것을 멈추게 되면 썩어요.

저는 회사를 운영하면서 직원들한테 항상 그래요. "'왜?'라고 물어라. 내가 그것에 대해 뾰족한 대답을 못해주면 나는 리더로서 자격이 없는 거야. 그리고 만약에 그런 순간이 오면 너희들이 그 '왜?'에 대한 대답을 나한테 얘기해주고 그만큼의 권한과 이익을 너희들이 나누어 가져가면 돼." 이것이 사회학을 하면서 가장 인정하고 싶지 않지만 가장 배워야 하는 자세였어요. 실제론 가장 아픈 경험이기도 했구요.

많은 경우 사회학을 지향하는 친구들이 특별해지기 위해 사회학을 선택해요. 그건 맞는 것 같아요. 일단 소수를 선택한다는 건, 특별하고 싶다는 마음이 있는 거예요. 그런데 어느 순간 내가 특이해지고 특별해지면, 나를 지금까지 지지해왔던 다수를 잊어버려요. 그러지 않기 위해서라도 끊임없이 계속 배웠던 것을 공부하고 상기해야 되는 것 같아요. 그래서 저 같은 경우는 내 밑에 있는 사람들이 궁금해 하는 것도 터부시 안 하고. 그러다 보면 사회학이 처음 태동했던 때의 바람직한 가치들이 사회적으로 온전하게 인정받지 않을까 생각해요. 단순히 사회학을 하겠다고 외치는 것이 아니라, 처음 자본주의가 태동하고 사회 질서가 혼란해졌을 때 사회학이라는 학문이 생겼다는 걸 떠올리면, 지금 사회학에 열광하는 대중이나 사회학을 전공하려는 새내기들이나 모두 편해질 것 같아요.

사회학에 대한 새로운 경험

익명

저는 대학교 재학 시절에 교양으로 잠깐 사회학을 접했던 적이 있었습니다. 그때는 단순히 사회가 돌아가는 모습에 대해 고찰하는 학문일 것이라고 미리 선을 그어놓고 접했던 터라 배우는 과정에서도 그다지 크게 다가오지 않았지요. 하지만 사회에 나와서 내가 하는 작은 행동들이 수많은 사람들과 더불어 세상 이곳저곳에 연계성을 가지게 된다는 것을 체험하고 나서 들은 사회학의 내용은 많은 것을 생각하게 합니다. '지금 알았던 것을 그때에도 알았더라면'이라는 말이 강의를 듣는 내내 떠올랐습니다.

'내 인생의 사회학' 을 듣고

익명

소녀 방앗간을 만든 분의 인터뷰를 보는 과정이 매우 흥미롭고 유익했습니다. 관점이 다르고 생각이 다르고, 일찍부터 뭔가 당연한 것들에 의문을 제기한 부분이 새롭고 좋게 느껴졌습니다. 꿈에 대한 동기 부여와 학교생활과 사회학에 대한 설명 및 이야기들… 나의 상황에 비추어 다시금 고민하게 되네요. "다양한 선택에 해소"를 주는 학문. 굉장히 적절한 말인 것 같습니다. 저에게는 특별히 "지지해준 다수를 잊어버린다"는 내용이 크게 다가왔는데요. 사회 문제 중 계층 간의 괴리와 차이에서 오는 갑을 관계 또한 "지지해준 다수를 잊어버린다."는 말과 관련이 있겠다는 생각이 들었습니다. 기업체가 있고 소비구조가 있고, 반대로 생각해 보면 소비자가 있기 때문에 기업구조가 있고, 국민이 있기 때문에 정치세력이 있고, 물론 정치구조가 있기 때문에 국민이 존재하는 것도 사실이겠지요. 서로 상생구조인데, 물고 뜯는 것도 당연하겠지만, 아이러니 하다는 생각도 듭니다. 인터넷 서핑이나 TV 뉴스로는 접할 수 없는 좋은 인터뷰 제공해주셔서 감사드립니다.

사회학을 향한 첫 발걸음

0077

사회학이라는 학문에 관심이 있었지만 이러저러한 핑계로 접하지 못하고 있었는데, 이번 강의를 통해 사회학에 대해 조금이라도 알아갈 수 있어 정말 뿌듯합니다 ^^ (…) 제 인생에서 사회학은 사회라는 공동체 안에서 필연적으로 살아갈 수밖에 없는 저를 위한 하나의 지침서 혹은 생각해볼 여지를 주는 학문이라고 생각합니다. 사회학을 배우면서 더 많은 생각을 하고, 새로운 관점으로 문제를 접근하는 등 기존에 인지하지 못했던 생각들을 찾아내고 그 생각의 폭을 점차 확대하고 싶습니다. 사회학을 배우는 동안 많은 이야기를 듣고 나누면서 강의가 끝날 때쯤에는 과거의 나보다 조금 더 성장한 제가 되었으면 좋겠네요!!

굉장히 재미있고 흥미롭습니다

익명

사회학이라는 학문을 처음 접하게 되었는데요, 이렇게 몰입하며 들어보기는 정말 처음인 것 같습니다. 사회학에 대해 잘 알지도 못했고 자세히 어떤 학문인지도 몰랐는데 이렇게 재미있고 머릿속에서 계속 물음표가 뜨는 건 처음이었습니다. 생소한 학문이었지만 다가가 보니 정말 흥미로웠고, 거리감이 있었는데 첫 강의를 통해 거리감이 전혀 없어졌어요. (…) 삶을 살아가면서 도움이 되든 되지 않든 사회학이라는 학문은 삶을 살아가는 데 있어서 가장 기본적인 토대가 되는 학문이 아닌가 하는 생각이 듭니다. 강의가 정말 재미있습니다.

제3의 눈을 가질 수 있는 사회학의 매력

hancheyeon

내 인생의 사회학을 주제로 한 김가영 소녀방앗간 이사님의 인터뷰를 인상 깊게 보았습니다. '소수'를 위한 학문, 하위문화들을 대표하는 학문, 다양한 선택을 해소할 수 있도록 해주는 학문… 사회학의 이름은 참 다양한 것 같습니다. 다양한 정의를 가지고 있는 사회학에 대해 더욱 알고 싶고 배우고 싶다는 생각을 키울 수 있었습니다. 사회학과를 다니고 또, 졸업 후 자신의 직업에 충실한 모습을 보며 같은 사회학도로서 개인과 사회를 바라보는 이사님의 멋진 생각에 저도 동참해보고 싶다는 생각도 했습니다. 고3 때 재미있게 배웠던 사회문화 과목에서 심화되고 확장되어 대학에 들어가기 전에 이렇게 사회학 공부를 할 수 있어 좋습니다. 한 주씩 열심히 공부하며 개인과 사회를 바라보는 제3의 눈을 가질 수 있도록 노력하겠습니다.

사회학 이론의 이해

1. 사회학 이론이란?

흔히 이론을 떠올리면 '이해하기 어렵다' '지나치게 추상적이다' '골치 아프다' 등의 부정적 이미지가 따라온다. 사회학과 관련해서는 유명한 농담이 있다. "깜깜한 방에 새까만 고양이가 있는데 그 고양이가 보인다고 주장하는 사람들이 바로 사회학자요, 없는 고양이가 있다고 주장하는 사람들이 신학자"라는 것이다. 여기서 보이지 않는 고양이를 보이도록 노력하는 과정이 일종의 이론적 작업이라 할 수 있겠다.

사회학 내부에는 모든 학자들이 인정하는 단일한 이론 체계가 존재하지 않는다. 자신과 자신을 둘러싼 사회를 연구하는 것은 그만큼 복잡하고도 어려운 과업이기 때문이다. 일례로 사회학의 이론적 전통 안에는 사회적 불평등을 어떤 시각에서 바라봐야 할 것인가부터 불평등의 결과를 어떻게 해석할 것인가에 이르기까지 다양한 입장이 공존하며 논쟁을 벌이고 있다. (☞ 불평등 이론에 대해서는 10장 '계층과 계급'을 참조할 것) 한편에서는 불평등이 존재하지 않는 사회는 없다는 점, 불평등은 매우 자연스럽고 필연적인 현상이라는 점, 불평등으로 인해 경쟁을 자극할 수 있다는 점 등을 들어 불평등은 일면 기능적이라 주장하는 일군의 학자들이 있다. 반면 불평등은 인간의 존엄성에 대한 도전이자 정의롭지 못한 현상임이 분명하기에 필히 극복해야 된다는 입장도 있다.

과학으로서의 사회학

사회학자들은 여기저기 흩어져 있는 단순한 사실들을 하나씩 모으는 것에 만족하지 않는다. 그보다는 왜 이러한 현상이 일어나게 되었는지 원인을 규명하고, 그러한 현상의 의미를 해석하고자 한다. 'X라는 원인이 있으면 Y라는 결과를 낳는다.'는 명제처럼 인과관계를 규명하는 과정을 일컬어 설명說明이라 하고, 특정한 사회 현상의 의미를 탐색하는 작업을 일컬어 해석解釋이라 한다. 설명과 해석은 이론이 담당하는 핵심적 역할이다.

인과관계를 규명하려는 노력은 사회학이 자연과학에 버금가는 과학적 지위를 확보하고자 했던 사실과 관련이 있다. 자연과학의 엄밀성을 부러워했던 사회학자들은 자연과학을 과학의 모델 내지 준거準據로 삼아 사회를 과학적으로 연구하고자 시도했다. 실제로 관찰 가능한 모든 물체는 위에서 아래를 향해 떨어진다. 나무에 매달려 있던 사과도 떨어지고, 가지에 붙어 있던 나뭇잎도 떨어지고, 펜을 손에서 놓으면 아래로 떨어진다. 이처럼 물체가 위에서 아래로 떨어지는 원인은 눈에는 보이지 않는 중력重力 때문이다. 사회학자들은 만유인력의 법칙을 발견한 아이작 뉴턴Issaac Newton처럼 중력의 작용에 해당되는 사회적 법칙을 발견할 수 있기를 갈망한다. 물리학으로부터 영감을 받아 '원인 → 결과' 관계를 밝히고자 했던 사회학자들의 시도를 소비 사회 특성에 관한 분석에 적용해보자.

신분 사회에서는 태어나는 순간 주어진 신분에 따라 나는 누구인가가 결정되었다. 반면 현대 소비 사회에서는 사용하는 브랜드의 종류와 생활 양식 및 소비 양식에 따라 개인의 정체성이 드러난다. 이러한 소비 사회의 흐름 속에서 몸이 소비의 대상으로 부상하기 시작했음은 주목할 만하다. 몸을 소비하는 현상으로는 성형, 피부 미용, 몸(짱) 만들기 산업, 건강 증진과 관련된 프로그램 등을 들 수 있다. 몸의 소비와 관련된 뷰티 산업은 불황을 모른다는 말이 회자될 만큼 활성화되고 있다. 특히 최근에는 여성뿐만 아니라 남성의 몸도 소비의 대상으로 포섭되고 있다.

그렇다면 몸까지 소비의 대상으로 포섭하는 이 모든 현상을 관통하는 힘은 무엇일까? 이 질문에 대해 사회학자들이 찾아낸 답은 바로 자본이다. 자본은 이윤을 실현하고자 하는 강한 동기를 갖고 있다. 마치 제국주의가 이윤 창출을 위해 식민지를 개척했던 것처럼 오늘날의 자본은 몸을 식민지 삼아 이윤을 실현해가고 있다는 것이다. 사회학은 이론의 힘을 빌어 무심코 지나쳤을 현상들도 자본주의의 동력과 밀접히 연계되어 있음을 설명하고 있다.[12]

산업화 이론

사회학의 대표적 이론으로는 산업화 이론이 있다. 학문으로서의 사회학이 산업혁명을 기점으로 유럽에서 새롭게 부상하기 시작한 사회 질서의 본질과 특성을 설명하고자 시작된 학문임을 상기한다면, 산업화 이론이 사회학에서 차지하는 위상을 짐작해볼 수 있을 것이다. 산업화 이론은 산업화를 가능하게 했던 원인은 무엇인가? 산업화가 진행되면서 사회는 어떤 변화를 겪게 되었는가? 산업화가 원인이 되어 새롭게 나타난 사회 현상들은 무엇인가? 등의 질문에 대한 답을 다양한 시각에서 규명하고

자 시도한다.

산업화로 인한 무궁무진한 변화 중 가족의 사례를 예로 들어보자. 전통 농경 사회에서는 일터와 가족이 분리되어 있지 않았기 때문에 안정된 친족 공동체 유지가 필수적으로 요구되었다. 그러나 산업화와 더불어 일터와 가족이 분리됨에 따라 가족 입장에서는 새로운 일자리를 찾아 자유롭게 이동하는 것이 보다 중요해졌다. 이에 따라 이동에 유리한 소규모 핵가족 형태를 띠는 동시에 친족 유대망이 약화되는 결과를 가져왔다.[13]

법 제도의 변화를 산업화의 시각에서 조망해보는 방식도 흥미롭다. 전통 사회에서는 현대적 시각에서 볼 때 극히 잔인하다고 느낄 만큼 무섭기 그지없는 범죄자 처벌 방식이 대거 등장한다. 곧바로 연상되는 것이 프랑스의 기요틴이요, 사지四肢를 절단한 후 독에 가두어 묻었던 중국의 고문 방식도 떠오른다. 범죄자의 처벌 방식 변화에 대한 사회학적 해석에 따르면, 정교한 사회 분업 및 전문화가 이루어지기 전 동질성이 높은 전통 사회에서는 사회적 결속을 유지하기 위해 매우 강력한 처벌적 법이 필요했다. 반면 분업 및 전문화가 이루어지고 관계의 상호 의존성이 높아지면, 처벌적이고 강압적인 법보다는 보상적이고 민주적인 법이 훨씬 더 유효해진다. 따라서 법 체계의 성격을 통해 해당 사회가 전근대사회인지 근대사회인지 판단할 수 있다는 것이다. 산업화가 야기한 사회 질서의 변화가 법 체계의 변화에도 영향을 미쳤다는 이론화가 가능해지는 셈이다.[14]

한국 사회도 1961년 경제개발 5개년 계획을 계기로 산업화 과정을 거쳤다. 유럽에서 시작된 산업화는 아시아에선 일본이 선두주자요 최근에는 중국이 한국을 바짝 뒤쫓고 있는 형국이다. 각 사회별로 산업화 과정의 공통점과 차이점이 체계적으로 규명된다면 산업화 이론은 진일보할 것이 분명하다.

산업화 과정에서 가장 먼저 변화가 나타나는 영역은 대부분 경제 부문이다. 농업을 위시한 1차 산업 부문이 축소되고 제조업 및 서비스 부문이 팽창하면서 농촌 거주자들이 도시로 이주함에 따라 도시화가 함께 진행된다. 경제 부문의 변화와 도시화 등의 구조적 변화 못지않게 개인의 가치관 및 행동 양식 면에서도 농경 사회 및 전통 사회와 구분되는 새로운 유형이 출현한다. 과거 전통 사회의 체념적 숙명론적 사고방식에서 벗어나 보다 진취적이고 적극적인 의식이 확산되고, 개인 능력에 대한 확신과 더불어 성취 동기 또한 강화된다. 더불어 시간 개념 또한 매우 정확해진다. 과거 전통 사회에서는 자연의 리듬에 따른 시간 개념이 주를 이루었다면, 산업사회에서는 일정한 시간에 출퇴근하고 약속 시간을 정확하게 지켜야 한다는 관념이 자연스럽게 생활 속에 자리잡았다.[15]

한국은 산업화 이론에서 독특한 위상을 점하는 사례라 할 수 있다. 1960년대 초반 대한민국 GNP는 82달러로, 200개 국가 중 196위를 기록함으로써 전 세계에서 가장 가난한 국가군에 속해 있었다. 그로부터 60여 년이 흐른 시점에서 선진국 가까이 진입한 국가는 한국이 유일하다 해도 과언이 아니다. 한국은 국가 주도하에 강력한 개발 정책을 추진하면서 괄목할 만한 수준의 성공을 이루었다는 해석이 설득력을 얻고 있다.[16] 한국 사회의 경험을 기반으로 산업화의 성공 요인으로서 국가의 역할과 우수한 인력 자원이 주목받게 되었음은 주지의 사실이다. 이는 후발 국가들로 하여금 교육 부문에 적극적 투자를 하도록 유인하는 계기가 되기도 했다.

검증과 반증

이론은 파편적 형태로 나타나고 있는 현상들을 설명하기 위해 보다 높은 수준의 추상화 작업을 진행하는 것이라 정의할 수 있다. 단 이론은 경험적 자료를 통해 입증하는 검증檢證 절차를 거쳐야만 이론으로서의 가치를 인정받게 된다. 그러나 경험적 자료를 통한 검증은 명백한 인식론적 한계를 안고 있다. 일례로 "까마귀는 검다"는 명제가 참임을 입증하려면 이 세상에 존재하는 모든 까마귀가 검다는 사실을 확인해야만 한다. 한데 이 과정은 현실적으로 불가능하다. 따라서 "까마귀가 검다"는 사실에 대한 반대 증거, 곧 흰색 까마귀나 붉은색 까마귀가 나타날 때까지는 "까마귀가 검다"는 사실을 진리로 받아들이자는 주장이 제기되었다. 이것이 반증反證 개념이 등장하게 된 인식론적 배경이다.[17]

이론의 일상화

대부분 자신의 삶과 사회학 이론은 큰 관련이 없다고 생각하지만, 그렇게 믿고 있는 사람들조차 종종 본인이 의식하지 못한 상태에서 이론에 근거하여 행동한다. 회사에서 직원들의 근로 의식을 고취시키려면 적절한 인센티브를 제공하는 것이 효율적이라 생각하는 경영자가 다수 있다. 이들은 본인의 의식과 무관하게 이미 인간 행동 이론에 근거해서 합리적이고 정확한 판단을 하고 있는 것이다. 인간이란 부정적 처벌보다 긍정적 보상을 선호하는 존재로서, 긍정적 보상을 받게 되면 의욕이 고조되고 더욱 좋은 성과를 낼 수 있다는 인간 행동 이론에 근거해서 인센티브 제도를 도입하고 있는 것이다. 사회학 이론의 렌즈를 통해 세상을 바라보면 그동안 눈에 잘 띄지 않던 세상의 이면이 드러나기도 하고, 다른 사람들과 차별화된 신선한 방식으로 세상을 바라볼 수 있는 안목 또한 키울 수 있다.

2. 고전 사회학 이론가들

오귀스트 콩트 Auguste Comte[18]

콩트는 사회학의 창시자로서 사회학이 명실상부한 과학의 지위를 확보하기 위해서는 반드시 실증주의 방법론을 도입해야 한다고 주장했다. 자연과학이 물리적 세계를 설명하는 방식과 동일하게 과학으로서의 사회학 또한 사회의 작동 방식을 설명함에 실증주의 방법을 도입할 것을 주장한 것이다. 관찰 가능한 대상만을 사회학의 연구 영역에 포함시켜야 한다고 주장한 콩트는 강고한 실증주의자였다.

콩트의 이론 중 주목할 만한 것은 인간 의식의 3단계 발전론이다. 그에 따르면 인류 역사 속에서 인간의 의식은 '신학적 단계 → 형이상학적 단계 → 실증주의적 단계'를 거쳐 발전해왔다. 신의 의지로 세상의 모든 현상을 설명하는 신학적 단계로부터 철학적이고 관념적인 형이상학적 단계를 거쳐 마지막으로 도달한 것이 실증주의적 단계다. 이미 실증주의 단계를 거친 물리학, 화학, 생물학 등의 자연과학에 이어 등장한 사회학이야말로 인류가 쌓아온 모든 학문적 성과 위에서 시작하기 때문에 가장 수준 높은 학문이라는 것이 콩트의 주장이다.

콩트는 말년으로 가면서 그토록 확신에 찼던 실증주의를 향한 신념이 약화되는 모습을 보인다. 그는 개인적 신념이나 독선적 교리를 버리고 과학적 토대에 입각하여 '인간성의 종교religion of humanity'를 구축해야 한다고 설파했다. 인간성의 종교를 구축할 때 비로소 인간은 최고의 경지에 이를 수 있다는 주장과 함께 콩트는 생애를 마친다.

에밀 뒤르켐 Emile Durkheim

에밀 뒤르켐은 사회학의 다양한 주제를 다룰 때 빠짐없이 등장하는 대표적 고전 사회학자이다.[19] 콩트가 사회학이라는 용어를 만들기는 했지만 사회학을 보다 사회학답게 만든 진정한 인물은 뒤르켐이라고 할 수 있다. 그의 주장은 "사회적 사실social fact을 하나의 물物, thing로 대하라!"는 명제에 압축되어 있다. 사회는 사회적 사실의 형태로 실재하는 만큼, 마치 자연과학자가 물리적 세계를 대하는 것과 똑같은 방식으로 사회적 사실을 하나의 물로 대해야 한다는 것이다. 사회적 사실은 인간의 의지와 무관하게 존재한다는 점에서 외재성externality의 특징을 갖는 동시에, 인간의 행위에 일정 정도 영향을 미치고 규제한다는 점에서 강제성constraints의 특징을 갖는다.

사회실재론자인 뒤르켐은 평생 경험적 과학으로서의 사회학의 중요성, '개인'의 등장과 '새로운 사회 질서'의 성립, 그리고 '사회가 도덕적 권위를 확보하게 되는 과정'이라는 세 가지 주제에 몰입했다. 첫째 주제는 사회학 방법론의 구축과 관련이 있다. 뒤르켐은 사회학이 경험적 데이터에 근거해서 사회 현상을 설명할 수 있는 명실상부한 과학이 되기 위한 토대로서 사회학 방법론의 정립에 공을 들였다. 둘째 주제는 변화하는 사회 질서의 본질에 대한 탐구와 관련이 있다. 근대 이전 신의 지배하에 있던 중세 신분 사회에서는 개인이 설 자리가 없었다. 인류의 역사 속에서 개인이 등장하게 된 것은 산업화, 근대화, 도시화가 시작되면서부터이다. 근대적 인간이 등장하면서 이전에는 존재하지 않던 새로운 사회 질서가 부상하기 시작한다. 여기서 새로운 형태의 사회 질서 연구에 몰입했던 학자가 바로 뒤르켐이다. 셋째 주제는 사회의 지속가능성 및 도덕적 권위와 관련이 있다. 19세기 새로이 탄생한 질서의 중요성을 강력히 주장했던 뒤르켐은 사회가 지속성을 확보하려면 도덕적 권위가 수반되어야 한다고 믿었다. 이에 그는 평생에 걸쳐 사회가 구성원들로부터 인정받기 위해서는 도덕적 권위를 어떻게 확보할 수 있을 것인가 하는 질문에 집중했다.

뒤르켐은 자신의 연구 주제를 집대성한 저작으로 『자살론』, 『사회분업론』 그리고 『종교 사회학』을 남겼다. 『자살론』은 사회가 물로서 실재한다는 방법론을 입증하기 위해 저술되었다. 뒤르켐의 『자살론』이 세상에 나오기 이전까지 자살은 오롯이 개인적 차원의 행위로 간주되었다. 심리적으로 불안정한 사람이 선택하는 비극적 행위의 결과 정도로 이해되던 자살에 대해, 뒤르켐은 자살이 아닌 자살률에 초점을 맞춤으로써 자살 역시 사회적 사실임을 입증한다. 자살의 발생 빈도를 의미하는 자살률은 사회 집단 혹은 지역에 따라 다르게 나타나기 때문이다. 사회적 사실로서의 자살은 개인의 선택적 행위라기보다 사회적 결속의 공고함 정도에 따른 결과로 볼 수 있다. 자살 현상과 사회적 결속 개념을 연결시킨 『자살론』에 따르면, 기혼자의 자살률이 미혼자의 자살률보다 낮다. 미혼자의 경우 소속감이나 사회적 결속감이 약하기 때문이다. 그런가 하면 구교도의 자살률이 신교도보다 낮은 이유는 종교 공동체로서의 결속을 더욱 강조하기 때문이다.

그가 남긴 또 하나의 대표적 고전 『사회분업론』의 핵심적 주장은 산업화, 근대화 과정에서 등장한 새로운 사회 질서는 유기적 연대organic solidarity를 기반으로 하고 있다는 사실이다. 여기서 유기적 연대는 산업화 이전의 기계적 연대mechanical solidarity와 대비되는 개념이다. 산업화 및 근대화와 더불어 개인이 출현하기 이전 사회에서는 서로가 동질성을 유지한 상태에서 기계의 부속품처럼 맞물려 질서를 유지해갔다. 반면 분화 및 전문화를 특징으로 하는 근대사회에서는 이해관계가 다른 구성원들 사이에서 서로에 대한 상호 의존도가 높아진다. 이에 따라 유기적 결속이 사회 질서의 근간이 된다. 기계적 연대로부터 유기적 연대로 이행하고 있다는 뒤르켐의 통찰력은 오늘날까지도 사회학의 주요 명제로 자리잡고 있다.

칼 마르크스 Karl Marx

마르크스의 관심은 산업혁명과 더불어 등장한 자본주의 경제 시스템에 있었다.[20] 자본주의 경제 시스템 내부에 역사상 유례를 찾아보기 어려운 문제들이 자리하고 있음을 간파한 마르크스는, 그 자신보다 더 철저하고 신랄하고 깊이 있게 자본주의 분석 및 비판을 시도해온 학자가 없었다는 칭송을 들을 만큼 자본주의 연구에 깊이 몰입하게 된다.

독일에서 태어난 그는 한동안 정치 활동을 했다. 덕분에 독일 정부와 갈등을 일으킨 나머지 프랑스로 건너갔다가 영국에서 생을 마감하게 된다. 마르크스 본인은 귀족 가문에서 태어났지만 경제적으로는 매우 궁핍한 상황에서 자녀가 영양실조로 굶어 죽는 가슴 아픈 경험을 했다. 이러한 개인적 경험이 당시 출현했던 자본주의 시스템에 대해 비판적 시각을 견지하는 데 영향을 미쳤으리라 추측된다.

마르크스의 자본주의 분석에 따르면, 자본주의 이전까지의 생산 양식하에서는 토지가 가장 중요한 생산 수단이었고, 자본주의 생산 양식하에서는 자본이 가장 중요한 생산 수단이 된다. 단 자본은 계속적인 축적을 통해 자신을 증식하려는 생리를 갖고 있다. 자본이 스스로의 몸집을 불리는 과정에 노동이 투입된다. 자본주의 이전 영주의 토지나 자신의 토지에서 생산을 담당했던 농노들이 토지를 모두 빼앗긴 채, 자신의 노동을 자본가에게 팔아야 하는 상황이 온 것이다.

자본가는 노동자를 고용하고 대신 노동자에게 임금을 제공한다. 노동자들은 임금을 받는 대가로 자신의 노동을 투입하게 되는데, 이때 노동자는 자신이 투여한 노동력에 비해 적은 액수의 임금을 받게 된다. 한 달에 200만 원 가치의 노동을 제공하는데 실제로는 100만 원만 받으면, 나머지 100만 원의 잉여 가치surplus value가 자본가의 이윤profit이 된다는 것이다. 따라서 자본주의 사회의 양대 계급인 자본가와 프롤레타리아의 관계는 억압적이고 착취적일 수밖에 없다는 것이 마르크스의 분석이다.

역사 발전 과정을 돌이켜 볼 때 계급 불평등은 항상 존재해왔고, 계급 불평등을 불식하는 과정에서 계급 갈등이 추동되어왔다. 그런 점에서 계급 갈등은 역사 발전의 추진력이라 할 수 있다. 자본주의 체제하의 착취와 소외로부터 해방되기 위해서는 전 세계 노동자들이 단결하여 계급 갈등을 종식시키고, 프롤레타리아 혁명을 통해 만인의 평등을 구현하는 공산주의 사회로 이행해가야 한다는 것이 마르크스 주장의 요체이다.

마르크스 이론은 자본주의 체제 이후의 사회주의 혹은 공산주의를 논하는 대목에서 유토피아적이고 낭만적인 방향으로 흐르고 말았다는 평가를 받고 있다. 마르크스는 자본주의 이후에 올 사회주의의 미래를 예언한 부분보다는, 자본주의에 배태되어 있는 억압적이고 착취적인 요소에 대한 분석과 그로 인한 계급 갈등이 사회 변동에 미치는 영향에 대한 분석 부분에서 탁월함을 인정받고 있다.

막스 베버 Max Weber

1900년대 초기 신경쇠약증을 앓았던 것으로 알려진 베버는,[21] 자신의 정신 병력을 극복한 이후 인류 역사에 길이 남을 역작을 다수 남긴다. 베버는 기본적으로 마르크스의 영향을 받았으나, 자신의 이론 체계를 수립하는 과정에서는 마르크스를 극복하기 위해 노력한다. 베버는 사회 변동을 추동함에 있어 일련의 물적 토대 및 경제적 조건에 못지않게 관념, 가치, 의식 또한 주요 동력이라고 보았다. 이를 서구의 역사적 맥락에서 입증하기 위해 쓴 책이 바로 『프로테스탄트 윤리와 자본주의 정신』이다.

베버의 문제의식은 유럽에서 자본주의가 시작되던 바로 그 시기에 동양 사회의 물적 토대와 서양사회의 물적 토대가 크게 다르지 않았다는 데서 출발한다. 그렇다면 왜 자본주의는 동양이 아닌 서양에서 시작되었을까? 왜 서구는 산업혁명을 통해 자본주의 시스템으로 이행해간 반면, 동양은 전통 농경 사회의 기반이 그대로 유지됐을까? 이에 대한 답은 마르크스가 주장하듯 물적 토대의 차이에서는 찾을 수 없다는 인식이 베버를 사로잡았다. 그리하여 동서양의 차이를 분석하는 과정에서 주목하게 된 것이 바로 프로테스탄트 윤리이다. 유독 서구에서 자본주의가 융성할 수 있었던 건 물적 토대 때문이 아니라 가치와 관념 때문이었다는 것이 베버의 통찰력의 핵심이다.

그는 프로테스탄티즘 중에서도 예정설을 내세운 칼빈주의Calvinism에 주목했다. 예정설의 교리에 따르면 인간의 운명은 이미 신에 의해 예정되어 있다. 그러나 신이 나의 운명을 어떻게 예정해놓았는지는 알 수가 없다. 다만 신으로부터 예정받았는지 여부를 간접적으로 추측할 수 있는 방법이 있는데, 그건 이 세상에서 성공하는 것이다. 성공은 곧 내가 예정받았음을 의미하는 징표다.

예정설에 힘입어 프로테스탄티즘 신봉자들은 성실하게 노력해 성공함으로써 신으로부터 예정받은 존재임을 확인받고 싶어 했으리라는 것이 베버의 추론이다. 동시에 프로테스탄트들은 자신의 직업을 단순한 돈벌이 수단으로 인식하지 않고, 신이 부여해준 소명calling으로 받아들였다. 그리하여 신이 자신에게 부여해준 소명을 이 세상에서 실천하기 위해 최선을 다해 일했다는 것이다. 결국은 개인이 품고 있던 가치와 의식이 서양의 자본주의를 추동하는 주요한 힘이 되었음을 주창하고 있다.

한편 베버는 흥미로운 방법론적 도구로서 '이념형Idealtypus'을 제안했다. 베버의 이념형은 바람직하다거나 이상적이라는 의미가 아니라, 관심 있는 사회 현상을 포착하고자 할 때 해당 사회 현상에 대한 순수하게 개념적이고 분석적이며 추상적인 모델을 구축함을 뜻한다. 논리적으로 구성된 이념형은 현실에서 작동 중인 사회 현상이 이념형에 얼마나 가까운지 혹은 거리가 있는지 여부를 판단하는 기준이 된다.[22]

베버는 사회 변동의 방향으로 '합리화rationalization'를 지목했다. 사회는 끊임없이 일정한 방향으로 변화했는데 그 방향은 합리화를 지향해왔다는 것이다. 과거의 주술적 사고방식은 신의 존재나 초월적 힘에 의지하여 이해되지 않는 현상들을 설명하려 시도해왔다. 이후 과학의 발전과 근대 기술의 도입, 관료제 조직의 확산은 사회 구조의 합리화 과정을 대변하고 있다는 것이 베버의 설명이다. 다만, 합리화 과정은 인간의 해방을 보장해주지 않는다. 합리화가 진행될수록 현대인들은 마치 새장에 갇힌 새처럼 합리화에 구속될 가능성이 매우 높기 때문이다. 자본주의의 핵심은 계급 갈등이 아니라 과학 기술의 발전 그리고 관료제로 대표되는 거대 조직의 출현에 있다. 이로부터 인간은 탈신화화 혹은 탈주술화disenchantment의 길을 걷게 되는데, 결과는 인간의 해방이 아니라 "새장에 갇힌 새"로 귀결될 가능성이 높다는 비관적 전망을 했던 학자가 베버다.

앞서 살펴보았던 뒤르켐 및 마르크스가 인간의 의식과는 무관하게 사회적 토대 및 실재가 존재한다고 본 반면, 베버는 인간의 의식 속으로 들어오지 않는 한 인간은 사회의 존재 여부를 알 수 없다고 보았다. 인간이 사회 구조를 해석하며 의미를 부여하는 존재라는 베버의 인식은 후일 상징적 상호작용론으로 연결되고 기든스의 구조화 이론에도 영향을 미쳤다.[23]

3. 현대의 이론적 접근

기능론

미국을 중심으로 발달한 기능론functionalism에 따르면, 사회는 정치, 경제, 사회, 문화 등 다양한 부분들이 모여 전체적으로 안정을 유지하면서 결속을 다져가는 복잡다단한 체계다.[24] 기능론자들은 사회적 기능을 설명할 때 생물학적 비유를 동원하곤 한다. 우리의 몸처럼 사회도 하나의 유기체라 보고, 심장이 몸 전체로 혈액을 공급하면서 생명을 유지하는 데 결정적 역할을 하듯, 사회에도 심장과 유사한 기능을 담당하는 제도가 있다고 유추한다. 자본주의 사회에서는 경제 제도가 심장에 가장 가까운 역할을 한다고 볼 수 있다. 나아가 팔, 다리에 해당하는 사회 제도도 있고, 두뇌 기능을 담당하는 사회 제도도 있다고 본다. 이러한 유기체적 비유는 사회 각 시스템을 이해하는 데 유용한 도구가 되고 있다. 기능론은 기능 개념에 반영되고 있듯이 사회 질서 및 안정, 통합과 균형 등의 요소를 중요하게 생각한다. 사회가 질서를 유지하고 안정을 이루기 위해서는 도덕적 합의moral consensus가 이루어져야 하며, 이것이 사회 질서의 핵심 기반이 된다고 간주한다. 이 대목에서 뒤르켐의 주장이 기능주의에 유효하게 활용되고 있음을 알 수 있다.

기능론적 관점은 1960년대 하버드대학의 사회학자 탈코트 파슨스Talcott Parsons에 의해 꽃을 피웠다. 당시 미국은 제2차 세계대전이 끝나고 1950, 60년대를 거치면서 번영을 구가하던 시기였다. 유럽이 전후의 폐허 위에서 불안과 혼란을 경험했던 당시, 상대적으로 안정과 번영을 구가했던 미국의 사회적 상황을 설명하는 데 기능론이 주효했던 것이라 할 수 있다. (☞ 파슨스의 사회 체계 및 사회 기능에 대한 설명은 9장 2절의 '기능주의 교육론: 능력 본위주의' 부분을 참조할 것)

파슨스의 영향을 받은 로버트 K. 머튼Robert K. Merton은 기능론의 추상화 수준을 다소 낮춤으로써 실제 사회 현상의 분석에 유용하게 활용할 수 있는 개념들을 만들어내는 데 기여한다. 머튼은 기능을 명시적 기능과 잠재적 기능으로 구분하면서, 애리조나주 및 뉴멕시코주에 살고 있는 호피족 인디언의 레인 댄스rain dance 의례를 예로 들고 있다. 레인 댄스를 출 때 '비를 내려달라'고 기원하는 것이 명시적 기능이라면, 레인 댄스를 통해 호피족 공동체를 강화하고자 함은 잠재적 기능이라 할 수 있다. 한국의 제사 의례도 조상을 위해 예를 갖추는 것이 명시적 기능이라면, 문중이 하나가 되어 자신들의 힘을 키우고 결속을 다짐하는 자리를 만드는 것은 조상 제사의 잠재적 기능이라 하겠다.

머튼이 제시한 바 있는 순기능과 역기능 개념은 종교를 설명할 때 유효하게 적용된다. 앞서 뒤르켐이 주장했듯이 종교는 사회적 결속 및 통합의 기반이 된다. 만일 종교가 주어진 역할을 성공적으로 수행한다면 해당 종교는 순기능을 담당한다 할 수 있다. 그러나 종교가 갈등과 대립으로 인해 사회 분열을 조장한다면, 이는 종교가 역기능적 역할을 담당하는 실례라 할 것이다. 교육이 계층 이동의 기회를 제공하면서 사회적 불평등을 완화시키는 데 기여하는 제도로서의 기능을 한다면 순기능적이라 할 수 있을 것이나, 교육이 빈부 격차를 확대 재생산하는 데 기여하고 먼저 올라간 사람들이 사다리를 걷어차 밑에서 올라오는 사람들을 방해한다면 역기능적이라 평가할 수 있다.

갈등론

기능론의 반대편에는 갈등론conflict theory이 자리하고 있다. 기능론이나 갈등론 모두 거시적 시각에서 구조의 중요성을 강조하고 있다. 다만, 기능론이 안정과 조화와 통합과 결속을 지향하는 사회적 속성에 주목한다면, 갈등론은 정반대로 긴장과 갈등, 더불어 경쟁과 분열이 사회의 필연적 속성이라고 주장한다. 따라서 갈등론은 불평등하게 분배되어 있는 권력으로 인해 투쟁과 갈등이 일상화되어 있다는 관점에서 사회를 분석한다.

갈등론의 대표자로 인정받고 있는 학자는 랄프 다렌도르프Ralph Dahrendorf이다. 그의 역작 『산업 사회에서의 계급과 계급투쟁』은, 사회 질서의 핵심은 조화와 일치와 안정과 통합이 아니라 갈등과 분열과 이해관계의 충돌인 만큼, 이 부분에 초점을 맞추어 분석하고 연구해야 된다는 입장을 취하고 있다. 사회로부터 필연적으로 부상하는 갈등 현상은 개인과 집단 간 이해관계의 충돌로부터 나온다. 마르크스는 이해관계의 충돌이 계급으로부터 연유한다고 주장한 반면, 다렌도르프는 계급 갈등보다 권력의 불평등한 분배를 주원인으로 본다.

상징적 상호작용론

기능론 및 갈등론과 구분되는 세 번째 흐름으로 상징적 상호작용론symbolic interactionism이 있다. 상징적 상호작용론은 베버의 영향을 받아 조지 허버트 미드George Herbert Mead가 창시한 이론적 틀이다. 미드가 주목했던 바 인간을 사회적 존재로 만드는 건 상징을 사용한다는 점과 상호작용을 한다는 점이었다. 상호작용 시 인간은 언어 상징을 사용하고, 언어로 대표되는 상징의 의미를 적극적으로 해석하고 소통한다.

상징적 상호작용론은 미시적 세계에 초점을 맞추는 만큼 거시적 세계를 연구하기에는 부적절하다는 비판을 받아왔다. 그러나 상징적 상호작용론의 관점을 고수하면서도 권력 및 구조의 문제를 성공적으로 통합한 사례가 있다. 앨리 혹실드의 『감정노동: 인간 감정의 상품화』가 그 주인공이다. 오늘날 다양한 영역에서 적극 활용되고 있는 혹실드의 감정 노동emotional labor 개념은 치밀하고도 생생한 사례 연구로부터 나왔다. 애틀랜타에 소재한 델타항공사 승무원들을 대상으로 심층면접을 실시한 혹실드는, 자본주의가 진전됨에 따라 제조업 부문이 축소되고 서비스 부문이 확대되는데, 이때 서비스 부문의

읽을거리

김문조 외, 『오늘의 사회이론가들』(2016)

현대 사회학의 대가 16명을 선별해 그들의 생애와 사상, 이론 등을 국내 유수의 사회학자 18명의 시각으로 풀어놓은 책이다.

1부 '탈산업사회 자본주의 세계 체제'에서는 대니얼 벨의 탈산업사회론, 리처드 세넷의 자본주의 불평등론, 이매뉴얼 월러스틴의 세계체제론을 소개하고 있고, 2부 '네트워크 위험 유동성'에서는 마누엘 카스텔의 네트워크 사회학, 울리히 벡의 위험 사회론과 세계시민주의 전망, 지그문트 바우만의 유동적 현대 사회론, 그리고 니클라스 루만의 다중 패러다임에 입각한 사회 체계론을 다루고 있다. 3부 '개인 합리성 소비'에서는 제임스 콜먼의 비대칭 사회와 합리적 선택이론, 레이몽 부동의 일상적 합리성 이론, 조지 리처의 맥도널드화된 사회와 소비세계론을 소개하고 있고, 4부 '신화 상징 실재'에서는 질베르 뒤랑의 신화방법론과 심층사회학, 로버트 벨라의 종교사회학, 피터 버거의 인간주의 사회학과 실재의 사회적 구성론을 포함하고 있다. 5부에서는 몸·일상·감정을 주제로 도나 해러웨이의 사이보그 페미니즘, 앨리 혹실드의 감정 노동부터 아웃소싱 자아에 이르는 일상의 해부, 그리고 에바 일루즈의 감정사회학 등 여성 사회학자의 이론을 소개하고 있다.

책 속에 등장하는 대다수 이론은 위르겐 하버마스 이후 3세대 사회학 이론을 다룬 비교적 최근의 논의인 만큼 여전히 현재진행형이다. 이론가 16명의 생애와 사상을 읽어가는 동안 한 치 앞을 내다보기 힘든 복잡한 현대 사회를 멀리서, 또 가까이서 들여다보는 경험을 하게 될 것이다.

대다수 노동자들은 서비스를 제공하는 과정에서 고객의 만족도를 높이기 위해 노동자 스스로 자신의 감정, 표정, 몸가짐 등을 세심하게 관리하고 통제해야 하는 상황에 놓이게 됨을 발견했다. 비단 항공사 승무원만이 아니라 확산일로에 있는 콜센터 직원도 대표적인 감정노동 수행자라 할 수 있다. 고객들이 무리하게 화를 내거나 험한 욕설을 퍼부어도 콜센터 직원들은 고객을 위해 최선의 서비스를 제공하면서 자신의 감정을 통제하고 관리해야 된다.

지금까지 살펴본 기능론·갈등론·상징적 상호작용론 이외에도 사회학 세계에서는 무수히 많은 이론들이 끊임없이 주변에서 펼쳐지고 있는 사회 현상과 그 속에 살고 있는 인간을 이해하기 위해 부단한 노력을 기울이고 있다.

4. 거대 이론과 중범위 이론

고전 사회학자들 다수는 대표적인 거대 이론가grand theorists들이다. 뒤르켐은 사회 질서의 기반이 기계적 결속으로부터 유기적 결속으로 변화되어감을 이론화했고, 마르크스는 변증법적 역사발전론에 기반 한 자본주의 체제 이론을 구축했다. 사회 변동의 방향이 '합리화'를 지향한다는 사실을 포착한 베버는 조직의 합리화를 실현한 것이 관료제요, 경제의 합리화를 구현한 것이 시장 자본주의요, 권력 기반의 변화 또한 전통적 권위로부터 합법적 권위를 향한 합리화의 결과로 보았다.

이처럼 사회학자들이 추상적이고 광범위한 이론적 논의에 몰두해온 사실에 의문을 제기하면서 머튼은 '중범위 이론middle range theory'을 제창했다. 머튼의 중범위 이론이란, 경험적 연구를 통해 직접 검증할 수 있을 만큼 구체적인 동시에 일정 범위의 다양한 현상에 적용될 수 있을 만큼 보편적인 이론을 의미한다. 머튼은 중범위 이론의 사례로 '상대적 박탈감 이론'을 들고 있다. 상대적 박탈감이란 사람들이 자신의 처지를 평가할 때 누구와 비교하느냐에 따라 자신의 위상이 달라짐을 뜻한다. 곧 개인이 느끼는 박탈감은 개인이 경험하는 물질적 빈곤 수준과 일치하지 않는다는 사실을 함축하고 있다. 예컨대 빈곤 지역의 작은 집 거주자보다 부유한 지역의 작은 집 거주자가 상대적 박탈감을 더욱 강하게 느끼게 마련이다.

물론 사회학의 이론적 지평이 중범위에 국한될 필요는 없다. 이론적 사고의 다양성은 인간 행동과 사회 구조의 복잡성 및 역동성을 투영할 뿐이다. 하나의 단일한 이론적 전망이 인간 행동의 모든 측면을 담아낼 수 없음은 자명하다.

미시사회학과 거시사회학

사회학 이론은 분석 수준에 따라 미시사회학과 거시사회학으로 나누어지기도 한다. 미시사회학은 대면적 상호작용 상황에서 일상적 행동을 연구하는 반면, 거시사회학은 정치 체제 및 경제 질서 등 거대 사회 체계에 관한 분석이나 산업화 등의 장기적 변화 과정을 연구한다.

거시사회학과 미시사회학의 관계는 매우 밀접히 연계되어 있다. 일상생활을 영위하는 방식은 더욱 광범위한 제도적 틀로부터 영향을 받기 때문이다. 일례로 중세 시대의 일상과 현대 산업사회의 일상은 질적으로 확연한 차이를 보인다. 미시적 분석 또한 거시 사회 제도적 유형 탐색에 매우 유용하다. 대면적 상호작용은 모든 사회 조직의 기초가 되기 때문이다. 기업 조직의 작동 방식을 이해하고자 한다면, 조직 구성원 간의 상호작용을 분석하는 것이 중요하다.

chapter 02

사회적 상호작용과 일상생활

1. 일상생활 낯설게 보기

미국 사회학자 어빙 고프만Erving Goffman이 제안한 '시민적 무관심civil inattention' 개념은 일상생활 낯설게 보기의 의미를 생각해보는 데 좋은 출발점이 된다.[1] 만일 빨간색 신호등 앞에서 파란색 신호등으로 바뀌기를 기다리고 있을 때 낯선 사람이 여러분을 뚫어지게 응시한다면, 어떤 반응을 보이겠는가? 실험 결과, 낯모르는 사람의 시선을 의식하는 순간 사람들은 불쾌한 표정을 지은 채 빠른 걸음으로 피하거나, 두려움을 느껴 무작정 도망가거나, 자신을 뚫어지게 바라보는 사람에게 다가와 정식으로 항의하는 등의 반응을 보였다. 신호등 앞에서의 간단한 실험은 익명의 개인들이 모여 사는 도시 생활에서는 서로에게 무관심한 것이 예절임을 함축하고 있다. 곧 '시민적 무관심'은 상대편을 무시하기 위함이 아니라, 어쩌면 무례하게 보일지 모르는 미묘한 상황을 회피하기 위한 약속을 공유하고 있음을 뜻한다.

실제로 누군가를 응시하는 행위는 사회적으로 특별한 의미를 갖는다. 연인 사이라도 상대를 지나칠 만큼 뚫어지게 바라본다면, 그것은 '당신을 못 믿겠어요.' 혹은 '당신을 이해할 수 없어요.'라는 의미를 담는다. 정작 응시를 해야 하는데 서로의 눈길을 회피한다면, 그건 상대방을 믿을 수 없다거나 말로는 표현할 수 없는 불편함이 있음을 암시한다.

우리는 일상생활 곳곳에서 시민적 무관심이 유효하게 작동하는 상황을 심심치 않게 만날 수 있다. 엘리베이터에 먼저 타고 있던 두 사람이 비밀스런 대화를 나누는 것 같다고 느낄 때 우리는 '당신들 이야기를 듣고 있지 않다'는 메시지를 애써 표현하는데, 이는 시민적 무관심의 전형적 예라 할 수 있다. 대중목욕탕이나 공중화장실을 이용할 때도 우리는 서로 눈을 마주치지 않으려 노력한다. 헬스클럽이나 찜질방 또한 시민적 무관심을 관찰할 수 있는 좋은 공간이다. 이곳에서는 땀을 흘리거나 잠을 자는 등 친밀한 관계에서만 공유할 수 있는 행동을 하게 마련인데, 이때 서로를 향해 무관심을 표명하는 것이 우리가 합의한 도시 생활의 예절인 것이다.

오늘날 사회학은 사소하거나 하찮게 여겨질 수도 있는 일상 속의 사회적 상호작용에 대해 그 어느 때보다 깊은 관심을 갖고 다양한 연구를 진행하고 있다. 그 이유로는 다음 세 가지를 생각해볼 수 있다.

첫째, 매일의 일상과 면面 대 면面 상호작용은 삶에 구조와 형태를 만들어주는 동시에, 인간은 사회적 존재라는 사실을 깨닫게 해주기 때문이다. 일상의 상호작용을 연구함으로써 나 자신과 사회생활의 기본 틀에 대해 유용하고 의미 있는 정보를 얻을 수 있게 된다.

우리의 일상은 자연스럽게 무작위적으로 이루어지기보다는 일정한 패턴을 유지하며 반복적으로 진행된다. 대학생의 경우 학기 중에는 일주일을 단위로 일상의 리듬이 구조화되고, 방학이 시작되면 새로운 스케줄에 따라 일상이 진행된다. 학생 시절에는 방학을 즐길 수 있지만 학교를 졸업하면 방학 없는 일상이 우리를 기다리고 있다. 동일한 기자라 하더라도 일간지와 주간지, 월간지 기자들의 생활 패턴은 다를 수밖에 없다. 일간지 기자는 하루 중 기사 마감 시간이 가장 바쁠 것이고, 월간지 기자는 한 달 중 마지막 주가 가장 분주할 것이다. 그런가 하면 대부분은 주중과 주말의 생활 패턴에 현격한 차이를 보인다. 주중에는 직장 생활과 연관되어 규칙적 활동을 하지만, 주말에는 가족과 여가를 보내는 등 여유로움을 즐길 것이다. 대학 중퇴나 군 입대 등의 사건이 개인 삶의 패턴에 중요한 변화를 야기하기도 한다.

일상생활을 연구하는 두 번째 이유는, 인간 삶의 조건이라 할 사회적 실재가 고정되거나 정태적 속성을 지닌 것이 아니라, 인간의 상호작용에 의해 끊임없이 해석되고 창조되기 때문이다. 이 과정을 일컬어 '실재의 사회적 구성social construction of reality'이라 한다.[2] 우리는 일상을 연구함으로써 개인이 사회적 실재를 적극적으로 구성하는 과정을 파악할 수 있다.

1970년대 후반 이화여자대학교 앞은 달동네였다. 대학 입학 후 3학년이 될 때까지 학교 앞을 지나다녔건만, 나는 그곳에 달동네가 있다는 사실조차 거의 인식하지 못했다. 사회학을 전공하게 되면서 한국 사회에는 빈곤한 사람들도 있고 불평등한 현실도 존재한다는 것을 배웠다. 빈곤 및 사회적 불평등 개념을 인지하게 된 이후부터 학교 앞을 지날 때면 달동네의 고달픈 현실이 눈에 들어오기 시작했던 경험이 있다.

우리가 기존의 인식·개념·통념 등을 토대로 구성한 안경을 쓰고 사회를 바라본다는 사실을 직시했던 피터 버거Peter L. Berger는 "우리는 사회를 있는 그대로 보는 것이 아니다. 우리가 보는 대로 사회가 존재한다."는 명언을 남겼다.[3] 각 개인이 사회적 환경 및 구조적 조건을 어떻게 받아들이고 있는지 이해하기 위해서는 일상을 세밀하게 분석할 필요가 있다.

일상의 상호작용을 연구하는 세 번째 이유는 미시적 생활을 통해 거시적 조직과 구조, 그리고 시스템에 대한 이해를 높일 수 있기 때문이다. 이 장의 도입부에 소개한 '시민적 무관심'이라는 미시적 의례는 도시 생활이라는 거시 구조적 메커니즘을 이해하는 데 중요한 단서를 제공해준다. 만일 농촌 지역에 살면서 도시에서 생활하듯 시민적 무관심을 보인다면, 그(녀)는 마을에서 버릇없고 무례한 사람으로 인식될 가능성이 높다. 따라서 시민적 무관심은 익명적 개인이 모여 사는 도시 생활의 특징을 보여주는 메커니즘 중 하나로 이해할 수 있다.

기업의 조직 문화에 관심을 갖고 있는 경우라면, 해당 기업의 일상을 관찰함으로써 조직 문화가 권위적인지 민주적인지 여부를 판단할 수 있다. 상사와 부하 직원 간에는 어떤 유형의 상호작용이 이루어지고 있는지, 상사의 리더십이 권위적이고 지배적인지, 아니면 부하 직원들의 목소리를 경청하고 있는지 등의 질문에 답을 구함으로써 조직 문화의 단면을 규명할 수 있다.

2. 흥미롭고 미묘한 일상생활의 커뮤니케이션

비언어적 의사소통의 세계

우리는 의사소통을 할 때 언어 한 가지에만 오롯이 의존하기보다 언어 이외의 다양한 수단을 동원한다. 언어 이외의 소통 도구를 일컬어 '비언어적 의사소통'이라 하는데, 얼굴 표정, 몸짓, 몸동작 등이 이에 해당된다. 다양한 비언어적 의사소통 도구를 활용하는 이유는, 언어로 표현한 것을 취소하거나 뒤집거나 강조하거나 확장함으로써, 화자話者의 의도를 명료하고 풍성하게 표현하고자 함이다.

비언어적 의사소통의 실례를 들어보면, 첫째로 다양한 얼굴 표정이 있다. 얼굴 표정 연구의 대표적 학자로는 폴 에크먼Paul Ekman이 있다. 에크먼 교수팀의 연구 결과에 따르면, 인간은 동물과 비교해볼 때 정교하게 발달된 안면 근육을 갖고 있다. 에크먼 교수팀은 특정한 감정을 표현할 때의 안면 근육 움직임을 세밀하게 관찰한 결과를 토대로 안면행위부호화 시스템을 개발했다.[4]

찰스 다윈Charles Darwin 또한 일찍이 인간은 얼굴 표정을 통해 다양한 감정을 표현하고 있음을 발견한 바 있다. 에크먼 교수팀은 뉴기니아 원시 부족을 대상으로 다윈의 주장을 입증하기 위한 연구를 진행했다. 그들은 뉴기니아 부족의 다채로운 표정이 어떤 감정을 표현하고 있는지 서구인들에게 물어보았다. 놀랍게도 서구인들은 원시인들의 얼굴 표정 속에 어떤 감정이 담겨 있는지 정확하게 맞춰냈다. 이 결과를 토대로 기쁨, 슬픔, 분노, 혐오, 두려움, 놀라움을 담은 표정은 모든 문화권에서 동일한 형태로 나타나고 있음을 밝혀냈다(〈그림 2〉 참조).

한편 이블 이베스펠트Eible Eibesfeld는 여섯 명의 시각장애인과 청각장애인 어린이들의 표정을 사진으로 기록한 다음, 정상인들에게 이들이 어떤 감정을 표현하고 있는지 질문해보았다. 결과는 서구인과 원시인을 대상으로 한 연구와 동일했고, 신생아와 성인의 표정을 대상으로 한 연구에서도 동일한 결과가 나타났다. 결국 얼굴 표정을 통해 드러나는 여섯 가지 감정은 문화적 다양성에 좌우되는 것이 아니라 생물학적 보편성에 기반하고 있음이 다양한 연구를 통해 확인된 셈이다.

비언어적 의사소통 양식의 두 번째 사례로는 흔히 제스처라 부르는 몸짓 혹은 자세를 들 수 있다. 몸짓이나 몸자세는 말을 보완하거나 말 대신 원래 의도했던 의

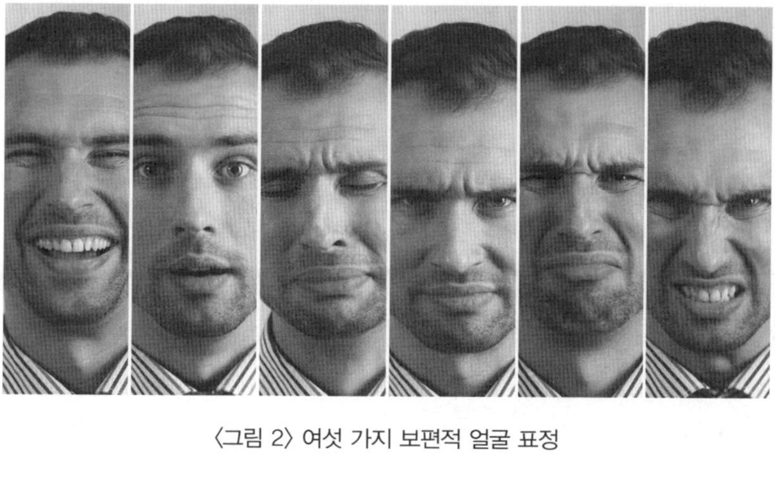

〈그림 2〉 여섯 가지 보편적 얼굴 표정

미를 전달하기 위해 동원된다. 이들은 우스갯소리를 할 때, 역설적임을 드러낼 때, 상대방을 의심하고 있음을 표현할 때 주로 사용된다. 거짓말을 하면서 얼굴이 붉어지거나, 진땀을 흘리거나, 안절부절못하거나, 시선을 이리저리 돌리거나, 한 가지 표정을 오래도록 지속하는 등의 행위는 예외 없이 감정을 자연스럽게 드러내는 전형적 방식이라 할 수 있다.

다만 얼굴 표정은 문화적 보편성을 따르지만, 몸짓 및 몸자세는 문화적 다양성을 보인다는 사실에 주목할 필요가 있다. 미국인들은 어색함을 느낄 경우 "웁스 Oops!" 하면서 어깨를 으쓱하지만, 한국에서 동일한 표현에 유사한 몸짓을 할 경우에는 주위 사람들로부터 오해받을 소지가 다분하다. 또한 가운데 손가락을 치켜세우는 것은 문화권에 따라 모욕적 표현인 경우가 있으니 주의해야 한다.

남성과 여성, 성별에 따라 비언어적 의사소통의 의미가 다르게 이해되고 표현됨은 놀라운 일은 아니다.[5] 성차 및 성 역할은 사회적 권력 및 지위와 밀접한 연관이 있기 때문이다. 우리는 종종 의사소통 중 눈맞춤을 하게 마련인데, 남성이 여성보다 자유롭게 낯선 이들과 자주 눈맞춤을 한다. 이유는 분명하다. 남성들이 누군가를 뚜렷이 바라볼 때는 별 뜻 없는 행위로 해석되거나 자연스럽게 받아들여진다. 반면 여성들이 누군가를 뚫어지게 응시하면, 상대를 유혹한다거나 성적 암시를 담고 있는 것으로 해석되곤 한다. 응시나 눈맞춤이 젠더에 따라 달리 해석되고 있음은 개별적 차원에서는 별 의미가 없는 듯 보이지만, 집단적 차원에서는 성별 지배 유형을 강화하고 있다는 점에서 주목을 요한다. 지하철, 버스, 극장 등 공공장소에서 남성들은 다리를 벌린 채 뒤로 기대어 앉는데, 여성들은 다소 위축된 자세로 다리를 포개어 앉는 경우가 빈번하다. 또한 여성들은 대화 상대를 향해 가까이 다가가기를 선호하고, 남성들은 여성들을 향한 빈번한 신체적 접촉을 원하는 것으로 나타나고 있다.

남녀 간에 관찰되는 또 다른 차이로는 웃음(미소)이 있다. 여성이 남성보다 잘 웃고, 어린이가 어른보다 잘 웃으며, 흑인이 백인보다 잘 웃는다. 웃음이 '당신과 싸울 의지가 없음'을 보여주기 위한 징표라는 인류학적 해석은 사회적 약자들의 웃음을 이해하는 데 도움을 준다. 남성보다는 여성이 얼굴 표정을 통해 자신의 감정을 드러내는 경향이 있고, 눈맞춤 또한 훨씬 자주 시도하는 것으로 나타난 바, 이 모든 결과는 여성의 사회적 지위가 남성에 비해 열등함을 함축적이고 상징적으로 보여준다 하겠다. 비언어적 의사소통을 주제로 한 연구는 남성이 여성보다 더욱 많은 권력(힘)을 갖고 있음을 드러내주는 미시적 단서들을 제공해준다.

상호작용의 사회적 규칙

일상생활 속 커뮤니케이션에 담긴 흥미로움과 미묘함은 상호작용할 때 사용되는 말 속에도 정교하게 녹아 있다. 상호작용은 일련의 언어적 교환을 통해 수행되는데, 이 과정을 의미하는 영어 표현은 매우 다채롭다. talk, tell, conversation, utterance 등에 더하여 encounter라는 표현도 있다.

바로 이 '말'을 이해하기 위해, 일상생활 속에 사용되고 있는 민속 방법 혹은 습속에 주목하는 연구방법론을 일상생활방법론ethno-methodology이라 한다. 일상생활방법론을 적용한 연구는 일상 속에서 의미가 어떻게 부여되고 또 어떤 맥락에서 활용되는지를 민감하면서도 예리한 감각을 동원해 분석한다. 대표적 학자로 해럴드 가핑클Harold Garfinkel[6]이 있다. 가핑클에 따르면 사람들 간의 대화를 이해하기 위해서는 단어 자체의 의미도 물론 중요하지만, 대화가 이루어지고 있는 사회적 맥락을 고려해야만 그 의미를 명료하고도 충분하게 파악할 수 있다. 다음의 대화를 예로 들어보자.

A: 저 열네 살짜리 아들이 있어요.
B: 아 괜찮습니다.

여기까지만 들어보면 대부분의 사람은 재혼 상대와 대화를 나누는 것으로 추측할 것이다. 그러나 뒤를 이어

A: 제가 개도 한 마리 키웁니다.
B: 미안합니다. 안 되겠습니다.

이렇듯 끝까지 대화를 들어보면, A는 방을 구하는 중이고 B는 방을 소유하고 있음을 알 수 있다. 결국 대화는 단어 각각의 의미와 더불어 대화가 이루어지는 맥락

이 함께 고려될 때 정확한 이해가 가능하다.

대화를 할 때 우리는 서로가 알고 있는 지식과 경험을 거의 무의식적으로 대화 과정에 끼워 넣는다. “너 어제 뭐했니?”라고 물었을 때는 “몇 시에 일어나고 몇 시에 세수하고 아침은 무엇을 먹었니?” 등을 시시콜콜하게 묻고자 한 것이 아니라, 어제 일어났던 일 중 가장 중요하거나 의미 있는 사건을 물어본 것이다. 친밀한 관계일수록 대화 중간에 지시 대명사를 빈번하게 끼워 넣는다는 사실도 흥미롭다. 상대방이 친한 친구라면 전화 통화를 시작할 때 “나야, 나” 하는 것으로 충분하다. 그러나 낯선 사람에게 처음 전화를 걸게 되면, 이름도 밝히고 직업과 지위 등 자신에 대한 신상 정보를 제공해야 한다. 대화에서 대명사가 자주 활용된다면 이들 관계가 매우 친밀함을 유추해볼 수 있을 것이다.

가핑클은 자신의 학생들이 일상생활 방법론을 직접 경험할 수 있도록 ‘집에서 24시간 동안 손님 역할을 해볼 것. 그 과정에서 가족들의 반응을 세밀히 관찰해볼 것.’이라는 과제를 내주었다. 가핑클 교수의 가이드라인을 받은 학생들은 집에 도착한 직후부터 손님 역할을 충실히 수행했다. 보통 때라면 직접 문을 열고 들어갔겠지만, 초인종을 눌러 가족 중 누군가가 자신을 응대하도록 했고, 편안한 옷으로 갈아입는 대신 외출복을 그대로 입은 채 불편함을 감수했다. “저녁 먹자!”는 엄마의 제안에 “멋진 식사에 초대해주셔서 감사합니다.”라고 정중하게 인사하며 식탁에 앉았다. 학생들이 24시간 집에 머물며 손님 역할을 하는 과정에서 가족들이 보인 반응은 예상대로였다. 처음에는 대수롭지 않게 받아들였으나, 시간이 갈수록 당황스러워하거나 화를 내는 경우가 빈번하게 관찰되었다. ‘집에서 손님 역할 하기’ 실험은 우리가 합의하고 있는 규칙을 의도적으로 깨뜨렸을 때 상대방이 얼마나 당황해하고 불편해하는가를 확인함으로써, 거꾸로 우리가 합의하고 있는 일상의 규칙이 무엇인지를 확인해준 사례라 할 수 있다.

가핑클이 제안한 실험이 아니어도 누구나 간단한 실험을 통해 일상에서 합의하고 있는 규칙을 어렵지 않게 발견할 수 있다. 친구나 지인을 만나게 되면 우리는 “잘 지냈니? 요즘 어떻게 지내?”, “그럭저럭 잘 지내.”라는 식의 의례적 인사를 주고받곤 한다. 이번에는 상대방이 “요즘 잘 지내?”라고 물으면 의례적인 대답 대신 “도대체 무슨 의미로 나한테 그런 질문을 하는 거야?”라고 되물어보자. 이런 뜻밖의 행동에 상대가 어떤 반응을 보이는지 세심하게 관찰해보면, 일상적 인사를 주고받을 때 합의된 규칙을 새삼 확인할 수 있을 것이다.

우리가 일상생활을 안정적으로 영위해나갈 수 있는 건 무엇을, 왜 말하는지에 대해 무언無言의 문화적 가정을 공유하고 있기 때문이다. 이를 확인하기 위해 코미디 프로그램을 보면서 언제 방청석에서 웃음이 터지는지 관찰해보는 것은 유용한 방법이 될 것이다. 코미디·농담·재치 등이 웃음을 유발하는 것은 다 함께 가정하고 있는 합의를 고의적으로 깨뜨리기 때문임은 물론이다.[7]

일상적 상호작용의 본질에 담긴 의외의 반전反轉을 포착한 개념으로는 상호작용적 반달리즘interactional vandalism이 있다. 반달리즘이라는 단어의 사전적 의미는 '야만적인' 혹은 '비문명적인' 등으로 부정적 함의가 내포되어 있다. 상호작용적 반달리즘이란 사회적 하위층이 기존 주류층과 일상적 상호작용을 시도하면서 상호작용의 미세한 기반을 의도적으로 깨는 행위를 의미한다. 이 개념은 어느 한편이 의도적으로 대화에 응하지 않는 것은 무례한 행위임을 전제로 한다. 단 상호작용적 반달리즘 상황에서는 대화를 원하는 측이나 대화를 거부하는 측이나 모두 미묘한 합의를 고의로 깨뜨리는 상황을 유도함으로써 상호작용의 의미를 다시금 생각해 보는 계기를 마련해준다.

상호작용적 반달리즘 역시 구체적 예를 통해 그 의미가 분명해질 것이다. 길거리에서 흔히 관찰할 수 있는 상황으로, 대개는 흑인 남성 노숙자가 말쑥한 정장 차림의 백인 여성을 향해 대화를 시도한다. 이 상황에서 대부분의 여성은 대화에 응하지 않고 가던 길을 재촉하는데, 그럴수록 남성들은 무례하고도 집요하게 대화를 요구하는 상황이 발생한다. 앞서도 언급했듯이 어느 한편이 대화를 요청했을 때 그것을 거부함은 무례하기 그지없는 행동으로, 당사자들에게 긴장을 불러일으킨다. 대화에서 타이밍은 매우 정밀한 지표로서, 응답을 순간적으로 늦추는 것은 대화의 물꼬를 바꾸려는 의도를 나타내는 신호이다. 그러나 상호작용적 반달리즘의 경우에는 무례하게 대화를 시도하는 흑인 남성이나 무례하게 응답을 거부하는 백인 여성 모두 '기술적으로 무례한 방식'의 대화를 시도하고 있다.

상호작용적 반달리즘은 미시 수준과 거시 수준에서 작용하는 힘이 서로 연계되어 있음을 보여주는 전형적 사례이다. 위의 사례는 흑인과 백인 간 인종 문제, 여성과 남성 간 젠더 관계, 그리고 '흑인 남성=노숙자', '백인 여성=정규직'이라는 계급 문제까지 포함하고 있다. 결국 다양한 불평등 구조가 중첩되면서 야만적이라 느껴질 수도 있는 상호작용 유형이 발생함을 보여준다 하겠다.

반응 외침responses cries 또한 일상적 상호작용의 흥미로운 순간을 재치 있게 포착한 개념이다. 이는 모두가 일상생활 속에서 빈번하게 저지르는 실수와 관련되어 있다. 테이블 위에 놓인 커피 잔을 엎지르면 우리는 순간적으로 "어머나", "아이쿠" 등의 의미 없는 소리를 내게 된다. 사람들이 보는 앞에서 미끄러져 넘어질 때도 "'아휴", "이런" 등의 간단한 소리를 낸다. 이를 일컬어 반응 소리라 하는데, 주위에 보는 사람이 없을 경우엔 반응 소리를 생략하기도 한다. 반응 소리가 의미하는 바는, '지금 단순한 실수를 했을 뿐, 무능하거나 이상한 사람은 아니니 걱정하지 마십시오.'라는 신호를 보내는 것이다. 실수 장면을 함께 목격한 사람들도 '당신의 행동이 가벼운 실수임을 알고 있다.'는 응답을 보내게 된다. 이러한 반응 외침의 교환은 사소한 상황에 대해서도 서로를 의식하며 통제된 주의controlled alert를 기울이고 있음을 보여주는 생생한 사례라 하겠다.

3. 사회는 연극 무대?

마주침

도시적 생활 속에서 우리는 대부분 초점 없는 상호작용unfocused interaction 상황에 놓이곤 한다. 혼잡한 거리를 걷기도 하고 극장이나 공연장을 찾기도 하지만, 그곳에서 친구나 지인을 만나는 경우는 극히 드물다. 결혼식장에서도 친지들보다 낯선 이들과 자주 부딪힌다. 이런 상황에서는 상대가 누구든 서로의 존재를 인식하되 직접적 상호작용을 하는 것은 아니라는 메시지를 보내는데, 이를 일컬어 '초점 없는 상호작용'이라 한다.

사회학자들의 관심은 물론 초점이 맞춰진 상호작용focused interaction에 있다. 초점이 맞춰진 상호작용은 상대방이 무슨 이야기를 하는지, 혹은 상대방이 어떤 행동을 하는지 주의를 기울일 때 시작된다. 관심을 수반하는 상호작용의 시작을 고프만은 '마주침encounter'이라고 명명했다. 보다 의미 있는 상호작용의 시작이라 할 수 있는 마주침의 실례로는 가족들 간의 일상적 상호작용, 친구들과 나누는 짧은 대화, 수업 시간에 이루어지는 공식적 토론 등을 들 수 있다.

흥미로운 건 초점 없는 상호작용으로부터 초점이 맞춰진 상호작용으로 옮겨갈 때 항상 '시작opening'이 필요하다는 점이다. 혼잡한 거리에서 친구를 만나면 우리는 손을 흔들거나 반가운 표정을 지음으로써 초점이 맞춰진 상호작용의 시작을 알린다. 이처럼 시작을 알리는 신호가 필요한 이유는 시민적 무관심을 중단하는 순간, 관계의 성격에 따라 위험 부담이 따르기 때문이다. 마주침의 성격을 둘러싸고 오해의 소지가 있을 때는 시작 신호를 주는 것이 안전하다. 예를 들어 혼잡한 거리에서 친구를 만났을 때 반가움을 표시하는 것은 오해의 소지가 없으나, 소개팅 혹은 파티 자리에서 처음 만난 사람에게 말을 걸기 시작할 때는 필히 시작의 의례가 요구된다.

상호작용 시 '나타내는give' 표현과 '그냥 하는give off' 표현을 구분하는 것도 흥미로운 작업이다. 나타내는 표현은 특정한 인상을 전달하기 위한 의도적 표현을 의미하고, 그냥 하는 표현은 개인의 말과 행동의 진실성 여부를 파악하는 데 단서가 되는 표현을 지칭한다. 구체적 예로, 손님이 음식점 주인에게 "잘 먹고 갑니다."라고 할 경우는 나타내는 표현임이 분명한데, 이 표현이 액면 그대로의 뜻을 담고 있는지 여부는 다른 정황들을 함께 관찰해보아야 알 수 있다. 만약 손님이 음식을 남기고 가면서 "잘 먹고 갑니다."라고 하는 경우는, 음식을 잘 먹고 간다는 의미보다는 '함께 온 사람들과 좋은 시간을 보냈기에 기분이 좋습니다.'라는 의미를 갖게 될 것이다. 따라서 초점이 맞춰진 상호작용 과정에 들어갈 때 말 자체의 의미와 더불어 말이 표현되는 정황이나 맥락을 함께 고려할 필요가 있다. 이때 실제로 주고받는 언어, 혹은 말과 함께 얼굴 표정이나 몸짓을 통한 비언어적 의사소통이 효과적으로 가미된다면 의사소통의 유연함이나 효과는 배가될 것이다.

인상 관리

사회생활은 마치 무대 위에서 배우가 행하는 연기와 같다는 비유에 착안한 연극학적 사회학의 대표적 개념으로 인상 관리impression management가 있다. 인상 관리는 연극 무대의 연기자들처럼 관객에 해당하는 타인들에게 자신이 어떻게 보이는지 민감하게 의식하며, 동시에 타인들로 하여금 자신이 원하는 방식대로 반응하도록 관리함을 의미한다.

인상 관리가 필수인 대표적 직업으로는 외교관이 있다. 외교 무대에서 자국의 이익을 대변해야 하는 외교관의 인상 관리는 대부분 무의식적으로 이루어진다. 결혼정보회사에서 주관하는 선 자리에 나간 신랑·신부 후보들은 상대방에게 최대한 매력적인 모습으로 보이기 위해 인상 관리에 주력할 것이다. 대학 입학 및 기업 입사 면접에도 인상 관리가 중요함은 물론이다. 면접자는 면접관 앞에서 '나는 신뢰할 만한 사람이자 유능한 사람'이라는 메시지를 전달하기 위해 인상 관리에 전력투구하게 된다.

연극 무대에서 사용되는 개념 중 사회생활을 설명하는 데 특별히 유용한 것으로 인상 관리 이외에도 역할 개념이 있다. 사회적 역할은 사회적 지위 및 위치에 수반되는 사회적으로 규정된 기대를 의미한다. 교사라는 특정 지위에 대해 학생과 사회는 그에 상응하는 방식으로 행동해줄 것을 기대하는데, 이들 기대를 묶어 교사의 사회적 역할이라 한다. 사회적 역할은 사회적 지위와 밀접한 관련을 가진다.

개인은 다양한 역할의 지위 모둠을 갖는다. 지위 모둠 안에는 귀속 지위ascribed status와 성취 지위achieved status가 있다. 귀속 지위는 생물학적 요인에 의해 개인에게 부과된 것으로, 인종, 성별, 연령 등이 이에 해당된다. 반면 성취 지위는 개인의 노력에 의해 얻어지는 것으로, 대학생, 정규직 노동자, 올림픽 금메달리스트 등을 들 수 있다.

지위 모둠 중 모든 지위에 대해 우선권을 갖고 한 개인의 전반적 위치를 결정하는 지위를 일컬어 중심 지위라 하는데, 성과 인종이 이에 해당된다. 상대방을 만났을 때 여성인지 남성인지, 더불어 백인인지 유색 인종인지 여부가 가장 먼저 인식되면서 상대방에 대한 전반적 인상을 결정하게 된다.

표면 영역과 이면 영역

연극에서 차용된 또 하나의 흥미로운 개념으로는 표면 영역front stage과 이면 영역back stage이 있다. 연극 무대는 관객들을 향해 직접 열린 전면과 관객들 눈에 보이지 않는 무대 뒤편으로 구성된다. 연기자들은 무대 앞에 섰을 때와 무대 뒤에 있을 때 전적으로 상이한 행동양식을 보인다는 데 착안하여 등장한 개념이다.

무대 전면에 해당되는 표면 영역에서는 사회가 규정한 공식적 역할을 수행하는 마주침이 이루어진다. 연극 무대의 뒤편이나 영화 촬영 중 막간에 해당되는 이면 영역에서는 표면 영역에서 마음 놓고 할 수 없었던 불경스러운 언어 구사나 공개적인 성적 표현, 경솔한 행동 등이 거리낌 없이 이루어진다. 음식점을 예로 든다면 홀에서 손님들을 친절하게 대접하는 것은 표면 영역이기에 가능한 일이다. 하지만 고객으로부터 공손하게 주문을 받고 멋진 서비스를 제공했던 종업원이 뒤편 주방에서는 불경한 언어를 사용하기도 하고 단정치 못한 행동을 하기도 하는데 이는 이면 영역이기에 가능한 것이다.

사회 전체적으로 볼 때 이면 영역에 해당되는 곳은 가족이다. 표면 영역이라 할 사회생활에서는 공식적 역할 수행의 부담을 느끼지만, 집에 돌아오면 편안하게 휴식을 취하며 자연스러운 행동을 하게 된다는 점에서 가족은 이면 영역이라 할 수 있다.

역할 수용의 미묘한 사례: 산부인과 내진

대부분의 역할은 쉽게 수용되고 편안하게 실행에 옮길 수 있지만 예외적으로 미묘한 상황들이 있다. 대표적 사례 두 가지를 통해 역할 수용의 미묘함이 어떠한 방식으로 관리되고 있는지 살펴보기로 한다.

첫 번째로는 제임스 한슬린과 매 빅스James Hanslin and Mae Biggs의 연구에 등장하는 사례로 남자 산부인과 의사와 여자 환자 사이의 특별하고도 민감한 만남을 들 수 있다. 이들의 '마주침'은 양편 모두에게 당혹감을 안겨주는 동시에 잠재적 모호성을 내포한다. 이에 산부인과에서는 낯선 의사 앞에서 여성의 가장 은밀한 부위를 노출해야 하는 상황에 대비하여 비교적 정교한 각본을 준비하고 있다.

산부인과에 가면 준비 작업에 해당되는 프롤로그를 지나, 직접적 목적을 수행하는 내진 과정을 거친 후, 다시 일상으로 돌아오기 위한 에필로그를 거친다. 프롤로

그 단계는 여성 환자가 일시적으로 병원 밖에서의 정체성을 버리고 환자 역할을 준비하기 위해 환자 대기실로 들어서는 과정이다. 산부인과 의사를 만나기 전에 간호사는 환자로 하여금 새로운 역할로 쉽게 이행할 수 있도록 준비시켜 준다. 환자는 마음의 준비를 마치고 의사의 진찰을 받게 된다. 진찰 과정에서 간호사는 보조자이자 친구 역할을 담당하면서, 환자가 인격체로부터 탈인격체로 전환하는 데 도움을 준다. 덕분에 환자는 완전한 인간에서 특정 부위를 검사받는 신체로 전환된다. 간호사의 존재는 진찰 상황에서 성적性的 연상을 배제시키는 효과를 가져오기도 한다. 이미 프롤로그 단계를 거치면서 환자 역할로 이행할 준비를 마친 주인공은 당혹스러움이나 부끄러움에서 벗어날 수 있다. 의사 또한 전문적이고 사무적인 태도를 견지함으로써 마주침의 어색함을 완화시키기 위해 노력한다. 진찰이 끝나면 환자는 다시 일반인으로 돌아가기 위한 준비를 하는데, 이 과정을 일컬어 에필로그라 한다. 에필로그에서도 간호사는 중요한 조역을 맡아 환자가 전인격체로 돌아오는 과정을 돕는다. 진료실을 나서는 순간 환자는 외부 세계의 정체성을 회복하게 된다.

프롤로그—본론—에필로그를 거치는 상황은 미술대학의 누드 크로키 강의실에서도 관찰된다. 옷을 벗는 행위는 매우 어색하고 부끄럽고 미묘한 행위임이 분명하다. 이 경우에도 역할 이행이 자연스럽게 이루어질 수 있도록 프롤로그에서부터 에필로그에 이르기까지 정교한 각본이 준비되어 있다.

강의가 시작되기 전, 모델이 강의실에서 옷을 벗은 채 기다리는 경우는 없다. 모델에겐 프롤로그가 필요하다. 장막이 쳐진 작은 공간에서 누드 모델은 자연인으로부터 모델로 이행하는 과정을 거친다. 그 사이 담당 강사는 누드 크로키가 갖는 의미와 수업 의도를 학생들에게 설명해준다. 다음 단계로 장막을 올리면서 모델을 대상으로 한 크로키가 시작된다. 이때 학생들은 모델을 나체의 여성 혹은 남성으로 인식하는 것이 아니라 크로키 대상으로 보게 된다. 수업이 끝나면 모델은 학생들이 보는 앞에서 옷을 입고 강의실을 나가는 대신, 다시 장막을 치고 자연인으로 돌아가기 위한 에필로그를 거친다.

개인 영역

개인 영역 개념 또한 일상의 흥미로운 단면을 포착하고 있다. 개인 영역에도 문화적 다양성과 더불어 성별 차이가 존재한다. 아랍에서는 코를 비비며 인사를 나누는 모습이 미디어에 자주 등장하는 데 반해, 유럽인들은 일정한 거리를 유지한 채 악수를 나눈다. 관계의 성격 및 상황, 그리고 문화권에 따라 개인에게 허용되는 영역이 달라진다는 사실은 의미심장하다.

개인 영역을 연구한 대표적 학자로는 에드워드 홀[8]이 있다. 홀은 개인 영역을 네 가지 범주로 분류한다. 먼저 '밀접한 거리'는 약 45cm까지 허용되는 공간으로, 부모, 자식, 연인처럼 친밀한 사람들에게만 접근이 허용되는 영역이다. '개인적 거리'는 약 45-120cm까지 허용되는 공간으로, 친구나 지인 등 가까운 사람 사이의 마주침이 일어나는 영역이다. '사회적 거리'는 약 120-360cm에 이르는 공간으로, 인터뷰 혹은 공식적 대화를 할 때 유지되는 거리이다. 그리고 '공적 거리'는 360cm 이상의 공간으로 공연장 내 배우와 관객 사이의 거리나 대형 강의실 내 학생과 교수 사이의 거리 등이 이에 해당된다.

사회학적으로 주목할 만한 개인 영역은 밀접한 거리와 개인적 거리다. 지하철이나 도서관 등 공공 영역에서 낯선 타인이 가까이 오면, 가방을 멘다거나 옆자리에 책을 쌓아놓는 등 물리적 경계를 만드는 모습을 종종 관찰할 수 있다. 자신의 친밀한 공간에 타인이 침범하지 않길 바라는 의사 표현을 하고 있는 셈이다.

공간의 의미가 여성과 남성에 따라 다르다는 사실은 재론의 여지가 없다. 여성의 접근을 불허하는 곳이 남성의 접근을 불허하는 곳보다 많다는 사실은, 그만큼 일상에서 여성이 남성보다 더욱 많은 제한을 받고 있음을 뜻한다. 심지어 여성이 남성의 개인적 공간으로 들어갈 경우 성적 희롱 혹은 우롱으로 간주되기도 한다. 지금까지 무심코 지나쳤던 공간에도 다양한 사회적 의미가 함축되어 있음을 발견하는 것은 사회학적 상상력이 가져다주는 선물임이 틀림없다.

생각할 거리

다음 글은 얀 마르텔의 소설 『라이프 오브 파이』에 나오는 대목이다.

"우리 속에 갇힌 동물이 인간 존재에 익숙해지도록 훈련하는 것이 바로 동물원학의 핵심이라 해도 과언이 아니다. 관건은 동물들의 비상 거리flight distance를 단축시키는 데 있다. 비상 거리라 함은 동물이 적으로 감지한 대상과 유지하고자 하는 최소한의 거리를 의미한다. 야생 플라밍고는 300야드 떨어진 곳에 서 있는 인간은 개의치 않는다. 하지만 그 영역을 침범해오는 순간 긴장 상태에 들어간다. 300야드 한계를 지키지 못할 경우 야생 플라밍고는 심장 및 폐가 정지되는 고통을 겪기도 한다. 동물들은 각기 차별화된 비상 거리를 갖고 있을 뿐만 아니라, 저마다의 방식으로—고양이는 눈으로, 사슴은 귀로, 곰은 냄새로— 비상거리를 직관적으로 가늠한다. 기린은 자동차에 타고 있을 경우라면 30야드까지 접근을 허용하지만, 걷고 있다면 150야드 떨어져 있어도 도망을 친다. 피들러 크랩은 10야드만 접근해도 허둥지둥 도망가기 바쁘고, 하울러 원숭이는 20야드만 접근해도 나뭇가지를 흔들어 공포를 표현하며, 아프리카 물소는 75야드에서 적대적 반응을 보인다."

Q 비상 거리를 유지하고자 하는 동물의 속성과 개인 영역을 유지하고자 하는 인간의 특성 사이엔 일련의 공통점이 있는 듯하다. 이 글을 읽고 여러분은 어떤 생각을 떠올렸는지 함께 나누어보자.

4. 시간과 공간의 사회학

시간과 공간은 우리의 일상을 어떻게 지배하는가?

시간과 공간의 구역화 및 영역화

우리에게 익숙하고 친숙한 시간과 공간을 세밀히 관찰해보면, 구역화zoning되거나 영역화regionalizing되어 있다. 구역화 혹은 영역화 개념은 구체적 사례를 살펴보면 보다 쉽게 이해될 것이다.

우리의 하루는 시간적으로나 공간적으로 구역화되는 경향이 있다. 즉 출근하는 직장인의 경우 아침 9시부터 저녁 6시까지 직장 내 구역에서 생활하게 되며, 어린이집 원생이라면 일정 시간 어린이집 구역 내에서 활동하게 된다. 한편 영역화는 시간과 공간 속에서 사회생활이 구역화되는 방식을 이해하는 데 도움을 준다. 예를 들어, 집에는 거실, 주방, 침실 등의 공간이 배치되어 있는데, 각각의 공간을 누가, 언제, 어떤 용도로 사용하는지 관찰해보면 일상적 시간과 공간 또한 성별과 세대에 따라 정교하게 배치되어 있음을 간파할 수 있다.

사회적 상호작용이 진행되는 상황적 맥락을 연구할 때 '시공 분석time space analysis'은 매우 유용하다. 시간과 공간을 배열하고 의미를 규정하는 일련의 규칙을 깨뜨려보면 시간과 공간 속에 함축된 사회적 의미를 발견해낼 수 있다.

개인적 경험을 사례로 공유해보면, 1990년대 후반 김포공항에서 울산행 첫 비행기를 타야 할 일이 있었다. 울산행 첫 비행기는 검정색 및 회색 정장 차림의 남성들로 가득 채워졌고 여성 고객은 나를 포함해 고작 세 사람에 불과했다. 당시 함께 탑승했던 남성들이 의구심 가득한 눈초리로 첫 비행기에 오른 여성 승객들을 힐끔힐끔 쳐다보았던 기억이 난다. 비슷한 시기 제주도행 비행기에서도 유사한 경험을 했다. 수요일 아침 비행기로 제주도에 갔는데, 같은 날 저녁 서울행 비행기 표를 구하지 못해 애를 태웠던 적이 있다. 당시 비행기 표를 구하기 어려웠던 이유는 비행기를 타고서야 알게 되었다. 요즘은 동남아시아 및 유럽의 유명 휴양지로 신혼여행을 떠나지만, 그때만 해도 제주도가 단골 신혼여행지였다. 주말을 이용해 결혼식을 올린 신혼부부들이 제주도에서 여행을 즐긴 후 집으로 돌아가는 시간이 주로 수요일 저녁이었기 때문에 그 시간대 비행기 표가 동이 났던 것이다. 가까스로 비행기에 오르고 보니 온통 신혼부부들이라 당혹스러웠던 기억이 있다.

시공 분석은 마케팅에서 효율적으로 활용되기도 한다. 시공 분석을 적절히 활용함으로써 신도시 지역에서 성공한 소아과 병원 사례가 있다. 개원 후 3개월간 환자가 없어 고전을 면치 못했던 소아과 의사가 지역 주민들의 시간 활용 패턴을 관찰해본 결과, 그곳은 젊은 맞벌이 부부 밀집 지역으로, 아침 출근 시간 이후엔 자녀들을 위해 병원을 방문할 시간이 없는 것으로 확인되었다. 시공 분석을 통해 지역의 특수 상황을 파악해낸 소아과 의사는 맞벌이 부부를 위해 오후에 문을 열고 밤늦게까지 진료 시간을 연장했다. 새로운 시도가 성공을 거두면서 소아과 운영이 안정화되었음은 물론이다.

시계 시간

시간이라는 추상적 개념을 측정하는 시계는 과연 언제 발명되었을까 궁금하다. 전 세계적으로 시계를 활용해서 하루를 24시간으로 균등하게 나누기 시작한 건 그리 오래된 일이 아니다. 세계의 표준 시각은 1884년 워싱턴에서 개최된 국가 간 회의를 통해 채택되었다.

시계의 발명 이전에도 사람들은 규칙적인 생활을 영위했다. 현대식 표현으로 스케줄의 기원은 14세기 수도원에서부터 시작되었다는 것이 정설이다. 오늘날 대부분의 조직은 일정한 출퇴근 시간을 정해 놓고 있다. 유연 근무제 또한 출퇴근 시간이 정해져 있다는 사실에서 예외는 아니다. 초·중·고등학교 학생들도 정시에 등교하고 정시에 하교한다. 이처럼 정확한 시간대에 따라 일상의 규칙을 만들어낸 현상 자체가 근대화의 상징이자 현대성의 특징이라 할 수 있다.

현대 병원 조직을 대상으로 한 에비아타 제루바벨Eviatar Zerubavel의 시간 구조 연구에 따르면,[9] 병원은 24시간 3교대제에 따라 가동되고 있고, 고도의 전문직인 의사에서부터 일용직 종사자에 이르기까지 넓은 스펙트럼의 계층적 지위가 공존하는 조직으로 밝혀졌다.

한국인은 전통적으로 음력을 사용해왔기에 태양의 움직임에 따라 시간을 인지하는 양력에 대해서는 낯설게 느낄 것이라는 고정관념이 존재해왔다.[10] 하지만 이는 중요한 진실을 놓치고 있다. 실제로 농경 사회에서는 달의 움직임 못지않게 태양의 움직임이 중요했기 때문에 봄의 입춘, 여름의 초복·중복·말복, 가을의 입추, 겨울의 입동·소한·대한 등의 24절기節氣는 태양력에 기초하고 있다. 하루 중 태양의 길이가 가장 긴 하지와 가장 짧은 동지 등은 태양의 움직임에 따라 계절의 변화를 예측하는 데 사용했던 기준임이 분명하다.

인터넷으로 인한 시간과 공간 개념의 변화

오늘날은 기존의 시계 시간이나 3차원적 공간 개념을 뛰어넘는 새로운 시간 및 공간 개념이 출현하고 있다. 인터넷의 발달에 힘입어 사이버 공간이 급속도로 팽창하면서 우리의 시공간 개념도 혁명적으로 바뀌고 있다.

이전 아날로그 세대에게 의미 있는 소통 수단의 하나는 편지였다. 한국의 베이비붐 세대는 초등학교 때는 '파월 장병 아저씨께'로 시작하는 편지를 썼고, 중고등학교 시절에는 친구들과 편지를 나누었으며, 대학 시절에는 연애편지를 썼다. 편지를 쓰게 될 때는 대상이 누구냐에 따라 쓸까 말까부터 고민하기 시작했고, 몇 날 며칠 고민 끝에 편지를 쓰고 나면 우체통에 넣을까 말까를 망설이기도 했다. 막상 편지를 부치고 나면, 우체부를 거쳐 상대에게 전달되는 데 긴 시간이 걸렸고 답장을 받기까지는 더 오랜 시간이 필요했다. 반면 SNS 세대의 의사소통은 즉각성과 신속성을 특징으로 한다. 공간에도 제한이 없어 언제 어디서든 원하는 사람과 소통할 수 있는 공간의 재배열화가 진행되고 있다. SNS 세대에게는 아날로그 세대의 시간·공간 개념과는 질적으로 다른 세계가 펼쳐지고 있으리라 추측된다.

시간을 주제로 한 사회심리학적 연구로 시간의 속성 중 기다림waiting에 주목한

읽을거리

로버트 레빈, 『시간은 어떻게 인간을 지배하는가』(2000)

원제가 'A Geography of Time(시간의 지리학)'인 이 책은 같은 속도로 흐를 것 같은 시간이 실상은 문화권에 따라 혹은 사회 구조적 환경에 따라 그 의미가 다양하게 구성되고 해석되며 실행되는 것임을 생동감 있게 풀어가고 있다. 일례로 서구에서는 분 단위로 정확히 시간 약속을 하는 것이 일반적이지만, 중앙아시아의 부룬디에서는 "소들이 물 마시러 냇가로 가는 시간"에 만나자고 말한다. 우리도 예전엔 "해질 무렵 동구 밖에서 보자" 같은 표현이 일상적으로 사용되곤 했다.

이처럼 각 문화권에 내재한 독특한 시간 관념은 그곳에 살고 있는 사람들의 삶의 페이스(속도)를 결정하는 중요한 요인이 된다. 이 책은 바로 그 점에 초점을 맞추어, 각 문화권별로 상이한 시간관념과 그에 따른 삶의 속도의 차이, 자연의 리듬에 맞추던 시간 관념에서 벗어나 시계 시간이 정착되기까지의 과정, 경제 발전 및 산업화 과정에서 시간의 흐름에 대한 인식이 변화하는 과정, 더불어 인구밀도 및 기후에 따라서도 시간의 흐름에 대한 인식이 변화됨을 구체적 실례와 통계 자료를 통해 흥미롭게 풀어내고 있다.

볼거리

시간은 과거 → 현재 → 미래로 흐른다는 통념 대신 시간과 공간의 제약을 뛰어넘어 시간 여행의 묘미를 다룬 영화들이 다수 있다.

〈백 투 더 퓨처Back to the Future〉(1985)

마티는 스케이트보드를 즐겨 타는 평범한 고교생이다. 평소 마티와 친하게 지내던 괴짜 발명가 에메트 브라운 박사는 드로리안 자동차를 개조해 타임머신을 만드는 데 성공하지만 테러범들의 습격으로 사망하고 만다. 테러범들을 피해 타임머신을 타고 도망치던 마티는 과거로 가게 되고, 당시 젊었던 아버지와 어머니의 만남을 방해하는 바람에 태어나지 못하게 될 기막힌 상황에 처한다. 과거가 바뀌면서 현재도 바뀌는 마지막 장면이 오래도록 남는다.

〈터미네이터Terminator〉(1984)

서기 2029년 로스엔젤레스. 핵전쟁의 잿더미 속에서 지구를 지배한 기계에 대항하기 위해 인간들이 일어난다. 기계들은 인류를 말살하기 위해 끈질긴 소탕전을 벌이고 존 코너가 이끄는 인류저항군은 기계들과 피할 수 없는 항전을 벌인다. 군사 컴퓨터 스카이넷은 존 코너의 존재 자체를 없애기 위해 그의 어머니인 사라 코너를 제거하는 프로젝트를 세워 T-800를 서기 1984년의 로스앤젤레스로 밀파시키고, 존 코너의 인류저항군 역시 사라 코너를 지키기 위해 카일 리스라는 젊은 수호자를 1984년의 로스앤젤레스로 급파시킨다. 이 영화의 매혹적인 점은 미래가 앞으로 발생할 것이 아니라 이미 발생해 과거형으로 등장한다는 사실이다.

〈벤자민 버튼의 시계는 거꾸로 간다The Curious Case of Benjamin Button〉(2008)

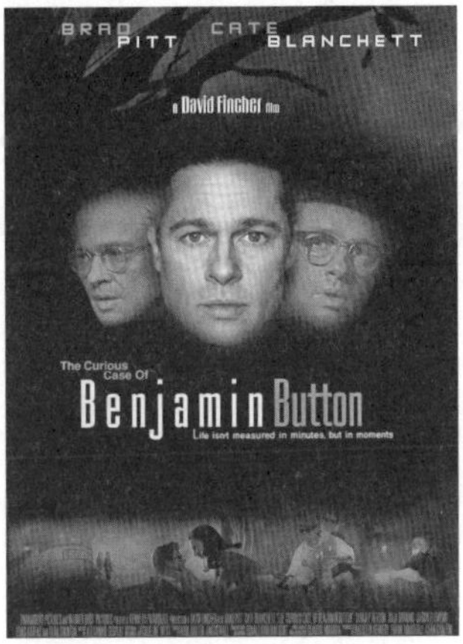

1918년 여름 제1차 세계대전 말 뉴올리언즈에서 80세 외모로 태어나 양로원 앞에 버려진 벤자민은 그곳의 노인들을 친구로 살아가는데, 기이하게도 해가 갈수록 젊어지는 자신을 발견한다. 12세에 60대의 외모가 된 벤자민은 어느 날, 할머니를 찾아온 여섯 살의 소녀 데이지를 만난다. 끝없는 만남과 헤어짐 끝에 두 사람은 마침내 서로의 나이가 엇비슷해진 '스윗 스팟Sweet Spot'의 시기를 맞는다. 두 사람은 불같은 사랑을 나누고 딸을 낳지만, 자신이 계속 어려져 결국 아이가 될 것을 알게 된 벤자민은 데이지 곁을 떠난다. 시간의 흐름을 거슬러 살아가는 삶에 대한 기상천외한 상상력이 돋보이는 작품이다.

연구가 있다. 우리의 삶에서 기다림은 거의 필수라 해도 과언이 아닐진대, 누가 기다리느냐에 주목해보니 기다림과 권력 간에 반비례 관계가 있다는 흥미로운 사실이 밝혀졌다. 곧 권력이 많을수록 기다림에서 자유롭다는 것이다. 기다림과 권력 간에 반비례 관계가 있음은 일상에서 어렵지 않게 찾아볼 수 있다. 비행기 탑승구에서 1등석 및 비즈니스석 승객은 줄 서서 기다리지 않고 비행기에 오르지만, 이코노미석 승객들은 긴 줄을 서야만 한다. 종합병원에서도 특진 환자들은 예약 시간에 맞추어 기다림 없이 진료를 받을 수 있지만, 일반 환자들은 무한정 기다려야 된다. 외교 사절단이나 국내외 정치 지도자들은 붉은 신호등 앞에서 정지하는 대신 신호 체계를 바꾸어 무사 통과하기도 한다. 연애 시절에는 남자들이 주로 기다리지만 결혼 후엔 여자들이 주로 기다리게 되는 현상 역시 남녀 사이의 권력 관계가 바뀌기 때문이 아닐까 싶다.

일상생활의 문화적 다양성과 역사성

2장을 시작하면서 살펴본 시민적 무관심이나 사생활 개념은 도시화, 근대화, 산업화 과정을 거친 서구 사회의 경험으로부터 파생된 것으로, 한국에서도 산업화 이후의 현상을 설명하는 데 보다 적합성을 갖는다.

남아프리카 보츠와나의 칼라하리 사막 부근에 자리한 쿵 부족은 30-40명이 한 집단을 이루며 수렵 채집 생활을 한다. 문화인류학자들의 관찰에 의하면 쿵 부족에게는 우리에게 익숙한 프라이버시 개념이 없다고 한다. 당연히 시민적 무관심 개념도 존재하지 않는다. 뿐만 아니라 이들에게는 표면 영역과 이면 영역의 구분도 발견되지 않는다고 한다.

실재의 사회적 구성

사회를 바라보는 세 가지 시각 중 첫 번째 입장으로는 사회 실재론social realism이 있다. 사회는 인간 의식 밖에 명백히 존재하면서 우리의 삶과는 독립적으로 존재한다고 보는 입장이다. 사회 실재론의 대표적 학자로는 프랑스 사회학자 에밀 뒤르켐이 있다. 뒤르켐은 사회 실재론을 증명하고자 역작 『자살론Le suicide』을 남겼다. 자살이란 궁극적으로 개인이 선택하는 행위이기에 개인적 현상으로 받아들일 수 있지만, 자살률은 사회 집단 및 국가별로 다양하게 나타난다는 점에서 자살을 사회적 현상이라 볼 수 있다는 것이다.

사회 실재론의 반대편에는 사회 명목론social nominalism이 있다. 사회란 인간이 붙인 이름일 뿐, 이름이 없다면 그에 해당하는 사회 현상도 존재하지 않는다는 입장이다. 최근 출현한 사이버 공간은 사회 명목론을 이해하는 데 적절한 텍스트를 제공해주고 있다. 사이버 공간의 출현과 함께 사이버 공간상에서 누군가의 재물에 손해를 입히고 인격을 모독하는 등 부정적 행위들이 만연하기 시작했다. 이들 현상을 지칭하는 이름이 붙여지지 전까지는 어느 누구도 이를 어떻게 이해해야 할지, 또 어떻게 다루어야 할지 답을 제공할 수 없었다. 한데 사이버 범죄 개념이 등장한 이후, 사이버 범죄에 해당되는 사회 현상이 포착되기 시작했고 사이버 범죄 처벌법도 만들어지기 시작했다. 사회 명목론을 뒷받침하는 또 하나의 예로는 열십(十)자 모양의 나무를 들 수 있다. 교회나 성당에서는 열십자 모양의 나무에 십자가라는 이름을 붙였고 이는 강력한 종교적 상징이 되고 있다. 하지만 기독교를 종교로 받아들이지 않는 사회에는 십자가라는 이름이 존재하지 않을뿐더러, 열십자 모양의 나무가 아무런 감흥을 불러일으키지 않는다.

이상의 사회 실재론과 사회 명목론은 최근 제3의 입장인 사회 구성론social constructionism에 의해 도전받고 있다. 사회 구성론이란 개인들이 사회의 존재를 인식하고 믿는 과정 자체가 개인과 사회의 상호작용 결과이기에, 사회란 개인에 의해 창조적으로 구성된다는 입장을 의미한다. 사회 구성론을 대표하는 저서로는 피터 버거와 토마스 루크만Thomas Luckmann의 『실재의 사회적 구성』이 있다.

아론 시쿠렐Aron Cicourel의 연구[11]는 사회 구성론의 입장을 명료히 보여주고 있다. 비행 및 일탈 행위에 연루된 청소년이 실제로 비행 청소년으로 낙인찍히는 과정을 연구한 시쿠렐은 청소년의 행위 자체가 아니라 해당 청소년을 바라보는 사회적 시선이 낙인 과정에 결정적 영향을 미치고 있음을 밝혀냈다. 만일 비행 혐의로 체포된 청소년이 하류층 출신으로 밝혀지면, 감독 기관 및 학교는 해당 청소년을 1차적 보호 대상자로 감금 상태에 두려 한다. 이유는 부모로부터 올바른 감독을 받지 못했거나, 성장 과정에서 적절한 역할 모델이 없었기 때문에 비행을 저질렀을 것이라 판단하고 1차 낙인을 찍기 때문이다. 반면 동일한 유형의 비행 혐의로 체포된 청소년이 상류층이나 중상류층 출신으로 밝혀지면 해당 청소년은 비행 혐의로 체포되지 않고 부모에게 넘겨지거나 즉시 훈방되는 경우가 일반적이다. 이때의 이유는 '어쩌다 유혹에 빠져 비행을 저질렀을 것'이라 추측하거나 '실수로 그랬을 것'이라 관대한 해석을 하기 때문이다.

청소년 비행과 청소년의 가족 배경 간에 밀접한 관계가 있음을 확인한 시쿠렐은 결국 하류 계급 출신이 비행 청소년으로 낙인찍히는 비율이 빈번해짐에 따라 다시 하류 계급 청소년들은 비행을 저지를 확률이 높다는 기존의 고정관념이 강화되는 악순환이 발생한다고 결론짓고 있다.

사회적 실재는 개인의 주관적 해석을 통해 구성되는 것임을 보여주는 또 하나의 실례를 보자.[12] 사회의 불평등 정도를 측정하는 객관적 지표로 소득 상위층과 소득 하위층이 보유한 재산의 상대적 비율을 의미하는 지니계수가 있다. 그럼에도 개개인은 자신이 속한 계층을 중심으로 사회의 불평등 정도를 형상화한다. 상류층은 사회 전체적으로 상류층 비율이 실제보다 높고 하류층 비율은 매우 낮다고 인식하는 경향이 있다. 반면 중류층은 중류층 비율이 가장 높고 상류층과 하류층은 상대적으로 적어지는 다이아몬드형이라고 생각하며, 하류층은 하류층 비율이 가장 높고 상류층으로 갈수록 좁아지는 피라미드형이라고 인지한다는 것이다.

5. 사이버 공간: 해방인가, 구속인가?

사이버 공간에서는 지금 이 순간에도 커뮤니케이션 폭증이 진행되고 있다.[13] 나 역시 이메일을 점검한 후 페이스북도 일별하고 카카오톡 메시지에 회신도 하며 하루를 시작한다. 우리의 일상이 사이버 공간 로그인에서 시작해서 사이버 공간 로그아웃으로 끝난다 해도 과언이 아닐 만큼, 사이버 공간은 익숙하고도 친숙한 영역으로 다가오고 있다.

국립국어원에서는 SNS상에서 통용되고 있는 단어 중 사전에 올려도 무방하다고 생각되는 사례들을 선정하여 등재하고 있다. 2012년 선정된 '신캥거루족'은 경제적 자립 능력은 있지만 부모에게 집값을 내고 부모와 함께 사는 자녀라는 뜻의 신조어였고, '월급 루팡'은 하는 일 없이 월급만 축내는 직원이라는 뜻의 새 단어였다. 2014년에도 재미있는 언어들이 선정되었는데, '광삭'은 빛의 속도처럼 재빠르게 삭제한다는 뜻이고, '뇌섹남'은 뇌가 섹시한 남자를 줄여 부르는 말이요, '심쿵'은 심장이 '쿵' 할 정도로 두근거림을 칭한다.

그런가 하면 SNS상에서는 뜻을 정확하게 인지하지 못한 채 잘못 쓴 사례가 유머 형태로 돌아다니기도 한다. '회계모니'는 '헤게모니'를, '고리따분한 성격'은 '고리타분한 성격'을 잘못 쓴 것이며, '나물 할 때 없는 맏며느리감'은 '나무랄 데 없는 맏며느리감'의 오류다. '미모가 일치얼짱'은 '미모가 일취월장'의 오해요, '마마 잃은 중천공'은 '남아일언중천금'의 실수다.

사이버 공간 내 상호작용과 관련해서는 비판적 입장과 긍정적 입장이 팽팽히 맞서고 있다. 먼저 비판적 시각 측은 사이버 공간 내 상호작용은 가식적이며 속임수도 존재하고 조작도 일어난다고 주장한다. 인터넷상에서는 마음은 존재하지만 몸이 없기 때문에 소외감이 심화되고 있다는 비판도 있다. 사이버상에서는 서로 간의 신뢰가 결여되어 있기에 위험 부담이 높고, 무수히 많은 사람과 연결되어 있지만 실제로는 혼자라는 느낌을 지울 수가 없기에, 왕성한 상호작용이 이루어진다 해도 오히려 소외감이 심화된다는 것이다. 결국 인간은 휴먼 터치를 절실히 원하는데, 이를 충족하지 못함으로써 나온 사이버 상호작용은 비참하고도 절실한 대체물이라는 것이 그들의 주장이다. 익명성의 그늘에 숨어서 자유를 넘어 방종과 무례함, 때로는 극단적 언어폭력을 행사하는 곳이 바로 사이버 공간이라는 어두운 평가 또한 존재한다.

다음 긍정적 시각에서는 사이버 공간만의 장점을 다음과 같이 정리하고 있다. 첫째, 전통적 상호작용 양식과 비교해볼 때 사이버 상호작용은 상대가 누구인지 모르기 때문에 상대방의 사회적 배경이나 징표가 드러나지 않는다. 덕분에 상호작용의 콘텐츠에 보다 집중할 수 있고 불필요한 차별을 배제할 수 있는 장점이 있다는 것이다. "모니터는 사람과 개를 구분하지 않기" 때문에 모니터 뒤에 있는 사람이 남자인지 여자인지, 백인인지 유색 인종인지, 이성애자인지 동성애자인지 등이 드러나지 않는 바 차별이 없다는 입장이다. 둘째, 온라인에서는 자신의 정체성을 새롭게 만들어냄으로써 자유롭고 개방적인 소통이 가능하다는 주장이다. 온라인에서는 나만의 창의적 아이디를 기반으로 또 다른 나, 나의 분신을 만들어냄으로써 우리를 자유롭게 해방시켜준다는 입장이다. 셋째, 인터넷 이용 빈도가 높아질수록 사회적으로 고립된다는 주장과 달리, 실제로는 온라인과 오프라인의 상호작용이 시너지 효과를 내고 있음을 장점으로 부각시키기도 한다.

현재 사이버 소통 공간에서는 다양한 실험과 다채로운 시행착오가 진행 중인데, 시행착오와 관련된 다음의 실화는 사이버 소통의 위험성을 전형적으로 보여주고 있다. 사이버 공간에서 '토킹 레이디 조안'이라는 아이디를 쓰는 주인공이 선풍적 인기를 끈 적이 있다. 토킹 레이디 조안은 자신이 이혼녀이기에 신중한 경청과 솔직한 상담이 가능하다고 고백해 인터넷상에서 상당한 주목을 받았다. 한데 시간이 지나 토킹 레이디 조안은 여자가 아니라 알렉스라는 50대 정신과 의사로 밝혀졌다. 알렉스는 정신과 의사로서의 호기심을 만족시키기 위해 SNS에 참여한 사람들을 이용했던 것으로 확인되었다. 덕분에 알렉스는 감당하기 힘들 정도의 사회적 비난을 받았고, 이 사례는 사이버 공간의 위험성을 경고하는 실제 사례로 기록되었다.

반면 긍정적 스토리도 있다. 사이버 공간에서 신뢰를 구축하는 데 성공한 사례로 온라인 상거래의 대표적 사이트인 이베이Ebay가 주목받고 있다. 직접 거래와 달리 온라인 거래는 사기를 당할 수도 있고 원하지 않는 물건을 받을 수도 있는 등 위험 상황이 곳곳에 포진하고 있다. 이베이의 경우는 이러한 위험 상황의 발생 비율이 놀라울 정도로 낮게 나타나고 있다. 이유는 이베이가 기업 차원에서 신뢰 구

생각할 거리

셰리 터클Sherry Turkle의 책 『외로워지는 사람들Alone Together』에는 아바타와 관련된 흥미로운 사례가 등장한다. 부인은 가상공간에서 가상의 결혼 생활을 마음껏 즐기고 있다. 가상공간 속 남편에게 속내를 털어놓기도 하고, 현실 속 남편의 흉을 보기도 하며, 둘만의 사랑을 속삭이기도 한다. 뿐만 아니라 부부 사이에 생긴 문제를 가상의 남편에게 상담하기도 한다. 이 과정에서 현실의 남편은 소외감을 느끼고 좌절하다가 마침내 분노를 폭발시킨다. 하지만 부인은 가상공간 속 남편 덕에 현실의 부부 생활에 실질적 도움을 받고 있고, 현실에서도 행복감이 배가된다고 고백한다. 부부간 갈등이 고조되어 이혼 위기에 이르기 직전, 밝혀진 가상공간 속 남편의 정체는 중학교 2학년 여학생이었다. 가상공간 속에 우리의 상상을 뛰어넘는 아바타가 생성될 수 있음을 보여주는 실례였던 셈이다.

Q 이 사례를 통해 온라인과 오프라인 사이엔 어떤 관계가 있다고 생각하는지, 이 사례와 비슷한 경험을 해본 적은 있는지 함께 토론해보자.

축을 위해 남다른 노력을 기울였기 때문이다.

이베이의 고객 평판 시스템은 거래 과정에서 신뢰 구축을 위해 만들어진 프로그램이다. 이베이의 고객 평판 시스템에 접속하면 판매 및 경매에 참여했던 모든 사람들 이름이 뜨고 이름 뒤 괄호 안에 숫자가 나온다. 이름 뒤 괄호 안의 숫자는 이베이 시장에서 개개인이 받게 되는 평판 척도로, 숫자가 클수록 개인의 평판도가 높음을 의미한다. 이베이를 통해 거래를 마치고 나면, 해당 거래가 '만족스러웠다'에 1점, '아주 불만족스러웠다'에 -1점, '그저 그랬다'에 0점을 부과하는 평가를 한다. 그 점수들이 쌓여서 개인의 평판도를 이루는데, 이베이 거래에 접속한 후 숫자를 클릭하면 올라온 평을 모두 볼 수 있다. 이베이 사례는 개방적이고 합리적인 시스템을 통해 온라인상에서도 공고한 신뢰가 구축될 수 있음을 성공적으로 입증한 실례라 하겠다.

정보 사회로 진입하면서 우리는 시간과 공간의 제약을 뛰어넘어 이전에는 상상조차 할 수 없었던 상호작용의 신세계를 경험하고 있다. 한데, 특기할 만한 점은 온라인상에서 풍성한 상호작용을 하면서도 동시에 오프라인에서 상호작용하고자 하는 욕구가 전혀 감소하지 않았다는 사실이다. 한자리에서 거짓을 담지 않은 눈망울을 마주하고 면대면 상호작용을 함으로써 친밀성과 신뢰를 쌓고자 하는 욕구는 전혀 쇠퇴하지 않은 것이다. 온라인에서 교류한 사람들이 오프라인에서도 직접 만나고자 갈망함은 좋은 예다. 진정 중요한 비즈니스 미팅은 결코 온라인에서 진행되지 않는다. 지구 반 바퀴를 돌아서라도 직접 만나 상호작용하는 광경을 우리는 자주 목격하고 있다. 익명성의 확대와 친밀성의 강제가 동시에 진행되고 있는 상호작용의 세계는 무궁무진한 이야깃거리를 던져주고 있음이 분명하다.

chapter 03

사회화, 생애주기, 고령화

1. 사회화: 어린이는 어떻게 어른이 되는가?

J. K. 롤링의 『해리 포터와 마법사의 돌』은 판타지적 요소를 가미한 대표적 성장 소설이다. 어린이가 성장통을 거치며 성인이 되는 과정을 그린 소설과 영화는 우리들 주변에 넘쳐난다. 성장 소설로는 영혼의 전기傳記라는 평가를 받고 있는 헤르만 헤세의 『데미안』, J. D. 샐린저의 『호밀밭의 파수꾼』, 이문열의 『우리들의 일그러진 영웅』, 공선옥의 『오지리에 두고 온 서른살』 등이 있고, 주인공의 성장을 주제로 한 영화로는 19세기 덴마크 이민 노동자들의 삶을 다룬 〈정복자 펠레〉, 어린 시절부터 중년에 이르기까지의 여자 친구들 간 우정을 그린 〈써니〉, 결혼 이주민 엄마를 둔 고등학생 아들의 성장통을 그린 〈완득이〉 등이 있다.

사회화란 철저하게 의존적인 신생아가 자신이 태어나 소속하게 된 곳의 문화를 내면화하면서 자의식을 개발하고, 성인으로 살아가는 방법을 인지하며 깨우쳐가는 과정을 의미한다. 사회화 개념에 포함된 가장 핵심적 요소는 신생아가 다른 어떠한 동물보다 미숙한 상태로 태어난다는 사실이다. 사슴은 태어난 지 두 시간쯤 지나면 두 발로 일어나 걸을 수 있고, 참새나 제비는 알에서 부화한 지 얼마 지나지 않아 날갯짓을 한다. 하지만 인간 신생아는 기어 다니고 일어서고 걸을 수 있기까지 최소 1년의 시간이 걸린다. 이 기간 동안 누군가가 신생아를 돌봐주지 않으면 후일 성인에게 요구되는 능력이 심각하게 훼손된다. 또한 사회화는 조부모 세대에서 부모 세대를 거쳐 자녀 세대에 이르기까지 세대를 이어주는 연결 고리의 기능을 한다. 사회화 과정을 통해 기성세대의 가치, 규범 및 관행이 윗세대에서 아랫세대로 이어지면서 안정적으로 뿌리내리는 효과가 있다.

젊은 세대가 기성세대의 가치와 규범을 무비판적으로 수용하고 행동 양식을 모방하기만 한다면 사회는 변화도 발전도 불가능할 것이다. 이러한 우려를 담아 사회학자 데니스 롱Dennis Wrong은 일찍이 '과잉 사회화된 인간over-socialized man'을 경계할 것을 제안한 바 있다.[1] 기존 가치와 규범에 무비판적으로 순응하는 과잉 사회화된 인간보다는 '창조적 일탈자creative deviant'를 키워내야 한다는 주장이 나오게 된 배경이다. 스마트폰을 개발함으로써 새로운 세상을 펼쳐 보인 스티브 잡스, 한국 대중음악의 판도를 바꾼 서태지 같은 이들은 창조적 일탈자의 대표적 예라 하

겠다.(☞ 창조적 일탈 개념과 사례에 대해서는 11장의 '일탈과 범죄란 무엇인가?'를 볼 것)

생애주기 관점에서 보면 신생아 및 초기 유아기 사회화의 영향력은 성인기 사회화의 영향력보다 강력하다. '세 살 버릇 여든까지 간다'나 '될성부른 나무는 떡잎부터 알아본다'는 한국 속담에도 유아기 사회화의 중요성이 함축적으로 표현되어 있다. 하지만 어린 시절의 사회화가 성인기 삶의 모든 것을 결정하는 것은 아니다. 어린 시절이 불행했다고 해서 어른이 되어서도 불행한 삶을 답습할 것이라 예측하는 것은 섣부른 판단이요, 어린 시절이 행복했다고 해서 어른이 되어서도 한결같이 행복한 삶의 주인공이 될 것이라는 추측도 반드시 옳은 것은 아니다.

사회화는 전 생애주기에 걸쳐 지속되는 과정이기 때문에 끊임없이 탈脫사회화와 재再사회화를 반복해야 한다. 대학생이 되면 고등학교 때까지 배웠던 내용 중 상당 부분을 탈脫해야 한다. 고등학교 때까지는 담임 선생님이 있었지만 대학에서는 자율적으로 판단하고 행동해야 한다. 고등학교 때까지는 교과서를 통해 정답이 무엇인가를 배웠지만 대학에서는 다양한 관점에서 세상을 바라보는 훈련을 해야

볼거리

영화 _ 〈정복자 펠레Pelle the Conqueror〉(1987)

스웨덴 소년 펠레는 아버지와 함께 직업을 찾아 덴마크로 이주해 한 농장에 정착한다. 지금까지 아버지가 세상에서 최고의 존재인 줄만 알았던 펠레는 새로운 환경에서 세상을 배워간다. 남편에 대한 배신감으로 알코올 중독자가 된 농장의 안주인과 작업감독 해리에게 대들다 식물인간이 된 에릭, 그리고 점차 노쇠해지면서 비굴한 모습을 보이는 아버지. 펠레는 에릭과 이야기했던 더 넓고 새로운 세계로 나갈 결심을 한다. 어느 날 밤, 펠레는 농장에서 도망칠 결심을 굳히지만 안정된 생활을 바라던 아버지는 끝내 주저앉고, 결국 두 부자는 헤어진다. "나는 이미 늙고 약하지만 너는 어리다. 너는 언제라도 세계로 나가 정복할 수 있다." 열세 살의 펠레는 아버지 말을 가슴에 새기며 자기 앞에 펼쳐진 미지의 세계로 나선다. 주인공 펠레의 눈동자 속에 이민가족의 신산한 삶이 생생하고 실감나게 묘사된 작품이다.

한다. 일례로 고등학교 시절엔 한용운의 시 「님의 침묵」에 등장하는 '님'은 조국을 의미한다고 배웠지만, 대학에서는 그 '님'이 다양한 해석이 가능한 상징적 표현으로, 조국을 의미할 수도 있지만 연인일 수도 있고 종교적 의미의 님일 수도 있음을 배우게 된다.

대학 졸업 후 사회에 진출하게 되면 다시금 대학 시절의 규범을 탈하고 새로운 규범을 습득해야 한다. 대학 시절에는 교수님에 따라 지각과 결석을 관대하게 봐주기도 하지만, 직장에서는 지각과 결석이 인사고과에 즉각 반영된다. 대학 시절에는 방학이 있는 삶을 즐기지만 대학을 떠나게 되면 방학이 없는 삶으로 옮겨간다. 대학 때까지는 일정 연한을 채우면 자연스럽게 한 학년씩 올라갔지만 직장에서는 개인의 역량에 따라 승진할 수도 있고 승진에서 탈락할 수도 있는 생존 경쟁이 기다리고 있다. 마찬가지로 결혼을 하면 독신 시절의 생활을 탈하고 결혼의 규범에 맞춰 새롭게 적응해야 되고, 종교적 개종을 한다면 기존의 삶을 탈하고 종교적 가치관에 부응하는 새로운 삶을 살아가게 된다. 결국 생애주기를 지나가면서 탈사회화와 재사회화가 끊임없이 이루어져야 하는 만큼, 과거의 낡은 것을 탈하고 새로운 것을 끊임없이 배우는 훈련이 필히 요구된다.

2. 누가 어린이를 어른으로 만들어주나?

1차적 사회화와 가족

사회화에는 1차적 사회화와 2차적 사회화가 있다. 1차적 사회화는 신생아기부터 아동기에 걸쳐 진행된다. 문화적 학습이 심도 있게 진행되는 시기로, 사회화를 통해 가장 중요한 작업이라 할 언어를 습득하고 사회생활의 기초적 행동양식을 배우게 된다. 이 과정을 주도하는 사회화 기관은 가족이다.

언어 학습은 인간의 사회성과 인간다움의 본질적 특성을 포함한다는 점에서 매우 중요한 과정이다. 어린이가 모국어를 습득하는 과정을 관찰해보면 듣기 → 말하기 → 읽기 → 쓰기의 순서를 거친다.[2] 곧 어른들이 말하는 것을 알아듣기 시작하고, 어른들의 말을 모방하면서 말하는 방법을 배운 다음 읽고 쓰는 방법을 배우는 것이다.

언어는 고도로 상징적인 요소를 내포하고 있다. '가나다라'라고 쓰고 '가나다라'라고 읽자는 것은 일종의 사회적 약속이다. 가나다라를 가나다라로 읽어야 하는 필연적 이유가 있는 것은 아니다. 영어로 워터water라 쓰고 워터는 물이라는 뜻을 갖는다고 사회가 약속한 것이다. 이처럼 고도의 상징을 이해할 수 있는 능력은 인간만의 고유한 자질이라 해도 과언이 아니다. 우리는 원숭이, 앵무새, 돌고래에게 간단한 언어를 가르칠 수 있지만, 원숭이, 앵무새, 돌고래가 다른 원숭이, 앵무새, 돌고래에게 자신이 습득한 언어를 가르치는 것은 불가능하다. 언어 습득이 가능할 뿐만 아니라 습득한 언어를 타인에게 가르칠 수 있다는 건 인간만이 보유한 탁월한 능력이다.[3]

신생아가 처음으로 만나는 사회화 기관은 가족이다. 신생아와 가족의 관계는 문화권에 따라 이질적 양상을 보인다. 서구에서는 신생아가 태어나자마자 부모로부터 분리해서 키우는 반면, 한국 전통 사회에서는 부모가 아이와 함께 자고 업어 키우며 밀접한 스킨십을 유지했다. 1차적 사회화는 2세대 핵가족을 배경으로 이루어지는 경우도 있고 3세대 이상 확대 가족 안에서 이루어지는 경우도 있다.[4] 어린이가 경험하는 가족 및 친족관계나 어린이가 가족생활 속에서 형성하게 되는 인성은 가족 형태에 따라 달라질 수 있을 것이다. 어린 시절의 가족 경험은 후일 성인이 되었을 때의 가치관, 행동 양식, 예절, 인간관계 등에 직접적 영향을 미친다. 한부모에 의해 양육되는 경우, 조부모의 손에서 성장한 경우, 보육기관에서 길러진 경우 등에 따라 가족의 의미가 다르게 인식되고 경험 또한 차별화될 것이다. 일하는 엄마인지, 재취업 엄마인지, 전업 엄마인지 등 엄마의 경제 활동 상황에 따라서도 자녀 양육 방식 및 부모자녀 관계가 달라진다.

가족과 사회화의 관계를 다룬 연구에 따르면, 가족의 사회화 양식은 사회 계층적 지위에 따라 차이를 보인다. 도시 빈민 지역에서는 부모의 양육 태도가 권위적이고 일방적인 소통이 주를 이루는 반면, 중상류층 밀집 지역에서는 부모자녀 관계가 보다 민주적이고 부모가 자녀의 의견을 존중해주는 경향이 있다는 연구 결과[5]가 있다.

2차적 사회화와 사회화의 기관들

2차적 사회화는 후기 아동기부터 성숙기에 걸쳐 진행된다. 2차적 사회화를 담당하는 기관들로는 학교, 또래 집단, 조직, 대중 매체 등이 있다. 각 사회화 기관에서 이루어지는 사회적 상호작용을 통해 개인은 문화가 규정하는 가치, 규범, 믿음 체계 등을 학습하게 된다.

학교

2차적 사회화가 이루어지는 대표적 기관은 학교이다. 유치원, 초등학교, 중학교, 고등학교, 대학교까지 공식 교육 과정을 이수하는 동안 2차적 사회화 과정이 진행된다. 학교에서는 교과서를 통해 읽고 쓰고 말하고 계산하는 기본적 능력을 배우며, 한국사 및 세계사를 배우고 다양한 분야의 중요한 정보를 습득하게 된다.

학교는 미셸 푸코Michel Foucault가 주창한 훈육discipline이 이루어지는 장소[6]이기도 하다. 푸코의 주장은 학교의 역사를 떠올려보면 보다 쉽게 이해할 수 있다. 유럽에서 초등학교가 생겨난 계기는 유년 노동을 보호하기 위해서였다. 산업혁명 당시는 만 3-4세만 돼도 가죽을 다루거나 구두를 만드는 등 간단한 작업에 동원되었다. 그 상황에서 아동 보호를 명분으로 일정 연령에 이른 아동을 한 장소에 모아놓고 일정 기간 교육을 시키자는 취지하에 만들어진 제도가 초등학교였다.

산업혁명과 더불어 농민을 노동자로 전환시키기 위한 훈련 장소가 학교였다는 주장도 있다. 산업혁명 당시 공장주들이 가장 고심했던 문제는 오랜 세월 굳어진 농민의 습관을 노동자로 전환시키는 과정이었다고 한다.[7] 자연의 리듬에 따라 살아온 농민을 기계의 리듬에 맞추어 살아가는 노동자로 전환시키기 위해, 일정한 시간에 등교해서 규칙적으로 수업 받고 정시에 집으로 돌아오는 규칙적 생활을 훈련하도록 했다는 것이다. 자본주의 시장이 요구하는 몸의 습관을 만들기 위해 훈육했던 장소가 바로 학교였다는 주장이다.

한편 2차적 사회화 기관으로서의 학교 역할 중 교사의 반응과 기대가 학생의 미래에 중요한 영향을 미친다는 사실에 주목할 필요가 있다. 이를 일컬어 '숨겨진 커리큘럼hidden curriculum'이라 한다.(☞ 숨겨진 커리큘럼에 관해서는 9장 3절의 '교육과 불평등의 함수관계'를 볼 것) 교과과정 밖에 존재하는 숨겨진 커리큘럼으로 인해 학교는 성적이 우수한 학생을 위한 트랙과 열등한 학생을 위한 트랙을 미리 조정해주고 있다는 비판을 받고 있다. 실제로 교사들은 학교 성적이 우수한 학생에 대해서는 긍정적 반응을 보이거나 용기를 북돋아주는 반면, 열등한 학생에 대해서는 잠재력을 부정하거나 자신감을 저하시키는 경우가 빈번하다. '송충이는 솔잎을 먹어야 한다', '뱁새가 황새 따라가려 하면 다리가 찢어진다', '네 분수를 알라' 등의 한국 속담처럼, 학생을 숙명론에 빠지도록 하는 교사의 태도는 학교 교육에 숨겨진 부정적 기능이라 할 수 있다.

또래 집단

동일한 연령대가 함께 교육받는 환경은 2차적 사회화의 주요기관인 또래 집단 peer group 형성에 결정적 영향을 미친다. 동년배는 일생 동안 친밀한 동지애적 관계를 유지한다.

우리는 초등학교를 졸업하고 중학교에 입학할 때처럼 특별한 의미를 지니는 연령을 지나갈 때면 그에 상응하는 특별한 의례를 수행한다. 곧 졸업식과 입학식 의례를 통해 각각의 연령이 특별한 의미를 지니고 있음을 사회적으로 인정해주는 절차를 거치는 것이다. 20살이 되면 성인이 되었다는 의미에서 성년식을 한다. 이들 또래 집단은 평생 서로에게 강력한 영향력을 행사하는 동시에 사회적 네트워크의 한 축을 구성하게 되는 사회화의 주체라 할 수 있다.

한편 한국 사회 남성의 삶에 가장 의미 있는 사회적 네트워크는 고등학교 동창으로 나타났다.[8] 고교 평준화 이후 대학 동창의 중요성이 상대적으로 부각되기 시작했고, 군대 동기의 의미도 남다른 의미를 지니는 것으로 밝혀졌다. 반면 여성의 경우는 고등학교 동창생과 더불어 친족 관계가 중요한 네트워크로 나타났다. 워킹맘의 경우는 어린이집 혹은 유치원 어머니 모임 등 자녀를 매개로 한 연계망이 중요한 기능을 하는 것으로 확인되었다.

또래 집단이 사회화 과정에 미치는 영향력을 입증한 연구로는 배리 손Barry Thorne의 『젠더 플레이』[9]가 있다. 그녀에 따르면 아동은 부모 및 교사로부터 젠더의 의미를 수동적으로 학습하기보다 또래 집단 사이의 상호작용 과정에서 젠더의 의미를 적극 해석하고 재해석한다.

동년배 집단의 영향력은 사춘기까지 계속된다. 사춘기 2차 성징의 발달은 또래 집단의 영향력에 따라 당혹감으로 받아들여지기도 하고 자신감으로 충만한 경험이 되기도 한다. 특별히 사춘기 시절에는 동료들 사이의 인기와 자신감 사이에 밀접한 상관관계가 있음이 밝혀졌다. 남자 청소년은 운동 능력이 탁월할 때, 멋진 외모의 소유자일 때 동료들로부터 인기가 높은 것으로 나타났고, 여자 청소년은 매력적 외모가 자신감의 원천이 되는 것으로 확인되었다.

대중 매체

2차적 사회화 기관으로서의 대중 매체(☞ 대중 매체의 사회학적 의미에 대해서는 12장 '대중 매체: 전통 미디어와 뉴 미디어'를 참조할 것) 가운데 신문, 잡지, 정기 간행물 등의 인쇄 매체는 오늘날 영향력이 줄어들고 있지만 그 의미까지 사라진 것은 아니다. 서구에서 1800년대 초 도입된 인쇄 매체는 1900년대 이후 보편화되었다. 인쇄 매체의 보편화는 문자를 해독할 수 있는 인구가 팽창했음을 전제로 하는 동시에 민주주의의 발판이 마련되었음을 의미한다. 인쇄 매체의 뒤를 이어 라디오, TV, 녹음기, 비디오 등 전자 의사소통 매체가 등장했다. TV는 서구에서 1920년대 등장했고 한국에서는 1961년 공중파 TV가 개국했다. 당시는 흑백 TV로 출발했고 1981년이 되어서야 컬러 TV 시대가 열렸다.

전통 미디어 시대를 지나 뉴미디어 시대로 접어들면서 인터넷의 영향력은 혁명적이라 해도 과언이 아닐 만큼 우리의 삶을 획기적으로 변화시켜가고 있다. 미디어는 세상의 움직임을 인지하고 이해하는 데 가장 강력한 영향력을 행사하고 있으며, 개인에게 역할 모델을 제공해주기도 한다. 의식주에 대한 흥미롭고도 요긴한 정보를 제공해줌은 물론, 다양한 사회적 네트워크에서부터 커뮤니티 활동에 이르기까지 정보의 보고寶庫 기능을 충실히 담당하고 있다.

하루 중 미디어에 투자하는 시간을 살펴보면, 영국 성인들의 TV 및 비디오 시청 시간은 남성이 2시간 40분, 여성이 2시간 17분으로 나타났다. 한국의 성인들은 정보통신정책연구원 통계에 따르면 2011-2017년 기간 중 휴대폰은 1시간 22분에서 1시간 57분으로 늘었고, 컴퓨터는 2시간 35분에서 3시간 21분으로 눈에 띄게 증가하였다. 같은 기간 중 TV 시청은 3시간 35분에서 3시간 34분으로 거의 변화가 없었으며, 인쇄 매체 노출 시간은 하루 52분에서 46분으로 감소했다.

사회화의 주체로서 미디어의 역할에 주목하는 학자들은 TV 프로그램이 청소년 범죄 및 일탈 성향에 미치는 영향을 활발히 연구 중이다. 연구 결과, TV 프로그램의 약 80%가 폭력적 내용을 포함하고 있고, 시간당 7.5개의 폭력적 스토리가 등장하고 있으며, 특별히 미국에서는 18세가 될 때까지 TV를 통해 평균 2만여 건의 살해 장면을 목격한다고 한다.[10] 만화 영화는 가장 폭력적인 스토리와 선정적인 장면을 담고 있는 매체로 판명되었다.

그러나 주지할 점은 어린이나 청소년 공히 대중 매체가 제공하는 메시지를 수동적이고 일방적으로 수용하거나 미디어를 무조건 모방하고 동경하는 자기 검열이 결여된 집단이 아니라는 점이다. 어린이들조차 자신의 경험과 가치관에 따라 혹은 또래 집단이나 주변 사람들과의 의미 있는 상호작용을 통해, 매스 미디어가 제공하는 메시지를 주체적으로 해석하고 맥락을 포괄적으로 이해하는 능력을 보유하고 있는 것으로 밝혀졌다.[11] 폭력 장면을 시청할 경우 왜 폭력이 행사되고 있는지와 더불어 폭력이 도덕적으로 옳은지 등을 판단하는 능력이 있다는 것이다.

3. 아들은 남자답게, 딸은 여자답게?

생물학적으로 여성은 XX 유전자를, 남성은 XY 유전자를 타고난다. 1970년대 서구에서 페미니즘이 태동하기 전까지 남성다움과 여성다움은 생물학적으로 결정된다는 믿음이 공고하게 유지되어왔다. 오늘날은 생물학적 성을 의미하는 섹스sex와 사회문화적 성을 의미하는 젠더gender는 구분되어야 마땅하다는 입장이 주를 이룬다.

젠더 사회화가 이루어지는 맥락

여자아이, 남자아이가 여자답게 혹은 남자답게 성장해가는 맥락을 살펴보면, 무엇보다 부모 혹은 주위 어른들의 반응이 매우 중요하다. 이와 관련해서 실험 두 가지를 소개해보기로 한다.

이상의 두 가지 실험 결과가 의미하는 바는 자명하다. 젠더란, 생물학적 차이가 그대로 반영되는 것이 아니라, 주위 사람들로 하여금 성별에 따라 차별화된 반응을 불러일으키는 일종의 신호sign라는 사실이다.

그렇다면 젠더 학습은 언제부터 시작되는 것일까? 대부분의 학자들은 두 살 무렵이 되면 젠더를 부분적으로 이해하게 되고, 자신이 여자인지 남자인지 식별하기 시작하며, 엄마·할머니는 여자, 아빠·할아버지는 남자 등 주변 사람들을 성별에 따라 범주화하기 시작한다고 주장한다.

어린 시절 젠더 사회화 과정에 주목할 만한 영향을 미치는 요인으로 어린이를 위한 동화책을 들 수 있다. 1970년대 초반 어린이 동화책을 대상으로 분석한 바에 따르면 남자 주인공 대 여자 주인공 비율이 11 대 1로 큰 차이를 보였고, 동물이 등장하는 경우 수컷 대 암컷 비율이 무려 95 대 1로 나타났다.[12]

동화책의 내용도 남자 주인공일 때는 독립심이 강조되거나 모험심이 뒤따르는 목표를 추적하거나 집밖에서 활발하게 활동하는 모습이 주를 이루었다면, 여자 주인공인 경우는 남자의 도움을 기다리거나 남자를 위해 요리 혹은 청소를 하거나 집안에서 남자가 돌아오기만을 기다리는 모습으로 그려지고 있었다. 아내 혹은 어머니가 아닌 여성은 마귀 아니면 요정으로 묘사되는 경향이 있었고, 일하는 엄

실험 1. 생후 5-6개월 된 신생아 20여명에게 기저귀를 채운 후 자연스럽게 기어 다니면서 활동하는 모습을 비디오로 촬영했다. 그런 다음 신생아 부모들을 초대하여, 비디오에 등장하는 신생아의 성별을 알아맞히도록 했다. 만일 생물학적 요인이 결정적 영향을 미치는 것이라면 부모들은 누가 아들이고 누가 딸인지 100% 정확하게 맞출 수 있을 것이다. 그러나 결과는 절반은 맞추고 절반은 틀린 것으로 나타나, 소위 '남자답게'와 '여자답게'는 생물학적으로 결정되는 것이 아님을 선명하게 보여주었다.

실험 2. 신생아에게 분홍색 옷을 입히고 '베스'라는 여자 이름을 붙여주었을 때와 파란색 옷을 입히고 '아담'이라는 남자 이름을 붙여주었을 때, 동일한 신생아에 대한 성인들의 반응을 관찰했다. 베스라고 했을 때 주변사람들의 반응은 '귀엽네, 사랑스럽구나, 주먹 쥔 손이 앙증맞군.' 등의 표현을 썼다. 한데 아담이라고 불렀을 때는 주변 성인들의 반응이 완전히 달라져, '씩씩하군, 장군감이네'라는 감탄사와 더불어, 똑같이 주먹 쥔 손을 보고 '불끈 쥔 주먹을 보게나.' 같은 반응들이 나왔다.

마는 전무했던 반면 남성의 직업은 다채롭게 묘사되고 있었다. 40여 년이 지난 오늘날에도 상황은 크게 변하지 않아, "언젠가 나의 왕자님이 오실 거야" 류의 낭만적 사랑에 대한 환상을 은밀히 포함하고 있는 『백설공주』, 『잠자는 숲속의 공주』 등이 여자 어린이들로부터 꾸준한 인기를 얻고 있다.

한국의 동화책을 주제로 한 연구에서도 동일한 결과가 나타났다.[13] 어린이를 위한 동화, 소설, 전기 100편을 분석한 결과, 남성 주인공이 여성 주인공보다 2.5배 많았다. 등장인물의 역할을 보면 남성은 아들 이외에도 농부, 어부, 나무꾼, 대통령, 장군, 왕 등 다채로운 역할을 수행하고 있는 반면, 여성은 딸 이외엔 공주, 문필가, 예술가 등 제한된 역할만을 수행하는 것으로 나타났다. 동화 스토리의 주제도 남성이 주인공인 경우는 용기, 정의, 애국·애족, 진실, 고난 극복 등이 중심이었다면, 여성이 주인공으로 등장할 경우는 권선징악, 효, 가족애, 정직 등이 강조되었다. 남성의 인성은 정직하고 지혜롭고 정의감이 강조된 반면, 여성의 인성은 명랑하고 온순하며 착실하고 동정심을 유발하는 성격이 미덕으로 서술되고 있었다. 남성과 여성 역할에 대한 고정관념이 다양한 동화와 소설과 전기에 그대로 반영되어 있는 셈이다.

어린이 장난감 또한 전형적으로 젠더 차이를 부각시키고 있음을 확연히 느낄 수 있다. 장난감 가게에 가면 남자 어린이를 위한 장난감으로는 로봇, 총, 칼, 대포 같은 무기류가 진열되어 있고, 여자 어린이를 위한 장난감으로는 인형, 소꿉놀이, 애완동물이 주를 이룬다. 심지어 조립 장난감 레고 시리즈도 여아용과 남아용으로 구분되어 있다.

대중 매체 속 광고 또한 여성과 남성의 역할 차이를 자연스럽게 강조하고 있음을 알 수 있다. 여성은 광고 속에서도 현모양처로서 의존적이며 연약한 모습으로 등장하거나 남성을 기다리는 모습 등으로 묘사되고 있다. 광고를 통해 성 역할 고정관념에 노출되기는 남성도 마찬가지다. 광고 속 남성은 사회적으로 성공한 모습에 독립적이고 책임감 있는 존재로 그려진다. 자동차, 오일, 기계류 광고에서는 주로 남성 모델을 쓰는 경향이 있다. 또한 '남성=생계 부양자'라는 고정관념으로 인해 남성은 전일제 근로자로 묘사되는 경우가 많다. 이러한 광고가 특히 어린아이들에게 성 역할 고정관념을 자연스럽게 전달하게 됨은 재론의 여지가 없다.

한국여성개발원의 보고서 『성인지적 관점에 기초한 제6차 교육 과정 운영 및 교과서 분석』[14]에 따르면, 교과서의 내용 또한 동화책 및 TV 광고 분석과 마찬가지로 성차별적 요소를 포함하고 있는 것으로 확인되었다. 초·중·고등학교 교과서에 실린 문학 작품의 경우, 저자가 확인된 총 701편 가운데 여성 저자는 44명(6.3%)에 불과한 것으로 밝혀졌고, 교과서에 등장하는 역사적 인물 중에서도 여성 비율은 2.9%로 극히 희소했다. 초등학교 교과서에는 남자만 등장하는 단원도 무려 44%나 됐으며, 여자 주인공의 비율은 23.5%에 그쳤다. 작품 배경에도 성 역할 고정관념이 그대로 반영되어 여성은 가정을 배경으로 한 경우가 44.6%, 남성은 야외 활동을 배경으로 한 경우가 61.6%를 차지했다.

준 스테이섬June Statham[15]은 성 역할 사회화가 자연스럽게 받아들여지고 있는 상황에서 성 차별 없이 자녀를 키우고자 했던 부모들을 만나 그들의 경험을 심층 인터뷰했다. 인터뷰 참가자들은 어린 시절부터 딸을 아들처럼 키움으로써 성차별을 극복하고자 노력하기보다는 여성성과 남성성이 보다 잘 융합된 새로운 젠더 역할

▶ 더블하트 '맑은' 섬유세제 광고

"아기 빨래는 맑아야 한다"는 멘트와 함께 전업주부인 여성과 아기가 출현한다. 여성은 가정주부로서 자녀 양육의 역할을 책임지는 모습으로 그려지고 있다.
(https://youtu.be/AgAqlKoOPBo)

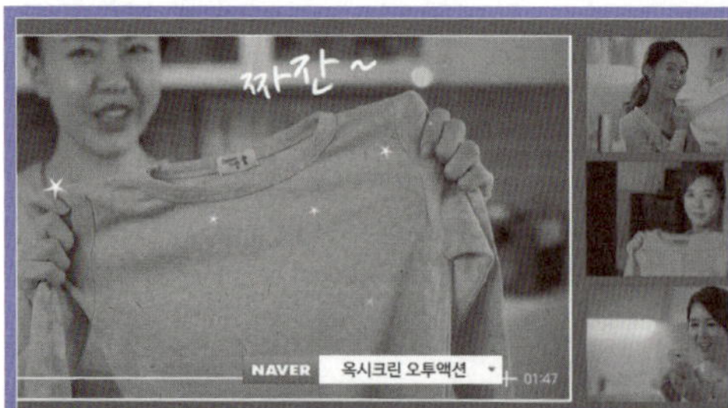

▶ 옥시크린 '오투액션' 광고

다수의 주부들이 옷에 묻은 얼룩을 지우기 위해 해당 세제를 사용하는 모습이 등장한다. 가족을 위한 청결 유지는 여성의 몫임이 자연스럽게 암시되고 있다.
(https://youtu.be/jwTPMbDM5w0)

을 내면화할 수 있기를 희망했다. 그리하여 아들에게는 타인의 감정을 배려할 줄 알고 따뜻한 인성을 갖추기를 독려했고, 딸을 위해서는 자신감을 높여주고 독립적 인성을 추구하도록 지원했다. 그러나 젠더화된 성 역할 유형이 공고하게 자리 잡은 상황에서 성 역할 고정관념에서 벗어나 자유롭게 자녀를 양육한다는 것은 매우 어려운 과제였음을 이구동성으로 인정했다. 특별히 젠더화된 장난감에 대항하여 싸우는 것은 벅찬 일이라고 참가자들은 고백했다. 장난감 가게는 온통 남자아이를 위한 전쟁 무기와 여자아이를 위한 인형 및 소꿉놀이로 무장하고 있다는 인상을 받았다는 것이다. 그런가 하면 여성적 역할을 수행하는 남자아이가 주인공으로 등장하는 동화책은 찾아볼 수 없었고, 동화 속 남자와 여자의 역할을 바꾸어 읽어주자 "엄마는 남자아이를 싫어한다"는 반응이 나오기도 했다는 것이다. 바비인형 대신 건강한 체구에 카키색 군복을 입은 인형을 보여 주자 "남자아이를 위한 인형이야?" 라는 질문이 나왔다고 한다.

▶ 신한은행 '신한미래설계' 아버지편

"힘들어도 간다 여보, 애들아 아빠 출근 준비한다"는 멘트가 일하는 아버지상을 강조하고 있다.
(https://youtu.be/PdepHCaj9NQ)

▶ 박카스 '대한민국에서 불효자로 산다는 것'

일하느라 땀 흘린 채 직장에 찾아온 아버지를 외면한 딸의 이야기에서도 아버지는 열심히 일하며 가족을 위해 희생하는 모습으로 그려지고 있다.
(https://youtu.be/RJKar_WUtHI)

읽을거리

마거릿 미드, 『세 부족 사회에서의 성과 기질』(1998)

원제가 'Sex and Temperament in Three Primitive Societies'인 이 책은 페미니즘 운동에서 기념비적 위상을 차지하고 있다. 서태평양 파푸아 뉴기니아의 호수 지역에 자리한 세 부족을 대상으로 한 인류학적 현지조사를 통해 성 역할 구성이 다양할 수 있음을 입증했기 때문이다.

미드의 관찰 결과 아라페쉬족의 경우 남녀 모두 평화적 기질을 보유하고 있었고 전쟁에 관여하는 것을 기피했다. 이들은 농사도 함께 지었고 자녀 양육에서도 평등하게 역할 분담을 했으며 친족 간 관계에서도 인근 부족과 달리 평화로움을 견지한 반면, 문두구머족은 남녀 모두 호전적 기질을 보유하고 있었다. 보다 흥미로운 사례는 챔불리족으로부터 발견되었다. 챔불리족의 경우는 여성이 보다 생산적이고 실용적이며 지배적인 역할을 담당하고 있었고, 남성은 거꾸로 치장을 즐기고 온순한 모습을 보였다는 것이다. 이들 부족의 경우 전쟁을 불법화한 오스트리아 정부 정책에 힘입어 남성의 호전성이 위력을 발휘하지 못하게 됨에 따라 여성이 지배적 지위를 점하게 되었다는 해석이다.

최근 연구에서는 마거릿 미드가 수행했던 연구의 결함이 발견되기도 하고 해석이 뒤바뀌기도 하지만, 1930년대 중반에 이미 성 역할이 생물학적으로 결정되는 것이 아니라 문화적으로 구성된다는 함의를 담은 연구를 발표했음은 그 자체로 고전으로서의 가치를 충분히 인정받아 마땅하다.

결국 스테이섬의 연구는 젠더에 따라 확연하게 나누어져 있는 사회화 관행을 거스르는 일이 얼마나 어려운가를 실감케 한다. 젠더가 '주어지면' 사회는 여성 혹은 남성에게 적합한 행동을 할 것을 기대하고, 이러한 사회적 기대는 일상의 실천을 통해 재생산되면서 젠더에 따른 고정관념을 강화한다.

그러나 희망은 있다. 네덜란드의 부모들은 남자아이와 여자아이를 구별하지 않고 보다 성평등적 가치에 입각해서 양성성을 갖출 수 있도록 키운다고 한다. 젠더 사회화 과정에도 문화적 다양성이 존재한다는 사실은 우리로 하여금 새로운 시도를 할 수 있는 가능성을 열어준다 하겠다.

4. 생애주기별 사회화의 과제

아동기와 청소년기의 생애주기 과업

연령에 기초하여 인생의 각 단계를 연결시켜주면서 각 단계마다 사회적으로 규정된 역할과 과제가 있음을 통칭해서 생애주기life course라 한다. 예전에는 생애 주기를 아동기, 사춘기, 장년기, 노년기로 구분하여 단속적 연구를 진행했다. 그러나 최근에는 연속적 시계열적 데이터가 산출됨에 따라, 동년배 효과cohort effect와 동시대 효과period effect를 동시에 고려하면서 생애주기의 특징을 보다 통합적이고 연속적으로 규명하고 있다.

아동기

아동기는 신생아기를 지나 10대 청소년기로 진입하기 전의 중간 단계를 의미한다. 아동기는 약 3세기 전에 새롭게 출현한 현상으로, 그 이전 시대 인류의 의식 속에는 아동 개념 자체가 존재하지 않았다.[16] 중세 시대 그림을 보면 아동은 어른의 축소판으로 그려지거나 악마의 모습으로 등장한다. 산업화 초기에 어린이는 작은 어른으로 인식되었기에 아무런 죄책감 없이 유년 노동을 활용하기도 했다. 세월이 흘러 아동은 천사의 이미지를 갖게 되었고, 어른들이 돌보아야 할 대상이 되었다. 오늘날 아동은 특유의 발달 단계를 갖고 있으며 권리를 인정받아 마땅한 존재로 인식되고 있고, 유년 노동을 활용하는 것은 윤리적으로 비난의 대상이 되는 부도덕한 일로 받아들여지고 있다.

한국에서는 일제 강점기인 1922년에 어린이날이 제정되었다. 지금으로부터 100여 년 전 어린이날을 제정하게 된 의도는 당시 어린이들 상황이 지나치게 열악했기 때문에 어린이의 가치를 인정해주고 지위 향상을 도모하기 위해서였다.

아동기가 장기화됨에 따라 성인 중심 사회로부터 아동 중심 사회로 변화해가고 있다는 주장도 있다. 그러나 아동에 대한 성적 학대 및 육체적 학대는 오늘날에도 건재한데, 이는 중세로부터 내려온 역사적 유산이라 하겠다. 오늘날은 아동기가 과연 독립되고 분리된 시기인지, 아동의 시민권을 인정해줄 것인지, 인정해준다면

읽을거리

필립 아리에스, 『아동의 탄생』(2003)

원제가 'Centuries of Childhood: A Social History of Family Life'인 이 책은 주제의 신선함과 방법론의 참신함으로 출간 당시 열광적 반응을 불러일으켰다. 중세에는 아동기에 대한 의식 자체가 없었다. 아이들은 어른의 축소판으로 그려졌을 뿐 독자적 발달 단계를 거친다는 의식이 없었다, 군대를 근대화시킨 나폴레옹과 함께 근대 교육 또한 확연하게 군대화되었다는 등의 흥미진진한 진단과 더불어 각종 놀이, 민요, 개인 서신, 가정 일지, 각종 판화와 그림 등 기존의 역사 연구 대상에서 배제되어온 인간 무의식의 기록을 역사적 탐구 대상으로 삼아 새로운 역사적 사실을 입증하고 논증하는 방식도 주목할 만하다. 아리에스는 이 책을 통해 한 치의 의문도 제기되어본 적 없는 아동과 교육, 그리고 가족의 역사와 본질을 탐구함으로써 오늘날 사회적 화두로 떠오른 아동과 교육, 그리고 가족의 실체에 그 누구보다 가까이 다가가는 데 성공했다.

어느 범위까지 가능한지 등이 아동기를 둘러싼 쟁점으로 부상 중이다.

아동기 단계에서 반드시 수행해야 될 생애주기상의 첫째 과제로는 타인과 구분되는 나 자신에 대한 감각 습득을, 둘째 과제로는 유아기의 자기중심적 언어로부터 벗어나 타인의 입장을 고려하는 사회적 언어 습득을 들 수 있다. 아동기 이전까지는 단어나 어구의 단순한 반복, 자신에게 하는 독백, 타인의 존재에 단순하게 반응하는 모놀로그적 화법이 중심이었다면 아동기 이후부터는 타인의 입장을 고려하는 대화 방식을 학습해야 한다. 셋째 과제는 부모 혹은 의미 있는 타자들과의 안정적 관계 수립이다. 제2차 세계대전 이후 전쟁 고아가 되어 미국 가족에 입양된 사례들을 보면, 입양 아동들은 초기 불안에 떨며 수면 장애를 겪었고, 누군가에게 과잉 집착을 보이는 등 정서적 불안감을 노출했다. 그러나 새로운 가족 구성원들로부터 지속적인 사랑과 지원을 받은 이후부터는 정상적인 학교 생활을 수행했다.[17] 반면 어린 시절 학대를 경험했거나 버림받은 입양아들은 훗날 파괴적 인성을 보유하거나 사회 부적응을 야기함으로써 어린 시절 정서적으로 안정된 관계를 확보하는 것의 중요성을 입증하고 있다.

10대 청소년기

10대 청소년기를 일컬어 사춘기라 한다. 리츠 시어도어Lidz Theodore의 사춘기 정의[18]는 시적이고 예술적이다. 그에 따르면 사춘기란 탐색의 시기time of seeking이자 '나는 누구인가' 하는 자신의 목소리에 귀 기울이는 시기이고, 내 자리는 어디인지 밖을 향해 탐색하는 시기다. 나아가 친밀성의 욕구를 충족하면서 포만감을 느낄 수 있는 관계를 찾아나서는 시기이기도 하다. 또한 사춘기는 혼돈의 시기time of turbulence이다. 사랑과 아름다움에 눈뜨는 시기이기도 하지만 동시에 외로움과 절망의 나락으로 떨어지는 시기이기도 하다. 정서적으로 오르락내리락 기복이 심한 시기라는 의미다. 그런가 하면 사춘기는 자유로운 영혼의 시기time of carefree wondering of spirit이기도 하다. 이상주의자로서의 비전을 추구하고 환상의 세계를 탐험하다가도 다음 순간 이 세상과 자신을 향한 환멸에 빠지기도 하는 종잡을 수 없는 시기가 바로 사춘기이다.

사춘기를 의미하는 영어 표현에는 '퓨버티puberty'와 '아돌레슨트adolescent'가 있다. 퓨버티는 생물학적·신체적 변화를 수반하는 사춘기로서 여자는 생리를 하게 되고 남자는 변성기를 겪게 되는 2차 성징이 나타나는 시기로, 모든 문화권에서 보편적으로 관찰된다. 아돌레슨트는 사회문화적 사춘기라는 의미로, 산업혁명과 더불어 새롭게 출현한 시기이다.

사춘기가 질풍노도의 시기이자 철학적 탐색의 시기라는 인식은 서구에서도 200여 년 전에야 비로소 '발견'되었다. 어린이와 성인 사이에 놓여 있는 애매한 시기로서의 사춘기 역시 아동기와 마찬가지로 역사적 산물이다. 농경 사회에서는 사회문화적 사춘기인 아돌레슨트 시기가 없었다. 19세기 말엽까지 어린이는 일정한 나이가 되면 자연스럽게 성인 사회로 편입했다. 19세기 말엽부터 고등 교육이 확산되기 시작했으나, 1900년 무렵 유럽의 14-16세 청소년 중 학생 비율은 10% 미만에 불과하여 사춘기라는 존재감은 미미했다.

아돌레슨트 경험은 서구 사회와 원시 사회 간 문화적 다양성을 보여주고 있다. 인류학자 마거릿 미드는 사모아섬 소녀들과 서구 소녀들의 경험을 비교 연구한 결과 "(사모아) 소녀의 마음은 갈등으로 요동칠 일도 없고, 철학적 탐색으로 인해 깊게 고민할 이유도 없으며, 심지어 야망도 없다. 결혼 전에는 가능한 한 많은 애인과 자유롭게 연애를 즐기고, 결혼 후에는 가능한 한 많은 자녀를 출산한다. 다산

이야말로 모든 사모아 소녀들에게 만족을 주는 공통적 야망"이라는 흥미로운 사실을 밝혀냈다.[19] 사모아에 서구식 문화가 유입되면서부터 이들의 고유한 문화가 파괴되고, 폴리네시아 지역의 사춘기 자살률이 급증했다는 사실은 주목할 만하다.

원시사회에서는 2차 성징이 나타나는 시기에 특별한 성인식을 거행한다. 특별한 의례를 통해 어린이 단계로부터 성인 단계로 이행하는 것을 준비시켜 심리적 충격을 줄이는 동시에 성적性的 발달 과정에 적응하는 것을 순조롭게 도와주기 위함이다. 반면 특별한 의례가 없는 서구 사회에서는 아동기로부터 사춘기로 이행할 때 급격한 변이로 인해 "무지함"의 충격을 경험하는 경우가 발생하기도 한다.

생애주기상 사춘기란 자기 탐색과 자기 표현의 시기요, 정체성을 구성함에 사회문화적 영향력이 크게 작용하는 시기이기도 하다. '나는 누구인가', '나의 자리는 어디인가' 등에 대한 답은 향후 생애주기의 밑그림을 그리는 데 결정적 단서를 제공한다. 특별히 서구에서는 사춘기의 의미가 제2차 세계대전 이후 획기적으로 바뀌었다. 가장 두드러진 요인으로는 혼전 성관계를 둘러싼 규범의 변화를 들 수 있다. 전쟁 이전에는 허용되지 않던 혼전 성관계가 전쟁 이후 허용되는 방향으로 전환되면서 사춘기 의미가 새롭게 모색되기 시작했다. 〈그림 3〉은 사춘기 생애주기의 과업을 간략하게 요약한 것이다.

사춘기 시기에는 무엇보다 급격한 신체 변화에 적응해야 한다. 신체적으로 2차 성징이 나타나면서 빠르게 성장하고 불어나는 키와 몸무게에 대한 적응이 필요하다. 신체적 변화는 필히 심리적 변화를 수반한다. 외모가 변화함에 따라 내부로부터 성적인 느낌 혹은 에너지가 분출되고 정서적 불안 상태가 동반되는데, 이에 대

A. 호르몬 작용과 신체적 변화	B. 신체적 변화가 야기하는 심리적 과제	C. 사회적 과제	D. 퍼스낼리티 발달
– 2차 성징의 출현 – 키와 몸무게의 빠른 성장	– 외모의 변화, 성적 느낌 경험, 정서적 불안 관리 – 친구들과 비교했을 때 조숙하거나 늦될 경우, 발달 과정에 적응	– 사춘기 문화로 진입 – 이성관계에 대한 관심 – 운전, 음주, 투표권 등 법적 지위를 승인받는 데 대한 책임 의식 – 진로 선택	– 정체성 형성 – 인생의 목표와 가치에 대한 성찰

〈그림 3〉 사춘기 생애주기의 과업

한 통제 및 관리가 필요하다. 특히 동년배 친구들과 비교했을 때 지나치게 조숙하거나 상대적으로 늦되는 경우 필요 이상의 스트레스를 받게 되는데, 이 경우에도 유연한 적응이 필요하다.

사회적 과제로는 사춘기 문화를 성공적으로 내면화하면서 슬기롭게 넘어가는 일이 기다리고 있다. 이 시기에는 국가별로 차이가 있긴 하지만 운전, 음주, 투표권 등 법적 지위를 승인받고 사회적으로 다양한 권리를 인정받는 만큼 책임 의식도 키워야 한다. 더불어 대학 진학을 할 것이냐 취업을 할 것이냐 등 진로 선택을 중심으로 인생의 목표와 가치에 대한 성찰이 필히 요구된다.

사춘기를 주제로 한 연구가 희소한 상황에서 미국의 교육사회학자 제임스 콜먼이 1961년 출간한 『사춘기 사회Adolescent Society』는 오늘날 사춘기 연구의 고전으로 인정받고 있다. 이 책은 당시 미국 도시에 소재한 고등학교를 대상으로 사춘기 문화의 특징을 분석한 연구로, 오늘날에도 유효한 내용을 담고 있다. 콜먼에 따르면 사춘기 문화의 가장 두드러진 특징은 자신을 향한 관심이 극도로 고조된다는 점이다. '나'를 탐색하는 이 시기에는 일상적으로 즐기는 음악 및 패션 등을 중심으로 자신만의 취향이나 감각을 개발하고 발전시켜간다. 더불어 사춘기는 심리적 유대를 모색하는 시기로서 이때 이성에 대한 관심이 급증하는 건 매우 자연스러운 현상이다. 데이팅은 원래 배우자 선택을 위한 의례적 절차를 의미하지만, 사춘기 시절의 데이팅은 친밀성을 공유할 수 있는 상대를 발견하기 위한 수단으로서의 의미가 강하다. 뿐만 아니라 사춘기는 부모의 강제 및 통제로부터 독립과 자율성을 추구하는 시기이자, 사회적 약자에 대한 관심이 고조되는 시기이기도 하다. 예나 지금이나 사회 변화 및 새로운 기술 출현에 빠르고 민감하게 반응하는 얼리어답터early adapter들은 대부분 사춘기에 집중되어 있는 것으로 나타났다.

성인기 이후의 여정

초기 성인기

초기 성인기는 개인의 생애주기에서 어떤 직업을 선택할 것인지, 더불어 누구와 결혼할 것인지라는 인생에서 가장 핵심적인 두 가지 과제를 수행해야 하는 시기다. 최근에는 교육 기간의 연장으로 인해 성인기 또한 길어짐으로써 책임감 있는 성인으로서의 지위가 유예되고 있다는 평가가 있다.

직업 선택 직업 선택과 관련해서는 무엇보다 직업 열망occupational aspiration을 고려해야 한다. 흔히 청년실업은 열악한 노동시장 상황으로 인해 유례없이 높은 실업률을 보이는 것이라 주장되고 있지만, 직업 가치 및 열망을 습득하는 직업 사회화 과정의 결여도 청년실업에 영향을 미친다.

개인의 직업 열망에 영향을 미치는 요인으로는 부모의 기대 혹은 부모의 가치관 및 직업 세계를 들 수 있다. 의사 집안, 법조인 집안, 교사 집안 등은 가족이 직업 사회화에 얼마나 중요한 영향을 미치는가를 보여주는 실례라 하겠다. 덧붙여 인생에 대해 어떤 태도를 갖고 있느냐가 매우 중요하다. 하고 싶은 일이 너무 많은 상황인지, 아니면 무엇을 해야 될지 전혀 모르는 상황인지 여부에 따라 직업 선택 경로가 달라지리라는 것은 쉽게 예상해볼 수 있다. 직업 열망에 영향을 미치는 요인에는 멘토로 삼고 싶은 매력적 인물과의 만남이나 대중 매체에 등장한 어떤 인물을 통해 전율을 느꼈을 때와 같은 경험도 포함된다. 이외에 사회화 과정에서 직업과 관련하여 간접 체험을 하게 될 경우도 직업 열망에 영향을 미친다.

직업 열망은 누군가에게는 단순한 공상, 망상, 환상 수준에 머물지만, 다른 누군가에게는 인생의 목표가 된다는 사실을 기억하는 것이 중요하다. 성인기 연구의 권위자인 심리학자 대니얼 레빈슨Daniel Levinson은 『남자가 겪는 인생의 사계절』과 『여자가 겪는 인생의 사계절』[20]을 펴내면서, 생애주기에서 꿈이 지니는 의미를 강조한다. 레빈슨에게 꿈이란 '상상 속의 가능성imagined possibilities'을 뜻하는데, 여기서 방점은 앞부분의 상상이 아니라 뒷부분의 가능성에 맞춰져 있음은 물론이다.

직업 열망이 직업 선택으로 연결되기 위해서는 보통 10여 년에 걸친 시간이 필요하다. 아동기 시절의 직업과 연결된 꿈은 대부분 유치한 환상 수준에 머물러 있다. 특정 직업의 이미지에 현혹되거나 만화 등 대중 매체의 영향에 노출되기도 하고, 소방차에 매료되어 소방관이 되겠다는 꿈을 꾸기도 한다. 제복에 매력을 느껴 장군을 희망하기도 하고, 만화 주인공이 글로벌 기업 임원이라 흠모하기도 한다. 이 시기의 직업 열망은 환상에 가깝지만, 사춘기 초기에 이르면 자신이 원하는 직업을 갖기 위해 어떤 역량이 필요한지, 구체적으로 어떤 보상이 주어지는지 등을 인식하기 시작한다.

고등학교 졸업 후 대학에 진학하면 전공을 선택하게 되는데, 이 과정은 향후의 직업과 밀접한 상관관계를 갖는다. 학벌주의가 강하게 작동하는 한국 사회에서는 흔히 성적에 맞추어 대학을 선택하지만, 생애주기의 관점에서 장기적으로 전망해본다면 자신이 어떤 직업을 원하는지, 잠재력 및 역량은 무엇인지, 선택한 영역은 발전 가능성이 있는지 등을 총체적으로 고려하여 대학 전공을 선택할 필요가 있다. 특정 전공은 졸업 후 커리어와 직결되기도 한다. 건축사, 사회복지사, 의사 등은 대표적 예라 할 수 있다. 사회복지학 전공생들은 사회복지사 자격증을 받고 사회복지 영역으로 진출하게 된다. 대학 진학 대신 취업을 선택하는 청소년들도 있는데 이들의 직업 선택은 졸업 당시 노동시장 수요와 개인의 연결망에 따라

생각할 거리

'f(꿈)=직업'의 오류는?

20대는 자신의 진로를 결정해야 하는 시기이기 때문에 이왕이면 자기의 꿈과 직업을 일치시키고 싶은 게 당연하다. 하지만 그건 하나의 바람이지 꼭 그래야 한다는 당위는 아니다. 꿈은 직업이 될 수도 있고, 직업이 아닌 다른 방식으로 추구할 수도 있다. 또한 애초에 직업으로 삼을 수 없는 꿈도 있다. 꿈의 범주와 직업의 범주는 일치하지 않으며, 비교적 일치하는 경우에도 꿈의 범주가 직업 범주보다 훨씬 더 크고 넓다. 무엇보다 꿈은 직업이 되든 되지 않든 그 자체로 한 개인에게 살아가는 이유를 주는 소중한 것이고, 직업은 꿈과 부합하든 하지 않든 생계를 마련해주고 노동의 가치를 알게 해주는 소중한 것이다. 꿈과 직업은 그 자체로 충분히 의미가 있다. 그럼에도 불구하고 많은 청년들은 꿈과 직업이 일치해야만 자신의 삶이 '성공적'일 거라고 생각한다. 반대로 이 두 가지를 일치시키지 못하면 '실패'라고 여기기도 한다. 이러다보니 시작도 하기 전에 다수의 실패자가 예고되어진다. 애초에 꿈과 직업이 일치되는 경우도 적고, 그것을 이룰 수 있는 이는 더욱 적기 때문이다.

—《씨네 21》 2013년 11월 12일자 〈김진혁의 디스토피아로부터〉 중

Q 여러분의 20대, 꿈과 직업 사이에 어떤 관계가 있(었)는지 성찰해보자.

영향을 받는다.

초기 성인기 진입자들의 1차적 관심은 대부분이 특정 직업에 집중되어 있을 뿐, 취업 상황 전반에 대해서는 무지한 경우가 많다. 변호사, 의사, 공무원이 되고 싶다고 이야기하지만, 실제로 로펌의 분위기나 구체적인 업무 내용, 혹은 동료와 상사와의 관계, 변호사는 어떤 스타일의 법복을 입는지 등에 대해서는 직접 경험하기 전까지는 거의 알지 못한다. 따라서 초기 직업 선택 과정은 상당한 시행착오를 각오해야 되는 학습 기간이라 할 수 있다.

배우자 선택: 직업 선택 못지않게 중요한 것이 배우자 선택이다. 부부 관계 및 부모·자녀 관계의 이미지는 자신이 속한 가족으로부터 직접적 영향을 받는다. 가족을 통해 '예기 사회화'를 경험하기 때문이다.

초기 성인기에 진입하면 대부분은 강력한 매력을 동반하는 상대와 일련의 애착 관계를 형성하면서 연애를 경험하게 된다. 이때 상대를 향한 사랑 및 열정과 상대가 평생을 함께할 수 있는 배우자일까 확신 사이에서 방황과 혼란을 경험한다. 이 시기 이성(때론 동성)과 친밀한 관계를 유지하는 경험은 그 자체로 발달 과정상의 의미 있는 성취임을 기억할 필요가 있다. 이성 관계가 성공적으로 안정화될 경우에는 막연한 두려움에서 벗어날 수 있고, 정체성이 공고화되면서 자신감이 고조되기도 한다. 거꾸로 이성 관계에 실패할 경우 오래도록 친밀한 관계 정립에 어려움을 겪게 되고, 특히 남성은 상당히 깊은 심리적 상처를 받는다는 연구 결과도 있다.[21]

결혼을 통해 부모로부터 독립하는 과정은 전(前)산업사회와 비교해 보다 길고도 어려운 과정이 되었다. 오늘날 '졸업 → 취업/창업 → 부모로부터 독립 → 결혼 → 자신의 가족 구성' 과정을 지나가려면 보다 긴 시간이 요구되고, 일찍 지나가는 집단early mover과 늦게 지나가는 집단late mover 사이의 간극은 더욱 확대되고 있다. 서구에서 1880년대 산업사회로 넘어가는 과도기 당시는 결혼하면서 동시에 부모로부터 독립 가구를 형성하는 경우가 흔치 않았다. 자연스럽게 부모와 한가구를 이루어 살다 때가 되면 독립하는 것이 관례였는데, 오늘날은 부모로부터의 독립이 결혼의 전제 조건이 되면서 이 시기를 지나가는 것이 보다 복잡해지고 스트레스도 높아지고 있다.[22]

최근의 특이 현상으로는 결혼이 필수가 아닌 선택이 되면서 비혼의 비율이 증가함을 들 수 있다. 미국에서 1930, 40년대 출생한 집단의 95%는 결혼 및 자녀 출산을 선택한 반면, 제2차 세계대전 이후 출생한 집단부터는 독신 비율과 자원해서 자녀를 낳지 않는 부부 비율이 꾸준히 증가하고 있다. 싱글 라이프를 선택하는 이유로는 종교적 신념 때문에, 결혼하고 싶은 상대를 찾지 못해서, 평생 희생하고 헌신해야 되는 관계를 원치 않아서 등이 지목되고 있다. 싱글 라이프를 선택할 경우 여성보다는 남성이 보다 자유롭게 살아갈 수 있고, 사회적 비난도 상대적으로 약한 것으로 밝혀졌다. 남성은 중년에 접어들어도 '선택될 가능성이 있는 총각'으로 불리지만 여성은 '대책 없는 노처녀'로 낙인찍히는 경우가 대부분이다.[23]

남성의 결혼 결정에 영향을 미치는 요인으로는 교육 정도 및 직업적 성취 열망을 들 수 있다. 교육 정도가 높을수록 조혼 비율이 낮고, 결혼 이후에도 직업적 성취 열망을 충족시킬 수 있는지 여부가 결혼 결정의 관건이 된다. 특히 전문직·경영관리직의 경우 직업 성취를 중요시해 만혼을 선택하기도 한다. 현대 사회 여성들은 일-가정 양립을 모색하기보다 전문직을 갖거나 커리어에 투자하는 것이 보다 단순한 생애주기임을 인식하기 시작했다. 다만 현재로서는 결혼 및 출산 이외에 보다 매력적인 대안적 삶의 양식을 발견하지 못한 상태이다.

성숙된 성인기

불행히도 성숙된 성인기에 대한 연구는 극히 희소하다. 이전에는 짧은 평균수명으로 인해 성숙된 성인기 또한 짧았고, 질병이나 외상으로 인한 사망률이 높았으며, 특히 여성은 출산을 전후하여 높은 사망률을 보임으로써 성숙된 성인기를 본격적으로 탐색하는 것이 어려웠기 때문이다.

연구의 불모지인 성숙된 성인기를 주제로 최근 흥미로운 연구가 소개되었다. 성인기 연구자 윌리엄 새들러William Sadler의 『서드 에이지: 마흔 이후 30년』[24]은 중년기를 주제로 수행된 가장 체계적이고 포괄적인 연구라는 평가를 받고 있다. 그는 마흔 이후 인생의 새로운 성장을 위하여 다음의 여섯 가지 원칙을 제안하고 있다.

1) 중년의 정체성 재확립하기: 중년이 되면 20대로 돌아가고 싶다는 헛된 꿈을 꾸기도 하지만, 실상 중년은 중년대로 의미 있는 시기이기에 자신의 중년 정체성을 공고히 확립할 필요가 있다. 2) 일과 여가의 조화 모색하기: 일에 대한 투자 못지않게 여가의 중요성을 인정하고 실천해야만 남은 인생을 낭비하지 않을 수 있

다. 3) 자신에 대한 배려와 타인에 대한 배려 사이에 조화 꾀하기: 배려심은 1차 신체적 성장의 뒤를 이어 진행되는 2차 심리적 성장의 핵심이라 해도 과언이 아닌 만큼, 자신과 타인을 위한 배려의 조화는 중년기의 성패를 좌우할 것이다. 4) 용감한 현실주의와 낙관주의 사이의 조화 이루기: 자신을 향해 웃을 수 있는 사람만이 진정한 유머 감각의 소유자다. 100세 장수 연구에서 공통적으로 나타나는 요인 중 하나가 인생에 대한 낙관주의임을 기억할 일이다. 5) 진지한 성찰과 과감한 실행 사이의 균형 감각 유지하기: 머리에 맞는 팔과 다리를 갖추고 충분한 생각을 기반으로 실천에 옮기는 것이 중요하다. 6) 개인의 자유와 타인과의 친밀한 관계 사이에 조화 이루기: '따로 또 같이'처럼 자유와 관계성을 배타적으로 보기보다 둘 사이의 균형과 통합을 모색하는 것이 중년기의 미덕이라 하겠다.

중년과 관련해서 『서드 에이지』 출간 이전에도 '중년의 위기'를 중심으로 일부 학자들이 관심을 표명한 바 있다. 이 시기는 가족주기상 '빈 둥지 가족empty nest family' 단계로, 자녀들이 독립해서 떠난 후 부부만 남게 되는 상황이 온다. 이때 중년의 부부들은 지금까지 왜 살아왔나, 혹은 나는 이제 사회적으로 무가치한 존재인가 하는 깊은 상실감과 자괴감에 빠지기도 한다. 그러나 중년기야말로 무리 없이 통과해야 하는 성인기의 중요한 시기임이 분명하고, 어린 시절의 허황된 꿈으로부터 자유롭게 해방될 수 있다는 점에서 긍정적 의미를 부여하는 목소리도 공존하고 있다.[25]

5. 노년기: 아무도 가지 않은 길

고령화 추세와 연로함의 의미

생애주기의 마지막 단계는 노년기이다. 노년기는 '아무도 가보지 않은 길'이다. 노년의 의미에 대해서는 한편으로 충만하고 보상받을 만한 삶이라는 인식과, 다른 한편으로 육체적 고통이자 사회적 소외의 원천이라는 인식이 상충하고 있다.

오늘날 노인 문제가 심각한 사회 문제로 부상함에 따라 일부에선 노인이 존경받고 효도받던 전통 사회로 돌아가야 된다고 주장하지만 이는 옳지 않은 생각이다. 고령 사회는 인류 역사상 최초로 출현한 새로운 현상이기 때문이다. 따라서 고령 사회를 바라보는 시선에도 전적으로 새로운 패러다임이 필요하다.

인구의 고령화

UN이 제시하고 있는 고령 사회 정의에 따르면, 전체 인구 중 65세 이상 노인 인구 비율이 7%면 '고령화 사회', 두 배인 14%가 되면 '고령 사회', 그리고 20%가 되면 '초고령 사회'로 분류된다. 영국은 1851년부터 1911년 사이 65세 이상 노인 인구 비율이 5%에 불과했으나, 20세기로 들어서면서 15%로 급증했다.

프랑스는 고령화 사회에서 고령 사회로 진입하는 데 무려 118년이 걸렸다고 한다. 한국은 1980년 65세 이상 인구 비율이 3.8%에 불과했으나, 2000년 7.2%에 이르러 고령화 사회로 접어들었으며, 2018년 14.5%로 고령 사회에 진입했다. 프랑스에서 118년 걸린 고령 사회 이행을 한국에서는 18년 만에 겪은 셈이다.

노인 인구의 증가 원인은 간단하다. 농업의 발달에 힘입어 식량 생산이 증가했고, 공중위생 시설의 보급이 이루어졌으며, 전염병 관리 및 의료 체계 등이 상당 수준 발전함에 따라 평균기대수명이 계속 늘어난 것이다. 영국 남성의 평균기대수명은 1900년 45세에 불과했으나, 21세기 초반에는 약 76세로 연장되었다. 여성은 같은 기간 중 48세에서 80세로 증가했다. 한국에서는 1974년 평균기대수명이 62.7세에 머물러 있었으나, 2019년에는 83.3세로 무려 20.6세 증가했다. 특이 사항은, 남녀 간 평균기대수명의 차이가 20여 년 전의 8년에서 최근에는 2년으로 점차 감소 추세에 있다는 점이다.

평균기대수명의 증가는 신생아 사망률과도 밀접한 관계를 갖는다. 한국의 신생아 사망률은 2002년 1천 명당 5.3명에서 2016년에는 1.6명으로 감소했다. 중국의 2012년 신생아 사망률 1천 명당 4.8명에 비추어볼 때, 한국이 선진국 수준에 근접해 있음을 알 수 있다.

사람들은 어떻게 나이를 먹고 늙어가는가?

사람들이 나이를 먹고 노인이 되어가는 과정을 연구하는 분야를 사회 노년학

Social Gerontology이라 한다. 고령화, 연로함, 나이 들어감 등을 연구하는 것은 이동 중인 과녁을 따라가며 맞추는 것에 비견될 정도로 만만치 않은 작업이다. 사회 전체가 노령화되어감은 '연로함'의 사회적 의미 자체를 변화시킬 것이다. 실제로 노인 연령 기준을 현행 65세에서 70세로 올리자는 주장이 제기된 바 있다. 이는 노년에 대한 사회적 인식에서부터 노인 복지 제도 전반에 이르기까지 상당한 변화를 수반할 것으로 예상된다.

1990년대만 해도 만 60세가 되면 환갑잔치를 성대히 치렀으나 30여 년이 지난 오늘날은 칠순잔치도 감소하고 있다. 고령화 사회 진입이 시작되던 당시 노인은 곧 부양의 대상이자 사회적 부담이 되는 희끗한 머리의 실버 세대로 인식되었다. 휴대폰 회사에서 노인 전용 실버폰을 개발했으나 실버가 부정적 이미지를 유발해 성공을 거두지 못했다는 선례도 있다. 오늘날은 선진국을 중심으로 '노인=골드 세대'라는 표현이 등장했다. 건강하고 교육 수준도 높으며 GDP의 40-50% 수준의 자산을 보유한 노인 세대가 부상함에 따라 노인에 대한 인식에서부터 노인 집단의 정치·경제적 파워에 이르기까지 의미심장한 변화가 진행되고 있음을 반영한 것이라 하겠다.

읽을거리

아툴 가완디, 『어떻게 죽을 것인가: 현대 의학이 놓치고 있는 삶의 마지막 순간』(2015)

아툴 가완디가 제기하고 있는 문제의식은 사상 유례 없는 속도로 빠르게 진행되고 있는 고령화 현실과 맞닿아 있다. 그동안 현대 의학은 생명을 연장하고 질병을 공격적으로 치료하는 데만 집중해왔다. 길어진 노년의 삶과 노환 및 질병으로 죽음에 이르는 과정에 대해서는 상대적으로 소홀했던 것이다. 덕분에 말기 암환자에게 새로운 질병이 발견될 경우 대부분의 의사는 수술을 권유한다. 양쪽 팔에 서너 개씩 링거병을 달고 중환자실을 들락거리는 환자들을 보며 우리에게 마지막 순간까지 존엄하고 인간답게 살다가 죽음을 맞이할 권리가 있음을 상기한 저자는, 이를 위해 '어떻게 죽을 것인가'라는 묵직한 질문을 던지고 있다. 저자는 우리 모두가 마지막 순간엔 죽을 수밖에 없는 존재임을 인정하는 데서부터 출발해야 한다고 말한다. 그 한계를 인정할 때 비로소 인간다운 마무리를 준비할 수 있다는 것이 저자의 답인 셈이다.

노인이 되어감은 다음 세 가지 차원에서 생각해볼 수 있다. 첫째로는 생물학적 연로함이 있다. 시력 저하, 청력 손실, 주름살 생성, 근육질의 약화 등 생물학적 연로함은 누구도 피할 수 없는 보편적 현상이다. 다만 적절한 영양과 식사 조절 및 알맞은 운동량을 통해 노화 속도를 조절하는 것은 가능한 것으로 알려지고 있다. 인간의 생물학적 수명은 약 100-120세까지 가능하다는 것이 정설인데, 공식적으로 기록된 세계 최고령자인 프랑스의 잔 칼망 할머니는 1997년 122세의 나이로 사망했다.

둘째로는 심리적 연로함이 있다. 이는 생물학적 고령화와 비교해볼 때 더욱 복잡한 과정을 거친다. 고령화와 더불어 기억력과 학습 능력이 쇠퇴하는 것처럼 보이지만, 그렇다고 해서 지적 능력에 손상이 오는 것은 아니다. 삶의 마지막 순간까지 인지 능력의 쇠퇴를 거의 경험하지 않는 노인도 존재한다. 최근의 핫 이슈는 치

볼거리

영화 _ 〈스틸 앨리스Still Alice〉(2014)

세 아이의 엄마, 사랑스러운 아내, 존경받는 교수로 행복한 삶을 살던 주인공 앨리스는 어느 날 자신이 조발성 알츠하이머에 걸렸다는 사실을 알게 된다. 앨리스에게서 사라지고 있는 건 몸이 아닌 기억이다. 기억을 잃는다는 건 곧 지나온 시간의 상실을 의미한다. 하지만 그녀에겐 이를 막을 방법이 없다. 그저 자신이 쌓아온 시간이 무너져내리는 걸 허망하게 바라볼 뿐. 앨리스는 유능한 언어학자로서 누구보다 언어의 조탁에 관심을 기울여왔고, 남편과 세 아이를 둔 엄마로서도 행복한 삶을 살고 있다고 자부했다. 하지만 불행은 앨리스를 비켜가지 않았고 되레 그녀 안으로 깊숙이 침투해 들어간다. 처음에는 저녁 약속을 깜빡하는 수준이었지만, 이어 자신이 어디에 있는지 가늠하지 못하게 되고, 마침내 가족과 자신조차 기억하지 못한다. "내가 누구인지도, 무엇을 더 잃게 될지도 모르겠다"고 말하는 앨리스는 머지않아 자신이 이런 말을 했다는 사실조차 잊게 될 것이다. 기억의 삭제, 자아의 상실이란 얼마나 비극적인가. 그럼에도 그녀는 '여전히' 앨리스라는 사실을 암시하고 있는 영화 제목은 우리로 하여금 삶의 의미와 존재의 가치를 곰곰이 되돌아보게 한다.

매와 관련되어 있다. 노인성 치매의 1차적 원인은 두뇌 세포 중 일부가 점진적으로 기능 저하를 겪는다는 사실에 있다. 85세 이상 노인의 약 50%가 알츠하이머 질환에 걸릴 확률이 있다는 우울한 통계도 있다. 단, 개발도상국의 경우는 75세까지 알츠하이머에 걸릴 확률이 매우 드물다는 연구도 있다.[26] 건강, 성격, 사회 구조 등의 변수와 기억 상실 간의 상관관계를 규명하는 연구가 진행 중이고, 지적 능력의 쇠퇴가 반드시 회복 불가능한 것은 아니라는 희망적 결과도 있다.

셋째로는 사회적 연로함이 있다. 사회적 나이는 특정 연령대에 문화적으로 연계된 규범, 가치, 역할 등으로 구성된다. 나이는 오롯이 개인적 차원의 현상이 아니다. 대부분의 사회는 연령과 관련해서 사회적 시간표social time table를 갖고 있어 결혼 적령기 규범도 있고, 특별히 기억해야 되는 생일에 대한 각본도 있다. 예컨대 한국, 중국, 일본 등 아시아권에서는 노년층을 지혜의 원천으로 간주하며 전통적으로 존경해온 문화가 있었다. 반면 미국과 유럽에서는 젊음을 강박적으로 강조하는 문화 덕분에 노인들을 비생산적이고 의존적인 집단으로 획일화하고 폄하하는 경향이 존재해왔다. 그로 인해 영원한 젊음을 약속해주는 성형 수술 및 약물 처방 등에 천문학적 비용이 지출되고 있다. 미국에서 1998년 출시된 성기능 향상제 비아그라의 경우 3주일 만에 처방전을 동반하는 의약품 판매의 94%를 점유했다. 젊음을 과도하게 동경하고 중시하는 문화의 단면이라 할 수 있다.

노인에 대한 역할 기대는 노인의 정체성 규정과 밀접한 관계에 있다. 앞서 언급했듯이 동서양을 막론하고 노인에 대해서는 양가적 이미지가 공존한다. 긍정적 인식으로 인생의 선배로서 지혜를 전달해주는 사람, 자상한 조부모, 종교적 선배, 현명한 정신적 스승 등의 이미지가 있는가 하면, 부정적 인식으로 사회적 편견의 희생자, 젊은 층에게 부양의 부담을 지우는 존재, 사회적 적응 능력의 상실 및 자아존중감의 쇠퇴라는 이미지 등이 있다.

고령화와 사회 문제

노인과 불평등

인류가 한 번도 가보지 않은 길인 고령 사회에서는 다양한 사회 문제가 출몰하고 있다. 첫째로는 노인과 불평등 혹은 노인과 빈곤의 문제를 생각해볼 수 있다. 대부분의 노인은 은퇴 이후 경제적 능력을 상실하고, 사회적 자리도 사라지며, 역할 상실의 어려움 또한 겪게 된다. 여성 노인이 남성 노인보다 빈곤하고 유색 인종 노인이 백인 노인보다 가난하며, 기존 계급에 따라서 노인 불평등이 나타나는 등 계급, 젠더, 인종상의 불평등과 노인 불평등은 중첩되어 나타난다. 더불어 연금 수혜 여부에 따라서도 노년의 삶의 질이 달라진다.

그럼에도 노인층 사이에 주관적으로 공유되는 불평등이 존재하지 않는다는 점은 흥미롭다. 노인을 대상으로 불평등과 관련된 설문 조사를 실시해보면, 주관적 차원에서 빈곤이나 불평등을 인식하지 않는다는 답변이 높게 나타난다. 이처럼 주관적 빈곤 의식이 부재한 이유는 대부분의 노인이 자신의 중장년 시절 경제적 상황을 긍정적으로 기억하면서 그런대로 잘 살아왔다고 인식하는 동시에, 사회의 평균치 혹은 다른 은퇴자 집단과 비교할 때 자신의 상황이 그다지 나쁘지 않다고 합리화하기 때문인 것으로 밝혀졌다.

배우자의 상실과 노년기 삶의 여성화

두 번째로 생각해볼 수 있는 노인 문제는 노년기의 배우자 상실 및 여성화 현상이다. 여성의 평균기대수명이 남성보다 긴 만큼, 배우자와 사별한 뒤 혼자 사는 기간이 여성 노인의 생애주기에서 보편적 경험이 되고 있다. 영국에서는 65세 이상 여성 노인 가운데 1/2가량이 혼자 살고 있고, 85세 이상 여성 노인 중 80%가 혼자 산다. 반면 65-69세 남성 노인의 경우는 75%가 배우자와 함께 생활하는 것으로 나타났다. 남성 노인과 여성 노인의 성비 불균형은 감소 추세에 있어 영국의 경우 여성이 남성의 3배에 이르는 90세 이상 노인 비율은 2021년경에는 2배로 감소될 예정이다. 제1차 세계대전 당시 남성의 사망률이 높았고, 65세 이상 인구 사망률 감소폭이 여성 노인보다 남성 노인층에서 현격하게 나타나고 있기 때문이다.

노인의 여성화가 야기하는 문제를 세부적으로 살펴보면, 기존의 성 불평등이 여성 노인층에 직접적인 영향을 미치고 있음을 알 수 있다. 연금 수급권과 관련해서 남성 노인의 연금 수혜 비율은 71%에 이르나, 여성 노인은 미망인 연금을 포함한다 해도 43%에 불과해 성 불평등을 여실히 보여주고 있다.[27] 뿐만 아니라 일상생활 속에서도 성 불평등이 존재한다. 영국 노인들의 승용차 소유율을 비교해보면 여성 42%, 남성 66%로 여성이 훨씬 낮다. 이로 인해 여성 노인은 건강 검진, 쇼핑, 친인척과의 만남 등 생활 기회에서도 많은 제약을 받고 있다. 장애 경험이나 질병 경험을 뜻하는 유병률에 있어서도 여성 노인이 남성 노인보다 높다. 이러한 상황을 고려할 때 노인 중 여성 비율이 높다는 것은 그만큼 빈곤 상태에 있는 노인과 생활상의 문제를 안고 있는 노인 인구가 많다는 것을 의미한다.

물론 노인 집단 내부에도 경제적 능력, 인종, 결혼 지위, 섹슈얼리티, 건강 상태 등에 따른 이질성이 존재하는 만큼, 노인을 하나의 동질 집단으로 볼 수는 없다. 오늘날은 노년기 단계를 보다 세분화하여, 은퇴 직후인 50-70세와 70세 이후로 나누어 전자는 부모 역할과 책임, 그리고 노동자 역할로부터 자유와 독립을 경험하는 시기로, 후자는 경제적으로나 정서적으로 독립적인 삶이 어려워지는 시기로 구분하기도 한다.

고령화는 글로벌 차원의 위기인가?

고령화는 글로벌 차원에서 위기로 규정할 수 있는가 하는 질문에 대해서는 위기가 분명하다는 입장과 위기가 아니라는 입장이 공존한다. 위기로 보는 입장에서는 노인들이 늘어감에 따라 부양비가 증가한다는 점, 그로 인해 연금 재정 부담이 상승할 것이라는 점을 강조한다.

반면 위기가 아니라고 보는 입장은 지금까지 존재해온 노인을 향한 고정 관념에 도전해야 한다고 주장한다. 노인은 수동적이고 의존적인 집단이 아니라는 것이다. 지금의 노동시장 상황을 보면 유럽을 중심으로 65세 이상 고령층 고용이 증가하고 있다. 뿐만 아니라 비공식 무급 돌봄 노동에도 노인들이 적극 참여하고 있다. 실제로 손자녀 돌보기에 참여하는 조부모 비율이 증가하고 있고, 이혼한 자녀의 정서적 지원을 담당하는 부모 역할에도 관심이 모아지고 있다. 고령화가 지구적 차원의 위기인지 여부는 조금 더 시간을 두고 지켜봐야 될 질문이라 하겠다.

연령 차별주의

노인 문제로 지목되고 있는 또 하나의 중요한 이슈는 연령 차별주의이다. 단지 나이가 많다는 이유로 노인들에 가해지는 편견과 고정관념을 연령 차별주의라 하는데, 연령에 따른 차별도 성차별 및 인종 차별과 마찬가지로 하나의 이데올로기라 볼 수 있다. '노년기 노동자는 무능하다'거나 '65세 이상 노인은 병원이나 양로원 신세를 진다' 등의 인식은 연령 차별주의의 실례이다. 대학생을 대상으로 동일한 인물의 25세, 52세, 그리고 73세 때 찍은 사진을 보여주면서 각각의 얼굴에 점수를 매겨보라는 실험을 했다. 결과는 대다수 대학생이 73세 얼굴 모습에 가장 낮은 점수를 부과한 것으로 나타났다. 연령 차별주의의 단면을 입증한 실험이라 하겠다.

빌 바이더웨이Bill Bytheway[29]의 주장에 따르면 노년 및 노인 개념은 사회적 구성물에 불과하다. 이들 개념이 불러일으키는 이미지나 이들 집단에 대한 인식은 지배 집단이 의도적으로 생물학적 연대기에 기반하여 인구를 합법적으로 관리하는 방식 이상도 이하도 아니라는 것이 바이더웨이의 통찰이다. 선진국을 중심으로 노동시장 내 충원과 훈련, 승진과 은퇴 과정에서 연령에 따른 차별 금지를 법령화하기 시작했다. 조만간 한국에도 연령 차별 금지법이 도입되리라 기대된다.

전 세계 인구의 고령화 추세

전 세계는 고령화를 향해 빠르게 달려가고 있다. UN인구기금보고서에 따르면 65세 이상 노인 인구의 증가 추세가 폭발적이다. 전 세계적으로 노인 인구의 증가 규모는 1998년 900만 명 수준에서 2010년 1,450만 명을 거쳐 2030년에는 2,100만 명으로 예상되고 있다. 선진국의 노인 인구 증가 속도가 후진국보다 빠름은 자명한데, 1950년 8%에서 1998년 14%를 거쳐 2050년에는 25%의 증가율을 보일 것으로 추산되고 있다. UN 추계에 따른 전 세계인의 평균수명은 1950년 46세, 1985년 50세를 지나 2025년에는 71세에 이를 것으로 전망되고 있다. 한국은 이미 이 기준을 훨씬 넘어섰다. 65세 이상 노인 인구가 전 세계적으로 8억 명 이상이 될 것이라는 추계도 있다.

이러한 인구 고령화 추세에 따라 국가별로 다양한 노인 정책이 도입되고 있다. 한국의 대표적 노인 정책으로는 2014년 7월부터 시작된 기초연금제도와 노인장기요양보험제도가 있다. 영국으로 건너가면 국가연금제도 및 노인들을 위한 건강서비스 제공 프로그램이 있고, 일본은 최근 은퇴 후 고령층의 고용 및 훈련을 지지하는 법안을 도입한 것으로 알려져 있다.

아동 발달 및 젠더 사회화에 대한 이론적 관점

1. 아동 발달 이론

아동 발달 이론의 대전제는 인간이 '자의식적' 존재라는 사실에서 출발한다. 인간은 다른 사람과 구분되는 고유의 정체성을 지닌 존재라는 깨달음이 바로 아동 발달 단계를 구성한다고 본다. 다만 신생아기부터 2세 때까지는 주관적 자아인 나I와 객관적 자아로서의 나Me를 구분하지 못하며, 자신과 타인 그리고 주변 환경 간의 차이 또한 구분하지 못하는 존재로 본다.

조지 허버트 미드와 자아 발달

상징적 상호작용론의 기본 논리를 제공해온 조지 허버트 미드George Herbert Mead[30]는 상징과 의미 해석을 통해 사회적 상호작용이 이루어짐을 강조하고 있다. 미드 자신은 책을 쓰지 않았으나 그의 사후死後에 후학들이 미드가 강의했던 내용을 토대로 『정신·자아·사회Mind, Self, Society』를 펴냈다.

미드는 인간과 동물이 구별되는 지점으로 인간은 자의식적 존재라는 전제로부터 출발한다. 그에 따르면 타인과 구분되는 자신만의 고유한 정체성을 지니고 있음을 깨달아가는 과정 자체가 개인의 성장 및 성숙의 지표가 된다. 미드식으로 표현하면 생후 2세 때까지는 주관적 자아인 '나'와 객관적 자아인 '나'를 구분하지 못한다. 나는 누구인지, 다른 사람들이 나를 어떻게 바라보는지, 이 둘의 차이를 전혀 구분하지 못한다는 점에서 2세 이전까지는 미숙한 신생아요 유아라는 것이다.

미드는 자아의식의 계발 과정을 세 단계로 설명하고 있다. 놀이play 단계, 게임game 단계, 일반화된 타자generalized other 단계가 그것이다. 마지막 단계에 이르면, 성인으로서의 발달 단계를 완성하는 것으로 보았다.

놀이 단계

놀이 단계에서 신생아 및 유아는 주변 사람의 행동을 모방함으로써 사회적 존재로 성장해간다. 어린아이의 놀이를 관찰해보면 주로 어른의 행동을 모방하고 있음을 알 수 있다. 일례로 어린아이들의 소꿉놀이에서 엄마 역할을 하는 아이들은 음식을 만들고, 아빠 역할을 하는 아이들은 출퇴근하는 연기를 한다. 엄마가 부엌에서 음식 만드는 과정을 보았기에 진흙으로 반죽을 하고, 아빠가 출퇴근하는 모습을 보았기에 모방이 가능한 것이다. 언어 또한 어른들의 말을 모방함으로써 습득된다. 단어의 발음과 의미를 올바른 방식으로 모방하면 주변에서 칭찬해주고, 잘못 따라하면 부정적 제재를 가함으로써 필요한 언어를 배우게 된다.

4–5세가 되면 유아는 타인의 역할을 취해볼 수 있는 능력이 생긴다. 이전에는 불가능했던 주관적 자아와 객관적 자아의 구분이 가능해지고, 그 결과 자아의식이 만들어진다. 이 시기는 '미운 일곱 살'이라는 표현에 담겨 있듯이 어린아이가 어른 말을 안 듣기 시작하는 때다. 그러나 어린아이 시각에서 보면, 자의식이 형성되었기 때문에 고분고분하지 않은 행동이 나올 수 있는 것이다.

놀이 단계에서 게임 단계로 이행하기 위해서는 '나=타인과 구별되는 독특한 의식을 지닌 존재'임을 깨달아야 한다. 다른 사람의 입장을 이해할 수 있을 때 자신만의 정체성이 만들어질 수 있다는 사실이야말로 인간은 사회적 존재임을 선명하게 반영하고 있다.

놀이 단계의 유아는 즉흥적 욕구에 충실하며, 사회적 규범을 받아들이기 이전 단계에 있다. 객관적 자아에 대한 인식이 생긴다는 것은 사회가 무엇을 요구하는지 어렴풋이 깨닫기 시작했음을 의미한다.

게임 단계

놀이 단계를 지나면 두 번째 게임 단계로 진입하게 된다. 게임을 할 수 있는 연령은 8–9세 정도로 알려져 있다. 여기서 게임은 컴퓨터 게임이나 오락을 의미하는 것이 아니라 일반적으로 상대가 있는 게임을 할 수 있다는 의미로 받아들이면 좋을 것이다.

게임을 하기 위해서는 게임 규칙이 존재한다는 것을 인지해야 하고, 타인과의 상호작용이 필수라는 사실을 깨달아야만 한다. 따라서 게임을 할 수 있는 능력이 생긴다는 것은 사회성이 발달된다는 것과 같은 의미로 보아도 무방하다. 게임 단계는 사회적 삶의 기저에 있는 포괄적 가치 및 도덕적 윤리를 이해하기 시작하는 때이기도 하다.

명절 때 윷놀이를 해보면 초등학교 1, 2학년은 되어야 게임에 실질적으로 참여할 수 있음을 알 수 있다. 차례를 기다릴 줄도 알고 도개걸윷모의 의미도 알고 말을 어떻게 놓아야 하는지도 아는 연령이 되어야 하는 셈이다. 사회성 발달은 일정한 연령이 되어야 가능함을 보여주는 실례라 하겠다.

일반화된 타자 단계

마지막 단계를 일컬어 미드는 '일반화된 타자'라 불렀다. 미드가 일반화된 타자 개념의 추상성을 보완하기 위해 사용한 은유는 야구 경기이다. 야구 경기에는 투수와 포수, 내야수와 유격수 등이 참여한다. 경기가 가능하려면 참여하는 모든 선수가 각자 맡은 바 포지션에 따라 수행해야 하는 역할을 잘 알고 있어야 한다. 자신의 역할은 물론 1루수, 2루수, 유격수 등 다양한 포지션에 있는 수비수들과 타석에 들어서는 선수들의 역할까지 모두 숙지하고 있어야 한다. 고도로 복잡한 야구 경기의 룰을 익히 알고 있어야 나의 위치와 역할을 정할 수 있고 더불어 경기가 진행될 수 있다.

마찬가지로 미드는 사회 속에서 자신의 위치를 설정하는 능력이 생기는 동시에 복잡다단한 사회생활을 수행할 수 있게 될 때를 일컬어 일반화된 타자 단계라 명명했다. 이 단계에 이르면 사회가 요구하는 가치와 규범과 행동 양식을 상황에 맞추어 실행에 옮길 수 있고, 타인의 역할을 그들 입장에서 이해하게 됨으로써 원활한 의사소통이 가능해진다. 사회생활 전반의 그림을 정교하게 그릴 수 있는 능력이 생길 때, 진정한 의미의 성인이 되고 사회성이 완성된다고 본 것이다.

장 피아제와 인지 발달 단계

장 피아제Jean Piaget로 대표되는 인지 발달론의 시각에서 볼 때, 어린이는 주변 사물을 있는 그대로 느끼고 받아들이는 수동적 존재가 아니라 적극적으로 취사 선택하는 능동적 존재다. 빛이 들어오면 빛에 반응하고 기온이 올라가면 더위를 느끼는 수동적 존재가 아니라, 적극적으로 자신의 환경을 선택해서 활용하는 능동적 존재라는 것이 피아제 이론의 기본 전제이다.[31]

피아제는 어린이가 자신을 포함한 주변 환경을 능동적으로 학습하는 과정이 인지 구조의 발달과 밀접한 관계에 있다고 본다. 인지 구조의 발달 단계 및 과정에 주목한 피아제 이론은 초등학교 입학에서부터 중고등학교 진학에 이르기까지 교육 단계를 설정하는 데 이론적 토대를 제공해주었다는 평가를 받고 있다.

지각 원동력 단계

인지 발달의 첫 단계는 지각 원동력 단계sensori motor stage이다. 연령적으로는 생후부터 만 2세까지 해당된다. 신생아는 직접 만져보거나 몸으로 부딪쳐보면서 주변 환경을 인지하게 되는데, 적어도 생후 4개월까지는 자신과 주변 환경이 구분되어 있음을 알지 못한다고 한다.

4개월이 지나면서부터 신생아는 사람과 사물을 구분하고 엄마는 나와 다른 사람이라는 사실을 알게 된다. 천장에 모빌이 매달려 있으면 흔들리는 물체가 있음을 알게 된다. 이 과정을 통해 신생아는 스스로 '주변의 사람 및 사물과 구별되는 별개의 존재'임을 서서히 터득하게 된다. 덧붙여 주변 환경은 시시각각 변화하는 것이 아니라 어느 정도 안정된 속성을 지니고 있음도 이해하게 된다. 4개월 정도가 지나면 자신이 누워 있는 침대가 늘 같은 모습으로 놓여 있다는 걸 인지하게 된다.

전 조작 단계

두 번째는 전 조작 단계pre operational stage로, 2-7세까지의 학령 전 아동기가 바로 이 시기에 해당된다. 이때 아동은 언어 습득을 완성하며, 어휘력 또한 놀랄 만큼 빠르게 확대된다. 대상을 표현하기 위해 다양한 어휘를 구사하며, 상징적 방식을 동원해서 자신이 표현하려는 이미지를 전달하기도 한다. 네 살 어린이는 비행기를 표현하기 위해 비행기가 하늘을 스쳐 지나가는 손동작을 지어 보인다.

이때 전前이라는 용어를 사용하는 이유가 있다. 이 시기의 아동은 아직 자신이 가진 다양한 언어 능력이나 지적 능력을 구체화하지 못해 전형적으로 자기 중심적 특징을 보인다. 여기서 자기 중심적이라 함은 이기적이라는 뜻이 아니라 오롯이 자신의 관점에서 사물을 보고 이해한다는 의미에 가깝다. 그 결과 이 시기의 아동은 타인이 자신과 다른 관점에서 사물을 보고 있다는 사실을 인지하지 못한 채 머리를 이불 속에 숨기고 엉덩이를 삐죽이 내밀며 "나 찾아봐라."라고 하곤 한다. 혼자 책을 읽으면서 엄마를 바라보며 "엄마 내가 보는 거 읽어 봐."라고 말하기도 한다. 엄마에게 책이 안 보인다는 사실을 인지하지 못하기 때문이다. 이 시기까지는 추상적 단어나 이론을 배우기에는 아직 준비가 안 된 만큼 학습 능력이 생길 때까지 기다려야 된다.

또한 전 조작 단계 아동은 단편적 대화만이 가능할 뿐 스토리를 갖춘 대화 능력은 갖추지 못한 상태이다. 어른이라면 상식적인 것으로 전제하는 일반적 범주에 대한 이해도 결여되어 있다. 예를 들어 세모 모양과 네모 모양의 병에 담겨 있던 물이 부피는 동일한데 물병 모양이 달라지면 물의 양도 달라지는 것처럼 보일 때, 이 시기의 아동들은 부피 개념이 없기 때문에 네모 모양 물병에 담긴 물이 줄어들었다고 생각한다. 인과성·속도·무게 같은 추상적 개념이나 번호 같은 상징적 개념의 의미를 아직 이해하지 못하는 것도 이 시기의 특징이다.

구체적 조작 단계

3단계는 구체적 조작 단계concrete operational stage로 7-11세의 학령기 아동을 일컫는다. 이 시기에는 놀라울 만큼 빠른 속도로 인지 구조가 발달한다. 이때가 되면 추상적이고 논리적인 개념에 통달하기 시작하며, 한 학년씩 진급함에 따라 단계별로 풍부한 내용의 학습이 가능해진다.

인과성 개념에 대한 이해를 토대로 '감기에 걸린 이유는 추운 날씨에 옷을 벗고 다녔기 때문이야.'

'배가 아픈 이유는 상한 음식을 먹어서야.'처럼 원인 A가 있어 결과 B가 나타난다는 것을 이해하기 시작하며, 곱하기·나누기·빼기·더하기의 수학적 연산이 가능해진다. 자기 중심적 성향은 눈에 띄게 약화되기 시작하여 초등학생이 되면 "여자 형제가 몇 명이야?"라는 질문은 물론 "네 언니는 여자 형제가 몇 명이야?" 같은 질문에 대해서도 언니 입장에서 답할 수 있는 능력이 형성된다. 학령 전 아동의 경우에는 이해하기 어려운 질문이었지만, 인지 구조의 발달에 힘입어 이해력 또한 증진됨으로써 올바른 답이 가능해지는 것이다.

공식 조작 단계

네 번째는 공식 조작 단계formal operational stage로 연령적으로는 15세 이상 중학교부터 고등학교 저학년에 해당된다. 사춘기로 진입하게 되면서 고도로 추상적이며 가상적인 개념까지 파악할 수 있게 된다. 초등학교 교과서와 중고등학교 교과서는 연령별 인지 구조의 발달 단계를 고려하여 그에 상응하는 내용으로 구성되어 있다. 이 시기가 되면 일련의 문제 해결 능력이 발달하여 구체적인 문제 상황에 봉착할 경우 가능한 해결 방안을 빠짐없이 탐색하여 소기의 목적을 달성하는 실례를 종종 관찰할 수 있다. 또한 유머 감각이 발달하여 농담이나 속임수 등에 대한 이해가 가능해지기도 한다.

피아제가 규정한 지각 원동력 단계 → 전 조작 단계 → 구체적 조작 단계는 누구나 거치는 보편적 과정이지만, 네 번째 공식 조작 단계는 일정 부분 학력의 영향을 받는다. 따라서 충분한 교육 기회를 갖지 못할 경우 마지막 단계에 이르지 못할 수도 있다. 학력이 낮은 경우 학력이 높은 경우에 비해 추상적 사고나 개념을 파악하는 인지 능력이 떨어지고, 보다 자기 중심적 경향을 보이는 것으로 나타난다.

2. 젠더 사회화 이론

지그문트 프로이트

프로이트Sigmund Freud는 젠더 사회화 이론의 선구자이기도 하나 동시에 많은 비판에 노출되어 있기도 하다.[32] 프로이트 이론은 젠더 사회화 측면에서는 지나치다 싶을 만큼 단순하다. 남성다움과 여성다움의 기질 및 특징은 남근penis의 소유 여부에 달려 있다고 규정한다는 점에서 그러하다.

이처럼 단순한 전제에서 출발한 프로이트는 정신분석학적 내용을 가미하면서 흥미로운 스토리를 이어간다. 그에 따르면 남자아이는 4–5세가 되면 아버지가 자신의 남근을 거세할지도 모른다는 환상에 빠짐으로써 남근 거세 공포를 느끼는 한편 엄마와 사랑에 빠지는 오이디푸스 콤플렉스를 겪는다.

이때 남자아이가 오이디푸스 콤플렉스를 극복해가는 과정에서 남성다움이 만들어진다는 것이 프로이트의 주장이다. 거세 공포를 느끼는 남자아이는 아버지가 자신에게 요구하는 규율 및 자율로부터 위협을 감지하고, 무의식적 수준에서 자신과 아버지가 어머니의 애정을 독차지하고자 경쟁 관계에 있음을 인지한다. 이 상황에서 남자아이는 어머니를 향한 성애적 감정을 누르고 아버지의 권위를 인정하게 된다. 자신의 남근이 아버지에 의해 거세되면 안 되기에, 아버지와 자신을 동일시함으로써 남성다움의 정체감을 획득하게 된다는 것이다.

반면 딸의 경우는 남근 선망 의식을 갖게 된다는 것이 프로이트의 해석이다. 남자는 갖고 있는데 왜 나는 없는가를 고민하기 시작한 어린 딸의 눈에 엄마의 존재는 평가절하되기 마련이다. 아들이 아버지와 자신을 동일시함으로써 남성다움을 구축해가듯, 딸은 엄마와 자신을 동일시함으로써 여성에게 요구되는 순종적·의존적 태도를 내면화하게 된다고 본다.

5세부터 2차 성징이 나타나는 사춘기까지는 성적 욕망이 무의식 수준으로 가라앉고 성적 욕구도 잠재기에 들어간다. 이후 성적 행동은 성적 욕구가 재활성화되는 사춘기까지 잠정적으로 중단된다. 잠재기에는 부모로부터 받는 영향보다 동성으로 구성된 또래 집단의 영향력이 보다 큰 것으로 밝혀졌다.

프로이트 이론은 1970년대 중반 이후 페미니스트들의 비판에 직면하게 된다. 프로이트를 향한 비판은 남성 및 여성의 성별 정체성을 생식기 중심으로 인식하고 있다는 데 모아지고 있다. 여자냐 남자냐 하는 문제가 단순하게 규정될 수 있는 것이 아님에도 불구하고, 현실을 과잉 단순화하고 있다는 점에서 이론의 기반이 매우 취약하다는 비판을 받고 있다.

프로이트 이론이 성맹性盲의 한계를 보이고 있음 또한 비판의 대상이다. 프로이트가 주목한 건 남성에게는 있는데 여성에게는 없는 페니스였지만, 거꾸로 여성은 가지고 있는데 남성은 가지지 못한 것 때문에 남성이 열등감을 느낄 수도 있다는 것이다. 예를 들어, 여성은 자궁이 있기에 출산을 할 수 있지만 출산을 할 수 없는 남성은 자궁 선망을 느낄 수 있고, 아이에게 젖을 먹이는 엄마를 보며 남자들이 가슴 선망을 경험할 수도 있으리라는 것이다. 그럼에도 프로이트는 남성 중심적 시각에서 페니스를 중심으로 남성성을 규정함으로써 여성의 경험을 간과하는 동시에 남성의 박탈감을 과소평가하는 오류를 범하고 있다는 것이다.

여성 혹은 엄마의 양육 역할을 과소평가하고 있다는 점도 프로이트 이론의 약점으로 지목되고 있다. 대부분의 사회에서 일차 양육자는 엄마 혹은 엄마를 대체하는 여성이다. 1차 양육자인 엄마(여성)와의 관계보다 아버지와의 관계로부터 남성성을 추론함에 따라 성 정체성에 대한 해석이 지나치게 단순해지고 생물학적 결정론에 빠지게 되었다는 평가를 받고 있다. 남성성·여성성을 둘러싼 젠더 학습이 4–5세 때 이루어진다고 주장한 프로이트 이론은, 보다 어린 시기부터 젠더 학습이 진행됨을 주장하는 대부분의 사회화 이론가들로부터 수정을 요구받고 있다.

낸시 초도로우

프로이트의 젠더 사회화 이론을 향해 정면으로 비판을 제기한 학자로 낸시 초도로우Nancy J. Chodorow가 있다. 초도로우 자신은 프로이트의 제자로서 프로이트의 영향하에 있었으나, 정신분석학 틀 안에서 프로이트 이론의 극복을 시도했다는 점에서 주목을 받고 있다. 초도로우는 어린 시절부터 젠더 정체성이 서서히 구성된다고 보아, 남자아이와 여자아이가 1차 양육자인 엄마와 맺는 정서적 애착관계의 성격에 따라 이후 시기의 남성다움·여성다움이 만들어진다는 가설을 세웠다.[33]

어린아이의 양육 과정을 관찰해보면 어린아이는 엄마와 밀착될 수밖에 없는데, 여자아이와 남자아이가 경험하는 엄마와의 관계가 질적으로 다르다는 것이다. 여자아이는 엄마와 동일한 성을 가지고 있다고 인식함으로써 엄마와 자신을 동일시하고, 엄마와의 관계성 속에서 자신의 정체성을 만들어간다. 그로 인해 여성들은 항상 누군가와 관계를 맺는 가운데 자신의 정체성을 정립하게 된다. 이로 인해 친밀한 관계를 맺고 싶은 욕구나 약한 사람을 돌보려는 마음 등이 여성성 및 여성적 자질과 긴밀한 관계를 갖게 되었고, 이는 어린 시절 엄마와의 관계성 속에서 여성 자신의 정체성을 정립했기 때문이라는 것이 초도로우의 분석이다.

동일한 방식으로 남성의 자아 정체성 및 남성다움의 구성 과정을 유추해보면, 여성에게 관계성relation이 중요했듯이 남성에게는 엄마와 다르다는 인식이 중요한 출발점이었으리라는 것이다. 남자아이는 엄마를 대상object으로 바라보면서 자신은 여자가 되어서는 안 된다는 인식하에 여성다움을 부인하게 되고, 그 결과 남성다움을 여성다움이 아닌 것으로 등식화함으로써 여성스러운 남자나 마마보이를 폄하하게 되었다는 것이다.

결국 남성들은 자아 정체성을 정립하는 과정에서 끊임없이 엄마로부터 분리되어야 하기 때문에 타인과 관계 맺는 것에 미숙할 수밖에 없다는 것이 초도로우의 해석이다. 남성다움은 여성다움과 배치되는 만큼, 남성성을 인정받기 위한 내용은 사회적 성취와 성공을 중심으로 채워진다. 대신 대부분의 남성은 타인과 관계를 맺거나 타인에게 솔직한 감정을 토로하거나 다른 사람의 감정을 이해하는 데는 미숙한 채로 남게 된다. 초도로우의 시각에서 남성성이란 일종의 손실이요, 엄마와 지속적으로 밀착된 애착 관계를 포기하면서 나타난 결과이다.

자넷 세이어Janet Sayer는 초도로우가 여성성의 특성을 순응, 순종, 관계성 등으로 한정하고 있음을 비판하고 있다.[34] 현대 사회 여성은 독립성, 자율성을 추구하기 위해 최선의 노력을 경주하고 있음을 간과해서는 안 된다는 입장이다. 나아가 남성이 여성에 비해 공격적이라는 주장에 대해서도 이견이 있다. 최근 논의에 따르면 여성은 공격성을 스스로 숨기려는 경향이 있고, 공격성을 표출하는 영역 또한 남성과 달라 보다 친밀한 관계 안에서 미묘한 방식으로 공격성을 드러내는 만큼, 남성의 공격성에 대한 고정관념도 극복해야 한다는 주장이 제기되고 있다.

캐롤 길리건

심리학자 캐롤 길리건Carol Gilligan의 이론은 남성다움과 여성다움에 대해 새로운 시각을 제공해주고 있다. 그녀의 대표작 『다른 목소리로In a Different Voice』의 첫머리에는 흥미로운 내용을 함축한 실험이 등장한다.[35] 실험 내용은 밤중에 아픈 할머니를 위해 문 닫은 약국에 몰래 들어가 약을 가져온 한스의 이야기를 들려준 후, 그의 행동이 도덕적으로 옳았는지 여부를 판단하도록 하는 것이었다. 길리건은 자신의 실험을 통해 한스의 행동이 도덕적이었느냐 비도덕적이었느냐를 평가할 때 남자아이들과 여자아이들의 평가 기준이 다르다는 사실을 발견했다. 대부분의 남자아이들은 "한스가 약을 훔쳤기 때문에 도덕적으로 잘못되었다."고 평가한 반면, 여자아이들 다수는 "약을 훔친 한스의 행동은 옳다고 할 수 없지만, 아픈 할머니를 도와드리기 위한 행동이었으니 도덕적으로 나쁘다고 할 수 없다."는 답을 했다.

이를 근거로 지금까지는 여자아이의 도덕성 발달이 남자아이보다 낮은 수준에 머물러 있다고 판단해왔다. 곧 여자아이는 규칙을 어겨도 도덕적으로 문제가 없다고 생각한다는 점에서 도덕성에 관한 한 여성이 열등하다는 해석이 통용되어온 것이다. 그러나 길리건은 지금까지의 해석을 뒤엎고 실상은 젠더에 따라 도덕성 기준이 다르다는 사실에 주목할 것을 제안했다. 여성은 전통적으로 약한 사람들을 보살펴주고 도와주는 위치에 있었기 때문에 돌봄 역할에 민감할 수밖에 없다. 그럼에도 여성적 자질은 남성적 기준에 입각하여 평가절하되어온 것이 사실이다. 도덕성을 규정할 때 여성은 약자를 돌봐주거나 관계성을 정립하는 데 높은 가치를 부여하는 반면, 남성은 규칙 및 법을 준수하거나 의무를 충실히 수행하는 등 개인의 책임 및 판단과 연관시키고 있음을 간과해선 안 된다는 것이 길리건의 주장이다. 이에 그녀는 지금까지 남성의 기준에서 여성의 도덕성을 평가해왔던 관행을 벗어나 이제는 젠더에 따라 각기 다른 도덕성 기준을 내면화하고 각기 다른 의미의 도덕성을 발달시켜감을 인정하자고 제안하고 있다. 여성과 남성의 도덕성 차이를 인정할 때만이 성차별적 시각을 벗어나 포괄적이고 통합적인 도덕성 발달 이론을 정립할 수 있으리라는 것이 길리건의 입장이다.

3. 연로함에 대한 사회학적 관점

1세대 고령화 이론

1세대 고령화 이론은 주로 기능주의적 관점에서 에이징 과정을 설명하고 있다. 노년기로 접어들면 사회적 역할 변화가 수반되기에 개인은 변화된 역할에 적응해야만 한다. 이때 사회가 개인으로 하여금 고령화에 적응할 수 있도록 제반 도움을 제공해야 한다는 것이 기능주의의 입장이다. 1세대 고령화 이론에서는 연로함을 규정할 때, 신체적 차원에서의 기능적 감퇴는 물론이고, 심리적·정서적·인지적 측면에서도 다양한 유형의 쇠퇴를 경험한다는 사실에 주목한다. 이러한 쇠락 및 쇠퇴 과정을 반영하여 기능주의적 관점에서는 사회적 역할 또한 새롭게 부여되어야 한다는 입장을 취하고 있다.

일례로 파슨스는 노인을 위해 적합한 사회적 역할을 제공해줄 것을 주창했다. 노인 인구는 계속 증가하는데, 노인의 사회적 자리가 사라지면 노인 소외가 확대될 것이기에 이것이 사회 문제로 부각되지 않도록 '건강한 성숙' 개념을 토대로 새로운 에이징 모델을 구축할 것을 제안한 것이다. 여기서 '건강한 성숙'이란 노인 입장에서 생물학적 쇠퇴 및 사회적 역할 변화에 직면하여 심리적 적응 과정을 수행하고, 사회적 입장에서도 새로운 패러다임 하에 노인의 역할 수행을 재규정해야 함을 뜻한다.

파슨스가 건강한 성숙 개념을 제안했을 때의 원래 의도는 보다 긍정적인 관점에서 노인의 자리를 사회가 지원해야 한다는 입장이었다. 그러나 파슨스의 논의는 노인이 되면 일자리 은퇴는 기본이요 사회적 자리 또한 후배들에게 양보하고 퇴장해야 한다는 '역할 퇴장론disengagement theory'으로 발전했다. 그렇게 되면 젊은 층에게 기회가 열리고, 노인들 자신은 노동시장을 떠나 쉴 수 있기 때문에 사회 전반적으로 볼 때 매우 기능적이라는 것이다.

하지만 1세대 고령화 이론의 핵심이라 할 역할 퇴장론은 강력한 비판에 노출되었다. 역할 퇴장론은 노년기에 대한 부정적 고정관념, 곧 노인은 능력 쇠퇴를 경험하는 나약하고 의존적인 존재라는 인식을 기반으로 나왔다는 것이다. 노인이 되면 사회적으로 소외되고, 노인에 대한 인식도 부정적으로 바뀌는 상황이 정당하냐 부당하냐에 대해서 기능론은 아무런 문제 제기도 하지 않는다는 것이다. 기능론은 항상 현상 유지를 선호한다는 점에서 보수적이라는 비판을 받아왔는데, 역할 퇴장론 또한 보수적 색채를 강하게 띠고 있다는 점에서 비판을 받고 있다.

2세대 고령화 이론

2세대 고령화 이론에서는 기능론과 시각을 달리하는 연령 계층론과 생애주기론이 등장하면서 고령화의 의미를 새롭게 조망하고 있다. 연령 계층론age stratification은 문자 그대로 연령이 일종의 계층이 된다고 보는 입장이다. 노화 과정을 거치면서 연령에 따른 불평등 구조가 만들어지는데, 이때 노인들은 상대적으로 열등한 계층을 차지할 수밖에 없다는 것이다. 은퇴정책 연구가 활성화되면서 연령 구조 지체 현상, 곧 생물학적 연령 자체와 연령의 사회적 의미를 이해하는 구조 사이에 지체 현상이 나타난다는 흥미로운 사실이 밝혀졌다. 원래 지체 개념은 물질문명과 정신문화의 발달 속도 사이에 간극이 있다는 사실로부터 등장했음은 익히 알려져 있는데, 연령의 경우도 실제와 인식 사이에 지체 현상이 나타난다는 것이다. 제2차 세계대전 직후 65세 은퇴 규정을 만들던 당시 영국의 평균기대수명은 60대 초반이었다고 한다. 은퇴 개념은 죽을 때까지 일해야 한다는 의미를 함축하고 있었던 셈이다. 오늘날 평균기대수명의 연장에도 불구하고 은퇴 인식은 여전히 제2차 세계대전 직후에 고정되어 있어, 개인의 삶과 고령화 사이에 일련의 불일치가 나타나고 있다.

한편 생애주기론의 입장에서는 누구나 예외 없이 생애주기상 노년기를 지나간다는 사실에 주목한다. 단, 생물학적 노년기 단계를 지나갈 때 개인이 만나게 되는 사회적·문화적·역사적 맥락에 초점을 맞춘다.[36] 평균기대수명이 60세에 못 미쳤을 때는 환갑 나이를 사회적 축복으로 받아들였지만, 평균기대수명이 80대 중반으로 연장됨에 따라 만 60세의 의미는 획기적으로 달라졌다. 급격한 사회 변화를 배경으로 노년의 의미가 새롭게, 역동적으로 구성되고 있음에 주목한 이론이 생애주기론이라 하겠다.

3세대 고령화 이론

최근 등장한 3세대 고령화 이론은 정치·경제학적 입장을 토대로 비판적 시각에서 노인의 사회적 위상을 점검하고 있다. 대부분의 국가에서 오늘날 노인은 사회적 약자로서 주변화되어 있고, 왕성하게 활동 중인 중장년층에 비해 소수 집단으로 규정된다. 심지어 노인은 사회적 부양의 대상으로 연금 및 의료보험 등의 영역에서 국가에 많은 부담을 지우는 존재로 인식되기도 한다. 그러나 3세대 정치·경제학적 입장의 고령화 이론에 따르면, 노인을 향한 부정적 편견과 고정관념 자체가 자본주의적 관점에서 만들어졌다. 노인 인구가 꾸준히 증가하고 있음에도 불구하고 노인이 사회적 소수자가 되고 주변화되는 이유는 자본주의 사회에서 노인의 파워가 극히 미약하기 때문이라는 것이다.

연금, 의료보험 등 노인 관련 정책 가운데 노인을 위해 국가가 자발적으로 제공해준 것은 하나도 없다. 노인들이 사회적 투쟁을 통해 얻어낸 결과물들이다. 실제로 노인 파워가 강한 사회일수록 노인 친화적 정책이 다수 만들어지고, 노인 파워가 약한 사회일수록 노인 정책의 빈곤화 현상이 나타나고 있다. 권력의 관점에서 노인의 사회적 지위 및 위상을 점검해본 것이 3세대 고령화 이론이라 할 수 있다.

chapter 04

현대 사회의 성과 사랑

1. 대중문화와 '사랑' 이미지

대중문화 속에서 사랑의 이미지는 오래도록 풍성한 사랑을 받아왔다. 1980년대 말 평론가들이 사랑을 주제로 한 할리우드 영화 중 10대 영화를 선정한 바 있다. 당시 10대 사랑 영화로 〈러브 스토리〉, 〈바람과 함께 사라지다〉, 〈로마의 휴일〉, 〈사운드 오브 뮤직〉, 〈애수〉, 〈로미오와 줄리엣〉, 〈카사블랑카〉의 뒤를 이어, 엄마와 딸의 사랑을 그린 〈애정의 조건〉, 외계인과 지구인의 우정을 다룬 〈이티〉, 마지막으로는 〈사관과 신사〉가 리스트에 포함되었다.

대중문화 속의 단골 주제인 낭만적 사랑은 공통된 이미지로 등장한다. 사랑이란 세속적인 것을 초월하는 경험이요, 갑자기 불현듯 다가오는 사건이자 스스로 통제할 수 없는 신비하고도 마술적인 감정을 수반하기에 논리적 설명이 불가능하다는 인식이 영화와 TV 드라마, 소설 속에서 반복적으로 등장하고 있다.

1990년대 이후 사랑을 바라보는 대중문화의 시선에도 변화가 감지되고 있다. 사랑은 낭만적이고 드라마틱하며 열정적인 경험이기도 하지만 일상 속에서 인식조차 못 하는 사이 스펀지에 물이 스며들듯 자연스럽게 녹아드는 경험으로 그려지기도 한다. 〈해리가 샐리를 만났을 때〉, 〈미술관 옆 동물원〉, 〈8월의 크리스마스〉, 〈봄날은 간다〉 등은 사랑의 일상성을 재치있고 따스하게, 아련하면서도 서늘하게 표현하고 있다.

사랑의 파괴적 측면에 주목한 영화들도 등장하기 시작했다. 한국에 소개되었을 때 격렬한 논쟁을 일으켰던 영화로 줄리엣 비노쉬와 제레미 아이언스 주연의 〈데미지〉가 있다. 〈데미지〉는 사랑이란 논리적 설명이 불가능한 통제 불능의 감정이요, 바로 그 감정으로 인해 모든 것이 파괴될 수 있음을 그린 충격적 영화였다. 영화의 마지막 부분에 사랑으로 모든 것을 잃은 남자 주인공이 자신을 파멸시킨 여자를 우연히 만나는 장면이 나온다. 남자 주인공이 나직하게 읊었던 "그 여자, 다른 여자와 전혀 다르지 않았다"는 대사는 사랑의 설명 불가능한 요소를 적나라하게 표현했던 셈이다.

그런가 하면 혼외정사가 야기하는 불안, 집착, 남성의 허위의식 등을 실감나게 묘사한 마이클 더글러스, 글렌 클로스 주연의 〈위험한 정사〉, 이 세상에서는 이루어질 수 없는 가슴 시린 사랑을 그린 양조위, 장만옥 주연의 〈화양연화〉, 사랑의 기억을 지운다는 독특한 설정의 〈이터널 선샤인〉, 꿈과 사랑 사이에서 성숙한 선택을 하는 달콤쌉싸름한 뮤지컬로맨스 〈라라랜드〉도 있다. 또한 사랑의 영역이 온라인 및 사이버 공간으로 확장되면서, 인공지능 OS와 사랑에 빠지는 호아킨 피닉스 주연의 〈그녀〉 같은 영화도 등장했다.

문화권에 따른 다양한 사랑 표현 방식도 영화를 통해 인상적으로 투영되고 있다. 이란의 영화감독 압바스 키아로스타미의 〈올리브 나무 사이로〉는 더없이 순수하고 아름다운 두 사람의 사랑 이야기와 더불어 장면 하나하나가 오랫동안 잊혀지지 않는 영화였고, 모흐센 마흐말바프 감독의 〈가베〉는 말로 형언하기 어려울 만큼 아름답고 강렬한 색채를 통해 베일 속에 감추고 있던 이란 여성의 풍부한 감정과 열정을 세련되게 담아낸 영화였다. 영화를 본 후 아랍권의 역사와 문화와 전통에 대한 호기심이 고개를 들던 기억이 생생하다. 프랑스 영화 〈동정 없는 세상〉, 〈아멜리에〉는 코믹하면서도 삶의 정수를 찌르는 유럽식 사랑 표현 방식을 잘 드러냈고, 일본 영화 〈러브레터〉, 〈세상의 중심에서 사랑을 외치다〉, 〈열정과 냉정 사이〉는 보편적 정서를 고유의 문화에 섬세하게 담아내는 일본식 사랑 표현 방식을 실감케 했다.

영화 외에도 소설, TV, 드라마, 만화 등 모든 대중문화 속에는 사랑이라는 주제가 넘쳐난다. 젊은 시절 읽었던 소설 『제인 에어』, 『센스 앤 센서빌리티』, 『오만과 편견』, 『폭풍의 언덕』, 『바람과 함께 사라지다』, 『닥터 지바고』 등의 고전은 물론이고 『잉글리쉬 페이션트』, 『메디슨카운티의 다리』, 『시간 여행자의 아내』, 『책 읽어주는 남자』, 『웨이팅』, 『사랑을 선택하는 특별한 기준』, 『사랑의 역사』 등 그 목록은 끝없이 이어질 것 같다. 한국의 단편 소설 중 이효석의 「메밀꽃 필 무렵」, 황순원의 「소나기」는 토속적이고 서정적인 사랑 이야기로 읽어도 큰 무리가 없을 듯하고, 김동인의 「발가락이 닮았네」, 김유정의 「봄봄」도 우리식 사랑의 정서를 이해함에 풍성한 텍스트를 제공해준다. 그런가 하면 할머니, 할아버지의 곰삭은 사랑을 주제로 했던 영화 〈님아, 그 강을 건너지 마오〉는 사랑이 젊음의 특권이 아님을 보여주면서 젊은이들에게도 상당한 감동을 주었다는 평가가 이어졌다. "다시 태어나도 할아버지와 결혼하고 싶다"는 할머니의 진솔한 고백은 오랜 세월 익힌 묵직한 사랑이 느껴지는 대사였다.

사랑을 가장 왕성하게 소비하는 세대는 이성을 향해 눈뜨는 시기인 사춘기와 배우자 선택의 과제를 수행해야 하는 20대일 것이다. 한국에서 근래 연인들의 명절로 부상한 밸런타인데이는 1970, 80년대만 해도 존재하지 않았던 신흥 명절이다. 밸런타인데이의 시작과 관련된 가장 그럴듯한 설은 미국식 밸런타인데이가 일본을 거쳐 다시 한국으로 수입되었다는 주장이다. 미국에서 '밸런타인'은 사랑하는 모든 사람을 지칭한다. 연인은 물론이요 부모님, 형제자매, 할머니, 할아버지, 손자, 손녀를 불문하고 모두 밸런타인이 될 수 있다. 넓은 의미의 사랑을 담은 밸런타인이 한국에 수입될 때는 여자가 남자에게 사랑을 고백해도 되는 날로 변형되어 들어왔다. 그동안 여자가 남자에게 사랑을 고백하는 것이 어색하기도 하고 터부시되기도 했던 일본과 한국의 문화적 맥락에서 밸렌타인데이를 빙자하여 여자가 용감하게 고백을 해도 좋은 날이 되었으리란 추론이 가능할 것 같다.

이후 연인들만을 위한 국적 불명의 명절이 다채롭게 등장했다. 3월 14일 화이트데이는 남자가 여자로부터 받았던 사랑을 돌려주는 날이요, 4월 14일 자장면데이는 안타깝게도 연인이 없는 사람들끼리 자장면을 먹는 날이라 한다. 예전의 연인들은 만난 지 1주년, 2주년 등을 기념했다면 요즘의 연인들은 사랑의 수명주기가 짧아지면서 투투 데이(22일), 100일 등을 기념하기 시작했다고도 한다.

대중문화에서 사랑을 주제로 풍성한 스토리텔링이 왕성하게 전달되고 있는 가운데 한편에서는 '사랑의 이벤트화'가, 다른 한편에서는 '사랑의 상품화'가 감지되고 있다. 사회학자들의 눈에 비친 사랑은 어떤 모습일지 살펴보자.

2. 사랑의 사회학적 이해

낭만적 사랑에 대한 신화

사회학자들은 사랑을 탐색하고자 할 때 신화 개념을 빈번히 동원한다. 여기서 신화라 함은 과학적 근거나 신빙성 있는 데이터가 뒷받침되지 않음에도 불구하고 일반적으로 통용되는 믿음, 상식, 통념 등을 의미한다. 사랑만큼 다양한 신화 속에 둘러싸인 사회 현상도 흔치 않을 것이다.

사회학자들이 지목하고 있는 낭만적 사랑의 신화와 진실[1]을 몇 가지 살펴보자. 운명적 사랑은 평생에 단 한 번뿐이리라는 믿음은 대표적 신화 중 하나다. 실제로 평생에 걸쳐 몇 번의 운명적 사랑을 경험했는지 조사한 결과, 평균 3-4회로 나타났다. 개인별 경험 내용은 천차만별이었고, 무려 일곱 번이나 운명적 사랑을 경험했다고 답한 경우도 있었다고 한다.

낭만적 사랑이란 첫눈에 반하는 경험일 것이라는 믿음 또한 대표적 신화이다. 사랑은 첫눈에 반하는 경험이기보다는 자신도 모르는 사이에 점진적으로 진행되는 과정에 가깝다. 물론 첫눈에 반하는 경험을 하는 사람들도 있지만, 2차 성징이 나타나는 시기 상대방의 육체적 매력에 이끌리는 경우가 대부분이라는 것이 사회학적 연구 결과이다. 첫눈에 반하는 경험으로서의 사랑에 대한 환상이 굳건히 유지되고 있음은 '사랑에 빠지다'라는 표현이 일상 대화 속에 자주 등장한다는 사실에서도 확인된다. 흔히 사랑을 웅덩이에 풍덩 빠지는 경험일 것이라 상상하곤 하지만, 실제로는 매우 어려운 작업이자 "지극히 정상적인 혼란"이요, 아픈 상처를 동반하는 경험임이 사회학적 연구를 통해 입증되고 있다.[2]

세 번째로 사랑에 빠지면 모든 장애를 극복하고 결혼에 골인하는 맹목적 경험을 하게 될 것이라는 믿음도 신화에 속한다. 앞서 언급했던 영화나 소설 속 사랑은 이러한 신화를 충실히 표현하고 있지만, 실제 결혼에 이르는 배우자 선택은 복잡하고도 미묘한 절차를 수반한다. 배우자 선택 과정에서는 상대방의 계층, 종교, 인종 등의 동질성 여부를 맞춰보기도 하고, 서로의 교육 수준, 육체적 매력 수준, 가치관 등을 고려하게 마련이다. 이 모든 요소들이 사회문화적 영향하에 있기 때문에 사랑의 감정도 사회 구조적 영향으로부터 자유로울 수 없는 만큼, 사랑 또한 사회학적 연구 대상으로 손색이 없다.

낭만적 사랑을 동경하고 이상화함은 근대성의 산물이다. 고대 및 중세 시대에는 사랑이란 매우 위험하고 비정상적인 행위라는 인식이 지배적이었다. 중국 및 아랍권의 경우 사랑은 금기시된 행동이라는 인식이 오늘날에도 남아 있다.[3] 인류학적 연구에 따르면, 모든 문화권에서 사랑을 의미하는 단어들이 다양한 형태로 변주되어 나타난다. 하지만 근동 지역에서는 사랑이라는 명사가 아예 존재하지 않는 것으로 밝혀졌다. 대신 '사랑한다'에 가까운 표현으로 '가슴이 묵직하다', '가슴

생각할 거리

사랑은 왜 아플까?

『사랑은 왜 아픈가?』는 오늘날 명실공히 사랑 연구의 대가(大家)로 부상한 사회학자 에바 일루즈가 발표한 최근 저서의 제목이다. 일루즈의 입을 빌려 답부터 말하면, 사랑이 "아픈 경험"으로 인식되기 시작한 것 자체가 자아와 정체성을 중시하는 현대 사회의 특성과 밀접한 관계가 있다는 것이다.

그녀에 따르면, 제인 오스틴의 『오만과 편견』, 『센스 앤 센서빌리티』나 구스타브 플로베르의 『보바리 부인』과 같은 소설 속 주인공들은 사회적 신분의 차이로 인해 헤어지고, 애인과 함께 도주를 감행하거나 죽음의 유혹에 빠질지언정 사랑을 "아픔"으로 경험하진 않았다는 것이다. 그러나 헬렌 필딩의 소설 『브리짓 존스의 일기』로 오면 존스 자신이 사랑으로 인해 끊임없이 고통을 느끼며 자신이 충분히 매력적이지 않아서, 자신이 진정 상대방의 욕구를 충족시켜주지 못해서, 자신이 잘난 상대방에 비해 턱없이 부족해서 자책하는 모습이 미묘한 감정선의 변화를 따라 생생하게 그려지고 있다는 것이다.

사랑의 고통은 결국 본인이 자초한 것이라며 무력감의 굴레에서 헤어나지 못하는 주인공들을 향해, 현대의 대중심리학과 자기계발서는 이렇게 속삭인다는데… "사랑의 고통은 물론 극복할 수 있어. 네가 누구인지 너의 정체성을 찾고 너 스스로를 끊임없이 계발하면 돼. 낭만적 연애 시장에서 누구나 탐내는 자질을 갖추고 승자의 기쁨을 만끽하도록 해!" 그 결과 현대의 연인들은 아픈 경험을 했다는 것에서 위안을 얻는 것이 아니라, 일련의 자기 치유를 통해 아픔을 넘어서는 순간 자긍심을 회복하게 된다는 것이 일루즈의 분석이다.

Q 사랑은 동서고금 불변하는 감정이 아니라 사회 구조가 변화하고 개인 의식이 바뀜에 따라 충분히 "움직이는 것"임을 보여준 일루즈는 사랑의 형식에도 아픔을 뛰어넘는 신선한 변화가 필요하다고 외친다. 사랑이 더 이상 아픈 경험이 되지 않으려면 어떤 변화가 필요한지 생각해보자.

이 빼근하다' 등의 동사 형태만 존재하는 것으로 확인되었다. 한국에서는 사랑이 한자어 '사량思量'에서 나왔다는 주장이 있다. 상대를 늘 생각하며 깊이 헤아린다는 의미가 함축되어 있었던 셈이다.

신분사회가 발달된 곳일수록 조혼早婚 풍습이 발달한다는 사실 또한 흥미롭다. 이른 나이에 서로의 짝을 찾아 결혼시키는 이유는 남녀의 사랑이야말로 신분질서를 교란시키는 주요인임을 간파했기 때문일 것이다. 셰익스피어의 희곡 『로미오와 줄리엣』은 이의 전형적 예라 할 수 있다.

사랑과 결혼을 결합한 낭만적 결혼은 인류의 역사에서 300여 년 전 출현한 비교적 최근의 산물이요, 출현 당시로선 획기적 아이디어였다. 사랑하는 사람과 결혼하겠다는 인식이야말로 근대를 상징하는 징표 중 하나라는 주장은 이제 상식이 되었다. 오늘날 서구의 낭만적 결혼은 연속적 일부일처제serial monogamy로 진화되었다.[4] 일부일처제를 유지하되 사랑이 식으면 새로운 사랑을 찾아 이전 파트너와 이혼하고 새 파트너와 재혼을 반복하는 유형이 보편화된 것이다.

낭만적 결혼을 누가 주도했는지에 대해서는 역사학자들 사이에 이견이 있다. 상류 계급이 주도했을 것이라는 주장과, 잃을 것 없는 하류 계급이 사랑을 동반하는 결혼의 중요성을 널리 퍼뜨렸을 것이라는 주장이 공존한다. 낭만적 결혼 개념이 처음 등장하던 당시엔 사회적 비판이 만만치 않았다. 배우자를 열정적으로 사랑하고 몰입하게 되면 안정적 가정생활은 불가능할 것이라 보았기 때문이다. 열정적 감정과 안정적 결혼 생활은 양립할 수 없기에, 사랑이 결혼의 근간이 된다면 결혼의 안정성은 심각하게 훼손될 것이라는 비판과 우려가 제기되었던 것이다.

낭만적 결혼 제도 안에서는 사랑의 열정과 상대방을 향한 몰입 사이에 필연적으로 긴장이 발생하게 되는 바, 이를 해소하기 위한 방안으로 '이혼의 규범화normalization of divorce' 현상이 등장하게 되었다.[5] 물론 과거에도 사별로 인해 배우자와 헤어지는 경우가 빈번했으나, 오늘날은 본인의 의지에 따라 배우자와 결별한다는 점에서 차이가 있다.

이혼의 규범화 시대에 백년해로하는 커플도 다수 존재한다. 이들 부부의 공통점을 찾아본 결과, 서로에 대해 개방성을 유지하면서 자기발전을 위한 투자를 게을리 하지 않으며, 성숙한 인성을 갖추고 있었다. 무엇보다 이들은 결혼을 통해 의미 있는 변화와 발전이 가능했다고 고백하는 '치유적 언어'를 사용하는 것으로 밝혀졌다. 또한 낭만적이고 열정적인 사랑에서 시작했지만 오랜 세월을 함께하면서 사랑이라는 감정이 신뢰와 존경으로 바뀌는 경험을 했다고 고백했다. 이처럼 존경과 신뢰에 기반을 둔 사랑을 페미니스트 사라 루딕Sara Ruddick은 '사려 깊은 사랑

attentive love'이라 이름 붙였다.[6]

일부에서는 성의 혁명이 진행되면 사랑은 종말을 고할 것이라 예측했지만, 오늘날 사랑은 종교의 지위에 올랐다고 해도 무색하지 않을 만큼 중요한 지위를 점하고 있다. 현대인들은 관계성 속에서 만족감 내지 충족감을 추구하지만, 그 과정에서 사회적으로 인정된 가족 혹은 연인 관계가 전통 사회에 비해 불안정하고 상처받기 쉬워졌다는 역설을 경험하고 있다.[7]

사랑의 다차원성

사랑을 정의하고자 할 때는 사랑 개념의 다차원성에 주목할 필요가 있다. 사랑은 손에 잘 잡히지 않는 현상이다. 폴란드 사회학자 지그문트 바우만Zygmunt Bauman은 유대를 상실한 현대인의 인간관계에 담긴 역설을 주제로 한 책『리퀴드 러브Liquid love』를 펴내기도 했다.

사랑에 대해 과학적이고 실증적으로 접근하기 시작한 것은 미국에서도 1970년대 이후의 일이다. 사회심리학자 지크 루빈Zick Rubin은 호감과 사랑을 개념적으로 구분한 다음, 각 개념에 대해 13개 문항을 만들어 경험적 측정을 시도했다. 측정 결과 호감과 사랑 사이에는 높은 상관관계가 있음이 밝혀졌고, 남자 대학생이 여자 대학생보다 높은 상관관계를 기록했다. 호감이 사랑으로 변화하면서 결혼으로 연결되는 확률 또한 매우 높은 것으로 나타났다. 루빈은 사랑의 구성 요소를 두 차원으로 나누어 개인적 차원에서는 애착과 배려요, 관계적 차원에서는 친밀성이라고 정의했다.

E. 해트필드E. Hatfield는 열정적 사랑과 우애적 사랑으로 유형화한 다음, 각 사랑의 특징을 탐색했다. 열정적 사랑은 강렬한 성적 매력으로부터 출발하며, 두 사람은 함께 있지 않아도 상대의 존재감을 느낄 만큼 강렬한 소통 상태에 들어간다. 이러한 열정적 사랑은 수명이 짧다는 특징을 갖는다. 소설『폭풍의 언덕』에서 주인공 히스클리프가 외쳤던 대사, "나는 너이고 싶다."는 열정적 사랑에 대한 가장 멋진 표현일 것이다. 나 아닌 다른 존재와 하나가 되고 싶은 강렬한 갈망은 황홀경 상태임이 분명하다. 황홀경을 갈망하는 것이 바로 열정적 사랑의 특징이라 할 수

있다. 하지만 열정적 사랑에 빠진 연인들은 관계 속에서 충족감과 포만감을 느끼지만 서로가 분리되는 순간 절망감과 불안감, 허전함을 느끼면서 일상생활이 불가능할 만큼 심각한 감정의 동요를 일으키게 된다. 한편 우애적 사랑은 친구관계에서 경험하는 우정과 유사한 것으로, 모든 사람이 언제 어디서나 느껴볼 수 있는 감정이다. 연령, 인종, 사회 경제적 지위 등을 초월해 모두가 느낄 수 있는 친밀함과 비슷하다 할 수 있다.

C. 헤이즌C. Hazon은 사랑이 어린 시절의 애착관계가 성인기에 변형되어 나타난다는 주장을 전제로, 애착관계의 유형화를 시도했다. 첫 유형은 안정적 애착관계stable attachment로, 이 유형에 속하는 성인들은 어린 시절 부모로부터 지속적 애정과 열렬한 관심하에 양육되었다. 어린 시절 자녀의 욕구를 충실히 충족시켜준 부모 덕분에 만족스런 부모·자녀 관계를 유지해온 이들은, 성인이 되었을 때도 자신감을 갖고 상대를 신뢰하면서 안정적이고 지속적인 애착관계에 들어갈 수 있다. 둘째 유형은 양가적 애착관계ambivalent attachment로, 이 유형은 부모가 어린 시절 자녀의 요구를 선별적으로 수용했거나 일관성 없이 사랑과 미움을 동시에 표현했던 경우 나타난다. 이들은 성인이 되었을 때 사랑에 대해 강렬한 갈증을 느끼지만 자신의 사랑을 어떻게 표현해야 될지 모르는 경우가 빈번하고, 때로는 파트너에 대한 의존도가 높아 관계의 유연한 진행에 장애가 되기도 한다. 셋째 유형은 회피적 애착관계evasive attachment로, 이 유형은 어린 시절 부모로부터 관심을 받지 못한 자녀들이 성인이 되었을 때 나타난다. 이 유형에 속하는 자녀들의 전형적 특징은 표정이 없다는 것이다. 부모의 무관심 속에서 어린 시절을 보낸 이들은 성인이 되었을 때 친밀한 관계에 상당한 두려움을 느끼고 냉소적 반응을 보이는 경우가 빈번하다고 한다.

예일대 심리학 교수 로버트 스턴버그Robert Sternberg는 사랑과 호감은 질적으로 구분되는 경험임을 확인했다. 그에 따르면, 사랑은 필히 열정을 수반하며 크나큰 감정의 기복을 보이는 반면, 호감은 안정적 신뢰를 기반으로 한다. 스턴버그의 사랑의 트라이앵글 이론에 따르면, 사랑은 트라이앵글을 의미하는 삼각형처럼 세 가지 요소를 함축하고 있다. 감정적 차원에서는 친밀성을, 동기적 차원에서는 열정을, 인지적 차원에서는 상대를 향한 헌신을 포함한다는 것이다. 이들 친밀성, 열정, 헌신의 세 가지 요소를 조합해보면 여덟 가지 유형의 사랑이 등장한다(〈표 1〉 참

〈표 1〉 사랑의 트라이앵글: 여덟 가지 유형

친밀성	열정	헌신	사랑의 유형
×	×	×	사랑이 아님
○	×	×	호감
×	○	×	유혹적 사랑
×	×	○	공허한 사랑
○	○	×	낭만적 사랑
○	×	○	우애적 사랑
×	○	○	고혹적 사랑
○	○	○	완전한 사랑

조). 이에 따르면 친밀성과 열정과 헌신 중 어느 한 가지도 없는 상태는 사랑이 아니다. 세 요소 중 친밀성만 있으면 호감, 열정만 있으면 유혹적 사랑, 헌신만 있으면 공허한 사랑이다. 세 요소 중 친밀성, 열정은 있는데 헌신이 없으면 낭만적 사랑, 친밀성과 헌신만 있고 열정이 없으면 우애적 사랑. 친밀성은 없는데 열정과 헌신만 있으면 고혹적 사랑이다. 세 요소를 다 갖추었을 경우 완전한 사랑이 된다.

캐나다 사회학자 존 리John Lee의 여섯 가지 사랑 유형도 널리 회자되고 있다. 리에 따르면, 사랑의 첫 번째 유형은 에로스eros다. 에로스적 사랑은 자신이 어떤 파트너를 원하는지 명백한 기준을 갖고 있으며, 파트너의 육체적 매력에 대해서도 강렬하게 관심을 가진다. 성적 친밀성의 욕구도 강하다. 자신을 늘 개방하면서 상대방과 적극적 소통을 원한다. 물론 서로에게 강력한 관심을 갖고 있고 자신도 상대에게 유일한 관심의 대상이길 원한다. 하지만 에로스적 사랑을 선호하는 이들의 공통점은 자존심이 매우 높다는 사실이다. 그리하여 상대방에게 사랑을 강요하지도 집착하지도 않는다는 특징을 보인다.

두 번째는 루두스ludus 유형의 사랑이다. 이들은 사랑을 철저하게 주고받는 게임이라 생각한다. 이들이 사랑하는 이와 데이트를 하는 이유는 즐거움을 추구하기 위함이다. 루두스 유형은 특정 상대와 심각한 관계에 몰입하는 것을 원치 않는다. 성관계 또한 일종의 놀이요, 게임이라 생각한다. 인생도 결국은 즐기기 위한 것이기에, 즐겁게 사는 것이 최고의 가치라 생각한다. 루두스 유형은 다양한 사람과 다양한 관계를 갖기 원하는 사람들로부터 자주 관찰된다.

세 번째는 스토지storge 유형의 사랑이다. 이들 유형은 열정적 사랑이나 극적인 사랑을 믿지 않는다. 대신 자연스럽게 서서히 감정이 깊어지면서 사랑의 감정을 느껴 결혼까지 할 수 있다고 믿는다. 이들은 우정을 중시하고, 친구처럼 편안한 연인 관계를 선호한다. 스토지 유형은 육체적 매력이나 성적인 만족보다는 두 사람이 동일한 가치를 공유하면서 한 방향을 향해 인생을 설계하는 것에 더욱 큰 가치를 부여하는 사람들이다.

네 번째 유형은 프라그마pragma이다. 문자 그대로 실용적이고 실질적인 사랑을 하는 사람들이다. 프라그마 유형은 자신이 어떤 상대를 원하는지 뚜렷한 기준을 가지고 있으며, 항상 자신의 기대를 만족시켜줄 수 있는 사람을 찾아서 떠난다. 둘이 함께라면 자신이 원하는 수준 높은 삶을 살 수 있으리란 확신을 주는 사람을 만나 사랑하기를 원한다. 이 유형은 자신에게 맞는 사람을 찾는 경향이 강하다. 연애 초기에는 이상형이 존재한다고 믿고 최고의 파트너를 찾아 나선다. 하지만 머지않아 이상형은 비현실적 존재일 뿐, 나하고 잘 어울리는 사람이 있다는 결론에 이른다. 프라그마 유형은 사랑의 초기 단계부터 존재하지 않는 이상형보다는 나에게 맞는 사람이 최고라는 인식을 갖고 있다. 앞서의 스토지 유형이 헤어질 준비가 되어 있지 않아 무방비 상태로 이별을 맞는 경우가 다반사라면, 프라그마 유형은 비가 올 때를 대비해서 늘 우산을 챙기는 사람처럼 관계가 예상대로 진전되지 않을 때면 대안을 준비하는 사람들이다.

다섯 번째는 마니아mania 유형이다. 지독한 사랑에 빠지는 사람들, 사랑의 중독자들이다. 마니아 유형은 늘 사랑을 갈망하면서도 바로 사랑 때문에 고통을 받는 사람들이다. 사랑하는 이를 질투하고, 의심하고, 그래서 불면의 밤을 보내고, 항상 고도의 흥분과 우울 상태를 오가곤 한다. 상대방에게도 자신과 똑같은 방식의 사랑을 강요하기에 상대가 떠나곤 하는데, 그럴 때마다 '자신은 별 수 없다'는 식의 자기 충족적 예언에 빠지는 사람들이기도 하다.

마지막은 아가페agape 유형이다. 이타적 사랑, 승화된 사랑이 여기에 해당된다. 아가페 유형의 실례로는 신을 향한 인간의 사랑이나 이해타산을 전적으로 배제한 승화된 사랑을 들 수 있다. 여섯 가지 유형 중 선호도 순위는 아가페-루두스-프라그마의 순으로 나타났고, 남성은 루두스를, 여성은 스토지를 선호하는 비중이 상대적으로 높은 것으로 밝혀졌다. 의외로 마니아 유형에 속하는 사람들도 적지 않게 눈에 뜨였다.

사랑을 유형화하거나 사랑 앞에 형용사를 붙이는 것은 개개인의 사랑 경험을 고려해볼 때 무의미한 일인지도 모른다. 하지만 사랑에 다양한 요소가 있고 다채로운 유형화 또한 가능하다는 인식은 자신의 사랑 경험을 성찰해봄에 도움이 되리라 생각한다.

여자의 사랑·남자의 사랑

이 절에서는 여자의 사랑법과 남자의 사랑법이 다르다는 사실에 주목하고자 한다. 홍상수 감독의 영화 〈오! 수정〉은 똑같은 사건과 똑같은 상황이 전혀 다르게 인식되고 완전히 별개로 해석되고 있음을 한 번은 남성 주인공의 시각으로, 또 한 번은 여성 주인공의 시각으로 흥미진진하게 풀어낸다. 사랑하는 남녀 사이에 통역자가 필요하다는 주장을 다시금 떠올리게 하는 영화다.

사랑을 경험하고 표현하는 방식이나 사랑에 의미를 부여하는 방식에는 남녀 차이가 존재한다. 그 원인은 물론 '남성다움', '여성다움'을 규정하는 성 역할 사회화 과정과 밀접한 관계가 있다. 성역할 사회화 과정에서 남성다움의 가치로는 독립적이고, 목표 지향적이며, 때로는 공격적이고, 감정은 억제해야 된다는 점이 강조되고, 여성다움의 가치로는 원활한 상호작용을 유지하고, 정서적·감정적으로 풍부한 인성을 키우며, 타인을 배려하고 돌봐야 한다는 점이 강조된다.

대화 및 소통에 대해서도 여성과 남성 사이의 인식 차가 두드러진다. 남성에게 소통 및 대화는 지위를 획득하기 위한 수단이요, 누군가를 통제하거나 영향을 미치기 위한 통로이자 문제 해결의 도구이다. 반면 여성에게 대화 및 소통은 그 자체로 목적이 되며, 만남을 통해 친밀성을 느끼고 관계를 공고히 하는 것이다. 연인이나 부부 사이에 남자들이 가장 무서워하는 말이 "우리 이야기 좀 해요."라는 유머가 있다. 남자들 대부분은 즉각 "뭐가 문제야?"라고 반응하게 마련인데, 소통에 부여하는 의미가 젠더에 따라 다름을 전형적으로 보여주는 예이다.

사랑의 세 가지 모델

사랑의 성차를 분석하는 데는 세 가지 모델이 있다. 첫째, 남성 결핍 모델male deficit model은 여성을 사랑의 전문가로, 남성을 사랑의 주변인으로 등식화한다. 남성보다 여성이 사랑을 성공적으로 이끌어갈 수 있는 유능한 자질을 타고났다고 보는 입장이다. 여성은 친밀한 관계를 주도하고, 정서적 표현에 적극적이며, 상대의 욕구를 세심하게 배려해주고, 감수성 또한 발달되어 있으므로 사랑의 성공과 실패 여부는 전적으로 여성에게 달려 있다고 본다. 반면 남성은 사랑보다 일을 더욱 중시하고 사랑과 일 사이에 선택이 요구될 때는 자기발전을 위해 주저 없이 일을 선택하곤 한다. 뿐만 아니라 감정을 고백하거나 유약함을 드러내는 것은 흔히 남자답지 못하다는 고정관념으로 인해 감정을 억누르는 경향이 있다. 그로 인해 사랑 영역 자체가 여성화되어가는 사랑의 여성화[8] 현상이 등장했다고 본다. 오늘날 사랑의 정의는 여성의 관점에서 여성의 경험에 의거해 이루어지고 있다. 이 관점에서는 사랑을 솔직하고도 깊이 있는 대화를 통해 서로의 감정을 자연스럽게 공유하는 것으로 간주한다. 여성의 사랑은 정답이고, 남자가 생각하는 사랑은 오답인 셈이다. 남성은 사랑의 미숙련공이자 상대를 헤아리지 못하는 유아적 이기주의자일 뿐만 아니라, 무딘 감성의 소유자요 자신의 감정 표현에 미숙하기만 한 존재인 만큼 남성다움에 부여된 사회화 과정의 오류를 극복하지 않는 한 사랑의 아마추어에 머무를 수밖에 없다는 것이 첫 모델의 입장이다.

1980년대를 풍미했던 남성 결핍 모델의 뒤를 이어, 남성과 여성의 사랑 표현 방식이 다르다는 사실에 주목한 사랑의 두 갈래 길two paths model 모델이 등장한다. 두 번째 모델은 남자들 사이의 우정을 연구하면서 등장했는데, 연구 결과 남자들은 스포츠를 함께 하거나 취미 활동을 공유하거나 일을 도모하면서 서로 간의 유대를 만들고 친밀성을 발전시켜가는 것으로 나타났다. 더불어 남성에게 우정의 깊이는 서로의 속내나 감정을 표현하면서 측정되는 것이 아님도 드러났다. 연구 결과 여성들에게 감정은 친밀감의 지표지만, 남성들 사이의 친밀감은 술을 함께 마시거나 운동을 같이 하면서 스트레스를 해소하고 그들만의 경험을 공유하면서 쌓이는 것으로 밝혀졌다. 실제로 여성들 사이에는 풍부한 감성 및 세심한 배려가 긍정적 평가를 받지만, 남성들 세계에서 말이 많거나 감정이 풍부한 남자는 환영받지 못하는 경우를 쉽게 발견할 수 있다. 연인들의 대화를 분석해보면 남성은 자신의 성공담이나 능력을 과시하고 과장하는 경우가 많은 반면, 여성은 친밀감의 표현으로 내면의 두려움, 불안을 표현하는 경우가 빈번한 것으로 확인되었다. 관계성에 투영되는 젠더 차이의 원인으로 정신분석학자 낸시 초도로우는 어린 시절 엄마와 유아의 관계를 지목하고 있다. 남성은 관계성에 몰입되어 나를 잃어버릴지도 모른다는 두려움이 있고, 거꾸로 여성은 관계성에 실패함으로써 나의 정체성을 찾지 못할까 불안해한다는 것이다. 이러한 젠더 차이는 어린 시절부터 자연스럽게 내면화된 것인 만큼 서로의 차이를 인정해야 한다는 것이 두 번째 모델의 입장이다.

세 번째로 등장한 것이 양성적 사랑 모델androgenous love model이다. 이 모델을 이해하기 위해서는 윌리엄 허트와 말리 매틀린이 주연했던 영화 〈작은 신의 아이들Children of a Lesser God〉을 떠올리는 것이 도움이 될 것 같다. 건청인과 청각 장애인의 사랑을 주제로 한 영화 속에서 남자 주인공은 청각 장애인인 여성을 위해 침묵의 세계로 들어가보기도 하고, 그녀를 자신의 세계로 끌어들이기 위해 눈물겨운 노력을 기울인다. 시행착오와 시련 끝에 마지막 장면에서 그가 내린 결론은 "우리 소리의 세상도, 침묵의 세계도 아닌 제3의 지대에서 만나자. 그리하면 진정한 사랑이 가능할 것 같다."였다. 영화 대사로부터 유추해보면, 여성의 사랑법이 유일한 정답이 아니듯 남성과 여성의 사랑의 차이를 인정하면서 평행선을 그리는 것도 올바른 답은 아닌 것 같다. 제3의 영역에서 새로운 양성적 사랑 모델을 만들어가는 것이 보다 바람직한 대안이 될 수 있을 텐데, 이를 위해서는 젠더 역할의 유연성을 기반으로 자아실현의 가치도 인정하고, 친밀성과 소통의 중요성도 인식하는 사회적 각본이 필요하리라 생각된다.

3. 결혼과 성관계의 사회학적 이해

결혼으로 가는 길

사랑의 종착역이 반드시 결혼일 필요는 없지만, 사랑하는 사람과 결혼에 이르는 낭만적 결혼이 보편화되고 있는 시대에, 배우자 선택 과정은 어떤 경로를 거치는지 살펴보자.

배우자 선택 과정

만남의 순간 상대방과 결혼할 수 있을지 여부는 불확실하지만, '안 될 것 같다'는 느낌은 확실한 경우가 많다. 결혼에 성공한 커플을 대상으로 첫 만남 당시의 느낌을 물은 결과, '첫눈에 반했다'는 응답자는 매우 희소했던 반면, 대다수가 '호감을 느꼈다'거나 '좋은 시간을 함께 보냈다는 느낌'을 받았다고 응답했다.

만남이 시작된 이후에는 결혼하기 전까지 봄, 여름, 가을, 겨울을 함께 보내며 충분한 시간을 공유하는 것이 필요하다. '7년 연애 후 결혼하나 7개월 만에 중매로 결혼하나 별 차이 없다'는 충고에 나타나듯, 결혼과 연애는 질적으로 다른 경험이기 때문에 필히 적응 과정을 거쳐야 한다. 처음 만나 결혼하기까지 6개월도 채 걸리지 않았다는 커플일수록 결혼 이후 적응에 상당한 어려움이 있는 것으로 밝혀졌고,[9] 연애 기간이 적당히 길수록 결혼 이후 적응에 유리한 것으로 확인되었다.

충분한 만남의 시간 못지않게 다양한 상황에서의 만남도 중요하다. 매번 분위기 있는 카페에서 차를 마시며 와인을 곁들인 저녁 식사를 한다거나 영화 및 뮤지컬 등의 문화 행사를 즐기는 통상적 데이트보다 다양한 장소 및 뜻밖의 상황에서 상대를 만날 필요가 있다. 일례로 예기치 않았던 상황과의 지속적 만남이라 할 수 있는 여행에서 평소 잘 드러나지 않던 상대방의 숨겨진 모습을 관찰할 수 있는 기회를 가질 수 있다.

배우자를 선택하기 전 고려해야 할 요소로는 '동질성과 이질성의 조화'가 있다. 두 사람 사이의 사회계급, 인종, 종교, 사회적 지위 등이 유사한 동질혼이 이질혼에 비해 결혼 생활의 적응 및 안정성 유지에 유리함은 물론이다.[10] 가치관의 동질성도 배우자 선택 과정에서 중요한 요소로 작용한다. 다만 연인들은 서로 호감을 느끼면 가치관도 비슷하다고 생각하는 경향이 있어, 가치관의 공유와 호감 사이에 긴밀한 상관관계를 보인다.

개인적 수준에서 동질성이 강할 때 관계의 친밀성을 배가시키는 요소로는 육체적 매력, 에너지 수준, 낭만적 표현 능력 등이 있다. 육체적 매력도는 '짚신도 짝이 있다'는 속담처럼 개인별 취향에 충실하면 되고, 에너지 수준이 높아 구름 따라 바람 따라 자유로움을 추구하는 경우나, 에너지 수준이 낮아 움직이는 걸 달가워하지 않는 경우는 끼리끼리 만나는 것이 좋다. 낭만적 표현을 즐기는 경우나 무미건조함을 선호하는 경우 역시 동질적 상대를 만나는 것이 적응에 유리하다. 경우에 따라서는 본인에게 없는 자질이나 특성을 상대방이 지녔을 때 오히려 호감도가 올라가는 이질성의 매력opposite attraction도 작동한다. 예를 들어 유유자적한 성격의 소유자는 상대방이 빠른 추진력을 보일 경우 매력을 느낄 수 있다.

연인 관계가 진전하면서 결혼으로 가기 전 통과해야 할 관문이 하나 있다. 이를 일컬어 사회심리학에서는 '자기 개방self disclosure'이라 부른다. 연인 관계에서 자기 개방이란 자신의 상처나 열등감, 상대에게 숨기고 싶은 불행한 과거 등을 터놓고 공유함을 의미한다. 용기를 내어 자기 개방을 한 이후 두 사람 사이가 불편해지거나 어색해짐으로써 자기 개방을 후회하게 된다면 두 사람 관계는 성공하기 어렵다. 반면 자기 개방 이후 두 사람 사이가 더욱 편안해지고 친밀성 또한 공고해졌다면 그 관계는 진정한 의미의 성숙을 향해 진일보한 것이라 할 수 있다. 다만 자기 개방과 성적 개방sexual disclosure을 혼돈해서는 안 된다는 것이 전문가들의 공통된 조언이다. 정서적·심리적 개방이 육체적 개방보다 훨씬 더 큰 의미를 가진다는 사실을 기억해야 할 것이다.

데이트 관행의 변화

낭만적 결혼에 앞서 연인들이 서로를 탐색하며 애정을 발전시켜가는 과정이라는 뜻의 데이팅은 하류 계급의 슬랭으로부터 연유한 것이라 한다. 데이팅은 1896년 시카고 출신의 작가 조지 에이데George Ade가 지역 신문 《시카고 레코드》에 연재하던 칼럼 〈거리, 뒷골목 이야기〉에서 처음 사용한 이후 널리 애용되기 시작했다.[11] 한국에서는 데이트라는 표현이 언제부터 사용되었는지 궁금한데 정확한 자료를 찾을 수가 없다. 1960년대에는 어른들로부터 '연애질한다'는 다소 부정적 어감의 표현을 들었던 기억이 있는데, 1970년대에는 데이트라는 표현이 자연스럽게 일상 대화에 등장했던 것 같다.

1960년대 후반 벚꽃이 만개한 창경원(지금의 창경궁)에서 밤 데이트를 즐기는 '야사꾸라(벚꽃) 미팅' 이야기를 전해 들었는데, 1970년대로 가면 미팅의 전성기라 해도 좋을 만큼 대학가는 다채로운 미팅이 성행했다. 100명 이상이 함께 만나는 대규모 '반팅', 손수건이나 만년필 등 서로의 소지품을 보고 마음에 드는 상대를 선택하는 '신데렐라 미팅', 남녀 숫자를 의도적으로 맞추지 않은 채 한 사람을 골탕 먹이는 일명 '피보기 미팅' 등이 생각난다.

2000년대 이후 미국의 대학생들은 데이팅 대신 '그(녀)를 보고 있는 중I'm seeing him/her'이라는 표현을 쓰기 시작했고, 뒤를 이어 '후크 업hook up'이 성행했던 것으로 나타났다. 후크 업은 일종의 슬랭으로 젊은이들이 모인 파티에서 남녀가 우연히 마주친 후 자연스럽게 에로틱한 관계를 갖는 것을 의미한다.[12] 후크 업을 즐기는 커플 네 쌍 중 한 쌍은 첫 만남에서부터 가볍게 하룻밤 성관계를 한다는 연구 결과도 있다.

동일한 파트너와 후크 업을 몇 차례 반복한 후 예전의 데이트 커플처럼 정서적 친밀성을 교감하는 관계로 진입하는 것이 최근의 관행이라 한다. 이들을 상대로 심층 인터뷰를 진행한 결과, 성관계를 갖기까지 오랜 시간 밀당을 하며 시행착오를 경험하는 것은 낭비적 요소가 강하니, 성적 호기심을 충족시킨 다음 정서적 유대를 시작하는 것이 효율적이라는 주장이 제기되었다.

읽을거리

베스 베일리, 『데이트의 탄생: 자본주의적 연애제도』(2015)

원제는 'From Front Porch to Back Seat: Courtship in Twentieth-Century America'이다. 연애에 대한 미국의 '국민적' 관습을 탐구하려는 목적 아래 중산층 백인 이성애자 커플을 중심으로 1920년부터 1965년 사이에 확산된 데이트 제도를 추적하고 있다. 베일리 교수에 따르면 데이트는 자본주의가 발달하면서 도시화·산업화가 진행된 19세기 말, 20세기 초 생겨난 신생 문화다. 남녀가 집 밖으로 '나가는' 행위는 연애 장소가 공적 공간으로 이동했음을 보여주는 중요한 변화였다. 도시 빈민가 열악한 주택에 살던 가난한 청춘 남녀는 초대와 방문 대신 집 바깥의 댄스홀, 극장, 레스토랑, 영화관 같은 장소에서 만남을 시작했다. 도시의 상업적 공공장소에서 하층민이 즐기던 여흥문화로부터 출발한 데이트는 '자유'의 공간에서 '돈'을 쓰는 것으로 변모했다는 것이다.

데이트가 도시화 및 산업화의 산물임을 입증하기 위한 저자의 노력은 높이 살 만하다. 서구식 낭만주의를 수입한 한국에서는 데이트가 언제 어디서 어떻게 시작되었을까 궁금하다.

성관계의 사회학적 이해

성관계 인식의 스펙트럼

성관계에 대한 인식은 극단적 보수주의로부터 진보적 입장을 거쳐 급진적 가치관에 이르기까지 폭넓은 스펙트럼을 형성하고 있다.[13] 가장 보수적인 입장으로 성관계의 목적은 출산에 있다고 보는 절대적 금욕주의absolute asceticism를 들 수 있다. 이 입장에서는 출산을 동반하지 않는 성관계는 죄악시한다. 현재 사문화死文化된 법이기는 하나 미국의 오레곤주 법에는 혼전 성관계가 발각될 경우 300불의 벌금 조항이 남아 있을 만큼 출산을 동반하지 않는 성은 터부시해왔다.

혼전 성관계에 관한 인식이 보다 허용적으로 변화하면서 등장한 것이 자유주의적 인본주의liberal humanism이다. 사랑이 전제된 성관계라면 결혼 이전이라도 무방하다는 입장으로, 현대인의 높은 지지를 받고 있다. 다만 1960년대 성 개방 풍조를 타고 확산된 자유주의적 인본주의는 남녀 간에 미묘한 입장 차이를 보이고 있다. 이를 풍자적으로 묘사한 만화의 한 장면을 보면, 남자가 들고 있는 피켓에는 'No Sex No Love(성관계 없이는 사랑도 없다)', 여자가 들고 있는 피켓에는 'No Love No Sex(사랑 없이는 성관계도 없다)'라 쓰여 있다. 성과 사랑 사이에는 밀접한 관계가 있지만, 선후 관계에 대해서는 의미심장한 성차가 존재하는 셈이다.

세 번째로는 급진적 인본주의radical humanism가 있다. 이 입장에서는 인간과 동물 공히 성관계를 하는 만큼 성관계를 인간에게 고유한 영역으로 간주하지 않는다.[14] 대신 인간만이 커뮤니케이션을 하는 존재라는 사실을 부각시키면서 성관계에 도덕적이고 윤리적인 의미를 부과하는 것을 반대하는 대신 해방된 개방적 커뮤니케이션을 인간의 특권으로 보자고 주장한다.

네 번째로는 펀 모럴fun morality을 들 수 있다. 도덕 앞에 즐거움을 의미하는 명사 'Fun'을 붙여 즐거운 것 혹은 쾌락을 추구하는 것이 도덕적일 수 있다고 주장한다. 그동안 성에 부과되었던 도덕 및 윤리의 옷을 거두어내고 즐거움과 쾌락을 추구하는 데 한정하여 성의 가치를 인정하자는 입장이다. 미국 잡지 《플레이보이》는 펀 모럴을 전형적으로 구현한 사례라 할 수 있다.

마지막으로는 만인의 만인에 대한 성관계가 가능하다는 입장을 대변하는 성적 무정부주의sexual anarchism가 있다. 성과 관련해 사회적 재제나 통제를 전면 불허하는 것을 의미한다. 이 입장은 현실 사회에서는 불가능하지만 개념상 극단적 상태를 설정해본 것이라 할 수 있다. 미국인을 대상으로 성관계 인식을 조사한 결과, 자유주의적 인본주의, 펀 모럴, 절대적 금욕주의의 순으로 지지하는 응답률이 높게 나타났다고 한다.

1960년대 서구 사회의 성 해방

1960년대 서구를 중심으로 등장한 성 해방 개념은 원치 않는 임신으로부터의 해방을 의미하는 것으로, 피임법이 개발되면서 성생활에 혁명적 변화가 진행되기 시작했음을 함축하고 있다.[15]

피임법이 개발되기 전까지는 서구에서도 혼전 성관계를 불허했다. 원치 않는 임신이 언제라도 가능했기 때문에 혼전 순결을 지켜야 한다는 사회적 규범이 발달했던 셈이다. 그러나 피임법이 개발되면서부터 혼전 성관계에 대한 허용도가 눈에 띄게 높아지기 시작했다. 성 해방 초기에는 남성에게만 혼전 성관계를 허용하면서 여성에게는 순결을 강조하는 '이중 성윤리'가 팽배했으나, 1960년대 중반 이후부터는 서서히 약화되는 경향을 보인다.

성 해방 트렌드에 따라 혼전 성관계가 보편화되고 이중 성윤리가 약화되는 경향은 한국에서도 비슷한 양상을 띠고 나타나고 있다. '결혼할 때까지는 절대 순결을 지켜야 한다'는 설문에 대해 1975-1995년 사이 남성의 찬성률은 각각 18%, 19.1%로 별다른 변화가 없었다. 반면 여성의 혼전 순결 찬성률은 1975년 68.8%에서 1995년 47.5%로 감소되어, 남성에 비해 큰 폭의 태도 변화를 보여주었다.[16] 2013년 조사에서는 문항을 바꾸어 '상대방의 혼전 순결을 문제 삼지 않겠다'에 동의 여부를 살펴본 결과, 매우 찬성 및 찬성 비율이 남성 77.1%, 여성 82.0%로 나타나 한국에서도 이중 성윤리가 약화되고 있음을 보여주고 있다.

세계 최초로 피임법이 개발되던 당시 영국에서는 피임약의 심각한 부작용으로 인해 팔다리가 없는 아이들이 태어났다. 이에 영국 정부는 막대한 책임감을 느껴 사회보장제도를 통해 피임약 희생자들을 평생 지원했다. 오늘날은 성관계 후 복용하면 낙태가 가능한 사후 피임약까지 개발된 상태이다. 한편 여성보다 남성을 대상으로 한 피임약이 보다 안전하고 부작용도 적다는 연구 결과에도 불구하고 피임약의 대부분이 여성용으로 개발되고 있음은 주목을 요한다. 독일에서는 1년 동안 정자의 활동성을 떨어뜨리는 남성용 피임법이 개발되었으나, 정작 남성들이 손쉽고 부작용도 적은 주사 피임법을 기피함으로써 실패로 돌아갔다. 남성의 불임을 남성성의 저하로 인식함에 따른 결과로 해석된다.

현대 사회에서 성 관련 이슈가 사회적 쟁점으로 부상한 배경에 대해 페미니스트 엘리자베스 제인웨이Elizabeth Janeway는 다음과 같이 설명하고 있다. 농경 사회 농부들의 삶은 자연의 리듬에 맞추어 상당량의 에너지를 자연스럽게 발산해왔다. 그러나 도시화 및 산업화가 진행되면서 회색 공간에 갇힌 현대인들은 몸속에 쌓이는 에너지를 자연스럽게 발산할 수 있는 기회를 박탈당하기 시작했다. 이 상황에서 현대인들은 분출되지 못한 에너지를 향해 과도한 성적 함의를 부여하기 시작했고, 현대 사회 대중문화가 성의 이미지 및 성 관련 콘텐츠를 과소비하면서 성이 사회적 화두로 등장하게 되었다는 것이다.[17]

최근 들어서는 에이즈의 공포 이후 안전한 성관계에 대한 인식이 고조됨에 따라 반反 성 혁명이 진행되고 있다. 이에 따라 절대적 금욕주의에 동조하는 비율이 자유주의적 인본주의를 압도하는 경우도 있고, 혼전 순결을 서약하는 10대들도 증가하고 있다.

부부간 성관계

고정관념과 실제

부부간 성관계 연구는 당연히 결혼 및 가족 제도 안에서 이루어져야 함에도 불구하고, 부부간 성에 대한 근거 없는 고정관념 및 편견으로 인해 가족 제도와 무관하게 진행되어왔다. 사회학적 연구 결과 드러난 부부 관계의 통념과 실제 관행 사이의 괴리를 살펴보기로 한다.[18]

먼저 결혼 제도란 성적 만족 및 쾌락을 추구하기에는 그릇된 장소라는 고정관념이 있다. 그에 따라 성적으로 개방된 미혼 남녀의 성관계 빈도가 가장 높게 나타날 것이라는 믿음 내지 통념이 존재한다. 하지만 실상은 기혼 부부의 성관계 빈도가 미혼 남녀보다 높고, 성생활 만족도 또한 높은 것으로 밝혀졌다.

다음으로 서구인은 성에 관한 기호도 다양하고, 성관계를 맺는 파트너 숫자도 다수일 것이라는 통념이 있다. 하지만 이 역시도 사실과는 거리가 있다. 조사 결과, 미국과 영국은 부부 중심의 일부일처제를 가장 성실하게 유지하고 있는 사회로 나타났다. 일례로 미국에서는 조사 실시 전 1년 동안 성관계 파트너가 한 사람이었다고 응답한 비율이 약 84%에 이른다.[19]

이처럼 통념과 과장 그리고 상상이 성생활의 현실과 일상을 압도하고 있는 주 이유는 『킨제이 보고서』에서 찾아볼 수 있다. 『킨제이 보고서』는 1940, 50년대 미국인들의 성경험을 추적 조사한, 표본 수 18,000명에 이르는 방대한 자료이다. 오늘날에도 성생활 연구의 고전으로 남아 있는 『킨제이 보고서』에 따르면, 일반인들의 성 행동에 대한 기대치와 실제 성 경험 간에는 상당한 차이가 있다.

『킨제이 보고서』 내용 중 다소 충격적인 것들을 소개하면, 1940, 50년대 미국 남성의 70%가 성매매 경험이 있었고, 84%는 혼전 성경험을 했으며, 40%는 이중 성윤리를 고수하고 있었다. 90% 이상이 자위를 경험했으며, 60%는 구강성교를 경험한 것으로 나타났다. 여성도 약 절반가량이 혼전 성경험이 있었고, 60%가 자위 행위를 했던 것으로 밝혀졌다.

킨제이는 1956년 사망했고, 이후 연구소 명칭은 성 조사연구원Institute for Sex Research에서 킨제이 성·젠더·출산 조사연구원Kinsey Institute for Research in Sex, Gender and Reproduction으로 바뀌었다. 킨제이 생전에는 성생활 연구에만 초점을 맞추었지만 그의 사후死後에는 성과 젠더와 출산 등으로 연구 영역을 넓힌 것이다. 당시 『킨제이 보고서』가 미국인의 성 의식에 얼마나 막대한 영향을 미쳤는지에 대해서는 현재도 논의가 지속되고 있다.

한편 활발한 성생활을 하는 남성일수록 데이트 강간을 하지 않을 것이라는 통념이 있다. 하지만 연구 결과로는 성적 에너지가 높을수록 데이트 강간은 물론이요, 부부 강간의 가능성도 높은 것으로 나타났다.

킨제이 이후 성생활에 나타난 변화

심리학자 릴리언 루빈Lillian Rubin은 1990년 13세부터 48세까지의 미국인 375명을 대상으로 미국인들의 성생활에 어떠한 변화가 있는지 면접 조사를 실시했다. 그 결과 『킨제이 보고서』 이후 상당한 변화가 있음을 증언하게 되었다.[20] 루빈에 따르면, 1940, 50년대에 비해 1990년에는 성관계를 시작하는 연령이 눈에 띄게 낮아졌고, 10대의 성경험이 성인의 성경험만큼 다양하고 풍부한 것으로 밝혀졌다. 나아가 여성이 보다 적극적으로 성관계의 만족 및 희열을 추구하는 것으로 드러났고, 이중 성규범은 큰 폭으로 약화된 것으로 나타났다. 성 혁명과 여성 해방을 목격한 남성들의 증언으로 '성관계에서 무력감을 느낀다', '그 어떤 것도 제대로 해줄 수 없을까봐 두렵다', '여자들을 만족시키는 것이 불가능하다'는 등의 고백이 등장했음은 특기할 만하다.

페미니즘 관점에서는 남성이 여성과의 성관계 및 부부 관계에서 부담을 느끼게 된 건 일종의 딜레마라고 해석한다. 성생활 영역은 주로 남성이 주도해왔는데, 여성도 성에 대한 정보를 풍부하게 접하게 되면서 남성 입장에서는 성적으로 해방된 여성을 만족시켜야 한다는 부담감을 갖기 시작했다는 것이다. 성관계는 남성이 주도해야 한다는 강박관념이 성관계에서 느끼는 부담에 반영되고 있는 셈이다.

앤서니 아스트라찬Anthony Astrachan은 『남자가 어떻게 느끼는가How Men Feel』에서 남성 해방의 5단계를 제시하고 있다.[21] 처음은 무시 단계로, 여성의 주장에 전혀 관심을 기울이지 않는다. 다음은 부인否認 단계로, 여성의 지위 향상 및 여성의 의식화 등을 전면 부인한다. 세 번째는 분노 단계로, 여성 해방이 추구하고자 하는 목표 및 여성의 목소리에 분노의 감정을 표출한다. 다음은 수용 단계로, 여성의 지위 향상을 인정하되 실용주의적 차원에 한정한다. 여성의 약진을 수용하지만 남성인 자신과 경쟁하지 않는 범위 내에서만 허용한다. 마지막은 해방 단계로, 남성들 또한 소수의 파워 엘리트를 제외하고는 사회적 약자임을 인식하고, 여성보다 우위에 있음을 정당화하고 합리화하기보다 여성과 자신을 동일시하는 가운데 남성성 및 남성다움의 압력으로부터 해방되는 단계이다. 마지막 단계에 이르면 남성 스스로 자신의 성을 통제의 수단으로 사용하는 것을 멈추게 된다.

새로운 정조 관념의 등장?

1994년 미국의 부부 관계를 주제로 대규모 샘플 조사를 실시한 결과, 미국인들의 성행동에는 여전히 보수성이 강하게 남아 있음이 드러났다.[22] 실제로 1994년 보고서에 따르면 기혼자의 96%가 '나는 한 사람과 성관계를 갖겠다'는 높은 정절 의식을 보여주고 있었고, 조사 당시 여성의 10%, 남성의 25%가 혼외관계를 경험한 것으로 밝혀져, 『킨제이 보고서』 때보다 뚜렷하게 보수적인 경향을 보여주었다. 반면 여성 입장에서는 혼전 성관계의 규범화가 뚜렷한 추세로 감지되었고, 남성과 여성 사이의 이중 성윤리는 확실하게 약화된 것으로 나타났다. 2000년 영국에서 실시한 조사에서도 응답자의 72%가 '나는 혼외 관계를 전적으로 반대한다'는 데 동의했고, 젊은 층에서 기성세대보다 더욱 보수적인 성의식을 보였다.

그렇다면 1940-50년대 발표된 『킨제이 보고서』와 1980-90년대 이후 나온 보고서들 간에 차이가 나는 이유는 무엇일까? 당시에는 사회 조사 방법이 충분히 발달되지 않았기 때문에 『킨제이 보고서』 내용이 부정확할 수 있다는 해석이 있다. 에이즈의 공포로 인해 1980-90년대 미국인의 성생활이 1940-50년대보다 덜 모험적이고, 덜 진보적일 수 있다는 해석도 있다.

성생활을 주제로 설문 조사를 실시할 경우 그 결과를 얼마나 신뢰할 수 있을지 의문이라는 주장도 있다. 일례로 최근 80대 초반의 남성 노인을 대상으로 설문 조사를 실시한 결과 약 45%가 자신의 배우자와 현재 성관계를 하고 있다고 응답했다. 이 결과를 놓고 한편에서는 신뢰하기 어렵다는 해석과 다른 한편에서는 노인의 성생활에 대한 부정적 선입견으로 인해 조사 결과를 신뢰하지 못하는 것이라는 의견이 상충한 바 있다. 남성 노인의 74%가 어떤 형태로든 성생활을 하고 있다는 또 다른 연구 결과를 고려해볼 때 앞의 연구 결과를 무조건 불신하긴 어려울 것 같다.

부부간 성관계에 대한 사회학적 연구

모든 사회에서 부부간 성관계는 젠더와 연령, 계급과 인종, 종교와 지역 등 주요 변수에 따라 달리 나타난다. 자위행위는 여성보다 남성의 빈도가 현저하게 높고, 미혼보다 기혼층의 빈도가 높다. 계급별로는 빈곤층으로 갈수록 단조로운 성생활을 보이고, 중상류층으로 갈수록 새로운 성행위를 시도하는 것으로 나타났다. 동성애와 관련해서는 소도시 농촌보다는 대도시에서, 흑인보다는 백인 중에서, 저학력층보다는 고학력층에서, 그리고 빈곤층보다는 중상류층에서 허용도가 높게 나타났다.

여성이 불평등한 지위에 있는 사회일수록 성관계에 있어서도 남성 지배가 두드러져, 남성은 지배적이고 능동적이어야 하는 반면 여성은 복종적이고 수동적이어야 한다는 믿음이 자연스럽게 수용되고 있다. 앞서도 언급했듯이 여성은 필히 순결을 지켜야 된다거나 성적 욕망을 통제해야 된다거나 하는 이중 성윤리는 명백히 약화되고 있다.

성적 욕망을 본능의 차원에서 접근하거나 성적 욕구 자체에 성차가 있다는 주장은 오늘날 점차 설득력을 잃어가고 있다. 대신 인간은 성적 충동 및 성행위를 위한 생물학적 잠재력을 타고났지만, 잠재력이 곧 행동으로 연결되는 것은 아니라는 입장이 지지를 얻고 있다. 실제로 언제, 어디서, 누구와, 어떻게 성 충동을 성행위로 연결시킬지 여부는 매우 정교한 사회화 과정을 통해 구성된다. 만일 성 충동 및 성행위를 둘러싼 사회화의 내용 및 각본이 바뀐다면 결과도 바뀔 수 있을 것이다.

마지막으로 새로운 성윤리의 등장도 주목할 만하다. 과거에는 성관계가 합법적으로 인정된 자리location, 곧 결혼 제도 안에서 이루어지느냐 밖에서 이루어지느냐 여부가 중요했다면, 오늘날은 성관계를 맺는 파트너 사이의 관계의 질이 더욱 중요해지고 있다. 곧 파트너 사이에 사랑과 친밀성이 개입되고 있는지, 신뢰 및 성실성을 기반으로 하고 있는지 여부가 관건이 되고 있는 셈이다. 그 결과 지금까지 혼외 관계는 부도덕하다는 인식이 지배적이었으나, 오늘날은 혼인 여부와 무관하게 사랑하는 사이의 성행위는 도덕적이요, 착취하고 지배하는 사이의 성관계가 오히려 부도덕하다는 입장이 등장하고 있다. 혼전 관계는 허용하는 방향으로, 부부 강간은 비난의 대상으로 변화되고 있는 것이다.

설문

Q. 사랑, 성, 결혼의 관계에 대해 어떻게 생각하십니까?

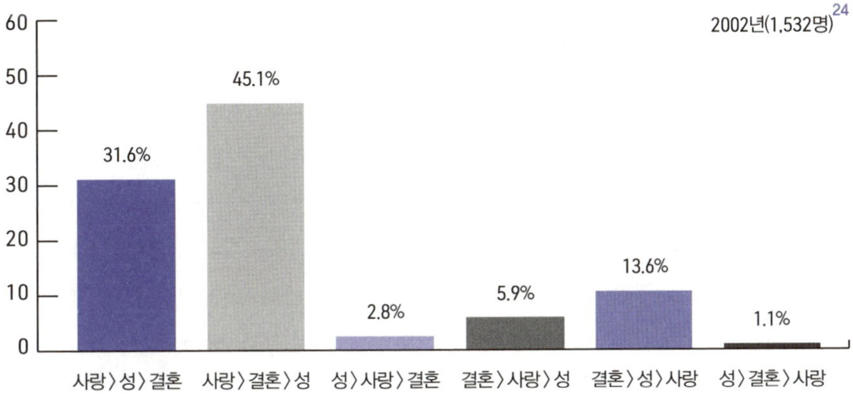

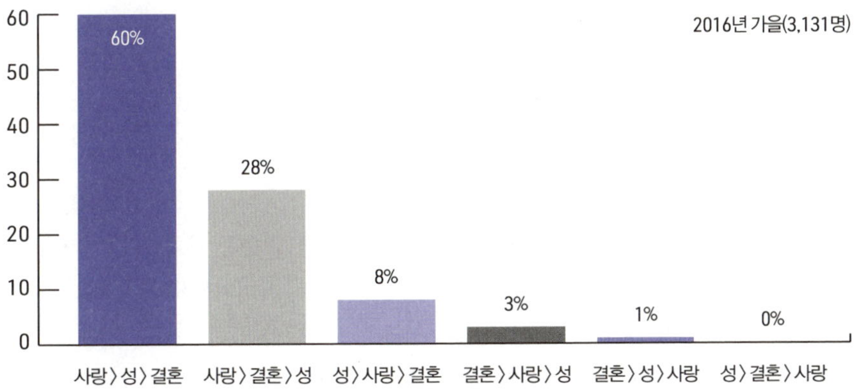

사랑–결혼–성

skan1

우선적인 가치는 단연 사랑입니다. 그다음은 결혼 그리고 성이겠지요. 사랑 없이 남녀 간의 어떤 관계 유지는 힘들다고 보기 때문에 사랑이 우선입니다. 그다음은 결혼, 인간이라면 어떤 행위에 대한 책임을 가져야 하므로 성보다는 결혼을 먼저 택합니다. 성은 결혼 이후에 가꾸어나가야 할 몫이라고 생각합니다. 결혼 후 두 사람이 가정을 만들어나가는 것과 마찬가지로 동시에 성도 두 사람이 앞으로 만들어나가야 할 과제라고 봅니다.

사랑-성-결혼

SUN888

저는 사랑 〉 성 〉 결혼 순서가 좋다고 생각합니다. 사랑을 느끼는 사람과 성을 나누는 것이 개인의 도덕관과도 맞고 결혼은 신중하게 하고 싶어서입니다. 개인적으로 가벼운 만남도 싫어하고 책임감도 강하다 보니 사랑하는 사람과 성관계도 가능하고 만남을 이어가면서 결혼을 해도 될지 판단이 선다고 봅니다. 다른 분의 생각처럼 성관계가 자유로워지는 것으로 인해 성이 상품화되거나 미혼모 가정, 영유아 유기, 폭력 등으로 이어질 수 있다는 생각도 들었습니다. 너무 확대해 본다고 할 수도 있겠지만 사회적인 문제들이 결국 다양한 구성원들이 영향을 주고받는 관계 안에 있고 현재 일어나고 있는 핵심적인 문제와도 연관이 있다고 생각합니다. 성-사랑-결혼의 선택은 자유지만 그 안에 깔려 있는 상황에 대한 이해나 책임, 상호합의에 따른다면 어떻게 선택하든 큰 문제로는 번지지 않을 것 같습니다.

사랑과 성은 불가분의 관계이며 결혼은 선택이다

JeongSuHee

사랑과 성은 불가분의 관계이며, 결혼은 선택이라고 생각한다. 사랑이 가장 중요하다. 사랑을 정신적인 것으로 보고, 성을 육체적인 것으로 본다면 그 둘은 분리될 수 없는 관계이다. 따라서 개인적으로 사랑과 성은 함께일 때 더욱 의미가 있다고 본다. 하지만 급진적 휴머니즘Radical Humanism이건 펀 도덕Fun Morality이건 성적 무정부Sexual Anarchy건 간에 범죄행위가 아니라면 인정될 수 있다고 생각한다. 결혼은 사회에서 다양한 기능을 하지만 과거에는 생존에 필요한 수단 중의 하나, 국가를 존속시키기 위한 제도로 마련되었다고 볼 수 있을 것 같다. 하지만 현대에는 개인이 등장하면서 개인의 감정이나 생각이 중요하게 되었다. 때문에 개인의 감정인 사랑이 중요하고 그에 따라 결혼 등 삶의 방식을 선택할 수 있어야 한다. 현대에 결혼은 더 이상 남성이든 여성이든 생존을 위해 꼭 필요한 것은 아니다. 자신의 가치에 따라 선택할 수 있는 것이 되었기 때문에 보다 자유로워졌고 그런 새로운 삶의 방식이 존중받아야 한다. 하지만 여전히 사회적으로, 일반적인 통념상으로는 결혼을 장려하고 있으므로 당분간은 결혼에서 완전히 자유로울 수 있는 사람은 없을 것 같다.

사랑과 친밀성에 대한 이론적 관점

1. 앤서니 기든스

사랑과 친밀성에 대한 현대 사회학 이론의 첫 주자로 영국의 사회학자 앤서니 기든스Anthony Giddens의 이론을 살펴보자. 기든스 주장의 핵심은 친밀성이 끊임없이 재구조화되고 있다는 것이다. 기든스는 1993년 50대 중반의 나이에 『현대 사회의 성·사랑·에로티시즘Sexuality, Love, and Eroticism in Modern Societies』을 출간한 바 있다. 음악·회화·영화·소설 등의 예술 작품이 발표될 때 창작자의 연령이 큰 의미를 갖듯이, 20대 말부터 저술 활동을 시작한 기든스가 50대 이후 관심을 기울이기 시작한 주제가 '친밀성'이라는 사실은 의미심장하다.[24] '친밀성의 구조 변동The Transformation of Intimacy'라는 부제를 가진 이 책을 통해 기든스는 친밀성 혹은 친밀한 관계가 현대 사회에서 어떤 방식으로 전환되고 있는지에 대해 깊고 날카로운 통찰력을 보여주고 있다. 기든스는 현대인들이 발견한 최고의 가치는 친밀성이라는 점에 착안한다. 내면의 절대적 기쁨을 추구하려는 욕망이 현대인들 의식에 자리하기 시작하면서, 친밀성의 본질도 함께 전환되고 있다는 것이 그의 주장이다.

친밀성의 구조 변동 과정을 살펴보면, 현대 사회 이전의 결혼은 정치권력의 확대나 재산권의 증대와 연계된 공적 비즈니스로서 낭만적 사랑과는 무관했다. 18세기 후반에 이르러서야 비로소 시작된 낭만적 사랑은 상대방에 대한 육체적 매력과 감정적 친밀감이 한데 어우러지면서 상대를 향한 동경을 수반한다. 이상적으로는 남녀 간 평등한 관계를 추구하려 했으나, 실제로 남녀평등은 요원했고 여성을 향한 남성의 지배로 귀착되곤 했다. 이중 성규범이 만연했고, 낭만적 사랑에 바탕을 둔 존경심과 정열에 불타는 성애 사이에 괴리감을 보이기도 했다.

낭만적 사랑은 친밀성의 재구조화 과정에서 맹목적 사랑confluent love으로 변화한다. 맹목적 사랑은 격정적 요소를 동반하는 동시에 우연히 삶에 다가오며, 전 생애에 걸쳐 전무후무한 일회적 성격을 지닌 채 영원히 지속되는 사건이라는 속성을 갖는다. 그러나 기대 및 이상과는 달리 이혼율이 증가하고 별거, 독신 등 새로운 결혼 양식이 증가하면서 맹목적 사랑은 시들해진다.

맹목적 사랑의 뒤를 이어 등장한 것이 플라스틱 사랑plastic love이다. 플라스틱 사랑은 사랑의 본질이 변화되기 시작했음을 배경으로 성행하게 되었다. 현대인들은 이전 시대와 비교해볼 때, 언제, 누구와, 얼마나 자주 성관계를 할 수 있는지를 둘러싸고 상당한 폭의 자유 재량권을 확보하게 되었다.

육체적 쾌락을 추구하는 성관계와 출산의 분리는 임신과 출산의 공포로부터 여성을 해방시킨 피임법의 발달과 의료 기술의 발전이 중요한 몫을 했지만, 스스로 적극적 선택을 감행하고자 하는 자아의 확대 또한 중요한 요인으로 작용했다.[25] 기든스 이론의 핵심이라 할 자아의 확대는 자신에 대한 객관화가 가능해진 결과로 등장했다. 자아가 확대된 현대인들은 스스로 선택하려는 욕구가 강해지면서 연인 관계에서도 플라스틱 사랑이 성행하게 되었다는 것이 기든스의 분석이다.

다만 플라스틱 사랑은 공허한 관계로 끝나는 경우가 다반사였기 때문에 현대인의 욕구를 충족시켜 주지 못했다. 여기서 현대인이 발견한 또 하나의 이상이 순수한 관계성pure relationship의 지향이다. 순수한 관계란 한국어로 번역할 경우 다소 오해의 소지가 있는데, 관계의 순수성을 강조하기보다는 관계 자체에 주력한다는 의미가 강하다. 순수한 관계에서 사랑하는 커플은 자발적으로 삶의 동반자가 된다. 맹목적 사랑의 가능성이 현실화됨에 따라 순수한 관계를 실현하고자 하는 의지 또한 절실해진다는 것이다. 현대 사회에서 빠르게 증가하고 있는 사실혼 관계로서의 동거는 순수한 관계를 구현하고자 하는 욕구의 한 형태라 할 수 있다. 이성애 관계보다 동성애 관계가 보다 개방적이고 협상 가능성이 높은 동시에 기존의 주류 규범으로부터 자유로운 만큼, 순수한 관계의 이상을 실현할 가능성 또한 높다 할 것이다.

'맹목적 사랑'에서 '플라스틱 사랑'을 거쳐 '순수한 관계'로 친밀성의 재구조화가 진행되고 있다는 기든스의 설명 방식은 비판을 받고 있다. 만일 순수한 관계가 대세로 부상할 경우 관계 자체는 본질적으로 불안정해질 수밖에 없는 만큼, 불안정성을 기반으로 결혼 및 가족 제도가 유지되기는 어렵다는 것이다. 더불어 기든스는 친밀성의 주체를 성인으로 한정함으로써 아동기 및 노년기 생애주기를 주변화하고 배제시키고 있다는 비판을 받고 있다.

2. 울리히 벡과 엘리자베트 벡 게른스하임

울리히 벡Ulrich Beck과 엘리자베트 벡 게른스하임Elizabeth Beck-Gernsheim 부부가 펼치고 있는 성과 사랑에 대한 이론의 핵심은 현대인들이 사랑을 경험하면서 엄청난 혼란에 빠졌다는 것이다. 사랑 속에서 혼란을 느끼는 것 자체가 지극히 정상적이고 규범적인 현상이라는 것이 이들의 핵심 주장이다. 벡 부부는 1995년 『사랑은 지독한, 그러나 너무나 정상적인 혼란The normal chaos of love』을 출간했다. 이들에 따르면 애정은 진정 혼돈의 소용돌이 속으로 들어가는 것으로, 이때의 혼돈과 혼란은 지극히 정상적인 현상이다. 다만 부부가 애정을 주고받는 과정이 이토록 혼란스러울 수밖에 없는 이유는 애정관계의 본질이 예측 불허인데다 결혼 및 가족 제도가 급변하는 사회 분위기와 충돌하고 있기 때문이다. 현대인 앞에는 과거 전통 사회에 비해 무궁무진한 선택지가 놓여 있다. 결혼을 할 것이냐, 말 것이냐? 한다면 누구와, 언제 할 것이냐? 아이는 언제 몇 살 터울로 낳을 것이냐, 혹은 낳지 않을 것이냐? 이 모든 질문에 대해 현대인들은 선택하고 답해야 하는 운명에 놓여 있다.

과거 부부 관계를 지배해오던 전통과 규범 그리고 안내 지침은 더 이상 주효하지 않다. 부부 관계는 적응과 개선의 대상이며 재구축 혹은 해체 등의 선택 과정을 끊임없이 이어가야만 한다. 개인의 선택지 확대는 한편으로는 자유의 확대를 의미하지만, 다른 한편으로는 갈등과 혼란의 심화를 수반하기도 한다. 이러한 상황에서 과거의 가족과 결혼이 영속적이고 안정적인 제도였다면, 오늘날 현대인들은 가족을 통해 행복과 충만감을 기대하며 부부 관계를 통해 끊임없이 성장하기를 원한다. 결혼과 가족을 향한 기대가 전적으로 바뀐 것이다. 뿐만 아니라 경제적 이유나 결혼의 당위성 때문에 결혼하던 시대는 막을 내리고, 개인의 자유 의지에 따라 결혼을 선택하는 시대의 막이 올랐다. 과거의 결혼이 생애주기상 반드시 지나가야 되는 필수품이었다면, 오늘날은 사치품으로 변화했다. 더욱이 결혼은 매우 값비싼 사치품이기 때문에 '살 것이냐? 말 것이냐?' 선택에 앞서 심사숙고를 거듭해야 하는 이벤트가 되었다. 그 결과 현대인의 삶 속에서 결혼은 새로운 긴장감을 불러일으키는 원천이 되기 시작했고, 결혼 생활 자체도 자연스럽게 굴러가기보다 남다른 노력과 정성을 쏟아야 하는 삶의 방식으로 변화되기 시작했다.

게다가 여성 입장에서는 사랑도 해야 하고 가족도 이루어야 하고 커리어도 포기할 수 없다. 여성 자신이 개인적으로 추구하는 삶의 목표도 있다. 다양한 선택지가 한꺼번에 여성의 삶 속으로 들어오면서 남녀 사이에 서로 모순되고 충돌을 일으키는 이해관계가 넘쳐나고 있다. 과거 여성의 선택지는 시간제 노동자, 아니면 결혼 전까지 전일제 노동자 지위를 유지하다 결혼 후 경력 단절을 거쳐 재취업에 이르는 불안정한 노동자 중 하나로 비교적 단순했다. 이제는 남녀 구분 없이 성공적 커리어를 구축하기 위한 역량 개발과 개인의 다채로운 욕구 충족에 우선순위를 두고 있다.

예전엔 남녀 간 관심 영역이 젠더에 따라 확연하게 분리되었다. 그러나 이제는 남녀 공히 사랑, 섹스, 자녀, 결혼, 가사노동에서부터 정치적 문제, 전문직, 사회적 불평등에 이르기까지, 혹은 성스러운 주제로부터 세속적인 영역에 이르기까지 폭넓은 분야의 인간사에 대한 관심을 공유하게 되었다. 덕분에 현대 사회의 핵심 화두는 남녀 간의 전쟁이라고 불러도 과언이 아닌 상황이 전개되고 있다. 이는 결혼 상담 산업, 가정 법원, 결혼 자조 집단 결성, 그리고 이혼율 상승에 전형적으로 반영되고 있다.

현대인의 삶은 역설 그 자체이다. 과거 결혼 및 가족은 안정된 제도였으나 지금은 깨지기 쉬운 제도가 되었다. 그럼에도 결혼이나 가족은 기피의 대상이 아니라 여전히 중요한 현대인의 일상을 구성한다. 이혼이 규범화된 반면 재혼율도 꾸준히 증가하고 있고, 출산율 감소의 이면에 인공 임신법의 요구 또한 증가하고 있다. 자발적 결혼율은 떨어지고 있으나 파트너십을 유지하고픈 욕구는 도리어 상승하고 있다. 결혼의 역설이 진행되고 있는 이유, 그건 '사랑' 때문이다. 남녀 간에 전쟁을 치르는 이유는 사랑에 대해 그만큼 목말라하기 때문이다. 전통 사회 부부들은 겉으로 평화로운 관계와 안정적 결혼 제도를 유지했지만, 서로에 대한 기대는 높지 않았다. 그러나 현대인은 사랑을 위해 결혼하고, 또다시 사랑을 찾아 이혼한다.

끊임없이 희망하고 그런 다음 후회하고 다시 새롭게 시도하는 순환적 시행착오를 되풀이하는 것이 바로 현대인의 자화상이다. 남녀 사이에 긴장이 고조되고 있지만, 진정한 사랑과 충만감으로 채워질 수 있다는 희망과 신뢰할 만한 상대방이 존재할 것이라는 가능성을 결코 의심하지 않는다. 불확실성이 넘쳐나고 위험이 만연한 시대, 사랑만은 진정하리라는 믿음을 현대인들은 버리지 않고 있는 것이다. 파워가 집중되고 비인간적이며 경쟁적이고 급변하는 사회에서 사랑은 역설적으로 그 어느 때보다 중요한 자질로 부각되고 있다. 사랑만이 진정 자신을 발견하고 타인과 연계될 수 있는 유일한 미덕으로 부상하고 있는 것이다. 변화무쌍하고 상처받기 쉬운 사랑이 오늘날 신뢰의 새로운 원천이 되고 있음은 진정 역설이 아닐 수 없다. 다만 울리히 벡 부부의 사랑·결혼·성을 다룬 이론은 이성애자들에게만 초점을 맞추고 있어 동성애 관계를 주변화하고 있다는 비판으로부터 자유롭지 못하다.

3. 지그문트 바우만

지그문트 바우만Zygmunt Bauman은 현대 사회 혹은 현대성의 특징을 포스트모던 개념 대신 유동성 혹은 액체성liquidity에서 찾고 있다. 사회뿐만 아니라 사랑도 결혼도 형체를 규명하기 어려울 만큼 리퀴드하다는 것이다. 이는 인간 유대의 허약성을 전형적으로 포착한 개념이자 깨지기 쉬운 인간관계에 대한 현대인의 반응을 담고 있는 개념이기도 하다. 끊임없는 변화를 특징으로 하는 현대 사회 속에서 "가족, 계급, 종교, 결혼 등 어디에도 소속되지 않는 현대인"들은 영원히 지속되는 끈을 상실한 모습을 보이고 있다. 이에 대해 바우만은 '유동적 액체'라는 표현을 은유적으로 사용하고 있다.

그는 2003년 『리퀴드 러브Liquid Love』를 출간했는데, 70대 후반에도 사랑을 주제로 한 책을 쓸 수 있다는 것 자체가 경이롭게 느껴진다. 바우만은 '리퀴드 사랑' 개념을 통해 사랑뿐 아니라 현대 사회 자체가 리퀴드함을 강조하고 있다. 곧 우리네 삶 전반이 손에 잘 잡히지 않는 리퀴드한 측면을 갖고 있기에 사랑 관계에 들어간다 하더라도 상처받기 쉽고 깨지기 쉬운 관계일 수밖에 없는데, 이 상황에 현대인들이 어떻게 반응하고 있느냐에 대한 분석에서 바우만의 통찰력이 빛을 발하고 있다.

현대 사회는 어디에도 소속되지 않는 사람들이 증가하고 있는 가운데, 개인화가 깊어지고 있다. 이 속에서 맺어지는 관계는 양면성을 지닌 축복이라는 점에서 현대인의 역설이 가감없이 투영되고 있다는 것이 바우만의 해석이다. 끊임없이 자유를 향해 떠나고픈 욕구가 있는가 하면, 아무 곳에도 귀속되지 않음으로써 오는 공허함 때문에 귀속하고픈 욕구도 강해지고 있는 양면성이야말로 현대인의 특성이다. 결국 현대인은 느슨한 끈 속으로 도피하려는 유혹과 자신과 파트너를 단단히 묶어줄 안전한 끈을 향한 갈망 사이에서 양극단의 조화를 모색하기 위해 노력하는 존재라는 것이다. 다만 인간적 유대감의 허약성에 대한 현대인의 반응에는 실망스러운 면이 있다. 현대인에게는 관계의 깊이가 아니라 관계의 접촉 빈도가 더욱 중요해지기 시작했다. 메시지 자체가 아니라 관계로부터 배제되어 있다는 느낌으로부터의 탈피가 더욱 중요해지고 있는 것이다. SNS상에서 무수히 연계되어 있다는 느낌에 매몰된 나머지, 실상은 그 연계 속에서 고립감과 고독을 더욱 절실히 느끼는 것이 현대인이라는 분석이다. 휴대폰을 통한 소통이든 문자 교환이든 이는 진정성을 담보한 관계가 아니라 유사 교환적 관계에 불과하기 때문이다.

바우만의 분석은 헌신과 몰입으로부터 네트워크로 관계의 재구조화가 이루어지고 있다는 주장에 함축되어 있다. 관계성은 서로를 향한 충실함을 전제로 한다. 상대를 향한 몰입은 한편으로는 구속과 희생을 요구한다. 그동안은 희생과 헌신을 자연스럽게 받아들여왔으나 현대에 이르면서 헌신적 몰입 관계를 강한 구속이자 과도한 비용을 요구하는 관계로 받아들이기 시작했다. 그리하여 스스로 원할 때 부담 없이 들어갈 수 있고, 나올 때의 비용 및 희생도 상대적으로 크지 않은 네트워크를 선호하게 되었다는 것이 바우만의 통찰이다. 오늘날 네트워크식 관계의 전형을 보여주는 것으로는 컴퓨터 데이팅의 성행을 예로 들 수 있다. "컴퓨터 데이트에 참여하세요"라는 광고에는 "여러분은 언제나 원하는 순간 삭제 키를 누를 수 있습니다."라는 문구가 등장한다. 원치 않는 관계로부터 쉽게 빠져나올 수 있음을 장점으로 제시하며 현대인들을 유혹하는 셈이다. 바우만이 분석하고 있는 현대적 인간관계의 허약함과 유동성은 한편으로는 우리의 상황을 정확히 설명하지만, 다른 한편으로는 지나치게 비관적이라는 비판을 받고 있기도 하다.

chapter 05

가족과 친밀한 관계

1. 가족에 대한 오해와 진실

낭만적 사랑에 대한 현대인의 사고방식은 새로이 출현한 역사적 현상이다. 조선시대나 유럽의 중세, 결혼의 중요한 동기는 귀족층의 경우 정치적 영향력을 확대하거나 재산을 물려주는 것이었고, 평민이나 중·하류층의 경우는 가족 단위 농사에 필요한 노동력을 확보하는 것이었다.

중세 시대 가슴 뛰는 경험이나 낭만적 사랑은 일종의 질병으로 간주되곤 했다. 유럽에서 18세기 후반 시작된 낭만적 사랑은 강박적 욕망과는 구분되는 개념이다. 낭만적 사랑의 가치는 당시 소설의 대중화와 더불어 일반인에게 파급되기 시작했다. 이후 가족은 생존 공동체로부터 정서 공동체로 변화하기 시작했다. 경제적 역할은 축소되고 정서적 기능이 강화되면서 등장한 서구의 부부 중심 가족conjugal family은 상대방에 대한 사랑과 성적 매력의 가치가 그 어느 때보다 중요해졌음을 의미한다. 과거의 결혼은 친밀감을 토대로 정서적 교류나 개방적 의사소통을 시도하지 않았다. 친밀감을 추구하는 현대인이야말로 결혼의 역사 속에서 독특한 위상을 점하고 있다 해도 과언이 아닐 것이다.

가족을 둘러싼 기본 개념

가족이란 자녀 양육의 책임을 전제로 하는 성인 구성원으로서, 친인척 연결고리를 통해 직접 관련된 사람들의 집단이다. 친족은 결혼 또는 혈연 관계로 연결된 구성원 간의 연결고리를 지칭하며, 결혼은 두 명의 성인 사이에 맺어지는 사회적으로 승인된 성적性的 결합체를 의미한다. 그러나 오늘날은 가족을 대상으로 모든 문화적 차이를 뛰어넘어 보편적 기준을 만족시키는 정의를 내리는 것이 거의 불가능하다는 사실에 다수의 학자들이 동의하고 있다.[1] 인류학적 연구가 축적되면서 기존의 가족·친족·결혼에 대한 정의에 기본적 의문을 제기하는 흥미로운 사례가 발견되고 있다.

중국 변방에 자리한 모Mo 부족은 전형적인 모계제를 유지하고 있다. 모 부족의

읽을거리

스테파니 쿤츠, 『진화하는 결혼』(2009)

원제는 'Marriage: A History'이다. 제목으로부터 유추해보건대 페미니스트 사학자인 필자가 자신의 시각에서 결혼의 역사를 구성해보았다는 의미가 담겨 있다. 실제로 『진화하는 결혼』은 인류의 여명기부터 현대에 이르는 긴 시기 동안 유럽과 아시아, 아프리카의 결혼과 관련된 각종 문헌과 통계 자료, 학자들의 연구 결과를 취합·분석하여 결혼의 기원과 결혼을 둘러싼 다양한 해석, 결혼의 미래 등을 이야기하고 있다.

책에는 전형적인 모계가족을 구성하고 있는 중국의 모부족을 위시하여 중동 지역의 임시 결혼 풍습인 '무타'를 비롯해 고대부터 현대에 이르기까지 다양한 결혼 풍습이 소개되고 있다. 가족과 결혼의 변화가 그저 폭풍우 수준이 아니라 강도 높은 지진에 해당한다는 비유를 통해 미래 가족의 격변을 예측하면서, 가족의 미래를 압축적으로 포착한 개념으로 저자가 '탈제도화'를 선택하고 있음은 주목할 만하다.

가족 안에는 남편의 자리가 없다. 여성은 평생에 걸쳐 200명 내외의 남성과 성관계를 갖는다. 뒷문을 열어두면 남성이 손님으로 들어와 여성과 성관계를 하고, 임신이 이루어지면 출산과 양육은 철저히 모계로 이어지는 가족 형태를 유지한다. 더욱 흥미로운 사례도 있다. 지금까지 부부란 두 사람만의 배타적 성관계가 이루어진다는 가정을 유지해왔는데, 여기에도 예외가 있음이 밝혀졌다. 남인도의 토다Toda 부족에게는 여성의 임신 기간 중 배우자 이외에 두세 명의 남자들과 성관계를 맺은 후 그 남자들에게 태어날 아이의 아버지 지위를 부여해주는 기묘한 관행이 남아 있다. 아이에게 아버지가 여러 명 있으면 아이의 생존에 더 유리할 것이라 믿기 때문이다.

따라서 모든 문화권에 적용 가능한 보편적 가족 정의를 탐색하는 대신, 가족의 유형화를 시도해보는 것이 가족을 이해함에 보다 현실적인 도움이 될 것이다. 세대별로는 2세대로 구성된 가족을 핵가족nuclear family, 3세대 이상이 함께 거주하는 가족을 확대 가족extended family이라 한다. 출생 혹은 입양에 의한 자녀와 한 명 이상의 성인은 핵가족의 최소 요건을 충족하게 된다. '확대 가족=대가족', '핵가족=소가족'이라는 통념이 있긴 하지만, 소가족이냐 대가족이냐는 가족 구성원의 많고 적음과 관계가 있을 뿐이다. 일전에 10명의 자녀를 둔 부부가 TV 다큐멘터리 프로그램에 소개된 바 있는데, 이 사례는 2세대 핵가족으로서 많은 수의 가족이 함께 사는 대가족이라 할 수 있다.

배우자 수에 따라서도 결혼의 유형화가 가능하다. 일부일처제 가족을 단혼제 monogamy라 하고, 일부다처제 혹은 일처다부제를 복혼제polygamy라 한다. 약 80% 이상의 문화권에서 복혼제를 선택하고 있다.[2] 이슬람 문화권에서는 공식적으로 네 명의 부인이 허용되는데, 두 번째 부인부터는 첫 번째 부인의 허락을 받아야 한다고 한다. 처와 첩을 구분하던 조선 시대 가족과는 구별되는 특성이다. 다만 일부다처제는 여러 명의 부인을 둘 수 있다는 이상과는 달리, 경제적 이유 혹은 기타 여건으로 인해 현실적 실행에 옮기기는 어려운 것으로 알려져 있다. 현존하는 대표적 일부다처제 집단으로는 유타주에 거주하는 몰몬교도들이 있다.

이제 보편적 규범이 가족을 지배하던 시대는 가고 과도기적으로 다양한 가족 규범이 공존하는 시대가 왔다. 실제로 가족은 여러 요인의 상호작용으로 인해 다양한 모습을 보이고 있다. 가족 조직 차원의 다양성으로 엄마는 전업주부, 아빠는 밥벌이를 전담하는 전통적 가족, 맞벌이 부부 가족, 한부모 가족, 흔히 '주말 부부'라 불리는 생이별 가족 등이 있다. 문화적 다양성 차원에서는 결혼 이주 가족, 다문화 가족, 국제 결혼 가족, 노동 이주 가족 등이 출현하고 있다. 계급적 다양성 차원에서 볼 때, 상류층 가족, 노동자 가족, 빈곤 가족 등의 삶은 질적으로 다르며, 전문직, 화이트칼라, 블루칼라 등 부부의 직업에 따라서도 가족의 모습이 달라짐은 물론이다.

생애주기적 다양성으로는 신혼부부 가족, 자녀를 모두 독립시킨 후 부부만 남은 빈 둥지 가족, 노인 부부 가족 등이 있고, 출생 동년배 집단을 뜻하는 코호트별로는 조부모 세대, 부모 세대, 손주 세대 등 가족 가치관 및 가족에 부여하는 의미에 있어 다양성을 보이고 있다. 성적 다양성 측면에서는 이성애 가족과 동성애 가족이 있고, 최근 증가하고 있는 대안적 가족으로, 동거, 싱글(비혼), 싱글 그룹홈, 공동체 가족 등이 있다.

가족 정의의 다양성

형태상의 다양성과 관점상의 다양성으로 인해 가족을 둘러싼 정의의 스펙트럼도 다양하게 나타나고 있다. 일례로 '가족은 미친 제도'라고 주장하는 극단적 입장이 있다.[3] 다소 과격한 정의이긴 하지만, 정신분석학자들로부터 지지를 받고 있다. 정신병 환자의 대부분은 뿌리 깊은 가족 갈등이 원인이 되어 오랜 기간 고통을 받게 된다는 점에서 가족은 미친 제도의 성격을 갖고 있다는 입장이다. 친밀한 가족관계에서 폭력이 빈번하게 발생한다는 점도 가족을 미친 제도로 인식토록 하는 전형적 지표이다.

가족은 문화적 위선cultural conspiracy이라는 주장도 있다.[4] 대부분의 가족은 추구

생각할 거리

제시 버나드의 논문 「행복한 결혼의 패러독스」[5]

가족 연구에서 괄목할 만한 성과를 거둔 페미니스트 사회학자 제시 버나드Jessie Bernard는 부부가 경험하고 인식하는 결혼의 실재는 동일하지 않다는 데 주목하여 '부인의 결혼'과 '남편의 결혼'이 별개로 존재함을 간파했다. 이 주장은 미국 사회학계를 풍미하던 구조기능주의 가족론의 한계를 극복하는 데 결정적 기여를 했다. 가족의 의사결정이 구성원들 사이의 별다른 갈등 없이 조화롭게 이루어짐을 전제로 했던 구조기능주의 가족론과 달리, 버나드는 결혼 및 가족관계 안에도 성과 세대에 따라 권력 불평등이 존재함을 일찍이 감지했다.

그녀는 논문 「행복한 결혼의 패러독스」를 통해, 여성들은 결혼했다는 사실에는 만족을 표하지만, 정작 부부 관계나 결혼 생활에서는 만족스럽지도 행복하지도 않은 역설을 경험하고 있음을 밝혀낸 바 있다. 실제로 당시 미국 성인의 정신건강 상태를 연구한 논문에 따르면 기혼 남성의 정신건강 지수가 가장 양호한 것으로 나타났고 다음은 미혼 남성, 미혼 여성, 기혼 여성의 순으로 밝혀져, 기혼 여성의 정신건강 수준이 가장 열악한 것으로 확인되었다.

Q 결혼에 대한 압력이 높은 한국 사회에서 행복한 결혼의 패러독스가 갖는 의미에 대해 함께 생각해보자.

하는 이상과 실제 가족생활 사이에 일정 정도의 괴리를 보인다. 친구나 동료들끼리 화기애애한 분위기가 지속되면 "우리는 가족 같아"라고 표현하지만, 현실의 가족은 '홈 스위트 홈'의 이상과는 거리가 있다는 점에서, 가족은 문화적 위선이라는 평가를 받기도 한다.

가족 개념을 포기하고 대신 짝짓기·짝풀기로 재개념화하자는 주장도 있다. 연인끼리 만났다 헤어지는 과정도 아픔을 동반하고, 부부로 맺어졌다 이혼하는 과정도 동일한 아픔을 동반하게 마련인데, 가족을 공고한 제도로 규정함으로써 헤어질 때 치르는 희생이 과도하게 크다는 것이다. 따라서 모든 관계를 짝짓기-짝풀기로 재개념화함으로써 헤어질 때의 비용 부담을 최소화하자는 것이 이 입장에 전제된 의도이다.

가족을 무엇이라 정의하든 상관하지 않겠다anything goes는 입장은 아니지만, 가족을 정의함에 최소 요건으로 '성인 한 사람(이상) + 자녀'를 가족의 기본 요소로 규정하자는 입장도 있다. 그렇게 하면 이성애 부부, 동성애 부부, 한부모 등이 모두 포함될 것이요, 가족의 기본 기능으로서 양육 및 사회화를 설정할 수 있다는 점에서 충분하리라는 입장이다.

가족과 관련된 신화

가족만큼 객관적이고 과학적인 근거 없이 통용되고 있는 통념, 곧 신화에 둘러싸인 제도도 흔치 않을 것이다. 가족과 관련된 대표적 신화 네 가지를 소개해보기로 한다. 첫 번째 신화로는 정상 가족normal family이 존재한다는 믿음을 들 수 있다. 우리는 대부분 무의식중에 부모와 그들의 자녀로 구성된 경우는 정상 가족, 그렇지 않으면 비정상 가족으로 구분하는 경향이 있다. 하지만 가족을 정상/비정상으로 나누는 것은 누구에게도 도움이 되지 않는다. 정상 가족의 중요성이 강조되는 사회일수록 비정상 가족이라는 낙인이 두려워, 표면적으로만 정상 가족을 유지하는 '요새 가족fortress family'이나 가족 기능을 상실한 '빈 조개껍데기 가족empty shell family'을 만들어낼 가능성이 높기 때문이다. 가족을 정상/비정상 범주로 나누기보다는 비전형적 가족 양식을 모두 포용하며 다양성을 인정해주는 것이 필요하다.

두 번째 가족 신화는 '홈 스위트 홈Home Sweet Home' 이미지와 관련된다. 사랑과 평화가 넘치는 가족은 모두가 꿈꾸는 가족의 이상이다. 하지만 부부든 부모·자녀든 사랑과 애정, 헌신과 양보 못지않게 미움과 증오, 갈등과 긴장이 상존하게 마련이다. 이는 동전의 양면과 같아 감정의 밀도가 높은 사이에서 자연스럽게 나타나는 현상이다. 만일 가족의 긍정적이고 아름다운 측면만 강조된다면 부정적이고 어두운 측면을 간과한 채 가족 신화로부터 헤어나지 못할 가능성이 높다. 싸움도 갈등도 없는 가족이 건강한 가족이 아니라, 갈등을 원만히 해결하고 분노를 슬기롭게 해소하는 가족이 건강한 가족이라는 것이 전문가의 공통된 견해다.

세 번째 가족 신화는 부모 결정론에 대한 믿음이다. 부모가 자녀 양육을 담당한다고 해서 자녀의 인생을 결정하거나 통제할 수는 없다. 어린 시절이 불행했다고 해서 불행한 성인으로 성장할 것이라든가, 행복한 가정에서 성장했다고 해서 성인이 되어서도 행복할 것이라는 믿음은 신화에 가깝다. 그보다 자녀는 자생력과 회복력을 지니고 있으며, 부모·자녀 관계는 생애주기를 지나가면서 양방향으로 영향을 미치는 호혜적 관계임이 밝혀지고 있다.

네 번째 가족 신화는 과거 전통 가족에 대한 근거 없는 환상과 관련이 있다. 중세 시대 및 조선 시대 가족은 높은 이혼율을 특징으로 하는 오늘날의 가족과 비교해 안정성을 공고히 유지했으며, 구성원들 사이에도 공동체 의식이 강했을 것이라는 통념이 있다. 하지만 이상화되고 미화된 전통 가족은 환상임이 밝혀지고 있다. 과거 가족은 죽음이 일상화된 공간으로, 굶어 죽기도 하고 전쟁터에 나가 죽거나 전염병으로 인해 죽기도 했다. 특별히 여성에게 출산은 죽음과 밀접히 연계된 경험이었다. 출산이 여성의 삶에서 축복의 의미를 갖게 된 건 의학 기술의 발달로 인해 신생아 사망률이 감소한 이후의 일이다.

과거 전통 사회의 가족을 이상화함은 오늘날의 가족이 불만족스럽다는 증거일 것이다. 정서 공동체로 부상한 현대 사회 가족의 문제는 역사적·구조적 맥락을 고려하여 해결 방안을 모색하는 것이 현명하다. 가족 신화에서 벗어나 가족의 실체를 오롯이 직면하는 데 사회학적 개념과 이론들이 실질적 도움이 되어줄 것이다.

2. 가족의 과거 발자취

미시사 및 생활사 등 연구 방법론의 발달에 힘입어[6] 가족사 연구도 함께 활성화되면서 지금까지 알려지지 않았던 가족의 과거 모습이 속속 밝혀지고 있다. 유럽 가족사가들의 연구에 따르면, 형태상의 핵가족이 장기간에 걸쳐 주류를 이루었을 것으로 추론되고 있다. 17-19세기 영국 사료에 의하면, 확대 가족을 기반으로 대규모 가족이 주류를 이루었으리라는 예상을 뒤엎고 실제 평균 가구원 수는 4.75명에 불과했다. 오늘날 영국 가족의 평균 가구원 수가 2.4명임을 고려할 때 약 2배 규모에 머물고 있었던 셈이다. 조선 시대 말 한성부 호적에서도 핵가족 형태가 확대 가족보다 훨씬 높은 비율을 보였다.[7] 당시는 장남을 제외하고 차남 이하는 모두 분가했기 때문에 차남 이후부터는 형태상 2세대 핵가족이 주를 이루었다. 평균 가구원 수도 5-6명으로 밝혀져 '전통 사회 가족=확대 가족'일 것이라는 통념에 의문을 제기하는 계기가 되었다.

가족사가들이 밝혀낸 또 하나의 사실은 산업혁명기 유럽에서는 어린이들이 만 3세를 지나면 각종 보조 노동에 동원된다는 것이었다. 이로부터 당시 어린이의 지위가 매우 열악했음을 추론해볼 수 있다. 전통 사회 부부는 안정된 가족생활을 영위하며 백년해로했을 것으로 여겨져왔으나, 실제로는 높은 사망률로 인해 가족의 지속기간 자체가 극히 짧았음이 밝혀졌다. 유럽에서도 근대 초기에는 영유아의 1/4 이상이 출생 후 돌을 넘기지 못하고 사망했고, 여성들은 출산을 전후하여 높은 사망률을 보였다.

가족 발전의 3단계론

영국의 대표적 가족사학자 로렌스 스톤Lawrence Stone에 따르면, 유럽의 가족은 1500년대부터 1800년대까지 3단계를 거쳐 발전해왔다.[8]

1단계 가족은 외형상 핵가족 형태를 띠긴 했으나 지역사회와 분리되지 않은 상태에 있었다. 가족 관계는 일방적이고 지배적이며 가부장의 권위가 강하게 살아 있었고, 가족 구성원 서로의 감정에 연연해하지 않는 권위주의적 제도의 특징을 보였다. 배우자 및 가족 구성원의 조기 사망과 유년 노동의 이탈로 인해 쉽게 해체되는 단명한 제도였다.

2단계 가족은 17세기 초에서 18세기에 이르는 시기의 과도기적 가족으로 당시 상류층이 가족의 변화를 주도했다는 것이 스톤의 입장이다. 이 시기 핵가족은 친인척 및 지역 공동체로부터 분리되면서 가족만의 사적 세계를 구축하기 시작했고, 가족 안에서 가장의 권위주의적 권력은 최대한 확장되었다. 이때부터 부부간 친밀성과 부모-자녀 간 애정의 중요성이 가족 구성원들의 인식 속에 각인되기 시작했다는 것이 정설이다.

마지막 3단계에서는 애정에 바탕을 둔 개인주의affective individualism가 부상하면서, 사생활을 보장하고 자녀 양육에 몰입하는 것을 최우선 순위로 하는 가족이 등장했다.

결코 존재하지 않았던 길

스테파니 쿤츠Stephanie Coontz는 대표작 『결코 존재하지 않았던 길: 미국 가족과 노스탤지아의 함정The Way We Never Were: American Families and the Nostalgia Trap』을 통해 그동안 공고히 유지되어왔던 가족 신화에 정면으로 도전하고 있다.[9]

전통 사회 가족은 진정 평화롭고 조화로운 공동체였을까? 과거 가족을 이상화하고 미화한 환상 내지 허구가 아니었을까? 질문에 답하기 위해 쿤츠는 1850년대 빅토리아 시대 가족 연구로부터 출발한다. 이전까지 빅토리아 시대 가족은 가장의 엄격한 규율하에 일사분란한 복종이 이루어지고, 안정성을 유지해왔다는 찬사가 이어졌지만, 쿤츠의 연구 결과 그것은 근거 없는 신화로 밝혀졌다. 빅토리아 시대 가족은 구성원들의 높은 사망률로 인해 평균 결혼 기간이 12년을 넘지 않았고, 자녀의 1/2 이상은 21세가 되기 전 한쪽 부모의 사망을 경험했다. 뿐만 아니라 여성에게는 철저히 순결이 강요되었고 남성에게는 무한대로 성적 자유가 허용되었다는 점에서, 빅토리아 시대는 '위선의 시대'였다는 평가도 있다.

빅토리아 시대는 가족의 이상으로 가족 중심성domesticity이 등장했음도 주목할 만하다. 가족 중심성이란 어린아이들의 인성을 안정적으로 키우는 데 가족이 중심이 되어야 함을 의미한다. 하지만 쿤츠에 따르면 가족 중심성이라는 가치는 유년 노동이 일반화되어 있던 당시의 현실에 비추어볼 때 하류층에게는 지킬 수 없는 허상에 불과했다. 제2차 세계대전이 끝나고 평화와 번영을 구가하던 1950년대, 서구 사회를 휩쓸었던 '이상적 가족'은 역사적으로 극히 짧은 시기를 풍미했던 예외적 가족 형태였음을 쿤츠는 성공적으로 입증하고 있다. 가족의 생계를 책임지는 남편과 전업주부 아내를 이상적 가족으로 간주했던 그 시기에 남편 홀로 가족을 부양할 수 있도록 하는 가족 임금제가 도입되었다.

제2차 세계대전 중 유급 노동자로서 실질적 경험을 쌓을 수 있었던 아내들은 전쟁이 끝난 후에도 집으로 돌아가길 원치 않았다. 이에 국가가 나서서 '여자가 있어야 할 곳은 가정'이라는 기치하에 반강제적으로 여성들을 가족으로 돌려보냈다. 그로부터 아내는 가족을 지키고 남편은 생계를 전담하게 됨으로써 부부의 감정은 생활 속에서 분리되기 시작했고, 이중 성윤리가 용인된 상황에서 남편은 성적 모험을 즐겼다. 이 모습이 바로 이상적 가족이 존재했다고 믿었던 시기 가족의 실체였다는 것이다.

비슷한 시기 중산층 전업주부의 딜레마에 주목한 베티 프리단Betty Friedan은 1963년 『여성의 신비The Feminine Mystique』[10]를 출간했다. 프리단에 따르면 1950년대 미국의 교외 지역에 살던 중산층 전업주부들은 지극히 행복하고 안정적인 삶을 누리는 것으로 알려져 있었지만, 정작 전업주부 자신들은 자녀 양육과 가사노동에 시달리면서 극심한 소외감을 경험하는 가운데 "이름을 붙일 수 없는 병"에 걸려 있었다는 것이다. 가족이란 '무자비한 세계 속의 천국'[11]이 아니라 여성을 억압하는 장소임을 고백한 프리단의 『여성의 신비』는 출간 즉시 베스트셀러가 되면서 제2기 페미니스트운동의 촉매제가 되었다.

3. 변화하는 가족

가족 변화의 배경과 맥락

가족은 일면 정적인 제도로 인식되지만 실상은 끊임없이 변화를 거듭해왔다. 한국 가족은 물론이요 전 세계적으로 가족의 변화를 추동시키는 요인으로는 다음 네 가지가 주목받고 있다.

첫째는 서구 문화가 전 세계로 파급됨에 따라 낭만적 사랑에 대한 인식도 더불어 글로벌화되었다는 사실이다. 소련에서 국가사회주의 체제가 무너졌을 때 가장 신속하게 유입된 서구 문화가 낭만적 사랑이었음은, 낭만적 사랑의 전염성이 매우 높다는 사실을 전형적으로 보여주는 실례이다.

둘째는 소규모의 자율적 지역 공동체를 기반으로 했던 전통 사회로부터 중앙집권적 정부 주도하의 현대 사회로 이행하면서 가족 또한 변화를 겪게 되었다는 사실이다. 정부는 전통적 가족 양식에 적극 개입하기를 원했다. 과도한 신부값, 신랑값 지불 관행으로 인해 사회적 갈등을 야기했던 아랍권에서는 정부의 개입으로 인해 오늘날 전통적 결혼 양식의 쇠퇴 양상을 보이고 있다. 아시아 일부 지역에서 행해졌던 초야권(결혼 전날 신부의 처녀성 여부를 승려가 확인하는 관행) 또한 인권 침해 요소가 있다고 하여 금지되는 추세다.

셋째는 글로벌 맥락에서 진행 중인 도시화의 영향을 들 수 있다. 농촌으로부터 도시로 대규모 인구 이동이 이루어짐에 따라, 과거 문중 및 친족의 영향력은 눈에 띄게 약화되었다. 전통 사회에서 공고히 유지되던 통혼권이 사라지고 있는 것도 도시화의 영향으로 인한 지리적 이동성의 확대가 낳은 결과이다.

넷째로 산업화 역시 가족을 변화시킨 주 요인 중 하나이다. 과거에는 가족이 경제적 생산의 주체였다면, 산업화 이후 일터와 가족의 분리가 이루어지면서 가족은 정서적 기능을 전담하게 되었다. 그 결과 이혼율의 증가에서 보듯 가족의 불안정성이 증가하고 있고, '산업 시간industrial time'에 의해 '가족 시간family time'이 희생됨으로써 일-가정 양립의 어려움 또한 가중되고 있다.[12]

이들 요인의 영향으로 문중 및 친족 집단의 영향력이 쇠퇴하는 대신 배우자 선택의 자유가 확대되었고 중매 결혼은 감소 추세에 있다. 한국에서도 1960년대에는 중매혼 대 연애혼의 비율이 약 8:2로 중매결혼이 대세였으나 이후에는 연애혼의 비율이 증가 추세를 보이고 있다. 나아가 배우자 선택에서부터 가족 내 의사결정에 이르기까지 여성의 권한이 계속 확대되고 있다. 남녀를 불문하고 성적 취향의 자유를 허용하는 방향으로 변하고 있으며, 아동의 권리에 대해서도 아동 중심적 가족이라 불러도 무방할 만큼 아동의 가족 내 위상이 고조되고 있다.

물론, 전 세계적으로 동일한 변화 추세가 나타나고 있는 것은 아니다. 1966년부터 2001년에 걸쳐 탈레반 치하에서는 여성의 권리가 극도로 억압되었다. 가족의 변화에 관한 한 국가별 변화 속도에 차이가 존재하며, 개별 국가 안에서도 역전 및 반동적 현상이 존재한다.

한국 가족의 변화 트렌드

출산 파업

대한민국은 현재 '출산 파업'이라 불리는 초저출산이 진행 중이다. 한국은 2020년 합계 출산율 0.84명으로 OECD 국가 중 출산율 최하위를 기록했다. 2017년부터는 생산 가능 인구가 감소되기 시작했고, 2018년부터는 인구 감소가 시작되었다. 경제학자 게리 베커Gary Becker는 이처럼 빠른 속도로 초저출산이 진행되고 있는 이유를 현대 사회 자녀의 효용 가치 감소로 본다. 농경 사회에서 자녀는 노동력을 제공하는 동시에 노후 부양의 역할을 담당했던 만큼 효용가치가 상대적으로 높았다. 덕분에 과거에는 다산多産이 다복多福으로 연결되었다. 하지만 오늘날은 출산과 관련된 의미들이 획기적으로 변화하고 있다. 국가적 차원에서는 인구, 가족 차원에서는 자녀, 여성 개인 차원에서는 모성의 의미를 갖는 출산 현상은 국가와 가족과 여성 간의 이해관계 충돌로 인해 해결 방안을 찾기가 쉽지 않은 이슈이다.

1960년대는 고출산율을 유지하던 시기로, 출산율 최고치를 기록했던 1961년 한국의 출산율은 6.2명을 기록했다(〈표 2〉 참조). 당시 가임기 여성의 이상적 자녀 수는 '아들 셋, 딸 셋'이었다. 1961년 경제개발계획을 시행함에 따라 경제 개발의 장애 요인이 되는 급격한 인구 증가를 통제하기 위하여 정부는 가족계획 사업을 도

〈표 2〉 출산율의 변화

연도	출산율
1960/80	6.2/2.83
1985	1.67
1990	1.59
2000	1.47
2010	1.23
2020	0.84

출처: 통계청, 『한국의 사회지표』(해당년도).

입한다. 가족계획과 더불어 최초로 등장했던 표어 "덮어놓고 낳다 보면 거지꼴을 못 면한다"는, 그 시절 가족계획에 대한 절박함을 표현하고 있다. 1980년대 중반부터는 출산율이 1.67로 하락하면서 전형적인 저출산 징후를 보이기 시작했다. 저출산의 주원인으로는 만혼 내지 비혼이 지목되고 있다. 20대 결혼율이 눈에 띄게 줄어들고 평균 결혼 연령이 30대 초반으로 지연되면서, 본인이 의도하지 않았으나 임신이 이루어지지 않는 난임율難姙率이 증가하고 있기도 하다.

1960년 한국 남성의 평균 초혼 연령은 23.4세, 여성은 20.0세로 기록되고 있다. 2020년 기준 남성의 평균 초혼 연령은 33.2세, 여성은 30.8세로 1960-2020년 기간 중 남성은 9.8년, 여성은 10.8년이 연장되었다(〈표 3〉 참조).

저출산은 분명 극복되어야 할 사회 문제임이 분명하나 현재로서는 뚜렷한 대안이 보이지 않는다. 유럽에서는 출산과 결혼의 분리를 통해 저출산 문제를 해결한

〈표 3〉 평균 초혼 연령의 변화

연도	초혼 연령(남자)	출산율
1960	23.4	20.2
1991	28.0	24.9
1995	28.4	25.4
2000	29.3	26.5
2015	32.6	30.0
2020	33.2	30.8

출처: 통계청, 『한국의 사회지표』(해당년도).

바 있다. 세 쌍의 커플 중 두 쌍이 동거 커플인 프랑스에서는 2004년부터 동거 커플의 자녀에 대해서도 국가가 양육과 교육을 책임지면서 출산율이 증가하기 시작했다. 스웨덴에서는 비합법적 자녀를 뜻하는 'illegitimacy' 개념을 인구 센서스 범주에서 제외했다. 출산과 결혼의 분리가 유럽의 저출산 해법이라면, 미국은 이민정책을 통해 출산율을 유지해왔다. 2040년이 되면 미국 내 백인 비율이 49%가 되어 유색 인종 비율이 백인 비율을 추월하게 된다는 추계가 있다.

생각할 거리

66조 쏟아붓고도 '실패' 판정받은 저출산 대책 9년

(…) 정부는 저출산 대책비로 2006년 2조1445억원을 쏟아부었고 이 돈이 2014년엔 4조8927억원까지 늘었다. 이중 보육 예산이 10조3974억원이다. 그런데도 한 해 출생아 수는 2006년 44만8200명에서 2013년 43만6500명으로 되레 줄었다. 2006년 이후 9년 동안 도합 66조원을 저출산 대책비로 썼는데도 출산율이 꿈쩍도 않고 있다면 저출산 대책을 근본부터 재검토해야 한다. 복지부는 '보육과 출산 지원으론 한계가 있고 고용·주거·교육 분야의 구조적(構造的) 문제에서 해결책을 찾아야 한다'고 진단했다. 한마디로 경제가 제대로 돌아 일자리가 많아지고 학벌 중심의 사회 분위기가 바뀌어 사교육비 부담이 줄어야 한다는 말이다. 출산율은 단기간에 끌어올리기도 힘들고, 끌어올린다 해도 효과는 20년 뒤에나 나타난다. 외국의 젊고 유능한 인력을 적극적으로 받아들이는 정책은 불가피하다. 다만 이민(移民) 확대는 그것대로 문제를 안고 있다. 언어, 세계 최고 수준 근로시간, 권위주의적 직장 문화를 생각할 때 한국이 능력 있는 외국 젊은이들에게 매력적인 일자리의 나라라고 보기도 힘들다. 여성 고용률을 끌어올리는 것이 생산 인구 부족 사태에 대응하면서 출산율도 정상화시키는 방안이 될 수 있다. OECD 주요 국가 중 한국·스페인·이탈리아 세 나라는 25-54세 여성 고용률이 하위권(59.1-61.3%)이면서 출산율(2012년)도 1.28-1.42명으로 바닥 수준이다. 반면 출산율이 높은 편인 노르웨이 스웨덴 네덜란드 덴마크는 여성 고용률도 79.1-82.5%로 아주 높다. 여성 고용률을 높이면 출산율도 따라서 올라갈 수 있는 것이다. 10년째 돈을 물 쓰듯 쏟아부었는데도 아무 효과를 보지 못했는데 계속 같은 방식으로 예산을 투입할 수는 없다. 도시의 고학력 여성일수록 아이를 하나만 낳는 경향이 있다. 셋 이상 낳는 가정은 아주 드물다. 그렇다면 출산 지원을 둘째 낳는 가정에 집중시키는 게 필요하다. 현행 보육 서비스는 맞벌이나 전업주부나 똑같이 지원된다. 일선 보육시설들에선 아이를 찾아가는 시

간이 늦은 맞벌이 가정을 기피하는 경향이 있다. 직장 가진 엄마들에게 지금보다 더 나은 보육 서비스가 제공되도록 하는 방안을 찾아야 한다. 기업들도 더 적극적으로 나서야 한다. 유한킴벌리의 경우 2006년 4.8%였던 육아 휴직 사용률이 지금 90%를 넘고 있다. 아이 가진 여직원에겐 유연 출퇴근제도를 시행한 결과 이 회사 출산율은 2006년 1.12명에서 2013년 1.8명으로 올라왔다. 여성 인재를 끌어모을 수 있는 근무 환경을 제공하는 기업이 경쟁력도 강해질 것이다.

—《조선일보》 2015년 2월 7일자 사설

Q 초저출산이 지속되고 있는 상황에서 한국은 과연 어떤 선택을 해야 될까? 함께 생각해보자.

결혼의 의미 변화: 제도 결혼으로부터 우애 결혼으로

제도 결혼institutional marriage으로부터 우애 결혼companionship marriage으로의 전환 역시 한국 가족의 특기할 만한 변화 가운데 하나다.[13] 제도 결혼은 배우자에 대한 기대가 역할에 맞추어져 있고, 부부보다 부모·자녀가 중심이 되는 가족을 의미한다. 반대로 우애 결혼은 배우자에 대한 기대가 역할 대신 관계성에 맞추어져 있고, 부부간의 사랑, 성관계 및 친밀성에 대한 기대가 상대적으로 높은 결혼을 지칭한다. 서구식 부부 중심 가족이 후자의 대표적 예라 할 수 있다.

한국에서도 결혼의 의미가 제도 결혼에서 우애 결혼으로 이행해가고 있음을 반

	남편 → 부인		부인 → 남편
1	살림살이	1	경제적 능력
2	어머니 역할	2	아버지 역할
3	부부간 성관계	3	사랑
4	애정	4	부부간 성관계
5	경제적 능력	5	가사도우미

〈그림 4〉 배우자에 대한 역할 기대

영하는 통계가 있다. 1980년과 2000년에 걸쳐 한국 가족의 현주소를 주제로 설문 조사를 실시하면서 '당신은 배우자에게 무엇을 기대하십니까?' 물었다. 이에 대해 남편은 (부인의) 알뜰한 살림살이 → 어머니 역할 → 부부간 만족스런 성관계 → 부부간 애정 → 부인의 경제적 능력 순으로 기대감을 표명했고, 부인은 (남편의) 경제적 능력 → 아버지 역할 → 부부간 사랑 → 만족스런 부부 관계 → 남편의 가사 협조 순으로 기대한다는 답을 했다. 여기서 〈그림 4〉에서 보듯 1, 2번이 우선순위에 있는 경우가 제도 결혼에 해당되고, 3, 4번이 중요하다고 응답한 경우가 우애 결혼에 해당한다. 20여 년의 시차를 두고 실시한 조사에서 1, 2번이 중요한 제도 결혼은 50대 이상을 중심으로 응답률이 높았고, 3, 4번이 중요한 우애 결혼은 20-30대를 중심으로 높은 응답률을 보였다.[14]

부계제의 약화

친족 관계의 변화 중 부계제의 약화도 주목할 만하다. 한국 가족은 전통적 부계 혈연 중심 가족으로부터 양계제bilateral kinship의 특성을 보이기 시작했다. 양계제는 본가와 처가 혹은 시댁과 친정 구분 없이 양가의 중요성이 균형을 이루는 친족 관계를 지칭한다. 한국의 경우 신혼부부 열 쌍 중 일곱 쌍 이상이 친정 혹은 처가 가까이에 신혼집을 마련하는 추세 덕분에 '고부 갈등의 시대는 가고 장서 갈등의 시대가 왔다'는 주장이 조심스럽게 제기되기도 한다.

전통적으로 부계 가족이 발달된 곳에서는 고부 갈등이 나타나고, 양계제가 발달된 미국과 유럽에서는 장서 갈등이 나타난다. 모계 가족의 경우는 고부 갈등이나 장서 갈등 대신 자녀의 생물학적 아버지와 외삼촌이 갈등을 느낀다고 한다. 친족 관계 내의 갈등은 친족 제도 자체의 특성과 밀접한 관계가 있음을 알 수 있다.

다문화 가족, 초국적 가족의 증가

한국에서도 다문화 가족 및 초국적 가족이 빠른 속도로 증가하고 있다. 최근 통계에 의하면 국적이 다른 사람과 결혼하는 비율이 약 18%로 나타나고 있다. 결혼 이주가 시작된 1990년대 초반에는 중국 동포들이 주를 이루었다면 오늘날은 베트남계 결혼 이주 가족의 숫자가 빠르게 증가하고 있다.

영국 내 다문화 가족 실태를 보면, 인도의 펀자브, 구자라트, 벵골 출신 이민자들이 1950년대부터 영국에 정착해서 살고 있으며, 남아시아 가족 인구가 100만 명에 달한다. 남아시아 가족은 종교와 출신 지역, 그리고 카스트에 따라 친인척 중심의 지역사회를 형성하고 있고, 현대 서구 사회에서 쇠락해버린 가족을 향한 충성심과 명예로움을 여전히 간직하고 있다.

영국 태생의 남아시아계 아동은 전통적 인도 문화와 자신이 영국에서 습득한 문화, 두 개의 이질적 문화에 노출되어 있다. 한편에서는 어른에 대한 존경과 가족에 대한 충성심을 기반으로 한 인도의 전통적 규범에, 다른 한편에서는 경쟁적이며 개인주의적인 사회 환경에 노출되면서 학업 성취의 우월성을 강조하는 영국식 규범과 타고난 신분의 중요성을 중시하는 인도의 전통 규범 사이에서 갈등을 경험하기도 하고 통합을 시도하기도 하는 것으로 나타났다. 인도, 파키스탄, 방글라데시, 아프리카계 아시아인의 경우 다른 집단에 비해 기혼율이 현저하게 높고, 동거

읽을거리

김현주, 『장남과 그의 아내』(2011)

이 책의 주제는 제목에 함축적으로 표현되고 있다. 예전 맏며느리는 하늘이 낸다고 인식되어 왔으나, 오늘날 맏며느리들은 "제 남편이 장남"이라 표현한다는 것이다. 결국 "장남의 역할을 부정하거나 긍정하는 실체는 장남이 아니라 그의 아내이며 장남을 장남으로 만드는 것도 그의 아내"라는 문제의식이 담겨 있는 셈이다. 저자는 다양한 감정이 실려 있는 인간관계의 섬세한 코드들, 즉 눈먼 사랑, 질투, 요번 봐주기, 벼르기, 약게 굴기, 화해, 연민, 깊은 애정, 존경 등의 상호작용 등을 가족관계로부터 읽어내고 설명하는 과정에서 질적 연구의 모범이라 해도 좋을 만큼 훌륭한 솜씨를 보이고 있다. 심층 면접을 통해 조사 대상자로 선정된 33쌍의 장남 부부들로부터 적절한 응답을 이끌어낸 후 적당한 인용문에 해석을 덧붙이며 풍성한 이야기를 짜나가는 솜씨가 훌륭하다.

이 책은 부부 관계와 세대 관계가 얽히는 장남부부의 경험을 '증여' 개념을 통해 주고받고 되돌려주는 순환적 흐름으로 포착한다. '되돌려준다'는 장남 역할을 아내가 대신 수행하게 될 때, 장남의 아내가 받아들이는 증여의 성격에 따라 장남 부부의 경험을 다섯 가지, 곧 강제된 증여, 선택의 증여, 회귀의 증여, 자유로운 증여, 단절된 증여로 유형화하고 있음은 이 책의 백미를 이루는 부분이다. 매해 책을 대하는 며느리 독자의 달라지는 반응도 흥미롭기만 하다.

및 이혼율이 상대적으로 낮으며, 여전히 가족 간에 강력한 연대 의식을 공유하고 있다. 반면 카리브해 지역 흑인 가족은 이혼, 별거, 한부모 가족 비율이 가장 높고, 일하는 엄마의 비율이 가장 높다. 다만 서인도제도 출신의 흑인은 한부모 가족이라 해도 서구의 백인 가족처럼 불안정한 것은 아니다. 부부의 친밀성보다 확대 가족적 연결망이 중시되고 있기 때문이다. 이들 가족의 경우는 모친의 형제자매가 든든한 버팀목 역할을 하는 것으로 밝혀졌다.

4. 가족과 친밀성의 현주소

결혼은 화和인가 화化인가 화禍인가?

가족과 친밀성의 현주소를 다루는 이 절의 첫 주제는 결혼은 화和인가 화化인가 화禍인가에 대한 탐색이다. 처음의 화는 조화를 의미하고, 두 번째 화는 변화를 뜻하며, 마지막 화는 재앙으로서의 화이다. 결혼 및 가족이 재앙이 되지 않기 위해서는 변화하는 가운데 조화를 모색해야 할 것이다.

부부 관계를 규정하는 3대 요소로는 돈, 섹스, 그리고 파워가 있다.[15] 전통 사회의 부부는 불평등한 관계 속에서 외형적으로 평화롭고 안정된 관계를 유지해온 반면, 오늘날의 부부는 동등한 관계로 갈등을 조절하는 동시에 친밀성을 유지하는 것이 관건이 되고 있음은 4장에서도 다룬 바 있다.

결혼 생활은 어느 날 갑자기 쉽게 익숙해지는 영역이 아니다. 상당히 오랜 기간 서로의 적응을 위해 노력해야 하는 무대이다. 결혼 생활의 적응은 결혼 초기의 단기적 적응과 결혼 생활 전반에 걸친 장기적 적응으로 나누어 생각해볼 수 있다. 결혼 생활 초기의 적응 과제로서, 생활 습관의 차이는 1차적 적응 대상이다. 30여 년을 서로 다른 생활 양식을 유지해온 남녀가 순식간에 결혼 생활에 익숙해지기는 쉽지 않다. 결혼 생활 초기 한국 사회의 민주화나 4차 산업혁명의 미래 등 의미심장한 주제를 놓고 부부 싸움을 벌이는 경우는 드물다. 그보다는 치약을 중간부터 짠다거나, 양말을 아무 곳에나 던져두는 버릇 등이 부부 싸움을 유발하는 요인이 된다. 따라서 결혼 초기에는 생활 습관상의 차이를 인정하고 서로 적응해가는 것이 필요하다.

결혼과 더불어 기하급수적으로 늘어가는 친인척 관계도 적응의 대상이다. 상대방의 역할 적응 능력은 연애 시절부터 판단 가능하다. 두 사람이 이미 결혼을 약속한 사이임에도 여전히 '썸타는 관계'처럼 행동한다면, 이는 순수함, 순진함의 표현이라기보다는 역할 수행 능력의 부족으로 보아야 한다. 거꾸로 두 사람의 본격적 만남이 시작된 지 얼마 지나지 않았는데 약혼자처럼 행동하는 경우도 있다. 이때 친밀함을 느낄 수도 있지만 실제로는 본인의 역할을 과도하게 정립하고 있다 할 것이다. 결혼 이후 급증하는 친족 관계망 속에서 자신의 역할과 위치를 적절히 정립하는 것은 중요한 과제임에 틀림없다.

결혼을 계기로 한편이 다른 한편을 위해 일방적 희생을 하지 않도록, 서로 간의 성장과 발전을 도모할 수 있는 발판을 마련하는 일에도 적응이 요구된다. 자신의 발전과 가족을 위한 희생 사이에서 현명한 균형을 잡는 것이 중요하다. 친밀한 사이일수록 일방적 희생은 서로에게 치명적 결과를 가져온다. 결혼 초, 부인이 남편을 위해 희생한다면 다음에는 반드시 남편이 부인을 위해 양보하는 것이 건강한 부부 관계를 유지할 수 있는 관건이다.

다음 결혼 생활 전반에 걸쳐 적응해야 하는 과제로는 가정 경제의 합리적 운용이 있다. 경제 관리가 가족생활의 핵심임에도 불구하고 적응이 매우 어려운 이유는 연애 시절 '예기 사회화'가 거의 불가능하기 때문이다. 연애 시절에 결혼 후 수입을 어떻게 관리할 것인지, 집 마련은 어떻게 할 것인지 등 경제적 이슈를 솔직하게 논의하기란 결코 쉽지 않다. 하지만 경제적 문제는 가족생활 전반에 걸쳐 항상 갈등과 협상의 대상이 되는 영역이다. 특히 맞벌이 부부의 경우 수입을 어떻게 나눌 것인지는 미묘하면서도 핵심적인 이슈가 된다.[16] 다양한 모델이 가능한데, 각자의 수입을 하나로 합해 공동의 통장을 마련해서 지출하는 방법, 남편 수입은 부동산 및 노후 준비 등에 쓰고 부인 수입은 가족의 일상생활에 사용하는 식으로 소비 영역을 나누는 방법, 자신의 수입 중 일정 비율은 가족을 위해 쓰고 나머지는 개인 용도로 사용하는 방법 등이 활용되고 있다. 이상의 모델 중 가족 특성에 맞추어 합리적이고도 실용적인 선택을 해야 할 것이다.

장기적 적응이 필요한 또 하나의 과제로는 부모 역할이 있다. 특히 첫 자녀 출산 이후 부부 관계의 위기를 겪는 비율이 높은 만큼, 출산 이후의 적응은 많은 준비를 필요로 하는 어려운 과제이다. 부모가 된다는 것은 부부가 되는 것보다 더욱 폭넓은 적응을 필요로 한다. 자녀 양육은 일련의 노동이요, 자녀의 시간은 성인의 시간과 달리 예측과 통제가 어렵다는 점에서 자녀 출산 이후의 시간 관리는 장기간에 걸친 적응을 요한다. 자녀 출산에 대비하여 재정적 준비가 이루어진다면 적응이 상대적으로 쉬워질 것이다.

부부간의 권력 또한 장기적 적응이 필요한 영역이다. 이와 관련해서 가장 중요한 이슈는 부부간에 인지하는 공정성이다. 서로 공평함 및 공정함을 느낀다면 부부간 만족도가 높아지고 권력에 대한 적응도 용이하지만, 반대로 불공평함 및 불공정함을 느낄 경우에는 적응 및 만족도 모두 어려움을 겪게 된다. 한국의 부부를 대상으로 파워와 만족도 간의 상관관계를 연구한 바에 따르면, 부인은 전업주부, 남편은 가족 경제 책임자일 때 공평하다고 인식하는 비율이 높게 나타났고, 맞벌이 부부의 경우 부인 입장에서 불공평하다고 인식하는 비율이 높았다.[17]

가족 가치관의 변화

릴리안 루빈Lillian Rubin은 하류층 가족을 대상으로 인종과 계급 불평등이 가족의 고통스런 삶을 어떻게 직조하는지에 주목해 『사선에 선 가족Families on the Fault Line』을 펴냈다. 하류층을 대상으로 한 가족 연구[18]가 흔치 않은 상황에서 루빈의 저서는 출판과 동시에 주목을 받은 바 있다. 루빈의 연구에 따르면 하류층 부모와 중류층 부모 사이에 가족 가치관 및 태도에서 확연한 차이가 드러났다. 하류층 부모는 보다 전통적 태도를 고수함에 따라 부모·자녀 간 세대 갈등이 심각한 수준으로 나타났다. 혼전 성관계에 대한 태도는 중류층에서 허용적이고 하류층에서 엄격한 것으로 밝혀졌다.

세대 갈등도 두드러져, 젊은 세대를 중심으로 혼전 성관계에 대해 자유롭고 허용적인 태도를 보이고 있고, 결혼은 필수가 아니라 선택이라고 인식하는 비율도 높게 나타나고 있으며, 젠더 역할은 성별에 따라 고정되기보다 상황에 따라 유연하게 적응할 수 있다고 본다. 이러한 가치관 및 행동 양식의 차이가 바로 부모·자녀 세대 간 갈등을 유발하고 있다. 특히 젊은 여성들은 부모 세대에 비해 결혼에 대해 모호하고 양가적인 태도를 보이고 있다. 젊은 여성들이 '결혼은 반드시 해야 된다'는 데 동의하지 않는 이유는 어머니 세대보다 다양한 선택지를 갖고 있기 때문이다. 결혼을 할 것이냐, 한다면 누구랑 할 것이냐, 언제 할 것이냐, 결혼을 하면 자녀를 낳을 것이냐, 낳는다면 몇 명을 몇 살 터울로 낳을 것이냐, 이 모든 질문들이 여성의 삶에 선택지가 되면서 젊은 여성들은 다양한 갈등과 혼란에 휩싸이게 되었다. 단, 남성의 세대 간 차이는 여성과 비교할 때 상대적으로 크지 않은 것으로 밝혀졌다.

영국 상황도 미국과 크게 다르지 않아 젊은 여성들의 가치관 변화가 괄목할 만한 수준에 있다. 여성들은 결혼 및 가족 못지않게 자신의 커리어 및 자율적 삶에 보다 높은 가치를 부여함으로써 자신의 능력을 점검해볼 수 있는 모험으로 가득 찬 삶을 희망하고 있다. 스스로 취업과 출산을 조절할 수 있는 자유와 원하는 대로 자신의 삶을 규정할 수 있는 자유를 갈망하고 있는 젊은 여성들을 개방적이며 독립적이라고 보는 긍정적 입장이 있는가 하면, 편협하고 이기적이며 타인에 대한 신뢰를 결여하고 있다고 보는 부정적 평가가 공존하고 있다. 실제로 영국에서 18-34세 연령 중 여성 29%, 남성 51%가 "가능한 한 자녀 출산 시기를 늦추겠다"고 답했고, 16-24세 여성의 75%는 "한부모 가족도 가능하다"는 데 동의함으로써 기성세대와 큰 의견 차이를 보여주었다.

읽을거리

조주은, 『기획된 가족』(2013)

가족도 하나의 기획이 된 시대, 이 책을 관통하는 주제는 시간이야말로 자본주의의 마지막 식민지라는 주장과 맞닿아 있다. 저자는 특유의 경쾌한 문장 속에서 점차 가속화되고 있는 워킹맘의 '바쁨'의 실체를 손에 잡힐 듯 생생하게 서술하고 있다. 이 과정에서 개인의 소소한 경험과 사회 구조의 본질을 연계시키는 통찰력이 빛을 발한다. 항상 최대 이윤을 실현하고자 하는 자본의 압력이 마침내 우리네 일상 속으로 스며들어온 나머지, 이젠 가족 구성원들 사이에서도 자신만을 위한 시간의 점유를 둘러싸고 경쟁과 갈등, 협상과 교환이 이루어지고 있다는 것이다. 그 자본의 힘이 부부 관계, 부모·자녀 관계를 넘어 친정-시댁 관계까지 영향을 미치고 있음을 예리한 시선으로 분석해내고 있는 책이다.

가족과 불평등

직장과 돌봄의 균형 잡기

"남성에겐 항상 실업이 문제요 여성에겐 항상 취업이 문제"라는 경구는 남녀에게 기대되는 역할의 차이를 상징적으로 표현하고 있다. 기혼 여성의 취업률이 기하급수적으로 증가함에 따라 국제노동기구ILO에서는 "일과 삶의 균형work-life balance"을 중요한 사회적 화두로 던지고 있다. 한국에서는 일-가정 양립으로 번역되고 있지만 실제 일과 삶의 균형은 보다 포괄적인 개념이다.

국제노동기구의 정의에 따르면 '일과 삶의 균형'은 세 가지 요소로 구성된다. 첫째는 좋은 일자리요, 둘째는 건강한 가족과 훌륭한 부모 역할이요, 셋째는 자신을 위한 휴식과 자신의 발전을 위한 재충전 및 투자이다. 한국에서는 자신을 위한 휴식 및 재충전 부분이 다른 국가에 비해 매우 취약하다. 중장년 노동자일수록 일이 가족보다 더 중요하다고 생각하고 있고, 젊은 세대일수록 가족이 일보다 더 중요하다고 인식하고 있다. 일과 삶의 균형은 젠더 이슈가 아니라 세대 이슈임을 반영하고 있는 셈이다.

여성은 일-가정 양립 이슈와 관련해서 부당한 불평등에 노출되는 경우가 빈번하다. 여성의 취업 경력에 영향을 미치는 요인으로는 남성 고용주의 인식을 들 수 있다. 취업 면접에서 여성은 고용주로부터 남성이라면 받지 않을 질문을 받곤 한다. 결혼은 했는지, 안 했다면 앞으로 계획이 있는지, 했다면 출산 계획이 있는지, 자녀가 있는지, 있다면 누가 돌봐주고 있는지 등의 질문을 받을 때 여성들은 불평등 및 불공정함을 느끼게 마련이다.

남성 고용주들이 이러한 질문을 하는 이유는 자녀 양육의 1차적 책임은 엄마에게 있고, 워킹맘은 자녀의 요구가 직장 업무보다 우선할 것이라는 고정관념이 전제되어 있기 때문이다. 여성을 고용하는 것이 불리할 수 있음을 함의하고 있는 고용주의 태도로 인해 여성은 조직 내 지위와 무관하게 자녀 양육의 책임자로서 경력 단절을 경험하게 된다. 부모 역할을 수행함에 엄마와 아빠가 책임과 의무를 철저히 공유하지 않는 한, 지금처럼 자녀 양육의 책임이 여성에게만 부과되는 한 노동시장에서의 여성 차별은 해결이 요원할 것이다.

가족 내 양육과 돌봄을 여성이 담당하고 있다는 사실은 노동시장 내 성별 임금

생각할 거리

맞벌이인데도… 간 큰 남편들

서울대 사회복지학과 조미라 박사가 2014년 통계청이 실시한 '생활시간 조사'에 참여한 20-50대 부부 3131쌍을 분석한 결과, 조 박사는 아내와 남편의 근로 시간에 따라 부부를 9가지 유형으로 나눠 이들이 노동·가사·수면·자기 관리·여가 활동에 시간을 얼마나 할애하는지를 분석했다. 그 결과, 남녀 모두 하루 10시간 이상 돈벌이를 하는 맞벌이 부부(조사 대상 부부의 6.1%)의 경우 여성이 남편보다 1시간 18분 더 집안일을 하는 것으로 나타났다. 남녀 모두 하루 7.2-10시간 근로하는 경우(28.3%)에도 집안일은 여성이 2시간 12분을 더 했다. 이 두 유형의 맞벌이 부부에서 남편의 여가가 아내보다 평균 36-54분 더 길었고, 수면 시간도 남편이 아내보다 평균 6분 길었다. 아내만 돈벌이하는 가정(2.7%)에서도 '주부 남편'과 '일하는 아내'의 가사노동 시간은 1시간 36분으로 같았다. 이런 가정에서 남편의 수면 시간은 하루 8시간 24분으로 아내(7시간 24분)보다 1시간 길었다. 남편의 여가(8시간 24분)는 아내(2시간 6분)보다 6시간 18분 더 길었다. 조 박사는 "한국 남성의 가사노동 비중은 여성이 경제적으로 가정에 얼마나 기여하는지와 상관없이 낮다"고 지적했다.

—《조선일보》 2017년 5월 23일자 기사

Q 한국인의 생활시간 조사 결과, 한국 남성의 가사노동 비중은 부인의 경제 활동과 무관하게 낮은 것으로 나타났다. 이 결과가 함의하는 바가 무엇인지 생각해보자. 남성과 여성이 함께 공유하고 더불어 책임지는 성 역할 모델이 가능하려면 어떤 준비가 필요한지도 토론해보자.

격차에 투영되고 있다. 한국의 경우 남성 임금을 기준으로 했을 때 여성의 임금 수준은 2004년 기준 65.5%로 남자들이 100만 원 받을 때 여자들은 65만 5천 원을 받는 것으로 나타났다. 2019년에는 상황이 다소 개선되어 젠더 임금 격차는 67.5%를 기록했다. 선진국의 젠더 임금 격차를 보면 미국이 약 70% 수준을 유지하고 있고, 스칸디나비아 복지 국가의 경우도 약 85% 수준의 임금을 받고 있다.

테리 앱터Terry Apter는 『일하는 여성은 아내가 없다There Are No Wives in Working Women』[19]라는 흥미로운 제목의 책에서 다음과 같은 주장을 펴고 있다. 현대 사회 여성들은 경제적 독립을 필수로 인식하면서 동시에 엄마이길 원한다. 이 두 역할은 여성의 삶에서 포기하고 싶지 않은 중요한 가치를 지니고 있지만, 두 가지를 병행하기는 결코 쉽지 않다. 앨터는 이의 해결책으로 직장 생활의 유연화와 남성의 태도 변화를 제안하고 있다.

현재 유럽에서는 남성의 태도 변화를 유도하는 차원에서 아빠의 육아 휴직을 의무화하고 있다. 스웨덴 및 덴마크에서는 출산 후 3년에 걸친 유급 혹은 무급의 육아 휴직 기간 중 1년은 반드시 아빠가 육아 휴직을 선택하도록 하고 있다. 정책 도입 초창기에는 육아 휴직을 선택하는 남성의 비율이 매우 낮았지만 지금은 40%에 육박한다고 한다.

가사노동

가족 내 불평등을 실감할 수 있는 또 하나의 영역으로는 가사노동이 있다. 일하는 엄마의 비율이 높아지면서 남편들의 가사노동 기여도가 높아졌는지에 대해서는 대부분의 통계가 '아니라'고 답하고 있다. 영국의 경우 부인의 평균 가사노동 시간은 하루 4시간 3분, 남편은 부인의 절반 수준인 2시간 17분으로 나타났다. 한국인의 생활시간 조사 결과에 따르면, 여성의 가사노동 시간은 2009년 3시간 37분에서 2019년 3시간 13분으로 10년 사이 거의 변화가 없었고, 남성의 가사노동 시간 또한 같은 기간 중 42분에서 56분으로 역시 변화의 무풍지대임을 보여주고 있다. 세대 차이는 있을 테지만, 한국 남성의 가사노동 기여도는 영국 남성과 비교해도 지나치게 미약함을 부인하기 어렵다.

그렇다면 일하는 엄마는 '2교대 근무'의 희생자인가? 앨리 혹실드의 『2교대 근무The Second Shift』 출간에 의해 촉발된 여성의 2교대 근무란 9시 출근부터 5시 퇴근까지 1교대 업무를 수행하고 집에 돌아온 후 다시 2교대 임무에 들어감을 의미한다. 일과 가족, 두 마리 토끼를 모두 잡고 싶은 여성들은 경력 관리와 가족 역할 모두를 스스로 감당해야 된다는 점에서, 여성들이 꿈꾸었던 혁명은 현재까지도 미완의 상태로 남아 있다. 혹실드는 이러한 상황을 일컬어 '지연된 혁명stalled revolution'이라 명명했다.[20]

가사노동이 여전히 여성의 노동으로 인식되고 있는 이유에 대해서는 두 가지 설명이 있다. 먼저 '의존 모델'에 따르면 여성에게 가사노동의 책임이 부과된 것은 남편이 경제 부양의 의무를 담당하는 것에 대한 교환의 결과이다. 하지만 아내의 수입이 남편보다 높은 경우에도 남편의 가사노동 시간은 늘어나지 않는다는 점에서 의존 모델의 설명 방식에는 한계가 있다. 다음으로 '상징적 상호작용론적 접근'은 성별 가이드라인에 따라 여성과 남성이 각각 담당하는 가사노동의 종류가 다르다는 사실에 주목한다. 대체로 부인은 일상적으로 반복되는 잡다한 종류의 가사노동을 한다면 남편은 잔디 깎기처럼 비일상적인 가사활동을 수행한다. 또한 여성의 가사노동은 '하지 않을 경우 즉각 눈에 띄는' 업무가 중심이라면, 남성의 가사노동은 자유재량 및 통제성이 허용되는 비규칙적 업무에 집중되어 있다. 그 결과 가사노동에 보다 많은 부담을 느끼는 쪽은 여성일 수밖에 없다는 설명이다.

마조리 드볼트Majorie DeVault는 『한 가족 먹여 살리기Feeding the Family』에서 여성이 대부분의 가사노동을 담당하는 이유는 "돌봄 행위가 가족 내 여성의 지위와 강력하면서도 지속적으로 통합"되기 때문이라 해석하고 있다. 그 결과 성 역할 기대치에 따라 행동함으로써 젠더 불평등을 재강화하는 의도하지 않은 결과를 가져온다는 것이다. 이 문제는 가정 내 역할 분담의 유연화를 통해 남녀가 동시에 가사와 양육의 책임을 공유하는 방향에서 점진적 해결을 모색해야 되리라 생각한다.

가족과 친밀한 관계 사이의 폭력

아동 학대

가족과 친밀한 관계 사이에서 발생하는 폭력이 최근 가족 연구자들 사이에서 집중적 관심의 대상이 되고 있다. 가족 폭력은 가족 안에서 열악한 지위에 있는 아동, 노인, 여성들에게 가해지는 폭력을 의미한다.

아동 학대에는 아동을 방치하는 유기, 육체적 학대, 정서적 학대, 그리고 최근 한국 사회에서도 이슈가 된 바 있는 성 학대의 네 종류가 있다. 성 학대란 성인의 성적 욕구를 충족하기 위해 16살 미만인 미성년 아동과 성인 사이에 발생하는 성적 접촉을 의미한다. 근친상간도 아동 학대에 포함된다. 근친상간이란 가까운 친인척 관계 사이의 성관계를 의미한다. 형제-자매 간의 성행위는 근친상간이지만 아동 성 학대는 아니다. 그러나 아버지와 어린 딸 사이에 발생하는 근친상간은 가장 흔한 아동 성 학대 유형이다. 문제는 아동 성 학대가 곤혹스러울 정도로 빈번하게 발생하고 있다는 사실이다. 아동 성 학대 피해자들의 경우는 그로 인한 영향이 장기적으로 나타난다. 청소년 범죄 가해자, 가출 청소년, 10대 매매춘, 약물 중독자들을 대상으로 상담한 결과, 아동기 성 학대를 받은 경험이 후일 영향을 미친 것으로 확인되었다.

한국의 아동 성 학대 현황을 유추해볼 수 있는 자료로 아동 성 학대 상담 사례 300건을 전수 조사한 한국형사정책연구원의 연구 보고서가 있다.[21] 보고서에 따르면 아동 성 학대 가해자로는 가족 및 친족이 36%, 동네 이웃의 지인이 44%, 전혀 모르는 사람이 약 19%로 밝혀졌다. 학대받는 아동의 평균 연령은 8.4세로 어린 나이의 아동을 대상으로 성 학대가 이루어지고 있었고, 그중 학령기 아동이 약 62%, 학령 전 아동이 37%가 넘는 것으로 확인되었다. 성 학대 피해 아동들은 학대 사건 이후 신체적·심리적·성적·사회적 후유증으로 인해 오랜 기간 깊은 상처를 안고 살아가는 슬픈 현실이 보고서를 통해 생생히 드러났다.[22]

가족 폭력

신체적 폭력의 1차적 피해자는 약자들로 구성되는데, 가족의 경우 어린 자녀들이 피해자가 된다. 2000년 2월 영국에서는 사회를 송두리째 흔들었던 슬프고 충격적인 사건이 발생했다. 8살 여자아이 빅토리아 클림비에가 수개월간의 고문과 유기로 인한 체온 저하증으로 사망한 사건이다. 빅토리아를 모질게 학대했던 가해자는 빅토리아를 돌봤던 이모와 그녀의 남자 친구로 확인되었다. 그들은 2000년 11월 종신형을 선고받았다.

어린아이를 대상으로 한 어른의 폭력 외에 여성을 대상으로 남성이 가하는 폭력도 가족 안에서 빈번하게 일어나는 사건이다. 영국에서는 일주일에 평균 2명의 여성이 가족원으로부터 살해당하고 있다는 통계가 있다. 전 세계적으로 8초에 1명꼴로 아내가 구타당하고 있다는 보고도 있고, 여성의 약 1/10이 가족 폭력을 경험한 적이 있다는 우울한 통계도 있다. 이는 전체 여성의 1/3 내지 1/4이 생애주기상 언젠가는 폭력을 경험할 확률이 있음을 시사한다.

낯선 사람보다는 친밀한 지인이나 가족 구성원으로부터 폭력을 당할 확률이 높다는 것은 이제 상식이다. 한국의 가정폭력상담소 상담 자료를 보면, 2010년 가족 폭력 상담은 13만 5천여 건으로 전체 상담 건수 29만 6천여 건 중 45.5%를 차지했고, 2014년에는 그 비율이 49.2%(상담 건수 29만 1천여 건 중 가정 폭력 상담은 14만 3천여 건)로 소폭 증가한 것으로 나타났다. 같은 기간 중 피해자 연령은 19세 미만이 4.0%에서 4.3%로, 60세 이상은 5.9%에서 9.8%로 증가했다. 가해자의 80% 이상이 배우자로 나타났다는 사실도 주목할 만하다.[23]

가족 폭력의 심각성에 주목하게 되면서 1970년대 유럽을 중심으로 매 맞는 여성을 위한 쉼터가 개설되기 시작했고, 이후 가족 폭력은 학계 및 대중의 관심에 놓이게 되었다. 아내 구타를 주제로 한 연구들은 여성을 대상으로 한 폭력이 예상 외로 광범위하게 나타나고 있으며 그 내용 또한 매우 무자비하다는 결과를 폭로하고 있다. 가족 폭력은 가부장제하에서 남편이 아내를 통제하는 데 동원하는 도구의 전형적 예라 할 수 있다.

가족 폭력이 빈번하게 발생하는 이유에 대해 페미니즘 시각에서는 여성, 아동, 노인 등 가족 내 약자를 대상으로 폭력을 행사해도 무방하다고 간주하는 가부장적 남성 권력을 지목해왔다. 반면 보수주의 입장에서는 도덕적 기준이 마비되면서 가족 위기가 팽배한 결과, 가족의 역기능이 강화되면서 가족 폭력이 발생한다고 본다. 아내에 의한 남편 폭력도 존재하는데 이는 전형적으로 과소 보고되는 실례이다. 여성의 폭력은 공격적이라기보다 방어적 성격이 강하며, 장기간에 걸쳐 집요하게 이루어진 남편의 가혹 행위에 대한 반응이라는 연구 결과도 있다.

가족 폭력의 발생 원인이 가족 제도 및 가족 관계에 내재한 고유의 특성과 밀접한 관계가 있음은 주목을 요한다. 가족 구성원 사이에는 높은 감정적 밀도와 강한 인간적 친밀도가 결합되어 있다. 하지만 사랑과 증오는 동전의 양면과 같아서 사랑하기 때문에 증오가 더욱 강렬하게 표출될 가능성도 있다. 가족 공간은 다양한 감정들이 순간적으로 폭발하는 곳인 만큼 극단적 행동을 수반할 가능성이 높다.

더불어 가족 폭력은 사생활 공간에서 일어나는 일이기에 국가가 적극 개입하기보다 관대하게 취급하거나 적당히 용인함으로써 나타난 결과이기도 하다. 1980년대 후반 발표된 논문 「구타 자격으로서의 결혼 증명The Marriage Licence as a Hitting Licence」은[24] 결혼 증명이 아내 구타를 허용하는 자격증이 될 만큼 가족 폭력이 자연스럽게 수용되는 현실이 엄존하고 있음을 폭로하고 있다.

사회 계급과 가족 폭력 간에도 일정한 상관관계가 나타나, 저임금 하류층으로 갈수록 가족 폭력이 빈번하게 발생하고 있다. 교육 수준 및 임금이 낮은 하류층은 남편이 아내를 통제할 수 있는 효과적 수단을 결여하고 있기 때문에 폭력에 의존하는 경향이 빈번해진다는 해석이다. 빈곤과 실업으로 인한 스트레스 또한 가족 폭력의 유인이 된다. 실업자 남편이 아내를 구타할 확률은 취업 중인 남편보다 2배 높다는 실증적 연구 결과도 있다.

이혼과 별거

이혼의 증가

가족사학자 쿤츠는 『진화하는 결혼』의 결론 부분에서 약한 폭풍 수준으로 변화의 물결이 밀려오는 줄 알았는데 실상은 강도 10 이상의 대지진이 가족을 뿌리째 흔들고 있음이 틀림없다고 결론짓고 있다. 그만큼 가족의 변화가 빠르고 광범위하게 진행되고 있다는 의미일진대, 변화의 중심에 서 있는 이혼의 규범화 현상을 살펴보도록 한다.

이혼은 대부분의 사회에서 유책주의로부터 파탄주의로 이행해가고 있다. 이는 결혼 관계를 해소할 만큼 부부 당사자 중 일방의 치명적 잘못이 없어도 쌍방 간 합의에 의한 이혼이 가능해졌음을 뜻한다. 반면 유책주의하에서는 배우자 구타 및 폭력, 지나치게 잔인한 성격, 시부모 유기, 간통 등 부부 중 한편이 결혼을 지속할 수 없는 명백한 사유를 제공하는 경우에만 이혼이 허용되었다.

영국에서는 1969년 이혼개혁법이 통과되면서 파탄주의가 도입되었다. 이혼으로 인한 비용 부담을 최소화하면서 이혼을 가능한 선택지로 만듦으로써 불행한 부부 관계를 해소할 수 있는 길을 터준 것이다. 이혼개혁법이 통과된 이후 대부분의 국가에서 이혼율 급증 현상이 나타나, 부부 5쌍 가운데 2쌍이 결혼을 종결하는 것으로 나타나고 있다.

전 세계에서 이혼율이 가장 높은 나라는 미국으로, 조이혼율crude divorce rate이 53%를 기록하고 있다. 조이혼율은 인구 1,000명당 이혼한 쌍을 결혼한 쌍으로 나눈 비율을 의미하는 것으로 분자와 분모의 모집단 차이로 인해 실제 이혼율보다 높게 계산된다. 조이혼율의 착시 현상을 극복하기 위해 실제 이혼 부부를 대상으로 시계열적 연구를 진행한 결과, 미국에서는 100쌍 가운데 38쌍이 7년 이내에 이혼하는 것으로 밝혀졌다.[25] 한국에서도 2015년 2월, 국가가 법률로 간통을 처벌하는 것은 국민의 기본권을 침해한다는 이유로, 제정된 지 62년 만에 간통제가 폐지되었다. 간통죄 폐지의 의미는 한국에서도 이혼이 유책주의에서 파탄주의로 이행해감을 보여주는 상징적 사건이라 하겠다.[26]

이혼이 규범화 내지 일상화된 것은 결혼이 더 이상 권력 및 지위 세습 기능을 수행하지 않기 때문이다. 오늘날의 결혼은 제도적 성격보다 관계적 성격이 강화됨에 따라 이혼을 가족 해체로 보기보다는 불행한 부부 관계의 해소 차원에서 문제해결로 인식하는 경향이 있다. 여성의 경제적 독립으로 인해 굳이 결혼 생활을 유지하지 않고도 물질적 궁핍을 해결할 가능성이 높아진 것도 이혼의 규범화에 기여하고 있다. 예전에는 여성들이 이혼 후 계층 하강 이동을 경험하는 비율이 높았으나, 이제는 경제력이 상승하면서 이혼이 현실적 선택지가 되고 있다. 뿐만 아니라 이혼에 대한 사회적 낙인이 약화됨으로써 과거에 비해 이혼 선택이 용이해졌다는 점, 개인의 결혼 만족도에 따라 결혼 유지 여부가 결정되고 있다는 점 등도 이혼율 제고에 기여하고 있다.

한부모 가족

이혼의 규범화와 더불어 한부모 가족 또한 증가하고 있다. 그동안 사용했던 '결손 가족' 혹은 '편부모 가족'이라는 표현에는 부정적 편견이 포함되어 있어 현재는 가치중립적 개념으로 '한부모 가족'이 통용되고 있다.

한부모 가족은 전 세계적으로 지속적인 증가세를 보이고 있어, 영국에서는 1971년-2003년 기간 중 4%에서 12%로 증가했다. 한국도 예외는 아니어서 한부모 가구 수가 1995년 96만 가구에서 2005년 137만 가구를 거쳐 2019년에는 153만 가구로 꾸준히 증가 추세를 보이고 있다. 덕분에 총 가구 중 한부모 가구가 차지하는 비중은 1995년-2017년 기간 중 7.4%에서 10.9%로 증가한 것으로 확인되었다. 특히 모자 가족의 경우는 최저 빈곤층을 구성한다는 사실로 인해 사회문제가 되고 있다. 빈곤층 가운데 여성이 다수의 비율을 차지하고 있다는 점에서 빈곤의 여성화feminization of poverty 개념도 등장했다. 한부모 가족의 경우 경제적 불안정성에 더하여 사회적 편견과 냉대의 대상이 되고 있어 문제가 더욱 심화되기도 한다.

한부모 가족의 구성은 미혼모 및 미혼부, 배우자 사망으로 인한 한부모, 별거 및 이혼으로 인한 한부모 등 다양성이 공존한다. 한부모 가족의 형성 사유로는 1995년 사별 55%, 이혼 13%였던 반면 2010년에는 사별 30%, 이혼 32%로 나타났다.[27] 배우자 사망으로 인한 한부모 가족의 경우 별거 및 이혼으로 인한 한부모 가족보다 경제적으로 다소 여유롭다는 연구 결과가 있다. 실제로 사별한 미망인의 50% 이상은 자가 소유자였으나, 비혼의 모자 가족은 세입자 비율이 높은 것으로 나타났다.

한부모 가족 중 독신모 가구가 가장 빠른 증가세를 보이고 있음은 주목할 만하다. 영국의 통계를 보면 1990년대 후반 자녀를 둔 가구의 약 9%가 독신모 가구로 밝혀졌다. 결혼하지 않은 상태에서 자녀를 출산한 독신모의 경우는 계획되지 않은 임신 비율이 약 85%로, 동거 커플의 52%, 결혼한 커플의 18%가 무계획적 임신이라는 사실과 좋은 대조를 보인다. 동거 모성이나 미혼모 문제는 빈곤과 연계되어 사회적으로 주요 이슈가 되고 있다. 실제로 혼외 출산율과 빈곤, 그리고 사회적 박탈감 지표 간에는 밀접한 상관관계가 존재하는 것으로 밝혀졌다.

한편 미국을 중심으로 SMBCsingle mother by choice, 곧 여성 스스로 싱글맘을 선택하는 새로운 가족 양식이 빠른 속도로 증가하고 있다. 선택적 싱글맘은 특별히 전문직 여성을 중심으로 높은 비율을 보이고 있다. 한부모 가족은 앞서도 언급했듯이 한부모가 되는 경로의 다양성 및 이질성으로 인해 하나로 묶을 수 있는 집단적 정체성이 나타나지 않는다는 특징이 있다. 이로 인해 한부모 대상 정책을 수립하거나 집행하고자 할 때 일련의 어려움에 봉착하기도 한다.

아버지 부재 가족

주목해야 될 또 하나의 현상으로 아버지 부재 가족fatherless family이 있다. 1930년대 전쟁터에 참가했던 아버지로부터 1970년대 이후 과중한 업무로 퇴근이 어려운 아버지에 이르기까지, 아버지 부재 시대가 이어져왔다. 최근 들어서는 이혼 및 한부모의 증가로 인해 가족 내 아버지 부재의 의미가 새로운 국면으로 접어들기 시작했다. 별거 및 이혼으로 인해 자녀를 만날 수 없게 된 아버지들, 부성 혹은 부권을 박탈당한 아버지들에 대해 사회적 관심이 높아지기 시작한 것이다. 범죄율 상승 및 아동 복지 비용의 증가 원인 중 하나가 아버지 부재라는 주장도 제기되고

생각할 거리

"엄마는? 미혼모보다 외로운 미혼부"

(…) 결혼하지 않은 아빠. 미혼모에 비해 미혼부는 좀 낯선 이름이다. 하지만 그 수는 늘고 있다. 통계청에 따르면 2010년 말 한부모 가족이 159만4000가구로 15년 전보다 53만4000가구 늘었다. 그중 부자(父子)가정은 1995년 17만2398가구에서 2010년 34만7448가구로 두 배나 늘었다. 특히 저소득 계층의 미혼부 가정은 2011년 기준으로 1만4834가구. 3년 전인 2008년에 비해 두 배 이상 늘어난 수치다. 미혼부 가정만의 정확한 통계는 아직 없다. 호적이 실제와 다르게 신고되어 있거나, 시설에 아이를 잠시 맡겨놓은 경우는 집계가 불가능하기 때문이다.

정확한 통계가 부재한 상황은 현재 미혼부가 처한 '복지 사각지대'를 드러낸다. 권민상 씨(가명·35)는 지난해 태어난 아들 진이의 출생신고를 아직 못 했다. 진이의 엄마는 산부인과 출생증명서에 주민번호를 가짜로 기재하고 사라진 상태. 동주민센터에서는 엄마의 인적 사항 없이는 출생신고가 불가능하다는 말만 되풀이했다. (…) 한부모 가정을 위해 시행되는 각종 제도 역시 미혼부에게는 크게 도움이 되지 않는다. 미혼부를 포함한 저소득 부자가족은 올해 처음으로 임대주택에 입주할 자격을 얻었다. 재계약까지 포함한 최장 거주기간은 고작 3년이다. 시설도 마찬가지다. 전국의 부자가족 복지시설은 3곳. 미혼모 시설을 포함한 모자가족 복지시설은 99곳이다. 부자가정은 34만7000가구, 모자가정은 159만4000가구로 가구 수는 약 4배 차이지만 시설 수에서는 33배의 격차가 난다. (…) 미혼부를 가로막는 또 하나의 장벽은 사람들의 인식이다. 이철호 씨(가명·28)는 아이를 키우면서 제일 신경 쓰이는 것으로 주변의 시선을 꼽았다. "엄마는 어디 갔어?" 이씨가 아들 우현군(가명·4)과 마트에 갈 때 자주 듣는 질문이다. 제일 큰 걱정은 우현이의 초등학교 입학 후다. 말이 늦은 우현이를 친구들이 놀리지는 않을지 마음이 쓰인다. 그는 우현이가 또래보다 말과 행동이 늦은 것도 엄마의 부재 때문이라 짐작한다.

—《시사IN》 2013년 4월 5일자 기사

Q 이 기사를 읽고 미혼부가 처한 문제와 이의 극복을 위한 방안을 논의해보자.

있다.

데이비드 블랭크혼David Blankhorn은 『아버지 없는 미국Fatherless America』에서 고高 이혼율 사회가 지속될 경우 아버지의 상실을 넘어 아버지 개념 자체가 사라짐으로 해서 사회적으로 치명적 결과를 가져올 것이라는 우려를 표명한 바 있다.[28]

1979년 아카데미 작품상 수상작 〈크레이머 대 크레이머〉는 아버지에 대한 사회적 관심을 촉발시킨 작품이라 할 수 있다. 영화는 모성의 그늘에 감추어져 있던 부성의 의미를 설득력 있게 그려냄으로써 많은 사람들의 공감을 불러일으켰다.

5. 가족의 미래, 미래의 가족

새로운 가족 유형과 대안 가족의 등장

재혼

미래학자들 예측에 따르면 향후에는 무려 365개 유형의 가족이 등장할 것이라 한다. 새로운 가족 양식의 등장은 이혼 이후 재혼율 급증과 밀접한 관계가 있다. 재혼 가족의 조합으로는 재혼 커플로 자녀가 있는 경우, 자녀가 없는 경우, 자녀가 독립한 경우 그리고 자신들의 자녀를 낳은 경우, 커플 한쪽의 배우자가 초혼인 경우, 재혼 이상인 경우, 사별 후 재혼한 경우 등 다채로운 범주를 생각해볼 수 있다.

1900년 영국에서 거행된 결혼 10쌍 중 1쌍은 재혼이었다. 1971년에는 재혼 비율이 21%로 증가했다. 과거 재혼 사유는 사별이 주를 이루었던 반면 오늘날은 이혼이 압도적으로 높다. 흥미롭게도 이미 결혼을 했거나 이혼 경력이 있을 때 한 번도 결혼한 적 없는 미혼보다 결혼할 확률이 높고, 여성보다 남성의 재혼 확률이 높다. 이혼 경력자 중 남성의 5/6, 여성의 1/4이 재혼을 한다.

재혼의 파경률은 초혼보다 높다. 이유는 결혼 생활에 더 많은 기대를 걸기 때문이고, 결혼 생활이 불만족스러울 때 이혼을 선택하는 경우가 초혼보다 높기 때문이다. 덕분에 결혼 생활을 지속하는 재혼 커플의 결혼 생활 만족도가 가장 높은 것으로 나타나고 있다. 한국에서는 1990년대 중반 이후 여성의 재혼율이 남성의 재혼율을 앞지르기 시작했다. 여성의 재혼 건수는 30년 전의 1만 6천 건에서 오늘날 5만 6천 건으로 증가함으로써, 5만 1천 건을 기록한 남성의 재혼 건수보다 높게 나타나고 있다.

계부모 가족

계부모 가족은 결혼 당시 배우자 중 한쪽이 이전의 결혼 및 친밀한 관계로부터 자녀를 둔 경우를 의미한다. 계부모 가족도 매우 복잡한 조합이 가능함은 물론이다. 재혼 가족 및 계부모 가족을 통틀어 재구성 가족reconstitute family이라 부르기도 한다. 재구성 가족은 다양한 구성원들이 모여 시너지를 낼 수 있다는 장점이 있다. 대신 자녀에게 여전히 무시할 수 없는 영향력을 행사하는 친부모가 건재하기 때문에, 이전 부모와 현재 부모 사이에서 갈등이 일어날 가능성이 높다. 이복형제-자매 사이에서도 다양한 성장 배경으로 인해 갈등이 생길 수 있다.

현재로서는 계부모-자식 관계에 있는 부모와 자녀를 규정하는 명확한 규범이 없기 때문에, 계부모 가족의 경우 시행착오를 겪기도 하고 부모 입장에서 죄책감에 시달리기도 한다는 연구 결과가 있다. 부부는 이혼했지만 자녀들 간의 연결고리로 인해 두 가족이 끊임없이 상호작용을 유지한다는 점에서 이들을 이원 핵가족binuclear family이라 부르기도 한다. 이혼은 불행한 부부 관계를 해체시키지만 더 큰 맥락에서 보면 가족은 붕괴되지 않는다는 사실을 입증하는 현상이라 하겠다.

동거

동거란 혼인신고를 하지 않은 채 사실혼 관계를 유지하는 것을 의미한다. 오늘날 서구 사회에서는 동거 커플과 자녀 양육을 하는 것이 기존의 합법적 결혼보다 선호되는 추세다. 영국에서는 1979년 실시된 일반 가구 조사에 최초로 동거 항목이 포함되었다. 한국에서는 조사 주체에 따라 동거를 포함시키기도 하나, 국가가 주관하는 공식 통계에서는 기타 항목에 포함되고 있는 상황이다. 동거를 바라보는 태도에도 급격한 변화가 관찰되고 있어, '결혼 의사 없이 동거를 결정해도 괜찮다'는 입장에 대해 65세 이상은 40%만이 동의하지만 18-24세 젊은 층에서는 88%가 찬성하고 있다. 한국에서도 '결혼하기 전 동거에 찬성한다'는 비율이 최근 조사에서 20대의 경우 40%로 나타났다.

실제 미혼 남녀의 동거 비율 또한 매우 빠르게 증가하고 있다. 시계열적 데이터에 따르면, 영국의 경우 1920년대 출생한 여성 중엔 4%만이 동거를 경험했다면 1940년대 출생한 여성은 19%가, 1960년대 출생한 여성은 약 50%가 동거를 경험한 것으로 밝혀졌다. 아마도 1980년대 출생한 여성의 동거 비율은 훨씬 더 높을 것으로 예상된다. 영국에서는 여자 25-29세, 남자 30-34세 집단에서 동거 비율이 피크를 이룬다. 동거 커플이 헤어질 확률은 결혼한 커플보다 높아서 3-4배에 이르는 것으로 추정되고 있다. 한국에서는 동거와 관련된 정확한 현황 파악이 어렵지만, 대학생 동거 비율은 다른 연령대에 비해 높을 것으로 추측된다.[29]

동거를 바라보는 인식은 미국과 유럽이 확연히 다르다. 미국에서 동거는 결혼으로 가기 전의 정류장으로서, 동거에 성공하면 결혼으로 가는 패턴이 일반적이다. 반면 유럽에서 동거는 결혼 전 잠시 머무는 정류장이 아니라 대안적 결혼 양식의 의미를 갖는다.[30] 영국의 경우는 동거 기간이 연장되고 있고 결혼의 대안으로 보는 인식 또한 증가하고 있으나, 결혼 전의 실험 단계로 보는 경향이 주를 이룬다.

1990년 노팅엄대학교 연구진은 결혼 생활에 대한 심리적 몰입도가 세대별로 차이나는 현상에 주목한 결과, 부모 세대는 의무와 책임감의 관점에서 결혼을 바라보는 반면, 자녀 세대는 자유 의지에 바탕을 둔 심리적 몰입도를 강조하고 있음을 밝혀냈다. 이 연구 결과는 동거 커플의 증가 이유를 유추하는 데 일정한 시사점을 던져준다.

게이·레즈비언 파트너십

1980년대 이후 서구를 중심으로 동성애 파트너십을 주제로 한 학문적 연구가 본격화되기 시작했다. 연구 결과 동성 커플도 이성 커플 못지않게 안정된 관계를 유지하는 것으로 확인되었다. 다만 법적·제도적 맥락에 의지한 안정성보다는 파트너에 대한 신뢰감 및 개인 간 연대의 공고함에 기반을 둔 안정성을 유지하고 있음이 동성 커플의 특징으로 드러났다.[31]

남성 동성애 커플의 경우 본인들이 선택해서 가족을 구성하는데, 이는 동성애 커플이 일상에서 추구하는 긍정적 측면이 증가하고 있음을 반영한다. 남성 동성애 가족은 상호 부조는 물론이고 간호와 재정, 책임 의식을 공유하는 것으로 나타났다. 또한 동성애 커플은 이성애 커플과 구분되는 친밀감과 평등성을 기반으로 관계를 유지하는 대신, 기존의 결혼 제도로부터 배제되고 있는 만큼 전통적 성 역할에서 자유로운 관계를 선호하는 것으로 밝혀졌다. 덕분에 기존 이성애 커플의 결합을 규정하는 전통적 성 역할 규범이나 지침 대신 부부 정체성에서부터 새로운 역할 규범에 이르기까지 모든 것들을 협상하면서 친밀성을 유지해가는 것으로 나타났다.

대표적인 동성애 연구자 제프리 윅스Jeffrey Weeks는 동성애 파트너십의 핵심적 특징을 다음 세 가지로 정리하고 있다.[32] 첫째, 동성애 파트너십은 이성애 파트너십에 비해 상대적으로 보다 평등하다. 동성애자들은 기존 남녀 관계에서 나타나는 내재적 불평등성 내지 편중된 권력관계를 의도적으로 회피하려는 경향이 있기에, 평등성을 기반으로 치밀하게 구성된 상호관계 정립을 최우선 과제로 한다. 둘째, 동성애 파트너십은 누가 어떤 역할을 해야 되는가에 대한 사회적 각본이 존재하지 않는다. 그렇기 때문에 이들은 상호관계를 정립하는 과정에서 항상 자신들만의 원칙을 세우고 세부 사항을 타협하고 협상해야 한다. 이들은 누가 무엇을 수행해야 하는가에 대한 기대치가 낮은 만큼, 보다 동등한 방식으로 각자의 책임감을 공유할 수 있다. 셋째, 동성애 커플은 제도권에서 인정해주지 않기 때문에 오히려 상대방을 향한 지극한 몰입을 보여주기도 한다. 동성애 관계를 지속시키는 핵심 요소들로는 서로 간의 깊은 신뢰, 어려움에 공동으로 대처하기, '감정노동'에 대한 공동의 책임의식 공유 등이 지목되고 있다.

동성애 커플을 중심으로 최근 두 가지 주목할 만한 흐름이 감지되고 있다. 먼저 동성애 엄마에게 자녀 양육을 허용하는 판례가 증가하고 있다. 인공수정 기술의 발달로 인해 동성애 커플도 부모가 될 수 있는 가능성이 열린 덕분이다. 영국에서 자녀를 둔 동성애 가족의 다수는 레즈비언 커플이다.

다른 하나는 동성애 커플의 시민권을 인정해주는 사례가 증가하고 있다. 동성애 커플의 시민권을 인정해준다는 것은 이성애 커플이 국가로부터 받는 혜택을 동성애 커플에게도 동일하게 부여해줌을 의미한다. 영국에서는 1999년 동성애자 파트너를 가족 구성원으로 인정한 판결이 나왔고, 이 판결은 이후 이민, 사회보장, 세금, 재산 상속, 자녀 양육 등과 관련된 법적 사안에 직접적 영향을 미쳤다. 미국에서는 1999년 게이 커플이 대리모를 통해 얻은 신생아의 출생 신고를 허용했고, 게이 커플의 부모 양육권을 공식적으로 인정했다.

한국에서도 게이 인권 운동 단체인 '친구사이' 주관의 2014년 조사 결과를 보면, '가족 및 의미 있는 타자들에게 커밍아웃을 했다'고 응답한 비율이 응답자 3,049명 가운데 19.3%에 이르렀다. 동성 결합의 제도화와 관련해서는 '법적 결혼을 원한다'는 응답이 59.8%로 과반수를 차지했고, '법적 결혼까지는 아니더라도 시민 결합 등 제도적 인정을 받고 싶다'는 응답이 36.1%로 나타난 반면, '결혼의 합법화나 시민 결합 등을 원하지 않는다'는 응답자는 4.1%에 머물렀다.

독신

독신을 가족 유형의 하나로 인정할 것이냐에 대한 논란은 있지만 빠르게 증가하고 있는 대안 가족의 형태 중 하나가 바로 독신이다. 독신 가구의 증가 이유로는 만혼 추세와 이혼율 상승, 그리고 배우자와 사별한 노인층의 증가를 들 수 있다.

독신 범주 안에도 생애주기에 따라 독신의 이유가 달라짐은 물론이다. 향후 독신에 대한 사회적 인식을 현실화하거나, 독신을 위한 맞춤형 사회 정책을 입안할 때 필히 참고해야 할 사항이다. 독신은 20대가 주를 이루지만, 30대 중반 이후로는 남성보다 여성의 독신 비율이 높다. 이유는 비혼율과 더불어 이혼 후 재혼을 선택하지 않는 비율이 높기 때문으로 추정된다. 50세 이상은 배우자 사별로 인한 독신이 가장 높은 비율을 차지하고 있다.

독신의 증가는 가족생활보다 독립에 가치를 두는 사회 분위기를 반영하는 동시에 기존 가족 제도를 향해 의미 있는 메시지를 던져주고 있다. 과거에는 누구나 생애주기를 지나가면서 반드시 결혼을 하고 가족을 꾸려야 된다고 생각했지만, 오늘날 대안 가족 양식을 선택하는 사람들의 증가는 가족 제도 자체에 문제나 한계가 있음을 의미한다고 볼 수 있다.

가족 가치에 대한 논쟁

가족의 가치를 둘러싸고 활발한 논쟁이 진행되고 있는 가운데, 한국에서는 가족이 해체되고 있다는 입장과 가족이 재구조화되고 있다는 입장이 공존하고 있다.[33] 가족 해체론은 전통 가족과 비교해 현대 가족은 이혼율 급증 및 한부모 가족의 증가 등 가족 해체가 빠르게 진행되고 있고, 가족 폭력, 아동 빈곤, 도덕적 해이 등 다양한 유형의 가족 문제들이 나타나고 있다는 점에 주목한다. 반면 재구조화 입장은 이원 핵가족이나 복합 가족의 생성에서 나타나듯 가족은 해체된 적이 없고, 불행한 부부 관계가 해소되었을 뿐이라는 시각을 고수한다.

서구에서도 가족 가치 옹호론자들은 전통 가족을 기준으로 삼아 현대 가족은 붕괴되고 있다고 주장한다. 이들은 현대 가족의 붕괴 증거로 인간의 섹슈얼리티에 대한 과도하게 진보적이고 개방적인 태도, 동성 결혼의 인정, 이혼율의 급격한 상승, 그리고 가족의 공동체적 의무를 유보하거나 희생하면서 개인의 행복을 추구하려는 분위기의 확산 등을 제시하고 있다.

이에 따라 전통적으로 중시되어온 가족 가치를 부활시키는 동시에 가족의 도덕적 공동체성을 회복하자는 주장이 나오고 있다. 가족 공동체는 누군가의 양보와 희생, 헌신과 이타적 사랑을 전제하지 않고서는 유지되기 어려운 제도임이 분명하다.[34] 다만 지금까지 가족 공동체가 유지되어온 과정에는 할머니-어머니-딸로 이어지는 여성들의 일방적 희생이 있었음을 부인하기 어렵다. 그런 만큼 앞으로 가족 공동체를 회복하고자 한다면, 구성원 모두가 가족을 위해 양보와 희생, 책임과 의무를 공유할 수 있는 시스템을 만드는 것이 관건이리라 생각한다.

전통 가족으로 회귀할 것을 주장하는 입장도 있다. 이 입장은 사회의 기본 제도라 할 가족에 대해 사적 관계의 중요성만 강조하는 것은 가족의 불안정성을 강화할 뿐 아니라 극단적으로는 가족 붕괴라는 대가를 치르게 될 것이라 경고한다. 반면 전통 가족으로 되돌아가는 건 불가능하기도 하거니와 부질없는 짓이라고 보는 입장도 있다. 이 입장은 가족은 붕괴되고 있는 것이 아니라 다양화되고 있을 뿐이기에, 다양한 형태의 가족 양식을 인정하고 동성 관계도 인정하는 방향으로 나아가는 것이 대안이라고 본다. 결혼과 가족의 변화를 야기한 사회 구조적 흐름을 되돌릴 수는 없음을 고려할 때 전통 가족으로의 회귀는 실현 가능한 대안이 아니며, 사적 관계를 적극적으로 창조하고 유지해주는 정서적 의사소통의 중요성이 가족과 결혼의 핵심 요소가 되었음을 인정해야 한다는 주장이다.

향후 가족이 어디를 향해 갈 것인가에 대해서도 다양한 의견이 공존한다.[35] 이와 관련해 이혼율은 현 상태를 유지할 것이라는 예상이 지배적이다. 한국에서도 2000년대 초반까지는 이혼율이 꾸준히 상승 곡선을 그렸지만 최근 들어서는 다소 낮아지는 추세에 있다. 단, 이혼 커플은 불행할 것이라는 고정관념은 서서히 바뀌고 있어, 이혼은 불행이나 불안의 원천이기도 하지만 새로운 만족을 찾아 도전해 볼 수 있는 가능성이라는 인식이 증가하고 있다.

이혼 및 재혼의 확산으로 인해 복합 가족 및 재구성 가족이 증가함에 따라 무수히 다양한 가족 형태가 나타나게 될 것은 분명하다. 독신 및 동거에 대한 사회적 낙인도 약화되고 있고, 유럽 및 미국에서는 이미 게이 커플을 향한 적대감도 상당 부분 감소되었다. 미래 가족은 한편에서는 구성원들 사이에 반영구적으로 지속 가능한 안정적 관계를 설정하면서 다른 한편으로는 개인의 자유로움과 조화를 이루는 곳이 되어야 할 것이다. 공동체적 가치를 구현하면서 동시에 개인의 성장 및 발전을 조화롭게 실현시켜갈 때, 가족은 최선의 삶의 배열로서의 가치를 풍성하게 구현하게 될 것이다.

가족에 대한 이론적 관점

1. 기능주의 가족론

흔히 가족사회학 영역에는 이론이 희소하다고 생각하는 경향이 있지만 그것은 오해다.[36] 여기서는 상반되는 입장을 보이고 있는 대표적 이론으로서 기능주의 가족론과 페미니즘 가족론을 정리해보고자 한다.

기능주의에 따르면 사회란 지속성과 합의를 도출하기 위하여 구체적 기능을 수행하기로 한 일련의 사회 제도 덩어리로 구성된다. 기능주의에 기초한 가족론은 가족이 어떤 기능을 담당하는지에 주목한다. 산업사회 이전 가족의 주요 기능은 경제적 생산과 재생산(출산)이었으나, 산업화 이후 생산 기능은 공장 및 일터로 분화·전문화되었다. 산업사회 핵가족은 사회 질서 유지에 필요한 욕구 충족을 위해 자녀 출산과 양육, 그리고 사회화 기능을 전담하게 되었다고 본다.

기능주의의 대표자 T. 파슨스는 가족 기능과 관련해서 주목할 만한 연구 업적을 남겼다. 그에 따르면 가족은 1차적 사회화를 담당하는 매우 중요한 제도이자 인격 형성이 이루어지는 장이다. 가족이 1차적 사회화 기능을 담당한다 함은 가족을 통해 출생지 사회의 문화적 규범을 학습하게 된다는 것이요, 신생아 초기 및 유년기에 집중적으로 사회화가 이루어지는 곳이라는 의미임은 3장에서 이미 살펴보았다. '세 살 버릇 여든까지 간다'는 속담이나 밥상머리 교육의 중요성에 반영되듯, 가족은 개인의 인격 발달에 가장 중요한 환경을 제공한다.

가족 내 1차적 사회화가 성공적으로 수행될 경우, 가족 구성원들 사이에 정서적 유대와 지원이 이루어지면서, 구성원들은 안정된 인성을 습득하게 된다는 것이 파슨스의 주장이다.[37] 결혼은 성인 인격체 사이에 서로 지지해주고 정서적 건강을 배려해주는 사회적 버팀목이다. 다만, 현대 사회에서 결혼 및 가족의 불안정성이 증가함에 따라 안정된 인성을 만들어내는 장으로서의 의미가 약화됨으로써, 가족 기능에 대한 논란이 다시금 제기되고 있다.

기능주의 가족론의 또 다른 핵심적 주장은 핵가족과 산업사회 간에 선택적 친화성selective affinity이 존재한다는 것이다.[38] 핵가족은 친족 유대가 소원하고 규모 또한 작아서 사회의 변화 요구에 빠르게 적응할 수 있다고 본다. 특히 산업사회에서는 직업 이동성이 확대됨에 따라 가족의 유연한 이동성이 요구되는 바, 핵가족은 이러한 사회적 요구에 효율적으로 부응할 수 있다는 것이다.

기능주의 가족론에서는 가족 내 역할 분업과 관련해서 남편은 생계를 책임지는 도구적 역할을, 부인은 구성원 간의 정서적 유대를 책임지는 표현적 역할을 담당한다고 본다. 남편의 도구적 역할과 부인의 표현적 역할은 상호보완적이면서 가족의 안정성 유지에 실질적으로 기여한다고 보며, 가족의 의사 결정은 평화롭고 조화롭게 이루어진다고 전제한다.

그러나 파슨스가 규정하고 있는 '남편 = 도구적 역할', '부인 = 정서적 역할'의 등식화는 가족 내 남녀 역할 분담을 자연스럽고 당연한 것으로 받아들이도록 한다는 점에서 비판을 받고 있다. 가족 내 성별 역할 분업은 제2차 세계대전 직후의 특수한 상황에 국한되는 것으로, 이 주장은 후일 페미니즘 가족론으로부터 혹독한 비판을 받게 된다. 그런가 하면 파슨스는 가족의 1차적 사회화 기능을 과도하게 강조함으로써 가족 이외의 미디어, 학교, 정부 등 여타 사회화 기관이 아동의 사회화에 미치는 영향을 간과하는 오류를 범했다는 비판도 받고 있다. 나아가 파슨스 본인이 의식했든 하지 않았든 백인 중산층 중심의 전형적 핵가족을 '정상 가족'의 기준으로 설정함으로써, 이 범주에서 벗어난 가족을 일탈로 간주하거나 배제하는 한계를 보인다.

2. 페미니즘 가족론

기능주의 가족론과 반대편에 서 있는 페미니즘 가족론은 그동안 가족에 대해 불편하게 생각해왔던 현상들을 표면으로 드러냄으로써, 가족 신화 뒤에 숨겨져 왔던 가족의 실체에 한 걸음 더 가까이 가고 있다.[39] 페미니즘 가족론은 기능주의 가족론에서 고수해온 바, 가족이란 조화롭고 평등한 인간관계의 보루라는 견해에 도전하기 시작한다. 1970–80년대 미국을 중심으로 활성화되기 시작한 페미니즘 가족론은 성별과 세대에 따른 가족 내부의 역학에 주목한다.

페미니즘 가족론은 가족이 과연 공통의 이해와 상호 부조에 바탕을 둔 협동적 거주 단위인가 하는 근본적 질문을 제기하면서 가족 내에 불평등한 권력관계가 상존한다는 사실에 초점을 맞춘다. 결혼 및 가족 제도는 명분상으로는 조화롭고 평화로우며 사랑과 애정이 넘치는 곳을 지향하지만, 실상은 성과 세대에 따라 권력이 불평등하게 배치되어 있는 곳이라는 것이다. 기능주의 가족론은 가족의 성 역할 분업이 평등하고 상호보완적이라 주장하지만, 실제 성 역할 간에 위계가 존재하고 권력 불평등이 엄존하는 실체를 숨기고 있다는 것이 페미니즘 가족론의 주장이다.

패러다임의 획기적 전환을 가져온 페미니즘 가족론은 지금까지 가족 연구에서 배제되어왔던 주제를 연구 영역으로 포섭하는 데 기여했다. 가사노동과 관련된 논쟁이 페미니스트들로부터 촉발되었음은 대표적 실례이다.[40] 이전까지는 '눈에 보이지 않는 노동'으로서 연구 대상에서 배제되어왔던 가사노동을 주제로 페미니스트들은 도발적 질문을 제기한다. 현재의 성 역할 분업은 산업 자본주의의 산물인가, 아니면 이전부터 존재해온 가부장제의 영향인가? 달리 표현한다면 가사노동은 자본가에게 유리한가, 가부장에게 유리한가? 이 질문에 대한 답은 두 입장으로 나뉜다. 먼저 자본가에게 유리하다고 보는 입장에서는 여성에게 할당된 가사노동의 경우 아무런 대가가 지불되지 않는다는 점을 강조한다.[41] 자본가가 노동자에게 임금을 제공할 때 생활비를 기준으로 계산하는데, 자본가는 쌀값만 임금 계산에 포함시킨다는 것이다. 시장에서 구입한 쌀이 밥상 위의 밥이 되기까지는 쌀을 씻고 밥을 안치고 밥상을 차리는 가사노동이 필히 포함되어야 하건만, 그 부분은 임금에서 제외되기 때문에 가사노동의 혜택은 자본가에게 돌아간다는 주장이다. 반면 가부장에게 유리하다는 주장도 있다. 결국은 가족 구성원 중 누군가가 무보수의 노동을 담당해야만 하는 상황에서 대부분은 여성이 가사노동을 전담함으로써 혜택은 가부장에게 돌아간다는 것이다. 가족 관계 안에서 보다 많은 권력을 갖고 있는 가부장이 가사노동에 참여하지 않는 자유와 더불어 가사노동의 혜택을 점유하고 있다고 보는 것이다.

이에 대해 페미니즘 입장은 '균형 잡힌 가족'을 대안으로 제시한다. 여성들이 공적 영역으로 진출한 만큼 남성들 또한 가족 영역에 참여해야 함에도 불구하고 여성의 가사 참여가 줄지 않고 있는 현실을 반성하며, 페미니즘 가족론은 가족의 모든 역할이 균형 있게 공유되고, 책임감까지 평등하게 분배되는 가족을 대안으로 상정하고 있다.

가사노동과 더불어 페미니스트들이 포섭한 또 하나의 주제로는 가족 폭력이 있다. 앞서 살펴본 가족 폭력의 다양한 사례 역시 숨겨져 있던 현상이자 과소 보고되어온 대표적 사례이다. 아내 구타, 부부 강간, 근친상간, 아동 성 학대 등의 가족 폭력을 사회적 이슈로 공론화하고, 가족 폭력의 원인으로 가족 내부의 불평등한 권력관계에 주목하도록 한 것은 페미니스트들의 공헌이다.

가족의 돌봄 노동도 페미니즘 가족론에 힘입어 주요한 연구 구제로 부상했다. 가족의 돌봄 역할은 가족 공동체는 물론이요 사회 전체를 유지하기 위해 없어서는 안 될 가치 있는 노동이지만 지금까지는 대부분 의미가 평가절하되어왔다. 대표적 감정 노동의 특징을 보유한 돌봄 노동을 주제로 누가 돌봄 노동을 담당하고 있는지, 돌봄 노동에 대한 사회적 가치는 얼마나 되는지 등의 문제 제기를 시작한 공로도 페미니스트들에게 돌아가야 할 것이다. 가족을 균형 잡힌 시선으로 이해하고 새로운 대안을 모색하는 데 페미니즘 가족론의 관점이 통찰력과 분석력을 제공해주었을 것으로 생각한다.

chapter 06

섹슈얼리티와 젠더

1. 애틀랜타와 샌프란시스코에서 생긴 일

섹슈얼리티는 1980-90년대를 거치면서 사회학 분야에서 매우 뜨거운 화두로 떠올랐다. 섹슈얼리티에 대한 본격적인 논의에 앞서 개인적으로 경험했던 인상적 에피소드를 나누고 싶다. 필자는 1985년 애틀랜타의 에모리대학교로 유학을 떠났다. 당시 미국에서는 에이즈를 둘러싼 공포가 전역으로 확대되고 있었다. 학교 내에 위치한 미국질병관리본부에서 에이즈의 원인을 규명하고 치료 방법을 찾고 있다는 이야길 들은 후, 건물 앞을 지나갈 때면 왠지 오싹했던 기억이 난다.

에이즈AIDS는 후천성면역결핍증Acquired Immune Deficiency Syndrome의 머리글자를 딴 것이다. 에이즈라는 이름을 얻기 전에는 주로 남성 동성애자들에게 발병하고, 치료 방법이 없어 죽음에 이르게 되는 질병이라는 의미에서 '게이 암'이라 불리기도 했다. 1980년대 후반만 하더라도 에이즈는 동성애자들에 대한 신의 형벌이라는 인식이 지배적이었다. 그러나 한편에서는 에이즈의 공포에도 불구하고 동성애 커뮤니티가 사라지기는커녕 더욱 활성화되고 있다는 주장이 제기되기도 했다.

에이즈를 둘러싼 편견과 고정관념을 극복하고자 게이 감독이 게이 커뮤니티를 대상으로 제작비 후원을 받아 제작한 영화가 있다. 1989년 상영되기 시작한 영화의 제목은 〈오랜 친구Longtime Companion〉[1]로, 당시로서는 금기였던 주제를 다룬 영화였음에도 할리우드의 유명 배우들이 주연과 조연을 맡아 열연을 펼쳐 화제가 되기도 했다. 애틀랜타 지역 신문에서 이 영화가 제한 상영될 예정이라는 짧은 기사를 접하곤, 한국계 미국인 친구와 함께 영화를 보러 갔다. 당시 애틀랜타는 미국 내 게이 인구 비율이 샌프란시스코에 이어 두 번째로 높은 도시로 알려져 있었다. 극장 앞에서 애틀랜타에 거주하는 게이들이 무리지어 있는 모습을 본 것이 신선하기도 하고 당혹스럽기도 한 문화 충격이었다. 영화가 끝나자 멋진 패션 감각과 세련된 스타일을 자랑하는 게이 커플들이 쌍쌍이 극장을 빠져나가는 모습도 인상적이었다.

그때로부터 약 20년이 지난 2004년 연구년을 맞아 버클리대학을 방문했다. 그곳에서 대학 주변 서점들을 하루 한 차례씩 순회하곤 했는데, 모든 서점마다 벽면 하나 가득 섹슈얼리티를 주제로 한 책들이 쌓여 있었다. 1990년대 말-2000년대

볼거리

영화 _ 〈오랜 친구Longtime Companion〉(1989)

이 영화는 에이즈를 주제로 만들어진 최초의 영화로 미국 개봉 당시 제한 상영되긴 했지만 평론가들로부터 두루 호평을 받았다. 1981년 후천성면역결핍증이라는 이름으로 불리기 전 《뉴욕 타임스》는 에이즈를 '게이 암gay cancer'이라 호명했다. 영화는 에이즈의 충격을 감내해야만 했던 동성애 커뮤니티의 이야기를 담담하게 그리고 있다. 처음 동성애자들을 중심으로 에이즈가 빠르게 확산되자 동성애 커뮤니티 내부에서는 서로를 향한 경계와 불신이 서서히 싹트기 시작한다. 하지만 이 공포를 이겨내고 살아남은 게이들은 자신들의 관계가 '오랜 친구longtime companion'임을 깨닫게 된다.

처음 에이즈는 동성애를 향한 신의 형벌로 인식되어 질병의 원인을 규명하고 치료 방법을 찾는 일에 소홀했다. 이후 에이즈는 누구에게나 감염 가능한 질병임이 밝혀지면서 에이즈 치료에 박차가 가해지긴 했지만 에이즈에 대한 편견이 호모 포비아를 강화하는 데 일조했음을 부인하긴 어려울 것이다. 오늘날 동성애 커뮤니티에서는 에이즈의 공포에도 불구하고 동성애가 사라지기는커녕 번성하고 있음에 주목하고 있다.

— 마크 플릿우드(mfleetwo@mail.coin.missouri.edu)

를 거치면서 사회학·심리학 등 사회과학 영역에서 섹슈얼리티가 핵심 화두로 부상했음을 상징하는 장면이었다. 인근 비디오 대여점에는 '커뮤니티 어페어Community Affairs'라는 타이틀이 눈에 띄었는데, 이 범주에 속하는 비디오는 대부분 동성애를 주제로 한 영화였다. 미국의 서부는 섹슈얼리티에 대한 포용성이 높은 곳임을 새삼 실감했다.

마침 시간적 여유가 생겨 샌프란시스코 관광을 나선 길에 동성애자 거주 지역으로 명성 높은 기어리 거리를 지나가다 두 (남성) 노인이 팔짱을 낀 채 다정하게 걸어가는 모습을 보았다. 동성애자들은 왠지 젊은이들일 것이라는 고정관념을 갖고 있던 내게 노인 동성애 커플은 또 한 번의 문화 충격을 안겨주었다.

서구 사회에서 섹슈얼리티를 둘러싼 최근의 뜨거운 쟁점은 동성 결혼의 인정 여부이다. 미국에서 동성 결혼이 최초로 합법화된 곳은 매사추세츠주로, 2004년 5월 17일 오전 9시 역사적 결정이 이루어졌다. 같은 해 캘리포니아주에서도 동성 결혼을 합법화했고, 2013년에는 일리노이주에서 동성 결혼이 합법적임을 선언했고, 2015년에는 연방정부가 공식적으로 동성 결혼의 합법화를 성사시켰다. 덴마크, 노르웨이, 스페인에서는 일찍이 동성 결혼의 합법화가 이루어졌고, 영국에서도 1967년 게이의 존재를 법적으로 인정한 이후 2004년 11월 동성 결혼의 합법적 인정 법안이 통과되었다. 남아프리카공화국에서도 1996년 헌법을 제정하면서 동성 결혼을 합법화했다.

동성 결혼을 합법화한다는 의미는 예상 외로 광범위하다. 사회 보장 및 복지 수혜권을 예로 들어보면 지금까지 이성애 부부에게 인정되어온 방식이 동성 부부에게도 동일하게 인정됨을 뜻한다. 배우자의 자녀에 대한 양육권도 지금까지는 동성 부부에게는 인정되지 않았지만 앞으로는 이성애 부부와 동일하게 인정된다. 두 사람 중 한 사람이 사망하는 경우 동성 부부에게도 생애 보험권을 전폭적으로 인정해주고, 배우자와 자녀의 생계를 적정 수준에서 보살필 수 있는 책임을 인정해주며, 세제권 및 진료권 등의 경우에도 기존 이성애 부부와 똑같은 권리를 인정하게 된다.

동성 결혼을 둘러싸고는 찬성과 반대 의견이 팽팽하게 대립하고 있다. 반대 논리는 다음과 같다. 결혼은 파트너 사이의 정서적 친밀감 및 서로를 향한 헌신이 우선시되지만 국가의 인정을 받는 합법적 제도이기도 하다. 따라서 이성애 부부에게는 결혼 규정에 따라 국가의 합법적 인정과 동시에 중요한 권리 및 의무가 부과된다. 여기서 중요한 점은 권리를 누리는 만큼 의무도 부담해야 한다는 것이다. 만일 동성 결혼을 인정한다면 국가가 나서서 억제해야 마땅한 성적 취향을 부추기는 결과를 가져올 수도 있다는 것이다.

반면 가톨릭 교도인 앤드류 설리번Andrew Sullivan은 스스로 동성애자임을 밝히면서 동성애자의 권리 옹호를 위해 『사실상 정상적인Virtually Normal』[2]이라는 제목의 책을 펴냈다. 설리번은 가톨릭 교도로서의 종교적 신념과 동성애자로서의 성적 취향을 융합하게 된 과정을 고백하면서, 동성애는 개인의 의지에 따라 '선택된 것'이 아니라 생물학적으로 '타고난 것'이라 주장하고 있다. 그런 만큼 동성애자들이 경험하는 편견과 소외를 극복할 수 있도록 동성 결혼을 합법화해야 한다는 의견을 호소력 있게 제시하고 있다.

한국에서도 동성 결혼 이슈가 제기된 바 있다. 김조광수 청년필름 대표와 김승환 레인보우팩토리 대표가 2013년 9월 7일 청계천 광통교에서 결혼식을 올렸다. 두 사람의 결혼식은 많은 사람들이 참여할 수 있도록 공개적으로 진행되었다. 두 사람은 같은 해 12월 10일 세계 인권의 날을 맞아 서대문구청에 혼인신고서를 제출했다. 그러나 서대문구청에서는 “민법상 당사자 간의 혼인 합의가 없다”는 이유를 들어 혼인신고서를 수리하지 않았다. 이에 이들 커플은 2014년 5월 21일 서울 서부지법에 동성 간 혼인신고서가 불수리된 것에 대한 불복 소송을 제기했다. 동성 결혼 이슈의 등장은 섹슈얼리티에 대한 관점이 과거에 비해 급격한 변화를 겪고 있음을 상징적으로 보여준다.

2. 섹슈얼리티란?

섹슈얼리티의 생물학적 측면과 문화적 다양성

인간의 섹슈얼리티

섹슈얼리티 개념에는 사랑에 대한 생각과 상대방에 대해 느끼는 매력과 관련된 개인의 견해가 포함되어 있다. 더 나아가 좋은 관계를 유지한다는 것의 의미도 함축되어 있고, 차별과 불평등을 넘어 인권을 존중하면서 평등한 관계를 위해 노력한다는 의미도 포함되어 있다. 다차원적 의미를 함축하고 있는 섹슈얼리티에 대한 포용력이 점차 중요해지고 있다 하겠다.

섹슈얼리티 개념은 역사적 맥락 속에서 의미의 변화를 경험해왔다. 전통 사회에서 출산과 연계되지 않는 섹스, 생식 과정과 연결되지 않는 섹슈얼리티는 인정되지 않았다. 그러나 현대 사회에서 섹슈얼리티는 출산 및 생식으로부터 분리되어 개인이 경험하고 구축해야 하는 삶의 영역 속으로 들어오기 시작했다. 뿐만 아니라 과거의 섹슈얼리티는 일부일처제와 이성애 속에서 규정되었지만, 오늘날은 다양한 성행위와 성적 취향의 표현을 인정하는 추세로 이행해가고 있다.

그렇다면 섹슈얼리티와 생물학은 어떤 관계에 있을까? 지금까지 섹슈얼리티는 개인의 내밀한 사생활 영역으로 간주되어 생물학, 의학, 정신분석학, 성의학 전문가를 중심으로 연구가 진행되어왔다. 이들 영역은 주로 인간의 성행위를 이해하기 위해 동물을 대상으로 연구를 진행해왔다.

동물의 욕구 중 식욕이 더 강한지, 성욕이 더 강한지에 대해 호기심을 느낀 과학자들이 쥐를 대상으로 실험을 했다. 교미기의 수컷 쥐 앞에 한쪽에는 먹이를 놓고 다른 한쪽에는 암컷 쥐를 놓은 다음 수컷 쥐가 어디를 향해 돌진하는지를 관찰했다. 예상했던 대로 수컷 쥐는 먹을 것을 향해 전진했는데 이 결과를 두고 상반된 해석이 나왔다. 식욕이 역시 성욕보다 강하다고 주장하는 측과 성욕을 충족시키기 위해 먼저 식욕을 채우러 갔다고 주장하는 측이 팽팽히 맞섰다.

섹슈얼리티가 생물학적 토대를 갖고 있음은 부인할 수 없는 사실이다. 남성의 유전 인자는 XY, 여성은 XX로 구성되어 있고, 남성에게서는 테스토스테론이, 여성에게서는 에스트로겐이 상대적으로 많이 분비된다. 2차 성징이 나타나는 시기가 되면 남성들은 변성기가 오고 목젖이 나오고 여성들은 생리가 시작되고 가슴이 나온다.

진화론을 추종하는 입장은 남녀 간 생물학적 차이를 강조하는 경향이 있다. 진화론에 따르면, 남성에게서는 가능한 한 많은 여성을 수태시키려는 생물학적 경향과 더욱 많은 상대와 자유로운 성관계를 원하는 난혼 지향성이 높게 나타나고 있다. 반면 여성은 자녀들이 물려받게 될 생물학적 유전 성향을 고려하는 동시에 아이의 양육과 성장 과정을 안정적으로 보호해줄 배우자를 원한다는 것이다.

이러한 진화론의 입장은 인간이 유전적 본능보다 환경적 영향에 보다 큰 폭으로 노출된다는 입장으로부터 비판을 받고 있다. 일례로 스티븐 로즈Steven Rose에 따르면 인간 신생아의 경우 태어나는 순간 신경 다발 경로가 결정된 경우는 거의 없다.[3] 인간은 생물학적 잠재력을 타고 나지만 어떤 환경을 만나느냐에 따라 결과가 질적으로 달라진다는 것이다. 무엇보다 인간과 동물 사이에는 결정적 차이가 존재한다. 동물은 교미 기간이 아니면 성관계 자체가 불가능하기에, 동물의 짝짓기는 메이팅mating이라 부른다. 하지만 인간의 짝짓기는 통제가 가능하기에 매리지marriage라 칭한다. 인간은 섹슈얼리티를 둘러싼 자신의 정체성을 깊이 고민하고, 생각과 감정을 다양한 상징으로 표현한다는 점에서 동물과는 결정적 차이를 보인다.

1974년 미국 정신과협회는 동성애가 정신질환이 아니라는 입장을 공식화했다. 세계보건기구WHO에서도 2000년을 기점으로 동성애를 정신질환 목록에서 공식적으로 제외했다. '성적 성숙 장애' 등 성적 취향과 관련된 증상은 여전히 질병으로 분류되고 있으나, 동성애에 부과되었던 의학적 편견은 불식되고 있다. 한국에서도 1980년대 이후 동성애가 정신질환 목록에서 삭제되었으나, 일각에서는 아직도 동성애를 질병으로 간주하는 편견이 남아 있다.

섹슈얼리티와 사회적 영향력

대부분의 사회에서는 정서적 충만감과 성적 만족을 위해 자신과 다른 성을 찾는 이성애가 주류를 이룬다. 주디스 로버Judith Lorber는 섹슈얼리티의 복잡성에 주목하면서 성적 취향을 10가지로 범주화하고 있다.[4] 로버에 따르면 이성애자 여성, 이성애자 남성, 여성 동성애자인 레즈비언, 남성 동성애자인 게이, 여성 양성애자와 남성 양성애자가 있다. 더불어 의상도착증Transvestism은 정기적으로 남자 복장을 하는 여성과 정기적으로 여자 복장을 하는 남성으로 범주화된다. 다음으로는 트랜스젠더transgender로, 남성에서 여성으로 전환한M to F 경우와 여성에서 남성으로 전환한F to M 경우가 있다.

한편 한국의 게이인권운동단체에서는 로버가 제시하고 있는 레즈비언, 게이, 양성애, 트랜스젠더 이외에 퀴어queer 범주를 추가하고 있다. 퀴어는 처음부터 성적 지향성을 동성애, 양성애, 이성애로 구분하거나 성별 정체성을 여성과 남성으로 구분하는 데 동의하지 않는 이들을 지칭한다. 덧붙여 태어날 때부터 혹은 성장을 거듭하면서 남성의 생물학적 요소와 여성의 생물학적 요소를 동시에 갖고 있거나, 어느 한쪽으로 분류하기 어려운 신체적 조건을 가진 이들을 일컬어 간성間性, intersex이라 부르고 있다.

성 규범에도 문화적 다양성이 존재함은 물론이다. 고대 그리스에서는 동성애가 권장된 바 있고, 동성애야말로 인간이 추구할 수 있는 최고의 경지라 쓰인 문건들도 발견되고 있다. 동성애를 전면적으로 불허하는 문화권에서부터 부분적으로 허용하는 문화권에 이르기까지 스펙트럼이 넓다.

일찍이 인류학자 클레란 포드Clellan Ford와 프랭크 비치Frank Beach는 200개 이상의 문화권을 대상으로 성 규범 및 섹슈얼리티를 주제로 흥미진진한 인류학적 자료를 수집한 결과 정상적 성 행동과 성적 매력을 둘러싼 규범이 문화권에 따라 10인 10색의 형태를 보이고 있음을 밝혀냈다.[5] 예를 들어 전희가 성교의 필수 과정으로 인식되는 문화가 있는가 하면, 아예 전희 개념이 존재하지 않는 문화도 있다. 과도한 성관계는 육체적 허약 및 질병의 원인이 된다고 믿어 성교를 억제하는 문화가 있는가 하면, 남태평양의 세니앙족처럼 마을 연장자들이 바람직한 성관계 시기를 조절해주는 문화도 있다. 흥미롭게도 머리가 흰 노인들만이 매일 밤 합법적 성교가 가능한 문화권도 있다.

문화적 다양성을 엿볼 수 있는 섹슈얼리티의 또 다른 영역으로는 성적 매력과 관련된 규범이 있다. 일반적으로 남성보다 여성 쪽이 육체적 매력의 비중에 더 민감할 수밖에 없는데, 성적으로 선호되는 여성 유형은 문화별로 다양한 차이를 보였다. 실제로 서구에서는 가늘고 작은 체구가 선호되는 데 반해 풍만하고 몸집이 좋은 여성들이 인정받는 문화권도 존재한다. 북구에서는 인공적 아름다움보다는 자연스러운 미를 강조하고 있다. 조선 시대 미인도에는 갸름한 얼굴에 쌍꺼풀 없는 눈이 아름다운 여성의 전형적 이미지로 그려지고 있으나, 오늘날 미스코리아의 특징은 서구형 미인에 가깝다. 조선 시대 기록에 따르면, 외국인을 처음 만났던 조선인들은 입체적 얼굴에 건장한 체구의 외국인을 보면서 "도깨비 같았다"고 고백했다 한다. 최근 들어서는 서구 문화의 영향을 받아 얼굴과 체형 모두 서구화된 모습에 긍정적 가치를 부여하고 있다.

여성의 가슴은 한편에서는 성적 매력을 불러일으키는 상징이지만 다른 한편에서는 성적 매력과 전혀 무관한 경우도 있다. 인류학자 클로드 레비-스트로스Claude Lévi-Strauss의 『슬픈 열대Tristes Tropiques』 첫 장을 펼치면 원시 부족 여성이 가슴을 활짝 풀어헤치고 아이에게 젖을 물리는 장면이 나온다.[6] 여기서 원시 부족 여성의 가슴은 성적 긴장감이나 매력을 불러일으키는 신호로 작동하지 않는다.

프랑스 루브르 박물관에는 젊은 여성이 노인에게 젖을 물리고 있는 모습의 조각상이 있다. 조각의 모델이 된 그림 제목은 〈딸의 젖을 먹는 시몬〉이다. 처음에는 에로틱하고 포르노적인 작품이 아닐까 의구심을 갖지만, 조각상에 숨은 스토리를 들은 후에는 생각이 바뀐다. 주인공인 노인과 젊은 여자는 아버지와 딸이다. 작품은 오랜 수감생활을 끝내고 드디어 석방됐지만 물 한 모금 삼키지 못한 채 죽음 직전에 몰린 아버지를 살리고자 막 출산을 한 딸이 자신의 젖을 아버지 입술에 물리는 모습을 형상화했다. 작품에 담긴 절박한 상황을 알고 나면 여성의 가슴은 성적 매력 대신 생명의 존엄함을 표상하는 상징으로 다가오게 된다. 결국 섹슈얼리티는 생물학을 기반으로 하고 있으나 사회 문화적 맥락으로부터 자유로울 수 없음을 확인할 수 있다.

섹슈얼리티와 생식 기술, 그리고 진화하는 섹슈얼리티

섹슈얼리티와 생식 기술의 발전

18세기까지는 한 명의 여성이 평생에 걸쳐 스무 번 내외로 임신하는 것이 일반적이었다고 한다. 현대 사회의 여성은 생리 시작 시기가 빨라지는데도 결혼이 지연됨에 따라 출산과 무관한 생리 기간이 지나치게 길어지면서 건강에 적신호가 켜졌다.

생식 기술의 발전 과정에서 임신과 출산의 의료화 현상이 진행되었음은 특기할 만하다. 전통 사회에서 임신이나 불임은 자연의 섭리와 연계됨으로써 불임은 신의 저주나 개인적 불운 탓으로 자연스럽게 받아들여졌다. 당시 출산은 가족이나 산파의 도움을 받아 이루어졌으나, 이제는 산부인과 전문 의료진의 도움을 받기 시작하면서 불임과 난임은 치료의 대상이 되었고, 출산 또한 전문가의 도움을 필요로 하는 영역이 되었다. 이를 임신과 출산의 의료화 현상이라 칭한다.[7]

한국에서는 태아의 성별을 미리 알려주는 것이 불법이었으나 2000년 이후부터는 합법화되기 시작했다. 과거에는 태아가 여아일 경우 낙태하는 비율이 높았으나, 2000년 이후부터는 성비 불균형이 정상으로 회복됨에 따른 조치라 할 것이다. 뿐만 아니라 초음파 및 양수막 검사 등을 통해 태아의 건강 여부를 미리 진단하기도 한다. 이로 인해 태아의 장애가 감지될 경우 예비 부모의 선택과 관련된 의료 윤리 논쟁이 발발하고 있다. 국내외에서 의료 윤리 이슈를 제기했던 사례를 소개해본다.

• 미국 사례: 미국 중산층 부부 가족의 첫째 딸이 백혈병 진단을 받게 되었다. 부부는 딸에게 골수 이식이 가능한지 여부를 검사해보았으나 불행히도 이식이 불가

능하다는 결과가 나왔다. 그러자 부부는 앞으로 태어날 아이가 첫째의 백혈병 치료에 도움을 줄 수 있을지 모른다는 희망을 안고 임신을 결정한다. 확률은 50%에 불과했지만 부부는 출산을 감행했다. 이 부부의 선택을 두고 미국에서는 격렬한 논쟁이 전개되었다. 동생의 출산은 언니(누나)를 구하기 위한 수단이었다며 부부의 행동을 적극 비판한 입장에 대해, 정작 이들 부부는 동생의 출생이야말로 언니의 소중한 생명을 살리기 위해 태어나는 가장 고귀한 선물이라 응답했다.

• 한국 사례: 공중파 다큐멘터리 프로그램을 통해 방영된 사례로, 주인공 부부는 뱃속 태아가 7개월가량 되었을 때 의사로부터 매우 충격적인 이야기를 듣게 된다. 태아는 이유를 알 수 없는 유전자 결함으로 인해 출생 순간에는 남자의 성징을 갖고 태어나지만, 2차 성징이 발현되는 시기에는 여성성이 나타나게 되리라는 것이었다. 이후 부부는 이루 말할 수 없는 슬픔과 절망감에 빠진다. 다큐멘터리는 의사로부터 충격적 사실을 전해 들은 산모가 아이를 출산하기까지의 과정을 담담하게 담아 아이가 훗날 감당해야 될 고통과 엄마의 선택 사이에 자리한 의료 윤리의 딜레마를 보여준다.

생명공학의 발전과 설계된 아기의 등장

생명공학의 발달에 힘입어 가까운 미래에는 '설계된 아기planned baby'의 등장을 목격하게 될 것이다. 태아의 유전적 자질을 선택하고 이후의 성장에도 영향력을 행사할 수 있는 가능성을 두고, 찬성과 반대 논리가 팽팽히 대립하고 있다.

먼저 찬성 입장에서는, 특정 질병에 취약한 유전적 요소를 규명함으로써 유전자 재배열을 통해 질병의 대물림을 차단할 수 있다는 점에서 생명공학이 문제를 해결할 수 있으리라 본다. 실제로 영국에서는 엄마의 대장암 유전자가 태아에게 전달될 확률이 50%가 넘는 상황에서는 다른 여성의 난자를 빌려 건강한 자녀를 낳을 수 있는 권리를 허용하고 있다. 아이 입장에서는 두 명의 생물학적 엄마를 가질 수 있는 시대가 열린 셈이다. 나아가 출생 전부터 피부색, 눈동자 색, 체중, 키 등을 선택함으로써 신체 설계가 가능하다는 점도 찬성의 논리로 제시되고 있다.

반대의 입장도 만만치 않다. 신의 영역이라 할 생명 및 출생 현상에 겁 없이 도전하는 것은 인간의 무모함을 방증하는 것이라 보고, 설계되고 디자인된 출산이 가능해질 경우 '생물학적 하류 계급'이 형성될 것이라는 주장이다. 미래 사회에는 생명공학이 제공하는 혜택을 전격적으로 누릴 수 있는 집단과 누리지 못하는 집단 사이의 불평등이 확대되면서, 우월한 신체적 조건을 타고나지 못할 경우 편견과 차별의 대상으로 전락할 가능성 또한 제기되고 있다.

낙태 논란

낙태는 심각한 윤리적 딜레마를 야기하는 이슈 중 하나이다. 어떠한 조건에서 낙태가 허용되어야 하는가에 대해서도 두 가지 입장이 맞서고 있다.

낙태를 반대하는 사람들의 슬로건은 친생명이고, 낙태를 찬성하는 사람들의 슬로건은 친선택이다. 낙태 반대론자들은 강간에 의한 임신, 출산을 할 경우 산모의 생명이 위협받을 경우, 뱃속의 태아가 치명적 장애를 안고 있을 경우 등 극단적 상황을 제외하고 낙태를 기본적으로 살인 행위라 본다. 인간의 생명을 무엇보다 우선시해야 된다는 주장을 펴는 낙태 반대론자들은 뱃속의 태아가 생명으로서의 존엄성을 인정받지 못한다면 인간의 생명은 어디서부터 존엄성을 인정받을 수 있겠느냐는 존재론적 의문을 제기한다. 반면 낙태 찬성론자들의 논리는 태어나지 않은 생명 못지않게 모성을 선택할 수 있는 여성의 권리도 중요하다고 주장한다. 여성 스스로 자신의 신체에 대해 통제할 수 있는 권리를 부여받아 마땅하다는 것이다.

사회 법률 이론가인 로널드 드워킨Ronald Dworkin은 절충안을 제시하고 있다.[8] 그에 따르면 친생명이든 친선택이든 양 진영 모두 실상은 인간 생명의 성스러움에 가치를 두고 있다. 다만 친생명은 태아의 복리를 우선하는 것이고, 친선택은 모성의 복리를 강조하는 것이기에, 두 입장 사이의 수렴이 가능할 것으로 판단하고 있다.

서양 문화에 나타난 섹슈얼리티의 진화

기독교 교회가 모든 것을 통제하던 중세 시대에는 극도의 금욕과 절제가 주류 문화를 이루었다. 당시 자녀 출산과 무관한 모든 성적 행동은 금기시되었다. 19세기로 오면 종교적 믿음 대신 의료적 논리가 섹슈얼리티를 규정하기 시작한다. 다만 초기에 발표된 저서 대부분은 여전히 종교적 영향을 강하게 받고 있었기 때문에 교회의 주장만큼 엄격한 금욕을 강조했다. 이에 따라 자위행위는 눈을 멀게 하고 정신 이상이나 심장병 및 기타 질병의 원인이 되며 구강성교는 암을 유발한다는 등의 검증되지 않은 주장이 폭넓게 유포되기도 했다.

빅토리아 시대는 섹슈얼리티 시각에서 '성적 위선의 시대'라는 평가를 받고 있다. 당시 여성들은 성에 무관심하거나 무지했고, 남편의 성적 관심을 여성의 의무로 받아들였다. 반면 도시화의 여파로 대도시를 중심으로 매매춘이 번성함에 따라 쉽게 대해도 좋은 '헤픈 여자'와 아내 및 어머니로 대변되는 '정숙한 여자'라는 이분법이 등장했다. 빅토리아 시대 남성들은 성실하고 훌륭한 시민으로서 자신의 아내에게 헌신적인 모습과 매춘부를 찾거나 내연관계의 애인을 두는 전형적인 이중성을 보여주었다.[9]

1960년대 이후부터는 섹슈얼리티에 대한 전통적 태도가 확연하게 약화되면서 보다 자유롭고 허용적인 방향으로 변화되기 시작했다. 실제로 혼전 성관계는 '전혀 나쁘지 않다'에 58%가 찬성했고, '동성 간의 성관계도 전혀 나쁘지 않다'에 23%가 찬성을 표했다. 성적 쾌락에 대한 태도 변화도 뚜렷해서 윤리적이고 도덕적인 요소를 강조하기보다는 성은 쾌락을 위한 것이요, 성적 즐거움은 바람직한 것이라는 인식이 확산되었다. 포르노의 보편화도 성에 대한 허용적 인식의 흐름과 맥을 같이한다.

3. 성적 취향과 동성애

성적 취향

모든 사회에는 성 행동을 주제로 사회적으로 구성된 일련의 각본이 있다. 존 가뇽John H. Gagnon과 윌리엄 시몬William Simon의 연구 『성 행동Sexual Conduct』은 성적 행동 역시 연극적 은유를 통해 유용한 분석 시각을 확보할 수 있음을 보여주고 있다.[10] 가뇽과 시몬의 분석에 따르면, 성관계에는 세 가지 차원의 대본이 존재한다. 첫 번째는 개인적 차원의 대본으로, 개인의 성적 욕구에 대한 정보 및 매력을 불러일으키는 상대방에 대한 정보가 이에 해당된다.

두 번째는 상호작용 차원의 대본으로, 성관계 파트너와 어떤 종류의 상호작용을 하며 각자 어떤 역할을 담당하느냐 등의 내용이 포함된다. 일례로 남성 고객과 매매춘 여성 사이에도 상호관계를 규정하는 사회적 각본이 존재한다. 누구와 성관계를 가질 것인지, 성관계가 끝난 후 어떤 대가를 지불할 것인지, 어느 장소에서 어느 시간에 성관계를 할 것인지, 그것에 동의하는지, 왜 매매춘 관계를 원하는지 등의 질문에 대해 상호작용 각본은 적절한 답을 규정하고 있다.

세 번째는 역사 문화적 차원의 대본이다. 개인 간의 관계 역시 역사와 문화 속에서 규정되기 때문에 포괄적인 문화 배경 속에서 각 개인은 어떤 자리를 차지하고 있고, 서로에 대해 어떤 역할을 하고 있으며, 어떤 기대가 상호 교환되는지 거의 무의식적으로 알려주는 정보가 포함된다.

성적 취향이란?

성적 취향sexual orientation은 동성애를 이해할 수 있는 가장 핵심적인 코드이다. 성적 취향은 개인이 지닌 성적, 낭만적 매력의 지향성을 뜻한다. 곧 나 스스로 성적 매력을 느끼고 낭만적 관계에 들어가기를 원하는 대상과 관련된 것이 바로 성적 취향이다. 성적 취향과 비슷한 용어로 성적 선호sexual preference가 있다. 단, 성적 선호 개념은 동성애냐 이성애냐 자체가 전적으로 개인이 취사선택한 결과라는 함의를 내포하고 있기에 오해를 불러일으킬 가능성이 존재한다. 따라서 성적 선호보다는 성적 취향 개념을 사용하되, 성적 취향은 생물학적 요소와 사회적 요인 사이의 복잡한 상호작용의 산물임을 기억할 필요가 있다.

성적 취향은 타고나는가, 아니면 학습되는가?

성적 취향은 타고나는 것인가, 아니면 사회화 과정을 거쳐 학습되는 것인가? 다수가 이성애자인 상황에서 왜 어떤 사람들은 동성애자가 되는가? 이 질문들에 대해 지금까지는 생물학적 원인이 주로 강조되어왔다.

동성애의 생물학적 요인에 주목하는 입장은 동성애자와 이성애자의 두뇌 구조에 차이가 있다고 주장한다. 임신 기간 중 모체의 자궁 호르몬 분비가 태아의 발육에 영향을 미치는데, 이 과정에서 동성애가 생물학적으로 결정된다는 설명이다. 단, 생물학적 원인을 추종하는 연구는 주변의 극히 적은 샘플을 근거로 과도하게 일반화하는 오류를 범하고 있다는 치명적 약점이 있다.

생물학적 원인 대신 복잡한 상호작용의 결과로 이해하는 입장은 한 개인의 성적 취향을 결정짓는 생물학적 요인과 초기 사회적 영향을 분리하는 것은 불가능하다고 본다. 존 베일리J. Bailey와 리처드 필라드R. Pillard는 개인의 성적 취향이 생물학과 사회적 영향의 상호작용 결과임을 입증하기 위해 흥미로운 실험을 기획했다.[11] 형제 혹은 자매 중 한 명이 동성애자인 경우를 선발하여 167명의 남자 형제와 143명의 여자 자매를 연구 대상으로 선택했다. 나아가 생물학적 요인과 사회적 요인을 분리해낼 수 있으리라는 기대에서 설계된 샘플에는 일란성 쌍둥이, 이란성 쌍둥이 그리고 입양된 형제자매를 모두 포함시켰다. 다양한 샘플을 대상으로 연구한 결과, 일란성 쌍둥이가 이란성 쌍둥이나 입양된 형제자매보다 동성애자가 될 확률이 다섯 배나 높은 것으로 나타났다. 이 결과만 보면 동성애에 미치는 생물학적 영향력이 매우 크다고 추론할 수 있지만, 쌍둥이 중 거의 절반은 동성애자가 아니었다. 생물학적 요인이 50%라는 건 생물학적 영향력이 거의 없음을 의미한다.

일란성 쌍둥이의 사례는 공통된 생물학적 인자를 보유하고 있다는 점에서 생물학적 요인의 중요성을 인정하는 동시에, 성장 과정에서 부모·가족, 혹은 주변 환경으로부터 동일한 형태의 사회화를 경험했으리라는 점에서 환경적 요인의 중요성도 무시할 수 없음을 입증한다. 따라서 개인의 성적 취향을 결정짓는 요인은 생물학적 영향력과 사회문화적 영향력의 상호작용이라 봄이 타당하다.

동성애의 이해

푸코의 섹슈얼리티 연구

동성애 연구의 선구자 미셸 푸코에 따르면 18세기 이전까지는 동성애 개념이 겨우 명맥을 유지하는 수준에 머물러 있었다. 동성애자가 존재하지 않았던 사회는 없었으나, 남성 동성애가 범죄 행위로 규정된 경우 또한 찾아볼 수 없었던 것이다. 동성애 관련 용어는 서구에서 1860년대 조성되었다. 이후 동성애로 분류되는 사람들은 성적 탈선에 가담한 별종이라는 인식이 사회적으로 확산되었다. 동시에 동성애는 '종교적 죄악'으로부터 '정신과적 장애 및 변태'로서 의료적 치료가 필요하다는 담론으로 변질되어갔다는 것이 푸코의 주장이다.[12]

서양 문화에 나타난 동성애

케네스 플러머Kenneth Plummer는 동성애를 다음 네 가지 유형으로 범주화하고 있다.[13] 첫째는 우연적 동성애로, 누구나 한 번쯤 경험해볼 수 있는 스쳐가는 의미의 동성애를 지칭한다. 성적 관심이 고조되는 학교 청소년기에 친구들과 자위행위를 하거나 유별나게 친밀한 관계를 유지하는 것 등을 예로 들 수 있다. 둘째는 상황적 동성애로, 동성애적 행위가 규칙적으로 일어나지만 개인을 압도할 정도의 선호도를 보이지는 않는다. 이성애가 불가능한 상황에서 대체물로 동성애가 확산되는 경우를 지칭한다. 대표적으로 교도소, 군대 내무반처럼 남자들만 생활하는 환경이나 여성 전용 기숙사 등지에서 상황적 동성애가 일어날 수 있다. 셋째는 개인적 동성애로, 이 유형은 동성애적 행위에 우선순위를 두지만 외부에서는 자신이 동성애자라는 걸 숨긴 채 소외감 속에서 살아간다. 개인적 동성애 범주에서는 동성애가 은밀한 행위이자 숨겨진 비밀이 된다. 넷째는 삶의 양식으로서의 동성애로, 이 유형은 동성애자로서의 정체성을 선언하고 커밍아웃한 사람들이다. 유사한 성적 기호를 소유한 사람들과 연대를 모색하면서 동성애자 인권 및 이해관계를 증진시키기 위해 노력한다. 게이 하위문화를 형성하면서 자신들의 권리를 위해 집합행동을 추구하는 사례가 이에 해당된다.

동성애 성향을 주제로 대규모 샘플의 경험적 연구를 실시한 자료로는 1945년 출판된 『킨제이 보고서』와 1994년 출판된 『섹슈얼리티의 사회적 구성』,[14] 두 권의 보고서가 있다. 한데 흥미롭게도 두 보고서의 내용에는 상당한 차이가 발견된다. 『킨제이 보고서』에 따르면 완벽한 이성애주의자는 50%가 안 된다. 1940년대 이미 '최소한 3년간 동성애를 경험한 적이 있다'는 응답자가 8%, '동성애와 이성애의 관계를 넘나든다'는 경우가 10%, '동성애 관계에서도 극치감을 경험했다'는 비율이 37%, '동성애 취향을 느꼈으나 행동으로 옮기지 못했다'가 13%로 나타나는 등 충격적 결과가 다수 포함되어 있다. 여성의 동성애 경험 비율은 남성에 비해 다소 떨어져, 응답자의 2%만이 자신을 배타적 동성애자라 규정했고, 약 13%가 '동성애를 경험한 적이 있다'고 응답했다. 한데 50여 년 후 출판된 『섹슈얼리티의 사회적 구성』은 『킨제이 보고서』에 언급된 동성애의 만연 현상에 의문을 제기하고 있다. 1994년 조사 결과에 따르면 동성애 관계에서 극치감을 느끼는 비율은 9%에 불과했고, 동성애 욕망을 지닌 남성도 8%에 그쳤으며, 조사 1년 전 남성 파트너와 동성애 경험을 한 경우는 3% 이하로 밝혀졌다.

이토록 결과에 큰 차이가 나타난 이유에 대해서는 두 가지 해석이 있다. 하나는 『킨제이 보고서』 출판 당시에 비해 시간이 흐르면서 동성애에 대한 사회적 낙인이 강화됨에 따라 자신이 동성애자라는 사실을 보고하지 않았을 가능성이 있다는 것이다. 다른 하나는 1994년 조사에서 무작위 샘플링을 실시한 결과 대도시 지역 비중이 낮아지면서 대도시에 주로 거주하는 동성애자 비율이 상대적으로 적게 포함되었을 가능성이 있다는 해석이다.

동성애는 실상 모든 문화권에서 나타난다. 아프리카 북부 수마트라의 바탁족은 결혼하기 전 남성 동성애를 전폭적으로 지지하는 관행이 있다고 한다. 반면 서구에서는 전반적으로 동성애의 존재를 인정하지만 동성애를 주류로 인정하는 곳은 없다.

동성애 내부에서도 레즈비언주의는 게이와 레즈비언의 경험 및 의식의 차이에 주목한다. 그동안의 게이 해방운동은 사회적으로 괄목할 만한 성과를 거두었지만, 레즈비언보다는 게이의 이해관계에 더 주목했다는 한계를 갖는다고 본다. 레즈비언 입장에서는 자유주의 및 급진주의 페미니즘 공히 이성애 중산층 여성에 주목함으로써 레즈비언 여성을 이중, 삼중으로 소외시키고 있다고 비판한다. 이에 레즈비언주의는 '여성 가치의 보편화'를 표방하며, 기존의 남성 중심적이고 이성애 중심적인 권위 체계에 도전하기 시작했다. 성적 취향을 뛰어넘어 사회적 약자인 여성 집단과 정치적·사회적·인간적 연대를 시도함은 새로운 도전 사례라 할 수 있다. 실제로 미국 애틀랜타에 거주하는 레즈비언들은 차타누가 지역의 인디언들과 유대를 맺고 사회적 약자의 인권 보호와 권리 증진을 위한 운동을 전개한 바 있다.

동성애에 대한 태도

동성애에 대한 사회적 태도에는 부정적 낙인이 강하게 남아 있다. 1960년대 후반 미국에서는 호모포비아가 사회 전면으로 부상하기 시작했다. 호모포비아는 동성애자와 그들의 삶에 혐오를 표현하고 반감을 표출하는 현상에 붙여진 이름이다. 동성애 공포증 이외에도 동성애자를 향한 언어적 학대로서 퀴어queer, 씨씨sissy, 팬시pansy 등 경멸하거나 폄하하는 표현이 존재하고, 동성애자에 대한 적개심이 극단적으로 표출되는 경우 폭력적 가혹 행위나 살인까지 자행되고 있다.

호모포비아로 인해 일부 동성애자들은 남성다움과 권력 간의 연계를 변경시키고자 시도하기도 한다. 게이 남성이 사회적 고정관념을 거부하는 방식을 보면, 과도할 정도로 여성스러움을 표방하면서 거짓된 '게이다움'을 개발하기도 하고, 강력한 마초 이미지를 시연함으로써 무늬만의 이성애적 가치를 과장하기도 한다.[15]

동성애자를 바라보는 일반인들의 태도는 결정적으로 에이즈의 영향을 받았다. 에이즈는 이성애 관계가 보편적일 것이라는 논리에 의문을 제기했고, 이성애자 중심의 남성다움을 규범화하기 위해 동성애자를 주변화하고 비방하는 실상을 가감없이 드러내는 계기가 되었다. 이 과정에도 중요한 전환점이 있었다. 한국에도 널리 알려진 미남 배우 록 허드슨Rock Hudson이 마지막 모습을 드러냈을 때, 그는 에이즈에 감염되어 뼈만 앙상하게 남은 채 대중 앞에서 커밍아웃을 했다. 그 자리에서 록 허드슨은 공포를 야기하는 질병 에이즈는 동성애와 전혀 관련이 없다고 외치며 에이즈 치료법을 찾기 위한 국가적 차원의 노력이 절실함을 호소했다. 이후 동성애와 에이즈를 둘러싼 낙인과 편견의 벽이 서서히 약화되기 시작했다.

게이와 레즈비언 시민권 운동

미국에서는 게이 및 레즈비언의 커밍아웃이 진행되는 와중에 완전한 시민권을 얻기 위한 노력도 함께 진행 중이다. 게이·레즈비언 시민권 운동은 1960년대 인종적 정체성의 긍지를 강조했던 흑인 민권운동의 영향을 받아 시작되었다. 1969년 6월 뉴욕시 스톤월에서 발생한 동성애자들을 향한 폭력 사건이 상징적 발단이 되었다. 1994년 스톤월 폭동 25주년 기념식에는 10만 명이 운집하여 게이·레즈비언의 인권을 지지하는 퍼레이드를 벌이기도 했다.

동성애를 합법이냐, 범법이냐로 규정하는 정도에는 국가별로 차이가 있다. 아프리카에서는 남성 동성애를 합법화한 경우가 극히 희소하고, 여성 동성애를 언급하는 경우도 거의 찾아보기 어렵다. 남아프리카공화국 백인 정부는 동성애를 국가안전을 위협하는 정신과적 문제로 간주한 바 있으나, 흑인 정부는 동성애자의 완벽한 평등을 법률로 보장하고 있다. 아시아와 이슬람권에서는 동성애를 강력하게 금지하고 있는 반면, 유럽에서는 동성애의 합법화를 넘어 동성 결혼까지 인정하는 방향으로 나아가고 있다. 1978년에는 국제 레즈비언·게이협회가 창설되어 레즈비언과 게이를 위한 사회운동을 지원하면서 로비 활동을 전개하고 있다.

동성애자의 권리 증진은 이론 분야에도 영향을 미쳐 퀴어 이론Queer theory이 부각되는 계기를 마련했다.[16] 퀴어 이론은 J. 가뇽과 W. 시몬이 창시한 섹슈얼리티의 사회구성체론에 뿌리를 두고 있다. 1980년대 레즈비언 및 게이의 자아 정체성 구축과 밀접한 연계 하에 부상한 퀴어 이론은 기존의 사회과학 이론이 이성애 중심적 편견을 기반으로 구성되어 있음을 비판한다. 가족 및 섹슈얼리티 논의는 이성애 중심주의를 전형적으로 구현하고 있는 만큼, 퀴어의 시각과 관점을 기존 사회학 이론의 틀 안에 유기적으로 통합해야 한다는 것이 이들의 주장이다.

4. 섹스와 젠더의 사회적 구성

생물학적 성으로서의 섹스는 해부학적·생리적 차이에 주목하고 있고, 사회문화적 성으로서의 젠더는 남녀 사이의 사회적·심리적·문화적 차이에 주목함은 앞서도 설명한 바 있다. 호르몬, 염색체, 두뇌 크기, 유전학 등은 양성 간 차이의 많은 부분을 설명하고 있고, 생물학적 차이는 범문화적으로 관찰되고 있다. 이에 따라 선천적 요인이 양성 불평등의 원인이라는 주장이 설득력을 얻기도 한다. 실제로 대부분의 사회에서 남자는 사냥과 전투에 참여했던 탓에 생물학적으로 공격적 기질을 가지고 있고, 여자는 그렇지 않은 것으로 간주되고 있다. 물론 이에 대한 반론도 존재한다. 남성의 공격성 수준은 문화권에 따라 이질적으로 표출되고 있고, 보편적 자질이 존재한다고 해서 그 자질의 연원이 생물학적일 필요는 없다는 점이 반론의 근거로 제시되고 있다.

젠더와 생물학적 성의 사회적 구성

생물학적 성과 젠더 모두 사회적 구성물이다. 의학 및 생식 기술의 발달은 물리적 신체의 경계를 허물어뜨리고 있고, 젠더 차이에 나타나는 일체의 생물학적 차이를 부정하기도 한다. 남성다움이 육체적 근력과 거친 태도를 의미한 결과, 남성들로 하여금 특정 형태의 몸매 가꾸기와 틀에 박힌 태도를 발달시키도록 부추겼다는 논리다.

여성다움, 남성다움과 젠더 관계

젠더 이론의 초창기에는 여성, 여성성, 여성다움 등을 주제로 연구가 진행되었으나, 1980년대 후반 들어서면서는 남성, 남성성, 남성다움을 주제로 한 비판적 연구들이 등장하기 시작한다. 남성다움을 규정할 때 여성다움이 아닌 것으로부터 출발한다는 사실에 비추어볼 때, 남성다움에 대한 정의는 그만큼 모호하다는 것을 알 수 있다. 후기 산업사회에서 남자가 된다는 것의 의미는 무엇이고 남성다움은 과연 위기에 직면하고 있는지 등의 질문에 답을 얻고자, 남성다움을 젠더 관계의 맥락에서 새롭게 조망한 논의가 활발히 진행 중이다.

래윈 코넬Raewyn Connell의 젠더 질서gender order 개념은 가부장제와 남성다움을 유기적으로 연결시켜 젠더 관계에 통합적으로 접목시키고 있다.[17] 코넬에 따르면, 서구 자본주의 사회의 젠더 관계는 가부장적 권력에 의해 규정되어왔다. 젠더 불

읽을거리

전인권, 『남자의 탄생』(2003)

자신의 유년기를 주인공 삼아 한국 남자의 정체성 형성 과정을 꼼꼼히 탐구한 책이다. 저자는 특유의 가족문화와 한국 사회의 구조적 특징들을 배경으로 '동굴 속 황제'라는 인간형이 탄생했음을 특유의 통찰력을 통해 설득력 있게 보여주고 있다. '동굴 속 황제'란 권위주의와 자기애의 동굴에 갇혀, 머리로는 자유와 평등과 같은 민주주의적 가치를 신봉하지만, 몸은 여전히 어린 시절 습득한 아버지의 권위와 가부장적 질서에서 벗어나지 못하는 딜레마에 빠진 인간을 의미한다. 자신이 동굴 속 황제로 성장해온 과정에 대한 솔직한 고백, 프로이트 이론으로는 설명할 수 없는 한국적 가족구조의 특수함이 아들의 인성 형성에 영향을 끼치는 과정에 대한 분석, 가족적 신분관계를 이해할 때만이 근대화된 조직의 운영방식을 이해할 수 있다는 통찰 등은 이 책의 백미이다.

여성 독자들로부터 열광적 지지를 받은 반면 남성 독자들로부터 지탄의 대상이 되었지만, 보기 드물게 철저한 자기분석이 돋보이는 '동굴 속 황제'의 성장기는 탁월한 인문학적 업적으로 인정받았다.

평등의 요체는 남성에 의한 여성 지배인데, 현재로서는 사회 전반에 만연된 남성다움과 여성다움 사이의 불평등한 권력 관계를 젠더 질서로 포착할 수 있다는 것이다.

젠더 질서는 우리의 삶과 직결되어 있는 노동, 권력, 정신적 에너지cathexis라는 세 영역 간의 상호작용 속에 구축된다. 먼저 노동은 가족 내 성별 노동 분업과 노동시장 내 성별 불평등으로 나누어지는데, 노동시장에서는 성별 직종 분리가 나타나고 있고, 성별 임금 차별 또한 여전히 존재하며, 승진 및 배치와 교육 및 훈련에서도 젠더에 따라 차별적 기회와 혜택에 노출되고 있다. 젠더 질서를 구축하는 두 번째 영역인 권력은 상대방의 저항에도 불구하고 나의 의지를 관철시킬 수 있는 힘으로 정의된다. 국가 및 군대 조직에서부터 가족에 이르기까지 모든 영역에 권력 불평등이 상존하고 있고, 누가 더욱 많은 권력을 행사하고 있는가는 성별에 따라 자명하다 할 것이다. 세 번째 젠더 질서 영역을 구축하는 정신적 에너지는 눈에 보이는 노동 및 권력 상황 못지않게 결혼, 섹슈얼리티, 자녀 양육 등 친밀하고 정서적이며 사적인 관계 속에서도 불평등한 역할 분업이 전개되고 있음을 보여준다.

코넬은 젠더 질서와 더불어 〈그림 5〉와 같은 젠더 위계gender hierarchy 개념을 제시하고 있다. 젠더 위계의 가장 위쪽에는 패권적 남성다움이 자리하고 있다. 이는 극히 소수의 남성들만이 누릴 수 있는 위계의 정점이다. 패권적 남성다움의 자리에서 권력이 행사되는 방식은 억압적이거나 폭력적이기보다는 미묘하면서도 세련된 문화적 메커니즘이나 사회적 이데올로기를 통해 이루어진다. 패권적 남성다움은 이성애에 기반을 둔 결혼에서부터 남성 중심적 권위 구조 및 권력 행사방식에 이르기까지 치밀하게 연계되어 있고, 육체적 터프함과도 일맥상통한다. 패권적 남성다움을 현실에서 구현한 사례로는 미국 영화배우 출신으로 캘리포니아 주지사를 역임한 아놀드 슈왈제네거Arnold Schwarzenegger, 논란의 중심에서 미국 대통령으로 선출된 도널드 트럼프Donald Trump 등을 들 수 있다.

패권적 남성다움 바로 아래에는 공모적 남성다움이 있다. 패권적 남성다움은 극히 소수의 남성만이 누릴 수 있는 특권임을 익히 알고 있는 대부분의 남성들은 가부장적 프리미엄을 보유하고자 한다. 실제로 대다수 남성은 가부장적 질서 속에서 패권적 남성다움의 우월적 지위로부터 파생되는 특권을 향유하고 있다. 가부

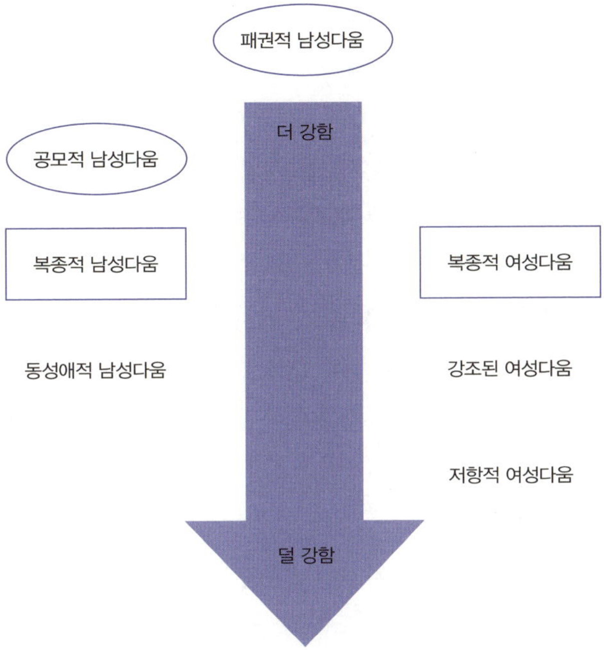

〈그림 5〉 젠더 위계

출처: 기든스, 『현대사회학』(2011: 561).

장적 질서가 유지되는 한 남성은 여성에 대한 권력 행사를 멈추지 않을 것이기에 가부장적 프리미엄 아래 공모적 남성성을 유지하는 것이다.

공모적 남성다움 아래에는 복종적 남성다움이 있다. 모든 특권으로부터 배제된 채 패권적 남성다움에 복종하는 경우가 이 범주에 해당된다. 남성다움의 위계 가장 아래쪽에는 동성애적 남성다움이 자리하고 있다. 진정한 남성성과 배치될 뿐만 아니라 여전히 사회적 낙인의 대상이 되고 있다는 점에서 젠더 위계의 가장 아래에 놓인다.

여성다움의 모든 형태는 패권적 남성다움 아래 복종적 위치를 고수하고 있다. 패권적 남성다움 아래에는 강조된 여성다움이 있다. 강조된 여성다움은 패권적 남성다움의 중요한 보조물로서 남성의 이해관계와 욕구를 충족시키도록 기대된다. 추종, 양육적 자질, 감정 이입 등의 특징을 갖는 강조된 여성다움은 젊은 여성에게는 성적 감수성 및 매력을, 나이 든 여성에게는 풍부한 모성을 미덕으로 요구한다. 미국 영화배우 마릴린 먼로Marilyn Monroe에 의해 전형적으로 구현되는 강조된 여성다움의 이미지는 현대 사회에서 미디어, 광고, 마케팅에 흔히 등장하며 풍자의 대상이 되기도 한다.

강조된 여성다움 아래에는 복종적 여성다움이 자리하고 있다. 복종적 여성다움을 추종하는 여성들은 강조된 여성다움을 지닌 여성들에게 다소 경멸적인 시선을 보낸다. 복종적 여성다움은 사회가 부과하고 있는 여성다움의 가치를 매우 충실하게 수행하고 있는 다수의 여성들을 의미한다. 여성다움의 가장 아래 서열에 저항적 여성다움이 있다. 저항적 여성다움은 페미니스트, 레즈비언, 중세의 마녀, 오늘날의 매매춘 여성들처럼 기존의 가부장적 질서에 복종하지 않은 채 역사 속에서 숨겨진 삶을 살아온 여성들을 지칭한다.

젠더 위기의 세 가지 국면

젠더 질서 및 젠더 위계는 고정되거나 정태적인 것이 아니기 때문에 다음 세 차원에서 위기를 겪고 있다. 첫째는 제도화의 위기이다. 전통적으로 남성 권력을 지지해왔던 가족 및 국가 제도가 점진적으로 약화됨으로써 야기된 결과이다. 이혼의 규범화를 위시하여, 가족 폭력 및 부부 강간이 범죄로 인정받기 시작한 것은 여성에 대한 남성 지배의 정당성을 뒷받침해온 토대가 붕괴되면서 등장한 현상이다. 두 번째는 섹슈얼리티의 위기이다. 이는 패권적 이성애의 위력이 감소되는 대신 레즈비언 및 게이를 중심으로 한 동성애가 합법적 영역으로 포섭되고 있는 현실에 전형적으로 투영되고 있다. 세 번째는 이해관계 구성의 위기이다. 현재의 젠더 위계 구도에 대한 위협으로 기혼 여성의 인권에 대한 관심이 고조되고, 남성들의 반反성차별주의적 태도가 증가하고 있음을 들 수 있다.

젠더와 세계화

이전에는 서구 여성들을 중심으로 페미니즘 운동이 확산되었다면, 이제 여성운동은 그 자체로 명실공히 글로벌한 현상이 되고 있다. 특히 인종차별 정책 이후를 준비하고 있는 남아프리카 여성 사례는 젠더 이슈의 세계화를 명료하게 보여주고 있다. UN은 1975년을 '세계 여성의 해'로 선포한 이후 여성의 인권과 사회적 지위 향상을 위해 다양한 노력을 진행하고 있다. 1995년 베이징 여성대회에서는 전 세계 여성들이 한자리에 모여 글로벌 차원에서 해결해야 할 여성 문제로 여성 빈곤 부담의 지속화와 증가, 여성에 가해지는 폭력, 여성에 대한 무력 및 기타 형태의 갈등으로 인한 영향, 권력 및 의사 결정권의 공유 과정에 존재하는 양성 불평등, 여성에 대한 고정관념, 천연자원 관리에서 발생하는 젠더 불평등, 소녀에 대한 지속적 차별과 인권 침해 등을 지목한 바 있다.

젠더 불평등에 대한 이론적 관점

1. 기능론과 젠더 불평등

기능론적 관점은 젠더 차이가 사회적 안정과 통합에 기여하는 측면이 있다고 주장한다. 그러나 기능론적 입장은 젠더 간 합의의 대가로 야기된 사회적 긴장을 소홀히 다루고 있고, 사회적 불평등에 대한 보수적 견해를 지지한다는 점에서 비판을 받고 있다.

기능주의 인류학자 조지 머독George P. Murdock은 양성 간 노동 분업이 생물학적 차이에 기초하고 있으며, 모든 문화권에는 성별 노동 분업이 존재한다는 점을 들어 이것이 생물학적 프로그래밍의 결과는 아니지만 사회조직 작동 원리의 가장 합리적 기반이라는 주장을 펴고 있다. 가족의 역할과 아동의 사회화에 관심을 기울였던 파슨스는 성공적 사회화의 핵심에는 안정성과 지지를 확보한 가족이 자리하고 있으며, 가족 안에서는 생계를 담당하는 남성의 도구적 역할과 자녀 양육 및 보호와 가족 성원의 정서적 지원을 책임지는 여성의 표현적 역할이 조화를 이룬다고 주장한다. 남녀 간 생물학적 차이로부터 상호보완적 역할 분담이 이루어지고 있고 이것이 가족 결속을 보장한다는 논리이다. 존 보울비John Bawlby의 '모성 박탈' 연구 또한 기능론의 틀을 충실히 따르고 있다. 1차적 사회화를 담당하는 어머니 부재 혹은 어머니 분리(모성 박탈)가 나타날 경우, 아동은 부적절한 사회화의 위험에 노출됨으로써 성장 후 심각한 사회적·심리적 어려움에 봉착하리라 본다. 보울비의 모성 박탈 가설은 취업모가 자녀 양육에 불성실하다는 통념을 합리화하는 데 이용되기도 했다.

기능론적 관점에서 젠더 관계를 설명하는 시도는 몇 가지 한계를 보인다. 무엇보다 인간은 생물학적으로 결정되기보다 문화적으로 기대되는 방식에 따라 역할을 수행하고 있다는 점과 여성이 표현적 역할을 담당함은 남성의 편의를 위해 권장된 역할일 가능성이 간과되고 있다. 부모 모두 시간제 노동자일 때 아동의 학업 성취도 및 인성 발달이 가장 양호하다는 연구 결과는 기능론에 정면으로 배치되는 사례이다.

2. 페미니즘과 젠더 불평등

자유주의 페미니즘

젠더 불평등을 설명하는 이론으로서, 자유주의 페미니즘은 사회 제도 및 문화를 기반으로 젠더 불평등이 만들어진 만큼, 제도·법·문화적 가치관 등을 바꾸면 젠더 불평등 문제가 상당 부분 해결되리라 주장한다. 예컨대 존 스튜어트 밀John Stuart Mill은 역작 『여성의 종속The Subjection of Women』을 통해 여성에게도 참정권을 부여하고, 남녀의 법률적 정치적 평등을 제도화할 것을 주장했다.[18]

자유주의 페미니즘은 여성 종속을 사회 구조 및 시스템에 속한 일부분으로 보기보다 남녀 불평등을 조장하는 여러 종류의 분리 독립된 요인에 주목한다. 그리하여 직장, 교육 현장, 매체 등에 나타나는 성차별주의 및 여성 배제 관행을 타파하기 위한 캠페인을 주도하거나 법적 차원의 여성 차별을 제거하기 위해 노력하는 등 점진적 개혁에 집중한다. 영국에서 1970년 제정된 임금차별 금지법이나, 1975년의 성차별 금지법 등은 자유주의 페미니즘을 실천에 옮긴 대표적 사례이다.

자유주의 페미니즘은 여성 지위 향상에 분명 공헌했으나, 젠더 불평등의 근본 원인 제거에는 실패했다는 평가를 받고 있다. 성차별주의, 젠더 차별, 유리 천장 등 독립된 사안을 중심으로 박탈감을 부각시키는 데는 성공했으나, 일부 단편적 현상에 치중하고 있다는 지적도 있다. 급진주의 페미니즘 관점에서는 자유주의 페미니즘이 불평등한 사회적 관행과 경쟁적 자질을 부추겼다는 비판을 제기하기도 한다. 이러한 비판에도 불구하고 대부분의 국가에서 여성의 지위 향상 및 인권 개선을 위한 노력은 자유주의 페미니즘의 영향하에 이루어졌다고 해도 과언이 아니다. 한국에서도 1995년 여성발전기본법이 제정되면서 사회 각 영역에 깊이 뿌리내리고 있던 성차별적 요소를 상당 부분 해소하기도 했다.

사회주의 및 마르크시스트 페미니즘

사회주의 페미니즘, 혹은 마르크시스트 페미니즘은 사회주의 및 마르크시즘과 페미니즘을 결합하여 젠더 불평등을 설명하는 이론이다. 사회주의 페미니즘은 여성을 억압하는 양대 구조로서 가부장제와 자본주의를 지목하면서 양대 체제를 극복할 방안을 강구한다. 가부장제와 자본주의 중 어느 것이 보다 근본적인 젠더 불평등의 원인인가에 대해서는 학자들에 따라 입장 차이가 있으나, 양대 체제가 동시에 여성을 억압하는 이중 구조를 형성하고 있음에는 대부분이 동의하고 있다. 사회주의 페미니즘 입장에서는 앞서 살펴본 자유주의 페미니즘이 양성평등에 적대적인 거대한 사회 구조적 이해관계를 간과했다는 점을 비판하고 있다.

마르크시스트 페미니즘은 가부장제가 사유재산에 기초하고 있다는 프리드리히 엥겔스Friedrich Engels의 주장을 발전시켜, 자본주의는 소수의 남성 손에 부와 권력을 집중함으로써 가부장제를 강화해왔다고 분석한다. 나아가 자본주의는 여성 역할을 소비자에 한정함으로써 여성들로 하여금 재화와 물품을 끊임없이 소비해야만 욕구 충족이 가능하다고 설득해왔다고 본다. 여성들은 가족 안에서 눈에 보이지 않는 무보수 가사노동과 돌봄 노동을 담당함으로써, 지속적으로 낮은 수준의 지위에 머물 수밖에 없었다는 것이 마르크시스트 페미니즘의 분석이다.

마르크시스트 페미니즘 또한 자유주의 페미니즘의 부적절성을 지적하며, 가족의 재구조화와 노예적 가사노동의 종말을 요구한다. 이를 위해 자녀 양육과 가사노동, 돌봄 노동의 집단화 및 사회화를 대안으로 제시하는 동시에, 양성평등의 실현은 사회주의 혁명을 통해서만 가능하다는 입장을 고수한다.

급진주의 페미니즘

급진주의 페미니즘에 따르면, 여성이 불평등한 상황에 놓이는 이유는 물적 토대가 아니라 여성을 체계적으로 지배해온 남성 중심의 가부장제 때문이다. 가부장제는 시간과 공간을 초월해서 존재해온 보편적 현상임에 주목한 급진주의 페미니스트들은 여성 억압의 1차적 근원지로 가족을 지목하고 있다. 급진주의 페미니즘을 대표하는 페미니스트 슐라미스 파이어스톤Shulamith Firestone은[19] 여성이 남성 지배 아래 종속될 수밖에 없는 이유는 남성이 여성의 출산과 양육을 통제하기 때문이라 주장한다. 생물학적 차이로 인해 여성이 남성 지배에 노출될 수밖에 없다는 점에서 파이어스톤은 생물학적 불평등에 근거한 성을 계급으로 간주하여 성 계급sex class이라 명명했다. 성 계급하에 남성 폭력은 남성 우위의 핵심을 이루고, 여성을 남성의 성적 대상으로 규정함으로써 남성을 즐겁게 해주기 위한 존재로 전락시키는 여성에 대한 '대상화'가 이루어진다. 따라서 양성평등 사회를 실현하기 위해서는 가부장적 질서를 전복시켜야만 한다는 것이 급진주의 페미니즘의 주장이다.

"지극히 개인적인 것이 정치적인 것"임을 이슈화하는 데 성공한 것은 급진주의 페미니즘의 공헌이다. 지금까지 개인적인 것으로 받아들여졌던 것이 실상은 정치적 요소를 함축하고 있음을 인식시켜준 것이다. 가족 폭력은 부부 혹은 부모 자녀 간에 사적으로 발생한 불행한 사건으로 인식되어왔으나, 실제로는 가족 관계에도 권력 불평등이 개입함으로써 빚어진 불행한 결과라 할 수 있다. 출산 또한 부부 사이에 은밀하게 사적으로 이루어지는 선택으로 여겨져 왔으나, 실상은 국가의 인구 통제 정책과 맞물려 정치적으로 결정되는 사건으로 인식되기 시작했다.

급진적 페미니즘은 여성 억압이 보편적으로 존재함을 강조한 나머지 가부장제의 역사적·문화적 다양성을 인정하지 않는다는 점이 한계로 지적되고 있다. 남성 지배 및 여성 억압의 근본적 이유가 여성이 출산을 전담하기 때문이라는 주장은 생물학적 환원론의 위험에 빠질 수 있다는 점에서 비판을 받기도 한다. 가부장제의 재개념화를 시도한 실비아 월비Sylvia Walby는 과거의 공적 가부장제public patriarchy로부터 오늘날은 사적 가부장제private patriarchy로 이행하고 있음에 주목한다.[20] 과거 가부장제가 국가·조직·법 등의 공적 영역에서 여성을 차별하고 억압했다면, 오늘날의 가부장제는 가족 혹은 친밀한 관계 등 사적 영역에서 드러나지 않는 미묘한 방식으로 여성을 차별하고 억압한다는 것이다.

흑인 페미니즘

기존 페미니즘이 서구의 백인 여성 중심적 시각에서 구성되었음에 주목하는 흑인 페미니즘은 특정 부류 여성의 경험이 여성 전체의 억압 상황을 일반화하는 근거가 됨은 타당하지 않다고 주장한다. 이를 극복하기 위해 흑인 페미니즘은 역사적 맥락의 중요성을 강조한다. 현재 흑인 여성이 직면하고 있는 문제는 오랜 역사를 지닌 노예제의 유산이므로, 흑백 분리 정책의 영향력 아래 종합적으로 통찰해야 한다는 입장이다. 흑인 여성은 성 차별에 더하여 인종 차별과 계급 차별에 2중, 3중으로 노출되어 있어, 흑인 여성의 불평등 및 억압 상황을 이해하기 위해서는 백인 여성 중심적 설명틀로는 정확한 분석이 불가능하다는 것이다.

흑인 페미니즘의 대표적 학자로는 벨 훅스bell hooks를 들 수 있다. 본명은 글로리아 진 왓킨스Gloria Jean Watkins인 그녀는 벨 훅스라는 필명을 항상 소문자로 쓴다. 이름을 대문자로 쓰는 것 자체를 백인 중심적이자 남성 중심적인 사고의 표출로 보기 때문이다. 훅스는 흑인과 백인 여성의 억압 실태가 서로 다른 지점에 있음을 보여주는 무대로 가족을 선택하여 깊이 있는 통찰력을 보여주고 있다. 백인 여성의 시각에서 부부 중심 가족은 여성 억압의 진원지로서 탈출과 극복의 대상이지만, 흑인에게 가족은 인종 차별에 대항하여 흑인만의 결속력을 유지할 수 있는 공동체라는 것이다. 남성이 존재하지 않는 흑인 가족은 낙인의 대상이지만, 여성 중심의 가족 공동체를 구성하며 후세대를 키워내고 있다. 백인 중심 사회에서 인종 차별로 인해 씻을 수 없는 상처를 안고 살아가는 흑인 다수는 그 상처를 가족 공동체로부터 치유 받는다는 것이 훅스의 통찰이다. 훅스의 흑인 페미니즘은 제3세계 여성들의 경험을 설명하고 분석할 때 의미심장한 시사점을 던져주고 있다.

포스트모던 페미니즘

포스트모던 페미니즘은 모든 여성이 공유하고 있는 일련의 보편적 정체성이나 여성 집단만의 공통된 경험이 존재함을 인정하지 않는다는 점에서 전복적이라는 평가를 받고 있다.[21] 자크 데리다Jacques Derrida, 자크 라캉Jacques Lacan, 시몬 드 보부아르Simone de Beauvoir로 대표되는 포스트모던 페미니즘은 여성들이 스스로를 어떻게 인식하느냐는 매우 이질적이고 다양한 만큼, 여성을 하나의 보편적 범주로 설정하고 이를 토대로 여성 차별을 설명하는 방식은 온당하지 않다고 본다. 이와 같은 방식은 여성 지위를 설명하는 거대 이론이나 가부장제를 설명하는 환원론 및 본질주의에 빠질 위험성이 높다고 보는 것이다.

따라서 포스트모던 페미니즘은 여성 개개인의 경험에 내포된 고유한 측면에 초점을 맞추는 동시에 타자성otherness의 긍정적 측면을 강조하고 있다. 지금까지는 '남성=중심', '여성=주변'이라는 등식하에 여성을 타자로 범주화했지만, 이제부터는 중심과 주변의 범주 자체를 해체하자고 주장한다. 남성과 여성, 중심과 주변이 존재한다면 하나의 범주는 필연적으로 타자가 되기에 범주 자체를 해체하면 개개인의 고유한 경험만이 남는다. 이로부터 불평등을 해소하고 극복해갈 수 있는 개념적 도구를 획득할 수 있으리라는 것이다. '차이'에 대한 인정을 강조해온 포스트모더니즘과 마찬가지로 포스트모던 페미니즘도 다양성과 다원성, 차이와 개방을 강조한다. 현실에는 여러 차원의 진리가 공존하고 있고, 역할 또한 다채로우며, 현실 구성 원리도 다면적임에 주목해야 한다는 입장이다.

해체의 중요성을 강조하는 것도 포스트모던 페미니즘만의 특성이다. 이원론적 세계관에 입각한 남성 언어와 남성 세계관의 해체를 제안하면서, 포스트모던 페미니즘은 남성이 기준이 될 때 여성은 나머지 한쪽을 담당하게 되는 프로이트 이론의 오류를 상기시키고 있다. 여기서 해체는 기존의 이원론을 공격하되, 새롭고 긍정적인 방식으로 반대 개념을 재구성함을 의미한다. 포스트모던 페미니즘은 남성과 여성, 중심과 주변 개념을 해체한다 하더라도 여성과 주변이 차별받고 소외되는 현실은 사라지지 않는다는 점에서 비판을 받기도 한다.

지금까지 살펴본 바 자유주의 페미니즘, 사회주의 및 마르크시스트 페미니즘, 급진주의 페미니즘, 흑인 페미니즘, 포스트모던 페미니즘 등은 사회학 패러다임 내에서 현재의 이론적 추세와 결합하면서 젠더 불평등 이론의 지평을 확대해가고 있다.

읽을거리

벨 훅스, 『페미니즘: 주변에서 중심으로』(2010)

이 책의 원제는 'Feminist Theory: From Margin To Center'이다. 훅스는 그녀의 대표작으로 공인받은 이 책에서 시종일관 백인 우월주의에 기반한 자본주의 가부장제white supremacist capitalist patriarchy 개념을 하나의 렌즈로 사용한다. 이 렌즈를 눈에 대고 훅스는 여성해방운동의 목표, 페미니스트 투쟁 내 남성의 역할, 평화주의와 페미니즘의 관련성, 여성들 간의 연대, 혁명의 본질 등을 다루고 있다. 훅스에게 있어 책 제목 '주변에서 중심으로'가 의미하는 바는 주변에서 중심을 바라보고 또 중심에서 주변을 바라볼 때만이 총체적 유니버스의 실체에 근접할 수 있음을 함축한다. 주변이 없다면 중심 또한 존재할 수 없음을 환기하면서, 훅스는 페미니즘에 내재한 인종차별주의와 계급차별주의를 철저히 해부하고 비판한다. 특히 여성과 남성을 이분화하며 여성의 세력화를 위해 남성의 희생은 필수라는 입장을 견지해온 2기 페미니즘을 맹렬히 공격하고 있다.

훅스는 페미니즘 운동 안에서 흑인 여성의 중요성을 설파하면서 억압의 수준이 개별 여성에 따라 달리 나타나고 있음에 주목한다. 계급 이해 및 인종 차별이 젠더 이슈를 우선하는 구체적 맥락이 존재한다는 점에서, 여성들이 직면하는 보편적 억압에 주목함은 정치 전략의 차원에서는 한계가 뚜렷하다고 본다.

훅스는 유색인종 여성이라면 백인 우월주의 신념의 폐해에 당당히 맞서야 한다고 주장한다. 여성들 내부의 차이 이질성 다름을 존중할 때만이 여성들 간의 진정한 유대가 가능하리라고 외친 훅스의 주장은 백인중심적 페미니즘의 반성을 촉구하는 동시에 흑인 페미니즘의 초석을 다지는 데 의미 있는 기여를 했다.

chapter 07

조직과 네트워크

1. 맥도널드, 맥도널드화

현대인들은 조직을 떠나서는 하루도 살 수 없을 만큼 조직과 밀착되어 있다는 점에서 현대 사회를 일컬어 조직 사회라 부른다. 이 장에서는 조직의 특성과 사회적 관계망에 대해 살펴볼 것이다.

1990년대 국가 브랜드 이미지를 조사한 자료에 따르면, 프랑스 하면 '샤넬 향수'를 떠올렸고, 이탈리아는 '구찌 핸드백'의 나라, 독일 하면 '쌍둥이 칼', 스위스 하면 '시계'를 연상했다고 한다. 미국은 '할리우드 영화'와 '맥도널드의 나라'로 인식되었고, 한국 하면 '머리에 붉은 띠를 두른 노동자' 이미지를 떠올렸다고 한다.

미국을 상징하는 맥도널드 이미지를 차용하여 현대 사회 조직의 특성을 연구한 책이 조지 리처George Ritzer의 『맥도날드 그리고 맥도날드화The McDonaldization of Society』이다.[1] 맥도널드화란 패스트푸드점 맥도널드를 운영하는 제반 원리가 미국 사회는 물론이고 전 세계로 확산되어 현대 사회 및 조직을 구성하는 원리가 되어 가고 있음을 의미한다. 맥도널드는 현재 전 세계 119개 나라에서 3만여 개의 체인점을 운영하고 있다. 맥도널드 점포 중 최근 가장 빠르게 성장하고 있는 매장은 드라이브 스루drive through라 한다. 차를 타고 가다 음식을 픽업할 수 있는 매장이 가장 인기라는 사실은 현대인들의 삶이 얼마나 가속화되고 있는지를 상징적으로 보여준다 하겠다. 맥도널드에 한 번이라도 가본 경험이 있다면 그곳에 안락의자가 없다는 사실을 눈치챘을 것이다. 딱딱하고 불편한 의자들이 배치되어 있음은 빨리 먹고 빨리 떠나라는 암시라 할 수 있다. 한편 영국 런던의 맥도널드 매장과 페루 리마의 맥도널드 매장은 동일한 메뉴를 제공한다. 덕분에 전 세계 여행객들에게는 맥도널드의 노란 M자 표시가 무엇보다 반가운 사인이 되고 있다. 그곳에 가면 익히 알고 있는 맛의 햄버거를 먹을 수 있다는 기대가 충족되기 때문이다.

맥도널드화 개념에는 다음 네 가지 기본 원리가 포함되어 있다. 첫 번째 원리는 효율성이다. 맥도널드에선 누구나 예외 없이 셀프서비스를 해야 한다. 일회용품을 사용하며, 매우 빠르게 주문하고, 즉각 욕구를 충족할 수 있다. 두 번째 원리는 계산 가능성이다. 맥도널드에서는 햄버거 빵의 밀가루 그램 수, 감자를 튀길 때 기름의 온도 등을 계산하여 최적화하고, 최적화된 숫자가 전 세계 모든 매장에서 동일하게 적용될 수 있도록 한다. 계산 가능성은 세 번째 원리인 균일성과 연결된다. 모든 매장에서 동일한 방식으로 햄버거를 만든 결과, 맥도널드는 세계 어디서나 똑같은 맛을 제공하게 된다. 맥도널드의 마지막 원리는 자동화이다. 덕분에 맥도널드 직원들은 마치 컨베이어벨트 앞에서 일했던 노동자들과 비슷한 경험을 하는 것으로 알려지고 있다.

맥도널드화는 막스 베버가 주장했던 합리화의 전형적 예라고 할 수 있다. 다만 베버 스스로도 인정했듯이 합리화 안에는 비합리성이 내포되어 있다. 실제로 패스트푸드는 건강 식품과는 거리가 멀고, 일회용품은 환경 오염의 주범이 되고 있으며, 맥도널드에서 일하는 근로자들은 탈인격화 및 소외를 경험하고 있다.[2]

현대 사회의 대표적 특징[3]이라 할 조직은 "공동의 목표를 달성하기 위해 조율된 집단적 행위에 참여하고 있는 구성원들의 집단"을 의미한다. 조직은 아주 작은 규모에서부터 대규모 관료제에 이르기까지 다양한 형태로 존재한다. 15명이 일하는 건축 설계 사무소도 있고 벤처 기업 대다수는 규모가 그다지 크지 않다. 반면 정부, 대기업, 군대, 대학교 등은 전형적인 대규모의 관료제적 조직으로, 삼성전자 수원 사업장의 직원 규모는 3만 명이 넘고 이화여자대학교는 교직원과 학생을 포함해서 2만 명이 넘는다.

이상의 조직은 분명한 규칙, 규정, 절차 등의 수단을 갖고 목적을 달성하기 위해 합리적으로 설계된 공식 조직으로서, 현대 공식 조직의 대표적 예는 관료제이다. 공식 조직 안에는 비공식 조직이 존재한다. 대학을 예로 든다면 대학 내 스터디 모임이나 교수의 논문 지도를 받는 소모임 등의 비공식 조직이 있다.

우리는 태어나는 순간부터 죽는 순간까지 조직을 통해 관리되고 통제받는다. 국가에 출생 신고 및 사망 신고를 반드시 해야 하고, 전 국민을 대상으로 하는 인구 센서스에도 참여해야 한다. 직장에 입사하면 출퇴근 시간부터 월급, 승진, 휴가, 퇴직 등에 이르기까지 모든 세부 사항들이 조직에 의해 규정되고 통제된다. 종합병원의 기록은 관료제의 전형을 보여주며, 종교 단체 및 시민 단체에 가입할 경우에도 종교 의례 및 정기 회의 등에 참석하고 특정 임무를 수행해야 한다.

조직은 우리에게 필요하고 유용한 것이기도 하지만, 한편으로는 사회적 권력이 되어 개인을 복종시키고 무력화시키고 있다는 부정적 평가도 공존한다. 원래 교육은 개인의 잠재적 역량 계발을 목적으로 하는 조직임이 분명하지만 한국의 입시 위주 교육 제도는 개인의 창의력을 고정된 틀에 가두어 평가하는 부정적 결과의 주범이다. "목구멍이 포도청이다", "고용되어 녹을 먹는다는 것은 만만한 일이 아니다" 등의 표현에도 조직을 향한 부정적 정서가 담겨 있다.

2. 관료제의 두 얼굴

관료제의 이념형

우리는 일상 속에서 관료제라는 표현을 자주 사용한다. 관료제라는 용어는 1745년 이탈리아 학자 드 구르네de Gournay가 처음 만든 것으로 알려져 있다. 관료제를 뜻하는 영어 bureaucracy의 'cracy'는 지배한다는 뜻이고, 'bureau'는 사무실과 책상을 의미하는 동시에 상징적으로 관료를 지칭한다. 따라서 bureaucracy는 관료의 지배를 의미한다. 민주주의를 뜻하는 영어의 democracy도 'demo'는 국민, 인민, 시민을, 'cracy'는 지배를 의미하기에, 합쳐서 시민의 지배를 뜻하는 민주주의가 된 것과 마찬가지이다.

초기에는 정부 관료들에게만 관료제라는 용어가 적용되었으나, 오늘날은 모든 조직에 확대 적용되고 있다. 관료제라는 용어가 처음 출현했을 당시에는 경멸의 뜻이 담겨 있었다고 한다. 지금도 '관료적'이라는 표현이 '융통성이 없다'거나 '권위적'이라는 의미를 연상시키는 것과 유사한 맥락이라 하겠다. 관료제는 두 얼굴을 지니고 있다.[4] 긍정적 측면에서는 매우 신중하고 정확하고 효율적인 행정의 표본이지만, 부정적 측면에서는 흔히 '레드 테이프red tape'라 부르는 번거로운 행정 절차, 비효율성 및 낭비와 연관되기도 한다.[5]

관료제 연구의 대표적 학자로 막스 베버를 지목하는 데 이의를 제기할 사람은 없을 것이다. 베버는 19세기 말엽부터 20세기에 걸쳐 새롭게 부상하기 시작한 조직의 출현에 관심을 집중했다. 베버는 새로운 조직 유형인 관료제 연구를 위해 이념형ideal type을 구성한다. 베버가 관료제 연구에 사용했던 방법론적 도구인 '이념형(독일어로 ideal typus)'은 용어 때문에 오해를 불러일으키기도 하는데, 여기서

ideal은 바람직하다는 의미가 아니라 개념적으로 순수한 형태라는 뜻이다.[6] 베버가 구축한 관료제의 이념형은 그가 열거한 특징을 갖춘 조직이 실제로 존재했기 때문에 나온 개념이 아니다. 베버 스스로 논리적이고 개념적인 추론 과정을 거쳐, 순수한 의미의 관료제라면 마땅히 보유하고 있으리라 추론되는 특징을 토대로 관료제의 정의를 시도하고 있는 것이다.

베버가 구성한 관료제의 이념형은 다음 다섯 가지 특징을 갖는다. 첫째, 관료제 조직 내부에는 위임 받은 권력을 의미하는 권위authority의 위계가 존재하고, 조직의 업무는 공식 임무로서 분배된다. 권위의 위계로 인해 대부분의 관료제 조직은 피라미드형을 띠게 된다. 피라미드형 조직의 위로 올라갈수록 많은 권위가, 아래에 위치할수록 상대적으로 적은 권위가 부여되는 것이 관료제의 대표적 특징이다. 해당 지위별로 업무 지침이 부과되고 구성원이 바뀌어도 업무 자체는 연속성을 확보하게 된다.

둘째, 관료제는 성문화된 규칙에 따라 관료들의 업무 수행을 통제한다. 일례로 정부에는 헌법, 법령, 대통령령, 조례 등의 성문화된 규칙이 있고, 대학에도 정관, 학칙, 시행 세칙, 내규 등이 갖추어져 있다. 이들 성문화된 규칙에 따라 조직 구성원의 자격 및 권리를 규정하고, 해당 자격에 책임과 의무를 부과한다.

셋째, 관료들은 전일제로 고용되고 월급을 받는다. 이러한 특징은 현대인의 입장에서는 상식으로 받아들여지지만, 관료제 출현 당시의 중세 봉건 영주 시대로부터 국민 국가로 이행하는 과도기적 상황을 고려한다면, 전일제 고용과 월급 개념은 근대의 시작을 알리는 상징이었다 해도 과언이 아닐 것이다.

넷째, 관료제에서는 관료 자신의 사생활과 공적 업무가 확연히 구분된다. 공적 영역과 사적 영역의 구분 역시 근대성의 산물이다. 관료에게는 이 두 영역을 엄밀히 구분해야 하는 의무가 부과되었다. 사생활 개념이 출현하기 이전의 전통 사회로부터 프라이버시 개념이 출현하게 된 것은, 일터와 가족이 분리되면서 일터는 공적 영역으로, 가족은 사적 영역으로 이분화됨에 따라 가능해졌다.[7]

마지막 특징은 앞의 요건과 연계되는 것으로, 관료들은 조직의 물적 자원을 개인적으로 소유할 수 없다. 이상 관료제의 다섯 가지 특징은 개념적 구성물이자 순수한 형태로서의 이념형이라 할 수 있다. 단, 실제 관료제에서는 베버가 구성한 이념형과는 달리 피라미드형 위계 구조 대신 평평한 모습으로 나타날 수도 있고, 업무 지침이 불명료하게 서술될 수도 있다. 경우에 따라서는 공금 횡령과 같은 화이트칼라 범죄가 발생하기도 한다. 따라서 베버가 구성한 관료제의 이념형과 현실의 관료제 사이에는 일정한 괴리가 존재함을 염두에 두고, 그의 이념형 도구를 기반으로 조직의 관료제적 성격을 평가하는 작업이 가능하리라 생각된다. 일례로 군대는 관료제적 이념형에 보다 가까운 반면 벤처 기업은 상대적으로 관료제적 요소가 약할 것이고, 대학은 중간 수준의 관료제적 특성을 보유하고 있다는 평가가 가능할 것이다.

베버 스스로 관료제에 대해 양가적 감정을 갖고 있었음은 널리 알려진 사실이다. 관료제의 이념형에 가까워질수록 조직의 설립 목표를 달성하는 데 보다 효율적임은 자명하다. 관료제는 합리성의 원리에 따라 작동하는 정교한 기계적 특징을 보유하고 있다. 그러나 동시에 베버는 관료제가 '합리성의 비합리성'을 내재하고 있음을 간파했다. 규칙을 철저히 따르다 보면 비효율성이 드러나게 마련이고 관료의 창의적 역량을 발휘할 기회 또한 제한될 수밖에 없다. 결국 관료제적 권위체계 및 관료제의 일상화는 관료 조직의 기술적 효과성을 위해 감수해야 할 대가인 셈이다.

관료제의 두 얼굴

관료제 내의 공식 관계와 비공식 관계

관료제의 이념형과 별개로 현실의 관료제 안에는 비공식적 관계가 발달되어 있다. 일찍이 미국 사회학자 피터 블라우Peter Blau는 소득세 탈루를 감시하는 정부조직 내부의 비공식 관계에 주목했다.[8] 연구 결과 비슷한 직책의 근무자들 사이에 1차 집단의 특징이라 할 의리가 생성됨으로써, 조직 내 공식적 규칙이 허용하는 범위를 넘어 더욱 유연하게 창의성을 발휘하고 책임을 행사할 수 있는 비공식적 과정의 존재가 발견됐다.[9]

존 메이어John Meyer와 브라이언 로완Brian Rowan의 연구[10]에 따르면, 조직의 공식 규칙과 실제 관행 사이에는 상당한 간극이 존재한다. 일례로 병원 간호사가 환자용 차트를 작성하는 경우, 일정한 규정을 준수해야 하지만 실제로는 얼굴색 등을 통해 환자의 상태를 직감적으로 점검하는 경우가 빈번하다. 고위 공직자의 업무 추진비와 관련해서도 공식적 규정이 있지만, 실제 업무 추진비의 지출 방식은 규정과 무관하게 이루어지기도 한다.

그렇다면 조직 내 비공식적 관계가 존재하는 현상을 어떻게 평가할 것인가? 이 질문에 대해서도 긍정적 입장과 부정적 입장이 공존한다. 긍정적 관점에서는 비공식 조직이 존재함으로써 조직의 유연성 제고를 통해 공식 규칙의 보완이 가능하고, 하급직은 비공식 관계를 통해 만족스러운 조직 환경을 구축하며, 상급직은 조직 전체의 활력을 유지할 수 있다고 본다. 반면 우려의 목소리도 있어, 비공식 조직이 지나치게 발달할 경우 조직의 발전보다 개인의 이해관계가 우선될 가능성이 높다는 평가 또한 존재한다.

관료제의 역기능

관료제의 역기능을 연구한 대표적 학자로는 R. 머튼Robert Merton이 있다.[11] 머튼이 제시한 관료제의 역기능으로는 첫째 관료제적 의례주의bureaucratic ritualism가 있다. 이는 관료들로 하여금 문서화된 규칙 및 절차를 엄격하게 따르도록 훈련함으로써 나타난 결과이다. 이로 인해 관료들은 자발적으로 유연성 및 융통성을 추구하거나 창의적 해결책을 모색하지 않는다. 전례가 없다거나 규정에 없다는 표현은 관료들이 빈번하게 활용하는 언어적 무기이기도 하다.[12]

둘째는 관료제의 운영 과정에서 수단과 목적이 뒤바뀌는 현상이 존재한다. 목적은 공공의 이익 보호 및 국민의 안녕을 표방하나, 절차에 집중하다 보면 수단이 목적을 압도하는 경우가 빈번히 발생한다. 일례로 손해보험회사는 자동차 사고 피해자를 도와주고 신속하게 사고를 수습하는 것이 본질적 기능이나, 실제로 보상비 지불 과정이 매우 번거롭고 복잡해 피해자인 고객의 요구는 뒷전으로 밀리는 상황이 되고 만다.

기계적 시스템으로부터 유기적 시스템으로

탐 번즈Tom Burns와 G. M. 스토커G. M. Stalker는 유연성과 활력이 1차적으로 요구되는 전자 산업 부문에서는 관료제의 효과가 제한적이라는 사실을 밝힌 바 있다.[13] 관료제의 한계를 보완하는 차원에서 오늘날의 조직은 엄격한 기계적 시스템으로부터 유연한 유기적 시스템으로 전환을 모색하고 있다.

기계적 시스템은 위계적 명령 체계 아래 수직적 의사소통이 주를 이루며, 익명성이 강한 나머지 상하부의 의사소통이 단절적이라는 특징을 보인다. 오랜 역사를 지닌 전통 산업이나 제조업 부문처럼 시장 변화에 덜 민감한 산업 분야에서 주로 작동한다. 반면, 유기적 시스템은 느슨한 구조하에 포괄적이고 호혜적이며 다방향적 의사소통 구조를 갖추며, 구성원에게 부과된 의무보다 전반적인 조직의 목표가 중시된다. 전자통신 및 생명공학 분야처럼 급변하는 시장의 요구에 혁신적 적응이 요구되는 산업 분야에서 주로 채택되고 있다.

유기적 시스템의 대표적 사례로는 구글이 자주 등장한다. 구글은 수평적 위계 서열을 지닌 대표적 조직이다. 본인이 근무 시간을 자유롭게 결정할 수 있어 새벽 출근, 밤 출근이 모두 가능하고, 때로는 애완견과 함께 출근하기도 한다. 파격적일 만큼 자유로운 조직 문화를 자랑하는 구글은 철저한 성과 관리를 통해 조직의 생산성을 유지하는 것으로 알려져 있다. 분기별 성과 평가를 통해 평가 기준 미달자는 가차 없이 퇴사시킨다고 한다.

관료제는 민주주의의 적인가, 동지인가?

관료제는 민주주의의 확대에 기여하는가, 아니면 민주주의를 저해하는가는 여전히 논쟁 중인 이슈이다. 이 질문에 대해서는 지금까지 부정적 평가가 지배적이었다. 조지 오웰George Orwell의 소설 『1984년』에는 국가를 상징하는 '빅 브라더'가 등장한다. 여기서 빅 브라더는 민주주의를 표방하는 사회에서도 정상적으로 제기되는 내부적 비판이나 국가에 대항하는 반대 의견을 억누르기 위해 감시 체계가 작동됨을 상징한다.

국가가 소유하고 있는 개인 정보의 양은 실제로 상상을 불허한다. 대한민국도 막대한 양의 국민 관련 정보를 축적하고 있다. 출생일과 사망일은 기본이고, 운전면허, 보험 정보, 의료 정보 등은 물론, 개인의 세금 납부 현황에 이르기까지 국가에 의해 통제되고 관리되는 정보의 양은 확대일로에 있다. 정부는 풍성한 개인 정보를 토대로 막강한 영향력을 행사하고 있는 셈이다.

최근 영국에서는 한국의 주민등록번호에 해당하는 신분증명카드제 도입을 놓고 격론이 일었다. 국가는 신분증명카드제를 도입함으로써 테러리스트에 대한 감시를 강화하고 민주주의를 보호할 수 있으리라는 명분을 내세웠다. 그러나 시민 대다수는 이 제도가 국가에 의한 프라이버시 침해요, 국가 및 정부가 수집한 데이터를 기반으로 차별을 정당화할 가능성이 있다는 이유를 들어 도입을 거부했다. 결국 이 시대 국가는 빅 브라더로서 방대한 데이터를 기반으로 국민 통제를 시도할 가능성이 있는 만큼, 관료제의 발달은 민주주의의 저해로 연결될 수밖에 없다는 해석이 설득력을 가진다. 베버 자신도 얼굴 없는 관료에 의해 성문화된 규칙이 엄격하게 적용될 경우, 민주주의가 훼손될 것이라는 부정적 우려를 표명한 바 있다.

관료제를 민주주의의 '적'으로 보는 관점의 대표자로 이탈리아의 정치사회학자 로베르트 미헬스Robert Michels가 있다. 미헬스에 따르면 관료제적 조직이 확대되면 권력은 상층부로 집중되는 경향이 나타날 수밖에 없다. 곧 과두제의 법칙iron law of oligarchy이 작동함으로써 소수에 의한 지배가 현실화될 것이라는 비관적 전망이다. 다만 과두제와 관료제적 권력 집중 간의 연계는 모호하다는 평을 받고 있다. 반면 관료제를 민주주의의 동지로 보는 입장도 있다. 이에 따르면 조직 규모의 확대가 필연적으로 권력 집중으로 연결되는 것은 아니기에, 권력의 불균등 및 불평등은 조직의 규모와 무관하다는 것이다. 오히려 조직 규모가 확대되면서 권력관계가 느슨해질 가능성이 있고, 업무의 세분화로 인해 권력의 상층부가 행정적 통제력을 잃을 가능성도 배제할 수 없다는 입장이다. 관료제에서 권력이 상층부에서 하층부로 위임되는 현상이 빈번히 나타남은, 이 입장을 지지하는 실례라 하겠다.

3. 조직과 감시

푸코의 조직 이론

조직사회학자들은 조직 사회가 감시 사회surveillance society로 이행해가고 있는 현상에 촉각을 곤두세우고 있다.[14] 미셸 푸코는 조직과 관련해서도 흥미로운 시각에서 예리한 통찰력을 제공한다. 푸코에 따르면 조직은 우리의 시간과 공간을 통제한다. 조직의 건축 구조는 사회적 이미지 및 권위체계와 직접적으로 연관되어 있다는 것이 푸코 주장의 통찰력 넘치는 부분이다. 건축물을 보는 순간, 우리는 그곳이 어떤 용도로 사용되고 있는지, 어떤 기능을 갖고 있는지 인지할 수 있다는 것이다.

구체적 예를 들어보자. 서울시 세종로에 위치한 구 정부종합청사 이미지와 세종시 행정중심복합도시에 새로 세워진 정부종합청사는 상반된 이미지를 가진다. 세종로 시절의 정부종합청사가 권위주의 시대 개발도상국의 효율성 및 실용성을 강조한 건축 구조라면, 행정중심복합도시의 신 정부종합청사는 건축미를 고려함은 물론, 국민을 위해 봉사하는 정부의 이미지를 형상화하고 있다. 종교 건축이라 할 교회의 첨탑 및 사찰의 풍경 앞에서 우리는 종교적 외경감을 느끼게 된다. 초등학교에서부터 대학교에 이르기까지 건축물은 교육 기관으로서의 기능과 역할 및 이미지를 효과적으로 전달한다. 특히 대학의 고풍스러운 건물들은 오랜 역사를 대변하며, 포스트모던한 건축물은 대학의 향후 미래를 상징하는 경우가 많다. 오랜 역사를 기반으로 미래를 향해 보다 혁신적이고 역동적인 역할을 담당하고자 하는 의지를 표명한 것이다.

베버 또한 권력의 위계가 올라갈수록 사무실 위치도 함께 올라간다는 사실로부터 누가 어떤 공간을 차지하고 있는지가 해당 조직의 권력 분포를 가늠케 한다는 사실을 간파했다. 조직 내 물리적 거리는 권력의 정점에 있는 소수 특권 집단과 대다수 권력으로부터 소외된 집단 간의 양극화를 상징하기도 한다.

현대 사회 = 감시 사회

감시 사회라 함은 개개인의 삶과 관련된 모든 정보가 다양한 종류의 조직에 의해서 수집되는 사회를 뜻한다. 조직이 감시의 주체가 되고 현대인은 감시의 영역에 포섭되고 있음이 '현대 사회 = 감시 사회'라는 등식에 함축되어 있다.[15]

감시의 유형 또한 끊임없이 변화하고 있다. 과거에는 직접적 감시가 일반적이었다. 감시의 주체가 누구인지 명시적 상태에 있었기에, 공장 근로자의 경우 감독자를 직접 눈으로 확인할 수 있었다. 학교 교실 또한 교사와 학생의 관계에서 교사가 더 많은 통제권과 감독권을 갖고 있었던 만큼 학생들은 직접적 감시에 노출되었다고 할 수 있다. 이러한 직접적 감시는 오늘날 간접적 감시에 점차 자리를 내주고 있다. 간접적 감시란 개인이 의식하든 의식하지 않든 감시가 이루어지는 상황을 의미한다. 감시하는 주체는 눈에 보이지 않지만, 조직은 다양한 개인 기록을 보유함으로써 간접적 감시가 이루어진다. 근로자의 이력서나 작업 경력 기록은 개인의 역량을 판단할 때 사용되며, 이직 혹은 전직 시 평가 자료로 활용되기도 한다. 학교 성적표가 대학 입시 및 취업에 중요한 자료가 되고, 하위 직급자의 인사 고과 자료가 승진을 위한 평가 자료로 활용됨은 간접적 감시의 전형적 실례라 하겠다.

감시는 이제 간접적 유형을 넘어 스스로 감시에 순응하는 자기 감시self-surveillance를 향해 가고 있다. 개인은 관리자나 감독자가 요구하지 않더라도 스스로 조직이 요구하는 규범 및 행동 지침 등을 수용하고 적응해가기 위해 노력한다. 예를 들어 콜센터 전화 응대 서비스 종사자들은 자신의 전화가 실제 모니터되고 있는지 알 수 없지만 가이드라인을 충실히 따른다. 이러한 상황이 확산되는 현상을 자기 감시의 확대라 한다. 대부분의 조직은 세분화된 시간표에 따라 업무가 진행되는데, 업무 시간표를 준수하는 주체는 바로 개인이다. 직장의 업무 시간, 대학의 강의 시간표, 군대의 훈련 일정 등이 별 무리 없이 지켜지고 있음은 바로 자기 감시의 확대 결과라 하겠다.

교도소 = 감시 사회의 축소판?

감시 사회를 연구하는 학자들은 특별히 교도소 상황에 주목한다. 공장, 학교, 군대, 병원 등 우리 일상에 밀착된 다수의 조직이 교도소를 닮았다는 것은 놀라운 일이다. E. 고프만은 구성원을 상대로 최대한의 통제를 시도하는 조직을 일컬어 전체주의 조직total institution이라 이름 붙였다.[16] 고프만이 군대, 정신병원, 교도소 등의 전체주의 조직에 특별한 관심을 기울이는 건 이들 조직이 우리 사회의 축소판이기 때문이다. 다소 극단적 형태를 띠고 있지만 사회의 통제 및 감시 요소를 전형적으로 보여주고 있다는 점에서 전체주의 조직을 연구함으로써 우리가 몸담고 있는 사회의 특징을 간파할 수 있다고 보는 것이다.

교도소는 19세기 사회철학자이자 사회사상가인 제레미 벤담Jeremy Bentham이 설계한 파놉티콘에서 유래했다. 파놉티콘은 매우 독특한 구조를 갖고 있어, 간수는 죄수를 일일이 감시할 수 있지만 죄수에게는 간수가 전혀 보이지 않는다. 파놉티콘의 은유는 교도소에만 해당되는 것이 아니라 현대 사회의 모든 조직에 정확히 들어맞는다.

베버와 푸코의 주장에 대한 반론도 만만치 않다. 무엇보다 조직을 가장 효과적으로 운영하는 방식은 감시를 확대하는 것이요, 권위를 명확하고 일관되게 배분하

볼거리

영화 _ 〈부에노스아이레스에서 사랑에 빠질 확률 Sidewalls〉(2011)

영화는 부에노스아이레스가 수천 개의 빌딩이 '제멋대로' 솟아 있고, 실패한 도시 계획의 산물이라고 말한다. 별거와 이혼, 가정 폭력, 대화의 단절, 무관심, 우울증, 공황 발작 같은 현대 질병은 모두 건축가들 때문이다. 남녀 주인공도 이 같은 도시의 무책임한 건축의 산물임을 상징적으로 묘사한다.

웹디자이너 마틴은 공황장애로 몇 년째 집에서만 생활하고 있다. 일, 쇼핑, 친구와의 대화, 심지어 여자까지 모든 것을 집에서 인터넷으로 해결한다. 건축을 전공한 마리아나는 쇼윈도 디자이너로 내부도 외부도 아닌 '제3의 공간' 쇼윈도에서 많은 시간을 보낸다. 4년간의 힘든 연애를 끝냈지만 위로받을 사람은 없고, 집에는 마네킹만 뒹군다.

영화 〈부에노스아이레스에서 사랑에 빠질 확률〉은 도회적 사랑을 보여주는 대신 사랑을 잊고 도시를 헤매는 남녀들의 자화상을 그린다. 마리아나는 〈월리를 찾아라〉를 곁에 두고 살지만 '내가 찾을 월리는 누구인지, 내가 왜 월리를 찾아야 하는지' 모른다. 마틴과 마리아나는 각자의 원룸 아파트에서 같은 영화를 보고 웃고, 같은 음악을 들으며 행복해하다 영화 마지막 부분에서 가까스로 만난다. 가까이 있음에도 서로를 알아보지 못했던 두 사람이 마침내 만나던 순간은 갑작스러운 정전이 일어났을 때였다. 영화의 원래 제목인 측벽(Medianeras)은 사랑이 왜 필요한지를 잃어버린 도시 남녀들을 향해 벽을 깨고 세상으로 나올 것을 간곡하게 요청한다는 메시지를 함축하고 있다.

—《경향신문》 2013년 9월 11일자 기사

는 것이라는 주장은 조직의 일면만을 강조하고 있다는 비판이 있다. 교도소와 기업의 유추는 질적으로 다른 종류의 조직을 대상으로 한다는 점에서 오류라는 비판도 있다. 기업은 공동의 목표 달성을 위해 구성원들의 협조를 필요로 하는 조직이라는 점에서 교도소와 기업의 은유는 현실을 비약하고 있다는 것이다. 실제로 소비에트 형태의 공산주의 사회는 정치적 권위주의와 경제적 비효율성의 대표적 사례로 인식되며, 현대 조직은 이를 타산지석으로 삼아 시행착오를 반복하지 않으려 노력하고 있다는 것이다.

4. 국제 조직

한국에서도 반기문 전 유엔 사무총장, 김용 세계은행 총재 등의 부상으로 인해 국제기구에 대한 관심이 고조되고 있다. 2010년 기준 세계 국제기구는 62,468개이며, 이 가운데 실제 활동하는 기구는 약 32,000여 개에 이른다.

세계화의 흐름과 정보화의 가속화로 인해 국가 간 경계의 의미가 약화되기 시작하면서 국제 조직도 증가하고 있다. 국제 조직의 효시로는 13세기 중반-17세기 중반 북해와 발트해 지역에서 무역을 지배하던 조직으로, 독일 상인들과 도시들 간 연합체인 한자Hansa 동맹이 있다. 정교한 관료제와 회원 국가를 보유한 진정한 의미의 국제 조직의 효시는 1919년 결성된 국제연맹과 1945년 창설된 유엔이다. 1991년 9월 18일 제46차 유엔총회 당시 남북한 유엔 동시 가입이 이루어졌고, 순서는 알파벳에 따라 북한이 160번째, 남한이 161번째로 기록되었다.

국제정부기구

국제정부기구IGO는 회원 국가 간의 현안을 처리할 목적으로 정부 간 협약에 따라 설립된 국제적 조직 유형을 의미한다. 국제정부기구가 출현하게 된 배경은, 국가 안보UN, 국제 무역 규제WTO, 사회 복지, 인권, 환경 보호 등 개별 국가의 노력만으로는 해결이 불가능한 문제들이 증가했기 때문이다.

2004년 5월 발효된 유럽연합EU은 25개 유럽 회원국가 간 연합체로서, 유럽의 개별 국민 경제를 보다 대규모의 힘 있는 무역 거래 블록으로 통합하고자 결성되었다. EU는 단일 경제 블록을 통해 기업의 자유로운 활동과 근로자들의 자유로운 이동을 허용하며, 2012년 이후부터는 12개 회원국이 유로EURO 단일 통화를 사용하는 데 합의했다. 회원국의 궁극적 의사 결정을 EU에 위임하고 있다는 점에서 유럽 내부의 비판이 있고, 영국은 2016년 EU 탈퇴를 국민투표로 결정한 바 있다.

북대서양조약기구NATO는 1991년 1차 걸프전 당시 이라크를 대상으로 괄목할 만한 군사력을 행사했고, 1999년 옛 유고연방 코소보에서 통합된 군사력을 동원한 바 있다. 군사적 IGO의 영향력은 보스니아, 소말리아, 르완다 내전 시 유엔군의 평화 유지 노력이 비효과적이었다는 점에서 제한적이라는 평가도 있다. IGO 회원

〈그림 6〉 주요국의 국제기구 사무국 현황

출처: Union of International Associations, *Yearbook of International Organizations*, 2009/2010.

국 내부에는 유엔 안전보장 이사회의 영구 회원국인 영국, 미국, 중국, 프랑스, 러시아와 기타 국가들 사이에 힘의 불균형이 존재한다는 점에서 우려의 목소리도 제기되고 있다.

20세기 초반 30여 개에 불과했던 IGO는 1981년 1,830개로 급증했고, 오늘날은 5,500여 개에 이르는 것으로 추정되고 있다. 아시아권에서 최근 결성된 대표적 IGO로는 아시아협력대화ACD, 아시아개발은행ADB, 동아시아정상회의EAS, 동아시아국가연합ASEAN,[17] 한중일 협력사무국TCS[18] 등이 있다.

국제정부기구 및 국제비정부기구를 포함한 국제기구 사무국은 약 22,000여 개로 대부분 유럽 및 미주 지역에 집중되어 있다. 미국이 3,646개로 1위, 벨기에가 2,194개로 2위, 3위 프랑스 2,079개, 4위 영국 2,048개, 5위 이탈리아 1,072개의 순이다. 아시아 지역에서는 일본 270개, 태국 133개, 싱가포르 86개, 필리핀 75개의 순이고, 한국은 43개로 개발도상국 수준에도 못 미치는 실정이다(〈그림 6〉 참조).

한국은 최근 3년간 국내 유치 후 지원 관리 중인 국제기구가 지속적으로 증가하고 있어 2010년 27개에서 2011년 33개, 2012년 43개로 나타나고 있다. 특히

〈표 4〉 유치 주체별 국제기구 현황

유치 주체	주요 국제기구
중앙정부 유치 기구(14개)	녹색기후기금(GCF)사무국, 국제백신연구소(IVI), 아태 정보통신 기술교육 훈련센터(APCICT) 등
지자체 유치 기구(22개)	국제자치단체연합(ICLEI) 동아시아사무소, UN 산하 방재연수원, 재해경감 국제전략 동북아사무소, APEC e러닝 연수센터 등
NGO 기구(7개)	세계변호사협회(IBA) 아시아본부, 국제교회성장회의, 아시아조정연맹 등

기후·환경·에너지 등 녹색 분야를 중심으로 꾸준히 증가하고 있다. 2012년에 설치된 자치단체국제환경협의회 동아시아본부ICLEI, 아시아산림협력기구AFoCO, 국제스마트그리드기구ISGAN 등이 좋은 예이다. 한국 내 유치 주체별 국제기구 현황은 〈표 4〉와 같다.

국제비정부기구

국제비정부기구INGO는 개인 혹은 사적 조직 간에 이루어진 협약에 따라 설립된 국제 조직체를 의미한다. 국제 사회학회, 그린피스(환경단체), 국경을 넘는 의사회, 월드 비전 등이 이에 해당한다. 국제 비정부 기구는 20세기 초반 약 200개 이하였으나, 1990년대 중반 1만 5천여 개로 증가했고 현재는 약 3만 1,100개로 추산되고 있다.

UN 및 INGO는 개별 국가 및 정부에 영향력을 행사하고 있다. 1975년 세계 여성의 해 및 1995년 북경여성행동강령은 여성 차별이 이루어지는 국가에 강력한 목소리를 제기해온 바 있다. INGO의 성공 사례로는 지뢰금지국제운동을 들 수 있다. 1997년 조디 윌리엄스Jody Williams는 그 공헌을 인정받아 노벨 평화상을 수상했다. 1993년 3월 대인 지뢰의 이용, 생산, 보관, 이전을 금지하는 협약이 국제법으로 채택되었고, 150여 개 국가의 지지를 받고 있다.

그러나 INGO는 IGO에 비해 법적 규제가 미약하다는 한계를 보인다. 미국과 러시아가 지뢰금지국제운동에 가입하지 않음으로써 해당 INGO의 영향력이 제한적이라는 평가를 받고 있음은 주지의 사실이다. 반면 앰네스티 인터내셔널 및 그린피스는 인권 및 환경 등의 영역에서 주목할 만한 영향력을 행사하고 있다.

5. 자본주의의 핵심, 경제 조직

기업: 자본주의의 꽃

자본주의는 경제생활을 조직화하는 방식의 하나이다. 주요 특징으로는 생산 수단의 사적 소유, 이윤 동기 보장, 상품 판매, 저렴한 원료와 노동력 확보를 위한 시장에서의 자유 경쟁, 자본 축적을 위한 끊임없는 확장 및 투자 등을 들 수 있다.

자본주의 사회와 기업의 힘

자본주의를 대표하는 경제 조직인 기업 또한 끊임없이 진화와 변화를 거듭하고 있다. 기업의 규모는 주지하다시피 계속 확대되고 있어, 세계 상위 200대 기업이 1983년부터 1999년까지 약 16년간 이룬 성과를 보면, 매출 규모는 전 세계 GDP의 25%에서 27.5%로 증가했고, 이윤은 362.4% 증가했다. 단 고용 증가율은 같은 기간 중 14.4% 증가에 머물렀다. 한국에서는 3대 대기업이 총 매출의 50% 이상을 차지하는 것으로 밝혀졌다.

소유와 통제의 분리도 주목할 만하다. 경영 혁명 이후[19] 기업 운영은 전문 경영인들에 의해 주도되고 있다. 한 개 혹은 소수의 대기업이 시장을 지배하는 독점 및 과점 현상도 현대 자본주의의 특징 중 하나이다. 한국의 자본주의 시장 경제에서는 독점 및 과점 현상이 두드러진다. 반도체는 삼성이 독주하고 있고 유통 부문은 이마트, 홈플러스, 롯데마트가 삼분하고 있다. 전자 및 가전제품 분야에서는 삼성과 LG의 과점이 이루어지고 있고 과자는 해태와 오리온이, 라면은 농심과 삼양이 과점한 상태이다. 독과점 규제법 및 공정거래법 등을 시행하고 있으나 이러한 독과점은 지속되고 있다.

기업 자본주의의 발전 단계에 따른 유형화

기업 자본주의의 발전 과정을 단계별로 추적한 연구에 따르면, 1단계는 대부분의 기업이 가족 자본주의로 출발한다. 19세기 및 20세기 초반 대세를 이루었던 가족 자본주의는 창업가 개인이나 가족에 의해 운영되고 후손에게 대물림되는 특징

생각할 거리

중소기업의 창업 성공 사례로 김치냉장고 '딤채'를 만든 위니아만도 주식회사를 눈여겨볼 만하다. 위니아만도는 초기에는 차량용 공조 부품을 납품하는 만도공조였다. 알짜 회사였으나 부품을 생산하는 하청 회사였기 때문에 브랜드를 알리거나 주가를 관리하는 데 어려움이 많았다. 이러한 이유로 업종 변경을 시도하면서 사업 다각화의 일환으로 생산하게 된 것이 바로 '딤채'이다.

결과적으로 만도위니아의 김치냉장고 딤채는 '발효과학'이라는 슬로건을 내세우며, 주부들을 타겟으로 괄목할 만한 성공을 거두었다. 이후 약 10여 개 이상의 회사가 김치냉장고 시장에 진입했지만, 대기업 제품은 생각보다 힘을 발휘하지 못했다. 소비자들은 '김치냉장고=딤채'라고 인식하지만, 딤채가 만도공조에서 만들어진다는 사실은 잘 모른다.

— 장순규, 『성공한 중소기업 브랜드의 마케팅 전략사례 연구』(2005)

Q 대기업 중심의 독과점이 지배적인 시장에서 성공한 중소기업 사례가 갖는 의미를 다각도로 점검해보자.

을 보인다. 영국의 세인스베리, 미국의 록펠러, 한국의 삼성·현대·SK 등은 대표적인 가족 자본주의 단계의 상속형 대기업들이다. 이들 기업은 다양한 기업군을 거느린 재벌로 경제 제국의 정점에 있다. 오늘날은 대부분이 기업 공개를 통해 주식 지분이 매각되고, 기업의 운영은 전문 경영인에 의해 이루어진다. 단, 포드사의 현 회장은 창립자 헨리 포드의 증손자로 여전히 가족 자본주의 형태를 유지하고 있다. 중소상점, 배관 설비업, 페이트업 등은 가족 자본주의가 주류를 이룬다. 가족 자본주의 기업은 다른 기업 형태에 비해 수명이 짧은 편이다.

2단계는 경영 자본주의로, 창업을 주도한 가족보다 전문 경영인의 영향력이 확대되는 형태이다. 미국의 200대 제조업을 대상으로 한 마이클 앨런Michael Allen의 연구에 따르면 이윤이 감소되는 경우 가족 통제 기업은 사장을 교체하지 않는 반면, 전문 경영인 주도의 기업은 신속하게 사장을 교체하는 것으로 나타났다.[20] 경영 자본주의 단계에서 대기업은 새로운 소비 유형 및 고용 경험을 창출하는 데 적극적이라는 사실도 밝혀졌다.

3단계는 복지 자본주의로, 기업 조직의 흥미로운 진화 과정이라 할 수 있다. 복지 자본주의는 기업 스스로 복지 혜택을 제공한다는 의미에서, 국가 및 노조에 의존하기보다 현대 산업사회에 만연한 시장의 불확실성으로부터 안전한 안식처가 되고자 하는 시도를 뜻한다. 실제로 19세기 후반 이후부터는 대기업을 중심으로 기업 복지가 적극 확대되어왔다. 오늘날은 자녀 학자금 지원, 다양한 여가 시설 제공, 유급 휴가, 실업 보험, 생명 보험 등의 서비스가 기업에 의해 제공되고 있다. 일례로 컴퓨터 통계 프로그램으로 잘 알려진 SAS는 5,000명의 직원을 위해 기업 복지 차원에서 유아교육 전문가와 의료 전문가, 그리고 변호사를 고용하고 있다. 복지 자본주의에 대해서는 주로 노조 설립을 기피해왔던 코닥, 시어스 등의 기업에서 복지 수혜 프로그램을 일상화하고 있다는 점에서, 1970년대 이후 복지 자본주의가 노동 운동을 약화시키는 데 기여했다는 비판이 있다. 복지 프로그램을 포괄적으로 갖춘 기업이 산업 영주로 부상하고 있다는 의견도 귀 기울여볼 만하다.

4단계는 3단계의 파생적 형태라 할 제도적 자본주의이다. 기업과 기업의 결합된 네트워크 등장을 의미하는 제도적 자본주의의 확산은 자본의 투자 유형 변화와 밀접한 관계가 있다. 오늘날은 대규모 금융 조직에 의해 통제되는 MMF, 신탁, 보험, 연기금 형태의 투자가 주를 이루는 바, 이 단계에서는 개별 기업을 넘어 기업 권력이 등장한다는 점이 특기할 만하다.

진화/변화하는 대기업

진화 및 변화를 거듭하고 있는 기업의 경우, 20세기를 대표하는 대기업으로 제너럴 모터스GM, 포드FORD, IBM, 듀퐁, GE 등이 거명되었다면, 21세기 초반에는 애플, 마이크로소프트, 구글, 삼성 등이 등장한다. 이들은 표면적으로는 유사성을 보이나 표면 아래에는 주목할 만한 질적 변화가 진행되고 있다.

오늘날 대기업은 단순히 규모가 큰 기업이 아니라 기업망을 이용하는 기업을 의미한다. 기업망이란 중심 조직이 작은 기업들을 하나의 망으로 긴밀하게 연결시키는 것으로서, 대표적 사례로 IBM을 들 수 있다. IBM은 1980-90년대 초반 자체 완결적 조직을 벗어나 10여 개의 미국 기업과 80여 개의 외국 기업이 결합한 형태로 이행했다. IBM 기업망은 전략적 계획을 공유하고 생산 과정에도 공동으로 대응한다. 이는 세계 어느 지역에 위치하든 정보통신 산업 및 운송 수단의 발달에 힘입어 시간과 공간의 제약을 받지 않고 기업 활동이 가능해지면서 일어난 현상이다. 그 결과 하나의 완제품이 만들어졌을 때 생산지가 어디인지 모호해지는 상황이 발생했다. 어린이들이 좋아하는 바비 인형의 포장 상자에는 'Made in China'라고 기록되어 있으나, 이는 최종 포장이 중국에서 이루어졌다는 의미일 뿐, 바비 인형의 몸체, 부품, 옷 등의 생산과 조립은 아시아에서 아랍에 이르기까지 세계 곳곳에서 이루어지고 있다.

초국적 기업

초국적 기업이란?

기업이 두 개 이상의 국가에 지점을 설치하는 경우를 다국적 기업 혹은 초국적 기업이라 한다.[21] 예전에는 다국적 기업이라는 표현을 주로 사용했지만, 여러 국가가 하나의 기업을 소유한다는 의미의 다국적 기업이 아니라 하나의 기업이 국가의 경계를 뛰어넘어 여러 국가에서 활동한다는 의미에서는 초국적 기업이라는 표현이 보다 정확하다.

운크타드UNCTAD에 따르면, 2005년 데이터 기준 활동 중인 초국적기업은 전 세계에 7만 5,000여 개가 있다.[22] 초국적 기업의 73%는 본사를 선진국에 두고 있는데, 초국적 기업의 본사가 집중되어 있는 대표적인 국가는 덴마크로 전체 초국적 기업의 12%가 위치하고 있다.[23] 초국적 기업은 1990년대 이후 15년 만에 두 배로 급증했다.

1960년대 매출액 기준 250대 기업 중 미국에 본사를 둔 경우가 64%에 이르렀으나, 2006년에는 세계 500대 기업 중 34%만이 미국에 본사를 둔 것으로 나타났다. 미국 기업의 비율은 1960년대 이래 감소 추세지만, 여전히 미국은 초국적 기업의 강자라 할 수 있다. 뒤를 이어 일본이 14%, 프랑스·독일·영국 등이 7%의 초국적 기업을 보유하고 있다. 최근 들어서는 중국, 브라질, 인도, 멕시코, 말레이시아 등 개발도상국에도 초국적 기업의 숫자가 확대되고 있다. 초국적 기업의 규모를 개별 국가의 경제 규모와 비교해보면, 제너럴 모터스의 매출 규모는 덴마크 전체의 경제 규모보다 크고, 벤츠로 알려진 다임러Daimler의 경우는 폴란드 경제 규모보다 크다. IBM은 싱가포르 경제 규모보다 크고 소니SONY는 파키스탄 경제 규모보다 크다고 한다. 세계 100대 경제 단위를 매출 규모 중심으로 보면, 약 1/2은 국가 소유이고 나머지는 초국적 기업의 소유이다.

초국적 기업의 활동 영역 또한 상상을 불허한다. 600대 초국적 기업이 전체 산업 및 농업 생산의 1/5 이상을 점유하고 있고 약 70대 기업이 세계 교역 전체의 50%를 담당하고 있으며, 200대 기업의 이윤은 1970-90년 사이 두 배 증가하여 9조 5천 억 달러에 이르고 있다. 2003년에는 세계 10대 제약회사의 시장 점유율이 53%에 이르렀다. 초국적 기업을 중심으로 한 투자는 약 3/4가량이 선진 산업 국가들 사이에서 이루어지고 있다. 최근 들어 한국을 위시하여 싱가포르, 대만, 말레이시아 등 아시아 신흥 공업 국가들을 대상으로 초국적 기업 투자가 빠른 증가세를 보이고 있다.

초국적 기업의 확장 배경에 통신 기술의 발달, 항공 산업 및 컨테이너의 발달 등이 자리하고 있음은 이론의 여지가 없다. 자체적으로 인공위성에 기반한 통신 시스템을 보유한 사례도 있다. 일본의 미쓰비시는 자체 인공위성을 기반으로 1일 500만 단어 전송이 가능한 거대한 네트워크를 사용하고 있다.

초국적 기업의 유형

초국적 기업은 국제 노동 분업의 맥락에서 핵심적 의미를 갖는다.[24] 현재 세계는 산업 지역과 농업 지역 간 분업화가 이루어지고 있고, 산업 지역은 다시 미국 일본 독일 등의 고숙련 노동시장과 아시아 남아메리카 지역의 저숙련 노동시장으로 세분화되어 있다. 국제 환금 작물 재배 시장의 경우 델몬트, 네슬레 등 서너 개 기업이 과점하고 있고, 자동차, 전자 산업 분야에서도 국제적 과점이 증대하고 있다.

초국적 기업 유형은 하워드 펄머터Howard Perlmutter의 분류가 여전히 유효하다.[25] 첫 번째 유형은 민족중심적ethnocentric 초국적 기업이다. 이 유형은 기업 정책의 입안 초기부터 실행까지 모기업이 위치한 본사에서 관리한다. 모기업의 문화가 확대되는 유형으로 각각의 활동은 지구적으로 표준화된다. 일본의 종합상사는 민족중심적 초국적 기업의 전형적 사례로, 기업을 처음 진출시킬 때부터 무역 증대를 위한 재정 및 정보 제공 서비스에 이르기까지 일본의 종합 상사가 모든 것을 관리한다. 일본식 조직 문화가 세계 각 지역에 뿌리내릴 수 있도록 하는 것이 일본식

민족중심적 초국적 기업의 특징이다.

두 번째 유형은 다중심적polycentric 초국적 기업이다. 모국의 기업이 다른 나라에도 세세한 영향을 미치는 첫 유형과 달리, 해외에 자회사를 두고 각국에서 현지인을 고용하며 현지의 경영 방식에 따라 기업을 관리하는 형태이다. 본사는 기본적 지침을 제공하고 현지 기업이 실행 차원의 문제를 관리하는 유형이다.

세 번째는 지역 중심적geocentric 초국적 기업이다. 이 유형은 다중심적 초국적 기업과 구분되는 유형으로, 지구적 수준에서 경영 시스템의 통합을 시도한다. 고위 경영진은 전 세계에 파급되어 해당 초국적 기업의 고유한 조직 문화 및 경영관리 방식을 전파한다. 대표적으로 GE가 지역 중심적 관리 방식을 채택하고 있는 것으로 알려져 있다.

글로벌 마켓의 기획과 확산

리처드 바네트Richard Barnet와 존 캐버나John Cavanagh의 연구에 따르면,[26] 세계 경제 속에는 네 가지 상호 연계된 상행위망이 존재하고 있다. 지구적 문화 시장, 쇼핑몰, 노동 분업 그리고 금융 네트워크가 그것이다. 그중 최근 형성된 지구적 문화 시장은 가장 빠른 속도로 확대되고 있다. 글로벌 이미지와 꿈이 영화, TV, 음악, 비디오, 게임, 장난감, T셔츠 등을 통해 전세계적으로 확산되며 팔려나가고 있는 것이다. 글로벌 마켓을 매개로 동일한 이미지가 퍼져나가면서 동일한 환상과 꿈이 만들어지고 있다.

먹고 마시고 입고 즐기기 위한 상품 또한 전 지구적 차원의 쇼핑몰인 이베이, 아마존, 알리바바 등을 통해 확산되고 있다. 다만 경제적 불평등으로 인해 문화 시장의 확산보다 범위가 제한되고 있다는 특징을 보인다. 지구적 수준의 노동 분업 현장을 이해하는 데 휴대폰은 좋은 사례가 된다. 예를 들어 아이폰 케이스 뒤에는 "캘리포니아에서 디자인되었고 중국에서 만들어졌다."고 쓰여 있다. 하지만 실상은 다양한 지역에서 만들어진 다채로운 부품들이 아이폰에 내장되어 있다.[27]

금융 네트워크도 글로벌하게 연결되면서 한국에도 HSBC, SC제일은행 등 글로벌 금융이 활동하고 있다. 증권사로는 메릴린치, 모건 스탠리, 골드만삭스, JP모건 한국 지사가 있고 제2금융권에서는 GE캐피탈이 현대카드와 손잡고 시장을 개척하고 있다. 프루덴셜 및 메트 라이프, AIG 등의 보험회사도 국내에 들어와 있다.

여성과 기업

여성의 조직 참여가 증대되면서 조직 내 여성과 남성의 성차에 대한 인식 또한 이슈화되고 있다. 이 절에서는 페미니스트 조직론을 통해 조직과 젠더 사이의 관계를 조망해보기로 한다.

페미니스트 조직론은 왜 조직 안에서 여성들이 다양한 종류의 차별에 노출되고 있는지 규명하는 데 초점을 맞추고 있다. 페미니스트 조직론이 주목하고 있는 현상은 두 가지이다. 하나는 같은 조직 안에서도 업무의 성별 분절 현상이 여전히 존재한다는 사실이다. 보험업의 경우 영업소장은 대부분이 남성인 반면, 보험 설계사 및 사무 관리직은 대부분 여성이다. 남녀 차별이 상대적으로 적을 것으로 인식되는 공무원의 경우도 남성은 회계, 재정 및 기획을, 여성은 복지, 대민 봉사 업무 등을 주로 담당한다. 조직 내부에는 여성적합 업무와 남성적합 업무의 구분이 뚜렷하게 나누어져 있다.[28]

더불어 페미니스트 조직론이 주목하는 현상은 조직 피라미드의 상부로 올라갈수록 여성들이 희소해지는 현실이다. 이로부터 현대 사회 조직 자체 내에 가부장적 요소가 함축되어 있음을 논증하는 데 주력한다. 2015년 한국의 30대 그룹 계열사 284곳을 전수 조사한 결과 여성 임원이 한 명도 없는 기업이 무려 73.9%였다. 남성의 경우 임원이 될 확률이 74명당 1명인 반면, 여성의 경우는 무려 1,300명당 1명으로 나타나, 현저한 젠더 격차를 보이고 있다.[29]

한편 관료제에서 요구되는 경력은 전통적 성 역할에 기반하고 있으며, 성별에 따른 직종 분리야말로 조직의 가부장적 특징을 전형적으로 반영하고 있음에 주목할 필요가 있다. 모든 직종을 통틀어 남성과 여성이 동등한 비율로 종사하고 있는 경우는 찾아보기 어려우며, 대신 비서, 간호사, 보육교사 등의 여성 직종과 중장비 기사, 내장 목수, 기계 수리공 등의 남성 직종으로 뚜렷이 구분된다. 최근 여성의 전문직 진출이 증가하고 있기는 하지만, 로펌을 예로 들면 변호사의 대부분은 남성이고 변호사 보조를 위한 사무직은 주로 여성이 담당하고 있다. 여성과 남성 트랙을 구분하여 여성의 승진 기회를 배제하기도 한다.

전일제 근로자를 요구하는 관료제적 경력 관리는 남성의 생활 패턴을 기준으로 시행된다. 곧 자신의 경력에 집중할 수 있도록 집안일과 육아 등을 전담해주는 전일제 아내의 존재를 전제로 조직 규범이 만들어졌다는 것이다. 덕분에 일하는 엄마들은 "나도 아내가 필요하다"고 푸념한다. 여성은 조직 안에서도 사무 보조, 비서, 하층 관리자 등의 일상 업무를 담당한다. 여성은 남성지배 조직으로 발전한 관료제 내부에서 권력으로부터 배제되고 승진 기회를 박탈당함은 물론 성희롱 및 성차별의 피해자가 되고 있다.

기업의 젠더 차별적 특징에 주목한 최초의 역작으로 사회학자 로자베스 모스 켄터Rosabeth Moss Kanter의 『기업에서의 여성과 남성』이 있다.[30] 관료제적 상황에서 일하는 여성들에 대한 최초의 연구서인 이 책은 자유주의 페미니즘의 관점에서 기업 조직 내 여성의 위치를 다각도로 탐색함으로써 여성이 권력으로부터 배제되는 방식을 분석하고 있다. 켄터는 여성이 조직으로부터 배제되는 전형적 사례로서 대부분의 조직에서 발견되는 '토큰 우먼token woman(구색을 맞추는 여성)' 현상을 들고 있다. 기업에서는 극히 소수의 여성만이 임원으로 충원되는데 해당 여성 임원은 '구색 맞추기용'이라는 것이다. 대외적으로 여성을 차별하지 않음을 과시하기 위한 경우가 대부분이고, 그 후에는 여성에게 기회가 주어지지 않는 경우가 다반사다.

조직 내에는 주관적 객관화 현상도 존재한다. 주관적 객관화란 개인의 특성이나 한계를 여성 집단 전체의 특징으로 폄하하는 현상을 일컫는다. 덕분에 조직에 진입한 여성은 개인이 아니라 여성 집단을 대표하게 된다. 성과가 떨어진다거나 동료 직원들과 불화가 발생하면, 남성 직원의 경우는 개인적 문제로 인식되지만, 여성 직원의 경우는 '여자의 문제'로 치부된다.

켄터는 조직 안에서 남성들을 중심으로 형성되는 동사회성 현상에도 주목했다. 남성들은 폐쇄적인 서클을 만들어 자신들만의 권력을 성공적으로 유지하면서, 내집단 성원에게만 권력에 접근하는 것을 허용한다. 내집단 성원끼리 밀어주고 끌어주는 상황에서 여성은 내집단과 소통할 수 있는 통로가 제한되어 있기에 권력으로부터 배제될 수밖에 없다.

이상의 논의를 기반으로 켄터는 조직 내 젠더가 아니라 권력이 관건이라고 결론짓고 있다. 여성들이 조직 안에서 경험하는 다양한 차별은 소수 집단 구성원의 경험과 유사하다. 백인 중심 조직 내 흑인의 경험과 남성 중심 조직 내 여성의 경험이 동일하더라는 것이다. 여성이 조직에서 불리한 위치에 있는 것은 여성이기 때문이 아니라, 조직에서 충분한 권력을 행사하지 못하기 때문이라는 것이 켄터의 주장이다. 권력 불평등에 주목한 켄터는 의미 있는 대안을 제시하고 있다. 조직 안에서 여성이든, 흑인이든, 어떤 소수 집단이든, 해당 집단이 소수 집단으로서의 지위를 벗어날 수 있는 지점이 바로 19%라는 것이다.[31] 만일 100명 중 19명이 여성 혹은 유색 인종이라면, 이들은 협력·연대·결속을 통해 소수 집단의 지위에서 벗어날 수 있다는 것이 켄터가 제안한 19%의 원리이다.

켄터의 논의가 자유주의 페미니즘의 입장에서 불평등 상황을 타개할 수 있는 현실적 대안을 제시하고 있다면, 급진적 페미니스트 케이시 퍼거슨K. Ferguson은 『관료제에 저항한 페미니스트 사례The Feminist Case Against Bureaucracy』[32]를 통해, 현대 사회 조직은 본질적으로 남성 중심적 가치와 남성지배적 규범에 의해 오염되어 있다고 비판하고 있다. 퍼거슨에 따르면, 남성들은 위계 서열적이고 지배적이며, '업무 중심적 성향task oriented'을 띠는 동시에 상대방에 둔감한 관리 방식을 따른다. 반면 여성들은 보다 민주적이고 협동적이며 '사람 중심적 성향people oriented'을 보인다. 남성 중심적 가치가 조직 차원에서 더욱 유효한 것으로 인정받고, 여성적 가치는 상대적으로 폄하됨으로써 조직에서는 가부장적이고 남성 중심적인 문화가 고착되어 가는 바, 이를 극복해야 된다는 것이 퍼거슨의 주장이다.

6. 관료제를 넘어서

한때는 베버의 관료제가 조직을 대변하는 전형적 모델이었으나, 오늘날은 격변하는 시장 상황에 보다 유연하게 대처하기 위하여 엄격한 수직적 명령 구조로부터 유연한 수평적 협동적 모델로 전환하고 있다.

일본식 모델

닛산, 파나소닉 등 대규모 일본 제조회사에서 시도된 관료제의 대안적 모델은 포스트포디즘적 특징을 가진다. 이들은 무엇보다 일방적 하향식 의사 결정 구조 대신 아래로부터 위로 가는 상향식 의사 결정 구조를 보인다. 최고 경영자와 노동자 간 회합을 정례화할 뿐만 아니라 경영진이 현장 노동자에게 자문을 구하기도 한다. 토요타 자동차의 '혁신 상자'는 대표적 사례이다. 포스트포디즘적 조직의 또 다른 특징은 약한 세분화 및 전문화이다. 일본식 조직에서는 여러 부서에서 다양한 경험을 쌓도록 배려하는 동시에 경력이 오래될수록 회사 내 모든 분야에서 전문성을 축적하도록 한다.

세 번째 특징은 고용 안정성 보장이다. 이는 종신고용제와 연공서열에 따른 승진 체계를 핵심으로 하는데, 종신고용제는 신자유주의하에서 포기되었다. 네 번째 특징은 집단 중심적 생산체제의 구축이다. 개인은 작은 규모의 협동팀이나 작업팀에 소속되며, 업무 수행평가 단위는 개인이 아닌 집단이 된다. 기업의 조직표에 부서명은 있으나 개별 직책명을 표기하지 않는 것이 대표적 사례이다. 다섯 번째 특징은 일과 개인생활의 유기적 결합이다. 서구의 기업은 공과 사를 엄격하게 분리하지만, 일본 기업은 종업원의 다양한 욕구를 채워주려 노력하는 대신 회사에 대한 헌신을 기대한다. 실제로 일본 노동자들은 월급 외에 주택 제공, 자녀 교육, 결혼, 장례비 등 개인의 경조사 지원에 이르기까지 다양한 복지 혜택을 받는다.

경영 방식의 변화 모색

1980년대 들어 관료제의 폐해를 극복하고 생산성 및 경쟁력 제고를 위해 도입되기 시작한 새로운 경영 기법의 대표적 사례로 인적 자원 관리가 있다. 이는 회사의 노동력, 곧 사람을 경쟁의 핵심으로 보는 관리 방식이다. 노사 간 갈등이 없다면 노조는 불필요할 것이라 전제하며, 기업은 개별적 고용 계약, 능력에 따른 임금 지급 등 노동자를 개별화하는 전략을 채택한다.

기업 문화의 창조 또한 새로운 경영 방식 도입의 실례이다. 기업에 대한 충성심과 일에 대한 자부심을 높이기 위해 기업 고유의 의례, 이벤트 혹은 전통을 포함하여 새로운 조직 문화를 구축하고자 하는 시도가 확산되었다. 기업 문화는 집단 응집력을 강화하는 방향으로 설계되었고, 회사 야유회, 부서 단합 대회, 자율 복장 근무일 등이 동원되었다. 기업 문화 구축의 성공 사례라 할 미국의 새턴 자동차는 회사 내 다양한 부서와 직책을 대상으로 교대 및 순환 근무제를 도입했고, 영업, 생산, 디자인 팀이 합류하여 상호 의견 교류 등을 정례화했다. 결과는 종업원들의 단합 및 회사의 자부심 제고로 나타났다.

7. 사회적 네트워크와 사회 자본

사회적 네트워크

네트워크의 특성

현대 사회에서는 사회적 네트워크가 확산되고 있고 사회 자본의 영향력 또한 확대되고 있다. "무엇을 하는가보다 누구를 아는가가 더 중요하다"는 슬로건에 네트워크의 의미가 함축적으로 표현되고 있다. 네트워크란 문자 그대로 사람과 사람, 혹은 집단과 집단을 직간접적으로 연결시켜주는 모든 망을 의미한다. 개인을 중심에 놓고 생각해보면, 직접적 관계에 있는 가족, 친구, 친지에서부터 간접적으로 연결된 지인에 이르기까지가 네트워크에 해당된다. 대부분의 네트워크는 동일한 계급, 인종, 민족적 배경을 공유한다. 단, 특정 대학의 동문처럼 학별 중심의 네트워크는 예외이다.

모든 네트워크가 사회 집단으로서의 성격을 띠는 것은 아니다. 특정 조직이나 집단에 속할 경우, 일련의 소속감도 있고 공유된 기대도 있으며 집단 소속이 정체성의 기반이 되기도 한다. 그러나 네트워크는 집단적 특성을 보유하지 않는다. 예를 들어 초대형 교회 신자라면 신도들과의 관계가 익명적이기 때문에 교회 안에서 집단으로서의 경험을 하기는 어려울 것이다.

사회적 네트워크와 관련해서는 1970년대 초반 이후 다양한 연구가 진행되었다. 마크 그라노베터Mark Granovetter는 사회 경제적 지위가 높은 집단의 경우 약한 연계week ties가 상당한 장점을 가질 수 있다는 사실을 밝혀냈다.[33] 구체적으로 고위 공직자나 대기업 경영자들의 경우 약한 유대를 활용하여 원활한 이직 및 전직의 혜택을 누린다는 것이다. 약한 유대일수록 일련의 이질적 연결망을 보유할 가능성이 높기 때문이다. 기업인과 공직자의 연결 및 기업인과 법조인의 연계 등이 약한 연대의 장점을 수용한 예라 하겠다. 다만 사회 경제적 지위가 낮은 집단은 약한 연계가 반드시 네트워크로서의 징검다리 역할을 하는 것은 아님이 밝혀졌다. 더불어 여성들의 네트워크 파워가 남성보다 현저하게 약함은 물론, 네트워크로부터 받는 혜택 또한 적은 것으로 확인되었다. 빈약한 네트워크로 인해 사회적 차별을 감수하는 경우도 발생하고 있다.

오늘날 네트워크는 경제적 이점을 넘어서서 다양한 영역의 혜택으로 확산되고 있다. 실제로 지역구 의원과 네트워크를 형성하여 경제적 이권을 챙기는 사례부터 배우자 선택에 이르기까지 네트워크는 우리의 삶에 구석구석 영향을 미치고 있다.

네트워크와 정보 기술

정보통신 기술의 발달에 힘입어 네트워크가 확산됨에 따라 인터넷 갤럭시가 창조되었다. 네트워크의 본질에 내재한 유연성과 적응성은 이전의 조직에 비해 큰 장점을 제공한다. 20세기의 마지막 25년간 컴퓨터 기술은 괄목할 만한 진전을 보여주었고, 세계 어디서든 즉각적 자료 처리가 가능해졌다. 기업 조직에도 획기적인 변화의 흐름이 적용되어 조직 구조의 리엔지니어링이 진행되고 있다. 새로운 기술이 도입되면서 집중되어 있던 권력 및 권위가 분산되고 있고, 조직 형태 또한 대규모의 관료제보다 작고 유연한 형태가 선호되고 있다.

언제 어디서나 시간과 공간의 제약을 받지 않고 무한대의 정보를 처리할 수 있는 현상에 주목한 마누엘 카스텔Manuel Castells은 『네트워크 사회의 도래The Rise of the Network Society』라는 책을 펴냈다.[34] 카스텔이 주창한 네트워크 사회에는 세계화된 정보 경제 시대에 최적화된 조직 형태로서 네트워크 기업이 출현하고 있다. 정보 기술의 획기적 발달로 조직이 네트워크의 한 부분으로 편입되었기 때문이다. 조직 구조의 리엔지니어링이 가능하게 된 배경에 인터넷이 자리하고 있음은 물론이다. 전통적 유형의 조직은 상당 부분 약화되고 있고, 1인 출판사가 성행하는가 하면 패션 분야에서는 독립 디자이너들이 활발한 활동을 벌이고 있다.

네트워크 자체가 조직화한 사례도 등장했다. 전 세계에 500여 개의 점포를 보유하고 있는 베네통은 정보 기술의 진전으로 가능해진 특별한 형태의 네트워크 기업이다. 베네통 본사는 전 세계 프랜차이즈의 주문에 따라 제품을 생산하기 위해 다양한 생산자들과 하청 계약을 맺는다. 일반적으로는 세계적 패션 브랜드가 모든 점포에 동일한 제품을 제공하나, 베네통은 개별 프랜차이즈의 주문 생산 시스템을 갖추고 있다. 본사에서 동일한 제품을 만들어 전 세계로 공급하는 것이 아니라, 거꾸로 각국에 흩어져 있는 베네통 지점에서 자신들이 원하는 디자인을 제안하면, 그것에 맞추어 주문 생산을 한 다음 각 지역으로 내려보내는 시스템이다.

조직, 네트워크, 그리고 사회 자본

사회 자본

사회 자본과 관련된 학문적 논의는 1980년대 후반부터 시작되었다. 프랑스 사회학자 피에르 브루디외Pierre Bourdieu에 의해 사회 자본 개념이 창시된 이후, 미국의 정치학자 로버트 퍼트넘Robert Putnam에 의해 체계화되고 심화된다.[35]

사회 자본social capital이란 사람들로 하여금 목표를 달성하고 영향력을 확대할 수 있도록 해주는 사회적 지식과 연계를 의미한다. 보다 쉽게는 개인이 조직의 구성원이 된다거나 특정 연결망에 들어감으로써 얻게 되는 혜택을 의미한다. 조직에 가입하는 주된 이유는 사회적 연결망을 통해 원하는 것을 얻고 또 다른 사람들에게도 영향력을 미치고자 하기 때문이다. 만일 여러분이 대학 시절 학생회나 대학 신문사 등에서 활발한 활동을 했다면 졸업 후 사회에 진출했을 때 필요한 역량 및 스킬을 대학에서 습득할 수 있게 된다. 덧붙여 대학에서 습득한 다양한 연결망을 활용함으로써 사회에 진출한 이후에도 많은 도움을 받을 것이다. 마찬가지로 학부모 운영 위원회에 가입하는 경우 학교 정책에 영향을 미칠 수 있고 회원들 사이에 유대를 형성할 수 있다. 개인이 사회적 연결망을 통해 의도한 바 목적을 달성하고 실제로 혜택을 받을 수 있다면, 개인은 활용 가능한 사회적 자본을 다량 보유하는 셈이 된다. 따라서 '사회 자본=유용한 사회적 연결망'이라는 공식이 성립된다.

연결망이 사회 자본으로 기능하기 위해서는 사람과 사람들 사이에 상호 의무감과 상호 신뢰가 형성되어야 한다. 사회 연결망을 활용함으로써 목표 달성을 위한 효과적 행동 규범을 이해하고, 그 결과 사회적으로 가치 있는 자원을 획득할 수 있을 때 이를 통틀어 사회 자본이라 할 수 있을 것이다.

사회 자본이 많으냐 적으냐의 차이가 사회 전반의 거시적 불평등 구조를 반영함은 의미심장하다. 실제로 부자가 가난한 사람보다 사회 자본이 많고, 남성이 여성보다 사회 자본이 많으며, 백인이 유색 인종보다 사회 자본을 많이 보유하고 있다. 영국에서는 해로우 공립학교 출신의 사회 자본이 풍부하다는 연구가 있고, 한국에서는 외국어고등학교 출신이 법조계 인맥의 다수를 점함으로써 사회 자본을 풍성하게 획득하는 것으로 나타났다. 이들 네트워크는 향후 사회·정치·산업적 자원에 접근하도록 허용됨으로써 부와 영향력을 확대하는 결과를 가져온다.

사회 자본은 국가에 따라서도 차이를 보인다. 기업을 운영하는 경제인들이 돈독한 신뢰 관계를 바탕으로 기업 활동에 임할 수 있는 사회라면 사회 자본 수준이 높다고 할 수 있다. 이 기준에 따르면 유럽 국가 대부분은 사회 자본 수준이 높은 것으로 나타나나, 이탈리아는 예외적으로 신뢰 수준이 낮은 국가로 분류되고, 아시아 국가 중에서는 일본이 사회 자본이 높은 국가로 분류된다.

퍼트넘은 사회 자본을 두 가지 유형으로 범주화하고 있다. 먼저 개방적이고 포괄적인 연결망을 일컫는 연결 사회 자본bridging social capital은 사회적 격차를 극복하고 시장을 통합시키기 위해 노력한다. 미국에서는 인종 차별 철폐를 위해 흑인과 백인이 연대하는 경우가 종종 발견되는데, 이는 대표적인 연결 사회 자본의 예라 하겠다. 반면 구속 사회 자본bonding social capital은 보다 폐쇄적이고 배제적인 특징을 갖는다. 내집단(우리)과 외집단(그들)을 구분하고 우리 네트워크 밖에 있는 그들을 배제시킨다. 미국 남부 지방에 본부를 두고 활동하던 KKK나 특정 학벌의 소유자로만 구성된 조직은 구속 사회 자본의 전형적 예라 하겠다.

사회 자본에 대한 관심이 높아지는 이유는 사회 자본이 발달된 곳에서 민주주의가 만개할 것이라는 예측 때문이다. 한데 전 세계에서 시민 참여 수준이 가장 높은 국가로 인정받았던 미국에서 정치적 참여와 시민적 참여가 감퇴되고 있다는 증거가 나타나면서 민주주의의 쇠락에 대한 우려가 증가하고 있다. 퍼트넘은 『나 홀로 볼링Bowling Alone』에서 민주주의의 쇠퇴를 보여주는 다양한 징후들을 점검하고 있다.[36] 사회조직 참여는 상호 이익을 위해 다른 사람들과 협력하는 능력을 함축하고 있고, 상호 신뢰감 및 소속감을 전제로 한다는 점에서 긍정적 의미의 사회 자본을 제공해준다. 최근 혼자 볼링하는 사람이 늘고 있음은 공동체 상실의 징후로 볼 수 있다는 것이 퍼트넘의 해석이다.

나홀로 볼링의 증가는 조직에 가입하는 사람들의 급격한 감소와도 연결된다. 미국에서는 부모와 교사 협력체(PTA; Parent-Teacher Association), YWCA, 적십자사, 여성유권자연맹 등 모든 조직의 회원 수가 1960년대 이후 많게는 50%까지 감소했다. 이러한 현상은 공동체 및 사회적 신뢰 수준의 약화를 가져오고 결국은 민주주의의 쇠퇴로 연결된다. 이를 확인할 수 있는 지표 중 하나는 1960년대 이후 지속적으로 감소되고 있는 투표율이다. 더불어 미국인 4명 중 3명은 정부를 절대로 믿지 않는다고 응답하고 있다. 한국에서도 선거 종류와 선거가 치뤄진 연도에 따라 다소의 차이는 있지만 대체로 투표율이 감소하고 있다. 〈그림 7〉에서 볼 수 있듯 대통령 선거 투표율은 1987년(제13대 대통령) 89.2%에서 2007년(제17대 대통령) 63.2%로 낮아졌다가 2012년(제18대 대통령)에는 75.8%로 소폭 증가했다. 국회의원 선거 투표율은 1988년 75% 수준에서 2000년 57%로 떨어졌고, 2012년에는 54%를 기록했다. 지방 선거 투표율도 비슷한 수준으로 2010년 약 54%로 나타났다.

현대인들은 공동체의 이익을 목표로 구성된 조직보다는 개인의 성장 및 건강을 위한 조직을 선호하는 것으로 나타나고 있다. 일례로 미국의 은퇴자협회 회원 수는 무려 3,300만 명에 이른다. 다만 연회비를 내고 소식지를 받아보는 정도의 소극적 참여에 그치고 있다.

현대인의 조직 가입 및 공동체 활동이 쇠퇴하는 원인으로는 무엇보다 자발적 조직 활동에 적극 참여해왔던 여성들의 경제 활동 증대를 들 수 있다. 나아가 정치적 무관심도 주요인이라는 분석이다. 과거에는 정부에 대한 기대와 관심이 있었지만, 최근에는 정부 및 정치에 대한 환상에서 벗어나 자신들의 투표행위를 무의미하다고 판단하게 되었다는 것이다. 현대인들이 출퇴근에 많은 시간을 소비함으로써 공동체 활동 및 의미 있는 사회적 활동에 제약을 받는다는 해석도 있다. 이외에 사회 자본이 쇠퇴할 수밖에 없는 근본적 요인으로 TV의 등장이 지목되고 있다. 현대인들은 TV 앞에서 너무 많은 시간을 보내게 되어 조직 및 공동체 참여가 줄고 있다는 것이다.[37]

다만, 사회 자본의 쇠퇴 속도는 국가마다 다양하다. 데이비드 핼펀David Halpern의 연구에 따르면 스웨덴, 네덜란드, 일본에서는 사회 자본이 예전과 동일하게 안

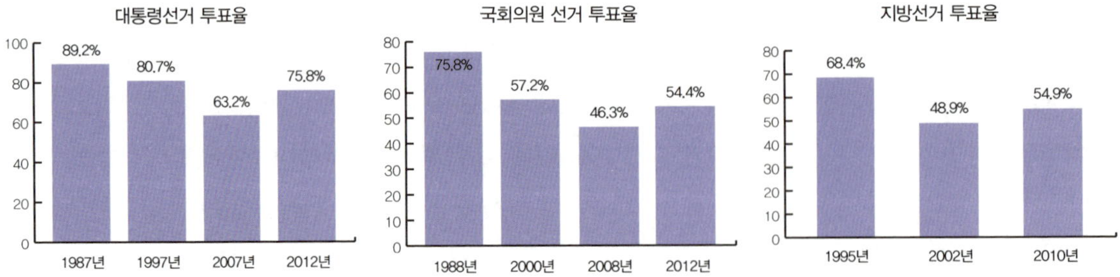

〈그림 7〉 한국의 선거별 투표율 현황

출처: 중앙선거관리위원회(해당년도)

정적이거나 오히려 소폭으로 증가한 반면 독일과 프랑스의 사회 자본 지표는 증가와 쇠퇴의 양면성을 보여주고 있고, 영국과 미국은 감소하고 있다.[38] 영국 사례를 보면, 노동조합, 여성 단체, 교회, 청소년 단체를 불문하고 모두 회원의 감소 추세가 뚜렷하다. 투표율은 미국보다 더욱 빠르게 감소하고 있어 1951년 82%에 이르렀던 투표율이 2014년에는 46%로 거의 절반 수준으로 떨어졌다. 자선 단체 기부율도 감소하고 있고 이웃에 대한 신뢰도 감소하고 있다. 유럽의 사회 자본이 감기에 걸렸다면, 미국의 사회 자본은 폐렴에 걸린 것이라는 풍자까지 등장한 상황이다.

사회 자본과 관련한 결론은 확실한 것 같다. 전통 사회와 비교해보면, 공동체를 향한 헌신과 공동체를 바람직한 방향으로 변화시키고자 하는 의지 등은 확실히 쇠퇴하고 있다. 산업혁명의 뒤를 이어 정보혁명이 진행됨에 따라 소수의 관료제적 조직으로부터 다수의 유연한 커뮤니케이션 연결망에 소속되고 있음 또한 분명하다. 이는 현대인이 사회적 친밀성에 새로운 의미를 부여하고 있다는 긍정적 해석과 현대인의 고독감과 사회적 거리감이 증대되고 있다는 부정적 해석을 동시에 낳고 있다.

chapter 08

일과 경제생활

1. 일은 우리에게 행복을 가져다줄까?

삶의 만족도와 일

일은 과연 우리에게 행복을 가져다줄까? 일과 행복의 관계에 대해서는 일찍이 사회심리학자 도널드 캠벨Donald Campbell이 시도했던 고전적 연구가 있다.[1] 삶의 각 영역에서 어느 정도의 만족감을 느끼고 있는지 4점을 기준으로 점수를 매기도록 한 결과, 평균점이 가장 높은 영역은 경제 분야로 나타났다. 여유로운 경제생활을 누릴 때 만족도 평균이 2.94로 가장 높게 나타났고, 여가 활동을 할 때가 2.79로 뒤를 이었다. 다음으로는 직업 2.19, 주거 생활 2.10, 친구 관계 2.08의 순으로 만족감을 느끼고 있었다(〈그림 8〉 참조). 반면 가족생활, 결혼 그리고 자신의 건강에 대한 만족도 점수는 상대적으로 낮게 나타났다. 이 조사 결과는 일과 경제생활이 우리 삶에 만족을 가져오는 데 얼마나 중요한 비중을 차지하는가를 되새기게 한다.

그렇다면 일을 어떻게 정의할 수 있을까? 흔히 '일' 하면 돈을 받고 하는 행위를 떠올리지만, 일과 관련된 영역은 생각보다 훨씬 범위가 넓다. 일이란 유급이냐, 무급이냐를 떠나서 정신적 활동이나 육체적 노력을 요구하는 활동을 모두 다 포괄하는 개념이다. 인간의 삶에 필수적인 재화와 서비스를 생산하는 일은 경제 제도

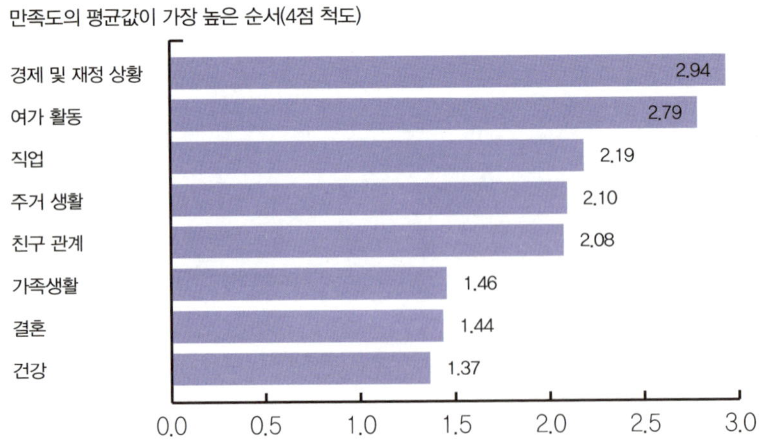

〈그림 8〉 삶의 영역과 만족도 간의 상관관계 연구

의 토대가 된다. 일 이외에도 직업 혹은 일자리라는 표현이 함께 사용되고 있는데, 이는 노동력을 제공하고 정기적으로 월급, 주급, 혹은 시간당 임금을 받는 활동을 의미한다. 유급 노동 이외에도 일의 종류는 매우 다양하다. 대표적으로는 돈을 받지 않고 수행하는 무급 노동이 있다. 가사노동은 대표적 무급 노동이고, 간단한 자동차 수리 및 전등 교환 등의 무급 노동도 모두 일의 범위에 속한다.

공식적 경제 활동이나 상업적 활동에서 소홀히 다루어지는 부분을 보완함으로써 결과적으로는 삶의 질을 향상시키는 데 기여하는 활동도 있다. 이 범주의 활동을 모두 포괄해서 자원 활동 혹은 자원봉사라 한다. 대형 병원의 자원봉사자들, 독거노인, 장애인 등 소외된 이웃을 돕기 위한 활동, 지역 아동 센터에서의 공부방 활동 등은 모두 자원봉사 영역에 포함된다. 비공식 경제 영역에서 이루어지는 활동도 주목을 요한다. 비공식 경제는 국가의 공식 통계에 포착되지 않는 경제 활동으로 세금이 부과되지 않는다는 점에서 '감추어진' 현금 거래라 불리기도 한다. 이들 비공식 부문의 활동으로는 생계형 노점상, 개인 부업 형태의 피아노 레슨 및 과외, 지하 경제 및 전문직의 탈세 등과 더불어 집 안팎에서 수행되는 자급자족 형태의 일이 포함된다.

일의 의미 및 일의 경험은 선진국과 개발도상국 사이에 큰 차이가 있다. 일을 중심으로 선진국과 개발도상국을 비교해보면, 무엇보다 농업의 비중에서 큰 차이가 난다(〈표 5〉 참조). 개발도상국에서는 1차 산업인 농업 종사자 비율이 매우 높다. 한국도 1970년대 중반까지는 농업 부문 비중이 전체 경제의 50%를 넘는 농업사회로 분류되었으나, 현재는 10%가 채 안 된다. 노동 환경에서도 상당한 격차를 보

〈표 5〉 선진국 및 개발도상국 비교: 일의 의미와 경험

비교 기준	선진국	개발도상국
농업의 비중	농업 종사자 비율 극소수 현재 한국 농업 부문 9% 이하	농업 종사자 비율이 가장 높음 한국 사회도 70년대 중반까지 농업 부문 고용율 50% 이상
노동 환경	작업장의 선진화 근로자의 건강, 안전, 권익 보호	'땀내 나는 작업장' 저임금, 장시간 노동, 열악한 환경
고용 양상	공식 부문 발달 이주 노동자 중심의 비공식 경제가 존재하나 빈약	비공식 경제 번성 국가의 세금 재원 부족 경제 발전의 제약

여, 개발도상국은 땀내 나는 작업장에서 저임금·장시간 노동을 하는 근로자 비율이 높다. 그러나 선진국으로 진입하면 근로자의 건강과 안전, 권익을 최우선으로 하는 작업장의 선진화가 이루어진다.

고용 상황을 비교해보면 개발도상국에서는 비공식 경제가 발달함으로써 국가의 세금 재원이 부족해지고, 그 결과 경제 발전에 충분한 투자가 이루어지지 못하는 악순환에 빠진다. 반면 선진국에서는 공식 부문 고용이 활성화되고, 일부 이주노동자를 중심으로 비공식 부문이 존재하나 비율은 미약한 편이다. 개발도상국 가운데 나이지리아의 경제 규모는 420억 달러 수준으로 아프리카에서 가장 크다. 하지만 여기에는 공식 통계에 포착되지 않는 비공식 부문 및 지하 경제가 모두 제외되어 있다. 길거리 행상, 미니버스 운전사, 거리의 환전상, 시장의 좌판 등 비공식 부문을 모두 포함하면 나이지리아 GDP의 40-45%에 이를 것으로 추정되고 있다.

'일'이란 정말 중요한가?

일의 사회적 중요성은 자명한데, 개인적 차원에서도 중요한가는 다시금 깊이 성찰해볼 일이다.[2] 일은 개인의 자존감 혹은 자긍심을 유지하는 데 핵심적 요소 중 하나이다. 오늘날 높은 실업률을 감당해야 하는 청년 세대의 좌절감, 실직이 주는 상실감 등은 일이 우리의 삶에 얼마나 중요한가를 압축적으로 보여주고 있다.

일은 무엇보다 수입을 보장해준다. 수입이 있으므로 우리는 생계를 유지해간다. 단, 수입이 낮아지면 만족도가 떨어지고 수입이 높아지면 만족도가 올라가지만, 수입 수준이 일정 궤도에 오르면 수입의 상승은 만족도에 별다른 영향을 미치지 않는다.[3]

일을 통해서 우리는 잠재력과 역량, 스킬 등을 발휘할 수 있는 기회를 갖기도 한다. 매우 단조롭고 일상적으로 반복되는 일을 할 때조차 에너지를 분출하며 만족감을 느낀다고 한다. 일을 하는 동안 다채로운 경험을 하게 된다는 사실도 주목할 만하다. 일례로 직업이 교수라면 학생들을 가르칠 때의 기쁨은 물론, 연구 결과를 논문이나 책으로 출판할 때의 뿌듯함도 있고, 전문가로서 사회에 봉사할 때의 보람도 있다.

한편 출퇴근 시간이 일정한 정규직 노동자라면 일의 리듬을 중심으로 삶의 패턴이 만들어지고 일상생활의 방향 감각이 제공되기도 한다. 일이 없는 사람들이 느끼는 무료함이나 지루함을 생각해본다면 일의 가치가 보다 명료해질 것이다. 일을 통해 사회적 관계망을 형성하게 된다는 사실도 빼놓을 수 없는 일의 미덕이다. 우리는 직장 내 동료관계, 상사 및 부하 직원과의 관계는 물론이고, 영업직에 있다면 고객이나 거래처 사람들과도 관계를 맺게 된다. 은퇴 혹은 실직 경험은 일을 통해 맺어진 사회적 관계망으로부터 단절을 가져오고, 이로 인해 개인은 부정적 영향을 받기도 한다.

현대 사회에서는 어떤 일을 하는가가 특정한 사회적 자리를 제공해주는 동시에 개인적 정체성의 기반이 되기도 한다. 전통적으로 생계 부양자 역할이 부과되어 온 남성에게는 일의 의미가 더욱 중요하게 다가올 것이다. 취업 관문을 통과했을 때 '아침에 눈 뜨면 갈 곳이 생겼구나' 하는 느낌, 회사에서 본인 이름이 새겨진 명함을 받는 순간 '내 자리가 바로 여기구나' 하는 느낌을 받았다는 고백 등은 개인의 정체성과 일의 관계를 전형적으로 보여준다.

2. 변화하는 일의 세계

테일러리즘과 포디즘

역사 속에서 끊임없는 변화와 혁신을 거듭해온 일의 세계를 추적해보는 것은 흥미로운 작업이 될 것이다. 산업혁명 이전 전통 사회에서 수공업 분야에 종사했던 숙련공은 오랜 도제 기간을 거쳐 숙련된 기술을 습득했고, 시작부터 마무리까지 모든 생산 공정을 숙련공 홀로 감당했다. 이후 자급자족 경제로부터 분업 및 전문화를 거치면서 개인 숙련공의 자족성은 쇠퇴하고 경제적 상호 의존성이 큰 폭으로 확대되는 변화를 겪었다.

현대 사회에서는 분업 및 전문화가 고도화됨에 따라 직업의 종류 또한 기하급수적으로 늘어나고 있다. 현재 서구에는 약 2만여 종류의 직업이 존재하는 것으로 추정되고 있다. 한국에서도 2012년 기준 〈한국 직업사전〉에 등재된 직업 숫자가

9,298개로 확인되었고, 2014년 최신판에는 26개 직업이 새롭게 등재되었다.[4]

분업을 둘러싼 상반된 해석

직업 세계가 기하급수적으로 팽창하는 이면에는 분업의 진행이 자리하고 있다. 고전 사회학자들 사이에는 분업을 둘러싼 상반된 해석이 공존한다. 대표적으로는 칼 마르크스와 에밀 뒤르켐의 해석을 비교해볼 수 있다.[5]

마르크스에 따르면 일은 분업으로 인해 단순하고 반복적이며 지루하고 흥미 없는 고된 활동으로 전락할 것이요, 인간은 자신의 일로부터 소외될 것이라 예측한다. 노동자들은 자신의 노동에 대한 통제력을 상실한 채 전체 생산 공정의 극히 일부분에만 기여할 것이라는 부정적 해석을 하고 있다. 반면 뒤르켐은 마르크스의 해석에 동의하지 않는다. 그는 분업 및 전문화가 공동체적 연대를 더욱 강화시킬 것으로 전망한다. 곧 개개인이 고립된 채 자족적 단위로 생활하기보다는 개인들 사이에 높아지는 상호 의존성으로 인해 공고한 연대가 이루어지리라는 것이다. 다만 뒤르켐 자신도 사회 변화 속도가 지나치게 가속화될 경우는 아노미가 발생할 것이라는 경고를 잊지 않고 있다.

테일러리즘에서 포디즘으로

과학적 관리 기법으로 알려진 테일러리즘의 등장 배경에는 필히 기억해야 될 인물이 있다. 현대 경제학의 창시자 아담 스미스Adam Smith는 자신의 대표작 『국부론The Wealth of Nations』을[6] 통해 분업이 생산성 향상에 핵심적 요인임을 성공적으로 입증하고 있다. 『국부론』에 따르면, 근로자 1인이 1개의 핀을 완성할 경우 하루 평균 약 20개를 생산하지만 동일한 작업을 여러 공정으로 나누어 분업을 하면 10명의 근로자가 하루에 총 4,800개의 핀을 생산할 수 있다. 10명이 하루에 각자 생산할 수 있는 핀의 양은 총 200개에 불과하지만, 분업을 하면 생산량이 24배 증가한다는 것이다.

스미스에게 분업은 혁신적 아이디어 수준에 머물렀지만, 100년이 흐른 후 생산성 극대화를 위해 프레드릭 테일러Frederick Talor가 고안한 과학적 관리 기법scientific management에 의해 현장에 적용 가능한 아이디어로 구체화된다.[7] 추상적 개념을 구체적 실천 방안으로 옮기기 위해 고안된 테일러의 시간 동작 연구는 작업장 내 동선을 어떻게 설계하면 가장 낭비를 줄일 수 있을까, 팔은 몇 센티를 뻗는 것이 작업의 효율성을 극대화하는 데 도움을 줄까, 조명은 어느 방향에서 어떤 밝기로 비추는 것이 생산성 향상에 가장 유리할까 등의 문제를 체계적으로 연구한다. 테일러리즘은 정교한 분업 시스템을 도입함으로써 노동자들의 비숙련화 내지 탈숙련화de-skilling를 가져왔다는 점에서, 생산 과정의 통제권을 생산 주체인 노동자로부터 경영자의 수중으로 옮기는 데 기여했다는 냉소적 평가를 받기도 한다.

과학적 관리 기법인 테일러리즘을 실제 작업 현장에 구현한 인물은 헨리 포드Henry Ford였다. 포드는 1908년 미시건주 하일랜드파크 지역에 T형 모델 자동차 생산을 위한 공장을 설립했다. 테일러리즘이 업무의 효율성 실현에 주목했다면, 포드는 한 걸음 더 나아가 분업화된 업무를 실제 생산 체계로 연결시키는 데 성공했다. 포드 이전 시대엔 누구도 생각지 못했던 움직이는 조립 라인을 설치하여 근로자에게 세분화된 업무를 할당함으로써 한 번에 엄청난 대수의 T형 모델 자동차를 생산하기에 이른다. 포드가 조립 라인을 자동차 공장에 응용하게 된 것은 시카고 인근의 도살장으로부터 아이디어를 얻어 벤치마킹한 것이라 한다.[8] 조립 라인 앞에 선 노동자들에게는 볼트 너트를 조이거나, 자동차 문고리만 조립하는 등의 극히 세분화된 업무가 부여되었다. 찰리 채플린Charlies Chaplin의 영화 〈모던 타임즈Modern Times〉가 포드 자동차 조립 라인을 풍자하고 있음은 널리 알려진 사실이다. 포드의 T형 자동차 모델은 1929년 공장 문을 닫기까지 무려 1,500만 대 이상 생산됐다고 한다.

한편 대량 생산이 가능하려면 대량 소비가 뒷받침되어야 하고, 대량 소비가 가능하기 위해서는 대규모 시장이 필요하다는 사실을 최초로 간파한 선구자 또한 포드였다. 생산과 소비 사이의 선순환 구조를 파악한 그는 1914년 미시건주 디어본 공장 근로자들에게 높은 보수를 지급했다. 당시 8시간 노동을 기준으로 평균 5달러가 월 급여로 지급되었는데, 1914년 무렵의 5달러는 자동차를 소유할 수 있을 만큼 넉넉한 수준의 임금이었다고 한다. 근로자에게 충분한 임금을 제공하면 대규모 소비시장이 창출되고, 기업은 대규모 생산 체계에 돌입할 수 있는 선순환 구조가 정립된 것은 포드의 공헌이라 할 것이다.

그러나 포디즘에 대해서도 평가가 엇갈린다. 포디즘의 긍정적 영향으로는 대량 생산 대량 소비 체제 하에서 근로자를 장기간 안정적으로 고용할 수 있다는 점, 임금 수준이 생산성 향상과 긴밀하게 연계된다는 점, 그리고 노사 간의 도덕적 신뢰를 바탕으로 단체 협약이 체결된다는 점 등이 지목되고 있다. 여기서 단체 협약이란 임금 및 연공 서열에 기반한 승진에서부터 근로자들의 복지 혜택에 이르기까지 근로 조건 전반에 대해 기업과 노동조합 간 협상을 통해 공식적 합의에 이르는 과정을 의미한다.

하지만 포디즘은 부정적 요소가 긍정적 요소를 압도함으로써 대략 1970년대에 붕괴되었다. 포디즘 소멸의 원인으로는 자동차 생산처럼 대규모 시장을 갖추고 표준화된 상품을 생산하는 산업에만 제한적 적용이 가능했다는 점과 대규모 비용이 소요된다는 점이 제시되고 있다. 포드는 T형 자동차 모델 하나만을 위해 막대한 비용을 투자하여 생산 라인을 설치했다. 한번 설치된 생산 라인은 융통성을 허용하지 않는 만큼 새로운 모델의 자동차를 만들기 위해서는 대규모 재투자가 필히 요구된다는 점에서 비효율성이 포디즘의 한계로 지적되었다. 뿐만 아니라 포디즘은 자본만 확보되면 쉽게 모방할 수 있는 한계도 지녔다. 덕분에 고임금 국가의 기업은 저임금 국가에서 동일한 사업에 뛰어들면 즉각 임금 경쟁력을 상실하는 불리한 상황에 놓이게 되었다. 실제로 일본 자동차 산업이 미국 자동차 산업을 추월하고, 저임금을 기반으로 자동차 산업에 뛰어든 한국이 후발 국가로서 자동차 산업 개발에 성공할 수 있었던 건 포디즘 체제 덕이었다.

테일러리즘과 포디즘 공히 기본적으로 저신뢰 체계를 기반으로 한다는 점도 한계로 지목되었다. 저신뢰 체계에서 노동자는 작업을 수행하는 동안 면밀한 관리 감독의 대상이 되고, 사소한 자율성조차 용납되지 않는다. 근로자를 통제하고 감시해야 일정 수준의 생산성 및 생산의 질을 유지할 수 있기 때문이다. 따라서 저신뢰 체계에 입각한 생산 현장에서 근로자의 자발적 헌신과 도덕적 사기가 심각하게 훼손됨은 물론, 근로자 불만이 고조되며 결근율이 높아지고 노사 갈등 또한 빈번하게 발생하는 등 부정적 결과가 만연했다. 오늘날은 저신뢰 체계의 대안으로 고신뢰 체계가 널리 확산되고 있다. 근로자들이 전체적인 가이드라인 안에서 노동 강도를 조절하고 노동의 내용까지 스스로 통제하도록 허용된 고신뢰 체계는 조직 내 고위직을 중심으로 도입된 이후 하위직으로도 확산되는 추세이다.

세계화와 포스트포디즘

소비자의 욕구가 다양해지고 시장 환경이 급격하게 변화하면서 제품 개발, 생산 기술에서부터 경영 스타일, 작업 환경, 마케팅에 이르기까지 다양한 분야에 다품종 소량 생산 및 유연 생산 체제가 도입되기 시작했다. 이러한 변화를 포착한 마이클 피오레Michael Piore와 찰스 세이블Charles Sabel은 『제2차 산업 분열The Second Industrial Divide』을 출판하면서[9] 세계는 포스트포디즘 단계로 진입했음을 선언했다.

집단 생산

포스트포디즘은 초기의 포디즘과 명백하게 구분되는 다음 세 가지 형태의 생산 방식으로 진행된다. 첫 번째는 집단 생산 형태이다. 초기 포디즘에서 컨베이어 벨트 앞에 서 있던 노동자들이 하나의 공정만을 맡아 세분화된 작업을 수행했다면, 집단 생산 체제에서는 한 팀이 자동차 한 대를 생산하는 방식으로 작업 공정이 재조직화된다. 집단 생산 형태는 하루 종일 볼트만 조이거나 문고리만 생산하는 것보다 근로 의욕을 높이고 일에 대한 자부심을 높이는 데 효과가 있는 것으로 밝혀졌다. 집단 생산의 대표적 사례로는 품질 관리조Quality Circle를 들 수 있다. 품질 관리조는 5명 내지 20명의 근로자들로 구성되는데, 주기적 만남을 통해 생산 과정에서 발생하는 제반 문제를 연구하고 해결 방안을 모색한다. 미국에서 시작된 QC는 일본에서 획기적 성공을 거둔 후 유럽에서 다시 유행한 바 있는 생산 방식이다.

집단 생산은 특히 근로자 차원에서 새로운 기술 습득 및 자율성의 증대와 더불어 경영진의 감시로부터 자유로워지는 등 긍정적 효과를 가져왔다. 자신들이 생산한 상품과 서비스에 대한 자부심을 높이는 부대효과도 나타났다. 반면 한 팀에 속하는 근로자들 사이에 새로운 형태의 감시가 등장했다는 부정적 평가도 있다. 팀원인 동료들끼리 서로를 감시하고 견제함으로써 죽도록 일하지 않으면 안 되는 상황이 만들어졌다는 것이다. 스바루 자동차의 사례 연구 결과, 이러한 우려가 경험적으로 입증되었다. 스바루 자동차에서는 경영진과 근로자 사이에 갈등이 있을 수 없으며, 좋은 팀원은 불평을 불허한다는 특유의 조직 문화를 만들었다. 나아가 노동조합에 저항하는 수단으로 집단 생산 체제를 활용하기도 했던 것으로 밝혀졌다.

유연 생산과 대량 주문 생산

포스트포디즘의 두 번째 생산 방식으로는 유연 생산 및 대량 주문 생산을 들 수 있다. CAD, CAM 등 컴퓨터화된 방식이나 다채로운 유연 생산 체제가 도입됨에 따라, 동일한 디자인의 티셔츠 5천 장을 생산할 때 드는 비용과 시간으로 추가 비용 부담 없이 각기 다른 디자인의 티셔츠 5천 장의 생산이 가능해졌다. 문자 그대로 유연 생산의 시대가 열린 것이다.

그러나 유연 생산 체제는 근로자들로 하여금 새로운 긴장 상황을 감당하도록 하고 있다. 근로자들은 극도로 복잡해진 생산 공정에 실수 없이 적응할 것을 요구받는가 하면, 상품 생산의 스피드가 가속화됨에 따라 높아진 노동 강도 아래 완전히 새로운 유형의 스트레스를 받기도 한다. 앞서 언급한 바 있는 스바루 자동차의 경우, 생산 과정이 끝나는 마지막 순간까지 근로자들을 대기 상태에 두는가 하면 추가적 보상 없이 더 오랜 시간 일을 부과하기도 했고, 집중적으로 생산 속도를 맞추도록 강요하기도 하는 등 유연 생산의 부작용이 현장 곳곳에서 나타났다.

한편 흥미로운 생산 방식의 실례로 떠오른 대량 주문 생산의 경우, 현재로는 델사가 이 부문 선두주자로 알려져 있다. 델은 소매 할인점을 운영하지 않는 대신, 소비자가 자신이 원하는 사양의 조립 컴퓨터를 웹 사이트에서 선택하여 주문하도록 하고 있다. 주문서에 따라 컴퓨터를 조립한 다음 배송해주는 시스템이다. 델의 생산 방식은 상품을 만든 후 판매를 고려했던 전통적 사업 절차를 거꾸로 뒤집어, 우선 판매한 다음 생산(컴퓨터 조립)에 들어가는 방식을 채택하고 있다. 선先생산 후後판매 시스템에서는 만약의 경우를 대비하여 대규모 물류 창고가 필요했다면, 대량 주문 생산에서는 적시에 소비자가 원하는 상품을 배달해주는 것이 관건이 되었다. 이러한 생산 방식의 변화 과정에서 생산의 상당한 몫은 외주 형태로 흡수되었다. 물건을 만드는 제조사와 판매하는 공급자 사이에 신속한 정보 교환이 필수인 상황에서 인터넷 기술의 발달에 힘입어 유연 생산의 장애가 해소됨으로써 가능해진 결과이다.

유연 생산 및 대량 주문 생산 체제에 대해 한편에서는 포드주의식에 버금가는 혁명적 방식이라는 평가가 있는가 하면, 델 컴퓨터의 방식처럼 소비자들로 하여금 다채로운 선택을 하고 있다는 환상만 불러일으킨다는 회의적 입장도 있다. 인터넷 소비자 앞에 선택지가 확대되고 있는 것 같지만, 실상은 예전 카탈로그를 보고

우편 주문을 하던 시절보다 크게 개선된 점이 없다는 점에서 그러하다.

생산의 글로벌화

세 번째 포스트포디즘적 생산 방식으로는 생산 자체의 글로벌화 현상을 들 수 있다. 20세기까지 주요 기업 대부분은 상품을 만들고 판매하는 제조회사가 주를 이루었다. 미국의 포드와 제너럴 모터스GM 등의 대규모 자동차 회사는 수천 명의 공장 근로자를 고용해서 개별 부품부터 마지막 완제품에 이르기까지 생산 및 판매의 전 과정을 책임졌다. 심지어 제조사가 운영하는 자동차 전시장을 통해 판매하기도 했다. 생산의 전 과정이 관료제하에 통제되었고 기업의 독과점 운영이 지배적이었다.

그러나 최근 들어서는 소매 유통업의 부상이 괄목할 만한 수준을 보이고 있다. 미국의 대표적 소매 유통회사인 월마트는 의류 제조업의 운영 방식을 차용하고 있다. 의류 제조업 부문에서 등장한 새로운 사업 모델로는 스파 브랜드가 있다.

생각할 거리

SPA는 미국 브랜드 '갭GAP'이 1986년 선보인 사업 모델로 의류 기획·디자인, 생산·제조, 유통·판매까지 전 과정을 제조회사가 맡아 운영하는 의류 전문 소매점을 말한다. 기존 프랜차이즈 방식이나 백화점 입점 시 유통 과정에서 고비용이 발생하는데, 이를 피해 대형 직영 매장을 운영, 비용을 절감시킴으로써 싼 가격에 제품을 공급하고, 동시에 소비자의 요구를 정확하고 빠르게 캐치하여 상품에 반영시키는 새로운 유통 방식이다.

과거에는 계절에 앞서서 미리 옷을 만들어 놓았다면, SPA 방식은 고객 수요와 시장 상황에 따라 1-2주 만에 신상품을 만들고, '다품종 대량 공급'도 가능한 것이 특징이다. SPA를 '패스트 패션'이라고도 부르는데, 대표적으로 자라ZARA, 유니클로UNIQLO, 에잇세컨즈, forever21, H&M 등이 있다.

Q 최근 SPA 브랜드가 확산되는 과정에서, 제품의 수명 주기가 짧아짐에 따라 과소비 및 환경 파괴에 대한 우려의 목소리가 나오고 있다. SPA 브랜드의 특성에 대해 균형 잡힌 시각에서 토론해보자.

이들 의류 제조사는 공장을 소유하거나 근로자를 고용하지 않으며 의류 생산 환경에 대해서도 책임지지 않는다. 대신 전 세계에 흩어져 있는 수천 개 공장에서 옷을 생산한 후 백화점과 소매점에서 판매한다. 미국 내에서 소비되는 의류의 2/3는 미국 외의 지역에서 만들어지고 있고, 소매상과 제조업체는 최저임금을 지불할 수 있는 곳을 찾아 지구 곳곳을 누빈다. 의류 디자인에서부터 제품 생산을 거쳐 유통에 이르기까지 전 과정을 맡아 전문적으로 소매점을 운영하는 방식은 생산자 입장에서는 물론이고 고객 입장에서도 매우 신속하게 욕구를 충족할 수 있어 현재 전 세계로 빠르게 확산되고 있다.

포스트포디즘 옹호자들은 포디즘적 생산은 수명을 다하고 새로운 생산 단계로 접어들었다고 주장하지만, 반대편에서는 여전히 대량 생산, 대량 소비 체제가 공고하게 남아 있는 만큼, 전통적 포디즘 기술에 다소간 새로운 기술이 통합된 정도의 네오 포디즘이라 칭하는 것이 옳다고 주장한다. 애나 폴러트Anna Pollert에 따르면, 소비자 시장을 타깃으로 하는 산업의 경우는 대량 생산 기술이 여전히 유효하고 지배적이다.[10] 대량 생산 체제에서도 표준적이고 통합적인 접근 방식보다는 다양하고 다채로운 기술을 적용하려는 시도가 항상 있었던 만큼, 포스트포디즘이 마치 새로운 산업혁명을 주도하는 것처럼 인식되는 것은 과장이라고 경고하고 있다.

3. 자동화, 탈숙련화, 그리고 포트폴리오 노동자

직업 구조 변화와 노동조합의 쇠퇴

블루칼라에서 서비스 부문의 화이트칼라로

오늘날 직업 구조는 빠르게 변화하고 있고, 노동조합은 눈에 띄게 쇠퇴하고 있다. 1900년대 유럽 근로자의 75%는 블루칼라 노동자였고, 그중 약 28%가 숙련노동자, 35%가 반숙련 노동자, 그리고 약 10%가 미숙련 노동자로 분류되었다. 20세기 중반으로 들어서면서 육체노동자 비율은 2/3 이하로 떨어졌고, 1981–2006년 기간 중 블루칼라 비율은 남성의 경우 31%에서 17%로, 여성의 경우 18%에서 6%

로 감소했다. 한국에서도 1980년–2020년 기간 중 농업·임업·어업 등 1차 산업 종사자 비율이 34.0%에서 5.4%로 격감했고, 광공업 등의 2차 산업은 22.5%에서 16.2%로, 사회 간접자본 및 기타 서비스업 등 3차 산업은 44.5%에서 78.5%로 급증했다.[11]

블루칼라 노동자들이 감소하는 이유는 두 가지이다. 하나는 정보 기술의 확산이 절정을 이루면서 노동력을 대체하는 기계가 지속적으로 도입됨에 따라 자동화 및 로봇화가 이루어졌기 때문이요, 다른 하나는 동아시아를 중심으로 제조업이 팽창하면서 임금 수준이 낮은 곳으로 자본의 이동capital flight이 이루어지고 있기 때문이다.

노동조합의 쇠퇴?

근로자와 고용주 간의 권력 불평등 및 불균형을 바로잡는 수단으로 결성된 단체가 바로 노동조합이다. 선진국에서는 1950년부터 1980년까지 노동조합 조직률이 꾸준히 증가세를 보였다. 노동조합 조직률은 실제 노동조합에 가입한 노동자 수를 잠재적 조합원 수로 나눈 것이다. 영국에서는 1970년대 후반에서 1980년대 초반 경제 활동 인구의 50% 이상이 노동조합원으로 가입했다.

영국에서 노동조합 가입률이 높았던 이유는 노동조합 가입이 근로자 개인에게 실질적으로 많은 이득이 되었기 때문이다. 무엇보다 영국에서는 노동 계급의 이해를 대변하는 강력한 정당인 노동당이 출현해 노동조합에 유리한 환경을 제공했다. 또한 기업과 노동조합 간 협상이 산업·지역별로 분권화되기보다 전국적 수준에서 조정됨으로써 근로자에게 우호적인 조건들이 다수 타결되었다. 실업 보험 집행이 정부를 대신하여 노동조합을 통해 이루어졌다는 사실도 노조 가입률 제고에 일익을 담당했다.

그러나 선진국의 노동조합 조직률은 1980년대 이후 내리막길을 걷는다. 그 이유에 대해서는 1차적으로 제조업 부문의 축소와 서비스 부문의 부상이 지목되고 있다. 전통적으로 제조업 부문은 노동력이 집중되어 있어 노조 구성에 유리한 환경을 제공해주지만, 서비스 부문은 노동력이 분산되어 있어 노조 결성에 상대적으로 소극적이었다는 주장이다. 반면 사회학자 브루스 웨스턴Bruce Western은 서비스 부문의 경우도 공공 부문 노조가 결성된 곳에서는 일자리 창출이 이루어졌음에 비추어, 노동조합이 쇠퇴한 보다 주된 이유는 제조업 부문 내 노동조합 조직률 감소라고 본다.[12] 노동조합 쇠퇴와 관련해서 보다 설득력 있는 설명은 실업률이 증가함에 따라 노조 가입률 또한 줄어들 수밖에 없다는 입장이다. 생산의 유연화가 노조의 영향력을 약화시키고 있다는 주장도 있다. 하지만 노동조합이 작업 현장에서 완전히 사라질 가능성은 제로라는 데 대부분의 학자가 동의하고 있다.

한국에서는 1898년 5월 창설된 성진본정부두조합이 최초의 노동조합으로 기록되고 있으나, 노동조합 본래의 성격보다는 노동자 계몽과 단속을 주목표로 했다. 일제 강점기에 소수의 노동조합이 결성되었으나 일제의 탄압으로 곧 사라졌다. 8·15 광복 직후인 1945년 11월 좌익 계열의 조선노동조합전국평의회(전평)가 결성되었고, 1946년 3월에는 우익 계열의 대한독립촉성노동총연맹(대한노총: 한국노총의 전신)이 결성되었다. 1987년에는 6월 항쟁 및 6.29 선언을 계기로 노사 분규가 폭증했다. 이후 한국의 노동조합 운동은 민주노총과 한국노총 두 갈래 흐름으로 나뉘어 진행되었다. 1997년 IMF 외환 위기 이후 노동조합은 노동자 대량 해고 사태로 크게 위축되었고, 정부 주도의 노사정위원회에 의해 노동 유연성 강화라는 압박에 직면했다.[13] 이후 상시 해고를 비롯한 구조 조정과 실업의 공포, 신경영 전략의 도입 등으로 노동조합과 노동 운동은 실리주의적 성향을 강하게 띠게 되었고, 비정규직 및 실업률 증가로 인해 노조 조직률은 낮은 수준에서 정체되기 시작했다.

2019년 기준 노동조합 조직률은 12.5%이다(〈표 6〉 참조).[14] 전체 조합원 수는 253만 9,652명으로 전년 대비 약 20만 8천 명(3.7%) 증가했다. 노동조합 조직률은 2013년 기준 영국이 25.6%로 가장 높고, 일본이 17.7%, 미국이 11.3%, 한국이 10.3%로 한국은 미국과 비슷한 수준을 보이고 있다.

자동화와 탈숙련화 논쟁

오늘날 일터에서는 공장 자동화에서부터 사무직의 컴퓨터화에 이르기까지 기술 발전이 눈부시게 빠른 속도로 진행되고 있다. 기술 발달이 효율성 및 생산 증대를 가져옴은 확실하나, 정작 근로자들의 경험에 어떤 영향을 줄 것인지에 대해서는

〈표 6〉 전국 노동조합 조직 현황

(단위: %, 개소, 천명)

	2005	2007	2009	2011	2013	2015	2017	2019
노동조합 조직률*	10.3	10.8	10.1	10.1	10.3	10.2	10.7	12.5
노동조합 수	5,971	5,099	4,689	5,120	5,305	5,794	6,177	6,090
조합원	1,506	1,688	1,640	1,720	1,848	1,939	2,088	2,540
조직 대상 근로자	14,692	15,651	16,196	17,090	17,981	19,027	19,565	20,314

* 조직률 산정방식: 조합원 수/조직 대상 근로자, 매년 12월 31일 기준임
출처: 고용노동부, 「전국 노동조합 조직 현황」

논쟁이 진행 중이다. 이 절에서는 자동화 및 탈숙련화 논쟁을 중심으로 정리해보기로 한다.

자동화 개념은 1800년대 중반 미국인 크리스토퍼 스펜서Christopher Spencer에 의해 소개되었다. 나사 너트 기어를 자동적으로 만들 수 있는 기계를 직접 제작한 그는 기계에 오토맷Automat이라는 이름을 붙였고, 이로부터 오토메이션이 자동화를 의미하게 되었다. 자동화는 획기적 발전을 거듭하여 최근에는 산업 현장에서 활용 가능한 로봇 설계까지 가능해졌다. 일례로 반도체 공장은 대표적 무인 공장으로 모든 생산 공정이 로봇에 의해 이루어지고 있다. 우유 및 맥주 공장도 1990년대 초반 자동화 시스템을 도입한 것으로 알려져 있다. 오토메이션과 쌍벽을 이루는 로봇화의 로봇robot 용어는 체코어로 농노를 뜻하는 로보타robota에서 유래했다. 로봇을 향한 인간의 기대가 개념 속에 고스란히 담겨 있는 듯한데, 로봇 용어는 약 50년 전 극작가 카렐 차페크Karel Čapek에 의해 널리 알려졌다고 한다.

로봇을 주인공으로 하는 영화도 여러 편 등장했다. 〈바이센테니얼맨〉, 〈에이 아이AI〉 등에서는 로봇이 인간을 대신하여 궂은일을 도맡아 하는 장면이 등장한다. 언젠가는 로봇도 인간의 감정을 갖게 되리라는 예측이 영화적 상상을 빌려 표현되고 있지만, 영화적 상상의 수준을 넘어 현실화될 가능성도 배제할 수 없다.

자동화와 로봇화

자동화 및 로봇화로 대변되는 변화는 작업장 및 근로자들에게 어떤 영향을 줄

것인가? 이 질문에 대해서는 의견이 두 가지로 나뉜다. 한편에서는 근로자의 자유가 확대되고 일터에서 느꼈던 소외 대신 자율성이 증대될 것이라는 긍정적 전망이 있는가 하면, 다른 한편에서는 기계에게 일자리를 빼앗기고 어느 순간 탈숙련화될 것이라는 비판적 주장이 팽팽하게 대립하고 있다.

긍정적 입장에서 접근하고 있는 학자로는 로버트 블라우너Robert Blauner가 있다. 블라우너는 1964년 발표한 『소외와 자유Alienation and Freedom』를 통해 추상성이 높은 소외 개념의 조작화를 시도한 바 있다.[15] 그는 근로자들이 작업장에서 경험하는 소외를 측정하기 위한 지표로 무기력, 무의미감, 고립, 자기 소외의 네 가지 유형화를 시도했다. 나아가 자동화는 작업장을 통합시키고 근로자들로 하여금 자신이 일을 통제하고 있다는 믿음을 갖도록 하기 때문에, 근로자의 소외 추세를 역전시킬 것으로 전망했다.

현대 사회비평계의 거장 리처드 세넷Richard Sennett도 자동화에 긍정적 의미를 부여하고 있다. 세넷은 『신자유주의와 인간성의 파괴The Corrosion of Character』를 통해 전체 공정을 하이테크 기계로 자동화한 제과점의 사례 연구 결과를 소개하고 있다.[16] 세넷은 작업 현장에 컴퓨터 기술이 도입되면 근로자들의 기술 수준 또한 함께 업그레이드되는 효과가 있음을 발견했다. 더불어 세넷은 기술 수준 내부의 양극화가 진행된다는 사실 또한 놓치지 않고 있다. 한편에서는 자율성 및 유연성과 함께 고숙련 기술을 보유한 전문가 집단이 등장하고 있고, 다른 한편에서는 유연성 및 자율성을 결여한 채 단순 반복적 기술에 머무를 수밖에 없는 사무직·서비스직·생산직 근로자로 양극화된다는 것이다.

자동화와 탈숙련화

자동화가 부정적 결과를 가져올 것이라는 경고의 메시지를 강력하게 제시했던 학자로 해리 브레이버만Harry Braverman이 있다. 기술 발달로 인해 숙련도가 증대될 것이라는 긍정적 입장과 근로자의 탈숙련화가 가속화될 것이라는 부정적 입장의 대립은 기술의 개념 정의를 둘러싼 입장 차이를 반영하고 있다. 기술을 본질적으로 복잡한 과업을 수행하는 것이라 보는 관점에서는 숙련도가 증대될 것이라는 입장을 지지하고 있고, 기술을 노동자의 자율성 통제 수단이라 보는 경우는 탈숙련화 명제를 지지하고 있다.

탈숙련화 입장에 서 있는 브레이버만은 1974년 노동사회학 분야 고전의 지위에 오른 저서 『노동과 독점 자본Labor and Monopoly Capital』을 출판했다. 이 책에서 브레이버만은 다양한 기술이 활용되고 있는 현장에서 '왜 어떤 기술은 고용주에 의해 선택되고 어떤 기술은 선택되지 않는가?' '선택된 기술은 인간을 노동 현장의 소외로부터 해방시켜줄 것인가?'라는 질문으로부터 출발한다. 이들 질문에 대해 기술의 선택은 중립적이지도 필연적이지도 않다는 것이 브레이버만의 예리한 분석 결과이다. 대부분의 현장에서 노동자에게 유리한 기술보다는 자본가의 필요를 충족시키는 데 유리한 기술이 도입되고 발전된다는 것이다. 자본가들의 필요란 물론 이윤 창출과 긴밀히 연계되어 있다. 따라서 자동화란 노동력 전반에 걸쳐 진행 중인 탈숙련화의 일부로 보아야 한다는 것이 브레이버만의 결론이다. 이때 어느 수준까지 탈숙련화가 이루어지느냐 하는 문제가 남는다. 브레이버만은 숙련 노동자 1인을 고용할 때 드는 비용보다 낮은 수준에서 탈숙련화가 이루어진다는 원칙을 제시하고 있다. 곧 숙련 노동자 1인의 고용 비용이 100만 원인데 자동화를 통해 2인의 미숙련 노동자를 고용할 경우 비용이 99만 원 소요된다면, 자본가는 기꺼이 탈숙련화를 도입한다는 것이다.

작업 현장에서 자동화가 진전된다는 것은 테일러리즘식 조직 기법에 따라 노동 과정이 세분화되고 쪼개지는 것을 의미한다. 이로 인해 노동자들의 소외가 강화되고 숙련 노동은 탈숙련화 과정을 걷게 된다. 반면 경영 관리자 입장에서는 노동력에 대한 통제를 강화할 수 있게 된다. 한편 신기술이 도입되면 인간은 자신의 능력을 창의적으로 발휘할 기회를 제한당하고, 노동자들은 생각도 성찰도 필요 없는 미숙련 육체노동자로 전락한다. 노동 과정에 과학적 지식이 녹아들수록 작업 현장에 대한 노동자들의 이해도는 떨어질 것이 분명하다. 이에 따라 결국은 노동자에 의해서가 아니라 경영자에 의해서 작업 현장에 대한 강도 높은 통제가 이루어지리라는 것이 브레이버만의 예측이다.

물론 브레이버만도 비판에서 자유롭지는 않다. 그는 테일러리즘의 확산을 과대평가한 나머지 실상은 존재하지도 않는 허수아비와 싸운 셈이 되고 말았다는 혹평을 받고 있다. 남성 노동자들과 질적으로 차별화된 여성 노동자들의 특수한 억압 상황을 간과했다는 점에서 페미니스트들로부터 반론이 제기되기도 했다. 브레이버만의 탈숙련화 논지는 숙련을 기반으로 한 수공업 기반의 생산 양식을 이상화하면서 이를 현대 사회의 대량 생산과 대비시킴으로써, 이미 대량 생산 단계를 지나 유연 생산 및 자동화 단계로 진입한 현실에서 볼 때는 반역사적이요, 시대착오적이라는 비판도 받고 있다.

지식 경제, 재택 근무, 포트폴리오 근로자

지식 경제

새로운 경제 질서의 등장을 일컬어 한때 후기 산업사회라 부르기도 했고 정보시대 혹은 신 경제라는 용어도 등장했다. 현재 가장 빈번하게 사용되는 용어는 지식 경제이다. 지식 경제란 아이디어, 정보 그리고 지식의 표현 양식이 혁신과 경제 성장을 뒷받침하는 경제 구조를 의미한다. 지식 경제가 팽창하면서 과거 생산 및 유통 부문에 종사했던 인력보다 디자인, 연구 및 개발, 기술, 마케팅, 판매 및 서비스 부문에 종사하는 근로자 비율이 높아지고 있다.

1999년 기준 OECD 국가를 대상으로 전체 총생산에서 지식 기반 산업이 차지하는 비중을 보면, 서독이 58.6%로 1위를 차지하고 있고, 미국, 일본, 영국, 스웨덴, 프랑스 등도 넓은 의미의 지식 기반 산업이 전체 경제 규모의 50% 이상을 차지하고 있다. 여기에는 하이테크, 교육과 훈련, 연구와 개발, 금융 및 투자 등이 포함된다. 지식 기반 산업의 고용 비율 또한 증가 일로에 있다. 가장 높은 고용률을 보이고 있는 곳은 스웨덴으로 54.3%에 이르고, 뒤를 이어 덴마크가 49.1%, 영국이 48.0%로 3위이고, 핀란드 47.3%, 네덜란드 45.2%의 순으로 나타나고 있다.[17] 공공교육을 위시하여 소프트웨어 개발 등 지식 경제에 대한 투자는 선진국 예산에서 상당 부분을 차지하고 있다.

다기능

집단 생산과 팀워크가 확산되고 있는 포스트포디즘 시대, 생산 현장이 어떤 인력을 필요로 하게 될 것인지는 매우 중요한 이슈이다. 이에 대한 답으로는 폭넓게 책임을 수행할 수 있는 다기능 인력이 대안으로 제시되고 있다. 다양한 기술을 보유한 인력은 생산성 증대 및 서비스 품질 제고에 기여하고, 무작위적으로 발생하

는 문제 및 위기 대처 능력을 갖춘 '창조적 근로자'가 출현할 것이라는 전망이 우세하다.[18]

산업 현장에서 다기능 인력을 선호하게 되면서 인력 채용 과정에도 획기적 변화가 예상된다. 고용주 입장에서는 급변하는 시장 상황에 유연한 적응력을 갖춘 인력, 더불어 혁신적 기술을 빠르게 습득할 수 있는 인력을 선호하게 될 것이다. 특정 소프트웨어에 정통한 전문 지식보다는 창조적 아이디어를 자유자재로 창출할 수 있는 잠재력이 더욱 높은 가치를 인정받게 될 것이다. 곧 전문 기술을 새로운 상황에 창의적으로 응용할 수 있는 능력으로서의 유연성과 혁신성이 전문성보다 높은 가치를 부여받게 될 것이라는 전망이 우세하다.

조지프 론트리 재단의 연구 보고서 『일의 미래Future of the Work』에 따르면, 앞으로는 개인적 숙련 혹은 역량personal skill의 가치가 그 어느 때보다 중요해질 것이라 한다. 다른 사람과 더불어 협력할 수 있는 능력, 독립적으로 일할 수 있는 능력, 주도권을 잡을 수 있는 능력, 도전에 직면해서 창조적으로 문제 해결 방안을 찾을 수 있는 능력 등이 개인적 숙련에 해당된다. 단, 개인적 숙련은 기술 하락이 진행 중인 영역의 근로자들이 습득하기엔 상대적으로 어려운 자질이다.

직무 내 훈련

오늘날 작업 현장에서는 실제로 직무를 수행하면서 다량의 기술과 지식 정보를 습득하는 것OJT; On the Job Training이 규범으로 부상하고 있다. 제한된 기술을 보유한 전문가 선호도가 감소함에 따라 현장 실습을 통해 다양한 기능을 습득하는 방식으로 전환할 수밖에 없기 때문이다.

최근에는 일자리 공유 팀을 통해 OJT를 조직하는 추세가 형성되고 있다. 정보기술 전문가와 기업 매니저가 상대편 기술을 배우기 위해 팀을 구성하는 것을 예로 들 수 있다. OJT의 장점은 노동 시간을 희생하지 않으면서 근로자 개인의 기능 및 역량을 확대할 수 있다는 점에서 비용 대비 효과가 큰 것이다. 다만 OJT 역시 미숙련 노동자보다 다기능 숙련도를 갖춘 노동자에게 더 많은 기회를 제공하므로, 노동자 내부의 격차 확대를 우려하는 목소리도 있다.

재택 근무

자동화와 더불어 재택 근무 혹은 와이어드 워킹도 활성화되고 있다. 재택 근무란 문자 그대로 근로자들이 출근하지 않고 집에서 인터넷으로 연결된 컴퓨터를 통해 업무를 수행하는 방식을 뜻한다. 물론 모든 사람들이 재택 근무를 선택할 수 있는 건 아니며, 컴퓨터 그래픽 디자인, 광고 카피라이팅처럼 업무의 특성상 소비자나 고객과 직접 만나지 않아도 되는 업종에서 주로 활용되고 있다. 재택 근무는 불필요한 출퇴근 시간을 줄여 생산성을 높이고, 특히 여성들 입장에서는 일과 가정 양립에 수월하다는 강점이 있다. 물론 단점도 있어, 고용주 입장에서는 재택근무자들의 근태 관리가 어렵기 때문에 이 방식을 그다지 선호하지 않는다. 재택근무자들이 자유를 남용하지 않도록 사무실에 정기적 체크인 제도를 도입하거나 일반 근무자들보다 빈번하게 성과를 관리하는 등 새로운 통제가 부과되기도 한다.

재택 근무와 관련해서는 향후 홈 오피스의 잠재적 가능성에 큰 기대를 거는 긍정적 입장과 재택 근무자 내부의 양극화 가능성에 주목하는 부정적 입장이 있다. 동일한 재택 근무자라 할지라도 도전적이고 창의적인 프로젝트를 수행하는 전문 재택 근무자와 자료 입력 및 단순 타이핑처럼 틀에 박힌 일을 전담하는 비숙련 재택 근무자 간에 심각한 양극화 가능성이 존재한다. 특히 재택 근무자의 양극화가 진행될 경우 여성들이 불리한 범주에 집중적으로 투입될 것이라는 우려도 있다.

해외 이전 혹은 외주

선진국 기업들이 노동 비용을 줄이기 위해 일자리를 개발도상국으로 이전하는 현상을 해외 이전 혹은 외주라 한다. 경쟁력을 유지하고 이윤을 높이기 위한 새로운 시도로서 영어 사용국인 인도가 은행 거래 및 콜센터의 해외 이전 중심 국가로 부상하고 있고, 중국이 장난감, 의류 및 소비재 생산의 거점으로, 대만이 정보전자 부품의 기지로 등장하고 있다.

공장의 해외 이전에 대해서는 단순히 국제 무역의 확장된 형태라 보는 입장과 가까운 미래에 세계 경제를 전환시킬 결정적 힘으로 부상할 것이라 보는 입장이 공존한다. 알란 블린더Allan S. Blinder는[19] 지금까지 제조업 분야 노동자를 중심으로 선진국과 후진국 간 경쟁이 지속되었다면, 미래에는 서비스 부문 근로자들이 사상 유례 없는 도전에 직면하리라 예견하고 있다. 이미 보안 검색, X레이 서비스, 회계, R&D, 컴퓨터 프로그래밍, 금융 등 분야에서 해외 이전 및 외주가 진행됨으로써 고등 교육 졸업자도 더 이상 안전한 고용 기회를 부여받지 못하는 상황이 오고 있다는 것이다.

전자통신 서비스를 통해 제공되는 비인격적 서비스 영역 역시 경쟁이 심화되고 있다. 선진국이 직면한 최대 도전은 제조업에 특화된 중국이 아니라 서비스업의 해외 이전으로 이득을 보고 있는 인도라는 주장도 있다. 금융 부문의 해외 이전 증대도 괄목할 만하여, 딜로이트 회계 법인에 따르면 지난 4년간 해외로 이전된 금융 부문의 일자리 수가 18배 증가했고, 2001년 10% 미만에 불과했던 주요 금융 기관의 해외 업무 처리가 현재는 75% 이상으로 급증한 상황이다.

평생 경력의 종말과 다양한 포트폴리오 근로자의 부상

미래 일자리 전망에 따르면 평생 경력 시대는 종말을 고했고, 다양한 포트폴리오를 가진 근로자가 부상할 것이라고 한다. 앞으로 개인들은 다양한 종류의 기술과 자격증을 보유한 상태에서 생애주기를 지나가는 동안 여러 종류의 직업을 경험해보고 여러 종류의 직장을 옮겨 다니는 '숙련 포트폴리오' 노동자가 될 것이다. 평생 안정된 경력을 유지할 수 있는 직종은 급격히 줄어들 것이며, 평생 직장 개념도 낡은 유물이 될 것이다.[20]

평생 동안 한 가지 직업에 고정되지 않은 채, 창조적인 방식으로 자신만의 직업 변천사를 계획하고 만들어갈 수 있다는 점은 희소식이다. 반면, 고용의 유연화라는 명분하에 채용은 물론 해고 또한 자유롭게 이루어질 수 있기 때문에, 근로자 입장에서는 고용 안정성 권리를 훼손당하고 고용 불안정에 빠질 수도 있다. 고용주 입장에서는 평생 고용에 대한 책임에서 벗어나 근로자를 위한 복지 혜택 및 연금 수령권 등을 최소화할 가능성도 있다.

캘리포니아 실리콘밸리에서 진행된 연구는 다양한 포트폴리오 노동자 사례를 통해 생생한 현장을 보여주고 있다. 실제로 실리콘밸리의 성공은 해당 지역 근로자들이 보유한 다양한 포트폴리오 숙련에 근거를 두고 있음이 밝혀졌다. 곧 실리콘밸리 지역의 전문직 및 기술직 근로자들은 매해 300개 이상의 기업이 설립되고 사라지는 상황에 적응하는 방법을 습득했다는 것이다. 특정 기술 전문가들은 어느 순간 컨설턴트가 되기도 하고, 컨설턴트에서 매니저가 되기도 하며, 근로자로 출발했다 벤처 자본가가 되기도 하고, 반대의 과정을 밟기도 한다.[21] 이처럼 다양한 포트폴리오로 무장한 개인들이 다채로운 현장을 오가는 동안 기업 생태 환경이 풍성해진 결과 실리콘밸리의 성공을 이끌었다는 것이다.

하지만 포트폴리오 노동자가 노동시장의 대전환을 이끌 가능성은 높지 않다는 신중한 추정도 있다. 1990년대 영국과 미국에서 진행된 연구에 따르면, 정규직 근로자의 평균 근속 연수는 10년 전과 비교해볼 때 큰 변화를 보이지 않는 것으로 나타났다. 이직율이 높을 경우 근로자 및 고용주 입장에서 많은 비용이 수반되고, 도덕적으로 부정적 인식을 심어주기 때문에, 고용주 입장에서도 계속 새로운 근로자를 고용하기보다는 기존 근로자를 선호하는 경향이 남아 있는 것으로 밝혀졌다.

4. 일의 여성화와 가사노동 논쟁

최근 남성의 경제 활동 참가율은 줄어들고 있는 데 반해 여성의 경제 활동 참가율이 증가하는 현상을 일컬어 '일의 여성화feminization of labor'라 한다. 새롭게 만들어지는 일자리의 대부분이 서비스직으로 여성들에 의해 채워지고 있기 때문에 나타난 현상이다.[22]

〈그림 9〉에 따르면 여성 경제 활동 인구가 평균적으로 50%를 차지하고 있다. 2005년을 기점으로 서비스 부문 고용 비율이 농업(1차 산업) 및 제조업(2차 산업)을 능가하기 시작했는데, 이 추세는 지속될 것으로 예측되고 있다.[23]

여성과 경제 활동

전산업사회에서는 장인과 농부의 아내가 회계를 담당했고, 남편이 죽으면 남편이 남긴 사업을 소유하는 경우가 다수 있었다. 산업화와 더불어 가족과 일터의 분리가 시작되었고, 남성에겐 공적 영역이, 여성에겐 사적 영역이 할당되기 시작했음은 익히 알려진 사실이다. 고용주가 근로자를 가족 구성원의 일원으로 보기보

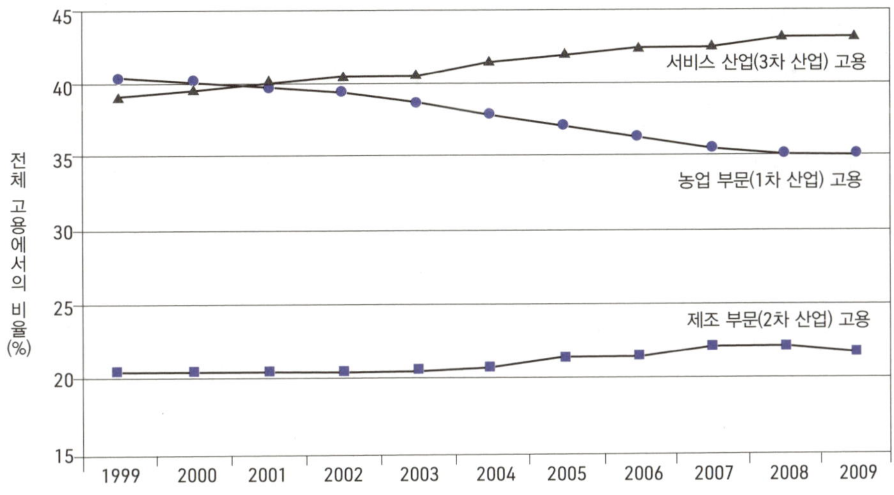

〈그림 9〉 전 세계 부문별 남녀 고용 비율, 1999–2009

다 개인으로 간주하고 계약을 체결하기 시작한 것도 산업혁명과 더불어서이다. 산업혁명 초기 부유층 여성은 가정부·간호사·하인의 서비스를 즐겼고, 빈곤층 여성은 노동에 참여하면서 가사와 양육을 책임지는 이중고에 시달렸다.[24] 20세기 들어서도 산업 현장의 여성 고용 비율은 매우 낮은 수준에 머물러 있었다. 빈곤층 및 저소득층 여성의 경우는 본인이 일을 하지 않으면 생계를 유지할 수 없었기에 계속 일을 했지만, 중류층 및 상류층 여성의 경우는 산업 현장에서 배제되었다. 실제로 영국에서 1910년 말 일하는 여성의 1/3은 하녀 혹은 가정부였다.

세계대전의 발발과 더불어 여성의 경제 활동에 반전이 일어난다. 양차 세계대전으로 인해 후방에 남은 여성들은 전쟁터에 나간 남성들을 대신하여 전형적인 '남성 영역'에 고용되기 시작했다. 그 당시 〈로지 더 리베터Rosie the Riveter〉라는 포스터에는 '여성이여, 당신도 중장비업자가 될 수 있다!'라고 격려하는 메시지가 담겨 있었다. 전쟁이 끝나고 남성들이 고향으로 돌아오자 그들에게 일을 되돌려주고 여성들은 집으로 돌아가라고 회유했지만, 직접 경험을 통해 인식의 변화를 경험한 여성 다수는 노동시장에 그대로 남았다. 이후 노동시장 내 성별 분업 양상은 극적으로 변화하기에 이른다. 1971년-2006년 기간 중 남성과 여성의 고용률 차이는 35%에서 6%로 급격히 감소되었다. 여성의 일자리가 대부분 시간제임을 고려한다해도 일자리의 젠더 격차 감소는 주목할 만하다.

노동시장 내 젠더 격차 감소의 이유로는 무엇보다 여성의 생애주기에 일어난 의미심장한 변화를 들 수 있다. 출산율은 감소되고 출산 연령은 높아지고 있는 상황에서, 여성들은 취업을 생애주기의 필수 요소로 인식하게 되었다. 저출산으로 인한 가족 규모의 축소는 여성으로 하여금 자녀 양육에 들이는 시간을 현저히 감소시켰고, 이는 전업주부의 기회비용opportunity cost 증가로 연결되어, 아이 키우고 가사노동에 전념하는 전업주부가 취업을 통해 수입을 올리는 것보다 손해가 되는 상황을 만들어냈다. 가사노동의 기계화도 경제 활동의 젠더 격차 축소에 기여했다. 여성의 삶을 획기적으로 바꾸는 데 기여한 가전제품으로 세탁기가 1위를 차지했음은 널리 알려진 사실이다. 자동 식기세척기, 로봇 청소기 등의 등장은 가사노동의 노동 집약적 성격을 완화시키는 동시에, 가사노동의 젠더 격차 감소에도 긍정적 영향을 미쳤다.

선진국에서 남성 가장과 여성 전업주부, 그들의 자녀로 구성된 전형적 핵가족 모델은 전체 가족의 1/4에 불과하다. 일정한 생활 수준을 유지하기 위해 맞벌이 소득이 필수 불가결한 상황 또한 여성 취업률 증가 및 맞벌이 부부의 규범화를 설명하는 주요인이다. 한부모 가족, 독신, 동거, 무자녀 가족의 증가 등 가족 구조의 변화는 여성들로 하여금 의도하든 의도하지 않든 노동시장에 진입할 것을 요구하고 있다. 마지막으로는 1960, 70년대 페미니즘 운동의 영향으로 개인적 성취 욕구가 증대되기 시작하면서, 여성에게도 일이 독립적이며 자율적인 삶의 필수 요건이 되었다.

노동시장과 젠더 불평등

수평 분리와 수직 분리

노동시장에서 나타나고 있는 젠더 불평등의 전형적 형태로는 수평 분리와 수직 분리가 있다. 노동시장에는 여성이 하는 일과 남성이 하는 일이 명백히 나뉘어 있어 직업에 따라 여성 직종 혹은 남성 직종으로 분류된다. 대표적 여성 직종으로는 비서, 간호사, 사회복지사, 보육사 등이 있다. 여성 혹은 남성에게 적합한 일이 존재한다는 고정 관념에 근거하여 남녀가 각기 다른 유형의 일자리에 집중되는 수

평 분리가 일어나는 것이다.[25]

수직 분리도 존재한다. 모든 조직은 위계서열 구조를 갖고 있는 상황에서 남성은 권력과 영향력을 행사하는 지위에 집중되지만, 여성은 권위 및 승진 가능성이 낮은 지위에 집중된다. 여성들이 다수를 점하는 조직에서도 상위 리더는 남성이 점유하는 경우도 빈번하여, 교사의 여성화에도 불구하고 교장 및 교감 중에는 남성 비율이 높은 것이 현실이다.

수평 분리 및 수직 분리와 별개로, 어느 직종이든 여성이 활발히 진출하게 되면 해당 직종의 사회적 위상이 낮아지고, 해당 직종의 사회적 위상이 낮아지면 여성들이 대거 몰려온다. 사무직의 업무 내용과 사회적 위상의 변화는 좋은 예이다. 사무직은 원래 남성 직종으로 1850년 영국에서는 사무직 종사자의 99%가 남성이었다. 당시 사무원들은 전문적 수준의 회계 지식을 보유하고 있었고, 경영상 책임이 수반되는 높은 지위의 직업이었다. 19세기 말 타자기가 도입되고 20세기 사무직의 자동화가 이루어지면서 사무원의 탈숙련화가 진행된 결과, 사무직은 직업 지위의 하락 및 저임금 직종으로 변화되었고 여성들이 대거 투입되기 시작했다. 사무직과 관련된 비서직 또한 기술과 지위의 하락을 경험하게 되었다. 임금 수준과 직업 위세의 하락으로 인해 '사무직의 여성화'가 진행되면서 사무직 근로자의 90%, 비서직의 98%가 여성으로 채워졌고, 지난 20년간 컴퓨터가 타자기를 대체함으로써 비서의 비율 자체가 격감했다. 반대로 과거에는 여성들이 전담했으나 남성들이 대거 진입하면서 직업 위상이 올라간 사례로는 대표적으로 산부인과 의사를 들 수 있다. 전통적으로 출산과 관련된 영역에서는 여성들이 중요한 역할을 담당해왔으나, 출산 과정에 전문적 의료 지식이 투입되면서 남성들이 대거 진입하게 된 것이다.

시간제 일과 임금 격차

시간제 파트타임 고용에 여성이 집중되고 있음은 주목을 요한다. 시간제 고용의 확대는 노동시장의 유연화 및 서비스 부문의 증대로 인한 결과이다. 2015년 기준 한국의 전체 시간제 근로자는 약 209만 명 수준인데, 이 중 여성 비율이 70.4%에 이른다.

시간제 노동은 전일제 노동에 비해 고용 형태가 유연하기에 일·가정 양립에 유리하다는 평가가 있다. 이로 인해 가정 일에 충실하고자 하는 여성들 스스로 시간제 노동을 선택하기도 한다. 하지만 시간제 일자리의 대부분은 임금 수준이 낮고 불안정하며 승진 기회가 제한되어 있는 등 일자리 자체로서의 한계를 가진다. 특히 남성에게는 시간제 일자리가 선택 대안이 아니라는 점을 새겨볼 필요가 있다.

대부분의 국가에서는 남성 직종의 임금 수준이 여성 직종의 임금 수준을 능가하는 젠더별 임금 격차가 나타난다.[26] 영국에서는 직업별 시간당 임금 수준이 명시되어 있는데, 전형적 여성 직종인 보모는 7.64파운드를 받는다. 가사도우미는 시간당 임금이 7.61파운드이고, 전문 수준이 높은 간호사는 시간당 13.44파운드이다. 반면 남성 직종인 자동차 수리공은 9.27파운드, 배관공은 11.51 파운드, 경찰관은 15.91 파운드를 받는다.

한국에서는 구체적인 직업 내 남녀 간 임금 격차에 관한 데이터를 얻기가 어렵다. 한국의 직종별 임금 격차 현황을 보면, 남성 직종 중에서도 화이트칼라 직종(관리직, 전문직, 사무직)은 성별 임금 차별이 다른 직종보다 낮은 반면, 블루칼라 직종(농어업직, 기능직, 장치 조립직)은 성별 임금 격차 및 차별 모두 큰 것으로 나타났다. 여성 직종(서비스직, 판매직, 단순 노무직)은 블루칼라보다 격차 및 차별이 덜하지만 남성 화이트칼라보다는 큰 것으로 나타났다. 성별 임금 격차 및 차별은 여성 근로자의 분포보다 직무 성격에 따라 영향을 받는다고 할 수 있다.

남녀 간 임금 격차는 최근 감소 추세를 보이고 있고, 한국에서도 소폭이기는 하지만 줄어들었다. 1970년 영국에서는 전일제 남성이 1파운드 벌 때 여성이 63펜스를 벌었으나, 1999년에는 84펜스로 성별 임금 격차가 향상되었다. 시간제 근로자의 성별 임금 격차도 같은 시기 51펜스에서 58펜스로 소폭 감소했다.

남녀 간 임금 격차 감소의 주 이유로는 다수 여성들의 고임금 전문직 진출을 들 수 있다. 여성들의 교육 수준이 향상되면서 학업 성취도 또한 높아졌기에 가능해진 일이다. 그러나 직업 구조의 상층에서 이루어진 긍정적 변화는 빠르게 확대되는 서비스 부문에서 저임금 시간제 노동에 종사하는 여성 근로자 수가 큰 폭으로 증가함에 따라 상쇄되고 있다. 그 결과 여성 내부의 양극화가 진행되어, 최저임금 이하의 노동자 비율은 여성이 남성보다 훨씬 높게 나타나고 있고, 모자 가족의 증가로 인한 빈곤의 여성화 현상도 심화되고 있다.

여성과 남성 사이의 임금 격차는 생애주기에 걸쳐 더욱 큰 폭으로 확대된다.

1990년대 말 영국의 반숙련 여성 근로자의 경우 평생 동안 여성이기 때문에 겪는 손실이 24만 파운드에 이르는 것으로 밝혀졌다. 한편 2006년 기준 영국의 성별 임금 격차 17.2%가 평생 동안 지속된다고 가정할 경우, 여성이 남성과 똑같은 전일제 일에 종사한다 해도 33만 파운드를 적게 버는 결과를 가져오는 것으로 계산되었다. 33만 파운드가 얼마인지 실체를 확인해주기 위해 당시 연구자들이 제시한 지표를 보면, 33만 파운드는 자동차 15대를 구입할 수 있는 비용이고, 525일간의 추가 휴가를 즐길 수 있는 액수이자, 친구들과 1만 5백일 동안 저녁 먹고 술 마시는 비용과 비슷하다고 한다. 초기의 임금 격차가 평생 축적되면 이토록 큰 폭의 차이를 가져옴을 입증하고 있는 것이다.

가사노동 분업의 변화

여성 노동을 이야기하면서 가사노동을 뛰어넘을 수는 없을 것이다. 가사노동 가치와 자본 소비 부분이 결합된 가계 생산의 총 부가 가치는 1999년 데이터를 활용할 경우 143조원에서 169조원으로 나타났다. 이는 1999년 한국의 GDP 약 477조의 30%–35.4%를 차지하는 비중이다.

가사노동과 관련해서 분명한 사실은 과거 집 안에 있던 여성들이 밖으로 나가 경제 활동을 하게 되었으나, 남성들이 가족으로 들어와 여성들이 담당했던 부담을 공유하는 속도가 지나치게 느리다는 점이다. 남녀 간 가사노동을 둘러싼 재조정 속도가 여성의 경제 활동 참가 속도보다 더디게 진행되고 있음을 일컬어 지체된 적응 혹은 교착된 혁명이라 부른다.[27]

여성 고용이 증가함에 따른 여성의 재정 관리 통제의 증가 여부는 계급과 밀접한 관계가 있는 것으로 나타났다. 고소득층 부부의 경우는 재정 자원을 합동으로 공동 관리하는 경향을 보였고, 돈에 대한 접근성과 돈 사용 결정에 있어 평등한 협상 과정을 거치는 것으로 나타났다. 반면 저소득층 부부는 가정 재정의 일상적 관리는 부인이 담당하나, 예산과 소비에 관한 전략적 결정은 주로 남편의 몫임이 밝혀졌다.

5. 고용 불안정과 실업의 의미

고용 불안정

제조업 중심에서 서비스 경제로 전환하면서 중대한 변화의 기로에 서 있는 노동시장에 대한 개인의 반응은 양가적이다. 새로운 노동 방식의 도입을 기회나 도전으로 인식하기도 하고, 개인의 힘으로 제어 불가능한 '폭주하는 세상'에 발목잡혔다고 느끼기도 한다. 급격한 변화는 불안정을 초래하게 마련이고 일자리에 대한 불안감 또한 증폭되고 있는 것이 현실이다. 지난 30년 동안 일자리 불안정은 지속적으로 증가해왔고, 선진 산업사회의 경우는 일자리 불안정이 피크에 이르렀다. 일자리 불안정을 야기한 주범으로는 기업 합병, 다운사이징 등의 구조 조정이 있다. 고용 불안정을 가장 강하게 느끼는 집단은 숙련 수준이 낮은 미숙련 노동자들과 시장에서 필요로 하지 않는 스킬, 곧 그릇된 숙련wrong skill을 지닌 노동자들이다. 글로벌 시장 변화에 취약한 이들 집단은 불안정하고 주변적인 일자리로 내몰리고 있고, 평생직장을 대신하여 고용 및 해고가 일상화된 노동 문화가 자리 잡기 시작했다.

고용 불안정성이 근로자들에게 어떤 의미로 다가오는가에 주목한 훌륭한 연구보고서가 있다.[28] 1999년 조지프 론트리 재단 주도하에 진행된 연구는 일반 근로자에서부터 경력직 매니저에 이르기까지 340명을 대상으로 심층 인터뷰를 진행했다. 고용 불안정 수준을 평가하고 고용 불안정이 작업장과 가족, 그리고 지역사회 전체에 미치는 충격을 분석해본 결과, 그 동안 묻혀 있었던 실업 현상의 이면이 전면에 모습을 드러냈다.

영국에서는 1966년 이후로 고용 불안정이 지속적으로 증가되었다. 특히 블루칼라의 고용 불안정은 1970년대 말부터 1980년대 초 들어 최고조에 이르렀다. 한국은 비슷한 시기 고도 성장을 경험한 반면, 1997년 IMF 외환 위기 이후로 고용 불안정이 일상화되기 시작했다. 1990년대 중반에는 화이트칼라의 고용 불안정이 큰 폭으로 증가했고, 1986년-1999년 기간 중 가장 안정된 직업으로 분류되었던 전문직이 가장 불안정한 직업으로 전환되었다. 같은 시기 육체노동자의 고용 불안정은 오히려 상대적으로 낮은 수준을 보여주었다.

고용 불안정 요인으로는 경영에 대한 신뢰 부족이 지목되고 있다. 경영진이 근로자의 이익을 최우선적으로 고려하느냐는 질문에 '전혀 그렇지 않다' 내지 '거의 그렇지 않다'는 응답률이 44%에 이르는 것으로 나타났다.

불안한 중간 계급: 고용 불안은 과장된 것인가?

고용 불안정은 앞서도 언급했듯이 블루칼라, 제조업에서부터 시작되었다. 유럽에서는 철강, 조선, 광업 등 대표적인 제조업 분야에서 약 1백만 개 이상의 일자리가 사라져갔다. 1980-90년대 전문직 관리직 종사자들은 고용 불안정에 대규모로 노출되지 않았으나, 시간이 흘러가면서 기업의 인수 합병, 구조 조정 등이 금융권까지 영향을 미치게 되었다.

정보화가 확산되면서 공무원들도 고용 불안정을 경험하지 않을 수 없게 되었다. 블루칼라 노동자들은 일찍이 고용 불안정에 노출되었기 때문에 상시적 실업의 공포에 대처해나갈 준비가 되어 있다면, 화이트칼라는 이러한 변화를 받아들일 준비가 아직 안 되어 있기 때문에 오히려 이들이 겪는 충격이 더욱 클 것이라는 견해도 있다. 이로부터 나온 개념이 '불안한 중간 계급'으로 전문직 종사자들이 일자리를 걱정하게 되었음을 의미한다. 그동안 전문직 종사자들은 안정된 고용을 바탕으로 주택 구입을 위한 대출도 받고 자녀들을 위한 사교육비 지출을 아끼지 않고, 값비싼 취미 생활을 하는 등 금융 의존성이 높은 생활 양식을 누려왔다. 중간 계급의 불안은 노동 계급이 겪는 만성적 일자리 불안과 비교할 때 과잉 반응이라는 인식이 있긴 하지만, 직업 및 직종을 가리지 않고 고용 불안정성이 확산되고 있음을 부인하기 어렵다.

고용 불안정의 부정적 영향

브랜든 버첼 외의 『고용 불안정과 노동 강도Job Insecurity and Work Intensification』에 따르면 고용 불안정은 해고의 공포 그 이상을 함축하고 있다.[29] 근로자들은 고용 불안정 상황에서 노동 강도는 강해지고 일에 대한 책임은 증가하는 반면 승진 기회는 줄어들고 있다고 인지하고 있다. 이러한 상황에서 근로자 자신은 가속이 붙은 일의 속도에서부터 전반적인 경력 관리에 이르기까지 '통제력을 잃어버리고 있다'는 느낌을 갖는다는 것이다.

고용 불안정을 계속해서 느낄 경우 육체적 건강은 물론이요, 정신적 건강에도 치명적 결과를 가져온다. 실제로 고용 불안정을 야기하는 사건이 많을수록 정신적 육체적 고통이 악화되고, 편안한 휴식을 취해야 되는 집에서조차도 상당한 긴장을 경험하는 것으로 밝혀졌다.

실업의 일상화

실업의 역사

서구에서 실업 현상은 1930년대 초 미국의 대공황기에 정점을 이루었고, 당시 영국의 실업률도 20%에 육박했다. 이후 실업 해소를 위해 획기적인 정책을 펴게 되는데, 이 과정에서 전후 유럽 및 미국의 공공 정책에 미친 존 메이너드 케인즈 John Maynard Keynes의 공헌을 기억해야 할 것이다.

케인즈의 논리인즉, 높은 실업률은 구매력 저하로 이어지고, 이는 다시 생산력 감소로 이어지며, 생산력이 감소되면 근로자 고용 수요 또한 감소되어 다시금 실업률이 치솟는 악순환에 빠지게 된다. 이에 케인즈는 정부가 실업에 개입하여 새로운 일자리를 창출함으로써 악순환의 고리를 끊어야 한다고 주장했다. 케인즈의 주장은 이후 유럽과 미국에서 완전 고용을 지향하는 정부의 고용 정책에 결정적 영향을 미치게 된다. 1970년대까지는 정부의 개입으로 실업 문제가 노동 현장에서 거의 자취를 감추었으나, 1980년대를 거치면서 실업률은 다시 통제하기 어려운 현상으로 입증되었고, 이후 케인즈주의가 수명 주기를 다했다는 평가가 나온다.

영국은 제2차 세계대전이 끝나고 25년 동안은 실업률 2% 미만을 유지했으나 1980년대 초에는 실업률이 12%까지 상승했고, 중반에는 감소세를 보이다 80년대 말 다시 증가했다. 오르락내리락을 반복해온 실업률은 2005년에는 5% 미만을 유지하게 되었다. 개발도상국의 경우는 비공식 부문이 활성화되어 있기 때문에 얼마나 많은 사람이 공식적으로 실업 상태에 있는지 정확히 밝히긴 어렵다. 그럼에도 2006년 개발도상국의 실업률 평균은 약 6.3%로 최고 수준을 기록함에 따라 약 2억 명이 실업 상태에 있음을 추정할 수 있다.

실업은 연령에 따라서도 차별화된 양상을 보여, 대부분의 사회에서는 젊은이의 실업률이 높고, 남성보다는 여성에게서 높게 나타난다. 영국에서는 15-24세 젊은층이 실업 인구의 44%를 점유하고 있고, 15세 인구 중 남성의 74%가 취업 상태인 데 반해 여성은 48.9%만이 노동시장에 참여하고 있다. 실업률은 지역별로도 큰 차이를 보인다. 동아시아 국가의 실업률은 평균 약 3.6%인데 반해 사하라 남부 지역의 실업률 평균은 9.8%, 아랍 국가와 북아프리카의 평균은 12.2%로 높은 수준을 보이고 있다. 하지만 개별 국가의 실업률 통계를 보면 짐바브웨가 80%, 잠비아가 50%인 반면, 같은 아프리카의 나미비아는 약 5.3% 수준을 유지하고 있어 국가별로 큰 격차가 있다.[30]

실업 통계 분석

실업은 '일이 없는 상태'를 의미하지만, 공식 실업 통계를 분석하는 작업은 단순치 않다. 실업자로 등록된 경우라도 집에서 페인트를 칠하는 등 생산적 활동에 참여할 수 있고, 간헐적으로 유급 노동에 종사하기도 한다. 퇴직자는 물론 실업자로 간주되지 않는다.

국제노동기구ILO는 〈그림 10〉에서 볼 수 있듯이 실업률 계산의 표준화된 기준을 제시하고 있다. 실업은 문자 그대로 "현재는 일이 없는 상태이나 지난 1개월 동안 구직을 시도한 사람으로서 2주일 내로 일을 시작할 수 있는 상황"을 의미한다.

경제학자들은 표준 실업률 계산 시 새로운 유형의 실업자를 포함시켜야 한다는 주장을 펴고 있다. 실제로 일하려는 욕구는 있었지만 일자리를 구하지 못해 포기한 낙심한 실업자discouraged worker, 전일제 노동을 하고 싶지만 마땅한 일자리를 구하지 못한 비자발적 시간제 근로자, 전직이나 졸업 후 구직 시, 혹은 건강상의 이유로 잠시 쉴 때 등 노동시장으로부터 단기적으로 이탈하는 임시적 실업 혹은 마찰적 실업frictional unemployment 등의 범주를 고려해야 한다는 것이다.

구조적 실업의 문제도 실업 통계에서 명료하게 다루어야 한다. 개인의 무능함이나 불운 때문이 아니라, 경제 구조 자체의 대규모 변화로 인해 실업이 발생한 사례를 한국도 1997년 외환 위기 당시 경험한 바 있다. 이 경우의 실업 문제는 기존의 관점과 구별되는 시각에서 해결 방안을 모색해야 한다는 것이 경제학자들의 주장이다.

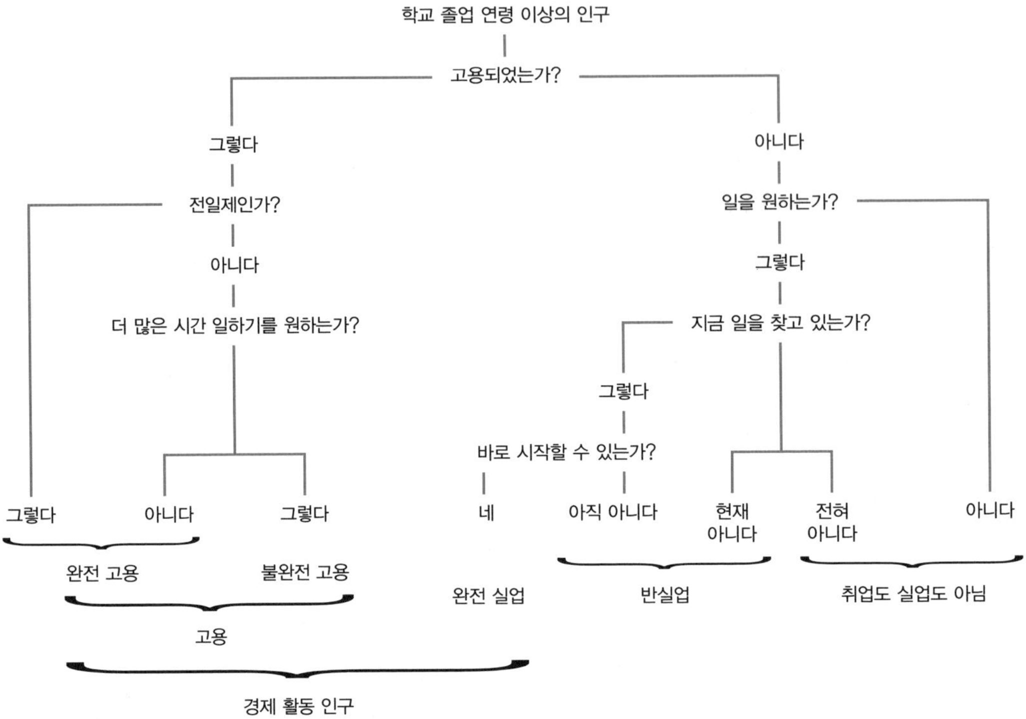

〈그림 10〉 고용, 실업 그리고 비경제 활동 인구 분류법

실업 경험

실업은 즉각적인 소득 상실을 의미하기에 경제적 수준의 하락은 실업이 야기하는 자명한 결과다. 실업자에게는 실업 수당이 단기간에 걸쳐 지급되고 의료 보험은 직장 보험에서 지역 보험으로 옮겨가게 된다. 실업의 효과는 정서적 측면에서도 적나라하게 나타난다. 심리학자 데이비드 애쉬튼David Ashton의 연구에 따르면 실직자는 실업 상황에 적응하는 과정에서 일련의 단계를 거치는 것으로 나타났다.[31] 처음에는 실업 충격을 겪지만 충격 직후에는 머지않아 새로운 기회가 나타날 것으로 낙관한다. 그러나 시간이 흐르면서 낙관적 기대가 현실화되지 않을 때는 우울증에 빠지기도 하고 자신의 미래가 암울하다는 비관에 빠지기도 한다. 실업 기간이 연장되면 개인들은 현실 상황을 받아들이고 자신을 포기함으로써 실업 적응 과정이 완결된다.

실업의 사회적 효과로는 특정 지역의 실업률이 높아지면 해당 지역사회의 영향력과 사회적 유대가 훼손될 수 있다는 연구 결과가 있다. 사회학자 마리 야호다Marie Jahoda와 그의 동료들은 1930년대 인근 지역의 공장 폐쇄 이후 대량 실업을 경험했던 오스트리아의 작은 마을 마리엔탈 사례에 주목했다.[32] 실업 상태가 계속 이어지자 마을 주민들은 집 밖 활동에 소극적으로 참여했고, 지역 주민들과 보내는 시간이 눈에 띄게 감소했으며, 심지어 마을의 공공 도서관 출입조차 줄였다는 것이다. 장기적 실업 경험이 지역사회 구조와 사회적 연결망을 어떻게 훼손하는지를 경험적으로 입증한 실례라 하겠다.

실업 경험은 계급에 따라서도 달라져, 저소득층은 수입 상실로 인해 재정적 위기를 겪게 되나, 중간 계급은 경제적 위기 못지않게 사회적 지위 하강으로 인한 정서적 위기에 노출되는 것으로 밝혀지고 있다. 이를 일컬어 캐서린 뉴만Katherine Newman은 '품위 하락'이라 명명한 바 있다.[33]

6. 일의 미래, 미래의 일

일의 성격이 변질되고 있는가?

미래 사회에는 어떤 유형의 일이 등장할지 궁금하다. UN의 『미래보고서 2025』에 따르면 미국 정부는 앞으로 10년 내에 현존하는 직업의 약 80%가 사라지거나 진화할 것이라 예측했고, 호주 정부는 10년 내지 15년이 지나면 1인당 평균 29-49개의 직업을 갖게 될 것이라 전망했다. UN 보고서는 향후 10년 내지 20년 이내에 각광받게 될 6개 분야의 대표적 일자리 54개를 소개하고 있다.

직업 리스트 중 눈에 띄는 사례를 보면, 경제 경영 분야에서는 브레인 퀀트brain quaint, 대안 화폐 전문가, 매너 컨설턴트 등의 직업이 등장하게 될 것이라 한다. 의료 복지 분야에서는 복제 전문가, 기억 수술 전문 외과 의사, 유전자 상담사 등의 직업이 출현할 것으로 예상되고, 환경 에너지 분야에서는 탄소 배출권 거래 중개인, 우주 관리인, 종 복원 전문가 등의 직업이 소개되고 있다. IT 및 로봇 분야에서는 홀로그래피 전문가, 증강현실 전문가, 무인 자동차 엔지니어 등의 직업이 등장하고 있고, 문화예술 분야에서는 특수효과 전문가, 네로우 캐스터, 디지털 고고학자의 이름이 들어 있으며, 생활 여가 분야에서는 아바타 관계 관리자, 결혼 및 동거 강화 전문가, 식료품 구매 대행 등의 직업이 등장할 것이라 한다.

리처드 세넷의 전망

세넷은 1998년 발표한 『신자유주의와 인간성의 파괴The Corrosion of Character』를 통해 일을 잘하는 유능한 일꾼과 훌륭한 성격 및 자질의 소유자가 일치하지 않는다는 점에 주목하고 있다. 지금까지는 헌신적이고 책임감이 강하며 인생의 목표를 꾸준히 추구해온 사람들, 의지가 강하고 신뢰할 수 있는 사람들이 훌륭한 자질과 좋은 성격을 가진 것으로 여겨져 왔다. 그러나 오늘날 신자유주의 시장 경제에서는 유연하고, 적응력이 높으며, 직업이 요구하면 언제든 이동할 준비가 되어 있고, 위험을 무릅쓸 수 있는 능력을 지닌 근로자를 기대한다는 것이다.

세넷은 훌륭한 성격과 좋은 노동자에게 기대되는 자질이 상충하고 있는 현대 자본주의를 사회학적 통찰력과 철학적 성찰을 동원하여 포착하고 있다. 세넷에 따르면, 유연성을 요구하는 시대에는 본래의 성격과 요구되는 역량 사이에 일련의 긴장이 존재함은 필연적이다. 대신 개인의 인생이 일관된 한 가지 직업 경력으로 채워지기보다 서로 다른 직업들로 이어진다면, 장기적 목표는 훼손되고 사회적 유대는 발전하기 어려우며 상호 신뢰는 덧없게 여겨질 것이다. 끊임없이 단기적 목표만을 강조하는 사회 속에서, 어떻게 하면 장기적 목표를 설정하고 자신의 인생을 설계해가는가가 현대인이 당면한 과제라는 것이 세넷이 던지는 충고이자 교훈이다.

일의 중요성은 쇠퇴하고 있는가?

프랑스의 사회학자이자 비평가인 앙드레 고르André Gorz는 미래 사회에 일은 우리의 삶에 그다지 중요하지 않을지도 모른다는 주장을 펴고 있다.[34] 고르에 따르면 일의 현실은 가혹해서 일자리는 계속 불안정해지고 실업은 거의 일상화되고 있다. 기업은 구조 조정을 통해 다운사이징되고 있고 시간제 노동이 늘고 있다. 포트폴리오 경력에 고용의 유연화 및 일자리 공유 개념도 등장했다.

상황이 이렇다면 우리네 삶에서 일이 지닌 의미를 다시 한번 깊이 있게 성찰해보자는 것이 고르의 주장이다. 현대인은 일로부터 자신을 해방시켜야 한다는 것이다. 고르에 따르면 앞으로는 실업률 및 시간제 노동의 증가와 더불어 무계급 집단non-class이 형성되리라 본다. 무계급 집단에 속하게 될 구성원으로는 퇴직자를 비롯하여 굳이 구직 활동을 하지 않는 사람, 환자, 주부, 시간제 근로자, 실업자 등이 지목되고 있다. 안정된 직장에서 일정 수준의 임금을 받는 인구 비율이 감소하고 이들 무계급 집단이 증가하리라는 것이다.

고르는 머지않아 한편에는 생산성 및 효율성의 극대화를 추구하는 생산 조직 및 정치 행정 조직이 존재하고, 다른 한편에는 노동 이외에 인생의 즐거움과 만족을 주는 다양한 활동에 몰입하는 부류가 존재하는, 일명 이중 사회dual society가 도래할 것이라 예측하고 있다.

chapter 09

교육: 기능과 역기능

1. 서울대의 나라?

한국 사회 특유의 교육열

오늘날 교육은 성취 지위로부터 귀속 지위로 이행해감에 따라 뜨거운 논쟁의 대상이 되고 있다. 한국 사회에서 빈번하게 등장하고 있는 교육 관련 쟁점을 간략히 짚어보기로 한다.

첫 화두로는 한국 사회 특유의 교육열을 들 수 있다. 오욱환 교수는 『한국 사회의 교육열: 기원과 심화』를 통해 조선 시대 이후 오늘에 이르기까지 한국 사회가 뜨거운 교육열에 휩싸이게 되는 과정을 폭넓게 분석하고 있다.[1] 오 교수에 따르면 한국 사회는 역사 속에서 급격한 구조 변동을 끊임없이 겪는 과정에서 엘리트 충원 방식이 계속 바뀜에 따라 지배 구조도 역동적 변동을 겪었다. 그로 인해 사회 전반에 평등 의식이 팽배해졌고 동시에 경쟁 체제가 확산되면서 강한 교육열이 뿌리내리게 되었다는 것이다. 뿐만 아니라 강력한 출세의 수단으로 작동해온 교육은 대한민국이 글로벌 세계 경제로 편입되면서 보다 실질적인 중요성을 갖는 문화 자본으로 부상하기 시작했다. '교육 출세론', '집단 경쟁 체제론', '외국어 자본론' 등과 더불어 '부모 자녀 일체론' 및 '비교 준거의 일원화' 등이 가세하면서 한국의 교육열을 심화시켰다는 것이 오 교수의 분석이다.

가족 공리주의가 높은 교육열에 기여해왔다는 주장도 있다. 가족 공리주의하에서는 가족 자원을 모두 동원하여 가족 구성원의 성공과 출세를 위해 투자하는데, 이때 자녀 교육에 집중하게 되면서 뜨거운 교육열로 이어졌다는 것이다. 유교 자본주의가 발달된 일본, 중국, 싱가포르 등지에서 한국과 같이 높은 교육열이 나타나고 있음은 시사하는 바가 크다 하겠다.

학벌주의의 폐해

교육열과 연결되는 논쟁으로 학벌주의도 사회적 쟁점이 되고 있다. 강준만 교수는 제목부터 의미심장함이 느껴지는 책 『서울대의 나라』에서 한국 사회의 교육 전반에 걸쳐 나타나는 특수성과 더불어 학벌주의의 뿌리 깊은 폐해에 대해 통렬한 비판을 아끼지 않고 있다.[2]

세계적 명문 하버드대학은 모교 출신 교수 비율을 5% 이내로 유지하는 정책을 고수하고 있다고 한다. 이처럼 특별한 정책을 펼치게 된 계기는 인재를 널리 등용하기 위해서이다. 반면 한국의 명문 대학들은 오랫동안 모교 출신 교수 비율이 90%를 상회할 만큼 동질성을 유지해왔다. 최근 교수 채용 시 비모교 출신 할당제가 도입됨에 따라 모교 출신 비율이 조금씩 완화되고 있다. 그러나 사회 각계각층에 만연한 학벌주의는 폐쇄적 연고주의로 연결되면서 한국 사회의 신뢰 수준을 떨어뜨리고 경쟁력을 약화시키는 데 기여해왔다는 평가가 지배적이다.

입시 위주의 교육 제도: 조기 교육 및 사교육의 활성화

입시 위주의 교육 제도 또한 사회적 논쟁의 중심에 서 있다. 대학 입시 합격을 궁극 목표로 하는 한국 사회에서는 조기 교육 및 사교육이 활성화되고 있다.[3] 베이비붐 세대는 지금의 초등학교인 국민학교에 입학하면서부터 한글을 깨우쳤고, 영어 알파벳은 중학교에 입학한 후 펜맨쉽을 통해 배웠다. 반면 오늘날 조기 교육과 사교육 규모는 광풍이라 불러도 무리가 없을 만큼 팽창하고 있다. 요즘은 생후 8-9개월부터 조기 교육이 시작되고, 영어 유치원이 필수라는 이야기도 들려온다.

사교육비 규모를 둘러싸고 정부의 공식 통계와 민간의 통계가 충돌한 적이 있다. 교육 분야 통계청 자료에 의하면 2014년 사교육비 규모는 18조 2천억 원으로 추산되어, 2013년과 비교해 약 4천억 원(2%) 줄어든 것으로 나타나 사교육비 감소의 신호로 받아들여졌다. 그러나 성균관대 교육학과 양정호 교수는 논문 「우리나라 역대 정부의 사교육비 추이 분석」에서 통계청 가계동향조사를 근거로 연간 사교육비 총액을 추산한 결과, 18조 규모가 아니라 33조 9천억 원에 육박한다고 결론지었다.[4] 이 결과는 사회적으로 큰 반향을 일으키며 사교육비 규모의 실체를 둘러싸고 심각한 논쟁을 불러일으켰다.

1980년 과외 전면 금지와 보충수업 폐지를 주 내용으로 하는 7.30조치 발표 당시의 사교육비 규모는 연평균 약 4천 160억 원에 머물렀다. 그러나 1980년대 후반 과외가 부활되면서부터 사교육비는 2조 6,500억 원 규모로 팽창했고, 2000년대 중반에는 연 20조 6,200억 원에 이르러 사교육비 팽창 속도가 가장 가파르게 진행된 시기로 기록되고 있다. 소득 상위 20%와 하위 20%의 월평균 사교육비 지출 규모를 비교해보면, 1982년에는 약 4,700원에 불과했으나 2007년에는 약 24만

생각할 거리

1965년 중학 입시 복수정답 인정 판결

다음은 엿을 만드는 순서를 차례대로 적어 놓은 것이다. ①찹쌀 1kg가량을 물에 담갔다가 ②이것을 쪄서 밥을 만든다 ③이 밥에 물 3L와 엿기름 160g을 넣고 잘 섞은 다음에 60도의 온도로 5-6시간 둔다. 위 ③에서 엿기름 대신 넣어도 좋은 것은 무엇인가?

1964년 12월 7일 실시된 서울지역 전기(前期) 중학교 입시의 자연 과목 18번 문제다. 서울시공동출제위원회가 제시한 정답은 보기 1번 디아스타아제. 보기 2번 무즙을 선택한 수험생의 학부모들이 들고 일어났다. 초등학교 자연 교과서에 '침과 무즙에도 디아스타아제가 들어 있다'고 적혀 있으니 당연히 무즙도 정답이라는 주장. 학부모들은 '이 문제 하나가 내 자식의 인생을 좌우한다'고 여기고도 남았다. (…) 그러나 교육 당국은 스스로 화를 키웠다. 입시 다음날(12월 8일)에는 '아무 문제없다'고 했다가 파문이 계속되자 다시 하루 만(12월 9일)에 '18번 문제를 무효로 한다'고 발표했다. 이번에는 '디아스타아제 학부모'들이 서울시교육청에서 농성을 벌였다. '정답대로 쓴 사람은 떨어지고 잘못 썼거나 아무것도 안 쓴 사람이 붙게 된다'는 아우성이었다.

교육 당국은 또 번복했다. '원래대로 디아스타아제만 정답으로 인정한다.' 이 논란은 법정 공방 끝에 1965년 3월 30일 간신히 막을 내렸다. 서울고법 특별부가 "무즙도 정답으로 봐야 한다. 이 문제 때문에 불합격한 39명을 구제하라"는 판결을 내린 것. (후략)

—《동아일보》 2006년 3월 30일자 기사

Q 위의 내용은 일명 '무즙 파동'을 다룬 기사의 일부다. 최근에는 수능 정답 오류를 둘러싸고 한바탕 논란이 일기도 했다. 한국의 과잉 교육열을 상징하는 사건들을 주제로 그 원인과 해결 방안을 적극 토론해봅시다.

원으로 확대되었다. 2019년에는 가구 소득이 800만 원 이상인 경우 50만 4천 원, 200만 원 이하인 경우 9만 9천 원을 지출하는 것으로 나타났다. 이는 교육이 불평등 완화 기제가 아니라 불평등 확대에 기여할 수 있음을 보여주는 의미 있는 지표라 하겠다.[5]

20대의 삶에서 가장 스트레스를 주는 사건으로 남성들은 취업 준비의 뒤를 이어 대학 입시를 지목했고, 여성들은 1위 취업 준비, 2위 첫 직장 생활, 3위 대학 입시라 답했다. 한국인의 삶에서 대학 입시가 무시할 수 없는 스트레스를 야기하는 사건임은 분명한 듯하다.

교육: 성취 지위로부터 귀속 지위화

오늘날 교육은 개인의 노력으로 이룰 수 있는 성취 지위로부터 부모의 사회 경제적 지위에 따라 차별을 야기하는 귀속 지위로 변화하고 있다는 평가를 받고 있다. 실제로 개인의 학업 성취도에 가장 큰 영향을 미치는 요인은 가족의 사회 경제적 지위로 밝혀졌고, 다음으로는 부모자녀 간 원만하고 민주적인 관계로 나타났다. 그동안 교육은 기회의 평등을 보장해주는 제도로서 교육을 통해 불평등을 완화시키거나 해소할 수 있고, '개천에서 용난다'는 속담이 설득력을 가질 수 있었다. 그러나 저속 성장 시대에 진입하면서 교육은 불평등 사회의 사다리 기능을 하기보다 불평등을 확대 재생산하는 기제로 작동하기 시작했다.[6] 그 결과 교육의 존재 이유가 정치적 쟁점으로 떠오르고 있다.

2. 기능주의 교육론: 능력 본위주의

사회학 이론을 접할 때, 각각의 이론에는 인간에 대한 이해와 사회에 대한 통찰이 전제되어 있음을 간파한다면 이론의 재미를 보다 가까이 실감하게 될 것이다. 예를 들어 무정부주의를 떠올리는 순간 대부분은 혼란과 무질서를 연상하지만, 정작 무정부주의 주창자들은 정부가 없이도 사회 질서를 유지할 수 있을 만큼 성숙한 인간을 전제로 하고 있다. 사회 질서와 통합의 중요성을 강조하는 구조 기능론의 인간관 또한 안정과 조화, 균형과 시스템 등의 이미지와 거리가 있다. 인간은 이기적 존재로서 만인의 만인에 대한 투쟁 상태에 있는 만큼, 사회 질서 및 결속을 유지하기 위해서는 사회 통제 및 관리가 수반되어야 한다는 인간관을 전제하고 있다는 점에서 그러하다.

에밀 뒤르켐의 교육론

뒤르켐은 어린이의 사회화 과정에서 핵심적 역할을 담당하는 것은 교육이라는 사실을 강조한다.[7] 우리는 유치원부터 초·중·고등학교를 거쳐 대학교에 이르기까지 인생의 1/4가량을 학교에서 보낸다. 어린이는 학교 교육을 통해 사회에서 공유되는 가치와 규범을 학습하게 된다. 사회에서 공유되는 가치는 독립적으로 존재하는 수많은 개인을 결속시키는 기능을 하며, 종교적·도덕적 신념을 포괄하는 동시에 자기 규제의 의미를 갖기도 한다. 개인은 교육을 통해 '성공하려면 성실히 노력해야 한다', '편법은 불허한다' 등의 가치관이나, 직업을 소명으로 받아들이는 프로테스탄트 윤리 등을 배우고, 학교 교육을 통해 학습한 가치와 규범을 수용하기 위해 노력한다.

이처럼 교육은 어린이들로 하여금 사회적 가치 및 규범을 내면화하는 데 도움을 준다는 점에서 매우 중요하다. 학교생활을 통해 규칙적 생활을 습관화할 수 있도록 훈련하고, 친구들과 협력하며 소통하는 방법을 실천함은 장차 사회생활 및 직장 생활에 실질적 도움이 된다. 뿐만 아니라 교육은 어린이들로 하여금 각종 직업 수행에 필요한 능력을 연마하도록 한다. 농경 사회의 직업 훈련은 부모와 가족의 경험을 전수받으며 개별적으로 이루어졌다. 현대 사회에서는 분업의 발달에 힘입어 다양한 기술과 전문화된 직업이 등장함에 따라 직업 수행에 필요한 능력을 갖추는 데 집중하는 교육 제도가 발달하게 되었다. 대학의 전공 분야도 정보 사회 출현으로 반도체학과 및 휴대폰학과 등이 신설되었고, 융합적 지식이 요구됨에 따라 분자생명과학부, 나노과학부 등이 등장했다.

탈코트 파슨스의 교육론

파슨스의 기능주의 교육론을 살펴보기에 앞서, 그의 대표적 프레임이라 할 AGIL 이론을 이해할 필요가 있다. 파슨스에 따르면, 사회가 온전한 시스템으로서 효율적으로 작동되기 위해서는 AGIL의 네 가지 기능이 필요하다. 먼저 A는 적응 Adaptation을 의미하고 사회 체계 안에서 적응 기능을 담당하는 제도는 경제다. G는 목표 달성Goal Attainment을 뜻하고 정치 제도가 이를 전담한다. I는 통합Integration을 지칭하고 이를 담당하는 제도는 가족과 교육이다. 교육 제도 없이는 사회 통합 및 유지가 어렵다는 것이 파슨스의 주장인 셈이다. 마지막 L은 잠재적 유형 유지

Latent Maintenance를 의미하고 이를 담당하는 사회 제도는 종교이다.

파슨스에 따르면, 교육은 어린이에게 개인적 성취의 가치 및 중요성을 일깨워주는 기능을 한다.[8] 이 주장은 앞서의 뒤르켐 이론과는 다소 상반되는 입장에 서 있다. 뒤르켐은 19세기 프랑스 사회가 근대화의 물결을 타고 지나치게 개인주의화되는 것을 우려한 나머지, 교육은 사회적 결속을 가능케 한다는 주장을 폈다. 반면 1950년대 미국을 배경으로 이론을 구축한 파슨스는 개인적 성취의 가치를 최우선으로 하는 곳이 학교라는 주장을 폈다. 어린이는 가족을 통해 귀속적 지위를 부여받고 학교 안에서는 성취적 지위를 획득하게 된다. 성취적 가치를 배울 수 있는 곳으로서 학교 교육의 중요성을 강조하는 것이 파슨스의 입장이다.

교육의 또 다른 기능은 어린이가 가족의 특수주의적 기준을 넘어 근대 사회가 요구하는 보편주의적 기준을 습득하도록 하는 데 있다. 농경 사회의 인간관계는 가족을 중심으로 한 특수주의에 기반을 두고 있었다. 당시 상황에서는 부모님, 조부모님께 효도하고 자신의 가족을 챙기는 것으로 충분했다. 하지만 학교 교육을 받은 후에는 보편주의적 가치에 입각하여, 내 가족을 넘어 노약자 혹은 도움을 필요로 하는 모든 사람을 돌보는 것이 진정 가치 있는 일임을 깨닫게 된다. 가족 이기주의를 벗어나 보편적 휴머니즘의 가치를 배우게 되는 것은 학교 교육의 기능을 통해서이다.

파슨스가 강조했던 학교의 궁극적 기능은 능력 본위주의를 구현하는 것이었다. 그는 능력에 따라 합당한 평가를 받는 사회가 가능하리라는 낙관적 전망을 펼쳤다. 그러나 파슨스의 기능주의 교육론은 다양한 측면에서 비판에 직면한다. 무엇보다 학교는 과연 능력주의 원칙에 의해 작동되는 곳인가에 대해 그렇지 않다는 의견이 우세하다. 대부분의 사회에서 학벌주의 및 지연, 혈연에 입각한 정실주의nepotism 관행이 나타나고 있어, 파슨스의 낙관주의 및 긍정론은 벽에 부딪히고 있다.

사회 갈등론의 입장에서도 교육이 불평등을 완화시키기보다는 오히려 재생산하고 있다는 점에서 파슨스의 낙관론을 경계하고 있다. 구체적인 예로 부모의 사회 경제적 지위와 자녀의 사회 경제적 지위는 높은 상관관계를 보인다. 민주주의 사회에서는 부모가 자신의 전문직 지위를 아들딸에게 세습할 수는 없지만 대신 의사, 변호사, 회계사가 될 수 있도록 실질적이고 물리적인 지원을 해줄 수 있다. 따라서 가족의 세습 기능을 통해 교육이 불평등의 확대 재생산 통로가 되고 있다는 점에서 파슨스의 낙관론은 비판을 받고 있다. 교육 제도 및 사회화 과정에서 학벌주의를 기반으로 폐쇄적 사회 자본이 형성되고 있음도 비판의 대상이다. 교육은 학벌 마피아를 형성하거나 비공식적 지원망을 형성함으로써 개방적 사회 자본보다 폐쇄적 사회 자본 형성에 기여하고 있다.

마지막으로 사회심리학자 데니스 롱Dennis Wrong은 학교 교육이 과잉 사회화된 인간over-socialized man을 만들어낼 수 있다고 경고한다.[9] 학교 제도를 통해 전달되는 가치와 규범을 무비판적으로 수용하게 되면, 사회 변화 및 혁신은 어떻게 가능할 것인가에 대해 파슨스 이론은 설명 기제를 결여하고 있다는 것이다. 앞으로 교육의 기능을 논의할 때는 보다 균형 잡힌 시각에서 긍정적 입장과 비판적 입장을 함께 고려해보는 것이 합리적이리라 생각된다.

3. 교육과 불평등의 함수관계

이반 일리치의 숨겨진 교과과정

최근 들어 다시 주목받기 시작한 이반 일리치Ivan Illich는 근대적 경제 발전 과정에 대해 비판적 시각을 견지하고 있는 학자이다. 그가 제시하고 있는 대표적 개념으로는 탈학교론de-schooling과 숨겨진 교과과정hidden curriculum이 있다.[10]

일리치는 농경 사회 및 전통 사회에서 개개인은 보다 자족적인 존재였음에 주목한다. 원래 개인은 문제 및 위기를 스스로 해결할 수 있는 능력을 갖추고 있었으나 현대 사회 진입 이후 교육은 교사가, 오락은 대중 매체가, 건강은 의사가 전담하는 등 사회 기능의 분화 및 전문화가 진행되면서 오히려 무력하고 의존적인 존재로 변화했다는 것이다.

일리치는 개인의 자족성이 약화된 상황이라면 의무 교육에 대해서도 진지하게 재고해봐야 한다는 입장을 견지하고 있다. 학령기 사회화가 이루어지는 동안 학교는 일정 기간 학생을 보호해주고, 학생 역할 및 학생 지위를 제공하며, 사회의 지배적 가치를 학습시켜주고, 사회에서 통용되는 기술 및 지식을 습득하도록 하는 네 가지 기본 기능을 담당한다. 하지만 이 때문에 굳이 오랜 기간의 의무 교육을 거칠 필요는 없다는 것이 일리치의 지론이다.

그는 학교 교육의 존재 의미에 대한 근본적 문제 제기와 더불어, 학교에는 숨겨진 교과과정이 존재하고 있음을 '폭로debunking'하고 있다.[11] 일리치에 따르면 학교는 규율과 통제를 통해 학생들을 훈육하는 곳이자, '수동적 소비'를 주입하는 곳이기도 하다. 여기서 수동적 소비는 교육 과정을 통해 기존의 사회 질서 및 가치를 무비판적으로 수용하도록 권장 받음을 의미한다. 이는 학교의 모범생이 과연 어떤 학생일까를 다시금 생각해보도록 하는 개념이다.

숨겨진 교과과정은 교사의 태도와 학교의 조직 문화 등에도 암묵적으로 내재되어 있다. 교사는 계급 및 인종이 다른 학생에 대해 편견을 가질 수 있고, 교사의 부정적 태도는 분명 학생에게 영향을 미친다. 상대적으로 위계서열이 발달되어 있고 보수적인 특징을 지니는 학교의 조직 문화 또한 학생들에게 암암리에 영향을 미친다.

숨겨진 교과과정에는 그 자체로 '숨겨진 기능'이 있다. 학생들은 숨겨진 교과과정을 통해 자신의 위치를 알게 되고 그곳에 머무르라는 암시를 받게 된다. '송충이는 솔잎을 먹어야 된다', '황새가 뱁새를 따라가면 다리가 찢어진다' 등의 한국 속담은 숨겨진 교과과정의 기능을 상징적으로 표현하고 있다. 개인에게는 주어진 몫의 자리가 있으니 그 자리에 만족한 채 수동적이고 순응적인 태도를 갖도록 장려하는 셈이다. 이상의 이유를 고려하건대, 불평등을 개선하려는 시도도, 개인의 창의력을 발달시키기 위한 노력도 하지 않는 의무 교육을 당연하게 받아들일 필요는 없다는 것이 일리치의 주장이다.

일리치가 제안하고 있는 대안은 탈학교론이다. 탈학교론은 학교 제도 자체를 전면적으로 부인하거나 학교를 모두 없애자는 주장은 아니다. 그보다는 지금처럼 일정한 나이에 일정한 단계를 밟아나가는 의무 교육 제도를 무비판적으로 따를 필요는 없다는 입장을 취하고 있다. 일리치가 주창하는 탈학교론은 "배우고자 하는 사람에게는 인생의 특정 시기에 국한되지 않고 보편적으로 적합한 교육이 제공되어야 함"을 의미한다. 7세가 되면 초등학교에 입학하고 19세가 되면 대학교에 진학하는 방식이 아니라, 특정 시기에 제한을 두지 않고 배우고자 하는 의지가 있는 사람 모두에게 교육이 개방되어야 한다는 것이 탈학교론의 핵심이다. 더불어 지식이 지식인의 전유물로 남아 있어서는 안 되며, 기존의 초등-중등-고등학교의

6·3·3 제도를 포함해서 표준화된 교육과정을 모두가 받아들일 이유는 없다고 제안한다.

일리치는 탈학교론의 구체적 프로그램으로 공식 교육에 사용되는 물질적 자원은 도서관과 렌탈 업체 혹은 실험실이나 지식 저장 은행에 귀속시킨 후, 모든 학생이 원할 때 사용할 수 있도록 의사소통 네트워크를 구축할 것을 제안하고 있다. 여기에는 교육을 받고자 하는 학생들에게 바우처(현금)를 지급하자는 주장도 포함되어 있다. 일리치의 탈학교론은 유토피아적이고 실현 가능성 여부가 불투명하다는 비판을 받기도 했으나, 인터넷과 컴퓨터가 교육 혁명을 주도함에 따라 오늘날 새롭게 재조명되고 있다.

바실 번스타인의 언어 코드

언어학자인 바실 번스타인Basil Bernstein은 계급별 언어 능력 분석을 통해 교육에 내재된 불평등을 연구하고 있다.[12] 번스타인에 따르면 계급에 따라 사용하는 언어의 성격이 다르다. 물론 언어 자체에 우열이 있음을 의미하는 것은 아니다. 그의 구분에 따르면 노동자 계급 자녀는 제한된 코드의 언어를 사용하고, 중류층 이상의 자녀는 정교한 코드의 언어를 사용하고 있다는 것이다.

노동자 계급의 언어 코드는 자신들의 문화적 배경을 공유할 때만 소통이 원활하다는 점에서 제한적 언어 표현 방식에 해당된다. 따라서 상대방이 이미 많은 경험과 정보를 공유하고 있다는 가정하에 대화를 전개하는 특징을 보인다. 실제로 노동자 계급은 가족 및 이웃 중심의 문화를 공유하며, 노동자 문화에서 가치와 규범은 당연한 것으로 인식되기에 굳이 언어로 표현되지 않는다. 제한된 코드의 언어는 실제 경험을 주제로 의사소통하는 데는 적합하지만, 추상적 개념이나 과정, 관계를 중심으로 토론하기에는 부적합하다. 이들은 자신이 소속된 집단의 규범에 충실할 뿐, 어느 누구도 자신의 언어 코드가 왜 제한적인지를 설명하지는 못한다.

반면 중산층 계급의 정교한 언어 코드는 제약으로부터 자유롭고 일반화 및 추상화가 용이하다는 특징을 갖는다. 두 언어가 사용되는 구체적 방식을 예로 들어보면, 제한된 언어 코드를 사용하는 노동자 계급 부모는 자녀에게 그 자리에서 "사탕을 너무 많이 먹으면 안 돼."라고 질책한다. 반면 정교한 언어 코드를 사용하는 중산층 계급 부모는 "사탕을 너무 많이 먹으면 건강을 해칠 수 있고 치아도 나빠질

볼거리

영화 _ 〈언제나 마음은 태양To Sir With Love〉(1967)

런던의 빈민가 고등학교에 갓 부임한 흑인 교사가 애정 어린 교육을 통해 반항기 많은 학생들을 포용하는 과정을 담은 감동적인 드라마. 데커리가 발령받은 곳은 런던 항만 근처 빈민촌에 위치한 고등학교로, 미래에 대한 희망도 장래의 비전도 없이 각박하게 살아온 학생들은 교사들에게 반항과 무시를 일삼고, 교사들 또한 학생들을 포기한 채 안이한 태도로 학교생활을 하는 곳이었다.

수많은 우여곡절과 분노 끝에 데커리는 학생들에게 '이제 너희들을 성인으로 대해줄테니 성인으로서 책임과 의무를 다하라'고 선언한다. 데커리의 새로운 교수 방법에 담긴 진정성은 시행착오를 거치며 결국 학생들에게 전달되고 학생들 또한 마지막 졸업 파티에 데커리 선생을 초대해 마음을 담은 선물을 전달한다. 배경음악으로 〈To Sir With Love〉가 울려 퍼지고, 데커리 선생은 더 좋은 일자리를 제안받았으나 이를 포기하고 학생들 곁에 머물기로 결심한다. 좋은 선생님의 기준은 무엇이 되어야 할지, 감사와 사랑을 전하고픈 인생의 스승은 누구였는지 등을 돌아보게 하는 영화로, 교사와 학생들 간에 주고받았던 사랑과 신뢰의 가치가 와닿는다.

수 있으니 먹지 말라."고 타이른다.

학교에서는 중산층에게 익숙한 언어 코드가 주로 사용되기 때문에, 노동자 계급 자녀들은 학교 현장의 문화와 충돌함으로써 학업 성취도가 떨어진다. 대신 정교한 언어 코드를 습득한 경우는 학교 교육 적응도가 높아져 학업 성취도도 함께 향상된다. 실제로 노동자 계급 자녀가 질문을 하는 경우, 교사들로부터 만족할 만한 답을 들을 기회가 적다는 연구 결과가 있다. 교사들은 노동자 계급 언어를 이해하지 못하기 때문에 학생의 질문에 적절한 답을 못하는 경우가 빈번하게 발생한다는 것이다. 뿐만 아니라 타인의 추론에 대해 납득할 만한 설명을 들을 기회 또한 노동자 계급 자녀에게는 충분치 않은 것으로 나타났다.

노동자 계급 자녀들은 수업에서 교사가 사용하는 비정감적이고 추상적인 언어에 어떻게 반응해야 되는지 어색해한다고 한다. 그들은 교사의 언어를 이해하는 데 한계를 보임은 물론, 교사가 전달하고자 의도했던 원리를 이해하는 데도 실패하는 경우가 많다고 한다. 교실에서 반복적이고 기계적인 훈련을 하는 것은 가능하지만, 추상적 개념을 습득하도록 하는 데는 장애가 따르기에 결국 노동자 계급 및 빈곤층 자녀들은 제한된 언어 코드로 인해 학교 교육에서 뒤처질 수밖에 없다는 것이 번스타인의 결론이다. 일리치의 탈학교론과 번스타인의 계급별 언어 코드는 앞으로 교육을 통해 불평등이 확산되는 것을 완화시키기 위해서는 구체적으로 어떤 노력을 해야 되는지, 중요한 시사점을 던져주고 있다.

피에르 부르디외: 교육과 문화적 재생산

피에르 부르디외Pierre Bourdieu는 문화적 재생산 영역에 속하는 학교가 세대 간의 사회적·경제적 불평등을 영속화시키는 방법에 주목하고 있다.[13] 부르디외의 주장은 일리치의 숨겨진 교과과정이나 번스타인의 언어 코드에 담긴 문화적 차이와 밀접한 상관관계를 갖고 있다. 노동자 계급 자녀는 학교 환경에서 보다 강력한 문화 충격을 경험하며, 공부의 필요성에 대한 동기 유발을 어려워하는 동시에, 소통을 시도한다 해도 교사와 이질감을 느끼는 경우가 빈번하다는 점에서 그러하다.

어린이들은 학교 교육을 통해 노동의 세계에 대한 예기 사회화를 경험한다. 사회에 진출했을 때 내 자리는 어디인가를 학교에서부터 미리 사회화하는 것이다. 이때 권력층이 자신을 위해 규정해놓은 자리에 순종할 것을 배움으로써, 교육의 문화적 재생산 기제를 통해 불평등이 고착화된다는 것이 부르디외의 해석이다.

폴 윌리스의 노동 배우기

1977년 출판된 폴 윌리스Paul Willies의 『노동 배우기Learning to Labor』는 버밍햄중학교에서 진행되었던 연구로, 한국에도 1989년 번역되어 출간되었다.[14] 교육 현장과 계급 재생산 사이의 상관관계에 주목한 윌리스는 노동자 자녀들이 왜 다시 노동자가 되는가에 대한 문제의식으로부터 출발한다. 기존에는 학교 성적이 하위권으로 뒤처지면 자신감 상실과 열등감을 불러일으키고, 그 결과 성적 부진아는 사회에 나가서도 낮은 지위를 선택할 수밖에 없다고 이해했다. 그러나 윌리스는 학교 현장에서 노동자 계급 자녀들과 심층 인터뷰를 진행하면서 그들의 생각에 담긴 복잡한 메커니즘을 꿰뚫어보고, 기존의 설명 방식에 오류가 있음을 발견하게 되었다. 그에 따르면, 가난한 이웃과 교류하면서 습득하는 '거리의 지혜'는 학교 공부를 잘하는 것과 거리가 멀지만, 교사가 가르치는 지식 못지않게 정교하고 복잡한 내용으로 구성되어 있다.

열악한 환경에서 성장한 노동자 계급 자녀들은 부진한 학교 성적 때문에 노동시장에서 단순 노동을 선택할 수밖에 없다는 사실을 충분히 인지하고 있다. 그렇다고 해서 노동자 계급 자녀들이 자신의 인생을 실패라고 여기지는 않는다. 오히려 그들은 학교의 권위 구조를 예리하게 파악함으로써 권위에 무조건 복종하기보다 나름의 반항 전략을 구사한다. 노동자 계급 자녀들은 권위를 대변하는 교사를 상대로 반항하고 의도적으로 크고 작은 갈등을 일으키면서 쾌감을 느낀다는 것이 윌리스의 분석이다.

학교 안의 일진 혹은 사내아이들은 좋은 직장을 얻으리라는 기대 대신 졸업하기만을 학수고대한다. 이들은 노동시장에서 저임금을 받을 것을 익히 알고 있기 때문에 일을 통해 만족감을 얻지 못해도, 임금을 받는다는 사실 자체에 대한 기대가 크다. 경력 쌓기에는 무관심한 사내아이들이 하루 빨리 독립해서 성인으로서의 지위를 즐기려 한다는 것이다. 다만 자신들이 담당하게 될 저임금 단순 반복직에 대해서는 '경멸적 우월감'을 느낀다고 한다. 일진들의 문화는 주류 문화에 저항하는 반문화적 특성을 보인다. 중고등학교 시절 일진들의 반문화가 육체노동자의 태도 및 노동 환경과 유사하다는 사실은 윌리스가 발견한 흥미로운 결과다. 이들은 권위를 행사하는 윗사람들의 요구를 무시하는 데 익숙하다. 그러나 오랜 시간이 지나면 자신들의 노동이 평가절하되어 왔음을 깨닫게 된다. 가족을 꾸린 후에야 비로소 교육의 중요성을 절감하게 되어, 자녀들에게 열심히 공부하여 빈곤 및 저소득 상황에서 벗어나라고 강조하지만, 자녀들이 부모의 의견을 무시하면서 악순환에 빠진다.

기타: 포스트모던 교육론

포스트모던 교육론은 모더니즘 교육론을 비판하는 것으로부터 시작한다. 모더니즘 교육론에 따르면 교육은 합리성에 대한 신념을 확산시키는 기제이다. 합리성은 근대 이전에 존재했던 마술·주술·미신 등을 대신하는 담론을 수용하고 있다. 진보에 대한 맹목적 신념도 근대적 사고의 특징이다. 교육은 개인들의 합리적이고 자유로운 사고를 도와주며, 사회의 진보 및 혁신에도 기여한다는 입장이다.

포스트모던 교육론은 교육이 합리성과 진보의 이상을 구현하고 있음에 대해 근본적 의문을 제기한다. 과연 과학과 합리성이 인류의 모든 문제를 해결해줄 수 있는가? 모든 사람이 동의하는 하나의 진실이 존재하는가? 이들 질문에 대한 포스트모던 교육론의 답은 회의적이다. 특정 교과목이 다른 교과목보다 중요하다는 인식에 대해서도 포스트모던 교육론은 동의하지 않는다. 한국에서는 국어, 영어, 수학 과목이 중요하다고 인식되고 있지만, 그 이유에 대해서는 어느 누구도 명료한 답을 제시하지 못하고 있다는 것이 포스트모던 교육론의 주장이다.

앞으로 포스트모던 교육론이 지향하는 교육 방식은 다문화를 인정하고 다양성을 강조하는 교육이 될 것이다. 네이선 글레이저Nathan Glazer의 『우리는 모두 다문화인이다』에 따르면, 미국에서는 유색 인종의 시각에서 교과서를 다시 쓰기 시작했다.[15] 이 과정에서 흑인 및 이민자의 시각이 적극 도입되면서 미국인으로서의 정체성을 둘러싸고 뜨거운 논란이 야기된 바 있다.

보다 흥미로운 사례로는 1492년 콜럼버스의 신대륙 발견을 들 수 있다. 신대륙 발견은 유럽인의 시각에서 본 역사 서술이고, 당시 신대륙이라 믿었던 곳에 살고 있던 원주민의 시각에서는 '이민족의 침입'이라 규정할 수 있다. 그동안 역사 속에 묻혀 있던 수많은 흑인 수학자 및 과학자들의 발굴 역시 포스트모던 교육론의 영향임이 분명하다. 포스트모던 교육론에 기반한 교과서는 다양한 시각에서 다양성을 존중하는 방향을 지향하고 있다.

4. 낮은 성취도의 남자아이들

학교 교육 과정과 미묘한 성차별

오늘날 공식 교과과정상의 성차별은 거의 불식되었다. 예전의 고등학교 교과과정에서 여학생은 가정 수업을 받았고 남학생은 공업과 기술을 배웠다. 교실에 걸려 있는 급훈도 여학생 교실의 경우 정숙, 성실, 순종, 진선미 등이 주를 이루었고, 남학생 교실에는 도전, 모험, 용기, 책임과 같은 단어가 주로 언급되었다. 오늘날 이런 유형의 명백한 성차별은 거의 찾아보기 어렵다.

그러나 남녀 학생에 대한 교사의 기대 차이나 비공식 교과과정에서 나타나는 미묘한 성차별은 그대로 남아 있다. 교과서의 내용도 여전히 정형화된 남성다움과 여성다움의 각본을 내면화하는 데 직접적 영향을 미치고 있다. 여학생을 위한 모험은 마법의 힘을 빌리거나 음모를 꾸미는 일이 주를 이루고, 여학생의 활동 공간은 대부분 학교나 집으로 한정되어 있다. 반면 남학생이 읽는 모험 이야기는 더욱 광대한 장소를 배경으로 전개되고, 학교와 집을 벗어나 다양한 장소를 오가는 영웅과 힘세고 독립적인 인물들이 자주 등장한다.

교과목과 관련해서도 미묘한 성차별이 온존한다. 일례로 중·고등학교 과학 및 수학 교과서를 보면 여성들의 존재는 거의 눈에 보이지 않는다. 과학과 수학은 남성중심적 과목이라는 고정 관념도 여전하다. 실제로 영국에서 2001-2002년 16-18세 학생을 대상으로 수강 교과목을 살펴본 결과, 물리와 컴퓨터 과목은 수강생의 75%가 남학생이었고 수학은 60%가 남학생이었다. 반면 사회과 과목 및 영문학은 70%가 여학생이었고, 가정학은 95%가 여학생이었다.[16]

한국 상황도 영국과 크게 다르지 않아 2020년 교육부 통계에 의하면, 인문 계열과 교육 및 사범 계열 그리고 예체능 계열은 여성의 선택률이 남성보다 높고, 의약 계열은 남녀 비율이 비슷한 반면, 사회 계열, 자연 계열, 공학 계열은 남성 비율이 높았다. 실제로 성별 격차가 가장 뚜렷한 공학 계열의 경우 섬유공학의 여성 비율이 37.4%, 화학공학이 36.2%였던 반면, 자동차공학은 5.2%, 기계공학은 8.3%, 전기공학은 9.9%에 머물렀다. 반면 간호학의 여성 비율은 85%를 넘어 선택하는 전공 간에 젠더 격차가 확연히 나타나고 있음을 보여주고 있다.

낮은 성취도의 남자아이들

유럽을 중심으로 중등 교육 중반까지 여학생의 학업 성취도가 남학생보다 높고, 고등학교부터 대학교까지는 남학생의 성취도가 높은 것으로 나타난다. 한국에서는 대학교에서도 여학생의 학업 성취도가 높은 것으로 확인되고 있다. 유럽에서 어린아이의 인지 발달 단계를 추적해본 결과, 6세 여자아이의 인지 발달 수준과 8세 남자아이의 인지 발달 수준이 거의 비슷한 것으로 나타났다. 이에 따라 6세 여자 어린이와 8세 남자 어린이를 함께 가르치거나, 발달 수준을 고려한 동성 교육이 대안으로 제시되고 있다.

1980년대 후반까지도 교육 영역에서 여성은 남성에 비해 다양한 불평등을 경험했다. 당시는 교사의 태도가 성차별적이었고, 남성 중심적이거나 남성 친화적인 교과과정이 주를 이루었으며, 부모들도 아들과 딸에 대해 성차별적 인식을 갖고 있었다. 한데 최근 들어서는 전세가 역전되면서 낮은 성취도의 남자아이들이 이슈가 되고 있다.

미국에서도 고등 교육 및 대학 진학률에 있어 여성이 남성보다 높은 것으로 나타났고, 학위 취득률 또한 여성이 남성을 앞지르기 시작했다. 한국에서도 동일한 패턴이 관찰되고 있어, 2000년에는 여성의 대학 진학률이 65.4% 남성이 70.4%였으나, 2009년을 기점으로 역전되기 시작했다(여성이 82.4% 남성이 81.6%). 2021년에는 남성의 대학 진학률이 76.8%로 여성의 대학 진학률 80.4%보다 3.6% 낮은 것으로 나타났다.

교육 제도 안에서 남학생의 실패율이 여학생보다 높은 현상이 주목을 끄는 가운데, 남학생은 범죄 가담률 및 마약 중독 비율이 여학생보다 높으며, 게임이나 포르노에 빠져 학업 집중력이 떨어지는 현상도 빈번하게 관찰된다. 남성의 취업률은 하향 곡선을 그리고 있고 실업률은 상승 곡선 중이며, 한부모 가족의 증가도 실패하는 남학생 현상에 영향을 미치고 있다.

이상의 현상들은 남성성의 위기와 연결되기도 한다. 학업 성취도가 낮은 남학생의 경우 졸업 후 좋은 직장을 얻고 안정된 가족을 꾸리는 데 어려움을 겪는다. 서구에서는 새로 출현하는 서비스 직종의 70% 이상이 여성으로 채워짐에 따라, 저학력 젊은 남성층의 구직난이 심화되고 있다.

성별 역전 현상에 대한 설명

성별 역전 현상이 나타나는 원인에 대해서는 다음 네 가지 원인이 제시되고 있다. 첫 번째 요인으로는 페미니즘의 영향이 지목되고 있다. 1970년대 이후 여성운동의 자극을 받아 여성들의 자신감 및 자존감이 높아졌으며, 주위 여성에 대한 기대도 높아지기 시작했다. 두 번째는 교육 시스템 내부에서 성차별 극복을 위해 꾸준히 노력한 결과이다. 교과서의 내용 및 교과과정이 양성평등한 방향으로 바뀌었고, 교사들의 성차별적 태도도 눈에 띄게 완화되었다.

세 번째는 학습 스타일에 내재한 성별 차이를 들 수 있다. 곧 여학생들이 상대적으로 빨리 성숙하고 보다 조직적으로 사고하며 공부에 대한 동기 또한 공고하다. 덧붙여 언어 구사 능력이 발달되어 있고 관계 지향적 특성을 보이는 과정에서 학업 성취도 또한 높게 나타난다. 반면 남학생은 여학생에 비해 주의가 산만한 경향을 보인다. 스포츠, 컴퓨터 게임, 놀이 등 에너지를 발산하거나 자극적 흥미를 유발하는 활동에 관심을 보인다. 그 결과 남학생보다 여학생을 향한 교사의 기대가 높아지기 시작했고, 남학생의 산만함을 통제하는 데 더욱 주의를 기울이게 되었다. 네 번째로 남성다움·사나이 기질 등이 우수한 학업 성적이나 모범생 기질과 충돌하면서 남학생의 학업 성취도가 낮아지고 있다는 분석도 있다. 공부는 남자답지 못한 밥맛없는 행위로 인식됨에 따라 남학생을 중심으로 교육과 배움에 대한 적대적 태도가 나타나고 있다는 것이다. 다만 남학생이라는 이유만으로 반학습적 문화를 추종한다고 결론짓는 것은 경계해야 할 것이다.

낮은 학업 성취도가 진정 젠더에 따른 것인가?

이 질문에 대해서는 반론이 있다. 학업 성취도의 문제는 젠더에 따른 차이라기보다 인종 및 계급과 더욱 긴밀히 연결되어 있다는 주장이다. 노동 계급 남학생의 낮은 성취도는 젠더보다 계급이 실질적 영향을 미쳤기 때문이라는 것이다.

언어 능력에 성차가 존재함은 세계적으로 일관되게 나타나는 현상이다. 다만 일부 분야에서는 여전히 남학생의 성취도가 여학생보다 훨씬 뛰어나다. 기술·공학·과학 분야에서는 남학생들이 더욱 탁월한 역량을 보이고 있고, 과학·컴퓨터 공학·화학 등의 영역에서는 남학생이 11세부터 뛰어난 성취도를 보이기 시작한다는 연구도 있다. 이들 남성 중심 분야로 진출한 고학력 여성은 동일 학력의 남성에 비해 노동시장 내 성차별에 보다 쉽게 노출된다는 주장도 있다.

고등 교육과 젠더 차이

고등 교육 진입자 중 여학생 비율이 급성장하고 있긴 하지만, 고등 교육 내 성차별은 불식되지 않고 있다. 한국과 선진국 공히 여대생 비율이 높지만 고등 교육 내 여성의 사회적 지위는 매우 열악한 편이다. 2002-2003년 사이 영국의 대학 내 전임 강사 중 여성 비율은 39%에 이르는데, 부교수 중 여성 비율은 26%로 떨어지고 정교수 중 여성 비율은 14%에 불과하다. 더욱이 여성 교수의 임금은 남성 교수에 비해 평균 5천 파운드 낮은 것으로 나타났다.

한국의 상황도 크게 다르지 않아, 2019년 교육 통계에 따르면 4년제 대학 교수 중 여성 비율은 26.2%를 차지하고 있다. 직급별로는 조교수의 33.6%, 부교수의 21.9%, 정교수의 13.9%가 여성이다. 국공립 및 사립대학 총장 182명 중 여성은 12명으로 6.6%에 불과하다. 학문 영역별로도 젠더 구분이 뚜렷이 나타나 가정·예술·사범·어문 계열에서는 여성 박사 및 여교수 비율이 높고, 공학·이학·농림수산·사회 계열에서는 여교수 비율이 현저하게 낮다.

5. IQ와 교육의 상관관계

IQ가 높으면 공부를 잘하고 직장 내 업무 수행 능력이 뛰어날 것이다, 소득 수준과 IQ 사이엔 밀접한 상관관계가 있을 것이다 등과 같은 믿음의 바탕에는 학교가 기회 균등을 보장할 것이요, 학생들은 타고난 능력에 따라 자신의 자리를 찾아간다는 전제가 깔려 있다. 현실이 과연 그런지 IQ를 둘러싼 논점을 중심으로 생각해보기로 한다.

지능이란 무엇일까?

지능으로 번역되는 IQ는 명료하게 정의하기 어려운 개념이다. 지능 측정 시 활용되는 다양한 문제 유형을 일별해보면 추상적 수학 문제도 있고, 역사적 흐름의 이해 정도를 파악하는 문제도 있고, 예술적 감각을 판단하기 위한 문제도 있다. 지능은 서로 무관해 보이는 요인들을 종합적으로 측정한 결과이기에 한마디로 정의하기 어렵다.

지능은 개념적 문제와 계산 문제가 혼합되어 있다는 원천적 한계를 지니고 있다. 평균 점수 100을 기준으로 100점보다 높으면 평균 이상의 지능으로, 100점보다 낮으면 평균 이하의 지능으로 설정한 범주는 정교함을 결여하고 있다는 비판을 받기도 한다. 다양한 한계에도 불구하고 지능 검사는 학교와 기업 등의 현장에서 요긴하게 활용되고 있다.

IQ와 유전적 요인

IQ가 유전에 의한 것이냐, 교육을 통해 습득 가능한 것이냐는 논쟁의 대상이다. IQ 점수와 학업 성취도 간에는 물론 밀접한 상관관계가 있다. IQ 검사 자체가 학업 능력을 예측하기 위해 고안된 측정 방식이기 때문에, 공부 잘하는 사람이 IQ가 높고, IQ가 높은 사람이 공부를 잘한다는 순환 관계에 놓여 있다는 비판도 있다.

IQ는 사회, 경제, 인종적 차이와 높은 상관관계가 있다. 미국에서는 1960년대 IQ를 주제로 뜨거운 논쟁이 전개된 바 있다. 당시 교육학자 아서 젠슨Arthur Jensen은 흑인과 백인 사이의 IQ 격차는 유전적 요인 때문이라는 주장을 폈다.[17] 백인은 우월한 인종이요 흑인은 열등한 인종이라는 주장으로 미국 사회는 논란과 혼란의 늪에 빠졌다. 이후 리처드 헌스타인Richard Herrnstein과 찰스 머레이Charles Murray가 『벨 커브Bell Curve』를 발표하면서 '미국의 지능과 계급'이라는 부제를 붙였다.[18] 이들은 젠슨의 논의를 받아들여, 인종 간 지능의 차이는 유전적으로 설명될 수 있다고 주장했다. 헌슈타인과 머레이는 IQ와 인종의 관계를 연구한 논문 156편을 종합 분석한 결과, 아시아계 미국인과 백인의 평균 IQ가 흑인의 평균 IQ보다 16점 높다는 결론에 도달했다. 이에 개인의 IQ가 높을수록 사회적으로 높은 지위를 얻을 가능성이 높다는 해석을 덧붙였다.

그러나 헌슈타인과 머레이의 주장은 많은 비판에 직면한다. IQ와 인종 간의 관계는 유전적인 것이 아니라 사회 문화적인 것이라는 비판과 더불어 IQ 검사 문항은 상대적으로 흑인들에게 불리하고, 백인 중산층에게 유리하다는 견해도 있다. 흑인들의 경우 검사자가 흑인일 때 백인일 때보다 IQ의 평균점이 높게 나타나는 등, 지능과 관계없는 요인의 영향을 받기도 한다. 소수 민족 아동의 IQ 점수가 인종적 다수 집단 아동보다 약 10-15점 낮게 나타난 것은 IQ가 사회문화적 차이에 기인함을 보여주는 증거라 하겠다.

더욱 흥미로운 사실은 IQ 평균점 자체가 상향 추세를 보이고 있다는 점이다. 실제로 1930년대 IQ 검사지로 요즘 학생들이 테스트를 받은 결과 당시보다 평균 15점 높게 나타났다. 요즘 학생들이 예전보다 똑똑해진 것인지, IQ 평균이 높아진 것인지는 분명하지 않지만, IQ 또한 변화하고 있음을 보여주는 증거인 셈이다. 나아가 집단 전체의 평균 IQ 점수가 개개인의 지능 점수를 예측하는 데는 아무런 역할을 하지 않는 만큼 IQ 점수 자체가 함축하고 있는 특별한 의미는 거의 없다는 비판도 있다.

벨 커브 전쟁

생물학자 스티븐 제이 굴드Stephen J. Gould는 벨 커브의 문제점을 다음 네 가지로 지적하고 있다.[19] 지능을 IQ라는 한 가지 숫자만으로 표현하고 있다는 점, 사람들을 지능이라는 한 가지 잣대에 따라 일렬로 줄을 세운 후 평가하고 있다는 점, 지능은 유전에 의한 것이니 바꿀 수 없다고 본 점, 그리고 어린 시절의 지능은 변하지 않는다고 본 점이다.

하워드 가드너Howard Gardner는 한 걸음 더 나아가 일반적 범주로서의 지능 개념을 폐기하고 다중 지능 개념의 도입을 제안하고 있다.[20] 개인에 따라 운동 지능, 실천 지능, 음악 지능, 공간 지능, 수학 지능 등 다중 지능이 발달할 수 있기 때문이다. 흔히 지능의 반대 개념으로는 '치癡'라는 표현을 사용해서 음치, 수치에 길치라는 농담도 등장한 바 있다. 조사 결과 IQ 점수와 직장에서의 성취도 사이에는 상관관계가 없음이 확인되기도 했다. 결국 지능은 IQ라는 한 가지 지표로 측정하기보다 다방면으로 접근하는 것이 바람직할 것이다.

새로운 IQ주의

데이비드 길본David Gillborn과 데보라 욘델Deborah Yondell의 연구에 따르면 오늘날은 능력 개념이 IQ를 대체하고 있다.[21] 관건은 누가 능력을 평가하느냐인데, 평가를 주관하는 교사의 계급 편견으로 인해 흑인 및 노동자 계급 자녀가 불이익에 직면하고 있다는 비판이 있다. 학생을 상대로 교사가 능력을 평가하는 경우, 교사가 생각하는 능력 개념은 학생마다 다를 것이라 간주되며, 고정되어 있는 실체로서 객관적 측정이 가능하다는 믿음이 전제되어 있다. 인지 능력 테스트는 공인 인증 시험 성적을 예측하는 데 있어 비교적 정확한 지표임이 밝혀진 바 있다.

능력이 출중하다고 평가받는 학생들은 교사로부터 편애의 대상이 된다. 다만 학생의 능력 평가 기준은 학업 성적이 주가 되고 있기 때문에, 흑인 및 노동자 계급 자녀에 대한 차별을 정당화할 가능성을 배제하기 어렵다. 따라서 능력은 IQ를 대신할 유용한 대안은 아니라 하겠다.

감성 지능과 대인 관계 지능

IQ 논쟁에서 벗어나기 위한 시도로 대니얼 골먼Daniel Goleman은 감성 지능(EQ; emotional intelligence) 개념을 제안하고 있다. 감성 지능 개념은 한국에도 많은 영향을 미쳤다.[22] 골먼의 감성 지능은 다차원적 개념으로, 개인이 자신의 감성을 어떤 방식으로 사용하는가를 의미한다. 감성 지능이 높은 사람일수록 자신에게 동기를 부여하는 능력이 뛰어나고, 스스로를 통제하는 능력도 탁월하며, 열정과 더불어 인내심을 갖고 있다.

감성 지능은 타고나는 것이 아니라 훈련을 통해 습득 가능하고 개발 또한 가능하다. IQ가 높은 사람이 열정 및 충동을 억제하지 못하는 경우가 종종 발견되는데, 이는 성취도와 지능 사이에 상관관계가 높지 않음을 보여주는 실례이다. 1940년대 하버드대학 졸업생을 대상으로 한 연구에 따르면, 실제 IQ가 높은 사람들이 IQ가 낮은 사람들보다 상대적으로 성공한 사례가 많았다. 그러나 IQ 80 이하의 하버드대 출신은 실업률이 7%로, 보통 사람들의 실업률과 동일한 것으로 밝혀졌다.

반면 1960년대 중반 이후 30여 년에 걸쳐 하버드대 졸업생의 성공 요건을 규명한 연구에 따르면, 졸업생의 약 1/3은 성공한 삶을 살았고 1/3은 평범한 삶을 살았으며 나머지 1/3은 실패한 삶을 살았던 것으로 확인되었다. 성공한 사람들의 공통점으로는 타인과 소통하는 능력, 원만한 성격, 그리고 안정된 가족과 친밀한 부부 관계로 나타났다. 일면 평범해 보이는 특징이 세계 최고의 엘리트라 할 하버드 졸업생의 성공 요건으로 밝혀져 세간의 주목을 끌기도 했다.

가드너는 특별히 대인 관계 지능에 주목했다. 대인 관계 지능과 관련된 흥미로운 실화가 있다. 남자, 여자아이가 함께 어울려 놀이도 하고 게임도 즐기는 유치원에서 선생님들이 짝을 지어주면 반드시 누군가는 싸우다 울며 헤어지는 경우가 있었지만, 6세 여자아이가 짝을 지어주면 모든 아이들이 만족스러운 표정으로 사이좋게 놀았다는 것이다. 6세 여자아이가 유달리 높은 대인 관계 지능을 지니고 있었기에 가능했던 일이다. 대인 관계 지능 역시 풍부하게 갖추고 태어날 수도 있지만, 훈련을 통해 개발할 수 있는 능력으로 알려져 있다.

앞으로는 지능을 정의할 때 인생의 성공과 관련되는 다양한 요소를 아우르는 포괄적 개념으로 수정해야 할 것이다. 인간의 능력은 타고날 때부터 고정되는 것이 아니라 끊임없이 개발 가능하다는 사실이 속속 확인되고 있기 때문이다. 중년기를 대상으로 한 연구에서는 새로운 언어를 습득하는 과정에서 뇌 속에 전에 없던 언어 구조가 생성되는 것으로 나타났고, 격렬한 스포츠에 도전하는 경우 몸속에 새로운 근육이 형성되는 것으로 밝혀졌다. 과학 및 기술의 발전은 끊임없이 사회 변동을 야기하고 있고 이에 따라 평생 교육의 필요성도 날로 증가하고 있다. 이제 현대인은 연속적인 탈사회화 및 재사회화 과정을 통해 다양한 지능 개발에 도전하는 것이 주요 과제로 부상하게 되었다.

6. 교실 혁명과 e 대학의 출현

정보통신 기술혁명과 교실

정보사회가 도래하면서 가장 먼저 사라질 직업 중의 하나로 교수 및 교사가 지목된 적이 있었다. 예상은 적중하지 않았지만, 정보통신 혁명은 교육과 교사, 교실을 향해 강력한 도전을 제기하고 있다. 교실 혁명은 어떤 방향으로 진행되고 있고, e 대학의 출현은 어떤 의미를 갖는지, 장밋빛 전망과 빨간색 경고등이 동시에 켜진 교육의 미래와 더불어 간략히 살펴보기로 한다.

교실을 떠올리는 순간, 가장 먼저 연상되는 교과서는 산업사회의 대표적 아이콘이다. 인쇄술의 발달과 책을 중심으로 한 문화의 등장은 19세기 근대적 의미의 교육이 등장하는 과정에 결정적 영향을 미쳤다. 책과 신문 그리고 인쇄물의 다량 유통은 산업사회의 대표적 특징이다. 당시의 교육은 글 읽는 법과 계산 능력을 가르쳤고, 교과서를 통한 학습이 핵심을 이루었다.

바야흐로 정보통신 혁명과 더불어 디지털 미디어가 기존의 교과서를 대체할 것인가가 뜨거운 관심사로 떠올랐다. 새로운 기술 혁명은 기존 교과과정에 단순히 새로운 차원을 보태는 것이 아니라, 기존 교과서 자체를 없애버리거나 획기적으로 변형시킬 것이라는 전망이 설득력을 얻고 있다. 실제로 벽이 없는 교실, 가상 현실로서의 교실 등 교실을 둘러싼 혁명이 진행 중이다.

덕분에 정보통신 혁명은 교육 현실에 긍정적 전망을 가져다줄 것이라는 낙관이 지지를 받고 있다. 컴퓨터를 통해 시간과 공간의 제약을 받지 않은 상태에서 교육 기회가 무한대로 확장될 것이요, 컴퓨터를 켜면 무궁무진한 정보와 지식의 보고가 기다리고 있어 누구나 독립적으로 공부할 수 있게 되리라는 것이다. 처음부터 끝까지 필자의 생각을 따라가야 하는 아날로그식 책 대신, 온라인 검색을 통해 본인이 원하는 특정 주제를 중심으로 깊이 있는 지식과 정보의 축적이 가능해졌기 때문이다. 교육용 소프트웨어가 풍부하게 개발되어 있어 스스로 자신의 속도에 맞추어 공부하는 것도 가능해졌다.

물론 교실 혁명에 대해서는 부정적 논의도 함께 등장하고 있어, 신중하면서도 균형 잡힌 시선이 요구되고 있다. 온라인 교육의 한계에 주목하는 입장은 온라인 교육이 전통적 오프라인 강의를 보완할 수는 있지만 대체할 수는 없다고 주장한다. 왜냐하면 인간은 기본적으로 관계성을 향한 욕구가 있고, 휴먼 터치에 대한 강력한 열망이 있기 때문이다. 교육 현장에 있는 교사들에게 남겨진 도전은 새로운 정보통신 기술을 현장에 접목하면서도 교육의 진정성을 확보하는 방법에 집중될 것이다.

e 대학의 도래

1971년 출현한 영국의 오픈 유니버시티(개방대학)는 e 대학의 선조로서 대학교육 수준에서 TV를 활용한 원격 교육의 선구자라 할 수 있다. 한국도 개방대학 모델을 받아들여 방송대학을 설립한 것으로 알려져 있다. 1989년 설립된 미국의 피닉스대학교 사례도 있다. 피닉스대학교에는 무려 6만 8천여 명의 학생이 온라인 캠퍼스에서 만나 교류하며 가끔은 오프라인에서도 만난다. 피닉스대학교는 미국 전역에 50개 이상의 센터를 두고, 오프라인 모임을 각 센터에서 주관하고 있다.

피닉스대학교 학생들은 인터넷을 활용한 교육을 받고 있는데, 온라인만으로 수료가 가능한 학위 과정이 개설되어 있다. 온라인에서 그룹 메일을 통해 실제 교실에 해당되는 활동이 이루어진다. 피닉스대학교는 23세 이상 직장인에게만 입학 자격을 부여한다. 대학 교육의 구조와 기능이 개인의 커리어를 유지하면서 새로운 기술과 자격 획득을 원하는 성인을 대상으로 맞추어져 있기 때문이다. 수업은 5주 내지 8주에 걸쳐 집중적으로 이루어지고 있고, 통상적인 학기 개념 없이 1년 내내 개설된다. 대부분의 고등 교육 및 대학 교육은 공익성을 특징으로 하는 반면

이 대학은 이윤을 목적으로 한다. 운영 주체인 아폴로 커뮤니케이션 회사는 설립 이후 10년이 지나면서 평균 1,280만 달러의 수입을 올리는 데 성공한 것으로 알려져 있다.

인터넷 기반 교육의 경우 시간과 공간의 제약을 받지 않고 유연하고도 편리하게 접근할 수 있다는 것이 최고의 장점이다. 하지만 온라인 커뮤니케이션은 오프라인 커뮤니케이션에 비해 한계가 있을 수밖에 없다는 단점도 간과해서는 안 된다. 온라인 교육의 경우 실용적 교과는 소기의 성과를 얻을 수 있지만, 인성 교육이나 추상적 사고 능력 및 핵심적 가치 학습을 목표로 하는 경우는 소기의 목적을 달성할 수 있을 것인지 의문의 여지가 있다. 최근 들어서는 대규모 공개 온라인 강좌인 무크(MOOC; Massive Open Online Course)처럼 고등 교육에서도 온라인 시장이 글로벌한 규모로 매우 빠르게 확산되고 있는 추세이다.

교육의 미래

교육의 미래와 관련해서도 장밋빛 전망과 붉은색 신호등이 동시에 켜졌다. 장밋빛 전망으로는 새로운 통신 기술의 발전이 교육의 기회를 무한대로 확장할 것이라는 주장이 있다. 고령 사회가 진전될수록 대학이 20대만의 공간이 아니라 평생 생애주기에 걸쳐 본인이 원하는 시기에 언제든 교육받을 수 있는 공간으로 변화할 것이라는 전망이 우세하다. 그렇게 되면 평생 교육이 어느 때보다 활성화될 것이라는 주장이다.

하지만 붉은색 경고등도 켜졌다. 정보통신 기술의 발전이 오히려 교육 불평등을 강화할 것이라는 의견이 이에 속한다. 이미 존재하고 있는 물질적 불평등에 교육이 재생산하는 정보 불평등이 합쳐진다면 빈익빈 부익부는 더욱 확대될 것이다. 컴퓨터 활용 능력과 기술 자격에 따른 사회적 간극을 우려하는 목소리도 높아지고 있다.

이미 정보 부국과 정보 빈국 사이의 격차가 확대되고 있고 '컴퓨터 빈곤층'이 등장했다는 보고도 있다. 전 세계적으로 인터넷 접근성이 불평등의 경계가 되기도 한다. 2000년을 기준으로 동유럽·동아시아·라틴아메리카의 인터넷 사용자는 4%에 불과했지만, 당시 미국은 54%가 인터넷에 접근하고 있었다.

chapter 10

계층과 계급

1. 사회학의 핵심 주제, 사회적 불평등

모든 사회에는 불평등이 존재한다. 불평등이야말로 사회학의 핵심 주제라 해도 과언이 아닐 것이다. 사회적 불평등을 연구 대상으로 하는 학문은 흔하지 않다. 더욱이 사회적 약자의 입장에서 불평등 구조의 문제를 짚어보는 학문은 희소하다. 사회 정의와 개인의 자유를 높은 가치로 생각하는 학문의 입장에서는 당연한 관심사라 하겠다.

슈퍼 리치 이야기

사례 1. 인도의 갑부 굴람 눈 경 이야기

오늘날은 가난한 집안에서 태어났음에도 당대에 거부를 이룬 슈퍼 리치 이야기가 회자되고 있다. 대표적 사례로 인도의 갑부 굴람 눈 경Sir Gulam Noon이 있다. 굴람 눈 경은 인도에서 태어났다. 그의 가족은 뭄바이에서 작은 제과점을 운영했는데, 굴람 눈이 일곱 살 때 아버지가 돌아가셨다. 그는 학교를 마치자마자 가업을 확장하는 데 뛰어들어 제과업, 인쇄업, 건설업에 진출했다. 인도에서의 대성공을 기반으로 영국에 건너간 굴람 눈은 런던 사우스홀에 로얄 제과점 분점을 개장했다. 인도 요리사들을 직접 영국으로 초청하여 시작한 로얄 제과점은 오늘날 40개 이상의 매장을 갖춘 체인으로 확장되었고 매년 900만 파운드 이상의 수익을 올리고 있다. 1989년에는 세인스베리 등의 슈퍼마켓 체인과 버즈아이 냉동식품 전문회사에 오리지널 인도 음식을 납품하는 눈 프로덕츠를 설립했다. 11명의 직원으로 시작했던 눈 프로덕츠는 현재 1,100명의 종업원이 세 곳의 공장에서 100가지 이상의 수준 높은 인도 음식을 생산하고 있다. 굴람 눈은 2002년 음식 산업에 기여한 공로를 인정받아 작위를 수여받았다. 현재 그의 재산은 6,500만 파운드에 이르는 것으로 추정되고 있다.

사례 2. 중국의 알라바바 마윈 회장 이야기

우리에게 익숙한 갑부로는 중국 알리바바의 마윈 회장이 있다. 세계 최대 규모의 온라인 쇼핑몰 알리바바는 뉴욕증권거래소 상장 기업으로, 중국 중소기업 제품을 전 세계 기업들이 구매할 수 있도록 중개하고 있다. 알리바바의 창업자 마윈 회장의 젊은 시절 이야기는 널리 알려져 있다. 그는 KFC 매장 매니저를 비롯해 20여 차례 이상 지원서를 냈지만 모두 거절당했다고 한다. 젊은 시절부터 영어 공부에 열중했던 마윈 회장은 영어 강사 및 관광 가이드를 하면서 생계를 유지했다. 한때 항저우 전자대학에서 영어 강사를 하기도 했는데, 당시 그의 한 달 수입은 12달러(한화 12,000원)에 불과했다고 한다.

1995년부터 인터넷 시대가 올 것을 예감한 마윈은 인터넷 관련 사업에 뛰어들었다. 초창기에는 실패를 거듭했으나 뜻밖의 행운을 만나게 된다. 잠시 대외무역부에 근무하던 시절, 마윈은 관광차 중국을 방문한 외국인에게 만리장성 관광을 안내하라는 지시를 받게 되는데, 그 외국인이 바로 야후의 창업자 제리 양이었다. 관광 가이드를 하며 제리 양과 친분을 쌓은 마윈은 2004년 야후로부터 10억 달러의 투자를 받아 알리바바를 창업하기에 이른다. 당시 야후는 40%의 지분을 받았던 것으로 알려져 있다.

사례 3. 한국의 정주영 회장 이야기

한국에는 정주영 현대그룹 명예회장의 이야기가 전해지고 있다. 정주영은 1915년 11월 25일 현재는 북한 땅인 강원도 통천군 답전면 아산리에서 6남 2녀 중 장남으로 태어났다. 가난 때문에 중학교에 진학하지 못한 정 회장의 최종 학력은 소학교(지금의 초등학교)이다. 가난에서 벗어나려 여러 차례 가출을 반복했으나 번번이 실패하다 결국 네 번 만에 성공한다. 가출 당시 정주영은 19세였다. 그는 인천에서 부두 하역과 막노동을 하다 경성으로 상경한 후 이듬해 쌀가게 복흥상회에 배달원으로 취직한다. 그곳에서 가게 주인의 신임을 받은 정주영은 1938년 가게를 물려받았지만, 개업 후 2년 만인 1940년 중일전쟁 발발로 쌀 배급제가 실시되면서 결국 가게를 정리하는 불운을 겪게 된다.

이후에도 정주영은 몇 번의 실패를 거친 후, 1946년 4월 미 군정청 산하 기관인 신한공사에서 적산을 불하할 때 초동 땅 200여 평을 불하받으면서 현대그룹의 모체라 할 현대자동차공업사를 설립한다. 1950년 1월 정주영은 자신이 운영하던 현대토건사와 현대자동차공업사를 합병하여 현대건설주식회사를 설립했는데, 이때 자본금이 삼천만 원이었다고 한다. 한국전쟁 시 부산으로 피난한 정주영은 동생 덕분에 미8군 발주 공사를 거의 독점하다시피 함으로써 전쟁 직후 복구 과정에서 많은 부를 축적한다. 1967년에는 자동차 산업에 뛰어들어 현대자동차주식회사를 설립했다. 1971년 2월 현대자동차, 현대건설, 현대시멘트주식회사 등을 총괄한 현대그룹을 창립하고 대표이사 회장에 취임했고, 1973년 12월에는 중공업에도 진출하여 현대조선중공업주식회사를 설립했다.

굴람 눈 경, 마윈 회장, 정주영 회장의 사례는 어려운 환경에서 입지전적 성공을 이룬 거부들의 이야기이다. 현대 자본주의 사회는 가난한 집안에서 태어난 개인이 당대에 어마어마한 부를 축적하여 상류 계급으로 부상하는 건 극히 어려운 일이기에, 이들 사례가 갖는 의미가 남다르게 느껴진다.

계층 체계란?

사회 계층social stratification이란 개인과 집단 사이에 존재하는 불평등을 의미한다. 경제적 불평등 외에도 젠더, 연령, 종교 등 불평등을 야기하는 요인은 매우 다양할 수 있다. 계층 체계란 불평등이 구조화된 형태를 의미하는 것으로, 대부분의 불평등 구조는 피라미드 형태로 이루어져 있다. 피라미드 위계의 위로 올라갈수록 사회적 혜택이 증가하고 아래로 내려갈수록 혜택이 감소하는 구조라 하겠다. 정치적 영향력은 구조화된 불평등의 전형적 사례이다. 현대 사회에서는 정치적 파워를 둘러싸고 누군가는 강력한 영향력을 행사할 수 있지만, 대다수의 사람들은 정치적 파워에서 소외되는 구조가 나타나고 있다.

계층 체계는 공통적으로 다음 세 가지 특징을 갖는다.[1] 첫째로 동일한 계층에 소속된 사람들은 상호작용 및 동일시 과정 없이 유사한 특징을 공유하는 사회적 범주의 특징을 갖는다. 상류층 지위, 성별에 따른 지위, 결혼 지위 등이 이에 해당한다. 다만, 비슷한 특징을 공유하는 동일 범주의 사람들이 항상 고정된 지위를 유지하는 것은 아니다. 개인은 상류층에서 중류층으로 하강 이동할 수도 있고 중류층에서 상류층으로 상승 이동할 수도 있다. 개인은 하나의 범주에서 다른 범주로 이동이 가능하지만, 범주 자체는 그대로 존속한다는 점이 사회 계층의 특성이라 하겠다.

둘째로 모든 개인은 자신이 속한 사회적 범주에 따라 일생 동안 다양한 경험과 생활 기회에 노출된다는 특징을 갖는다.[2] 일례로 흑인으로서의 삶과 백인으로서의 삶은 선호하는 음악에서부터 즐기는 스포츠에 이르기까지 다양한 차이를 보이게 마련이다. 상층 계급과 하층 계급으로서 누릴 수 있는 생활 수준의 차이 역시 사회 계층의 특징을 반영한 예라 하겠다.

셋째로 모든 사회적 범주는 오랜 세월에 걸쳐 형성된 것으로 역사 속에서 끊임없는 변화를 거듭해왔다는 특징을 갖는다. 여성 범주와 남성 범주의 관계를 예로 들면, 여성과 남성이 평등한 지위를 누리기까지는 오랜 세월이 걸렸다. 영어 표현 엄지손가락의 법칙rule of thumb'은 눈대중이라는 의미를 지닌 숙어이다. '아내를 구타할 때 남편의 엄지손가락보다 굵은 막대기를 사용해서는 안 된다'는 영국의 관습으로부터 나온 표현이라 한다. 눈대중이라는 숙어에 아내 구타의 역사가 숨어 있는 셈이다.

계층 범주 또한 수렵·채집 사회를 거쳐 농경 사회를 지나 산업 자본주의 사회로 진화, 발전하는 과정에서 불평등이 계속 확산되어왔다. 오늘날의 계층 체계는 눈물방울 모양에 가깝다는 평가를 받고 있다. 눈물방울처럼 중간층과 중하층에 소속된 사람들의 비율이 높고, 하층에 해당하는 사람들은 중하층보다 다소 적고, 상층으로 갈수록 숫자가 줄어드는 모양새를 갖고 있다.

2. 노예, 카스트, 신분, 그리고 계급

노예와 카스트 제도

노예 제도

구조화된 불평등으로서의 계층 체계는 역사적으로 매우 다양한 양식을 보이며 변화되어왔다. 노예 제도는 사람인 노예를 재산으로 소유하는 제도라는 점에서 가장 극단적인 형태의 불평등이라 할 수 있다. 다만, 노예 소유에 관한 법적 조건은 사회별로 다양하다. 미국 남부 농장의 노예는 노예주에게 속한 재산의 일부였다. 반면 고대 그리스의 도시국가 아테네의 노예는 다소 유연한 노예 제도 아래 정치적 권리 및 군대 복무 권리 이외에 하인으로서의 모든 권리를 인정받았다.

노예들의 저항은 잊을 수 없는 역사적 자취를 남겼다. 역사상 가장 기억할 만한 저항은 미국의 남북전쟁 발발 이전의 노예 항쟁이라 할 수 있다. 아프리카에서 건너온 흑인들의 참혹한 역사를 생생히 알리기 위해 작가 알렉스 헤일리Alex Hailey는 소설 『뿌리The Root』를 발표했고, 소설을 기반으로 TV 드라마가 만들어지기도 했다. TV 드라마 〈뿌리〉는 한국에도 소개되어 대단한 반향을 불러일으켰다. 드라마 〈뿌리〉에서는 백인 노예 주인의 딸이 흑인 노예를 바라보면서 '노예도 생각을 할 수 있을까?' 자문하는 대사가 등장한다. 동일한 인간임에도 인간으로 인식되지 못했던 흑인의 상황을 함축적으로 표현한 대사였다.

노예 노동에 기반을 둔 경제 제도는 매우 불안정했다. 높은 생산성을 유지하기 위해서는 지속적으로 감시하고 혹독하게 처벌해야 했다는 점에서 노예 제도는 경제적 효율성이 매우 낮은 체계였다. 18세기를 전후하여 유럽과 미국을 중심으로 인권 개념이 확산됨에 따라 '노예제는 도덕적으로 옳지 못한 제도'라는 인식이 대두되기 시작했고, 결국 노예제는 역사의 뒤안길로 사라져갔다. 하지만 오늘날에도 노예제적 성격을 갖는 노동 형태는 남아 있다. 파키스탄의 벽돌 노예, 성매매 및 매매춘을 관광 산업과 연계시키는 태국의 성 노예 등은 현대판 노예제의 실례라 하겠다.

카스트 제도

카스트 제도라 함은 태어나면서부터 죽을 때까지 개인의 사회적 지위가 고정되어 있는 사회 제도를 의미한다. 카스트 제도에서는 태생적으로 부여받은 사회적 지위가 죽을 때까지 지속되며, 카스트 간 이동은 불가능하다. 대표적으로는 인도의 카스트 제도와 남아프리카공화국의 흑백 분리 정책인 아파르트헤이트를 들 수 있다.

사례 1. 인도의 카스트 제도: 2000년 이상의 역사를 지닌 인도의 카스트 제도는 힌두교의 종교적 신념을 반영하고 있다. 인도의 카스트는 직업군으로 분류된다. 제일 상위의 브라만은 학자와 종교적 지도자들로 구성되고, 크샤트리아에는 군인과 정치·경제·사회·문화 등 다방면의 지도자들이 소속된다. 다음 바이샤에는 농

볼거리

영화 _ 〈노예 12년12 Years a Slave〉(2013)

1841년 뉴욕, 아내 그리고 두 아이와 함께 자유로운 삶을 살던 음악가 솔로몬 노섭은 공연 참여를 미끼로 납치되어 노예로 팔려간다. 신분을 증명할 방법이 없는 그로서는, 아무리 자신이 '자유인'이라고 항변해봐도 소용이 없다. 노예 신분과 함께 '플랫'이라는 새 이름이 주어진 그는 선량한 백인으로 보이는 윌리엄 포드에게 팔려간다. 하지만 에드윈 엡스라는 악명 높은 두 번째 주인을 만나면서 갖은 고초를 겪게 된다. 다른 어떤 노예보다 높은 목화 수확량을 자랑하며 에드윈의 총애를 받는 팻시와 그런 팻시를 질투하는 엡스 부인 사이에서 그는 노예 제도의 비인간적인 면모를 온몸으로 경험한다. 그렇게 고된 노동과 끔찍한 매질 속에서도 그는 가족에게 다시 돌아갈 날만을 손꼽아 기다린다. 인류 역사상 가장 극단적 형태의 불평등을 구현한 제도란 평가를 받고 있는 노예제를 정면으로 다룬 영화 〈노예 12년〉은 실화를 토대로 당시의 역사적 상황을 묵직하게 재현하는 동시에, 주인과 노예의 변증법을 설득력있게 표현함으로써 2014년 아카데미 작품상을 수상했다.

부와 군인이 포함되고, 수드라는 노동자와 기술자로 구성된다. 가장 최하위인 달리트에는 억압받는 사람들 혹은 불가촉천민이 속한다.

인도에서는 1949년 이후 카스트에 바탕을 둔 다양한 사회적 차별을 불법화하기 시작했다. 그러나 대도시 이외의 지역에서는 여전히 카스트적 관습이 남아 있다. 인도에서 만났던 관리의 전언에 따르면, 카스트 제도의 불평등을 완화시킬 목적으로 최하층 카스트인 수드라를 대상으로 공무원 채용 시 할당제 혜택을 주고 있다.[3] 글로벌 경제에 편입되면서부터 카스트의 경계가 점차 약화되고 있지만, 결혼은 여전히 동일 카스트 내에서 이루어지고 있다고 한다.

사례 2. 남아프리카공화국의 아파르트헤이트: 남아프리카공화국의 흑백 인종 분리 정책인 아파르트헤이트는 흑인 아프리카인과 인도인, 유색 인종(혼혈인), 아시아인들을 백인으로부터 완고하게 분리하는 정책을 의미한다. 남아프리카공화국에서는 전체 인구의 15%에 불과한 소수의 백인들이 전국의 부를 통제하면서 경제적 권력은 물론 모든 정치권력을 독점해왔다. 백인은 사용 가능한 대부분의 토지를 소유했고, 주요 사업과 산업을 통제했으며 모든 정치권력을 차지했다. 반면 전체 인구의 3/4을 차지하는 흑인들에게는 투표권조차 부여되지 않았다. 흑인들은 반투스탄(고향)으로 격리되었고, 백인을 위한 노동을 할 때만 외출이 허용되었다.

악명 높았던 아파르트헤이트는 아프리카 국민회의ANC의 성공적 활약으로 1992년 폐지되기에 이른다. ANC는 남아프리카공화국이 주도하는 사업을 대상으로 세계적 보이콧 운동을 이끌어냈고, 경제적 치명타를 입은 백인들은 마침내 아파르트헤이트를 포기한다. 1992년 남아프리카공화국 백인들의 투표에 의해 아파르트헤이트가 공식적으로 폐지되었고, 같은 해 흑인들에게도 투표권이 부여되었다. 1994년, 남아프리카공화국 최초의 다인종 선거에서 흑인들이 정권을 획득하게 되었고, ANC를 이끌었던 흑인 지도자 넬슨 만델라Nelson Mandela가 최초의 흑인 대통령으로 선출되었다.

카스트 제도는 인도와 남아프리카공화국에만 존재했던 것은 아니다. 근대 이전, 카스트 제도는 보편적 유형의 불평등 제도를 의미했다. 실제로 유럽에서는 유태인을 분리된 카스트로 취급했다. 오늘날 게토는 소수 인종 거주 지역을 의미하지만, 원래는 유태인들만의 거주 지역을 의미했다. 1516년 베네치아 정부에 의해 지정된 유럽 최초의 공식 유태인 강제 거주 지구였던 게토는 베네치아의 '주물 공장'이라는 뜻을 갖고 있었다. 당시 게토는 유태인 거주 지역으로 격리되어 유태인과 비유태인의 결혼은 물론이요 상호작용 또한 금지되었다. 오늘날 보통명사로 사용되는 게토는 인종과 민족의 분리를 의미한다. 카스트 제도는 공통적으로 카스트의 순수성을 유지하기 위해 동일한 카스트에 속하는 사람들끼리만 결혼을 허용해 왔다. 그러나 역사의 무대에서는 서서히 사라지고 있는 제도이다.

신분과 계급 제도

신분 제도

신분 제도는 유럽 중세 시대를 거치며 전형적으로 나타났던 제도로서, 각 신분별로 특정한 의무와 특별한 권리를 가진다는 사실 자체가 법으로 명문화되어 있다. 유럽의 최상위 신분에는 귀족과 지주가 자리하고 있었고, 제2의 신분으로는 고유한 특권이 부여된 성직자가 자리하고 있었다. 제3의 신분으로는 농노, 자유농민, 상인, 기술자를 포함하는 평민이 있었다. 신분 사회에서는 의식주 생활에서부터 사회적 권위와 지위 등에 이르기까지 모든 것이 개인의 소속 신분에 따라 결정되었다.

조선 시대도 대표적인 신분 사회였다. 조선 시대 신분은 양반, 농민, 수공업자, 노비로 구성되어 있었다. 조선 시대 신분은 노예나 카스트에 비해 사회적 이동이 제한되어 있기는 했지만 일부는 허용되었다. 신분 사회에서는 신분 간 결혼과 신분의 이동이 어느 정도 허용되는 특징을 보인다. 중세 시대 평민들은 영주나 군주로부터 특별한 봉사의 대가로 작위를 수여받기도 했다. 조선 시대 말기에는 농민과 수공업자들이 양반의 족보를 사기 시작하면서 신분 간 이동 현상이 나타난 바 있다.[4]

영국에서는 신분제적 요소를 지닌 세습 지위가 일부 남아 있다. 1999년부터는 귀족 신분을 가졌다는 이유만으로 자동 부과되었던 상원의회 의결권이 폐지되었다. 세습 지위인 상원의원의 경우 선대에서는 상원의원 신분을 유지했으나 후대로 오면서 신분 세습이 이루어지지 않은 결과, 현재 정확한 실태를 파악조차 못하고 있다고 한다. 혈통에 기초한 전통적 귀족 사회는 대부분 신분제를 기반으로 하고 있었다. 유럽 중세의 봉건제는 장원 공동체와 연계되어 있었고, 신분제는 종교적 신념에 의해 정당화되었다.

계급 제도

계급 제도는 독특한 역사적 맥락을 갖는 불평등 제도이다. 유럽에서는 시민 혁명과 더불어 신분제 사회가 붕괴되고 민주주의가 시작되었다. 민주주의는 누구나 1인 1표를 행사하는 정치적 평등권을 인정한다. 대신 자본주의 시장 경제는 재산의 세습과 상속을 허용한다. 따라서 자본주의 사회는 정치적 평등과 경제적 불평등을 결합한 특별한 역사적 제도라 할 수 있다.

계급은 공통된 경제적 자원을 보유한 사람들로 구성된 집단이다. 계급 체계 내 대표적 집단으로는 자본가 계급과 노동자 계급이 있다. 계급별 소유 자원은 각 계급의 생활 양식에 강력한 영향을 미친다. 계급 체계는 무엇보다 유동적이라는 특징을 갖고 있다. 앞서 살펴보았던 카스트나 신분 제도에 비해 이동성이 자유롭다는 의미에서 유동적이다. 더욱이 계급은 법이나 관습, 혹은 종교에 기반하고 있지 않다. 계급 간 범주는 설정되어 있지만 구분이 명확하지 않으며, 계급 간에 결혼도 가능하다.

둘째로 계급은 부분적으로 성취 지위의 성격을 지닌다. 본인의 노력에 의해 계급 구조 안에서 상승 이동이 가능하고 경제적 위기나 개인의 불운 등으로 인한 하강 이동도 가능하다. 이는 앞서의 카스트나 신분제에 비해 보다 일반적으로 나타나는 현상이다. 실제로 1980년대 한국 사회에서는 고도성장 아래 대부분이 계층 상승 이동을 경험한 바 있으나 1997년 외환 위기를 겪으면서는 중산층의 축소 및 하강 이동이 이루어졌다.[5]

셋째로 계급은 경제적 기반을 지닌다. 이는 계급 제도의 가장 핵심적 특징으로 물질적 자원의 소유 정도와 통제 가능성에 따라 불평등이 결정된다. 남아프리카 공화국의 카스트 제도는 비물질적 요소인 인종에 따라 불평등이 결정되고, 인도의 카스트 역시 타고난 신분에 따라 불평등이 제도화되는 맥락과 계급은 좋은 대조를 보인다.

생각할 거리

'금수저 흙수저' 사실이었네…학력·계층·직업세습 고착화

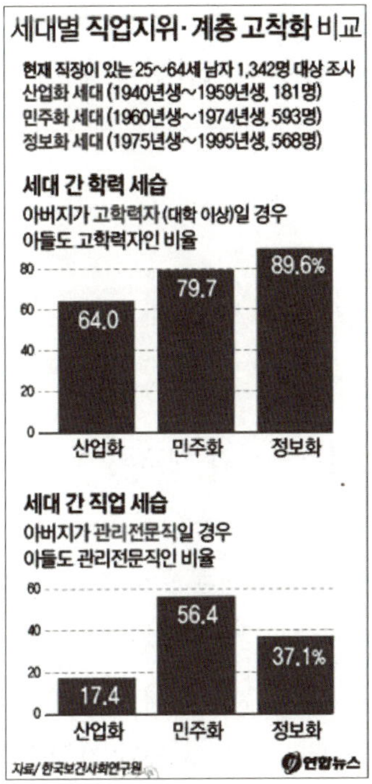

한국보건사회연구원의 사회통합 실태진단 및 대응방안II 연구보고서(책임연구자 여유진·정해식 등)를 보면, 우리 사회가 이른바 산업화세대와 민주화세대를 거쳐 정보화세대로 넘어오면서 직업지위와 계층의 고착화 현상이 두드러지고 있는 것으로 나타났다. (…) 아버지 학력과 본인 학력의 교차분석 결과, 대체로 아버지 학력이 높을수록 본인의 학력도 높았다. 특히, 아버지의 학력이 중졸 이하이면 본인의 학력도 중졸 이하인 비율이 16.4%에 달했다. 하지만, 아버지의 학력이 고졸 이상이면서 본인 학력이 중졸 이하인 비율은 거의 제로(0)에 가까웠다. 세대 간 고학력 세습도 어느 정도 발견된다. 즉, 아버지가 대학 이상의 고학력자면 아들도 대학 이상의 고학력자인 비율이 산업화, 민주화, 정보화 세대에서 각각 64.0%, 79.7%, 89.6%로, 최근 세대로 올수록 고학력 아버지의 자녀가 고학력일 확률이 더 높아졌다. 아버지의 직업(단순노무직, 숙련기능직, 서비스판매직, 사무직, 관리전문직)과 아들 직업 간 교차분석을 해보니, 전체적으로 아버지의 직업이 관리전문직이면 아들의 직업도 관리전문직인 비율이 42.9%로 평균(19.8%)의 2배가 넘었다. (…)

15세 무렵 본인의 주관적 계층(하층, 중하층, 중간층, 중상층, 상층)과 현재 주관적 계층 간의 교차분석 결과, 아버지 세대의 계층과 무관하게 자식 세대가 하층 또는 중상층이 될 가능성은 극히 희박했다. (…) 정보화세대에서 중상층과 하층에서의 계층 고착화가 매우 심하게 일어나고 있으며, 일정 이상의 상향 이동은 사실상 매우 힘든 상황이 돼 가고 있다는 뜻이다.

—《연합뉴스》2016년 1월 31일자 기사

Q 위 기사를 읽고 한국의 사회 이동 가능성과 관련해서 연구 결과가 함의하는 바는 무엇인지 함께 토론해봅시다.

마지막으로 계급은 광범위하고 비개인적이라는 특징을 갖는다. 신분제 및 카스트 제도하의 불평등은 개인들 사이의 의무에 기반을 두고 있다. 낮은 카스트는 높은 카스트를 위해, 낮은 신분의 농노는 높은 신분의 영주를 위해 봉사하고 의무를 다해야 했으나, 계급은 눈에 보이지 않을 뿐 아니라 대규모의 비개인적 조직을 통해 작동된다. 계급 간 차이는 임금 및 노동 조건의 불평등을 기반으로 구성된다.

3. 계급·계층에 대한 고전 및 현대 사회학 이론

칼 마르크스의 계급론

한국에서 마르크스 이론이 사회학자들로부터 깊은 관심의 대상이 되고 있는 이유 중 하나는 그의 인간에 대한 사랑 및 신뢰와 연결되어 있다. 마르크스는 유적 인간species being에 대해 무한에 가까운 신뢰를 보내는 대신, 인간의 잠재력을 억압함은 물론 인간을 노동과 자신으로부터 소외시키는 자본주의에 내재한 독특한 계급 구조를 신랄하게 비판하고 있다.[6]

마르크스의 관점에서 계급을 이해하기 위한 출발점으로는 생산 수단means of production 개념이 매우 중요하다. 계급은 생산 수단에 대해 공통의 관계를 맺고 있는 집단을 지칭한다는 점에서 그러하다. 마르크스에게 생산 수단은 생존을 위해 사용하는 수단을 의미한다. 더불어 근대 이전 농경 사회의 생산 수단은 토지 및 경작, 그리고 목축에 사용되는 도구 등이었고, 자본주의 사회의 주요 생산 수단은 자본이 된다. 산업사회 이전에는 토지를 소유했던 귀족, 노예 소유주, 신사 집단이 하나의 계급을 구성했고, 적극적 생산자였던 농노, 노예, 자유농민이 또 하나의 계급을 구성했다. 근대 자본주의 사회로 오면 자본을 소유한 산업가 및 자본가가 부르주아 계급을 형성하고 노동력을 제공하는 노동자가 프롤레타리아 계급을 형성하게 된다.

계급 관계는 기본적으로 착취적 특징을 갖는다. 봉건 사회 농노는 자신의 토지에서 수확한 농산물 중 일부를 귀족 및 영주에게 바치거나, 영주의 토지에서 일정

기간 의무적으로 노동을 제공하는 형태로 영주에게 봉사했다. 조선 시대 소작인 또한 지주를 위해 노동을 하거나 자신의 경작물 중 상당 부분을 지주에게 갖다 바치던 관행이 있었다.

반면 근대 자본주의 사회의 착취 관계는 이전 시대와 비교할 때 불분명한 특징을 보인다. 바로 이 대목에서 마르크스의 통찰력이 빛을 발한다. 마르크스에 따르면 노동자는 노동력을 제공한 대가로 자본가로부터 임금을 받는다. 한데 노동자는 자신의 임금보다 훨씬 더 많은 가치를 생산함에도 불구하고 의당 받아야 되는 임금보다 적은 임금을 받음으로써 잉여 가치surplus value를 창출하게 된다. 노동자가 만들어낸 잉여 가치는 이윤profit의 원천이 되고 이윤은 자본가의 수중으로 들어간다.

마르크스의 위대함은 아무도 보지 못했던 자본주의 사회의 착취 메커니즘을 꿰뚫어 보았다는 점에 있다. 상품을 대할 때 우리는 대부분 가격을 먼저 보고 가격이 높을수록 가치가 높다고 간주한다. 하지만 마르크스는 가격 대신 모든 상품 속에 노동자의 땀으로 이루어진 노동력이 포함되어 있음을 보았다. 노동자들이 흘린 땀과 노동자들이 투여한 노력이 충분한 보상을 받지 못하는 곳에 자본주의 체제의 착취적 성격이 있다고 분석했던 것이다.

상대적으로 빈곤했던 농경 사회에 비해 자본주의 사회에서는 불평등의 확대가 꾸준히 진행되어왔다. 이 과정에서 실질적인 노동력 제공자들의 경제 상황이 더욱 열악해지는 상황을 마르크스는 노동자의 궁핍화pauperization라 이름 붙였다. 근대식 공장의 발전과 생산 수단의 기계화로 인해 노동은 극단적으로 단조로운 형태를 띠게 되고 가혹한 활동으로 전락할 수밖에 없으며, 이 과정에서 노동자의 소외는 심화되고 빈곤의 악순환에 빠질 것이라는 우울하고 비판적인 전망을 했던 학자가 바로 마르크스였다.

막스 베버의 불평등 이론

막스 베버는 기본적으로 마르크스 이론에 기초하되, 권력과 자원을 둘러싼 갈등의 중요성에 주목하여 마르크스 이론을 보다 정교화하는 데 주력했다. 그 결과 마르크스에 비해 복잡하고 다차원적인 불평등 이론을 구성하게 되었다.

베버는 세 차원의 불평등, 곧 계급, 사회적 지위, 그리고 정치적 권력 혹은 정당 구조에 착안하여 각 차원별 불평등 구조를 이론화하고 있다.[7] 베버 역시 마르크스의 영향을 받아 생산 수단의 통제 여부와 관련된 계급이 불평등을 결정하는 매우 중요한 요인임에 동의한다. 단 베버는 계급의 구성 요소에 개인의 시장 위치market position가 생애 기회에 강력한 영향을 미친다는 사실을 추가한다. 개인의 시장 위치란 경제적 자원의 일부로서 특정한 기술, 신용, 자격을 보유함으로써 특정 직업을 가질 수 있느냐를 결정하는 조건을 의미한다. 실제로 관리직·전문직 종사자의 경우 블루칼라 노동자와 비교할 때 더 높은 수입을 올리고 좋은 작업 조건에서 근무한다. 이유는 학위·자격증·숙련도 등 상대적으로 높은 '시장성'을 보유하고 있기 때문이다. 숙련 노동자의 보수가 비숙련 노동자보다 높고 경제적으로 더욱 많은 혜택을 누릴 수 있다는 사실 또한 개인의 시장 위치와 관련됨은 물론이다.

나아가 베버는 사회적 지위에 따른 불평등에 주목한다. 타인으로부터 인정받는 사회적 명예 및 사회적 위세 등은 사회 집단에 따라 차이를 보인다는 것이다. 베버에 따르면 사회적 지위는 생활 양식을 통해 표현되며, 주거, 의복, 말투, 직업 등은 사회적 지위를 만들어내는 징표가 된다. 동일한 지위를 공유하는 사람들은 동일한 정체성을 지닌 공동체를 구성한다.

마르크스에게 지위는 계급 분할로 인해 파생되는 결과지만, 베버에게 지위는 경제적 불평등과는 차별화된 현상이다. 일례로 지위는 높으나 그에 상응하는 부는 소유하지 못한 청빈한 귀족이 존재해온 반면, 대단한 부를 소유하고 있지만 사회적으로는 경멸의 대상이 되는 졸부도 있다. 이들은 경제적 부와 사회적 명망 및 지위는 정비례하지 않음을 보여주는 사례라 할 것이다.

마지막으로 베버는 계급 및 지위와 더불어 파벌 혹은 정치적 파워가 불평등의 한 축을 형성한다고 봤다. 파벌이란 공통의 배경이나 목적, 이해관계하에 함께 행동하는 집단을 지칭한다. 파벌은 구성원들의 이해관계가 걸린 목적을 달성하기 위해 조직적으로 행동함에 따라 파워를 지닌 층과 파워에서 소외되는 층으로 나뉜다. 종교적 신념이나 민족주의 이념에 의한 파벌처럼 정치적 파워의 불평등은 계급과는 다른 기준을 갖고 있다는 것이 베버의 관점이다.[8] 북아일랜드 지역 내 구교도와 신교도 간 종교적 갈등 상황에서 신교도가 구교도에 비해 강력한 힘을 행사하고 있는 현실에 대해, 마르크스는 구교도 중 노동자 계급 비율이 높아 경제적 기반이 취약하기 때문이라고 설명한다. 하지만 베버는 신교도 중에도 노동자 계급이 다수 포함되어 있는 만큼, 파벌과 관련된 불평등은 계급과 달리 종교에 의해 형성될 수 있다고 해석하고 있다.

에릭 올린 라이트의 계급 이론

현대 사회 불평등 구조에 주목하는 에릭 올린 라이트Erik Olin Wright는 마르크스와 베버로 대표되는 대표적 고전 이론의 통합을 시도한다.[9] 라이트 또한 경제적 자원이 불평등의 핵심을 이룬다는 사실에서 출발한다. 단, 경제적 자원을 얼마나 보유하고 있느냐 못지않게 이들 자원을 어느 정도 통제할 수 있느냐 여부가 중요하다는 데 착안함으로써, 마르크스적 경제 자원과 베버적 통제 및 권력을 통합하고 있다.

라이트는 경제적 자원의 통제를 세 가지 유형으로 구분하고 있다. 화폐 자본에 대한 통제, 토지·공장·사무실 등을 포함하는 생산 수단에 대한 통제, 그리고 노동력에 대한 통제가 그것이다. 여기서 자본가는 세 범주의 경제적 자원 모두에 대해 통제력을 행사하는 반면, 노동자는 세 범주 모두에 대해 통제력을 가지고 있지 않다(〈표 7〉 참조).

한데 현대 사회에서는 화폐 자본과 생산 수단은 통제하지 못하지만 노동력에 대해서는 통제 및 영향력을 행사할 수 있는 모순적 계급 위치contradictory class location가 등장한다. 화이트칼라, 전문직, 경영진 및 관리직 종사자들이 모순적 계급 위치의 대표적 사례이다. 이들은 고용주에게 자신의 노동력을 파는 계약을 체결하지

〈표 7〉 에릭 올린 라이트의 현대 사회 계급 구조

계급 범주 \ 경제적 자원의 종류	화폐 자본	생산 수단	노동력
자본가 계급	○	○	○
노동자 계급	×	×	×
모순적 계급	×	×	○

○: 통제　　×: 통제하지 않음

만, 동시에 자신의 작업 조건에 대해 일정한 통제력을 가진 상태에서 부하 직원의 노동력을 통제할 수 있다. 모순적 계급과 관련된 논의는 오늘날 불평등 연구에서 적극 활용되고 있다.

라이트 이론은 노동자 계급 내부의 분화에도 주목한다. 그에 따르면, 권위 관계와 숙련도 및 전문 기술의 소유 여부에 따라 계급 위치가 규정됨으로써 관리자와 노동자 간에 위계적 관계가 형성되고 있다는 것이다. 관리직 종사자의 경우 부하 직원들에 대한 인사 고과 및 감시 등을 통해 노동자 계급을 통제한다. 모순적 계급 위치에 있는 이들 경영 관리직은 자본가들의 통제하에 있는 피착취자인 동시에 다른 노동자들을 감시하는 착취자이기도 하다. 이들은 자본가에게 충성할 때 높은 임금과 장래의 승진을 보상받을 수 있다는 점에서 독특한 위치에 있다.

최근 들어 숙련도 및 전문성이 높은 기술자의 경우 수요가 공급을 초과함으로써 노동시장에서 매우 높은 임금을 받으며 많은 자율권을 행사하고 있다. 지식 경제 시대의 정보통신 기술자들이 대표적 사례라 할 수 있는데, 향후 숙련 및 전문 기술자의 중요성은 점차 강화될 것으로 예측되고 있다.

4. 불평등 측정을 위한 계급 모형과 직업

존 골드소프 계급 모형

계급 개념의 조작화

계급·계층 혹은 불평등은 추상적 수준이 높은 개념이다. 사회학자들은 고도로 추상적인 계급 개념을 대상으로 경험적 조사를 통해 검증이 가능하도록 명확하고 구체적인 정의를 시도한다. 이를 일컬어 조작화operationalization라 한다.

조작화에 대한 이해를 돕기 위해 실증주의 방법론에서는 자연과학으로부터 바이러스의 비유를 빌려왔다. 애초 관찰이 불가능했던 바이러스는 가설 상태로 존재했으나, 관찰 도구인 현미경이 발명됨에 따라 바이러스의 관찰이 가능해졌다. 마찬가지로 사회학자들도 불평등·계급 개념과 같이 눈에 보이지 않는 현상을 확인할 수 있도록 현미경에 해당하는 다양한 모형을 개발하기도 하고, 측정 스케일을 만들기도 하며, 범주를 구축하기도 한다.

계급 모형의 경험적 지표, 직업 구조

영국과 유럽에서는 존 골드소프John Goldthorpe의 계급 모형이 적극 활용되고 있다. 골드소프는 계급 개념을 '조작화'하는 과정에서 직업 구조를 동원한다. 계급을 고용과 관련된 물질적·사회적 불평등으로 전제한다면, 직업은 개인의 사회적 지위, 생존 기회, 물질적 복지 수준 등을 결정하는 가장 중요한 요인이라 할 수 있다. 동일 직업 보유자들은 유사한 수준의 사회적 이익과 손실을 경험하고, 공통의 생활 양식을 공유한다. 직업 개념에는 불평등을 함유하는 다양한 요소들이 포함되어 있기 때문에 계급 및 계층 연구자 대부분은 직업에 기반하여 계급 모형을 구축하고 있다.

계급 모형에는 서술적 계급 모형과 관계 중심적 계급 모형이 있다. 서술적 계급 모형은 직업을 통해 불평등 구조를 포착하되, 상류층, 중류층, 하류층으로 범주화할 뿐 계급 간 관계는 주목하지 않는다. 이 모형은 계층화 현상을 자연스런 사회 질서의 일부로 간주하는 기능주의적 전통을 반영하고 있다. 반면 관계 중심적 계급 모형은 갈등론적 패러다임에 입각하여 계급과 계급 간의 관계에 내포된 억압적이고 착취적인 요소에 주목한다. 라이트의 계급 모형은 전형적인 마르크스적 관점에서 계급과 계급 간의 분할과 착취적 성격에 초점을 맞춘 이론이라 하겠다.

골드소프의 계급 분류

존 골드소프의 계급 분류 또한 기본적으로는 관계 중심적 모형으로서, 계급 구조에 투영된 관계의 특성에 주목한다. 골드소프의 분류는 네오 베버리안의 계급 모형을 따라 시장 위치 및 직업 지위를 기반으로 계급 위치가 결정된다는 관점을 취하고 있다. 여기서 시장 위치라 함은 개인의 임금, 고용 안정성, 승진 가능성 등의 물질적 보상과 일반적 생존 기회와 관련되는 것으로, 개인이 노동시장 내에서 점하는 위치를 지칭한다. 동시에 직업 위치는 베버의 관점을 반영한 것으로 해당 직업을 수행하는 동안 얼마나 많은 통제력과 권력을 행사할 수 있는지, 작업장 내 자율성의 정도는 얼마나 되는지 등 개인에게 영향을 미치는 통제력 전반을 의미

〈표 8〉 골드소프의 계급 모형

계급		고용 관계
서비스 계급 I	고위 전문직, 행정 관료, 공무원, 대기업 경영자, 소유주	고용주*
〃 II	하위 전문가, 행정 관료, 공무원, 소기업 경영자, 소유주	서비스 관계
매개 계급 III	행정기관, 상업기관의 비육체 단순 반복 업무 종사자 (주로 사무직), 서비스 산업의 평사원	매개적 관계
〃 IIIb	하위 비육체 단순 반복 업무 종사자(판매, 서비스)	매개적 관계**
〃 IV	소규모 사업주, 자영업주	고용주
〃 IVb	종업원을 두지 않는 소규모 사업주, 자영업주	자가 고용
〃 IVc	농민, 소농, 기타 자영농	고용주***
〃 V	하위 기술직, 육체노동 감독자	매개적 관계
노동 계급 VI	숙련 육체노동자	노동 계약
〃 VII	반숙련·미숙련 육체노동자	노동 계약
〃 VIIIb	농업 노동자	노동 계약

* 고용주 혹은 서비스 관계
** 매개적 관계(남성), 노동계약(여성)
*** 고용주 혹은 자가 고용

출처: Crompton, *Class and Stratification*(2008).

한다.

골드소프의 네오 베버리안적 계급 모형은 위의 〈표 8〉과 같다.[10] 그는 계급 모형을 구성한 다음, 계급 범주별로 해당되는 직업을 배치시켰다. 골드소프의 계급 모형에서는 제일 상위에 서비스 계급(Ⅰ·Ⅱ)을 포진시키고, 중간에는 매개 계급(Ⅲ·Ⅳ)을, 제일 아래쪽에는 노동 계급(Ⅴ·Ⅵ·Ⅶ)을 설정하고 있다. 한 가지 특이 사항은 서비스 계급, 매개 계급, 노동 계급 이외에 자본가, 재산가 등의 최상위 엘리트 계급이 존재함은 인정하지만, 이들이 극히 소수라는 이유로 경험적 연구를 위한 범주에서는 생략하고 있다는 점이다.

최근 들어 골드소프는 고용 관계를 강조하면서 서로 다른 유형의 고용 계약이 존재함에 주목하고 있다. 곧 노동 계약의 경우는 임금 수준과 명확히 규정된 노동 투입 간의 교환이 명시되고, 서비스 계약의 경우는 임금 상승 및 승진 가능성 등의 예측적 요소가 포함되며, 매개 계약의 경우는 고용 관계의 매개적 특성이 반영된다고 본다. 고용 관계를 첨가함은 현실의 불평등 구조를 보다 입체적으로 파악하기 위한 시도라 하겠다.

골드소프 계급 모형에 대한 평가

골드소프 계급 모형의 평가는 양가적이다. 골드소프의 계급 모형은 경험적 연구에 널리 활용되고 있다는 점에서 일단 긍정적 평가를 받고 있다. 계급과 건강 상태의 관계, 계급과 교육 간의 상관관계 등을 조명하거나 계급에 따른 투표 성향 및 정치적 전망의 차이, 전반적인 사회 태도와 계급의 관련성 등을 연구할 때 골드소프의 계급 모형이 빈번하게 활용되고 있다.

그러나 다른 한편으로 직업을 중심으로 한 계급 모형의 경우, 직업과 무관한 비경제 활동 인구, 곧 실업자, 학생, 연금 생활자 및 아동 등은 샘플에서 제외된다는 점에서 다소 불완전한 모델이라는 한계를 갖는다. 직업에 초점을 맞추게 되면 임금소득 이외에 재산 소유나 부의 축적이 사회 계급에 미치는 영향은 희석되는 결과를 가져온다는 점도 비판의 대상이 되고 있다. 기업가, 금융업자, 전통적 부자 등이 골드소프의 계급 모형에서 제대로 파악되지 않는다는 약점도 있다. 부자들을 극소수라는 이유로 계급 모형에서 제외한 점도 한계로 지적되고 있다. 존 웨스터가드John Westergaard는 부자가 수적으로 소수이긴 하지만, 이들에게 권력과 특권이 고도로 집중되어 있기 때문에 이들 집단의 사회적 영향력을 간과해서는 안 된다는 점을 지적하고 있다.[11]

한국 사회의 계급 모형

서관모의 계급 모델

서관모의 모델은 마르크스주의 계급 이론에 기반하여 한국의 불평등 구조를 대상으로 계급 범주화를 시도한 대표적 모형이다.[12] 한국형 계급 모형을 구성하는 과정에서 서관모는 사회적 생산 양식에 주목한다. 그는 사회적 생산 양식을 자본제 부문과 소생산 부문으로 구분하고, 자본제 부문은 다시 기본적 계급인 노동자 계급과 자본가 계급으로 나눈 뒤 양 계급 중간에 신중간 제계층을 설정하고 있다. 다음 소생산 부문에서는 비농업 부문과 농업 부문으로 나눈 후, 비농업 부문은 소부르주아지층과 반프롤레타리아층으로 구분했다. 농업 부문은 경작 규모에 따라 부농-중농, 빈농, 농업 노동자 세 층으로 구분하고, 계급 모형의 맨 아래쪽에는 주

〈표 9〉 서관모의 계급 모형

<table>
<tr><td>자본제 부문</td><td colspan="2">소생산 부문</td></tr>
<tr><td rowspan="2">자본가 계급</td><td>비농업 부문</td><td>농업 부문</td></tr>
<tr><td>–</td><td>–</td></tr>
<tr><td colspan="2">신중간 제계층</td><td>–</td></tr>
<tr><td>–</td><td>소부르주아지층</td><td>부농 - 중농</td></tr>
<tr><td>–</td><td>반프롤레타리아층</td><td>빈농</td></tr>
<tr><td colspan="2">노동자 계급</td><td>농업 노동자</td></tr>
<tr><td colspan="3">주변적 무산자층</td></tr>
</table>

주 : – 는 해당 부문이 존재하지 않음을 의미.
출처 : 서관모, 『현대 한국 사회의 계급구성과 계급분화』(1984).

변적 무산자층의 존재를 명시하고 있다(〈표 9〉 참조).

홍두승의 계급 모형

홍두승의 계급 모형은 기본적으로 라이트 모델을 한국적 상황에 적용하기 위한 시도하에 사회적 자원의 통제 수준과 부문 범주를 계급 모형에 포함하고 있다. 부문 개념은 한국 사회의 특성을 고려하여 조직 부문, 자영업 부문, 농업 부문으로 범주화하고, 각 부문별로 사회적 자원의 통제 수준을 상, 중, 하의 3단계로 구분함으로써 9개 범주를 설정하고 있다. 농업 부문의 경우 사회적 자원의 통제 수준이 상인 실례를 현실에서는 찾아보기 어렵기 때문에 제외하고, 총 8개 범주 안에 계급 집단을 설정하고 있다. 조직 부문을 예로 든다면, 사회적 통제 수준 '상'에 중상 계급을, '중'에 신중간 계급을, '하'에 근로 계급을 배치하고 있다(〈표 10〉 참조).

〈표 10〉 홍두승의 계급 모형

사회적 자원의 통제 수준	부 문		
	조 직	자영업	농 업
상	중상 계급	상류 계급	–
중	신중간 계급	구중간 계급	독립 자영농 계급
하	근로 계급	도시 하류 계급	농촌 하류 계급

출처: 홍두승·구해근, 『사회계층·계급론』(2001).

두 모델을 활용해서 동일한 센서스 자료를 기반으로 한국 사회의 계급 및 계층 구조를 분석한 연구들이 상반되는 결과를 보인다는 점은 흥미롭다. 서관모의 모형을 도입한 연구에서는 한국 사회 계급 구조가 자본가 계급 및 노동자 계급으로 양극화되어왔다는 해석이 주를 이루고 있고, 홍두승의 모형을 활용한 쪽에서는 신중간 계급 및 구중간 계급 등 중간 계급이 두터워지고 있다는 분석이 주를 이룬다. 이는 어느 모형이 옳고 그른가의 문제가 아니라 어떤 관점에서 한국 사회의 불평등 구조를 해석하느냐의 차이를 반영하고 있다 할 것이다.

중산층 논쟁

계급 모형과 더불어 한국 사회의 불평등 구조를 논의할 때 핵심이 되는 주제는 중산층 논쟁이다.[13] 한국 사회는 전통적으로 중산층 귀속 의식이 높았다. 1997년 IMF 외환 위기 이전까지 어느 계층 혹은 계급에 속한다고 생각하느냐는 질문에 상류층도, 하류층도 아니고 중간쯤 된다고 답하는 비율이 70% 내외로 대부분을 차지했다. 그러나 IMF 이후에는 중산층의 쇠퇴 및 양극화 현상이 뚜렷해지고 있다.

누가 중산층이냐 하는 문제는 중산층 논쟁에서 중요한 이슈이다. 1990년대 경제기획원은 중산층의 기준으로 소득이 최저생계비의 2.5배가 넘는 경우, 집을 소유했거나 독채 전세를 소유한 경우, 안정된 직장을 가진 경우, 덧붙여 학력이 고졸 이상인 경우 등의 조건을 제시한 바 있다.

중산층을 정의할 때 객관적이고 경제적인 요인 못지않게 라이프 스타일로서의 중산층에 초점을 맞추는 논의도 있다. 생활 양식으로서의 중산층 정의에 따르면 아파트를 선호하는 사람들, 별장 혹은 콘도미니엄을 소유한 사람들, 패션 감각이 뛰어나 자신만의 스타일을 연출하는 사람들, 고급 레스토랑에서 한 달에 몇 차례씩 외식을 즐기는 사람들, 골프, 수영, 스키 및 테니스 등의 여가생활을 즐기는 사람들, 문화생활을 즐기려는 욕구가 강한 사람들이 중산층 범주에 포함된다. 다만 중산층이 눈에 띄게 줄어들고 있는 가운데 중산층의 기준이 큰 폭으로 높아짐으로써 중산층 축소 현상이 나타났다고 보는 견해도 있다. 1990년대만 하더라도 중산층에 속했던 사람들이 지금은 자신을 하류층으로 생각하는 경향이 높아지면서 결과적으로 중산층이 축소되었다는 것이다.

중산층의 약화 및 소멸은 사회학적으로 중요한 의미를 갖는다. 1980년대 한국

읽을거리

구해근, 『한국 노동계급의 형성』(2002)

에드워드 P. 톰슨의 역작 『영국 노동계급의 형성』으로부터 직접적인 영향을 받은 이 책은 한국의 사회역사적 맥락 속에 노동 계급이 형성되는 과정을 소상히 기록하고 있다. 저자는 계급이 구조나 범주가 아니라 자신들의 역사를 살아가는 사람들에 의해 정의되는 역사적 현상이라는 톰슨의 정의에 적극 동의한다. 연장선에서 산업전사, 산업의 역군, 수출의 기수로 불렸던 노동자들의 호칭, "근로자를 가족처럼, 공장 일을 내 일 같이"라는 구호 속에 담겨 있던 가부장제의 잔영, 한국의 군대 조직을 빼닮은 기업의 조직 문화, 1970-80년대를 관통했던 정부의 노골적인 친자본적 반노동적 정책 등을 다룬 기록 등을 통해 한국의 노동 계급이 형성되는 과정을 소상히 그려내고 있다.

노동자 연대 및 계급의식 고취를 위해 교회가 후원한 비공식 소그룹 활동, 동일 방직 여성 노동자들의 알몸 투쟁에 대한 증언, 공장 노동자가 되었던 대학생들에 대한 생생한 기록 등은 책의 가치를 높여주는 미덕이다. 노사 분규의 배경으로 임금 인상보다 숨 막히는 노동 조건과 비인간적 처우에 대한 반발이 자리하고 있었다는 사실, 산업 역군으로 미화되었지만 현장에서는 공순이 공돌이로 천시받았던 상황에 대한 반발 등은 한국의 노동 운동에 내재한 특수성을 이해하는 데 의미 있는 시사점을 제공해준다.

사회학계를 풍미했던 중산층 논쟁의 핵심은 중산층의 정치적 성향에 집중되었다. 중산층이 보수적 사회 안정 세력이냐, 아니면 민주화 지지 세력이냐를 둘러싸고 뜨거운 논쟁이 진행된 바 있다. IMF 외환 위기 이후 빈부 격차가 확대되면서부터는 사회적 양극화에 대한 범퍼 내지 완충적 역할을 하는 동시에 사회 통합의 지지대로서 중산층의 역할에 대한 관심이 높아지고 있다.

5. 현대 사회 계급의 특징과 쟁점

계급의 특징

상층 계급

상층 계급이 얼마나 많은 양의 부를 소유하고 있느냐에 대해서는 신뢰할 만한 정보를 얻기가 쉽지 않다. 부자의 세계는 알려진 것이 거의 없다는 것이 정설이다. 권력자들은 자신의 권력을 숨길 수 있는 권력까지 보유하고 있기 때문이다. 실제로 부유층은 자신의 재산을 완전히 공개하지 않는다. 가난한 사람에 대한 정보는 넘치지만 부자에 대한 정보는 극히 희소하다. 덕분에 우리는 TV·영화·소설 등을 통해 부자의 삶을 상상하거나 엿보는 데 불과하다고 할 수 있다.

최근 중동의 갑부 만수르 이야기가 화제에 오른 적이 있다. 만수르의 본명은 만수르 빈 자예드 알 나얀Mansour Bin Zayed Al Nahyan 혹은 셰이크 만수르Sheikh Mansour로, 현재 아랍에미리트 부총리이자 국제석유투자회사 사장이다. 주식회사 벤츠로 널리 알려진 다임러의 최대 주주이기도 하고, 영국 멘체스터 시티 FC 구단주이기도 하다. 정확하지 않지만 파악된 재산만 약 35조 원에 이른다고 한다.

부는 어느 나라든지 극소수에게 집중되어 있다는 특징을 갖는다. 세계 최고 갑부들의 재산 데이터베이스는 한국, 일본, 미국, 영국, 스웨덴에서 부가 어느 정도로 집중되어 있는지를 보여주고 있다. 2006년과 2012년에 걸쳐 이들 국가의 상위 1%와 상위 10%의 소득 집중도를 비교해보면, 영국을 제외하고 대부분의 국가에서 부의 집중도가 증가한 것으로 나타났다(〈표 11〉 참조). 한국을 예로 들어보면, 2006년 상위 1%가 전체 부의 10.8%를 소유하고 있었는데 2012년에는 그 비율이 12.2%로 증가했고, 2006년 상위 10%는 전체 부의 약 41.9%를 소유하고 있었는데 2012년에는 그 비율이 44.9%로 증가했다. 부의 집중 현상은 미국과 스웨덴에서도 비슷한 패턴을 보이고 있다.[14]

한국 사회 소득 집중도를 경제학적 관점에서 분석한 바에 따르면,[15] 2010년 상위 1%의 소득이 전체 소득에서 차지하는 비율이 11.9%로 나타났다. 이것을 개인당 소득 수준으로 환산해보면, 상위 1%는 전체 평균 1,638만 원의 11.9배인 1억

〈표 11〉 주요국의 최상위 소득 집중도 비교

국가 \ 구분	2006년		2012년	
	상위 1%	상위 10%	상위 1%	상위 10%
한국	10.8%	41.9%	12.2%	44.9%
일본	9.6%	40.8%	9.5%*	40.5%*
미국	18.1%	45.5%	18.9%	47.8%
영국	14.8%	42.0%	12.7%	39.1%
스웨덴	6.6%	27.3%	7.1%	27.9%

*는 2010년 수치

9,553만 원의 소득을 올리는 것으로 계산되었다. 상위 0.01%에 속하는 3,895명의 소득 비중은 무려 1.67%에 이르러, 전체 평균 소득의 167배에 이르는 27억 3,084만 원의 소득이 이들에게 집중되어 있음을 알 수 있다.

상류층 부자들은 임금 소득보다 주식 및 채권 소유가 상당한 비중을 차지하고 있는데, 이 부문에서의 불평등이 보다 더 뚜렷하게 나타나고 있다. 영국의 경우 최상층 1%가 개인 보유 주식 전체의 75%를 소유하고 있고, 최상층 5%로 확대하면 보유율도 90% 이상으로 확대된다. 주식 소유 인구는 계속 증가세를 보여 1979년 5% 미만에서 1986년에는 14%로 2004년에는 25%까지 증가했다. 보수당의 민영화 정책이 낳은 결과임이 분명한데, 근래에는 개인보다 기관에 의한 주식 소유가 빠르게 증가하고 있다.

부유층이 동질적 집단이 아니라는 사실도 흥미로운데, 전통적 부자, 자수성가형 부자, 신 엘리트 부자 등으로 유형화가 가능하다. 전통적 부자는 여러 세대에 걸쳐 가족을 중심으로 부를 세습해온 경우로, 포드 자동차 회사는 현재 4대째 이어지고 있는 전형적 사례이다. 한국의 대기업 다수는 현재 3대 세습까지 이어지고 있다. 자수성가형 부자는 무일푼에서 출발하여 막대한 부를 축적한 경우로, 도입부에 소개했던 인도의 굴람 눈 경, 중국의 마윈 회장, 그리고 한국의 재벌 1세들이 대표적 사례라 하겠다. 신 엘리트 부자는 현대 사회의 특성을 배경으로 출현한 유형으로 천문학적 몸값을 자랑하는 영화배우나 운동선수 등 스타들, IT 사업을 통해 억만장자가 된 CEO, 예술가 등이 이 유형에 속한다. 골프 황제 타이거 우즈, 농구 천재 마이클 조던, 마이크로소프트의 빌 게이츠, 페이스북의 마크 저커버그, 성악가 루치아노 파바로티 등을 예로 들 수 있다.

부유층의 구성 또한 변화하고 있다. 자수성가형 백만장자의 비중이 빠르게 늘고 있어, 2004년 영국에서는 최고의 부자 1,000명 중 75%가 당대 부를 축적하는 데 성공한 자수성가형이었다. 또한 극소수이긴 하지만 여성의 숫자가 점차 증가하고 있다. 영국에서 최고의 부자 1,000명 중 여성은 1989년 6명에 불과했지만, 2004년에는 78명으로 증가했다. 한편 부자의 연령이 낮아져서 20, 30대에 천문학적 부를 축적하는 사람들이 증가하고 있고, 더불어 아시아계 소수 인종의 두각이 눈에 띈다. 천문학적 부를 축적한 최고의 부자들에게는 세금 문제가 초미의 관심사다. 때문에 그들은 세금을 적게 부과하는 국가나 조세 천국을 찾아 이동하고 있다.

선진 산업사회에서 상층 계급을 구성하는 대표적 집단으로는 거대 기업의 최고

불평등 연구자 4명이 말하는 '한국 불평등의 민낯'

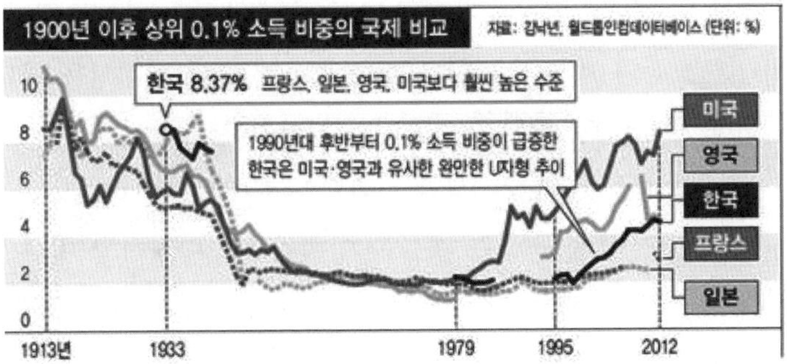

월드톱인컴 데이터베이스를 활용해 '상위 0.1%의 소득 비중'을 분석한 결과를 보면, 1970년대부터 1990년대 중반까지 일본·프랑스와 유사한 수준을 유지하던 한국의 상위 0.1% 소득 비중은 외환 위기 때인 1997년을 기점으로 급증한 뒤 굴곡은 있지만 꾸준히 확대되고 있는 추세다.

분석 기간을 일제 강점기로 확장하면, 한국의 1933년 상위 0.1% 소득 비중은 미국·영국·일본·프랑스를 포함한 5개국 가운데 가장 높은 수준을 보였다. 일제 강점기를 포함해 100여 년간의 장기 추이를 볼 때 상위 0.1% 소득 비중은 해방 이후 크게 축소된 것으로 추정되며 1960년대부터 1990년대 초·중반까지 낮은 수준으로 안정된 상태를 유지하다 1990년대 후반 급증하는 'U자형'을 보인다. 이는 1980년대 이후 상위 0.1% 소득 비중이 급증한 미국·영국과 같은 패턴이다.

—《한겨레신문》 2015년 7월 13일자 기사

경영자, 고전적 산업 자본가, 그리고 보험 회사, 은행 투자 기금 등을 운용하는 금융 자본가가 있다. 이들 세 집단은 거대 기업을 통제하고 그로부터 이윤을 얻는 이해 결집체를 구성하고 있다. 상류 계급에 진입하는 새로운 집단으로는 정보통신 기술혁명의 수혜자들을 들 수 있다. 신 엘리트 부자에 속하는 이들은 1990년대 정보통신 기술 발달에 힘입어 거대한 부를 축적하면서 상층으로 진입했다.

이상에서 살펴본 상층 계급은 부와 권력을 모두 소유한 집단으로, 자신들의 특권을 자녀에게 물려줄 수 있는 최상위 1%에 속하는 사람들이라 할 수 있다. 상층 계급 바로 아래에는 전문직, 관리직 및 고위 관료로 구성되어 있는 서비스 계급이 상층 계급을 위해 봉사하고 있다. 인구의 약 5%가 여기에 포함된다.

중간 계급

중간 계급을 구성함에 가장 중요한 요소는 교육이다. 일정한 학력 수준에 도달하거나 기술 자격증을 보유한 중간 계급은 육체노동자에 비해 다양한 종류의 물질적·문화적 혜택을 누리고 있다. 정신노동자와 육체노동자 모두를 포함하는 중간 계급은 노동자 계급이나 상류 계급에 비해 집단 정체성을 명확히 규정하는 것이 어렵다. 중간 계급 내부에는 동일한 계급적 지위에 있는 화이트칼라 간에도 직업이 매우 다양하고 지위 및 생활 기회도 다채롭기에, '느슨한 구성'을 보인다는 평가를 받고 있다. 덕분에 중간 계급은 이해관계도 다양하고 내적 통일성도 결여되어 있다. 이러한 특징은 중간 계급이 처음 출현했던 19세기 초반부터 오늘날까지도 동일하게 유지되고 있다.

대부분의 선진 산업사회에서는 중간 계급 중 전문직, 관리직, 그리고 관료직 분야에서 매우 빠른 성장세를 보이고 있다. 이유는 세 가지로 추론해볼 수 있다. 첫째는 현대 사회에서 거대 조직이 갖는 중요성과 관련이 있다. 현대 사회에서는 조직 자체가 거대화되고 관료제화되면서, 조직 유지를 위해 인력이 필요하다. 의사 및 변호사도 초창기에는 자영업에 속했으나 오늘날은 조직화가 확산됨에 따라 중간 계급 인력 창출에 기여하고 있다. 둘째, 중간 계급 확산은 복지 국가 성립과 밀접히 연계되어 있다. 복지 국가가 발달하면서 정부가 핵심적 역할을 담당하는 영역을 중심으로 인력 수요 또한 증가하고 있다. 사회복지사, 교사, 의료 전문가들을 중심으로 중간 계급 인력이 확장되고 있음은 주지의 사실이다. 셋째, 금융 자본주의의 발달 또한 중간 계급 확산에 기여한 요인이다. 산업 구조가 고도화됨에 따라 법률, 금융, 회계, 기술, 정보 시스템 분야의 전문 서비스 수요가 폭증하고 있다. 이들 분야의 인력 증가가 중간 계급 증가로 연결되고 있음은 물론이다.

한편 전문 관리 계급의 등장도 주목할 만하다. 오늘날은 전문직과 상층 화이트칼라 집단이 별개의 중간 계급 범주를 형성하기 시작했다. 전문직은 타인이 대체할 수 없는 전문 지식을 갖춘 동시에 높은 학력과 자격증을 보유하고 있으며, 상대적으로 안정적이고 보수가 높은 직업에 종사하는 사람들로 구성되어 있다. 전문 관리직의 경우 자신들만의 계급 이해관계를 실현해가고 있음도 주목할 만하다.

화이트칼라 전문직이 자신의 이해관계를 극대화하고, 높은 수준의 물질적 보상과 위신을 확보하는 과정을 연구한 자료가 있다.[16] 대표적 사례로 의사의 전문직화 과정을 살펴보면, 초창기 의사들은 오늘날처럼 전문직으로서의 사회적 위상이 높지 않았다. 세브란스 병원 최초의 한국인 의사가 당시 천민 출신이었다는 사실은 의사의 사회적 지위와 관련해서 시사하는 바가 크다. 이후 엄격하게 규정된 일련의 기준 및 자격을 충족시키는 경우에만 전문가로 인정받을 수 있도록 의사의 전문직화가 이루어지면서 의사의 사회적 위상이 높아졌다. 의사들은 전문 협회를 결성하여 구성원들의 행위와 실적을 감시 감독하기도 하고, 전문가로 인정된 경우에만 의료 행위를 할 수 있는 자격을 부여하는 등 사회적 위세 제고에 노력을 기울였다.

노동 계급의 성격 변화

마르크스는 프롤레타리아 혁명을 논하면서 자본주의가 발달할수록 프롤레타리아 비중이 높아질 것이라 예상했다. 하지만 그의 예상과 달리 노동자 계급 비중은 25년 전 전체 노동자의 40%에서 오늘날은 18%로 감소했다.

20세기 이후에는 육체노동자들의 소득이 증가함으로써 생활 수준이 상승한 것도 특기할 만하다. 모든 계급이 이용할 수 있는 소비재의 증가로 인해 블루칼라 노동자의 50%가 주택을 소유하게 되었고, 자가용과 더불어 세탁기, TV, 전화기 등의 가전제품을 소유하게 되면서 안락한 생활을 누리게 된 것이다. 이는 마르크스가 예상했던 '노동자의 궁핍화'와는 정반대되는 현상으로, 오늘날은 노동자 계급의 풍요가 중간 계급 중심의 사회로 가는 길을 제공하고 있다는 평가를 받고 있다. 이에 노동자 계급의 부르주아화 명제embourgeoisement thesis가 등장했다. 이는 블루칼라 노동자들이 중간 계급 수준의 임금을 확보하고 있고, 그들의 가치와 전망 또한 중간 계급을 향해 수렴해가고 있으며, 중간 계급과 유사한 생활 양식을 따르게 되면서 풍요로운 노동자들이 중간 계급에 포섭되는 현상을 의미한다.

그러나 골드소프와 그의 동료들의 『계급 구조 내 풍요로운 노동자』는 노동자 계급의 부르주아화 명제를 지지하는 경험적 근거는 없다고 결론짓고 있다.[17] 그들은 영국 루턴 지방 거주 노동자로서 자동차 및 화학 산업에 종사하는 블루칼라 노동자 229명과 화이트칼라 노동자 54명을 대상으로 심층 인터뷰를 진행했다. 인터뷰 내용을 분석한 결과, 소득 및 소비재 보유 수준에서 블루칼라도 중간 계급과 유사한 수준을 누리고 있다는 주장에 동의를 표하고 있었다.

반면 노동자 계급의 상대적 풍요로움은 저소득, 낮은 승진 기회, 그리고 낮은 직무 만족도를 특징으로 하는 사회적 지위로부터 파생된 결과임이 밝혀졌다. 이들은 분명 중간 계급과 유사한 생활 수준을 누리고 있었지만, 가치관 및 주관적 계층의식과 관련해서는 노동 계급의 부르주아화 명제를 지지하지 않는 것으로 나타났다. 곧 블루칼라 노동자들에게 일이란 돈을 벌기 위한 수단에 불과하다는 도구적 태도가 뚜렷하게 드러났고, 특히 반복적이고 무료한 일에 종사하는 경우는 자신의 일에 대한 애착이 거의 없었다. 뿐만 아니라 블루칼라들은 화이트칼라 및 중간 계급 구성원과 네트워킹을 시도하지 않았으며, 본인의 계급 상승을 위한 노력 또한 기울이지 않는 것으로 밝혀졌다. 대신 블루칼라들은 가족과 이웃의 노동 계급과 공고한 관계를 유지하고 있었다.

노동자들이 중간 계급 규범이나 가치를 지향해가고 있음을 보여주는 징후는 없다. 영국에서는 노동자 계급의 풍요로움과 보수당을 지지하는 정치적 전망 사이에 부정적 상관관계가 있는 것으로 확인되었다. 다만 소비 패턴, 가족 중심성, 작업장에서의 도구적 집합주의 지지 등을 고려해볼 때 중간 계급의 하층과 노동 계급의 상층 사이에는 수렴 현상이 진행되고 있으리라는 추론이 가능하다. 1968-69년 행해진 골드소프의 연구가 오늘날에도 타당한지 여부는 의문의 여지가 있지만, 제조업의 쇠퇴와 소비주의의 확산에 따라 전통적인 노동 계급 공동체가 분해되고 있음은 확실하다.

계급을 둘러싼 쟁점

최하층 계급의 존재: 인종 vs. 계급

계급 구조의 가장 밑바닥에서 주변화 및 사회적 배제를 경험해온 최하층 계급에 대한 관심은 계급 연구의 주요 쟁점을 구성한다. 이들은 장기적 실업 상태에 있거나, 단기적 취업 및 실업을 반복하여 노숙자 신분을 유지하거나, 안정적 거주지가 없는 상태에서 장기간 국가의 복지 급여에 의존하여 생활하는 집단이다.

최하층 계급의 존재가 소수 인종 집단과 관련되어 있음은 특별한 주목을 요한다. 미국 슬럼가에 거주하는 흑인, 프랑스로 이주한 알제리인, 독일의 터키 이주민들처럼 이주 노동자들이 최하층 계급을 형성하기 때문이다. 최근 들어서는 최하층 개념보다 사회적 배제social exclusiveness 개념이 선호되고 있다. 이유인즉 '사회적 배제'가 최하층 계급에 대한 부정적 이미지와 더불어 정치적 의미를 함축하고 있기 때문이다.

최하층 계급 개념은 역사적으로 그 의미를 달리해왔다. 마르크스는 이들을 '룸펜 프로레타리아'로 칭한 바 있다. 룸펜 프롤레타리아란 지배적인 생산 양식 및 교환 양식의 외부에 위치하는 개인들로 구성된 집합체를 의미한다. 이들에게 위험한 계급이라는 인식이 부가되면서 빈민, 도둑, 방랑자 등에도 룸펜 프로레타리아 개념이 적용되고 있다. 일하기를 거부하는 이들은 사회 주변부에서 기생적 존재로 살아가고 있다.

최하층 계급을 구성할 때 인종과 계급 중 어느 것이 보다 중요한 영향을 미치고 있는가에 대해서는 논쟁이 있다. 논쟁은 미국 사회학자들을 중심으로 대도시 빈민가에 거주하는 흑인의 지위를 연구하면서 촉발되기 시작했다. 윌리엄 윌슨William Wilson은 자신의 역작 『인종적 의미의 쇠퇴The Declining Significance of Race』를 통해[18] 지난 30-40년 사이 흑인 전문직 및 화이트칼라 종사자 비율이 급증하고 있음을 근거로 계급이 인종보다 중요하다고 결론짓고 있다. 그러나 윌슨의 결론에 대해 찰스 머레이Charles Murray는 반론을 제기하고 있다.[19] 그는 대도시 게토에는 흑인 최하층이 존재하고 있다는 점, 복지 의존성이 증가함에 따라 빈곤의 악순환을 특징으로 하는 빈곤 문화가 형성되고 있다는 점을 반론의 근거로 제시하고 있다.

최하층 계급은 인종과 민족, 그리고 이주와 깊은 연관이 있다. 일례로 유럽에서 가장 부유한 도시이자 백만장자 비율이 가장 높은 곳으로 알려진 독일 함부르크의 경우, 실업자 및 복지 수혜자 비율이 독일 평균보다 40% 높게 나타나고 있다. 서유럽 이민 1세 및 2세의 경우는 빈곤 및 실업 비율이 매우 높은 편이다. 실제로 독일의 터키인, 프랑스의 알제리인, 이탈리아의 알바니인 등의 경우, 보다 나은 삶을 찾아 이민의 길을 선택했으나 현실은 실업과 빈곤이라는 함정에 빠져 있다. 본국에 두고 온 가족에게 기꺼이 송금하면서 가족과 재결합을 꿈꾸지만 불법 이민자 신분으로는 국가의 복지 혜택을 기대할 수조차 없다.

부와 빈곤의 양극화는 미국이 유럽보다 심각하며, 최하층 계급 개념은 인종에 따른 경제적 박탈과 사회적 배제가 일어나는 사회에 적용된다. 미국 사회학계의 결론은 설혹 도시 빈민이라 할지라도 좌절과 고립을 특징으로 하는 최하층 계급 규정은 다소 과장된 것으로 본다.

계급과 생활 양식

전통적으로 계급과 관련된 지표는 주로 시장 위치, 생산 수단과의 관계, 직업 등 경제적 관점에서 논의가 이루어져왔다. 그러나 오늘날은 생활 양식으로서의 계급에 초점을 맞춤에 따라, 특정 계급의 소비 패턴에 대한 관심이 빠르게 증가하고 있다. 현대 소비 사회의 개인 정체성은 전통적 지표인 고용과 더불어 생활 양식의 선택으로 이루어진다. 곧, 무엇을 먹고 어떤 옷을 입으며 어떻게 자신의 몸을 가꿀 것인가 등이 사회적 계급 및 계층을 상징하는 지표로 간주되고 있는 것이다. 일례로 도시에 거주하는 높은 소득의 젊은 전문직 종사자를 의미하는 여피족Yuppie의 라이프 스타일 연구에 따르면, 이들은 특별한 브랜드의 커피를 마시고, 커피 캔을 화분 삼아 아이비를 키우며, 세계적으로 저명한 오케스트라 지휘자들이 사망하기 직전 남긴 LP판을 수집한다고 한다. 이처럼 독특한 소비 양식 및 생활 양식이 여피 정체성의 기반이 되고 있는 것이다.

소비 양식과 계급 정체성 간의 상관관계에 주목한 대표적 사회학자로는 피에르 부르디외가 있다.[20] 그는 생활 양식의 선택 기호야말로 중요한 계급 지표라는 관점을 고수하고 있다. 사회 계급과 자본의 연결고리에 관심을 갖고 있는 부르디외는 네 종류의 자본이 존재한다고 본다.

먼저 우리에게 익숙한 경제 자본 이외에 문화 자본이 있다. 사람들은 나와 타인을 구별 짓기distinct하는데, 이때 어떤 종류의 취향을 갖고 있느냐가 구별 짓기의 중요한 기준이 된다. 교육 정도, 예술에 대한 이해, 소비와 레저 생활 등 취향과 관련된 것이 문화 자본을 구성하는 내용이라고 본다. 구별 짓기 과정은 현대 사회에서 욕구 판매인의 확산을 가져왔다. 욕구 판매인이란 자본주의 체제에서 소비되는 실제적 상품 및 서비스와 더불어 상징적 상품과 서비스를 제공하거나 재현하는 영역에 종사하는 사람들을 지칭한다. 광고업자, 마케터, 패션 디자이너, 스타일리스트, 인테리어 디자이너, 개인 트레이너, 치료사, 웹 디자이너 등이 대표적 예라 하겠다. 욕구 판매인은 소비 공동체의 문화적 취향에 영향을 미치며, 생활 양식의 선택 기회를 조성하기도 한다.

세 번째 유형으로는 사회 자본이 있다. 사회 자본은 개인의 상호작용과 친교 네트워크를 의미한다. 개인 및 집단이 지속적 관계하에서 제도화된 네트워크를 소유함으로써 결과적으로 얻을 수 있는 자원이 사회 자본이다. 네 번째 유형으로는 상징 자본이 있다. 문자 그대로 상징도 자본이 될 수 있는데, 개인이 누리는 명성은 상징 자본의 대표적 예라 할 수 있다.

한 가지 형태의 자본을 소유하게 되면 다른 유형의 자본을 획득할 가능성 또한 높아진다. 부르디외가 제시한 네 가지 유형의 자본 사이에는 긴밀한 연계가 존재하기 때문이다. 예를 들어 경제 자본을 소유하고 있는 사업가는 자녀들에게 문화 자본을 전수해줄 수 있다. 이들 자녀는 부유한 집안의 자녀들과 친교 네트워크를 구축함으로써 사회 자본을 획득하기도 한다. 좋은 사회 자본의 소유자는 다시 경제 자본과 상징 자본을 획득하는 데도 유리한 고지를 점할 수 있다.

부르디외의 주장에 동의하는 학자로 마이클 새비지Michael Savage는 문화적 취향과 자산에 기초한 세 종류의 중간 계급 집단을 제시하고 있다.[21] 하나는 공공기관 전문직 종사자로, 이들은 문화 자본 수준은 높으나 경제 자본 역량은 낮다. 운동을 즐기며, 음주를 절제하고, 문화 공동체 활동에 참여하면서 건강하고 활동적인 생활 양식을 추구한다. 다른 하나는 관리자 및 관료로, 이들은 운동을 그다지 즐기지 않으며, 문화 활동 수준 또한 낮고, 가구 및 패션에서는 전통적 스타일을 선호하는 등 평범한 소비 패턴을 보인다. 마지막 범주인 탈현대인은 특정 취향으로 규정하기 어려운 생활 양식을 추구한다. 승마를 즐기는 한편 고전 문학에 빠지기도 하고, 암벽 등반 같은 극한의 취미를 즐기는 경우가 이에 해당된다.

생활 양식과 계급의 관계에 주목하는 논의들은 현대 사회가 소비의 중요성이 확대되는 고도 소비 사회로 진입하고 있음에 초점을 맞추고 있다. 바로 이 점에서 계급이 달라도 동일한 유형의 소비가 가능하기 때문에 계급 간 차이가 모호해지고 있다는 주장으로 연결되기도 한다. 실제로 TV 프로그램 시청 패턴을 보면 계급에 따른 차이가 거의 나타나지 않는다. 번화한 백화점 매장을 누가 활용하느냐도 계급 및 계층에 따라 확연한 차이를 보여주지 않는다. 이러한 사실은 앞으로 생활 양식과 계급의 관계에 대한 흥미로운 연구들이 나오리라는 것을 짐작케 한다. 반면 생활 양식과 기호의 다양성으로 인해 계급 차이의 심화 가능성이 존재한다는 주장도 간과해선 안 될 것이다.

젠더와 계층

젠더는 계급 및 계층 연구에서 오랫동안 배제되어왔으나, 젠더 자체는 계층의 중요한 축으로서 여성들의 사회적 지위를 규명하는 데 결정적 영향을 미쳐왔다.[22] 여성이 남성보다 더욱 많은 부와 지위, 그리고 영향력을 행사했던 사회는 역사상 존재한 적이 없다. 여성의 계급 위치를 규명하는 작업은 매우 흥미로운 주제가 될 것이다. 젠더 불평등 문제를 계급 분할로 설명할 수 있는지 여부는 판단이 어려운 문제이다. 젠더 불평등은 계급 불평등보다 오랜 역사를 지니고 있고, 두 종류의 불평등은 서로 중첩되어 있기 때문이다.

여성의 계급 위치를 결정함에 있어, 전통적 관점은 여성의 유급 노동을 남성의 노동에 비해 덜 중요한 것으로 간주하고, 기혼 여성은 남편과 동일 계급에 속한다고 전제해왔다. 이러한 관점을 택하고 있는 대표적 학자가 골드소프이다. 그는 자신의 관점이 성차별주의에 입각한 것이 아니라 노동시장 내 여성의 부수적 위치에 근거한 설명이라 강조한다. 실제로 여성은 남성보다 시간제 근무 비중이 높고, 출산 및 양육으로 인한 경력 단절 비중도 높으며, 대부분의 여성은 남성에게 경제적으로 의존하고 있기에, 남성 가장 모델이 성차별적인 것은 아니라는 주장을 폈다.

하지만 골드소프의 주장은 다양한 관점에서 비판을 받고 있다. 무엇보다 여성의 유급 노동도 가족의 계급 위치를 결정하는 데 일정한 역할을 담당하고 있다. 여성의 소득 또한 가족의 경제적 위치와 생활 양식을 유지함에 필수적이라는 점을 골드소프는 간과하고 있는 셈이다. 뿐만 아니라 부인의 직업이 가족 전체의 계급 위치를 결정하는 경우도 존재한다. 남편은 반숙련 블루칼라 노동자에 부인이 점포 지배인인 경우, 기존의 계급 모형은 부인의 경제적 지위가 남편보다 우월함에도 불구하고, 부인을 배제한 채 남편만을 계급 모형에 포함시키는 오류를 범하고 있다.

혼합 계급 가구cross border family 또한 존재한다. 남편 직업은 블루칼라요, 부인 직업은 전문직인 부부의 사례처럼 남편과 부인의 직업이 각기 다른 계급 범주에 속하는 경우, 남편의 직업만 고려하는 것은 현실적으로 문제가 있다는 비판이다. 여성이 가족의 유일한 소득원이자 생계 부양자인 경우가 증가하고 있음도 비판의 근거로 제시되고 있다.

이상의 비판을 반영하여 골드소프는 자신의 모델을 일부 수정하여 '남성 생계 부양자 모델' 대신 '중요 생계 부양자 모델'을 받아들이자고 제안하고 있다.[23] 남녀 구분 없이 가족 구성원 중 보다 상위 계급에 속한 배우자를 기준으로 중요한 생계 부양자를 택해 가족의 계급 모형을 만들자는 것이 수정안의 핵심이다. 나아가 여성이 화이트칼라 하층 직업의 다수를 점하고 있는 현실을 반영하여, 제3계급을 다시 두 개의 하위 범주로 나누어 판매직 및 서비스직 비육체노동자를 아우르는 제3b계급과 제7계급 여성을 동일 범주에 속하는 것으로 보았다.

그러나 골드소프의 수정안은 여전히 비판을 받고 있다. 계급 분석 단위를 가족으로 할 경우, 중요 생계 부양자로 수정한다 하더라도 전업주부, 퇴직자, 실업자 등 임금 노동에 종사하지 않는 많은 사람들이 이 모델에서 배제된다. 이에 고든 마셜Gordon Marshall과 데이비드 퍼스David Firth는 계급 체계 연구 시, 가족과 무관하게 개인의 직업이 보다 적합한 단위가 될 수 있다는 입장을 제시하고 있다.[24]

마지막으로 여성 고용이 계급 분할에 미치는 영향도 주목을 요한다. 맞벌이 부부 중에서도 고소득 맞벌이 부부 비율이 증가함에 따라 여성 내부의 양극화가 확대되고 있다. 전문직, 경영직 및 고임금 여성의 증가로 인해 고소득 맞벌이 가구 대 외벌이 가구 혹은 생계 소득자가 없는 가구로 양극화가 진행되고 있고, 동일 직업군 내에서 끼리끼리 결혼하는 동질혼 비율의 증가도 양극화에 기여하고 있다.

6. 사회 이동: 수평 이동과 수직 이동

사회 이동의 문제는 사회 계급 혹은 불평등 구조가 얼마나 고착화되어 있느냐와 연결되어 있다. 사회 이동은 문자 그대로 개인이나 집단이 현재와 다른 사회 경제적 위치로 이동해가는 현상을 의미한다. 사회 이동은 수직 이동과 수평 이동으로 나누어진다. 수직 이동은 사회 경제적 지위의 사다리를 올라가거나 내려가는 이동으로, 재산 및 소득 지위를 획득한 상승 이동과 상실한 하강 이동이 있다. 수평 이동은 동일한 직업군으로 이동하거나 지리적으로 이동하는 경우가 해당된다. 지방 혹은 해외 지사로 근무지를 옮기는 사례처럼 수직 이동과 수평 이동이 결합돼서 나타나기도 한다. 사회 이동 연구에는 두 가지 방법이 있다. 세대 내 이동은 한 사람의 경력을 추적하여 개인의 상승 혹은 하강 이동 여부를 파악하는 것이고, 세대 간 이동은 부모 혹은 조부모 세대와 자녀 세대 간 등 여러 세대에 걸친 이동 경로를 파악하는 것이다.

사회 이동에 대한 비교론적 연구

상승이든 하강이든 수직 이동이 활발한 사회는 매우 개방적 사회임을 상징한다. 그런 점에서 사회 이동은 모든 국민의 평등한 기회를 중시하는 국가에서 중요한 정치적 쟁점을 야기한다. 최근 한국 사회에서 '개천에서 용 나는가'를 둘러싸고 논쟁이 제기되고 있음은 불평등 구조가 고착화되어감에 대한 우려를 보여주는 실례라 하겠다.

사회 이동 연구의 고전으로는 피터 블라우Peter Blau와 오들리 던컨Oudley Duncan의 연구가 있다.[25] 블라우와 던컨은 1960년대 중반 2만 명의 남성 표본을 대상으로 사회 이동 연구를 진행했다. 그들의 연구는 단일 국가를 대상으로 한 사회 이동 연구 중 가장 상세한 내용을 포괄하고 있지만, 남성만을 표본으로 했다는 점에서 한계를 보이고 있다. 사회 이동 연구 결과 미국 사회에서는 수직 이동이 존재하나 '장거리 이동'은 희소한 것으로 밝혀졌고, 상승 이동의 폭이 하강 이동보다 다소 높게 나타났다. 이유는 블루칼라 직업보다 화이트칼라 및 전문직 비율이 급격하게 증가했기 때문이다. 블라우와 던컨은 상승 이동의 성공 요건으로 교육과 훈련을 강조하고 있으며, 상승 이동이 존재한다는 것은 사회 안정과 통합에 유리하게 작용한다고 결론짓고 있다.

시모어 립셋Seymore Lipset과 리처드 벤딕스Richard Bendix의 연구는[26] 사회 이동을 주제로 한 국가 간 비교 연구로 가장 뛰어난 작업이라는 평가를 받고 있다. 이들은 영국, 프랑스, 서독, 스웨덴, 스위스, 일본, 덴마크, 이탈리아, 미국 등 9개 선진 산업사회를 대상으로 블루칼라 남성이 화이트칼라로 이동하는 현상을 연구했다. 그 결과 미국이 유럽보다 개방적 사회라는 증거를 찾아보기는 어려웠던 것으로 확인되었다. 실제로 블루칼라에서 화이트칼라로 상승 이동하는 비율이 미국은 약 30%로 나타났고, 영국, 프랑스, 서독, 스웨덴 등도 27-31% 수준을 유지했다. 이들 분석 결과를 토대로 립셋과 벤딕스는 대부분의 산업사회에서 상승 이동이 진행 중이라는 결론을 내리고 있다. 물론 하강 이동 및 장거리 이동의 내용을 상세히 고찰해보면 국가마다 내부적 차이가 있다는 반론도 있었으나, 소소한 차이는 일련의 지엽적 사례였을 뿐 이들이 낸 결론에 크게 반하는 결과는 발견되지 않았다.

한편 마셜과 퍼스는 객관적 차원에 초점을 맞추었던 기존 연구에서 계급 위치의 변화에 대한 '주관적 감정' 연구로 관점을 바꾸어, 사회 이동이 개인의 만족감에 미치는 효과를 분석했다.[27] 연구 결과 이들은 사회 이동이 불안정과 소외, 그리고 방랑자의 감정을 낳는다는 사실을 발견했다. 동시에 새로운 계급 상황에 점차 적응해간다는 낙관적 입장이 존재함도 밝혀냈다. 불가리아, 체코슬로바키아, 에스토니아, 독일, 폴란드, 러시아, 슬로베니아, 미국, 영국 등 10개국 조사 자료를 활용하여 계급 이동이 가족, 공동체, 일, 소득, 정치 활동 등 일상생활의 만족 및 불만족의 감정과 어떻게 연관되는지 분석한 결과, 전체적으로 계급 이동 경험과 생활 만족도 간의 관련을 입증할 만한 증거 자료는 확인하지 못했다. 이 결과는 상승 이동과 하강 이동의 경우 모두 동일하게 나타났다.

하강 이동

하강 이동이 일어나는 경우에는 경제적 수준의 하락 못지않게 정서적·심리적 장애와 불안감을 동반한다. 이미 익숙한 생활 양식을 더 이상 유지할 수 없다는 것은 견디기 힘든 고통이기 때문이다. 미국과 영국에서는 세대 간 혹은 세대 내 하강 이동이 증가하고 있다. 미국의 경우 1980년대 및 1990년대 초반, 제2차 세계대전 이후 처음으로 중간 화이트칼라 직업의 평균 실질 소득이 전반적으로 감소했다. 여기서 평균 실질 소득은 인플레이션에 맞춰 조정한 후의 소득을 의미한다.

하강 이동의 원인으로는 기업의 구조 조정과 다운사이징 등이 지목되고 있다. 고용 유연화와 더불어 전일제 블루칼라 및 화이트칼라 직종이 저임금, 시간제, 비정규직 등으로 대체됨에 따라 하강 이동이 증가했다. 미국에서는 이혼 및 별거 후에 자녀 양육을 책임지게 된 여성을 중심으로 하강 이동이 광범위하게 나타나기도 한다. 이로부터 여성이 빈곤층의 다수를 차지하는 빈곤의 여성화 현상이 등장하고 있음은 앞서도 논의한 바 있다.[28]

영국의 사회 이동

영국 사회를 대상으로 한 사회 이동 연구의 대표작으로는 데이비드 글래스David Glass의 저서가 있다.[29] 그의 연구도 남성만을 대상으로 한다는 한계가 있지만, 1950년대까지 장기간에 걸친 세대 간 이동을 분석한 결과, 다른 서구 사회와 동일하게 단거리 이동이 주를 이루었고, 상승 이동의 폭이 하강 이동보다 다소 높게 나타났으며, 계급 구조상의 중간에 다수가 집중되어 있음을 밝혀냈다. 엘리트의 자녀는 다시 엘리트가 되고, 하위직 자녀는 여전히 하위직을 유지하는 자기 충원 현상 또한 전형적으로 관찰되고 있어, 영국이 특별히 개방된 사회라 간주할 수 있는 지표를 찾기는 어려웠다.

1972년 조사 결과를 토대로 한 옥스퍼드 사회 이동 연구는 글래스의 작업 이후 사회 이동 패턴의 변화에 초점을 맞추고 있다.[30] 연구 보고서에 따르면 남성의 사회 이동 수준이 증가하고 있고, 장거리 이동 또한 증가하고 있다. 이유는 화이트칼라 직업의 증가폭이 블루칼라보다 컸기 때문이다. 사회 이동 기회는 집단별로 불균등하게 분포되어 있어, 육체노동자의 자녀 중 2/3는 여전히 육체노동자가 되고, 블루칼라 노동자의 4%만이 전문직·관리직 출신 배경을 갖고 있는 것으로 나타났다. 옥스퍼드 사회 이동 연구는 10년 후가 되면 직업 구조의 변화로 인해 블루칼라 노동자의 자녀가 전문직·관리직으로 이동할 수 있는 기회가 확대될 것으로 전망하고 있다.

1980년대 마셜 등에 의해 수행된 에섹스 사회 이동 연구Essex Mobility Study는 옥스퍼드 사회 이동 연구 결과를 재확인하고 있다. 마셜 등은 화이트칼라 및 전문직의 1/3이 블루칼라 출신이라는 사실은 영국 사회에 일정 정도 유동성이 존재함을 보여준다고 해석한다. 단 이동의 정도는 비육체 노동 및 단순 반복직에 집중되어 있는 여성에게 불리하게 기울어 있어, "상층부에 자리가 많아진다는 것이 그 자리를 차지할 수 있는 기회가 평등해짐을 의미하는 것은 아니다!"라는 경구를 확인해주고 있다. 런던정경대학 교수 조 블랜든Jo Blanden 등의 연구에 따르면,[31] 1970년 코호트의 이동 가능성은 1958년 코호트의 이동 가능성에 비해 확연하게 낮은 것으로 나타났다. 세대 간 이동이 감소한 이유는 1970년대 이후 세대의 학업 성취도가 낮아졌기 때문으로 밝혀졌다.

한국에서도 사회 이동 연구가 부분적으로 이루어지고 있다. 부모 세대로부터 자녀 세대 사이의 사회 이동 패턴을 분석한 결과, '부모=농민'으로부터 '자녀=생산직 노동자'로 상승 이동한 경우가 '부모=농민'으로부터 '자녀=전문직'으로 장거리 상승 이동을 한 경우보다 훨씬 높았다. 한국도 유럽처럼 장거리 이동 비율은 높지 않았고 대신 상승 이동의 폭이 하강 이동의 폭을 앞서는 것으로 확인되었다.[32]

계급의 중요성

오늘날 전통적 계급의 영향력은 분명 쇠퇴하고 있다. 산업화 초기에는 계급을 기반으로 개인의 정체성을 구성했으나, 오늘날은 정체성과 계급 영향력 간의 연결고리가 미약해지고 있다.

계급 분할은 여전히 경제적 불평등의 핵심 요소이다. 계급은 수명, 건강, 교육 정도, 고소득 직업 등의 다양한 불평등과 관련되어 있다. 가난한 사람들과 부유한 사람들 사이의 불평등은 확대 추세에 있고, 부유한 국가들이 밀집되어 있는 유럽과 가난한 국가들이 밀집되어 있는 아프리카의 빈부 격차 또한 과거에 비해 확대되고 있다.[33] 반면에 신경제가 출현하면서 전통적 계층 패턴은 사라지고, 유능한 개인일수록 계층 상승 이동의 가능성이 높아지는 유동적 능력 중심 사회가 등장하고 있다.

chapter 11

범죄와 일탈

1. 범죄형 인간이 존재하는가?

범죄와 일탈은 현대인의 삶에서 익숙한 환경을 구성하고 있는 현상이다. 신문·인터넷·TV 등의 뉴스에서 단골로 등장하는 메뉴 중 하나가 다양한 종류의 범죄 혹은 일탈과 관련된 뉴스임은 주지의 사실이다. 뉴스에 등장하는 사건 중에는 사회적 분노를 일으키는 사건도 있고, 매우 잔인하고 엽기적인 살인 사건도 있으며, 권력형 비리 및 대기업의 부정도 있다. 그런 점에서 범죄와 일탈의 이해는 현대 사회의 특성을 파악하는 데 분명 의미 있는 길잡이가 되어줄 것이다.

범죄의 생물학적 접근

범죄에 대한 인식도 역사적으로 다양한 변화를 거쳤다. 그 과정에서 실제로 범죄형 인간이 있다고 믿었던 시기가 있었다. 범죄 유전자를 타고났기에 범죄자가 된다고 믿었던 대표적 인물로는 1870년대 활동했던 이탈리아의 범죄학자 케사르 롬브로소Cesare Lombroso가 있다. 그에 따르면, 개인의 해부학적 특징을 통해 범죄자 여부를 알 수 있다는 것이다.

롬브로소는 소년원 수감자들을 대상으로 두개골의 생김새, 이마의 모습, 턱의 크기, 팔 길이 등 범죄자에게서 공통적으로 나타나는 외모와 신체적 특징의 분석을 시도했다. 이를 토대로 그는 신체 유형을 중배엽형, 외배엽형, 내배엽형 세 가지로 구분했다. 중배엽형은 근육이 발달되어 있고 매우 활동적이며 공격적인 성향의 사람들로, 이들 가운데 범죄형이 많다고 보았다. 마른 체형인 외배엽형이나 살이 찐 내배엽형은 상대적으로 범죄자가 적다는 결론을 내렸다.

오늘날 롬브로소의 견해는 완전히 폐기되었다. 개인의 특성이 유전된다는 결정적 근거가 없음은 물론, 범죄와 생물학의 연관성도 매우 미약한 것으로 밝혀졌기 때문이다. 이미 범죄를 저지르고 소년원에 수감된 비행자만을 대상으로 했기 때문에 샘플링 과정에도 편견이 개입되었던 것으로 확인되었다. 하지만 롬브로소의 영향력은 우리들 무의식 속에 여전히 남아 있는 것 같다. 영화 혹은 드라마에서 악역이나 범죄자 역할을 맡는 연기자들 인상을 보면, 선량한 눈망울보다는 날카롭고 매서운 눈매에 둥글둥글한 이미지보다는 각진 이미지를 가진 경우가 많다.

범죄의 심리학적 접근

생물학적 접근의 뒤를 이어 개인적 요인으로부터 일탈과 범죄의 원인을 찾는 심리학적 접근이 등장했다. 범죄자에게는 특별한 퍼스낼리티가 있다고 본 심리학적 관점은 범죄자만의 독특한 인성 유형으로 정신 박약 상태, 도덕적 타락 등을 지목하고 있다. 최근 들어서는 사이코패스에 대한 관심이 증가하고 있다. 사이코패스란 매우 충동적으로 행동하고 자신의 행동에 대해 전혀 죄의식을 느끼지 않는 냉혈한적 특성을 지닌 사람을 뜻한다. 때로는 자폐적이기도 하고, 폭력 자체를 즐기는 사이코패스도 나타나고 있다.

하지만 어떤 유형의 퍼스낼리티가 필연적으로 범죄 행위로 연결되는지는 분명치 않다. 범죄적 인성을 연구하는 경우에도 이미 범죄를 저지른 기결수만을 대상으로 하기에 샘플링에 문제가 있고, 부정적이며 편파적인 기술이 주를 이루는 한계를 보인다는 점에서 심리학적 설명도 의문시되고 있다. 따라서 오늘날 범죄 및 일탈 연구는 개인적 차원에 집중하는 대신 사회 구조 및 환경을 강조하는 관점으로 변화하고 있는 중이다.

일탈과 범죄란 무엇인가?

일탈 및 범죄 이론을 살펴보기에 앞서 일탈과 범죄란 무엇인지 확실한 개념 정의가 필요할 것이다. 대부분의 공동체 및 사회에는 대다수가 수용하고 있는 일련의 규범이 존재한다. 이들 규범에 순응하지 않는 행위를 일컬어 일탈이라 한다. 과속은 대표적 일탈이다. 장난 전화를 하거나 마리화나를 피우거나, 미성년자의 음주 및 흡연, 사소한 도둑질, 시험 볼 때 커닝 등은 모두 일탈에 포함된다.

단, 일탈 개념은 상대적이다. 정상분포 곡선의 양극단에 위치한 행동이 일탈 범주에 포함되는데, 한편에는 생산적·창조적 일탈이, 다른 한편에는 부정적·파괴적 일탈이 있다. 창조적 일탈의 예로는 예술가, 과학자 및 천재 등을 들 수 있고, 학교 폭력의 가해자, 비행 청소년, 범죄자 등은 파괴적 일탈로 분류할 수 있다.

특정 행위가 일탈인지 아닌지 여부는 문화에 따라 다양하다. 일례로 아랍 문화권에서 마약은 일탈이 아니다. 반면 음주 행위, 알코올은 범법 행위에 해당된다. 일부일처제 문화권에서는 혼외 관계나 두 사람 이상과 결혼하는 중혼이 일탈 및 범죄로 간주되지만, 일부다처제 혹은 일처다부제 국가에서는 자연스러운 행위로 받아들여진다. 동일한 사회에서도 시간이 흐르면 일탈 기준이 바뀐다. 예전에는 안경 쓴 여자나 담배 피우는 여자도 일탈이었다. 1970년대까지는 운전하는 여성들도 일탈이었기에 주위에서 신기하게 바라봤고, 한때는 시장바구니를 든 남자도 일탈이었다. 오늘날 이들을 일탈이라 간주하는 경우는 거의 없다.

일탈은 주체에 따라 개인적 일탈과 집단적 일탈로 나누어지기도 한다. 집단적 일탈의 예로는 1966년 미국에서 슈릴 프라부파다가 시작한 하레 크리슈나 종파를 들 수 있다. 하레 크리슈나는 힌두교의 한 종파로, 힌두교 창조의 신 비슈누의 아바타인 크리슈나를 최고의 신으로 숭배하는 종파이다. 교주 슈릴 프라부파다는 자신의 가르침에 따르면 항상 고결하게 살 수 있고 영원한 기쁨을 누릴 수 있다고 주장하면서 당시 마약에 빠진 소외된 젊은이들을 포섭했다. 하레 크리슈나 운동에 매력을 느끼고 참여했던 청년들은, 삭발하고 힌두식 옷으로 몸을 감싼 채 도시의 거리에서 찬송을 부르며 행인들에게 기부금을 구걸하기도 했다.[1] 하레 크리슈나 종파처럼 일탈을 규범으로 하는 하위문화가 존재한다는 것은 일탈을 이해하는 데 도움이 된다. 자신들만의 문화를 보유하고 있는 조직 폭력배 또한 일탈 하위문화의 대표적 실례라 하겠다. 하레 크리슈나 종파의 경우 최근에는 회원 수가 감소하고 있으나 회원과 동조자들의 지원을 받아 건재함을 유지하고 있다.

한편 범죄란 법을 위반하거나 순응하지 않는 행동을 의미한다. 일탈은 범죄를 포함하는 넓은 범위의 개념으로, 나체족, 집시, 귀를 뚫은 남학생, 레이브 문화는 일탈 범주에 포함되나 법의 처벌 대상인 범죄는 아니다. 범죄를 연구하는 학문은 범죄학이고, 일탈을 연구하는 분야는 일탈 사회학으로, 후자는 범죄를 포함하여 형법 영역 밖의 다양한 행위들도 연구 대상에 포함시키고 있다.

2. 범죄와 일탈에 관한 사회학적 상상력

아노미와 하위문화: 기능론적 관점

범죄와 일탈은 매우 복잡하고 다면적인 현상이기에 이를 설명하기 위한 다양한 개념과 이론적 관점이 공존한다.

아노미와 범죄 및 일탈의 상관관계

기능론적 관점에서 범죄와 일탈을 연구한 대표적 학자로는 에밀 뒤르켐과 로버트 머튼이 있다. 범죄 및 일탈을 설명하는 데 활용되고 있는 기능론적 개념으로는 아노미와 하위문화를 들 수 있다.

뒤르켐은 아노미와 범죄, 일탈을 연결하여 설명하고 있다. 아노미Anomie란 흔히 무규범 상태로 번역되지만, 규범이 없는 사회는 존재 자체가 불가능하기에 정확한 번역이라 보기는 어렵다. 보다 정확하게 말하자면, 아노미란 사회 변화 과정에서 전통적 규범의 영향력 및 규제력이 약화된 상태에서 이를 대체할 새로운 규범이나 기준이 아직 출현하지 않은 과도기적 상태를 의미한다.

사회가 아노미적 상황이 되면, 사람들은 방향 감각을 상실하고 불안에 빠지게 되며, 극단적 경우에는 아노미로 인해 범죄가 발생하기도 한다. 예전 서울의 한 공중전화 박스에서 앞 사람의 통화가 너무 길어지는 것에 격분한 나머지 그 사람을 살해하는 범죄가 발생한 적이 있다. 이러한 종류의 사건은 농촌이나 동족 부락이었다면 결코 일어나지 않았을 것이다. 과거 전통 사회의 규범이 영향력을 상실한 상태에서, 새로운 규범에 대한 사회적 합의가 이루어지지 않은 아노미적 상황이 나타남으로써 이와 같은 극단적 범죄가 발생한 것이다.

뒤르켐의 관점에서 범죄와 일탈은 개인의 의지 혹은 인식과 무관하게 존재하는 사회적 사실이다.[2] 일례로 특정 지역에서 아동 대상 성범죄가 증가한다면, 이는 분명 사회적 현상으로 보아야 한다는 것이 뒤르켐의 주장이다. 이 현상은 개개인의 행동과 인식에 직접 영향을 미쳐, 어린 자녀를 둔 가족이라면 깊은 불안감을 느낀 나머지 아이들로 하여금 밤에는 나가지 못하도록 한다거나, 아이들 안전에 보다 세심한 배려를 하는 등 행동에 제약을 받게 된다는 점에서 그러하다.

기능론적 관점에서는 일탈에도 사회적 기능이 존재한다고 본다. 실제로 창조적 일탈은 새로운 생각과 도전을 사회에 도입함으로써 사회적 혁신을 가능케 한다는 논리다. 서태지와 아이들의 음악이나 스티브 잡스의 아이폰 등 대표적인 창조적 일탈 사례는 사회에 신선한 충격을 안겨주는 동시에 의미 있는 혁신을 가능케 하는 동력이 된다. 일탈의 또 다른 기능으로는 좋은 행동과 나쁜 행동 간의 경계를 유지하면서 나쁜 행동에 대해 사회적 제재 및 통제의 효과를 가져옴을 들 수 있다. 특정 지역에서 마약 거래가 발생할 경우, 해당 커뮤니티 거주자들은 집단적 연대를 구성하여 마약 청정 지역 정책을 지지하는 캠페인을 벌일 수 있다. 학교 폭력이 사회 문제로 부상한 한국에서는 학교 폭력에 대해 강한 벌을 가할 경우 분명 통제 효과가 있음을 발견한 바 있다. 뒤르켐의 이론은 범죄와 일탈을 개인적 차원을 넘어 사회적 힘으로 인식하도록 함으로써 패러다임 전환의 효과를 가져왔다는 긍정적 평가를 받고 있다.

뒤르켐의 영향을 받은 머튼은 아노미에서 출발하여 개념의 추상성을 극복하고 구체화를 시도한다. 머튼은 미국의 사회 구조적 특성과 범죄 발생 원인을 연결시킴으로써 오늘날에도 유효한 일탈 이론을 완성한다. 머튼이 정의하는 아노미란, 사회가 인정한 규범이 사회적 현실과 갈등할 때 개인의 행동에 가해지는 긴장을 의미한다.[3] 모든 사회에는 구성원들에 의해 합의되고 인정된 가치와 규범이 존재하고 동시에 그것을 성취할 수 있는 합법적 수단이 존재한다. 여기서 사회가 인정한 목적과 이를 달성할 수 있는 수단 사이에 불일치 현상이 나타나면 긴장과 갈등이 발생하고, 이로부터 범죄와 일탈이 출현한다는 것이 머튼의 설명이다.

머튼은 목적과 수단의 괴리가 야기하는 긴장에 대한 대응 양식을 다섯 가지로 유형화한다(〈표 12〉 참조). 첫 유형인 순응주의자conformist는 사회가 인정하는 가치와 목적, 그리고 통상적 수단을 모두 수용하고 이에 순응하는 유형이다. 범죄 및 일탈과는 무관한 유형이다. 두 번째 유형은 혁신주의자innovator이다. 개념상 오해를 불러일으킬 소지가 있으나, 머튼의 틀 안에서 혁신주의자는 사회적으로 인정된 가치는 수용하지만 그것을 이루기 위해 합법이든 불법이든 수단 방법을 가리지 않는 사람들을 지칭한다. 탈세를 하거나 주가를 조작하거나 부정부패를 통해 부를 축적하는 사례 등이 혁신주의자에 해당된다. 세 번째 유형은 관습주의자ritualist이다. 이들은 사회가 추구하는 가치나 목적에는 관심이 없고, 수단과 규칙 그 자체를 준수하는 데만 관심이 집중되어 있다. 관료제의 병리 현상인 수단과 목적의 전도 혹은 레드 테이프red tape: 문서주의, 형식주의 등이 이 유형에 해당된다. 경력 전망도 없고 보수가 적음에도 불구하고 단순 반복적이고 무의미한 일에 맹목적으로 헌신하는 사람들을 관습주의자에 포함시킬 수 있다. 네 번째 유형은 은둔주의자retreatist이다. 사회가 인정하는 지배적 가치나 성취 수단을 모두 거부하는 사람들

〈표 12〉 머튼의 일탈 유형

일탈 유형	가치와 목적	합법적 수단
순응주의자*	수용	수용
혁신주의자	수용	수용하지 않음
관습주의자	수용하지 않음	수용
은둔주의자	거부	거부
반항자**	거부/새로운 것으로 대체	거부/새로운 것으로 대체

* 일탈이 아님
** 창조적 일탈에 가까움

이다. 외부 사회로부터 고립된 자족적 공동체의 구성원이나 사이비 종교의 신자가 이 범주에 포함된다. 마지막으로 기존의 가치와 수단을 모두 거부하고 새로운 것으로 대체해야 한다고 주장하는 사람들을 일컬어 반항자rebel라 칭한다. 급진적 정치운동가 집단으로서 혁명을 도모하는 경우가 이에 해당된다. 머튼의 유형화는 일탈 및 범죄 연구 시 유용하게 활용되고 있다.

한편 사회가 전반적으로 풍요로워지고 있는데 범죄도 함께 증가하는 원인으로 머튼은 상대적 박탈감 개념을 제시하고 있다. 오늘날 일상 대화 속에서 상식적으로 사용되고 있는 상대적 박탈감 개념은 머튼이 고안해낸 훌륭한 개념 도구이다. 머튼이 주목했던 것은 객관적 조건 자체가 불만이나 저항으로 직접 연결되는 것은 아니라는 점이었다. 절대 빈곤층에 속하는 사람들이 모두 예외 없이 불만을 느껴 일탈이나 범죄로 나아가는 것은 아니다. 실제로 빈곤층 거주 지역에 사는 빈곤층이 느끼는 박탈감보다는 부유한 지역에 사는 중산층이 느끼는 상대적 박탈감이 더 크다는 것이다. 객관적 조건은 중산층이 빈곤층보다 나은 상황이지만, 주위의 상류층과 비교함으로써 오히려 불만을 느껴 범죄 및 일탈 행동에 가담할 가능성이 증대된다는 것이 머튼의 설명이다.

하위문화로서의 범죄와 일탈

기능론적 입장에서는 범죄와 일탈을 부추기는 하위문화에 관심을 갖기도 한다. 주류 문화와 일정한 거리를 두고 자신들만의 독특한 규범과 가치를 구축하는 것을 하위문화라 한다. 역사적으로는 1960년대 유럽의 학생 문화, 1970년대 미국을 휩쓸었던 히피 문화나 통기타, 청바지로 상징되던 청년 문화 등이 하위문화의 대표적 예라 할 수 있다. 한국에서는 1970년대 유신 시대의 학생 문화나 1990년대 오렌지족 문화, 21세기 이후의 디지털 네이티브 문화를 하위문화의 예로 들 수 있다.

하위문화의 관점에 따르면, 특정 하위문화는 비행 및 범죄를 격려하거나 보상하는 규범을 채택한다. 고전적 연구로는 앨버트 코헨Albert Cohen의 『일탈 소년Delinquent Boys』이 있다.[4] 『일탈 소년』에서 코헨이 제기했던 문제는 '왜 하층 노동 계급 소년들은 중류 계급 소년들보다 갱류의 일탈적 하위문화에 더욱 빈번하게 가담하는가?'였다. 일탈적 하위문화에 가담하는 이들은 중간 계급의 가치를 거부하고 일탈과 반항을 찬양하는 새로운 규범으로 대체한다. 코헨에 따르면, 그들만의 일탈적 하위문화를 통해 사회 구조적 모순에 집단적으로 대응한다는 것이다.

하워드 베커Howard Becker 또한 마리화나 흡연자 연구를 통해 친구의 권유가 주요한 일탈 기제임을 밝혀냈다. 1960년대 초 마리화나 흡연은 미국의 하위문화 중에서도 주변화된 영역이었다. 베커는 마리화나에 중독되는 과정 자체가 마리화나 흡연에 긍정적 가치를 부여하는 하위문화를 개인 스스로 수용하기로 결정한 결과임을 밝혀냈다.[5] 한국에서도 연예인들의 마약 및 도박 중독이 사회적 이슈로 부상하곤 하는데, 이 역시도 독특한 하위문화와 연관되어 있을 가능성이 높다. 하위문화의 관점에서는 일탈과 범죄가 학습되고 사회화된다는 점에 주목하기도 한다. 마약 및 약물 중독자 연구에 따르면, 처음부터 자연스럽게 마약 및 약물 중독에 빠지는 것이 아니라, 마약 혹은 약물을 통해 쾌감을 느끼는 경험이 일련의 학습과정을 거친 결과라는 것이다.

리처드 클로워드Richard Cloward와 로이드 올린Lloyd Ohlin의 연구[6] 역시 일탈 청소년들이 주로 하층 노동 계급 출신이라는 사실에 동의한다. 그러나 가장 문제가 되는 경우는 중간 계급 가치를 내면화하고 그들의 능력에 기초하여 중간 계급 미래를 열망하는 소년들이라는 것이다. 이들이 목표 달성이 불가능하다고 느낄 때 비행에 빠지는 경우가 빈번하기 때문이다. 합법적인 성공 기회를 박탈당한 소수 인종 집단의 하위문화에서 비행 청소년 비율이 높게 나타남은 클로워드와 올린의 주장을 뒷받침하는 전형적 사례라 하겠다.

만일 너도 나도 일탈을 함으로써 일탈 행위가 통제할 수 없을 정도로 확산된다면, 사회는 어떤 반응을 보이게 될까 궁금하다. 1993년 발표된 대니얼 패트릭 모이니헌Daniel Patrick Moynihan의 논문 「일탈 줄이기」는 이 질문에 대한 답을 제공해주고 있다.[7] 대부분의 사회는 일탈 행위자들이 늘어날 경우 새로운 일탈 기준을 정립함으로써 과거에는 일탈로 낙인찍혔던 행위를 '정상화'하려 시도한다는 것이다. 관련된 예로, 과거 동성애는 정신병이나 일탈로 간주되었지만 지금은 허용하는 방향으로 변화되고 있고, 담배 피우는 여성이나 혼전 성관계도 과거에는 일탈이었지만 일탈자 수가 늘어나면서 일탈 범주에서 벗어났음을 관찰할 수 있다. 1950년대 정신과 전문의들이 주도했던 탈제도화 운동 사례도 있다. 당시 전문의들은 정신병자를 병원이나 시설에 수용하기보다 진정제를 투여한 후 내보내기로 결정했다. 그 결과 뉴욕시 정신병자 수는 1955년 9만 3천 명에서 1992년에는 1만 1천 명으로 급격히 감소했다. 그러나 이 사건은 정신병 환자들이 뉴욕의 노숙자로 전락하게 된 사례로 기억되고 있다.

현대인들은 모두 일탈과 범죄에 익숙해지고 있다는 평가도 있다. 현대 사회에서는 정상으로 수용할 수 있는 행동 범위가 확대됨으로써 범죄 수준이 높아지고 있다는 입장이다. 실제 엽기적 살인자나 폭력 갱에 대해서도 과거에 비해 시민들의 분노 수준이 낮아지고 있고, 범죄 신고율 또한 감소 추세를 보이고 있다.

기능주의 범죄론에 대한 평가

기능주의 입장에서 분석한 일탈과 범죄에 대한 이해는 사회 구조적 맥락에서 일탈과 범죄를 조망했다는 점에서 공헌을 인정받고 있다. 그러나 비판 또한 만만치 않아, 기능론자들은 중산층 중심의 편견에 기반하고 있다는 공격을 받고 있다. 중산층 중심의 편견은 구성원들이 대체로 중간 계급의 가치를 수용하는 것으로 전제함을 뜻한다. 예를 들어, 빈곤층의 높은 범죄 및 일탈 가담률을 성공에 대한 갈망 때문이라고 해석하는 것은, 중산층 가치를 빈곤층에 투영해서 설명하는 방식이라는 것이다. 하지만 대부분은 자신의 현실에 욕구를 적응시키는 경향이 있음을 고려할 때, 과연 가난한 사람들이 중류층과 동일한 수준의 성공을 원하는지는 재고해보아야 한다는 것이다. 욕구와 기회의 불일치가 혜택을 덜 받는 소외집단에 제한되어 있다고 가정하는 것 또한 비현실적이라는 비판을 받고 있다. 곧 욕구 수준은 높은데 기회가 없기 때문에 범죄를 저지른다고 일반화하는 경우, 실제로는 수단을 다량 보유하고 있음에도 범죄자가 되는 사례에 대해 기능론은 설명력이 떨어진다. 횡령, 사기, 탈세 등의 화이트칼라 범죄, 기업 범죄, 권력자의 범죄 등이 만연하고 있음은 기능론적 설명 방식의 한계를 보여준다는 비판이다.

낙인 이론

상호작용론적 관점에서 범죄와 일탈을 설명하는 대표적 이론으로는 낙인 이론 labeling theory이 있다.[8] 범죄와 일탈은 사회적으로 구성된 현상이라고 보는 낙인 이론은 처음 출현 당시 매우 획기적인 이론으로 받아들여졌다. 낙인 이론의 핵심적 주장은 행위의 속성 자체가 비행이냐 아니냐를 결정하는 것은 아니라는 입장이다. 청소년 비행은 한마디로 타고난 비행적 행위는 없다고 보는 낙인 이론을 설명하는 데 적합한 사례이다. 만약 중상류층 자녀가 흡연, 절도, 사기, 폭력 등의 비행을 저지른다면 대체로 훈방될 뿐, 낙인의 대상으로 전락하지는 않는다. 그러나 하류층 자녀가 똑같은 유형의 비행을 저지르면 낙인의 대상이 되어 소년원으로 보내진다. 살인도 낙인 이론을 이해하는 데 적절한 사례이다. 누군가를 죽이는 살인 행위는 다분히 범죄 행위지만 그 자체로 범죄가 되는 것은 아니다. 전쟁터에서의 살인은 정당화되며, 정당방위로서의 살인도 범죄로 인정되지 않는다는 점에서 그러하다.

따라서 특정 행위가 범죄냐, 일탈이냐 자체는 초기 행위가 범죄 혹은 일탈로 정의되는지 여부에 달려 있다. 동일한 행위에 대해 어떤 집단은 일탈로 호명되어 낙인찍히고, 다른 집단은 낙인의 오명에서 벗어나는 메커니즘을 해명하려는 것이 낙인 이론의 핵심인 셈이다. 결국 누군가가 낙인을 찍기 때문에 범죄자 혹은 일탈자가 되는 것이라면, 일탈은 개인이나 집단의 특성이 아니라 일탈자와 비일탈자 간의 상호작용 과정에서 파생되는 결과라 할 수 있다. 그렇다면 누가 누구를 상대로 낙인을 찍는가가 중요한데, 누가 낙인을 찍고, 누가 낙인이 찍히는가를 보면 사회의 권력 구조가 적나라하게 드러난다는 것이 낙인 이론의 핵심 주장이다.

대부분의 사회에서 부자보다는 빈곤층이, 남자보다는 여자가, 인종적 다수 집단보다는 소수 집단이 낙인에 노출되는 경우가 많다. 다른 사람의 정원에서 과일을 훔치는 행위가 부자 동네에서는 유년기의 순진무구한 오락 정도로 가볍게 인식되지만, 가난한 동네에서는 청소년 비행으로 낙인찍힐 가능성이 높다. 일단 비행이란 딱지가 붙으면 교사나 미래의 고용주들에 의해 믿을 수 없는 사람으로 규정되게 마련이다. 이런 점에 비추어 하워드 베커Howard Becker는 일탈 행위란 '사람들이 일탈 행위라고 부르는 행위'라고 정의하기도 한다. 베커는 정상적 행동과 범죄로 가는 일탈적 행동 사이에 분명한 구분이 있다고 주장하는 범죄학자들을 비판한다. 앞의 사례로부터 유추해보건대 행위 자체가 일탈 여부를 규정한다기보다는 일탈 및 낙인을 붙이는 사회 구조적 요소가 보다 중요하다는 사실에 주목해야 한다는 것이다.

한편 낙인은 개인의 자아 인식에도 영향을 미친다. 에드윈 레머트Edwin Lemert의 연구에 따르면,[9] 낙인으로 인해 일탈자로서의 정체성을 갖게 될 경우 계속해서 범죄를 유발하게 될 가능성이 높다. 레머트는 일탈을 1차적 일탈과 2차적 일탈로 나눈다. 1차적 일탈은 대부분이 흔히 경험하는 것으로, 교통 신호를 위반함으로써 범칙금을 부과받기도 하고, 학칙을 위반해서 경고를 받기도 한다. 이 수준의 일탈은 개인의 자아 정체성에 크게 영향을 미치지 않는다. 2차적 일탈은 개인이 주변의 낙인을 수용하여 자신을 '일탈자'라 규정하는 단계를 뜻한다. 낙인은 개인의 정체성과 연결됨으로써 일탈적 행위를 지속하거나 강화시키는 결과를 가져온다. 청소년이 도심 상점의 유리창을 깰 경우 우발적 행동으로 인지되면 낙인에서 벗어날 수 있지만, 의도적인 일탈 행위로 규정되어 경찰 및 법원에 의해 집행유예나 사회봉사 명령을 받으면 행위자는 스스로를 일탈자로 규정하게 된다. 일탈 및 범죄 행위에 가담한 경우 교도소나 소년원에서 일탈과 범죄를 다시 학습하게 되는 아이러니한 결과를 가져오기도 한다.

낙인 이론에 대한 평가

낙인 이론은 어떤 행위도 원래부터 범죄적인 것은 아니라는 가정을 통해 범죄 및 일탈 연구에 획기적인 패러다임의 변화를 가져왔다는 긍정적 평가를 받고 있다. 나아가 범죄성을 정의하면서 경찰, 법원, 교정 기관에 의해 법이 제정되고 권력자들에 의한 법 해석을 통해 일련의 행위가 범죄로 규정된다고 본 것 또한 신선한 시각이라는 평가를 받고 있다.

그러나 낙인 이론 또한 비판에서 자유롭지 못하다. 낙인 이론은 특정 행위 자체가 범죄를 결정하는 것은 아니라고 보지만, 살인, 강간, 절도 등의 행위는 모든 사회에서 동일하게 금지되고 있다. 물론 전쟁 상황에서의 살인은 예외지만, 범죄적 행동을 규정하는 기준이 존재한다는 점에서 낙인 이론이 표방하는 지나친 상대주의를 경계해야 한다는 비판이 있다. 낙인은 시간에 따라 변화한다는 점도 범죄 및 일탈을 설명하기에는 근본적 한계가 있다고 본다.

낙인 이론은 일탈로 규정되는 행위로 나아가는 과정에 대한 논의가 소홀하다는 비판을 받기도 한다. 사소한 절도 행위는 부유한 집안 출신 자녀보다 가난한 집안 자녀들 사이에서 더욱 빈번하게 시행된다. 이 상황에서 최초로 물건을 훔치게 된 원인은 낙인 때문이 아니라, 가난 때문이라는 설명이 보다 현실적이라는 것이다.

낙인이 실제로 일탈적 행위를 증대시키는 효과가 있는지 여부 또한 불분명하다. 일탈 행동을 하게 되는 이유는 일탈자들과 더욱 빈번하게 상호작용을 했기 때문일 수도 있고, 새로운 범죄 기회를 학습함으로써 일탈이 야기됐을 수도 있다. 낙인 이론가들은 이 부분에 대한 설명을 생략하고 있다는 비판을 받고 있다.

신범죄론

신범죄론New Criminology은 갈등론의 관점에서 범죄와 일탈에 대한 설명을 시도한다. 대표적 학자로는 이안 테일러Ian Taylor, 폴 월튼Paul Walton, 조크 영Jock Young 등이 있다.[10] 이전의 일탈 및 범죄 이론과 차별화된 관점을 견지하고 있는 신범죄론의 입장에서 볼 때, 일탈 및 범죄는 정교하게 선택된 사회 현상이요, 고도로 정치적 성격을 지닌 행위이다. 이 입장은 유전 인자와 관련된 생물학적 설명, 인성에 기초한 심리학적 설명, 기능론에 기반한 아노미 이론과 상호작용에 주목한 낙인 이론 등 기존의 일탈 및 범죄 이론을 모두 거부한다. 현대 사회 범죄는 자본주의 체제의 불평등에 대한 적극적 대응책으로서, 개인은 의도적으로 일탈 및 범죄적 행위에 가담한다는 것이 신범죄론의 시각이다. 실제로 주류 문화에 저항하는 반문화 운동의 선봉에 서 있는 블랙 파워나 동성애 해방운동 등을 신범죄론에서는 기존 사회 질서에 대한 도전으로 해석한다.

또한 신범죄론은 지배 집단의 권력 유지와 기존 사회 질서의 유지 관점에서 범죄와 일탈의 원인 및 현상을 분석한다. 버밍엄대학교 현대문화연구센터의 스튜어트 홀Stuart Hall과 그의 동료들에 의한 연구 『위기 관리하기Policing the Crisis』는 신범죄론의 관점을 대표하는 역작이라 할 수 있다.[11] 『위기 관리하기』는 1970년대 초 영국의 최대 사회적 이슈였던 노상강도 사건을 대상으로, 지배 집단이 기존의 범죄를 어떤 방식으로 관리policing하고 있는지 분석한 연구이다. 당시 영국 시민들은 노상강도 사건으로 불안에 떨고 있었는데, 강도범 중에는 흑인이 압도적 다수를 차지하고 있었다. 이는 이민자들이 사회 붕괴에 책임이 있음을 함의함으로써 그들을 희생양으로 만드는 결과를 가져왔다. 당시 높은 실업률에 임금 수준은 격감하는 데다 심각한 구조적 결함을 안고 있었던 영국 사회는 시민들의 관심을 돌리기 위해 국가와 언론이 범죄를 이용했다는 것이 홀의 해석이다.

신범죄론은 법 제정과 적용에 대해서도 새로운 해석을 시도하고 있다. 무엇보다 법은 권력자들의 특권을 유지하기 위한 도구로써 입법 과정에서부터 불평등한 권력 관계가 체계적으로 작동하고 있다는 것이다. 예컨대 조세법은 부자들에게 유리한 방향으로 제정되며, 형법은 노동자 계급에게 더욱 억압적이라는 사실을 지목한다. 뿐만 아니라 법은 중립성과 거리가 있고, 모든 인구 집단에 균등하게 적용되는 것도 아니다. 권력자들은 범법 행위를 해도 체포되지 않는 경우가 빈번하고, 한국에서도 '유전무죄, 무전유죄'라는 말이 회자되고 있다. 법 집행 기구는 탈세나 주가 조작 등 화이트칼라 범죄자 추적을 두려워하는 대신 매매춘, 마약 복용자, 소규모 절도범, 사기범 등 힘없는 사람들을 대상으로 집행 기관의 힘을 과시하는 경향이 있다. 결국 신범죄론은 계급 불평등이 확대되면서 법 제도가 기존의 질서 유지를 위한 중요한 도구가 되고 있다는 비판적 입장을 고수하고 있다.

신범죄론은 사회 정의, 권력, 정치와 관련된 이슈를 범죄 및 일탈 논의에 포함시킴으로써 범죄학 논의의 지평을 확대했다는 평가를 받고 있다. 범죄를 보다 체계적으로 이해하기 위해 사회 구조적 불평등과 사회 집단 간 대립이라는 구조적 맥락과 연계해야 함을 강조한 면도 긍정적 평가를 받고 있다.

신좌파 현실주의의 등장

1980년대 시작된 새로운 흐름으로 신좌파 현실주의New Left Realism가 있다. 이 입장은 신범죄론과 신마르크스주의를 통합한 관점으로, 좌파 관념주의와 일정한 거리를 두고 있다.[12] 기존의 좌파 범죄학은 공식적 범죄율이 증가하는 현실을 외면하고 범죄율 증가의 중요성을 최소화하고자 했으며, 대부분의 범죄는 불평등에 대한 위장된 저항이라 주장함으로써 마르크시스트 관점의 한계 안에 머물고 있다는 평가를 받았다. 반면 신좌파 현실주의자들은 범죄율이 실제로 증가하고 있고, 범죄율 증가에 대한 우려는 대중의 권리라는 입장에 서 있다. 나아가 범죄학이 나아가야 할 방향은 범죄에 대한 추상적 논의 대신, 범죄 통제와 범죄 해결을 도모할 사회 정책 및 실질적 쟁점을 다룰 필요가 있다고 주장한다.

신좌파 현실주의자들은 범죄 희생자에 대해서도 남다른 관심을 기울인다. 지금까지는 가해자와 관련된 공식 범죄 통계가 주를 이루었다면, 앞으로는 희생자에 주목함으로써 범죄 실태를 더욱 정확하게 파악할 수 있으리라는 입장을 견지한다. 범죄는 심각한 사회 문제의 하나로, 가난한 도심 지역에서 가장 높은 범죄 발생률을 보인다는 사실에 주목해야 한다고 주장한다. 범죄율과 희생자 비율이 소외된 집단에 집중되어 있고, 사회적 박탈 정도가 높은 집단이 다른 집단에 비해 범죄에 빈번하게 노출되고 있다는 점을 간과해선 안 된다는 것이다.

신좌파 현실주의는 도심 내 '범죄 하위문화'에도 주목한다. 범죄 하위문화는 빈곤한 현실 자체보다는 상대적 박탈감과 사회적 배제로부터 발생한다. 흑인 범죄율이 증가하는 현실은 인종적 통합 정책이 실패했기 때문이다. 범죄 해결 방안과 관련해서는 경찰력에 주목하며, 경찰 치안 유지의 현실적·실용적·정책 지향적 접근을 제안한다. 이들의 제안에는 경찰 당국자들로 하여금 '최소한의 치안'을 유지하고, 지역의 치안 유지에 시민들의 참여를 적극 유도하는 정책과 경찰이 지역사회의 신뢰를 회복할 수 있도록 하는 방안 등이 포함되어 있다.

신좌파 현실주의가 범죄 희생자를 강조함은 인정하지만, 마르크시즘의 틀을 고수하면서 개인 희생자에게 초점을 맞추는 것은 비논리적이라는 비판이 있다. 범죄의 범위를 협소하게 한정함으로써, 국가 및 기업에 의해 주도되는 범죄는 간과하고 거리 범죄 등 눈에 보이는 범죄에 초점을 맞추고 있다는 비판도 있다.

통제 이론: '깨진 창문' 실험

통제 이론Control Theory의 관점에서는 범죄 행위에 대한 충동과 그것을 저지하는 사회적·물리적 통제 간에 불균형이 존재함으로써 범죄가 발생한다고 본다. 통제 이론에 따르면, 인간은 기본적으로 합리적 행위자이다. 그러나 기회가 오면 누구든 일탈적 행동을 할 가능성이 있다고 가정한다. 범죄는 개인들로 하여금 지금이 기회라 인식하고 행동에 옮기도록 동기를 부여하는 '상황적 결정'의 결과라는 것이다.

통제 이론을 대표하는 트레비스 허쉬Travis Hirschi에 따르면, 인간은 범죄 행위에 가담할 경우 얻을 수 있는 이익과 빠지게 될 위험을 저울질하면서 범죄에 가담할 것인지 여부를 치밀하게 계산하는 이기적 존재라는 것이다. 그는 『일탈의 원인Causes of Delinquency』에서 개인과 사회를 유기적으로 결합시키는 결속 유형으로 애착attachment, 헌신commitment, 적극적 참여involvement, 믿음believe의 네 범주를 제안하고 있다.[13] 사회와 개인 간 결속이 강할 때는 사회 통제와 순응이 유지되는 반면, 사회와 개인 간 결속이 약화되면 비행과 일탈이 발생한다는 것이다. 통제 이론의 관점에서 볼 때 일탈자들은 자기 통제 수준이 낮은 개인들이다. 허쉬는 가족과 학교에서 이루어진 부적절한 사회화의 결과로서 이들이 일탈 및 범죄 행동에 빠지는 것이라 결론짓고 있다.

우파 현실주의

우파 현실주의Right Realism는 1970년대 말 영국의 마가렛 대처 수상과 미국의 로널드 레이건 대통령 집권 당시 등장한 관점으로, 범죄를 다스리고 범죄율을 낮추기 위해서는 법과 질서를 강화하는 것이 필수적이라고 주장한다. 이들은 범죄와 일탈이 증가하는 원인으로 사회 전반적 차원에서 진행되는 도덕적 타락, 복지 의존성이 강화되면서 나타나는 도덕적 해이, 관용적 교육으로 인한 개인의 책임감 저하, 그리고 가족과 지역사회의 붕괴에 따른 전통적 가치의 훼손 등을 지목하고 있다. 사회에 위협을 가하는 폭력이 존재함에도 불구하고 무법인 상황을 위기로 규정하기도 한다.

일탈을 개인적 병리 차원에서 접근하는 우파 현실주의는 개인적 이기심과 자기 규율 및 도덕성 부족으로 자기 통제력이 약한 개인들이 파괴적 행동을 적극적으로 선택한 결과 일탈 및 범죄가 지속적으로 증가된다는 입장이다. 따라서 우파 현실주의 관점에서는 범죄 및 일탈이 사회 구조적 빈곤이나 불평등, 실업 등의 문제와 연관되어 있다는 분석을 인정하지 않는다.

우파 현실주의를 대변하는 영국의 보수당과 미국의 보수주의 정부는 법 집행을 강화하고 경찰력을 보강하며 장기 복역을 선고하는 것이 범죄 예방에 가장 효과적이라 주장한다. 이로부터 나온 방안 중 하나가 범죄 발생 자체를 어렵게 만드는 표적물 강화 전략target hardening이다. 이 개념을 이해하기 위해서는 주위에 흔하게 설치되어 있는 CCTV를 연상하면 된다. CCTV 설치 등을 통해 감시 체제를 강화함으로써 상황적 범죄 예방에 집중하는 것이 바로 표적물 강화 전략이다. 자동차 도난 방지를 위해 운전대에 잠금장치 설치를 의무화하는 방안, 공중전화 박스의 절도 방지를 위해 부수기 어려운 동전 박스를 설치하는 방안, 범죄가 빈번하게 발생하는 도심지 및 공공도로에 폐쇄 회로를 설치하는 방안 등은 표적물 강화 전략의 구체적 사례이다.

표적물 강화 전략을 한 걸음 더 진전시킨 것이 불관용 정책이다. 이는 범죄자들을 변화시키는 데 주력하기보다 범죄자들의 범죄 능력을 통제하는 실질적 조치를 취하는 것이 바람직하다는 입장이다. 불관용 정책은 절도, 배회, 구걸, 음주 등 작은 범죄와 공공질서를 파괴하는 모든 행위를 원천적으로 허용하지 않는다. 이들 정책은 다양한 환경에서 범죄율 감소에 성공함으로써 정치인들로부터 호응을 얻고 있다.

최근에도 사설 경비 서비스가 확장되고 있고, 자동차 경보기 및 주택 경보기를 설치하는 사람들이 증가하고 있으며, 경비견들도 늘고 있고, 일부 고급 아파트 단지에서는 출입 통제를 엄격하게 실시하고 있다. 이러한 현상들은 우리로 하여금 '무장 사회'에 살고 있다는 믿음을 유포하는 동시에 '요새 심리'의 확대에도 기여하고 있다. 부유한 지역에서 감시를 강화할 경우 가난한 지역에서는 오히려 비행이 증가하기도 한다. 신형차에 운전대 잠금장치가 의무화되면서 구형차 도난 사례가 증가하고 있음은 이의 구체적 실례이다.

범죄 위협을 줄이기 위해 공공장소에서 특정 범주의 사람들을 물리적으로 배제시키는 방안도 우파 현실주의의 전략 중 하나다. 잠재적 위협 요인을 제공하는 젊은층, 빈곤층, 노숙자 등에게 허용되는 공공장소를 축소시키는 사례가 이에 해당한다. 범죄 예방 차원에서 경찰 인력과 자원을 증강하는 방안도 제안되고 있으나, 경찰력이 보강될 경우 범죄율이 감소하는지 여부는 통계적으로 입증되지 않고 있다.

통제 이론은 전반적으로 범죄의 근본적 원인인 사회적 불평등, 실업, 빈곤 등을 간과하고 있다는 점에서 비판을 받고 있다. 더불어 경찰의 통제력이 영향을 미치는 범위에만 초점을 맞추고 있다는 점이 한계로 지적되고 있다. 그럼에도 통제 이론의 전략은 정부가 범죄 예방을 위해 노력하고 있다는 인상을 제공한다는 점에서 정책 입안자들에 의해 선호된다.

깨진 창문 이론

통제 이론은 1960년대 미국의 사회심리학자 필립 짐바르도Philip Zimbardo가 주도했던 간단한 실험 이후 널리 알려졌다. 번호판이 떨어진 채 후드가 올라가 있는 자동차 한 대를 부자 거주 지역인 캘리포니아의 팔로 알토 지역에 방치했고, 다른 한 대를 빈곤층 밀집 지역인 뉴욕 브롱크스 지역에 방치했다.

실험 결과, 캘리포니아 팔로 알토 지역에서는 별다른 변화가 없었지만 뉴욕 브롱크스 지역에서는 유리창이 깨진 자동차를 방치한 이후 범죄율이 증가한 것으로 밝혀졌다. 이로부터 깨진 유리창으로 상징되는 사회적 무질서의 신호는 지역사회에서 더욱 심각한 범죄를 불러일으킬 수 있음이 입증됐다. 사소한 일탈이 범죄와 사회 붕괴라는 악순환으로 발전할 가능성이 있음을 암시한 실험이라 하겠다. 짐바르도의 실험 이후로 깨진 창문 이론은 음주, 거리의 마약, 교통 위반 등 사소한 범죄를 대상으로 새로운 치안 전략을 마련하는 근거가 되었다. 짐바르도의 실험 결과를 받아들여 실제 현장에 적용했던 대표적 사례로는 루돌프 줄리아니Rudolph Giuliani 뉴욕 시장의 불관용 정책이 있다. 1994년부터 2001년까지 줄리아니 시장 재임 기간 동안 거리에서 일어나는 모든 종류의 범죄를 대상으로 불관용 정책을 실시한 결과, 뉴욕시의 노상강도 및 절도 범죄율이 급격하게 낮아졌고, 살인율도 20세기 들어 최저 수준으로 떨어지면서 줄리아니 시장은 높은 인기를 누린 바 있다.

그러나 통제 이론은 경찰이 원하는 방식으로 '사회 무질서'를 찾아내도록 한다는 점에서 비판을 받고 있다. 통제 이론을 근거로 표적물 강화 및 불관용 정책을 도입하게 되면 결국은 경찰에게 상당한 권한을 위임하게 된다. 무질서의 정의에 대한 합의 없이 경찰이 거의 모든 행위를 무질서의 표시로 인식하도록 허용한다면, 모든 사람을 잠재적 위협으로 간주할 수 있는 권한을 부여해주는 셈이 된다. 이의 위험성은 경찰권 남용으로 인한 고소가 증가하고 있는 현실에서 감지되고 있다.

지금까지 살펴본 바 범죄 현상은 매우 다양한 스펙트럼의 행위를 포괄하기에 모든 범죄 행위를 일괄적으로 설명하는 단일 이론은 불가능함을 알 수 있다. 그럼에도 사회학적 관점은 범죄론의 발전에 일정 부분 기여한 바가 있다. 무엇보다 범죄 행위와 올바른 행위 사이에 질적 차이가 존재하는 것이 아니라는 주장은 범죄 및 일탈 행위에 대한 인식의 전환을 가져왔다. 특정 행위가 범죄로 인식되고 처벌 대상이 되는 것은 그 자체로 해당 사회의 권력 구조 및 불평등과 밀접히 연계되어 있다는 주장 또한 중요한 시사점을 던져준다. 범죄의 원인을 어떻게 이해하느냐에 따라 범죄 정책의 방향이 결정된다는 점도 주목할 만하다. 범죄의 원인을 사회적 불평등 및 자본주의의 모순으로 규정할 경우, 빈곤율 및 실업률 감소 정책과 사회복지 서비스 강화 정책이 도입될 것이다. 반면 범죄를 개인의 충동 조절 실패에 기인하는 것으로 본다면, 불관용 정책 및 표적물 강화 정책이 도입될 것이다.

3. 범죄의 희생자와 가해자

젠더, 연령 그리고 범죄

범죄에는 희생자와 가해자가 있다. 범죄 통계에 따르면 희생자나 가해자는 무작위적으로 분포되기보다 사회 집단에 따라 달리 나타난다. 대부분의 사회에서 범죄율은 남성이 여성보다 높고, 젊은 층이 중장년층보다 높다. 범죄의 희생자가 될 가능성 또한 지역, 인종, 계급과 밀접한 관계가 있어, 물질적으로 궁핍한 지역, 도심지, 소수 인종 거주 지역 등의 범죄율이 높다.

젠더와 범죄의 관계

젠더와 범죄의 관계를 보면, 대부분의 사회에서 남성 범죄율이 여성 범죄율보다 높다. 영국과 웨일스의 경우, 남성은 전체 범죄자 중 약 81%를 차지한다. 한국에서도 범죄자의 성별 분포가 남성 82%, 여성 18%로 나타나고 있다.[14] 그러나 최근 들어서는 여성 범죄율의 증가가 두드러져, 영국에서는 1992–2002년 기간 중 여성 수감자가 무려 173% 증가했다.

여성의 범죄는 남성의 범죄와 차별화된 맥락에서 발생한다. 범죄 유형에 따른 젠더 차이를 보면, 소매치기, 사기 등의 경범죄는 여성 비율이 상대적으로 높다. 한국에서 여성 범죄율 평균(18%)보다 높은 범죄 유형으로는 약취와 유인(26.2%), 체포 및 감금(20.3%), 협박(20%) 등이 있다. 반면 강간 및 강도의 여성 비율은 각각 0.7%, 4.7%로 여성 비율이 극히 희소한 것으로 확인되고 있다.[15]

오토 폴락Otto Pollak은 범죄율에 반영된 젠더 차이가 공식 통계보다 낮을 것으로 추정한다.[16] 이유로는 여성이 가해자인 범죄는 과소 보고되는 경향이 있고, 여성은 공공 영역보다 가족 및 사적 영역에서 범죄에 연루될 기회가 빈번하며, 여성 스스로 자연스럽게 자신의 범죄를 속이거나 감추는 기술이 발달되어 있다는 점을 들고 있다. 남성 앞에서 생리의 고통과 불쾌감을 감추듯 여성의 거짓은 생물학적 요인과 연계되어 있다고 본다.

여성 범죄율이 낮은 또 하나의 이유로는 남성 경찰관의 '기사도 테제'가 있다. 남성 경찰이 기사도 정신을 발휘하여 남성 범죄자에 비해 여성 범죄자를 더욱 관대하게 다룬다는 것이다. 여성을 덜 위험한 범법자로 간주한 나머지, 남성이라면 분명히 체포했을 상황이라도 여성이 가담하면 가볍게 넘겨버리는 경우가 많다고 한다. 형사 처벌이 이루어지는 경우에도 여성은 남성보다 수감될 가능성이 적다.

반면 페미니스트 범죄학자 프란시스 하이덴손Francis Heidensohn은 여성 범죄율이 전반적으로 남성보다 낮지만 여성이 보다 가혹한 처벌을 받을 때가 있음을 환기시키고 있다.[17] 특별히 사회가 합의하고 있는 여성성 규범을 벗어난 범죄를 저지를 경우, 법을 어겼을 뿐 아니라 사회가 기대하는 적절한 여성의 행동에서 벗어났다는 이유로 더욱 엄격하고 가혹한 처벌이 따른다는 것이다.

형사 체계 안에도 성에 따른 이중 기준이 존재한다는 비판도 있다. 남성의 공격성과 폭력성은 자연스럽게 수용하면서 여성이 공격성과 폭력성을 보이는 경우는 심리적 불균형 상태에서 원인을 찾는다는 것이다. 하지만 최근 들어 여성 갱 및 테러리스트가 늘어나면서 폭력이 더 이상 남성의 전유물만은 아니라는 인식이 확산되고 있다.

청년과 범죄의 관계

일반 대중의 범죄를 향한 공포는 노동 계급 출신 젊은 남성의 '거리 범죄'에 초점이 맞추어져 있다. 절도, 강도, 상해, 강간 등 젊은 층 범죄율은 사회의 건강성과 복지의 지표가 되기도 한다. 통계에 따르면 범죄에 가장 많이 가담하는 피크 연령은 소년 18세, 소녀 15세로 나타나고, 대부분의 사회에서 소년 범죄율이 소녀 범죄율보다 높다. 한국의 『범죄 분석』 자료에 의하면 범죄율이 가장 높은 연령이 30대로서 30%를 차지하고 있고, 다음이 40대(26%), 20대(23%)의 순으로 나타나고 있다. 반면 10대와 50대 범죄율은 상대적으로 다소 낮은 11%이다. 하지만 범죄 유형별로는 10대의 경우 절도범 비율이 45%, 강도가 36%로 집중되어 있고, 30대에서는 횡령, 방화, 약취 유기 비율이 높으며, 40대에서는 배임, 협박, 상해, 폭행 등의 비율이 높다.

존 먼시John Muncie는 청년 범죄가 발생할 경우 도덕적 공황 상태가 나타남으로써, 범죄의 냉혹한 현실을 정확하게 반영하지 못한다는 한계에 주목한다.[18] 1993년 영국에서는 10세 아동이 2세 어린이를 살해하는 사건이 발생했다. 당시 이 사건은 사회적으로 엄청난 충격을 불러일으켰고, 시민들의 도덕적 분노가 합리적 이성을 압도함으로써, 열 살짜리 아동도 폭력의 잠재적 위협자가 될 수 있다는 사실을 놓쳐버렸다. 이전에도 10세 아동 중 폭력 성향과 자아 공격성을 보인 선례가 다수 있었으나, 어떠한 사회적 개입도 이루어진 적이 없었다는 사실이 정당한 주목을 받지 못했던 것이다.

청소년 범죄와 마약의 관계는 더욱 미묘하다. 서구에서 마약과 술 소비는 청소년 사이에 통상적 사건으로 인식되고 있다. 덕분에 청소년의 마약 및 음주를 명백한 범죄로 볼 것이냐, 아니면 일시적으로 탐닉하는 하위문화로 볼 것이냐를 두고 논쟁이 있다. 영국에서 7-15세 아동 1만 명을 대상으로 설문 조사를 실시한 결과, 9%가 상습적으로 흡연을 경험한 바 있고, 25%는 조사 1주일 전 음주 경험이 있었으며, 21%는 1년 전 마약을 했던 것으로 나타났다. 더불어 4%는 코카인, 헤로인 등의 A급 마약을 접했던 것으로 밝혀져, 흡연·음주·마약·코카인 경험 비율이 매우 높았다. 최근의 추세는 강한 중독성 마약으로부터 레이브나 클럽 문화를 통해 가볍게 즐길 수 있는 엑스터시 등의 생활 양식형 마약으로 변화해가고 있다. 이 과정에서 마약과의 전쟁이 지속됨에 따라 많은 젊은이가 범죄자로 분류되기도 한다. 이에 대해 젊은이들 사이에 흔히 관찰되는 반사회적 행동, 하위문화, 불순종 행위 등을 범죄에 포함시키는 것은 옳지 않다는 인식이 설득력을 얻고 있다.

한국의 청소년 대상 범죄 현황을 보면,[19] 2008년까지는 12세 이상-20세 미만이었던 소년범 연령이 2009년부터는 10세 이상-19세 미만으로 조정되었다. 덕분에 2008년 13만 5천여 건에 달했던 소년범 숫자가 2013년 통계에서는 9만 1천여 건 수준으로 감소했다. 전체 범죄 중 소년범이 차지하는 비중은 약 4%인데, 전형적인 소년 범죄로는 절도, 장물, 사기, 횡령, 배임, 손괴 등의 재산 범죄가 61.4%로 압도적으로 높고, 다음은 폭력 범죄(폭행, 상해, 공갈, 협박, 약취 및 유인, 체포 및 감금, 폭력행위 등 처벌에 관한 법률 위반 등) 비율이 29.7%로 뒤를 잇고 있다. 살인, 강도, 방화, 강간 등의 강력 범죄 비율도 3.4%로 나타나고 있다.

현대 사회 범죄 유형

화이트칼라 범죄

화이트칼라 범죄white-colour crime의 대표적 사례로는 2001년 발생했던 세계 최대의 정유회사 엔론 사태를 들 수 있다. 엔론은 당시 엄청난 부채를 숨기고 있던 허위 회계 장부가 발견됨에 따라 도산하게 된다. 그로 인해 전 세계에 걸쳐 수천 개의 일자리가 한꺼번에 사라졌고 엔론에 고용되어 있던 2만 명의 직원들은 하루아침에 실직자가 되었다.[20]

화이트칼라 범죄 개념은 1949년 범죄학자 에드윈 서덜랜드Edwin Sutherland가 최초로 도입한 것으로[21] 부유한 사람들에 의해 저질러지는 범죄를 의미한다. 화이트칼라 범죄에는 절도, 탈세, 불법 판매 행위, 보증과 토지 사기, 횡령, 위험물 생산 및 판매 등 중간 계급 및 전문적 위치를 이용한 범죄 활동까지 모두 포함된다.

화이트칼라 범죄는 권력자들의 범죄crime of the power 개념과는 구분된다. 권력자들의 범죄는 자신들의 위치에 부여된 권위 및 권력을 범죄 행위에 활용하는 것을 의미한다. FBI의 고위직 간부가 마약 밀매 조직과 연결되는 사례나, 국회의원 및 고위 공직자의 뇌물 수수 등은 권력자들 범죄의 전형적 사례이다.

화이트칼라 범죄는 측정이 매우 어려우며 드러나지 않는 경우가 많아 공식 통계에 정확하게 반영되지 않는다는 특징이 있다. 더불어 관대하게 다루어지는 경향이 있지만 화이트칼라 범죄가 야기하는 피해 범위는 예상보다 막대해서 미국의 경우 화이트칼라 범죄에 연루된 액수가 일반 범죄의 40배에 이른다고 한다.

기업 범죄

기업 범죄는 주로 대기업이 저지르는 범죄를 의미한다. 기업이 주체가 되어 대기나 수질 오염을 야기하거나 건강 및 안전 규제를 위반하거나 산업재해를 유발하는 등의 행위는 작은 범죄보다 더욱 많은 사람들에게 영향을 미친다. 한국의 대표적 기업 범죄 사례로는 낙동강 페놀 오염 사건, 서해안(태안) 기름 유출 사건 등을 들 수 있다.

낙동강 페놀 오염 사건은 1991년 3월 14일, 경상북도 구미시 구포동의 페놀 원액 저장 탱크에서 페놀수지 생산라인으로 통하는 파이프가 파열되면서 발생했다. 30톤의 페놀 원액이 옥계천을 거쳐 대구 상수원인 다사 취수장으로 흘러들어가면서 수돗물을 오염시켰다. 페놀 원액은 3월 14일 밤부터 15일 새벽까지 약 8시간 동안 새어나왔으나 발견되지 못했고, 수돗물에서 악취가 난다는 대구 시민들의 신고를 받은 취수장 측은 원인을 규명하지 않은 채 페놀 소독에 사용해서는 안 되는 염소를 다량 투입함으로써 오히려 사태를 악화시켰다. 다사 취수장을 오염시킨 페놀이 낙동강을 타고 부산, 마산 전 지역으로 계속 흘러 들어가면서 영남 전 지역이 페놀 파동에 휩쓸린다. 이 사고로 공무원과 기업 관계자들이 문책된 이후에도 다시 페놀 원액 2톤이 낙동강으로 유입되는 2차 사고가 일어났다. 사태가 더욱 악화되면서 국민들의 항의 시위가 이어짐에 따라 해당 기업의 회장이 물러나고 환경처 장관과 차관이 경질되는 대형 사건으로 이어졌다. 국민들에게 환경의 중요성을 새삼 인식하게 한 계기가 되었다.

서해안(태안) 기름 유출 사건은 2007년 12월 7일 태안 앞바다에서 유조선 허베이스피릿호와 해상 크레인이 충돌해 대량의 원유가 유출되면서 발생했다. 당시

해상 크레인을 경상남도 거제로 예인하던 도중 한 척의 쇠줄이 끊어지면서 해상 크레인이 유조선과 세 차례 충돌을 일으켰다. 이때 유출되었던 원유의 양은 무려 1만 2,547톤으로, 해상 기름 유출 사고 중 최대 규모를 갱신했다. 1997년 이후 10년 동안 바다에서 3,915건의 기름 유출 사고가 발생했는데 그간 유출된 기름의 양을 모두 합치면 1만 234톤이었다고 하니 당시 사고의 규모를 짐작해볼 수 있을 것이다. 어마어마한 양의 기름이 한꺼번에 유출되면서 태안 앞바다의 해수욕장은 물론 어장 및 양식 시설 대부분이 천문학적 피해를 입었다. 이 사고로 태안군 서산시 보령시 서천군 홍성군 당진시(당시는 당진군) 등 6개 시군이 특별재난지역으로 선포되었다. 이 사고는 예인선이 기상악화 예보를 무시한 데다 지역 해양청의 충돌 위험 무선 경고까지 무시하고 무리한 운항을 계속하다 빚어진 인재로 밝혀지기도 했다.

게리 슬래퍼Gary Slapper와 스티브 탐스Steve Tombs는 점차 빈번해지고 있는 기업범죄를 다음 다섯 개 범주로 유형화하고 있다.[22]

1) 행정 영역: 서류 위조 및 기존의 관련법을 지키지 않는 범죄
2) 환경 영역: 환경 오염 및 관련 규정을 위반하는 범죄,
3) 노동 영역: 근로기준법 위반 및 불법 채용 등 노동 영역에서의 범죄
4) 제조 영역: 상품 안전 위반, 상표 도용 등 제조 영역에서의 범죄
5) 불공정 거래 행위: 독과점, 허위 광고 등 불공정 거래를 통한 범죄

기업 범죄로 인한 희생 양상은 단순치 않다. 절도나 사기 등 전통적 범죄의 경우 희생자와 가해자 사이의 공간과 시간이 가깝기 때문에 자신이 피해자라는 사실을 쉽게 인지한다. 그러나 기업 범죄의 경우 가해자와 피해자 사이에 시간과 공간이 멀리 떨어져 있어, 자신이 희생당하고 있음을 인식하지 못하거나, 배상을 어떻게 받아야 할지 모호한 상황이 발생한다. 세계적으로 널리 알려진 사례로는 인도 보팔 화학 공장의 화학 물질 유출로 인한 환경 파괴와 실리콘 유방 확대 수술의 실패로 인한 건강 위협을 들 수 있다. 두 사례 모두 가해 발생 시기와 피해 인지 시기 사이에 거리가 있어, 누구로부터 어떻게 보상을 받아야 할지 피해자는 있지만 가해자를 규명하기 어려운 딜레마에 노출된 바 있다. 또한 기업 범죄의 효과는 집단에 따라 불균등하게 경험된다. 누가 심각한 피해자가 되는가의 문제가 기존의 불평등 구조와 연결되어 있기 때문이다. 실제로 작업장 안전과 건강 위험은 저임금

직업에 집중되어 있고, 피임약이나 임신 촉진제의 부작용은 여성에게 훨씬 더 직접적이고 치명적인 피해를 안겨준다.

기업 범죄의 폭력적 측면은 살인 혹은 폭행에 비해 직접적이지는 않지만 결과는 더욱 심각할 수 있다. 앞서의 환경 오염이나 산업 재해처럼 결과가 매우 치명적일 수 있고, 작업장 안전 관리 규제를 무시하는 행위처럼 대규모 인명 손상을 야기할 수도 있다.[23] 기업 범죄의 위험성을 보여주는 대표적 사례로는 최근 진행된 담배 소송을 들 수 있다.[24] 1954년부터 시작된 미국 내 담배 소송은 흡연이 건강의 위해 요소임을 단정지을 수 있는 의학적 근거가 불충분하다는 이유로, 담배 회사가 줄곧 승소해왔다. 특히 거대 담배 회사들은 1965년부터 담뱃갑 포장지에 삽입해온 경고 문구를 통해 담배의 유해성을 흡연자들에게 알려왔기 때문에, 설사 흡연으로 인해 질병이 발생했다 하더라도 그 책임은 경고를 무시하고 흡연 행위를 지속해온 흡연자 개인의 몫이라고 주장했고, 이 주장은 1990년대 중반까지 승소의 근거가 되었다.

그러다 담배 회사의 내부 기밀 문건이 공개되면서부터 미국 내 담배 소송에 전환점이 마련되었다. 1995년 당시 브라운 앤 윌리엄슨Brown and Williamson: B&W의 직원이 담배 회사의 부도덕한 행태를 세상에 알리기 위해 B&W의 내부 기밀 문건을 학계와 언론에 제보했고, 이 문건을 분석한 연구 보고서가 같은 해 7월 미국의학협회지에 발표되면서 미국 담배 소송에 지각 변동이 일어났다.[25] 담배 회사들은 흡연과 특정 질환 사이에 분명한 상관관계가 존재함을 명백히 알고 있었으면서 부정직하고 비도덕적인 방법으로 숨겨온 것이다. 이 사실이 전 세계에 알려지면서 담배 회사들은 천문학적 배상을 할 수밖에 없는 상황에 놓였고, 이는 기업 범죄의 심각성을 다시금 환기시키는 계기가 되었다.

사이버 범죄

사이버 범죄cyber crimes는 정보 기술의 도움을 받아 발생하는 범죄를 뜻한다.[26] 최근 연구에서 밝혀진 바, 사이버 범죄는 다음 아홉 가지 유형으로 나타나고 있다.

1) 도청: 배우자 감시, 첩보 활동 등 도청 기술의 발달로 인한 범죄

2) 전자 테러: 해커 혹은 바이러스 침투 등 전자 기술을 활용한 범죄

3) 전자통신 서비스 도용: 전자통신 서비스를 받을 때 남의 이름을 빌려 쓰는 범죄

4) 사생활 침해

5) 사이버 포르노그래피 유포

6) 텔레마케팅 사기

7) 온라인 자금 이체를 이용한 범죄

8) 전자돈 세탁

9) 전자통신을 국제적 수준의 범죄 음모에 활용하는 행위

1990년대 말부터 사이버 범죄가 급격하게 증가하면서 위조지폐가 29% 증가했다는 기록도 있다. 지구적 차원의 원격 통신 범죄가 확산됨에 따라, 법 집행에도 새로운 도전 요인이 되고 있다. 오늘날은 한 지역에 침투한 범죄 행위가 전 세계에 영향을 미칠 수 있고, 범죄자 수사 및 범죄자 인도 등과 관련해서 국경을 초월한 경찰의 공조가 요구되고 있다. 최근 증가 추세에 있는 인터넷 사기, 해킹, 컴퓨터 바이러스 침입 등의 범죄는 기존 컴퓨터 시스템의 매우 취약한 보안 체계에 대한 강력한 경고라 할 수 있다. 새로이 등장하고 있는 다양한 범죄 유형을 개별 사회 및 글로벌 공동체가 어떻게 관리하고 통제할 것인가가 현대 사회의 중요한 화두로 부상하고 있다.

4. 교도소의 딜레마

교도소의 존재가 범죄율을 줄이는 데 효과적인가를 둘러싼 논쟁을 일컬어 '교도소의 딜레마'라 한다. 교도소가 수감된 범죄자들을 교화시키고 이들이 새로운 범죄에 가담하지 않도록 교도의 효과를 보이고 있는가 하는 물음에 '그렇지 않다'는 편이 우세하다. 영국과 웨일즈의 통계 자료를 보면, 교도소에 수감되어 있는 기간이 길수록 범죄율도 따라서 증가하는 것으로 밝혀졌다. 교도소의 존재 이유에 대해 의문을 갖도록 하는 통계인 셈이다.

교도소의 존재 여부를 둘러싸고는 찬반양론이 격돌하고 있다. 그래도 교도소는 존재해야 된다고 주장하는 입장은 교도소에 수감되어 있는 동안 다양한 형태의 박탈로 인해 고통을 받기 때문에, 교도소의 존재는 범죄를 줄이는 데 분명 기여할

것이라는 논리를 펴고 있다. 이와 상반된 입장은 외부 세계와 단절된 상태에서 범죄 대학이라 불러도 좋을 만큼 교도소 내부에서 다양한 범죄 정보가 교환됨으로써 범죄 학습이 이루어지고 있고, 재범률도 높게 나타나고 있음을 근거로 든다. 실제로 영국에서는 남성 출옥자 중 60%가 4년 이내에 다시 체포된다는 통계가 있다.

한국에서도 '경력 범죄' 개념이 사용되고 있다. 2013년 『범죄 분석』에 따르면, 범죄자 가운데 초범 비율이 약 9.6%. 재범 비율이 7.0%로 나타나고 있는 반면, 전과 3범이 5.4%, 전과 4-5범이 7.5%, 전과 6-8범이 6.6%, 전과 9범 이상이 9.8%로 경력 범죄 비율이 높게 나타나고 있다. 이에 따라 교도소 수를 늘려도 범죄율이 줄어드는 것은 아니고 납세자들만 부담을 지게 된다는 회의적 입장이 힘을 얻고 있다.

처벌을 지속적으로 강화하기보다는 회복적 사법 형태로 전환해야 한다는 주장도 있다. 범죄자에게 지역사회봉사를 명령하거나 희생자와 중재자 화해 모임을 결성하는 등의 방식으로 범죄를 조절하는 것이 보다 바람직하리라는 입장이다. 결국 교도소 조건이 열악할 경우는 범죄를 억제하고 사회 복귀를 권장하는 교도소의 본래 목적을 달성하는 것이 어렵고, 교도소 조건이 좋을 경우는 교도소 감금의 처벌 효과가 축소되고 범죄가 학습되면서 경력 범죄가 증가하는 만큼, 교도소의 딜레마를 해소하는 작업은 쉽지 않을 전망이다.

개인의 자유를 인정하고 일탈 행위를 관용하는 사회일수록 폭력범의 비율이 낮다는 사실은 교도소의 딜레마를 어떻게 해결할 것인가에 대해 우리에게 시사하는 바가 크다. 네덜란드 사례가 대표적인데, 네덜란드에서는 개인의 자유를 최대한 인정해줄 뿐만 아니라 사회 정의를 구현하고 불평등을 완화시키기 위한 정책을 다수 시행하고 있다. 반면 개인의 자유를 억압하는 사회일수록 폭력범이 증가하는 것으로 나타나고 있는 바, 라틴아메리카 국가들이 이에 해당된다.

개인의 자유가 사회 정의와 결합되는 사회에서, 불평등의 폭이 크지 않고 다수의 구성원이 충만한 삶의 기회를 누린다면 일탈 및 범죄는 자리하기 힘들 것이다.

볼거리

영화 _ 〈쇼생크 탈출The Shawshank Redemption〉(1994)

촉망받던 은행 부지점장 앤디는 아내와 애인을 살해한 혐의로 종신형을 받고 쇼생크 교도소에 수감된다. 강력범이 수감된 이곳에서 재소자들은 짐승 취급을 당하거나, 간수 눈에 잘못 보이면 죽음을 당하기도 한다. 적응하지 못하던 앤디는 간수장의 세금 면제를 도와주며 비공식 회계사로 일하게 되고, 조금씩 희망을 찾으려 하지만 이내 좌절당하는 일이 반복된다. 앤디는 감옥 생활에 길들여져 가면서도 끝까지 희망을 놓지 않는다.

장기 복역자 레드는 1년에 한 번씩 가석방을 신청하고 자격심사를 받는다. 그 자리에서 심사위원들은 출소 후 사회 적응에 자신이 있느냐는 질문을 던진다. 그때마다 레드는 자신감을 피력하지만, 결과는 항상 가석방 심사에서 탈락이었다. 마지막 순간 똑같은 질문을 받고 '출소 후 사회에서 적응할 자신이 없다'고 답한 이후 레드는 자유의 몸이 되는데, 매우 상징적인 장면으로 기억된다. 영화는 절망적인 상황 속에서도 인간의 나약함과 희망에 대해 이야기한다.

chapter 12

대중 매체: 전통 미디어와 뉴 미디어

1. 대중 매체와 커뮤니케이션

2001년 9월 11일, 뉴욕에 자리한 세계무역센터The World Traditional Center 쌍둥이 빌딩의 충격적인 붕괴 장면은 전 세계에서 실시간으로 중계되었다. 1865년 링컨 대통령 저격 사건이 미국에서 영국에 도달하기까지는 무려 12일이 걸렸다고 한다.

개인적으로도 잊히지 않는 경험이 있다. 1991년 1월 17일 미국을 중심으로 한 다국적군이 토마호크 미사일을 발사하며 이라크에 폭격을 가하기 시작했다. 당시 나는 대학원 기숙사에서 TV 뉴스를 통해 미국이 이라크를 공격하는 장면을 시청하고 있었다. TV를 통해 걸프전을 목격하면서 대학 시절 학교 앞에 즐비했던 오락실의 갤로그 게임 화면이 오버랩되던 느낌이 지금도 생생하다.

커뮤니케이션과 대중 매체

순 우리말로 '알음알이'라 하는 커뮤니케이션은 개인이나 집단이 다른 개인이나 집단을 향해 말 혹은 미디어를 통해 정보를 전달하는 과정을 의미한다. 개인과 집단 사이에서 생산된 특정한 형태의 의미가 전달되고 소통되고 공유되는 과정을 총칭하는 것이라 정의되기도 한다. 커뮤니케이션을 매개하는 수단이 바로 미디어다. 현대 사회에서는 미디어가 매스 미디어mass media, 곧 대중 매체로 진화했다. 미디어의 규모가 확대되면서 대중 매체는 양은 물론이요 질적인 측면에서도 의미심장한 변화를 겪게 된다. 대중 매체의 특징을 살펴보면 다음과 같다.[1]

첫째, 대규모 자본을 필요로 한다. 2015년 천만 관객을 동원한 영화 〈암살〉에는 무려 180억 원의 제작비가 투자되었다. 3억 원 내외의 독립영화 및 저예산 영화도 있지만, 일반적으로 영화 한 편을 제작하는 데는 대규모 자본이 소요된다. TV 방송사나 신문사의 자산 규모를 고려한다면 대중 매체는 대규모 자본의 뒷받침하에 가능하다는 것을 확인할 수 있다.

둘째, 대중 매체는 대량 복제 기술을 전제로 한다. 신문은 인쇄술이 발명되지 않았더라면 불가능했을 것이다. 인터넷을 가능케 하는 전자통신 기술은 진정한 의미의 대량 복제 기술이라 할 수 있는데, 이들 대량 복제 기술은 자본주의 등장 이후 출현했다.

셋째, 미디어를 통해 대량 생산되는 커뮤니케이션은 시장을 통해 유통되는 전형적인 상품의 성격을 가진다. 한류 열풍에 힘입어 세계로 수출되는 TV 드라마, K-Pop, 영화 등은 모두 상품의 성격을 내포하고 있다. 영화는 대표적인 고부가가치 상품으로, 1994년 스티븐 스필버그 감독의 영화 〈쉰들러 리스트Chiendler's List〉가 유럽 및 전 세계로 수출되면서 벌어들인 돈이 당시 현대 자동차 20만 대를 수출해서 벌어들이는 수익과 비슷한 규모라는 평가가 있었다. 최근에는 스타 시스템 도입이 활성화되면서 대중 스타나 아이돌의 브랜드 가치를 활용하여 이윤을 창출하기도 한다.

넷째, 대중 매체는 일정한 분업 체계를 갖춘 대규모 조직을 필요로 한다. 신문사, 방송사, 영화사 모두 대규모의 관료적 조직을 갖추고 있다. 영화사의 경우 투자, 제작, 배급 영역이 분화되어 있고, 방송사 및 신문사의 조직도 복잡한 분업 구조를 갖추고 있다.

다섯째, 대중 매체는 불특정 다수를 대상으로 메시지를 생산하고 유통시킨다. 공중파 TV를 예로 들어보면, TV에서 전달되는 메시지가 누구에게 전달되는지 예측할 수 없다. 그렇기 때문에 메시지에 대한 규제 및 통제가 이루어지기도 한다.

마지막으로 대중 매체는 긍정성과 부정성이 동시에 나타나는 이중성을 보인다. 긍정적 측면으로는 도시 속 원자화되고 파편화된 대중이 고립감에서 벗어나 대중 매체를 통해 누군가와 연결되어 있다는 느낌을 갖게 된다는 점이 지목되고 있다. 그리하여 대중 매체가 도시적 삶 속에서 사회적 관계를 맺을 수 있는 통로로 기능한다는 점에서 긍정적 평가를 받고 있다. 반면 부정적 측면으로는 대중이 매스 미디어를 통해 사회적 관계를 이어가는 동안, 실제로는 고립과 개별화 및 원자화가 심화된다는 점이 지적되고 있다. 누군가와 연결되어 있다는 환상을 활용하여 지배자들의 대중 통제가 더욱 용이하게 이루어진다는 점에서 대중 매체를 부정적으로 평가하는 시선도 존재한다.

"매체는 메시지다"

미디어와 관련해서 반드시 기억해야 할 인물로는 마샬 맥루한Martial McLuhan이 있다.[2] 맥루한의 기념비적 명제 "매체는 메시지다"를 이해하는 것은 앞으로 미디어의 다양한 종류를 섭렵할 때 유용한 단서를 제공하게 될 것이다. 맥루한의 명제는[3] 미디어가 시각을 활용하는지, 청각을 동원하는지, 아니면 시청각을 동원하는지 여부가 실제 미디어가 담고 있는 내용 혹은 미디어가 전달하려고 하는 메시지보다 더욱 강력하게 사회 구조에 영향을 미친다는 의미를 담고 있다.

동일한 사건 혹은 동일한 콘텐츠를 TV 뉴스에서 접할 때와 신문을 통해 읽을 때 혹은 라디오 뉴스를 통해 들을 때의 경험은 각각 다르다. 심지어 같은 신문이라도 지면으로 볼 때와 인터넷 뉴스로 볼 때 다르게 다가온다. TV는 전자 흐름을 지닌 영상 이미지로 구성되어 있어 시각과 청각을 모두 동원하여 콘텐츠를 접하게 되지만, 인쇄 매체는 시각과 상상력을 동원하여 콘텐츠를 해석하게 된다. 종이 신문의 경우는 1면 톱기사가 무엇인지, 지면의 크기가 얼마인지 등에 따라 해당 뉴스의 중요도를 선별할 수 있다. 하지만 인터넷 뉴스의 경우엔 화면 스크롤이 지나갈 때마다 새로운 뉴스를 접하게 된다. 이처럼 매체의 특성에 따라 동일한 콘텐츠가 각기 다르게 해석되고 이해되는 현상을 맥루한은 '매체는 메시지'라는 간결하면서도 함축적인 표현 속에 담아내고 있다.

대중 매체 역시 진화하고 있다. 인터넷이 출현하면서 전 세계 사람들은 지구 곳곳에서 일어나고 있는 주요 사건을 생생하게 목격하고 있다. 이웃에 누가 살고 있는지 모를 때가 많지만, 오래도록 TV에 등장했던 오사마 빈 라덴은 쉽게 알아볼 수 있으리란 농담처럼 이제 세계는 하나의 지구촌이 되었다.

더불어 정보의 생산·유통·소비 과정이 하나로 통합되는 과정이 진행되고 있다. 지금까지는 TV, 영화, 신문 등이 일방적 성격의 통신 도구로서 각각의 독자적 영역을 구축해왔다. 그러나 오늘날은 통신 형태 간의 분절 및 단절이 두드러지지 않는다. 일례로 신문사 조직이나 신문사의 서비스 방식은 정보통신 기술의 발달로 인해 온라인을 통해 신문을 구독하고, 킨들kindle을 활용해 소설을 읽는 등 획기적 변화를 겪고 있다.

통신 혁명의 핵심에는 인터넷이 자리하고 있다. 음성 인식, 광대역 전송, 웹 방송, 케이블 접속 등의 기술이 눈부시게 발전함에 따라 인터넷이 전통적 미디어 역할을 대신하기 시작했다. 인터넷에서는 뉴스부터 맛집 정보에 이르기까지 다양한 차원의 정보 전달이 이루어지고 있고, 게임이나 음악으로 대변되는 엔터테인먼트 기능 또한 활성화되고 있으며, 광고 및 홍보도 활발히 이루어지고 있다.

2. 전통 미디어의 세계

대중 매체의 발전은 기술적 진보에 사회·문화·경제적 영향력이 가미된 결과이다. 인터넷 망 자체는 기술적 진보의 결과지만, 인터넷의 콘텐츠 및 수준은 사회 자체의 성숙도와 밀접한 관계가 있다.

신문

현재 중심적 시각에서는 신문의 의미를 당연하게 받아들이지만, 역사상 신문의 등장은 사회학적으로 큰 의미를 갖는다. 이는 신문을 읽을 수 있는 인구, 문자를 해독할 수 있는 인구의 증가와 동시에 여론 형성을 통해 민주주의의 발판이 마련되기 시작했음을 뜻한다. 과거 문자 해독은 지배층의 독점적 능력이었음을 기억한다면, 문자 해독 능력의 대중화가 민주주의와 밀접한 관련이 있음을 이해하는 것은 어렵지 않을 것이다.

한국에서는 언제 최초로 신문이 만들어졌을까? 조선 시대 말엽인 1883년 10월 31일 열흘에 한 번씩 간행되는 《한성순보》가 한국 최초의 신문으로 기록되어 있다. 순한문으로 발행되었던 《한성순보》는 관보로서의 성격이 강했는데, 갑신정변으로 인해 《한성순보》를 발행했던 박문국이 불타면서 발행을 중단하게 된다. 그 이듬해에 《한성주보》로 맥을 이어가기는 했지만 신문으로서의 사회적 의미는 다소 제한적이었다. 한편 미국 최초의 신문은 1690년대 시작된 《퍼블릭 오커런스 Public Occurrences》로 기록되고 있다. 신문 제작자는 영국의 출판업자 벤저민 해리스 Benjamin Harris였다. 《퍼블릭 오커런스》는 4페이지로 구성되어 있었는데, 마지막 페이지는 공란으로 남겨두어 독자들이 자신의 의견을 기록하도록 했다고 한다.

영국 신문의 전성기는 정치적·사회적 불안이 고조되던 19세기라 할 수 있다. 당시 영국 정부는 신문 산업 통제 정책을 펼쳤다. 초창기엔 신문을 통한 명예 훼손과 선동을 엄격하게 금지함으로써 결과적으로 대중 선동을 억제하는 효과를 거두었다. 영국에서는 신문 인지세를 도입함으로써 인지세를 감당할 능력이 있는 부

漢城旬報

統理衙門博文

PUBLICK
OCCURRENCES

〈그림 12〉 한국 최초의 신문 《한성순보》와 미국 최초의 신문 《퍼블릭 오커런스》

유층에게만 신문 구독을 허용하는 정책을 펴기도 했다. 그 결과 의도하지 않게 불법으로 발행하는 값싼 팸플릿들이 등장하기 시작했다. 당시의 팸플릿은 노동자를 대상으로 급진적 의식을 확산시키는 역할을 했다. 노동자들을 위한 주간지 《폴리티컬 레지스터Political Register》의 판매 부수가 인지세를 부과하는 신문들을 압도하자, 영국 정부는 1855년 인지세를 폐지하기에 이른다. 이후 저널리즘에 대한 통제가 정부로부터 대중의 손으로 이행하는 계기가 마련되었고, 영국 저널리즘의 황금기가 시작되었다고 학자들은 평가한다. 반면 제임스 커런James Curran과 진 시튼Jean Seaton은 『책임 없는 권력Power Without Responsibilities』을 통해,[4] 영국에서 인지세를 폐지한 1차적 이유는 급진적 신문의 인기를 떨어뜨리기 위함이었다고 분석한다. 따라서 인지세 폐지와 더불어 신문의 자유를 보장하는 시대가 개막되었다고 보기보다 시장의 힘을 이용하여 이데올로기 통제 시대를 연 것으로 해석해야 한다는 주장을 펴고 있다.

신문은 제한된 지면 안에 사회적 이슈가 되는 사건 사고 등 진지한 내용과 인기 가수 및 스타의 사생활 등 오락적 요소를 동시에 담고 있다. 영화, TV, 연극 등 예술 방면의 다채로운 정보가 소개되기도 하고, 건강 및 소비재 구입과 관련된 생활 정보도 등장한다. 신문은 다양한 정보를 일별할 수 있도록 한곳에 모아놓는 독특한 매체라 하겠다. 값싼 일간지 혹은 옐로우 페이퍼라고 불리는 신문은 미국에서 시작되었다. 일명 '1센트 신문'은 뉴욕에서 시작되어 동부의 주요 도시로 확산되었는데, 구독료보다 광고 수입에 의존하는 비율이 높았다. 유럽과 달리 개별 주 정부가 발달된 미국은 주 정부에 대한 소식과 정보를 담은 지역신문이 중앙지 못지않게 활성화된 특별한 역사를 갖고 있다. 미국 신문의 대표 주자로 《뉴욕 타임스》,

《워싱턴 포스트》를 떠올리지만, 《시카고 트리뷴》, 《샌프란시스코 크로니클》, 《아틀랜타 컨스티튜션》 등도 일정한 수준의 기사와 많은 수의 독자를 확보하고 있는 대표적 지역 신문들이다.

인쇄 기술의 발달로 인해 저렴한 가격으로 신문 인쇄가 가능해지면서 19세기 후반부터는 신문의 대량 생산 체제가 갖춰진다. 신문 광고 게재로 인한 추가 수입은 신문 구독료를 낮추는 데 기여했다. 커런과 시튼은 신문 광고로 인해 급진적 색채를 띤 신문이 약화되었다는 평가를 하고 있다. 광고주 입장에서 상품 구매력이 낮은 독자층을 다수 확보하고 있는 신문보다 구독자 수는 적으나 상품 구매력이 높은 부유층 독자들이 선호하는 신문을 광고 지면으로 선택한 결과, 급진적 신문의 쇠퇴를 가져왔다는 것이 커런과 시튼의 주장이다. 20세기 초 영국에서는 《더 타임》, 《데일리 텔레그라프》 등의 전국지가 등장하여 부유한 독자층을 대상으로 진지하고 격조 있는 뉴스를 제공했다. 다만 이 시기는 부유한 기업가들이 신문사 소유주로 등장함으로써 '신문 귀족'이 자신들의 정치적 목적과 야망을 충족하기 위해 전국지 소유권을 이용했다는 비판이 일기도 했다.

한국에서 가장 오랜 역사를 지닌 일간지는 《조선일보》로 1920년 3월 5일 창간되었다. 그로부터 한 달 뒤인 1920년 4월 1일 《동아일보》가 창간되었고, 《경향신문》은 해방 이후인 1946년 10월 6일 창간되었다. 《한국일보》는 6·25 전쟁이 끝난 후인 1954년 6월 9일에, 《중앙일보》는 1965년 9월 22일에 창간되었고, 《한겨레신문》이 1988년 5월 15일 민주화의 흐름을 타고 창간되었다.[5]

신문은 반세기 이상 대중에게 광범위한 정보를 신속하게 전달해주는 훌륭한 매체였으나, 라디오와 TV 및 인터넷의 등장 이후 눈에 띄게 영향력이 약화되고 있다. 신문의 위세 하락은 전국 일간지 구독자의 비율 감소를 통해서도 확인할 수 있다. 영국에서는 1981-1999년 기간 중 신문 구독자가 남성은 76%에서 60%로 여성은 68%에서 51%로 감소했다. 한국의 경우는 유사한 데이터를 찾기 어렵지만, 신문 구독 시간이 2011-14년 사이 하루 평균 약 53분에서 46분으로 감소했다는 통계가 있다. 최근에는 신문 구독율의 꾸준한 감소와 더불어, 무료 온라인 접속 서비스를 통해 실시간 뉴스 및 최신 정보를 접하는 비율이 급증하고 있다.

영화

세계 최초의 영화는 1895년 프랑스 파리에서 유료 관람자를 대상으로 상영된 뤼미에르 형제Les frères Lumière의 〈라 시오타 역에 도착하는 기차L'Arrivée d'un train à la Ciotat〉로 기록되고 있다. 1896년 영국 최초의 영화관이 개관된 이후 20년도 채 지나지 않아 런던에만 500개 이상의 영화관이 문을 열었다. 1920년대로 들어서면 노동 시간의 연장으로 인해 여가에 대한 갈망도 함께 증가했고, 실업률 증가로 인해 시간이 자유로워진 관객의 숫자도 더불어 증가했다. 이 시기 극장표는 모든 계층에게 허용되었고, 1주일에 2회씩 A급 영화와 B급 영화를 동시 상영하는 것이 관례였다고 한다. 영화 수요가 급증함에 따라 전문화 및 분업 수준이 높은 관료 조직에 의해 영화의 대량 제작이 시작되었다. 또한 이 시기부터 할리우드를 중심으로 스타의 사생활을 영화 흥행에 활용하는 스타 시스템이 등장하기 시작했다. 1925년 영국에서 상영된 영화의 95%가 미국에서 제작된 영화였다고 한다.

통상적으로 공인되고 있는 최초의 한국 영화는 1919년 10월 27일 김도산이 이끌던 신극좌의 연쇄극 〈의리적 구토〉이다. 한편에서는 무대 공연을 하고 다른 한편에서는 스크린 상영을 혼합한 형태로 만들어진 이 영화는 한국 최초의 본격 상설 영화관인 단성사에서 공개되었는데, 연극 막간에 삽입되어 스크린에 영사되는 방식으로 선보였다고 한다. 연극과 영화를 결합한 연쇄극 〈의리적 구토〉가 불완전한 형태의 활동사진이었다는 점에서, 1923년 윤백남이 연출한 〈월하의 맹서〉를 한국 영화의 출발점으로 삼아야 한다는 의견도 있다. 〈월하의 맹서〉는 조선총독부에서 저축 장려를 위해 제작했던 일종의 계몽 영화로, 완전한 필름 제작 형태를 갖추었다. 이 무렵부터 한국에서 영화 제작이 본격화되기 시작한다.

1960년대 영화배우들은 하늘을 찌를 것 같은 인기를 누리던 대중의 스타였다. 하지만 한국 영화가 변화의 전기를 마련한 것은 1980년대 후반으로 보아야 한다는 주장도 있다. 사회 민주화의 분위기를 타고 한국 영화의 뉴 웨이브를 구성했던 일군의 감독들이 영화에 대한 현대적 감각과 사회의식으로 무장한 후 대중 앞에 모습을 드러내기 시작했던 시기가 바로 1980년대 후반부터라는 이유에서다.

1988년 제2차 한미영화협상을 통해 이루어진 영화 시장 개방은 특별히 기억해야 할 사건이다. 이전까지는 스크린 쿼터제로 외화 상영 편수를 제한해왔으나,

1988년을 계기로 제한 상영이 해제되었다. 당시 스크린 쿼터제 폐지에 저항했던 한국의 영화 관련 업자들이 외화를 상영하고 있던 대한극장에 뱀을 풀어 놓아 관객들이 도망가는 소동이 벌어지기도 했다. 오늘날 대한민국 영화는 천만 관객을 동원하는 영화를 다수 배출하면서 대표적 대중문화로 자리매김했다.[6]

사회주의 국가의 영화 발달 현황도 주목할 만하다. TV는 빛이 앞에서 발산되기 때문에 산만한 상태에서 프로그램 시청이 이루어지지만, 영화는 빛을 뒤에서 쏘기 때문에 집중도가 강하다는 특징을 갖는다. 고도의 집중력을 요구하는 영화적 특성으로 인해, 사회주의 국가에서는 영화가 선전 선동을 위한 최적의 도구로 활용

기획 영화부터 천만 관객 시대를 열기까지

1990년대 초반 기획 영화의 등장은 한국 영화 산업에 변화의 전기를 마련했다. 당대의 트렌드에 밀착해 대중의 무의식을 파고드는 소재를 발굴했던 기획 영화로는 신씨네의 〈결혼 이야기〉(1992)를 필두로 〈미스터 맘마〉(1992), 〈닥터 봉〉(1995), 명필름의 〈접속〉(1997) 등을 들 수 있다. 감독보다 프로듀서가 중심이 된 기획의 힘으로 영화를 성공시키는 풍토가 정착되기 시작했다.

1990년대 말은 한국 영화가 산업으로서 각광받기 시작한 때이다. 영화의 질적·양적 성장은 물론, 멀티플렉스의 등장으로 인한 극장 환경의 변화, 대규모 배급 시스템의 정착 등 시스템의 변화가 맞물려 한국 영화는 폭발적 성장을 거듭하게 된다. 이후 〈쉬리〉(1999), 〈공동경비구역 JSA〉(2000), 〈친구〉(2001), 〈조폭마누라〉(2002), 〈살인의 추억〉(2003), 〈실미도〉(2003), 〈태극기 휘날리며〉(2004) 등 초특급 히트작들을 매년 배출하게 되었다. 2000년대 들어서는 칸 국제영화제에서 임권택 감독이 〈취화선〉(2002)으로 감독상, 〈올드보이〉(2003)가 심사위원대상, 〈밀양〉(2007)의 전도연이 여우주연상을 받는 등 해외에서도 그 위상을 높여갔고, 2019년에는 〈기생충〉이 칸 영화제 황금종려상에 이어, 미국 아카데미 시상식에서 한국 최초로 작품상, 감독상, 각본상의 3개 부분을 석권하는 등 한국 영화가 세계적으로 인정받게 되었다.

필히 기억해야 하는 영화로는 〈쉬리〉와 〈실미도〉가 있다. 1999년 강제규 감독의 〈쉬리〉는 582만 관객을 동원함으로써, 직전까지 최고의 관객을 동원했던 〈타이타닉〉(350만)을 훌쩍 뛰어넘으며 최초로 500만 관객 시대를 열었다. 외국 영화에서나 보던 블록버스터급 액션을 선보이며 한국 영화가 한 단계 도약하는 계기를 만들었다. 2003년 개봉한 영화 〈실미도〉는 개봉과 동시에 한국 영화사의 각종 기록들을 경신하며, 58일 만에 한국 영화사상 처음으로 천만 관객을 넘어서는 기록을 세웠다.

되고 있다. 북한도 사회주의 영화제에서 괄목할 만한 성과를 보이고 있는 국가 중 하나다.[7] 베니스·칸·베를린 영화제에 버금가는 대표적 공산권 영화제로는 체코의 카를로비바리 영화제와 모스크바 영화제가 있다. 북한은 1959년 〈춘향전〉으로 모스크바 영화제에서 촬영상을 수상한 바 있고, 1972년에는 3대 혁명 영화로 꼽히는 〈꽃 파는 처녀〉로 카를로비바리 영화제 특별상을 수상하기도 했다.[8]

라디오와 TV

전통 미디어의 또 다른 형태로는 라디오와 TV가 있다. 라디오와 TV는 영화에 비해 집중적인 관심을 요구하지 않아 일상적 활동을 계속하면서 청취나 시청이 가능하다. 처음 등장할 당시 라디오에서 소리가 나자 청취하던 사람들이 놀라서 도망갔다는 기록이 있다. 기계에서 나오는 소리를 듣고 라디오 안에 작은 난쟁이들이 숨어서 소리를 내는 것으로 착각했다고 한다.

라디오와 TV는 세계 도처에서 발생하는 사건을 실시간 보도할 수 있다는 점에서 영화에서는 불가능했던 즉시성을 가진다. 미국의 9.11 테러, 보스턴 마라톤 폭파 사건, 북한의 핵 위협 등이 TV와 라디오를 통해 즉각 보도된 바 있다.

영국에서는 1926년 영국방송공사BBC 설립 이후 TV 방송국에도 국영 모델이 그대로 적용됨으로써, TV 수상기를 보유한 모든 가정을 대상으로 국가가 수신료를 부담하도록 했다. 민간 방송국 시스템의 도입은 1950년대 들어서 시작되었다.

한국 최초의 라디오 방송국은 일제 강점기 식민지 정책의 강화 수단으로 개국한 경성방송국으로, 1927년 2월 호출부호 'JODK'로 첫 방송을 시작했다. 이후 라디오 방송국은 1932년 '조선방송협회'로 개편된 이후 1945년 광복에 이르기까지 전국에 17개 지방 방송국이 개설되었다. 광복 이전까지는 한국어와 일본어 방송이 별도로 편성되어 송출되었다. 최초의 상업 라디오 방송은 1959년 4월 개국한 부산문화방송(HLKV)으로 기록되고 있다.

1950년대 이후 서구에서는 라디오 시대를 지나 TV 보급이 활발하게 이루어지기 시작했다. TV 시청 시간도 가파르게 증가하여 통계에 따르면 성인의 85%가 매일 TV를 시청하는 것으로 나타나고 있다. 청소년보다는 노인이, 남성보다는 여성이, 상류층보다는 하류층이 TV 앞에서 보내는 시간이 긴 것으로 밝혀지고 있다.

한국 최초의 TV 방송국은 1956년 상업 방송으로 시작한 대한방송국(HLKZ-TV)이다. 미국의 RCA사와 민간 자본의 합작회사로 발족한 대한방송은 세계에서 15번째, 아시아에서 네 번째로 TV 방송을 시작했다. 대한방송은 1957년 '대한방송주식회사(DBC)'로 개편된 지 2년 만인 1959년 화재로 소실되어 1961년 방송을 중단했다. 현재 KBS의 전신인 국영 서울텔레비전방송국(HLCK)은 1961년 12월 31일 개국한 이후 1966년부터 전국에 TV 프로그램을 보내기 시작했고, 1980년 8월부터 칼라 TV 시판이 허용되면서 1981년 1월 1일부터 컬러 TV 방송을 송출했다. 2011-2014년 기간 중 한국 성인의 TV 시청 시간은 3시간 8분-3시간 6분으로 나타났는데, 이는 대중 매체 가운데 가장 높은 비중을 차지한다.

사회 구성원들에게 미치는 TV의 영향

TV가 사회 구성원들에게 미치는 영향과 관련해서 사회학자들의 견해는 기본적으로 회의적이고 비판적이다. 한때 '바보상자'라 불리기도 했던 TV에 관해 비판적 관점을 고수하는 대표적 학자로는 닐 포스트먼Neil Postman과 로버트 퍼트넘이 있다. 포스트먼은 『죽도록 즐기기Amusing Ourselves to Death』를 통해[9] TV에 고유한 형식이 진지한 내용을 지속적으로 전달하는 것을 불가능하게 한다고 주장한다. TV는 오랜 시간 집중할 수 있는 매개물이 아니기 때문이다. 따라서 포스트먼은 합리적이고 복잡하며 깊은 생각을 요구하는 주장은 인쇄 매체를 통해서만 전달이 가능하다고 본다. 인쇄 매체가 발달했던 19세기가 이성의 시대라면 TV가 발달하는 20세기는 오락의 시대요, 인쇄 매체가 합리적 인구를 만들었다면 TV 매체는 오락에 탐닉하는 인간을 만들어낸다는 것이다. 그런 만큼 TV 매체가 지배하는 사회는 뉴스, 교육, 정치 등 모든 이슈를 오락으로 축소시킨다는 것이 포스트먼의 분석이다.

한편 퍼트넘도 역작 『나 홀로 볼링Bowling Alone』[10]을 통해 TV에 대한 날카로운 비판을 시도하고 있다. 그에 따르면 오늘날 사회 자본의 쇠퇴를 초래한 가장 주요한 요인은 TV의 등장이다. 미국에서 사회 자본의 정점기라 할 1950년대 TV 보유율은 10%에 불과했다. 1995년 TV 보유율이 무려 90%로 증가하면서 사회 자본의 하락이 진행되었다는 것이 퍼트넘의 주장이다. 신문 구독은 사회적 신뢰 및 집단 소속감과 긍정적 연계를 보이나, TV 시청률은 사회적 신뢰 및 집단 소속감과 마이너스의 상관관계를 보인다는 것이다. TV 시청을 즐기는 사람일수록 타인의 이타심에 대해 부정적으로 평가하는 경향이 있고 범죄율을 과도하게 인식하는 경향이 높다는 사실에 비추어볼 때, TV 프로그램 내용이 사회 자본을 약화시키는 방향으로 시청자들에게 영향을 미치고 있다는 것이 퍼트넘의 추론이다.

3. 뉴 미디어의 출현

니콜라스 네그로폰테Nicholas Negroponte는 『디지털이다Being Digital』를 통해 현대 사회 통신기술에서 디지털 자료가 점하고 있는 중요성을 펼쳐 보이고 있다.[11] 디지털화는 멀티미디어 발전의 원천으로, 화상과 음성처럼 별개의 기술을 요구하는 매체를 하나의 매체로 통합하는 데 결정적 기여를 했다는 것이다.

디지털 TV

1940년대 이후 21세기 초반까지는 아날로그 TV의 시대였다. 아날로그란 문자 그대로 소리와 사진을 전파로 변환한 다음, 변환된 전파가 공중으로 발사되어 각 가정의 지붕에 달린 안테나 혹은 TV 안테나에 의해 수신되는 방식을 의미한다. 디지털 TV는 사진과 소리를 컴퓨터가 이해할 수 있는 정보로 전환시킴으로써 아날로그 TV 시대에는 상상조차 할 수 없었던 정보의 세계를 열었다. 디지털 전송은 TV 수신기와 셋톱 박스, 위성접시 안테나 혹은 케이블로 수신되며, TV가 컴퓨터와 동일한 방식으로 수신된 정보를 사진과 소리로 전환한다. 디지털 TV는 이전 아날로그 TV에 비해 소리와 사진의 질이 훨씬 높고 다양한 추가적 서비스가 가능하다는 장점을 갖고 있다. 디지털 TV는 컴퓨터와 텔레비전을 통합하여 단일 설비화 함으로써 TV, 인터넷, 홈쇼핑 간의 상호작용 또한 가능해졌다.

한국에서는 2000년 9월부터 디지털 TV의 시험 방송이 시작되었고, 이듬해인 2001년 11월 서울과 수도권 일부 지역에서 본 방송이 실시되었다. 2012년 지상파 아날로그 방송이 종료됨에 따라 2013년부터는 디지털 방송이 전국으로 확대되었다. 2014년 통계에 따르면 전국의 4가구 중 3가구(76.3%)가 디지털 TV를 보유한 것으로 확인되었고, 3D 영상 시청이 가능한 TV 보유율이 11.9%, 스마트 TV 보유율이 9.6%로 나타났으며, 이후 꾸준한 상승률을 보이고 있다.

1995년 종합유선방송을 시작으로 도입된 케이블 방송은 채널 선택의 다양성으로 시청자의 만족도를 높이고자 시작한 새로운 형태의 방송 시장이다. 한국케이블TV방송협회에는 149개 회원사가 가입해 있다. 1995년 본 방송을 개시한 케이블 방송의 경우 2018년 현재 57개 채널사용사업자(PP)와 92개 종합유선방송국(SO)이 있다.

종합편성채널은 뉴스·교양·드라마·오락 등 모든 장르의 방송프로그램을 편성할 수 있는 채널로, 지상파 방송과 달리 케이블 TV와 위성방송 등을 통해서만 송출된다. 2009년 7월 22일 방송법·신문법·인터넷멀티미디어방송사업법(IPTV법) 등의 미디어 관련법이 국회를 통과함에 따라 신문사와 대기업이 종합편성채널의 지분을 30%까지, IPTV는 49%까지 소유할 수 있게 되면서 주목받기 시작했다. 지상파 방송 시간이 하루 19시간으로 제한을 받는 데 반해, 종합편성채널은 24시간 방송이 가능하며 중간 광고가 허용된다는 특징이 있다. 방송통신위원회는 2010년 12월 31일 종합편성채널사용사업자(PP)로 중앙일보(JTBC), 조선일보(TV조선), 동아일보(채널A), 매일경제TV(MBN)를 선정해 발표했다.

인터넷

인터넷은 오늘날 현대인의 삶에서 떼려야 뗄 수 없는 핵심적 매스 미디어가 되었다. 인터넷은 1969년 미국 펜타곤에서 사용된 일련의 네트워크로부터 유래된 것으로 알려져 있다. 당시 펜타곤에서 활용하던 네트워크 시스템 ARPAAdvanced Research Project Agency는 군사 관련 계약 업무를 담당하던 과학자들이 거액의 장비를 공유하는 방안을 모색하는 과정에서 만들어졌다. 이때 메시지를 주고받는 방법을 고안하면서 전자우편, 곧 오늘날의 e메일이 탄생했다. 이후 제한적으로 활용되었던 e메일은 모뎀을 통해 광대역을 사용하여 접속할 수 있는 상업용 인터넷 서비스 제공자들이 등장함에 따라, 온라인 서비스 이용 가구 비율이 폭발적으로 증가하는 결과를 가져왔다.

글로벌 수준의 멀티미디어 월드 와이드 웹WWW(World Wide Web)은 1992년 스위스의 물리학 연구실에 근무했던 소프트웨어 공학자가 발명한 것으로 알려져 있다. 오늘날 세계적으로 대중화된 소프트웨어 인터넷 브라우저는 일리노이대학교에 재학 중이던 한 학생이 개발했다고 한다. 웹을 통해 상상을 불허할 정도로 다양한 영역의 자료 및 프로그램의 다운로드가 가능하게 되었다.

1998년 미국에서 인터넷에 접속 가능한 가구 수는 9%에 불과했으나 2004년에는 52%로 급증했다. 영국의 성인들이 가장 빈번하게 사용하는 인터넷 서비스는 e메일이 85%로 가장 높았고, 물건이나 서비스 정보 찾기가 82%로 뒤를 이었다. 인터넷 접속 장소는 가정 82%, 직장 42%로 나타났고, 2004년 7월 기준 37%의 성인이 인터넷을 전혀 사용하지 않는 것으로 확인되었다.

UN 추정에 따르면 세계 인구의 약 10%가 인터넷 사용자인데, 전 세계 인터넷 사용자의 45%는 유럽과 북아메리카에 집중되어 있고, 아시아, 아프리카 등 저소득 국가의 인터넷 접속 인구는 1.3%에 불과하다. 인터넷 강국 한국의 관련 통계를 보면, 2019년 가구 인터넷 보급률이 81.6%, 컴퓨터 보유율이 71.7%로 나타났고, 스마트폰 보유 비율은 2011년의 24%에서 2021년에는 95%까지 증가했다.

인터넷 충격

인터넷 충격Internet shock이라는 표현이 과장이라 느껴지지 않을 만큼, 우리 앞에는 무한대의 상호작용이 가능한 사이버 공간이 출현했다. "사이버 공간에서 우리는 더 이상 사람이 아니다. 서로의 스크린에 반영되는 메시지일 뿐"이라 주장한 바 있는 장 보드리야르Jean Baudrillard는 인터넷상에서는 타인의 신분이나 정체성을 알지 못한다는 점에 착안하여 "인터넷의 위대한 점은 그 누구도 당신이 개라는 사실을 모른다는 것"이라는 명언을 남겼다.[12]

인터넷은 현대인의 일상에 혁명적인 영향을 미치고 있다. 빌 게이츠Bill Gates의 전망에 따르면 현재의 인터넷 수준은 인류의 진화 과정에 비추어볼 때 공룡 시대에 견줄 수 있을 정도로, 향후의 변화 및 발전 과정에 관한 한 상상을 불허한다고 한다. 오늘날 인터넷은 글로벌 수준과 지역 수준의 경계를 무의미하게 만들고 있을 뿐만 아니라 의사소통과 상호작용의 새로운 채널을 제시하고 있으며, 일상생활의 다양한 업무를 온라인에서 처리하는 것도 가능하다. 그런가 하면, 인간관계의 본질을 뿌리째 흔들고 있으며, 지역사회를 붕괴시킬 수 있는 위협적 요소가 되고 있다는 비판적 의견도 있다.

인터넷이 상호작용에 미치는 영향에 대해서도 긍정적 견해와 비관적 견해가 충돌한다.[13] 인터넷을 통해 기존의 상호작용을 증진시키고 보충할 수 있으리라는 기대, 익명성에 기반을 둔 온라인 사용자 간 접촉을 통해 새로운 형태의 인간관계가 등장할 것이라는 예측, 현대인들은 사회적 연결망을 확대하고 풍요롭게 만들어갈 것이라는 전망 등은 긍정적 관점에서 나온 의견들이다. 반면 온라인 상호작용이 활성화되면서 오프라인에서의 상호작용이 급격하게 감소하고 있다는 평가, 인터넷 기술이 보급되면서 사회적 소외와 개인의 원자화가 증가될 것이라는 전망, 직장과 가족 사이의 구분이 불분명해짐으로써 사생활의 침해가 심화될 것이라는 예상 등은 비관적 관점에서 나온 목소리들이다.

그동안 인류는 새로운 기술의 등장 앞에서 한편으로는 희망을 품고 다른 한편으로는 두려움을 표시했다. 컴퓨터 및 인터넷 기술과 관련해서도 사이버 공간이 확대되면서 인간의 정체성이 상실되는 것은 아닌가? 앞으로 컴퓨터화된 기술에 의해 인간이 지배당하는 사회가 오는 것은 아닌가? 인간은 반사회적 존재가 되어 온라인의 세계로 숨어들게 되는 것은 아닌가? 등의 질문이 끊임없이 제기되고 있다. 물론 이들 질문에 대한 답은 단연코 "아니다"이다. 인터넷을 향한 두려움을 최소화하면서 인터넷이 주는 희망을 어떻게 확대할 수 있을지 깊은 성찰이 필요한 때다.

4. 사회학적 관점에 투영된 미디어

기능주의, 갈등론, 그리고 미디어

기능주의

기능주의 입장에서는 미디어가 사회 통합에 기여하는 방식에 주목한다. 미디어 이론가 데니스 맥퀘일Denis McQuail은 미디어의 사회적 기능으로 다음 다섯 가지를 지목하고 있다.[14] 첫째, 미디어는 정보의 보물 창고이다. 우리는 미디어를 통해 유용한 정보를 다량 얻을 수 있다. 건강 정보는 물론, 생생한 다큐멘터리의 세계부터 연예인의 시시콜콜한 사생활에 이르기까지 미디어에서 제공하는 정보를 접하지 않으면 사회생활이 불가능할 정도로 현대인은 미디어로부터 다양한 정보를 얻고 있다.

둘째, 미디어는 사회화를 담당하는 주요 에이전트이다. 미디어는 기존의 사회규범 및 가치를 지지하는 매개체로서, 특별히 어린이 및 청소년기 사회화의 내용 가운데는 미디어가 제공해주는 정보가 무시할 수 없는 비중을 차지한다. 인기 스타의 일거수일투족은 청소년들의 지대한 관심 대상이고, 미디어가 패션을 주도하는가 하면 새로운 언어를 유행시키기도 한다. 즐겨 보는 드라마의 주인공이 곤경에 빠지면 하루 종일 우울해진다는 연구도 있다.

셋째, 미디어는 주류 문화의 전달 기능을 통해 사회적 지속성을 확보한다. TV 드라마는 권선징악의 메시지를 전달하거나 노력하면 성공한다는 교훈을 전파함으로써 지배적 가치관을 강화하기도 하고 주류 문화를 대변하기도 한다. 건전한 프로그램은 권장하되 유해한 영향이 우려되는 프로그램에 대해서는 경고 및 규제를 하기도 한다.

넷째, 미디어는 재미와 즐거움을 제공해준다. 덕분에 사회적 긴장이나 갈등을 약화시키는 결과를 가져오기도 한다. 독재 정권일수록 이른바 스크린, 스포츠, 섹스의 앞 글자를 딴 '3S 정책'을 통해 시민들의 관심을 호도함은 널리 알려진 사실이다. 미국과 일본은 미디어를 오락 매체로 규정함으로써 미디어를 통해 기쁨과 즐거움을 추구한다는 철학을 고수하고 있다.

다섯째, 미디어는 효과적인 사회 동원의 기능을 한다. 한국에서는 경제 성장 추진 과정에서 '잘 살아보세', '새마을 운동', '증산 수출 건설' 등의 구호가 미디어를 통해 전달되었고, IMF 외환 위기 당시에는 온 국민이 '금 모으기 운동 캠페인'을 펼침으로써 위기 상황을 성공적으로 극복했다. 이외에도 불우이웃 돕기 캠페인, 금연 광고, 과속 금지 등 공익 광고의 성공 사례를 통해 미디어의 사회 동원 기능을 확인할 수 있다.

그러나 기능주의적 관점의 미디어 이론은 쇠퇴의 길을 걷고 있다. 기능주의 이론은 미디어를 보고 즐기는 시청자 및 청취자를 수동적 존재로 본다는 것이 첫 번째 이유이고, 미디어의 역할이 앞서 설명한 제반 기능을 담당하는 원인을 설명하기보다 단순히 현상을 기술하고 있다는 점이 두 번째 이유이다.

갈등론

갈등론은 기능론과 차별화된 시각에서 미디어에 접근한다. 갈등론적 미디어 이론에는 정치경제학적 관점과 프랑크푸르트학파를 중심으로 한 문화 산업 관점이 있다.

먼저 정치경제학적 관점은 누가 미디어를 소유하고 있느냐에 초점을 맞춘다. 미디어는 공익이 우선되어야 하는 수단임에도 불구하고, 개인이 주요 통신 수단을 소유함으로써 공익보다 사적 이해관계를 우선시하게 되는 방식을 분석한다. 특히 민간 방송의 경우에는 광고주들을 의식해 공영 방송보다 시청률에 연연하게 될 뿐더러, 방송 내용이 광고주의 이해관계에 충실할 수밖에 없다는 점을 비판하고 있다. 오늘날 미디어 소유권은 소수의 거물급 재벌들 손에 집중되고 있다. 거대 기업이 미디어를 소유할 경우, 해당 미디어는 소유 기업의 이해관계에 충실한 보도를 할 수밖에 없다. 글로벌리제이션하에서는 미디어 소유권이 국경을 가로질러 초국적으로 나타나기도 한다. 예컨대 오스트레일리아 출신의 미디어 거물 루퍼트 머독Rupert Murdoch은 여러 국가의 미디어를 소유하고 있다.

이러한 미디어의 존재 양식에 대해 사회 비평가 노엄 촘스키Noam Chomsky는 매우 통렬한 비판을 보내고 있다. 미디어는 권력으로부터 소외된 층의 목소리를 배제하는 방식으로 권력자의 이해관계를 위해 충실하게 작동한다는 것이다.[15] 촘스키는 『미디어 통제: 프로파간다의 엄청난 성과Media Control: The Spectacular Achievements of Propaganda』를 통해 대기업이 미디어를 지배함으로써 대중에게 당연히 제공되어야 하는 정보들이 엄격하게 통제되고 전달조차 되지 않는 현실을 비판하고 있다. 구체적인 예로, 미국과 소련 사이에 냉전 분위기가 고조되던 시기 미국 기업들은 소련에 대한 공포 분위기 조성을 위해 정보 통제를 감행했다. 1991년 소련이 몰락하자, 이번에는 글로벌 테러리즘이 몰려올 것이라는 새로운 공포를 조장했다. 결국 미디어와 거대 기업의 결탁은 기업의 무책임성과 미국의 민주주의 결핍 등을 둘러싼 논의 기회를 차단했다는 것이 촘스키의 통찰이다.

다음으로 미디어가 대중에게 미치는 영향에 대해 비판적 입장을 견지하는 문화 산업적 관점의 대표적 예로 프랑크푸르트학파가 있다. 마르크시즘과 프로이트 이론의 결합을 시도한 프랑크푸르트학파는 마르크스의 주장대로 경제 구조 및 물질적 토대인 하부 구조가 상부 구조에 영향을 미친다는 사실에서 출발하되, 결정론적 주장 대신 '조건 지움'으로 수정한다.[16] 마르크스는 토대 결정론에 따라 하부 구조에 해당하는 경제 구조가 상부 구조에 해당하는 문화를 결정한다고 믿었기에, 문화의 영향력을 간과했다는 것이 프랑크푸르트학파의 입장이다. 이들은 당시 소련의 스탈린, 독일의 히틀러, 이탈리아의 무솔리니 등 전체주의 정권이 노동자를 억압했음에도 불구하고 노동자의 지지를 받아 출현하는 역사적 광경을 목격했다. 이에 당대 지식인 계급은 노동자 계급의 선택에 절망한다. 이 현상을 마르크스적 개념으로는 설명할 수 없었기에 프랑크푸르트학파는 새로운 해석을 추구한다. 곧 대중 매체가 발달하면 대중은 사회 비판 의식을 상실하고 원자화·고립화되며, 보다 쉽게 지배자의 통치 대상이 됨으로써 필연적으로 전체주의에 이르게 된다는 것이다.

한편 프랑크푸르트학파는 대중문화 개념이 마치 '대중이 자발적으로 만든 문화'라는 뜻처럼 받아들여질 수 있기 때문에, 대중문화 대신 문화 산업으로 대체하자고 주장한다. 문화 산업의 융성으로 인해 노동자의 여가 시간은 오락 산업의 영역에 포섭되었다. 실제로 유럽에서는 TV 등 대중 매체의 급속한 발달에 힘입어 1930-40년대 오락 산업이 매우 융성했다. 당시의 전체주의 정권은 대중 매체의 확산 및 문화 산업의 발전을 적극 지지했다. 독재 정권일수록 3S 정책에 투자한다는 사실은 앞서도 언급한 바 있다. 이 시기 미국에서도 영화 및 음반 산업이 빠른 속도로 발전한다.

여가 산업 또한 기본적으로 이윤 추구를 목적으로 하는 문화 산업으로서, 대중에게 기업 가치를 주입시키는 데 활용되고 있다. 한때 인기를 끌었던 "열심히 일한 당신, 떠나라"는 광고 카피의 표면적 의미는 '이제 일터를 떠나 자유롭게 쉬라'는 것이었지만, 진정한 의미는 '신용카드 쓰러 떠나라'는 것이었다. 여가는 노동 현장을 떠나 편안하게 휴식을 취하는 것이 아니라 노동력 재생산 및 재충전의 의미를 담고 있음을 선명하게 표현했던 셈이다.

대중 매체가 생산하는 대중문화가 사회적 시멘트의 역할을 한다는 사실도 주목을 요한다. 자본주의 사회에서 무력감과 소외감을 느끼며 살아갈 수밖에 없는 대중은 대중문화가 제시해주는 환상 속으로 도피함으로써 사회 구조적 모순을 깨닫고 비판하기보다 현실에 안주하게 된다는 것이다. 고립되고 불안한 대중을 제자리에 놓아둠으로써 사회 안정과 질서를 유지하게 되는 바, 그 힘이 바로 대중 매체로부터 나온다는 것이다.

결국 문화 산업은 개인의 비판 의식을 마비시키고 독립적 사고를 저해하면서 현실에 순응하도록 한다는 것이 프랑크푸르트학파의 핵심적 주장이다. 프랑크푸르트학파들이 "대중이여, 비판하라"고 선언했을 때 비판이란 이데올로기의 허구성을 폭로하는 것이었다. 프랑크푸르트학파의 일원이었던 헤르베르트 마르쿠제Herbert Marcuse는 '위대한 거부Great Refusal'를 전면에 내세우며, 현실에 존재하는 모든 비합리적이고 정의롭지 못한 것을 단호하게 부정하라고 주장한다.[17] 비판 정신과 위대한 거부의 가능성을 차단하는 대중문화 속에서 예술은 상업화에 질식된 채 사라지고 있고, 문화는 오락으로 대체되며, 경제 권력의 직접적 착취는 보다 세련된 심리적 착취로 전환되고 있다는 것이 프랑크푸르트학파의 비판이다.

최신 미디어 이론

위르겐 하버마스: 공공 영역

마르쿠제와 더불어 프랑크푸르트학파의 일원인 위르겐 하버마스Ürgen Habermas는 문화 산업의 확산이 개인적 차원의 비판 의식과 독립적 사고 능력을 저해한다는 부정적 입장을 고수하고 있다. 영국의 BBC 방송은 특정 프로그램 시청률이 높아지면 해당 프로그램의 방영 여부를 진지하게 고려한다고 한다. 대다수 시민이 동일한 프로그램을 동시에 시청할 경우, 민주주의 사회의 다양성을 저해하기 때문이다.

하버마스는 공공 영역public sphere이 발달하면 민주주의 또한 공고히 뿌리내릴 것이라고 굳게 믿었다.[18] 하버마스에게 공공 영역이란 사회적으로 의미 있는 쟁점들이 토론되고 생산적인 의견이 형성되는 공적 토론의 장을 의미한다. 18세기 이후 현재에 이르기까지 공공 영역의 부상과 쇠퇴 과정을 추적해온 하버마스에 따르면 공공 영역은 런던이나 파리를 중심으로 유럽 도시의 살롱과 카페에서 시작되었다. 적은 수가 참여했음에도 불구하고 공공 영역은 초기 민주주의 발달에 의미심장한 역할을 했던 것으로 평가된다. 공공 토론을 통해 주요 사회적 이슈가 논의되고 정치적 문제 해결이 가능할 것이라는 논리가 도입되었기 때문이다.

그러나 공공 영역의 약속은 역사 속에서 실현되지 못했다. 민주적 토론의 장이 문화 산업의 발달로 인해 퇴보했기 때문이다. 하버마스는 공공 영역을 공허하게 만든 원인으로 대중 매체와 대중오락의 보급을 지목하고 있다. 대중 매체가 발달하고 대중오락이 보급되면서 정치는 무대 위의 연기로 변하고, 정치가는 정치적 역량 대신 인기인으로 평가받게 되었다는 것이다. 뿐만 아니라 상업적 이해관계가 공공의 이해관계보다 우선시되고, 공공 여론이 개방적이고 합리적인 토론보다는 미디어의 조작과 통제를 통해 형성되기 시작했다는 것이다.

장 보드리야르: 초현실 세계

보드리야르는 하버마스와 다른 시각에서 대중 매체가 지배하는 사회를 조망하고 있다. 대중 매체의 대표 주자라 할 TV는 세상사를 단순히 대변하거나 반영하는 것이 아니라, 우리가 실제 몸담고 있는 세상 자체를 규정한다는 것이다.

보드리야르는 1994년부터 1995년까지 LA에서 전개되었던 심슨O. J. Simpson 재판을 전형적 예로 들고 있다. 미식축구 선수 심슨은 당시 스타였는데, 미모의 백인 아내를 살해했다는 혐의를 받는다. 심슨 재판은 TV를 통해 생중계되었고, 시청자와 미디어 논평자 간 연결을 통해 여론을 형성해간 'TV화된 사건'으로 자리매김되었다. 결국 심슨 재판의 현실은 재판정에서 진행된 재판 과정이 아니라 전 세계에 보급된 TV 스크린에 투영된 일련의 이미지로 구성된 '여론 재판'이었다는 것이 보드리야르의 분석이다. 그는 1991년 발표한 기고글 「걸프전은 발생하지 않았다The Gulf War Did Not Take Place」에서도 걸프전이 TV 속 전쟁이었다고 분명하게 결론지었다.[19] 걸프전은 역사 속에서 실재했던 이전의 전쟁과는 질적으로 다른 전쟁으로, 전 세계 시청자들과 함께한 TV 속 전쟁이었다는 것이다. 조지 부시도 사담 후세인도 실제 상황을 지켜보기 위해 CNN을 시청했음은 익히 알려진 사실이다.

여기서 보드리야르의 통찰력이 빛을 발하게 되는 바, 그에 따르면 대중 매체가 도처에 존재하는 사회에서는 새로운 현실로서 초현실이 조성되고, 미디어 이미지와 사람들의 실제 행동이 뒤섞이는 현상이 펼쳐지기 시작한다. 그 결과 미디어가 전하는 현란함에 현혹된 대중에게 진정성 혹은 유일무이함의 가치는 의미를 상실한다는 것이다. 유네스코 문화유산 앞에서 비디오나 스마트폰 카메라를 들이대는 관광객은 보드리야르의 '초현실' 개념을 충실히 구현한 모습이라 할 것이다.

초현실 세계는 현실과 무관한 상태의 이미지인 시뮬라크르로 구축된다. 시뮬라크라 개념을 이해함에 있어 광고는 좋은 사례가 될 수 있다.[20] 우리는 대중 매체를 통해 화장품 광고를 일상적으로 접한다. 화장품 광고는 화장품의 성능이나 기능에 관한 정보 대신 아름답고 매력적인 화장품 모델이 구현하는 '아름다움', '매력'이라는 환상과 이미지를 판매한다. 초현실이 지배하는 사회에서는 정치 지도자들도 정치적 역량보다 이미지가 보다 중요해지면서 TV 이미지와 정치가의 인격이 동일시되는 현상이 나타난다.

존 톰슨: 미디어와 산업사회의 발달 간 관계 분석

초기 인쇄물에서부터 오늘날의 전자 의사소통에 이르기까지 미디어는 현대 사회 조직의 발달에 핵심적 역할을 해왔으나, 마르크스, 뒤르켐, 베버 등의 고전 사회학자들은 미디어의 역할을 간과하는 오류를 범해왔다. 존 톰슨John Thompson은 앞서 언급했던 프랑크푸르트학파와 보드리야르 이론의 통합을 시도한다. 그는 프랑크푸르트학파가 문화 산업을 지나치게 부정적으로 인식하고 있다는 점과 하버마스조차도 인간을 미디어 메시지의 수동적 수혜자로 인식하고 있다는 점을 한계로 지적하고 있다.

톰슨에 따르면 현대 사회의 대중 매체는 이전엔 접할 수 없었던 다양한 형태의 정보를 제공한다는 점에서 긍정적 평가가 가능하다고 본다. 나아가 시청자는 수동적 소비자가 아니라 적극적 소비자로서 양방향 소통을 선호한다는 점에 주목한다. 미디어 메시지는 적극적으로 해석 및 재해석되고, 때로는 비판과 촌평, 호응 등을 주고받는 과정 속에서 전달된다는 것이다. 1980년대 공전의 히트를 기록했던 TV 드라마 〈사랑이 뭐길래〉에서는 전통적 가부장을 구현한 역으로 대발이 아버지가 등장한다. 시청자들은 그의 모습을 희화화하거나 조롱하면서 당시 명분만 남은 채 실리를 상실해가던 가부장을 향해 냉소적 비판을 시도했다.[21]

이상의 전제를 토대로 톰슨은 상호작용의 세 가지 유형을 제시하고 있다. 첫 번

〈표 13〉 존 톰슨의 상호작용 유형별 특징

	대면적 상호작용	중재적 상호작용	유사 중재적 상호작용
시간-공간 지속	공존의 맥락: 고용된 시간과 공간 준거체계	맥락의 분리: 시간과 공간에서 확대된 유용성	맥락의 분리: 시간과 공간에서 확대된 유용성
상징적 신호 범위	상호 신호의 다중성	상징적 신호의 거리 좁히기	상징적 신호의 거리 좁히기
행위 지향성	구체화된 타자 지향	구체화된 타자 지향	무한대의 잠재적 수신자 지향
대화적 독백적	대화적	대화적	독백적

째는 얼굴을 맞댄 상태에서 이루어지는 대면적 상호작용face to face interaction이다. 상대방의 의도를 파악하는 데 필요하고도 충분한 실마리가 실시간으로 교환되는 과정을 포함한다. 두 번째는 전화기, 화상 통화, 인터넷 등 미디어 기술을 통해 이루어지는 중재적 상호작용mediated interaction이다. 시간과 공간을 초월해서 상호작용이 가능하나, 상대방이 눈에 보이지 않기 때문에 어떤 의도를 갖는지 확인하거나 공유할 기회가 없다는 특징을 갖는다. 반면 상대방이 눈에 보이지 않기 때문에 더욱 내밀한 대화가 가능할 수도 있고, 농담이나 '닭살스런' 대화 또한 가능하다는 평가도 있다. 세 번째는 대중 매체에 의해 성립되는 유사 중재적 상호작용quasi-mediated interaction이다. 바로 앞서의 일대일 상호작용이나 중재적 상호작용이 서로 연결되는 대화적 상호작용이라면, 대중 매체에 의한 상호작용은 사람들을 연결시키지 않은 채 일방적으로 진행된다는 특징을 갖는다. 위의 〈표 13〉은 세 가지 상호작용의 유형과 특징을 정리해놓은 것이다.

톰슨의 요점은 보드리야르의 주장과 뚜렷하게 구별된다. 보드리야르가 대중 매체에 의한 상호작용이 다른 두 유형의 상호작용을 압도하고 지배할 것이라 예측한 데 반해, 톰슨은 세 가지 유형의 상호작용이 공존하면서 우리의 삶을 여러 가지 방식으로 혼합시킬 것이라 전망하고 있다.

볼거리

영화 _ 〈트루먼 쇼 The Truman Show〉(1998)

트루먼 쇼는 문자 그대로 주인공 트루먼Truman의 삶을 방송하는 TV 쇼로, 태어날 때부터 오늘에 이르기까지의 삶을 24시간 내내 모두 찍어서 방송한다. 하지만 정작 트루먼 자신은 자신의 생활이 방송된다는 것을 모른다. 트루먼 쇼에 등장하는 사람 가운데 소꿉친구와 직장 동료, 옆집 이웃, 심지어 부모와 아내까지 트루먼을 제외한 모든 사람이 연기자이다. 그들은 배우로서 각본에 따라 트루먼의 주변 인물을 연기하며 행동한다. (…) 사실, 트루먼이 사용하는 모든 생활용품은 방송으로 광고된다. 그가 어릴 때부터 살아온 섬 씨헤이븐Seahaven도 실제로는 외부인의 출입이 금지된 거대한 세트장이다. 마침내 자신이 세트장에서 살고 있었음을 깨닫게 된 트루먼은 우여곡절 끝에 비상문을 발견하고, 그토록 꿈꾸던 진짜 세계를 보기 위해 바깥으로 나가면서 트루먼 쇼는 막을 내린다. "아, 이제 트루먼 쇼 끝났네. 딴 채널에선 뭐해?"라고 물으며 무심하게 채널을 돌리던 한 시청자의 물음이야말로 '지금 내가 살고 있는 세상이 진짜인가? 어쩌면 짜여져 있는 조작된 가짜 세상이 아닌가?'라는 의문을 들게 만든다. 스스로 자유로운 세상에서 살고 있다고 생각하지만 시청자들 또한 미디어가 연출하고 편집하는 세계를 계속 들여다볼 뿐, 실상은 미디어 속에 갇혀 지내는 것인지도 모를 일이다. 영화관을 나서며 이 세상이 매우 낯설게 느껴지는 경험을 안겨다 준 영화이다.

5. 글로벌 무대, 미디어의 위상

미디어의 세계화

지난 30년간 미디어 산업은 격변이라는 표현으로 부족할 정도의 변화를 거듭해왔다. 무엇보다 디지털 기술의 출현은 한때 독립적으로 존재했던 미디어 형태의 융합을 가져왔다. 미디어 시장은 개별 국가 단위를 넘어 유연한 글로벌 단위로 재편되고 있다. 안방에서 CNN 뉴스를 시청하고 미드(미국 드라마)와 일드(일본 드라마)를 즐긴다. 동남아시아 시장에서는 한국의 드라마와 K-POP이 높은 인기를 얻고 있다. 오늘날 전 세계의 미디어 시장은 뉴스 및 오락물 제작에서부터 유통 및 마케팅에 이르기까지 20개의 초국적 기업에 의해 독점적으로 운영되고 있다.

이러한 격변에 주목한 데이비드 헬드David Held는 미디어 분야의 글로벌화를 가능케 한 핵심적 변화를 다음과 같이 제시하고 있다.[22] 첫째는 소유권의 집중 증가이다. 과거에는 소규모 독립 미디어 회사들이 공존했다면, 이제는 고도로 집중화된 미디어 연합체로 흡수되고 있다. 둘째는 공적 소유권으로부터 사적 소유권의 전환이다. 과거의 미디어는 정부 및 국가에 의한 소유가 주를 이루었으나, 기업 환경의 자유화와 탈규제화로 인해 미디어 또한 민영화 내지 상업화의 길을 가고 있다. 셋째는 다국적 기업 구조의 출현이다. 미디어 소유 관련법의 적용이 그동안 국민 국가의 경계 내부에서 이루어졌다면, 이제는 미디어 소유법이 국경을 넘어 자유로운 투자와 소유를 허용하는 상황이 전개되고 있다. 넷째는 다양한 미디어 콘텐츠의 제작 및 분배이다. AOL-타임워너의 합병으로 거대한 공룡 미디어 기업이 출현했고, 이제는 개별 미디어 기업 안에서 음악, 뉴스, 인쇄 매체, TV 등 다양한 미디어 콘텐츠의 제작은 물론 분배까지 가능한 상황이다. 다섯째로 복합 미디어 합병의 증가도 미디어의 글로벌화를 추동한 요인이다. 미디어 산업 내에서 분리되어 있던 컴퓨터 하드웨어와 소프트웨어 제조업의 통합이 이루어지고 있고, 전자통신, 미디어 콘텐츠 제작업자 간 통폐합도 활발히 진행되고 있다.

음악 시장의 세계화

음악 장르는 다른 어떠한 대중문화보다 효과적으로 세계화의 위력을 발휘하고 있는 영역이다. 음악은 언어의 한계를 초월해서 전 세계 대중을 향해 호소력 있게 메시지를 전달할 수 있는 매체임이 분명하다. 한국에서도 빌보드 차트 상위의 음악들이 인기를 얻고 있고, 싸이의 〈강남 스타일〉 같이 변방의 음악에 머무르지 않고 전 세계의 대중으로부터 환호를 받았던 사례가 있다.

소수의 다국적 기업이 글로벌 시장에서 음악을 독점적으로 마케팅하고 유통시키는 역할을 담당하고 있다. 음반 산업을 예로 든다면, 유니버설, 타임워너, 소니, 이엠아이, 베텔스만의 5대 기업이 전 세계 음악 시장의 80-90%를 점유하고 있다.

1990년대 중반 이후 괄목할 만한 성장을 기록해온 음반 시장은 매해 약 38%의 판매 신장률을 보이는 가운데 개발도상국의 판매가 강세를 보이고 있다. 전 세계 음악 시장의 성장은 영국과 미국에 뿌리내리고 있는 대중음악의 성공과 청년 문화의 융성, 그리고 대중음악과 정체성을 함께하는 하위문화의 보급이라는 세 요소가 어우러진 결과다.

음악의 세계화란 미국 및 영국의 음악적 스타일과 음악 장르가 전 세계에 전파됨을 의미한다. K-POP의 성공은 음악의 세계화의 또 다른 사례라 할 수 있다.[23] 미국과 영국은 대중음악 수출을 선도해온 국가다. 덕분에 국가별로 고유한 국내 음악과 전통 음악의 계승을 저해하는 데 일조해왔다는 비판을 받고 있다. 그러나 세계화는 양방향의 도로로서 라틴풍이 가미된 음악이 미국에서 성공한 사례도 있다. 더불어 주목할 만한 현상은 음악의 글로벌화 및 글로벌 음악의 대중성 확보가 문화적 혼합 혹은 혼종을 야기한다는 사실이다. 흑인의 반항적 정서가 녹아 있는데, 정작 랩을 소비하는 주체가 백인 청년들이라는 점은 문화적 혼종의 대표적 사례라 하겠다.

현재 음반 산업은 위기에 직면하고 있다. 세계화된 음반 산업은 공장에서부터 유통 연결고리를 거쳐 음반 상점 및 판매 직원에 이르기까지 복합적으로 이어진 연결망으로 구성되어 있다. 그러나 오늘날 인터넷을 통해 거의 모든 음반을 무료로 다운로드 받을 수 있게 됨으로써, 음반 산업의 연결망이 뿌리째 흔들리고 있다. 세계 음반 시장의 매출 규모는 2000년 400억 달러까지 확대되었으나, 2004년에는 300억 달러로 급격하게 감소했다. 음악 파일의 불법적 교환으로 인해 음반 산업이 위축되면서 대규모 구조 조정이 진행되었고 실업자가 양산되기도 했다. 연간 약 800만 명이 음악을 다운로드 받아 소비하고 있는데, 그중 92%가 불법 사이트를 이용하고 있다고 한다. 기술 변화에 가속이 붙으면서 해적판 단속이 무력화되기도 한다. 불법적 파일 공유가 합법적 내려받기 서비스로 전환되는 과정에서 로열티의 상당 부분이 스트리밍서비스 플랫폼에 할당되고 있고 저작권에 대한 정당한 지불이 화두가 되고 있다.

영화의 세계화

세계화의 전형적 특징 중 하나는 자본의 비상이다. 자본은 국적을 가리지 않고 투자처로 이동하는데, 영화 분야도 예외는 아니다. 영화의 세계화는 영화 제작 및 투자(재정 지원)에 있어 자본의 세계화가 이루어짐을 지칭한다. 유네스코에 따르면 1980년대 연간 50편 이상의 영화를 제작한 25개 국가 중에서도 미국, 일본, 한국, 홍콩, 인도는 연간 150편 이상의 영화를 제작하는 것으로 밝혀졌다.

국내에서 제작한 영화를 해외로 수출하는 현상도 새롭게 부상 중이다. 영화는 고부가가치를 창출하는 상품임은 앞서 사례를 들어 설명한 바 있다. 전 세계 영화 시장을 평정하고 있는 나라는 물론 미국으로, 할리우드는 이미 1920년대에 장편 영화를 해외로 수출한 바 있다. 전 세계에서 상영 중인 영화의 약 80%가 할리우드에서 제작되고 있다는 통계가 있다. 영국에서 상영되는 영화의 40%가 미국 영화이고, EU 전체의 미국 영화 상영 비중은 1984-91년 기간 중 60%에서 72%로 증가했다. 영화 수출국 순위는 미국의 뒤를 이어 인도, 프랑스, 이탈리아의 순으로 나타나고 있다.

일부 국가에서는 자국의 영화 산업을 돕기 위해 한때 한국에서도 실시한 바 있는 스크린 쿼터제를 운영하기도 한다. 할리우드 스튜디오는 영화 제작 방식 자체가 글로벌화되어 있어 해외 영화 유통을 통해 제작비를 조달하는데, 1993년에는 그 비율이 50%에 이르렀다. 할리우드 스튜디오는 해외 관람객의 증대를 위해 복합 상영관 건설에 개입하기도 한다.

세계 영화 시장은 홈 비디오 시장의 위축으로 인해 타격을 받았으나, 박스 오피스 시장과 디지털 배급 시장의 성장에 힘입어 2014년 기준 882억 7천만 달러 이상의 규모로 성장했다. 약 344억 달러 규모로 세계 1위를 차지하는 북미 지역에서는 워너브라더스, 디즈니, 파라마운트, 폭스, 소니 등 5대 영화사가 영화 시장을 지배하고 있고, 넷플릭스가 디지털 배급 시장을 주도하고 있다.

미디어 공룡과 미디어 제국주의

미디어 거대 기업

2000년 1월 세계 최대 미디어 회사인 타임워너와 세계 최대 인터넷 서비스 제공사인 AOL의 통합이 이루어졌다. 3,370억 달러 규모에 이르는 두 기업의 결합은

생각할 거리

방탄소년단의 성공 DNA

'BTS'라는 이름은 해외에서 더 유명하다. 7인조 보이 그룹 방탄소년단의 영문 이름이다. 2017년 12월 19일(현지 시각) 미국 3대 대중음악 시상식 중 하나인 '아메리칸뮤직어워즈(AMAs)' 축하 공연으로 미국 데뷔전을 치르며 최고의 인기를 누리고 있다. 같은 해 5월에는 빌보드어워드에서 팬이 가장 많은 가수에게 주는 '톱소셜아티스트'상을 받았다. 이전에 팝스타 저스틴 비버가 6년 연속 차지했던 부문이다. 최근 지미 키멜 라이브 쇼, 엘렌 쇼 같은 미국의 전국 방송 토크쇼에 잇달아 출연하며 유창한 영어 실력도 과시했다. 유튜브 조회 수가 수십억 회에 달하고, 전 세계 소셜 미디어에서 끊임없이 화제가 된다. 2013년 데뷔 후 불과 4년 만에 세계 팝 음악 시장에서 가장 큰 성공을 거둔 'K팝 스타'가 됐다. 빌보드는 AMAs의 17개 축하 공연 중 방탄소년단의 공연이 다섯째로 인상적이었다며 이렇게 평가했다. "영어권에서는 군무와 퍼포먼스가 최우선인 '보이 밴드(boy band)'를 본 지 아주 오래됐기 때문에 우리는 (그런 보이 밴드가 뿜어내는) 에너지가 얼마나 강력한지 잊고 있었다." 세계 주류 음악 시장에서 화려한 무대 퍼포먼스를 앞세운 아이돌 가수는 1990년대 이후 거의 명맥이 끊겼다. 하지만 수요는 계속 있었다. 아이돌을 앞세운 K팝이 바로 그 시장을 공략했다. 수치가 K팝의 성공을 증명한다. 한국 음악 산업의 1년 수출액은 약 4,139억 원(콘텐츠진흥원·2015년) 규모까지 성장했다. 방탄소년단의 성공은 이런 토대에서 가능했다.

그래도 의문은 남는다. 왜 하필 방탄소년단인가? 비슷한 완성도의 음악이나 춤을 보여주는 K팝 아이돌 가수는 많다. 방탄소년단은 SM·YG·JYP 같은 대형 기획사 소속도 아니다. 해외에서 먼저 큰 인기를 얻기 전엔 '소녀시대'나 '빅뱅' 같이 한국 사람이면 이름 한번쯤은 들어본 유명 아이돌도 아니었다. 그럼에도 외국인들은 다른

11월 29일(현지 시각) 방송된 미국 인기 토크쇼 〈지미 키멜 라이브 쇼〉에 출연한 '방탄소년단'.

팀이 아닌 방탄소년단에 가장 열광한다. 음악평론가 등 전문가들은 그 비결로 남다른 소셜 미디어 활용을 꼽는다. 방탄소년단은 멤버 개인 계정을 없애고 팀 계정 하나만 공동으로 쓴다. 노래를 발표하는 기본적 활동 외에 최소 1주일에 2-3개씩 꾸준히 자체 제작 콘텐츠를 소셜 미디어를 통해 내보낸다. 특히 트위터와 유튜브에 집중한다. 노래 녹음이나 안무 연습뿐 아니라 애완동물과 놀거나 요리하는 모습 등 온갖 일상을 영상으로 공개한다. 대형 기획사 아이돌이 한국의 TV 방송을 통한 홍보에 매달릴 때 방탄소년단은 그들만의 방식으로 새 시장 개척에 나선 것이다. 해외에서 한국 TV 방송은 제대로 챙겨보기 어렵지만, 트위터나 유튜브는 제한 없이 즐길 수 있다. 덕분에 해외 팬들도 실시간으로 방탄소년단의 콘텐츠를 즐길 수 있었다. 국내 기반이 약하다고 포기하지 않고 해외로 눈을 돌려 소셜 미디어로 팬들을 공략한 도전 정신이야말로 방탄소년단의 성공 DNA가 아닐까.

— 《조선일보》 2017년 12월 1일자 기사

Q 지금까지의 세계화 논의는 주로 자본의 흐름을 중심으로 이루어져 왔으나, 문화 및 대중 매체 영역에서도 글로벌화의 흐름이 빠르게 확산되고 있음이 분명하다. 방탄소년단의 성공을 조명한 기사를 읽고 K팝, 드라마, K뷰티 등 한류 열풍의 의미를 다각도로 짚어보자.

신문 잡지 영화 스튜디오 TV 방송국을 보유한 타임워너 사와 15개국 2,500만 명의 독자를 거느린 인터넷 유통사가 하나로 통합됨을 의미했다. 이 사건은 전통적 미디어와 뉴 미디어 사이에 이루어진 최초의 결합으로 기록되었다.

타임워너는 1923년 헨리 루스Henry Luce가 시사 주간지 《타임》지를 창간하면서 시작되었다. 《타임》은 괄목할 만한 성공을 거두었고, 뒤를 이어 1930년에는 경제 잡지 《포춘》을, 1936년에는 종합잡지 《라이프》를 창간했다. 20세기를 거치면서 타임 주식회사는 TV, 라디오, 음악 산업을 거쳐 워너브라더스 영화, 만화 제국에 세계 최초의 24시간 뉴스 방송 CNN까지 한 지붕 아래 거느리는 미디어 대기업으로 성장한다. 총매출 2조 6천억 달러에 이르렀던 타임워너는 매달 1억 2천만 명의 독자를 미디어 산업의 고객으로 확보했다.

한편 AOL의 성장은 정보 시대 뉴 미디어의 전형을 보여준다. 1982년 설립된

AOL은 시간제 요금 정산법을 도입했고, 전화를 통한 인터넷 접속 서비스를 시작했다. 1994년에는 100만 명의 가입자가 유료 서비스 혜택을 받았다. 1996년에는 표준 월정요금 제도의 무제한 사용을 도입함에 따라 회원 수 450만 명을 확보했다. 1997년에는 AOL 가입자 수가 800만 명을 돌파하면서 인터넷 서비스 제공 업체로 자리매김했다. 그해 캠프 서브Camp Serve와 넷스케이프Netscape를 매입한 AOL은 1995년 독일의 베텔스만과 연합 벤처를 시도하면서 AOL 유럽을 창립, 선 마이크로 시스템과 연맹을 통해 전자 상거래 영역에 진입했다.

전통 미디어와 뉴 미디어의 통합에 대해서는 뉴 미디어의 기술적 잠재력이 전통 미디어를 통해 날개를 달게 될 것이라는 긍정적 입장과 공룡 기업이 만들어지면서 거대 기업에 의한 미디어 지배가 현실화될 것을 우려하는 목소리가 공존해왔다. 그러나 미디어 기업 규모가 거대해지고 미디어 권력이 중앙 집중화될수록 글로벌 수준에서 특정 미디어 기업의 영향력이 강화됨으로써 미디어의 역할이 위축될 것이라는 경계의 목소리가 커지고 있다. 거대 권력의 집중, 자체 검열 제도, 연대 배서의 가능성 등이 우려의 근거로 제시되고 있다.[24]

인터넷에 대한 전망 역시 상반된 평가가 공존한다. 인터넷 초창기엔 사용자가 자유롭게 정보를 검색하고 공유하며 연계할 것이라는 긍정적 전망이 압도적이었다. 인터넷 기술에 힘입어 기업과 국가 권력의 영향 밖에서 상호작용하는 개인 영역이 부상할 것이라는 예측도 있었다. 동시에 복합 미디어 영역과 광고주들이 섬뜩한 존재로 등장할 것이라는 부정적 전망도 확산되고 있다. 포털 네이버의 파워 블로거 다수가 광고와 연계되어 있음은 부정적 전망을 뒷받침해주는 실례라 하겠다.

두 관점은 모두 일리가 있다. 미디어 합병과 기술적 진보가 의사소통 양식과 오락의 조직 구조 및 유통 방식의 확대를 의미한다는 점에서는 긍정적이나, 미디어 기업의 지배로 인한 역기능이 존재한다는 부정적 측면 또한 간과해서는 안 될 것이다. 인터넷을 둘러싼 상반된 입장 앞에서 인터넷을 자유롭고 개방적인 공간으로 두어야 한다는 주장도 제기되고 있다. 미디어 소비자는 기업의 이해관계에 쉽게 종속되는 '문화적 멍청이'가 아니라는 것이다. 인터넷에 대한 과도한 우려를 불식해야 한다는 입장에서는 독점 금지법을 동원하고 있다.

미디어 제국주의

거대 미디어 기업이 출현함에 따라, 미디어 제국주의가 현실화되고 있다는 우려의 목소리가 사라지지 않고 있다. 문화제국을 구축한 선진국은 개발도상국을 포섭 대상으로 삼고 있다. 실제로 개발도상국은 자국의 자생적 문화 정체성을 유지할 수 있는 자원이 부족하기 때문에, 문화제국주의의 영향하에 놓일 가능성이 높다.

세계 20대 미디어 기업의 본사는 모두 선진국에 포진하고 있다. 앞서 살펴본 AOL-타임워너 사의 합병, 디즈니와 ABC의 합병, 바이오콤 등의 미디어 제국은 모두 미국 기업이다. 머독 소유의 기업은 그가 오스트레일리아인이라는 점에서 다소 예외적이다. 일본의 소니도 CBS 레코드와 콜럼비아 영화사를 소유하고 있고, 독일의 베텔스만 그룹, 이탈리아의 몬다도리 또한 대표적인 미디어 제국주의 사례이다. 1999년 홍콩의 디즈니 파크 건립 계획에 대해 환영의 목소리도 있었지만, 실상은 미국 디즈니 관광 산업의 복제라는 점에서 미국 문화가 그대로 동양에 이식되는 건 아닌지 우려하는 목소리도 강하게 제기된 바 있다.

이데올로기와 편견, 그리고 미디어

미디어가 사회학의 연구 대상이 되는 이유는 미디어를 통해 이데올로기가 매우 효과적으로 전달되기 때문이다. 여기서 이데올로기란 사람들의 신념과 행동에 영향을 끼치는 사상을 뜻하는데, 오늘날 이데올로기는 허위의식으로 간주되면서 부정적·비판적·경멸적 의미를 갖는다. 이데올로기는 기존의 사회 질서를 유지하기 위해 지배 집단의 이해관계를 숨기거나 정당화하거나 합법화하는 과정에 동원된다. 뉴스에서부터 오락에 이르기까지 오늘날의 대중 매체는 이데올로기의 힘이 미치는 범위를 엄청나게 확대시켰다. 한국의 경우, 1997년 IMF 외환 위기로 인해 대량 실업이 발생했던 시기, 미디어들은 대량 실업의 원인을 심층적으로 분석하기보다 실직 가장의 외로운 뒷모습을 비춰줌으로써, 시청자들의 정서적 반응에 기대어 가장을 응원하고 위기 상황일수록 가족 공동체 유지가 필요함을 강조했던 선례가 있다.

미디어가 이데올로기를 전파하고, 이데올로기는 편견과 밀접히 연계되어 있음을 규명한 연구로 영국 글래스고 미디어 연구팀의 『이스라엘로부터 온 나쁜 뉴스

Bad News from Israel』가 있다.[25] 이스라엘과 팔레스타인 간 갈등을 다룬 TV 뉴스를 분석한 이 보고서는 TV 보도 태도가 시청자들의 이해, 신념, 태도에 어떠한 영향을 미치는지에 초점을 맞추고 있다. 이스라엘-팔레스타인 간 갈등을 소재로 한 TV 뉴스의 내용 분석 결과, 연구팀은 영국 TV의 대부분은 팔레스타인보다 이스라엘 정부의 관점에서 이스라엘에 우호적인 뉴스를 보도했음을 확인했고, 해당 뉴스의 보도 양식이 시청자들을 혼란스럽게 만든다는 사실 또한 발견했다. 일례로 BBC의 경우 인터뷰 대상자로 이스라엘인을 선택하는 비율이 팔레스타인 출신의 두 배에 달해 이스라엘을 지지하는 입장이 빈번하게 전달됐다. 또한 팔레스타인 사상자가 이스라엘 사상자의 두 배에 이르렀음에도 이스라엘 사상자 관련 뉴스를 더욱 부각시켰으며, 팔레스타인 지역에서 일어난 행위는 '테러리즘'으로 규명하는 한편, 이스라엘에서 발생한 폭력적 행동에 대해서는 '극단주의자' 내지 '민병대' 활동으로 보도하는 경향을 발견했다. 반면 이스라엘과 팔레스타인 간 갈등의 역사와 기원을 다루는 매스 미디어의 보도는 거의 찾아볼 수 없었다.

글로벌한 미디어와 미디어 제국주의가 중요한 활약을 하고 있는 상황에서는 시청자, 청취자 혹은 미디어 소비자로서 미디어물을 비판적으로 관찰할 필요가 있다. 뉴스가 해당 기간에 '실제 일어난 일'에 대한 단순한 '설명'에 그쳐서는 안 되기 때문이다. 뉴스란 실제 일어난 일을 대상으로 하되, 해석과 분석이라는 복잡한 과정을 거쳐 새롭게 태어난 구성물이기에, 미디어가 보도하고 있는 실재와 이에 대한 해석 및 관점을 혼돈해서는 안 될 것이다.

미디어 제국주의에 대한 저항과 대안

미디어 제국주의에 대해서는 저항과 비판도 만만치 않다. 알리 모하마디Ali Mohammadi의 연구에 따르면,[26] 세계화에 대한 이슬람 국가의 반응은 근대주의, 혼합주의, 전통주의로 유형화가 가능하다. 여기서 근대주의란 근대화와 서구화를 동일시하는 입장을 의미하고, 혼합주의란 서구식 근대화는 반대하되 근대화의 길이 중립적일 수 있음을 인정하는 관점을 뜻하며, 전통주의란 서구화든 근대화든 모두 다 거부한 채 아랍 전통만을 고수하겠다는 입장을 의미한다.

아랍권에서는 1991년 걸프전 이후 지구적 미디어 산업에 주목하기 시작했다. 1980년대 중반까지는 범아랍 위성방송 연결망인 아랍사트Arabsat에 의해 아랍권

뉴스가 제작·유통되었고, 1993년부터는 아랍권 모든 지역에 위성 채널이 가동되기 시작했다. 현재 아랍권 위성방송으로 전 세계에 가장 널리 알려져 있는 방송국은 알자지라Al Jazeera이다. 1996년 설립된 알자지라 방송은 카타르에 본부를 두고 있으며, 24시간 뉴스 보도 방송으로 거대 규모를 자랑한다. 아랍어권에서 가장 빠르게 성장하는 가운데, 방송 내용의 선정성으로 인해 논쟁의 중심에 서 있는 알자지라 방송은 근본주의자 및 극단주의자들에 대해 지나친 왜곡 보도를 할 뿐만 아니라, 전쟁 지역의 폭력적 장면을 여과 없이 내보내며 감정적 보도를 일삼는다는 평가를 받고 있다.

한편, 아랍 지역에서는 서구에서 제작된 TV 프로그램이 주제와 소재 면에서 긴장감을 유발한다는 이유를 들어 방영을 제한하고 있다. 주로 젠더 이슈와 인권 문제를 다루는 프로그램이 논쟁이 되고 있는데, 아랍권의 여성 할례 풍습을 비판하는 프로그램이 대표적 예라 할 수 있다. 서구 미디어를 가장 철두철미하게 반대하는 이란에서는 매스 미디어야말로 아랍의 전통 문화를 오염시킨 장본인이자 서양식 소비주의 가치를 주입시키는 원천이라 간주하여 강력하게 금지하고 있다. 이란과 사우디아라비아가 전통주의적 접근을 취하고 있고, 알자지라 방송이 근대주의적 접근을 대표하고 있다면, 대다수 아랍 국가는 전통과 근대의 결합을 모색하는 혼합주의적 접근을 선택하고 있다.

우리 앞에는 정보의 고속도로가 펼쳐져 있다. 한편으로는 길이 잘 닦인 질서정연한 도로가 연상되지만, 실상은 새로운 기술의 충격으로 인한 혼란과 분열 양상이 진행 중이기도 하다. 인터넷으로 대변되는 뉴 미디어의 세계에서는 국가로 상징되는 빅 브라더의 등장이 예견되고 있는가 하면, 다른 한편에서는 권력의 탈중앙화 및 분산화와 더불어 개인주의의 확산을 전망하기도 한다.

어느 쪽이 옳은 전망인지 현재로서는 판단이 쉽지 않다. 다만 전자책이 확산되고 있는 와중에도 전통적인 인쇄 매체는 사라지지 않을 것이라 한 빌 게이츠의 예측이 현재 상황을 가장 핵심적으로 축약하고 있는 듯하다.

chapter 13

도시와 도시 공간

1. 도시의 두 얼굴

오늘날 산업사회에서는 10명 중 8명이 도시 공간에 살고 있고, 분주하고 번잡한 도시적 생활 양식에 익숙하지만, 이는 역사적으로 그리 오래된 현상은 아니다. 도시는 두 얼굴을 갖고 있어, 한편에서는 매혹적 공간이라는 인식이 자리하고 있다. 뉴욕, 도쿄, 런던 등의 글로벌 도시는 세계 경제의 중심으로 재정과 금융을 담당하는 초국적 기업들이 자리하고 있다. 패션의 중심이자 글로벌 기업의 본사가 위치한 곳이기도 하다. 도시를 이야기하면서 뉴욕을 빼놓을 수 없을 텐데, 미국 고등학생들에게 가장 인기 있는 대학으로 뉴욕주립대학이 꼽히고 있는 이유는 물론 매력적 도시 뉴욕 덕분이다. 뉴욕에는 엠파이어스테이트 빌딩을 비롯해 마천루라 불리는 빌딩숲이 이어지고 있고, 브로드웨이, 카네기홀 같은 꿈의 무대가 펼쳐지기도 한다.

한편 도시의 이면에는 외로운 영혼들이 방황하는 곳이라는 우울한 이미지가 있다. 익명적 관계가 발달되어 있는 도시는 낯선 이들의 물결이 끊임없이 이어지는 곳이자, 고향으로부터 뿌리 뽑힌 삶을 살아가는 이방인들의 거리이기도 하다. 도시 중심에는 슬럼이 형성되면서 범죄의 온상이 되기도 한다.

그렇다면 인구 규모상 세계 10위권 안에 드는 서울은 어떤 도시일까 궁금하다.[1] 서울을 주제로 한 대중가요 중 대표적인 두 곡을 선곡한다면, 서울 인구가 오백만 명을 돌파하던 1969년, 가수 패티 김이 부른 〈서울의 찬가〉와 이농의 물결이 고조되던 1971년, 가수 나훈아가 불렀던 〈머나먼 고향〉이 있다.

> 종이 울리네, 꽃이 피네
> 새들의 노래, 웃는 그 얼굴
> 그리워라 내 사랑아 내 곁을 떠나지 마오
> 처음 만나고 사랑을 맺은 정다운 거리 마음의 거리
> 아름다운 서울에서, 서울에서 살렵니다

> 머나먼 남쪽 하늘 아래 그리운 고향.
> 사랑하는 부모 형제 이 몸을 기다려.
> 천리타향 낯선 거리 헤매는 발길
> 한 잔 술에 설움을 타서 마셔도
> 마음은 고향 하늘을 달려갑니다.

두 곡의 가사 속에는 서울의 아름다움과 활기를 찬양하는 내용과 고향을 떠난

이농민들의 절절한 서러움을 담은 내용이 담겨 있으니, 서울도 두 얼굴을 지닌 도시였음에 틀림없는 것 같다.

개인적으로 서울에 관한 기억을 떠올려보면, 어렸을 적 외할머니와 지금은 사라진 중앙청 자리에서 지하로 다니는 지하철이 아니라 도로 위로 다니는 전차를 탔던 추억이 있다. 전차를 타고 지금의 종각 주위를 지나갈 때 보이던 화신백화점은 오늘날의 대기업에 비견될 만큼 부의 대명사였다. 화신백화점은 1931년 민족 자본으로 설립된 한국 최초의 백화점으로, 일제 강점기에 근대적 시설과 조직을 갖추고 전국적으로 지점을 개설했다. 그러나 1980년대에 들어서면서 과도한 투자로 계열사와 백화점이 모두 해체되면서 우리의 시야에서 사라져갔다.

1970년대 경제개발계획 이후 서울시는 빠르게 유입되는 이농민들을 위한 주거시설 부족을 해결하고자 아파트 건설을 시작했다. 와중에 1970년 서대문구 창전동에 건설했던 와우아파트가 준공 4개월 만에 와르르 무너지는 대형 참사가 발생하기도 했다. 서울에서 강남 개발이 본격적으로 추진되기 시작한 것은 1970년대 이후부터다. 강남 아파트로 이사 간 친구 집을 찾아가는데 산 넘고 물 건너 한강다리를 건너가는 길이 참으로 멀게만 느껴졌던 기억이 있다. 한남대교를 건너 지금의 동호대교 남단 사거리를 지나가는데, 한쪽 편으로 논밭이 펼쳐져 있던 그때가 1970년대 말이었다. 이후 20년이 채 지나지 않아 강남은 상전벽해를 겪으면서 서울의 중심 지역으로 부상하게 되었다.

서울 인구의 변화 추이를 살펴보기 위해 조선 시대로 거슬러 올라가 보면, 1428년 도성 내 한성부 인구는 10만 3,328명으로 기록되고 있다. 서울 인구가 20만 명으로 두 배 증가하는 데는 약 400년이 걸렸다. 1945년 해방 당시 서울 인구는 90만 1,000명 수준이었고, 6·25 전쟁이 발발한 1950년에는 143만 명 규모로 증가했다. 1960년 경제개발계획 직전에는 244만 명으로 10년 사이 다시 100여만 명이 증가했다. 1970년에는 552만 명을 기록함으로써 10년 만에 두 배를 기록했고, 1980년 835만 명을 지나 1990년 드디어 서울 인구 천만 명 시대를 열었다(〈그림 13〉 참조). 2017년 현재 서울 인구는 1천 10만 명으로, 세계 10위권 안에 드는 규모이다.

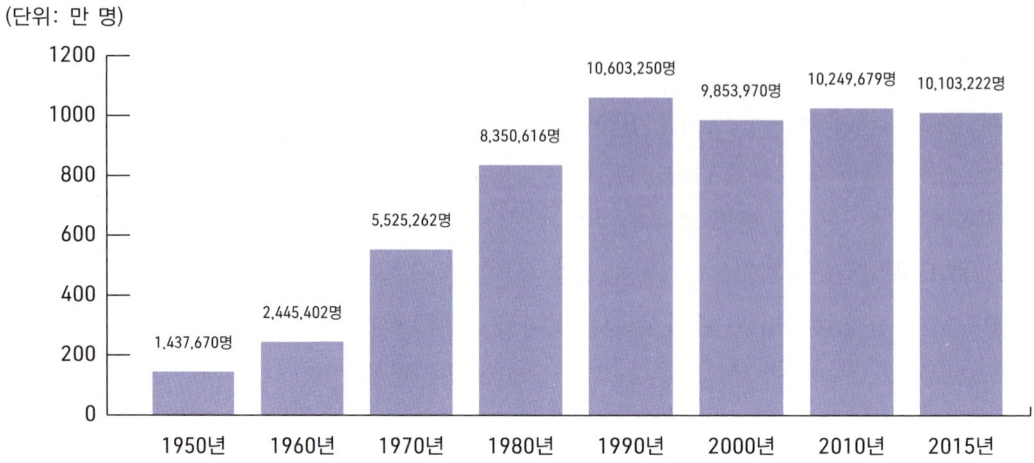

〈그림 13〉 서울 인구 변화 추이

2. 도시 발달에 관한 사회학적 상상력

시카고학파의 도시 생태학

도시의 성장 및 발달 과정을 설명하는 사회학 이론은 시카고학파를 중심으로 만개했다. 시카고대학을 중심으로 활발한 활동을 벌이던 학자들의 모임인 시카고학파는 1920년대부터 1940년대까지 왕성하게 활동했는데, 대표적 학자로는 로버트 파크Robert Park, 어네스트 버제스Ernest Burgess, 그리고 루이스 워스Louis Wirth를 들 수 있다. 시카고를 모델로 도시의 발달 과정을 이론화한 대표적 작업으로는 생태학적 접근과 생활 양식으로서의 도시성 이론이 있다.

도시 생태학

생태학은 동식물이 환경에 적응하는 과정을 연구하는 자연과학이다. 도시 생태학urban ecology은 생태학적 개념 및 접근 방법을 도시의 성장 및 발달 과정을 설명하는 데 적용한 관점이다. 자연 생태계는 다양한 종들이 균형을 맞추며 평형 상태를 이루어 공존한다. 시카고학파의 주장에 따르면, 도시의 성장 및 발달 또한 아무런 질서 없이 무작위적으로 진행되는 것이 아니라, 일정 지역에 걸쳐 체계적인 방식으로 분포되는 경향이 있다. 따라서 도시는 주변 환경의 특징에 유리한 방식으로 반응한 결과라는 것이다. 현대 사회의 대도시들은 주로 강기슭을 따라 비옥한 토양 위에서 발달했고, 대부분 무역의 중심지나 철도의 교착점 등 교통의 요지에 위치하고 있다. 그런 만큼 도시 거주자들이 어떤 지역에 생활 기반을 마련하는지, 도시의 분포는 어떻게 형성되는지 등을 설명하고자 연구할 때 생태학적 개념을 동원한다면 합리적 유추가 가능하리라는 것이 이들의 입장이다.

시카고학파의 대표 주자인 로버트 파크는 도시를 "특정 지역, 혹은 특정 환경에 가장 적합한 사람들을 전체 주민으로부터 실수 없이 골라내는 커다란 분류 기계"로 정의하고 있다.[2] 실제로 도시는 생물학적 생태학과 유사한 메커니즘, 곧 경쟁, 침입, 계승 과정을 거쳐 자연스러운 상태로 정돈되고 질서를 유지해간다고 설명하고 있다. 도시 생태학 이론의 핵심이라 할 경쟁·침입·계승 과정은 실제 자연 생태계로부터 유추한 것이다. 호수 생태계를 예로 들면, 호수에는 물고기도 살고 있고, 곤충도 날아오는가 하면, 기타 다양한 종류의 유기체들이 경쟁하면서 살고 있다. 이 상황에 새로운 종이 침입하면 균형이 깨지면서 기존의 종들은 변방으로 밀려나고 새로운 종이 호수의 계승자로 등장한다.

도시도 자연스럽게 발전하는 과정에서 경쟁과 침입, 그리고 계승 과정을 거친다. 동일 업종이 한 지역에 모여드는 현상은 생태학적 관점에서 장점을 가진다. 실제 사례는 먹자 골목, 가구 거리, 웨딩 스트리트 등에서 어렵지 않게 찾아볼 수 있다. 이화여자대학교 앞의 업종 변화는 경쟁·침입·계승의 생태학적 개념을 설명하기에 적합한 사례이다. 1970년대 중후반 고급 기성복이 등장하기 전, 이화여대 앞은 양장점의 거리였다. 그해 겨울 이대 앞 양장점에 진열된 옷이 이듬해 유행을 선도하던 시절이었다. 그러다가 1970년대 후반-1980년대 초반 양장점이 사라진 자리에 여대생을 주 고객으로 하는 중저가 브랜드의 구두점들이 속속 입점했다. 처음에는 양장점과 구두점이 경쟁 관계를 보이다 구두점이 양장점을 압도하면서 계승에 성공한다. 그러나 구두점도 1990년대 들어서는 미장원에 자리를 내주었다. 근래 이화여대 앞은 중국인 쇼핑 지역으로 자리매김하면서 화장품 상점을 중심으로 경쟁과 침입과 계승의 과정을 반복하고 있다.

도시 성장의 초기 단계에서 핵심적 키워드는 일자리이다. 대부분의 도시는 산업 시설과 일자리를 중심으로 인구 유입 및 집중이 시작된다. 산업 시설은 원자재 구입과 상품 공급이 용이한 곳에 위치하게 마련이다. 도시 인구가 증가하면 산업 시설의 발전이 뒤를 잇고, 도시 거주자들을 위한 위락 시설 또한 융성하며, 이들 사이에 이윤 추구를 위한 경쟁이 치열해진다. 일자리를 중심으로 급격한 팽창을 경험했던 대표적 사례로 울산시를 들 수 있다. 울산시는 1962년 제1차 경제개발 5개년 계획을 시행하면서 그해 1월 27일 울산공업센터 공업특구로 지정 공표되었다. 원래 인구 8만 명 규모의 반 농촌, 반 어촌에 불과했던 곳이 시로 승격한 것이다. 1968년 현대자동차 공장이 가동되고, 1971년 울산 석유화학 단지가 완공되고, 1972년 현대중공업의 전신인 현대 울산 조선소가 준공되면서 울산시는 대한민국 최대의 공업 단지로 탈바꿈했다. 울산시 인구는 1962년 21만 1,735명에서 1997년 인구 100만 명 규모의 광역시로 승격한 이후, 2014년 말 인구 120만 명으로 팽창했다.

한편 도시로 다수의 인구 유입이 이루어지면, 토지 가격 및 토지 소유세가 상승하고 도시 중심은 주거 지역으로 부적절해진다. 그 결과 대부분의 도심에는 이윤 창출에 유리한 사업 및 오락 시설이 집중된다. 한국에서 토지 가격이 가장 비싼 곳은 중구 충무로 1가 24-2번지로, 2018년 현재 네이처 리퍼블릭 명동 매장이 자리하고 있다. 이곳의 개별 공시지가는 평당 2억 6천 6백만 원에 이르고, 2004년 이후 계속해서 가장 비싼 땅이라는 명성을 이어오고 있다.

거주 지역으로 부적합해진 도심 지역 거주자들이 교외 지역으로 이주해가는 교외화 현상suburbanization도 주목할 만한 이슈이다. 보다 여유 있는 계층은 도심을 떠나 교외로 이주하고, 이들의 출퇴근 시간 단축을 위해 도로가 발달한다. 서울의 경우는 미국 및 유럽에서 관찰되는 교외 지역 이주화가 명확하게 관찰되지 않는다. 분당, 일산 등의 신도시 개발이 이루어지기는 했지만 서울은 정부 주도하의 강남 개발이 진행됨에 따라 서구의 도시 발달 과정과는 차별화된 특징을 보인다.

도시의 인구가 중앙에서 외곽으로 분산되어 가면서 동심원 형태, 곧 도넛 모양을 그린다는 사실은 경쟁·침입·계승과 더불어 생태학적 도시 이론의 주요 개념이다. 그 과정에서 도심에는 번창하는 대규모 사업과 쇠락해가는 주택이 나타나고, 도심 중앙 바로 바깥으로는 안정된 직업을 보유하고 있으나 소득 수준은 높지 않은 노동자 거주 지역과 고소득층이 거주하는 교외 지역이 형성된다. 서울의 강북 지역은 동심원 개념이 부분적으로 적용된다. 광화문이 전형적으로 발달된 도심이라면, 신촌과 미아리에 부심이 발달하고, 도심과 부심 사이의 중간 지역은 상대적으로 개발이 저조한 현상이 나타나고 있다.

경쟁·침입·계승 과정은 동심원 내부에서도 발생한다. 소수 인종 집단이 중심 지역 슬럼가로 침입하는 현상은 뉴욕에서 전형적으로 발견되고 있고, 유럽의 대도시에서도 종종 나타난다. 이로 인해 도심 거주자들은 도시 내 다른 지역이나 교외로 이주해간다.

도시생태학적 관점을 비교적 세련되게 발전시킨 학자로 아모스 홀리Amos Hawley가 있다.[3] 홀리는 경쟁·침입·계승 관점을 강조했던 도시 생태학과 달리 도시는 상

생각할 거리

구도심의 반란, 한국식 젠트리피케이션

그동안 도시 발전 과정에서 소외되었던 구舊도심 지역이 새로운 주거지와 핵심 상권으로 변신하고 있다. 젠트리피케이션Gentrification이 세계 곳곳에서 발생하고 있는 것. 우리나라도 예외는 아니다. 국내에서 젠트리피케이션은 이미 10년 전부터 진행돼 왔다. 과거에는 뉴타운 개발 등과 같은 대규모 철거형 재개발 과정에서 나타나는 경우가 대부분이었으나, 최근에는 성수, 서촌, 이태원, 신사 등 골목 문화에 태생을 둔 상권 발달 지역 중심으로 급격하게 확산되고 있다. 이러한 젠트리피케이션은 낙후한 구도심 지역에 활기를 불어넣고 투자를 유발하는 긍정적인 효과가 있지만, 주변 개발로 인한 임대료 상승 등으로 기존 저소득층 주민들을 몰아내는 부작용도 양산하고 있다.

◆ 지역경제 활성화·도시 균형 발전에는 '긍정적'

도시 문화에서 새로운 흐름으로 자리 잡고 있는 젠트리피케이션의 가치는 다양한 분야에서 발생하고 있다. 젠트리피케이션을 통해 사무실이나 상업시설은 과거보다 더 높은 이윤을 창출하고, 첨단 주거지가 들어섬으로써 도심은 한층 활기를 찾을 수 있다. 이에 따라 주민의 평균 소득도 향상되고 지역에 대한 주민의 소속감과 부동산적 가치도 높아진다. (…) 실제 국내에서도 젠트리피케이션이 진행되는 지역을 중심으로 상권 발달과 함께 부동산 가치도 오르고 있다. 한국도시설계학회 관계자는 "젠트리피케이션은 도심 재생의 관점에서 본다면 빈곤지역 또는 재개발 필요

지역이 자연스럽게 개발의 물살을 타게 만들어 도시의 균형발전에 꽤나 매력적인 요소"로 작용하고 있으며, "특히 노후 주택 지역이 활성화되면서 중산층이 유입되기 때문에 지역 불균형을 조정하는 역할도 하고 있다"고 말했다.

◆ 골목 상권, 대형 유통사 진출 활발

도시 정비를 통해 타 지역의 인구가 유입되는 지역과는 달리 '골목 문화'가 대중들에게 어필하면서 자연스럽게 인구가 몰리고 상권이 발달하는 지역도 있다. 문화적 특성으로 인해 젠트리피케이션이 나타나고 있는 종로구 삼청동은 서울에서 지가가 낮은 상대적 낙후지역이었다. 1970-1980년대에는 근린주구적 상업가의 특성이 있었던 삼청동길은 1990년대 인사동 인근에서 활동하던 예술가들이 상대적으로 지대가 낮은 삼청동 지역으로 주거지와 작업실을 옮겨왔고, 이들에 의해 삼청동길은 점차적으로 독특하고 매력적인 장소로 변했다. 최근 이곳에는 국내 유명 화장품 브랜드숍과 신진 화장품 매장도 잇따라 들어서고 있다. 삼청동에도 2011년을 기점으로 자리 잡기 시작한 화장품 대형 매장들이 10여 개로 늘었다. 국내 소비자들에게 브랜드를 알리는 한편 중국인 관광객(요우커)을 유치하기 위해서다.

◆ 젠트리피케이션의 후유증… 떠나가는 원주민들

정체에 빠진 도심이 다시 활성화한다는 점에서 젠트리피케이션은 긍정적인 측면이 많으나 부정적인 단면도 존재한다. 젠트리피케이션이 이뤄지면 지역은 한층 활기를 띠고 주민들의 평균 소득도 향상되며 지역에 대한 주민들의 소속감도 높아지지만, 문제는 중산층 유입과 외부 거대 자본의 참여로 인해 지가가 지나치게 올라 기존의 지역 생태계는 파괴될 수밖에 없기 때문이다. 실제로 홍대, 삼청동 등 문화로 일궈낸 특정 지역의 활성화가 결국에는 뒤늦게 치고 들어오는 자본에 의해 잠식되는 사례도 늘고 있다.

—《이코노믹리뷰》 2015년 6월 25일자 기사

Q 위 기사를 읽고 젠트리피케이션의 두 얼굴에 대해 이야기해보자. 긍정적 측면을 부각시키고 부정적 측면을 상쇄할 수 있는 참신한 정책에 대해서도 의견을 나누어보자.

호 의존성이 발달되는 곳이라는 사실에 주목한다. 상호 의존성이 높은 집단일수록 도시의 중심 지역에 위치하며, 도시의 발달 과정에 핵심적 역할을 수행한다는 것이다. 예를 들어 금융권의 지원과 보험 회사를 필요로 하는 기업은 금융권 시설과 더불어 도심에 위치하고, 그들 사이에는 긴밀한 상호 의존성이 만들어진다. 전문화와 분화는 인간이 환경에 적응하는 매우 중요한 방식이다. 금융권을 예로 든다면, 제1금융권 제2금융권으로 전문화 및 분화가 진행되고 있고, 최근 들어서는 적립식 펀드 등 투자 방식도 세분화되고 있다. 이들 간 상호 의존성의 증대가 도시 발달과 밀접히 연계되어 있음은 물론이다.

생태학적 접근은 도시 발달과 관련하여 통찰력 있는 이론과 개념을 다수 제안함으로써 다양한 경험적 연구의 축적을 촉진시켰다는 점이 장점으로 지목되고 있다. 반면 도시 생태학은 도시 발달을 자연적 과정으로 간주한 결과 의식적인 도시 설계 및 도시 계획의 중요성을 고려하지 않았다는 점, 더불어 시카고 외에 유럽, 일본 혹은 제3세계 도시의 경험을 간과하고 있다는 점에서 비판을 받고 있다.

생활 양식으로서의 도시성

시카고학파 중 우리가 기억해야 할 또 한 사람의 사회학자로 루이스 워스가 있다. 앞서 도시 생태학이 도시의 내적 분화 과정에 초점을 맞추었다면, 워스는 새로운 생활 양식으로서의 도시성urbanism에 주목하고 있다.[4] 워스는 농경 사회에서 도시로 이주해가는 과정, 곧 이농은 지금으로서는 상상조차 하기 어려운 삶의 뿌리가 통째로 뽑혀나가는 초유의 고통스러운 경험이었을 것이라는 통찰로 도시적 생활 양식의 특징을 분석하기 시작한다.

도시화가 본격적으로 진행되던 당시 '무작정 상경'이라는 표현이 종종 사용되었으나, 실제로 농촌에서 서울로 무작정 상경했던 경우는 드물었고, 대부분은 도시에 연고가 있는 사람들이 가족이나 친족을 불러들였던 것으로 밝혀졌다. 미국으로 이민 간 한국계 미국인이나 베트남 결혼 이주 여성이 자신의 가족 및 친족을 불러들이는 연쇄 이주는 이주 공동체에서 흔히 발견되는 양식이다. 워스가 관심을 기울였던 주제는 도시에 거주하는 인구 비율 자체가 아니라, 도시적 생활 양식이 인간의 삶과 사회생활에 미치는 영향이었다. 워스에 따르면 대다수 인구가 모여 살게 된 도시는 현대인의 거주지이자 일터로서, 현대인의 경제적·지리적·문화적 삶의 중심을 주도하고 통제한다.

현대인의 삶을 주도하고 있는 도시는 이전의 농경 사회와 질적으로 다른 특징을 가진다. 도시 거주자들은 거리상 밀도가 높으나 관계는 매우 소원한 역설적 현상을 경험하고 있다. 특히 아파트 거주자는 위·아래층에 누가 살고 있는지, 옆집에 누가 살고 있는지 알지 못할 때도 많다. 도시에서의 인간관계와 사회적 접촉이 익명성에 기반하고 있음은 이제는 상식이 되었다. 덕분에 도시 생활 속 인간관계는 비인격적 특성을 보이게 마련이다. 도시에서는 관계 자체가 목적이 아니라 목적 달성의 수단이 되는 경우가 빈번하고, 관계가 지속적으로 이어지기보다 단속적인 경우가 많다. 일례로 마트에서 만나는 판매원과 고객의 관계는 익명적이고 비인격적이다. 은행 직원이나 버스 및 지하철에서 부딪히는 승객들도 수단적이고 우연적인 관계에 놓여 있다. 한마디로 도시인들은 시민적 무관심하에 관계를 맺는 셈이다(☞ 시민적 무관심에 대해서는 2장 1절의 '일상생활 낯설게 보기'를 참조할 것).

도시적 삶은 높은 이동성을 특징으로 하기도 한다. 도시 거주자들은 빈번한 이사로 인해 공고한 유대 형성이 어렵다는 연구도 있다. 미국의 경우 집을 소유하는 비율도 낮고 이사 방식 또한 수월하여 이사용 트럭을 빌려 어디든 자유롭게 이동할 수 있는 전형적인 유목 사회의 특징을 보인다. 그런 미국에 비해 한국의 도시권 이사 비율이 무려 2.5배 높은 것은 흥미로운 현상이다.[5]

도시에서는 삶의 속도가 빠르기 때문에 협력보다 경쟁이 우세하다는 평가도 있다. 도시에는 버스, 택시, 지하철 등 대중교통 수단이 발달되어 있어 원하는 곳까지 빠르게 이동할 수 있는 반면, 농촌에는 버스가 한 시간에 한 대 다닐 정도로 대중교통 수단이 열악하다. 그럼에도 도시인들은 바쁘게 살아가고, 농촌에선 여유로운 삶이 가능하다는 사실은 역설이 아닐 수 없다.

도시에는 익명적 관계를 넘어 이웃 공동체가 만들어지기도 한다. 이민자들이 모여 사는 공간으로서 세계 어느 곳이든 존재하는 차이나타운도 있고, 미국 대도시에 형성된 코리아타운도 있다. 이들 사례를 일컬어 도시 마을이라 부르기도 한다.

도시성 및 도시적 생활 양식이야말로 광범위한 사회적 시스템의 속성이라는 사실을 명료하게 밝히고 있음은 워스 이론의 장점이다. 이전에는 존재하지 않았던 새로운 체계의 출현이라는 시각에서 도시 생활을 분석하고 있음은 신선하다. 하지만 워스의 이론도 미국의 도시 경험을 기반으로 하고 있기 때문에 유럽, 아시아권 사회를 대상으로 일반화하는 데는 한계가 있다. 생활 양식으로서의 도시성은 모든 시간과 모든 장소를 초월해서 보편적으로 나타나는 현상은 아니기 때문이다. 또한 워스가 강조하고 있는 도시 생활의 익명성 내지 비인격성은 실제보다 과장된 것이라는 비판도 있다. 현대 도시 지역에도 친숙한 우정과 돈독한 친족 관계를 보여주는 공동체가 존속하기 때문이다. 실제로 미국 보스턴에는 이탈리아계 이민자들이 모여 공동체적 생활 양식을 즐기는 도시 마을이 있다.

워스의 영향을 받은 클로드 피셔Claude Fischer는 대규모 도시적 삶의 양식이 하위문화를 촉진시키는 경향이 있다고 주장한다.[6] 소규모 읍이나 마을 공동체에서는 종교적·인종적·정치적 차원의 하위문화가 발달될 가능성이 희소하지만, 다양하고 이질적인 사람들이 모여든 도시에서는 동질성을 공유한 사람들이 하위문화를 구성할 기회가 많다는 것이다. 일례로 대도시에서는 유명 예술가들이 모여 하위문화로서 예술촌을 구성하는 일이 가능하다. 서울에도 북촌, 서촌이 있는가 하면, 프랑스인 거주 지역인 서래마을, 건국대 앞 중국 음식 거리 등이 있다. 이들 하위문화적 양식은 대도시이기에 가능하다는 것이 피셔의 주장이다.

에드워드 크루펫Edward Krupat 또한 도시 생활의 다채로운 측면에 주목한다.[7] 그에 따르면 이방인들이 모여 사는 도시에서는 피차 이방인이기에 서로가 '친숙한 이방인'이 될 가능성이 높다. 이방인들의 배경이 매우 다채롭기 때문에 그 안에서 저마다의 친구를 사귈 수 있는 잠재력을 보유한 매력적 공간이 바로 도시라는 것이다. 결국 도시는 익명성과 비인격성의 공간이기도 하지만, 다양한 배경을 지닌 자유로운 개인들로 인해 새로운 친밀성을 기반으로 이웃 공동체를 구성할 수 있는 공간이기도 한 셈이다.

도시성과 창조된 환경

마르크시즘의 시각에서 도시의 발달을 조망한 대표적 학자로는 데이비드 하비David Harvey와 마누엘 카스텔이 있다. 마르크시즘의 관점에서 볼 때 도시는 생태학자들이 주장하듯 자연스럽게 발전하고 진화해가는 것이 아니라, 정치경제적 변화 및 자본의 힘 속에서 의도적으로 만들어진 결과이다. 실제로 자본주의 국가의 도시와 사회주의 국가의 도시는 분명 다른 모습을 하고 있다. 모스크바나 평양 등 사회주의 국가의 도시 중심에는 레닌과 김일성 등 지도자의 동상이 서 있다. 동상 주위엔 광장이 배치되어 있고, 인민 대학습당(도서관)류의 공공시설이 자리하고 있다. 사회주의가 표방하는 이데올로기가 도심의 공간 배치에도 상징적으로 구현되고 있는 셈이다. 반면 뉴욕, 샌프란시스코, 런던, 도쿄, 서울의 중심에는 금융가와 쇼핑 공간이 자리하고 있다. 시장 경제 도입 후 중국의 상하이는 자본주의 도시로 이행해가면서 도심에 스카이라인이 형성되었다. 경제 체제와 도시 발달의 특징을 연결시켜보는 것은 흥미로운 시도가 될 것이다.

데이비드 하비: 공간의 재구조화

마르크시스트 도시사회학자 하비는 도시를 일컬어 산업 자본주의가 확장되면서 만들어진 창조된 환경이라 정의하며,[8] 도시의 자연스러운 형성을 강조한 생태학적 관점과 확연한 대조를 보인다. 하비에 따르면 도시 공간은 계속적으로 재구조화되고 있다. 산업 용지와 거주 지역을 어느 곳으로 정할지, 학교 및 공원 부지는 어떻게 확보할지, 연구 개발 센터 부지는 어느 곳에 위치할지, 백화점 등 상가 지역의 위치 선정은 어떻게 할지 등을 주제로 다양한 집단 간에 끊임없는 이해관계의 충돌과 협상이 진행된다. 도시 공간의 배치는 정부의 토지 개발 정책과 부동산 정책, 산업 정책 등의 영향을 받는 동시에, 주택과 토지를 사고파는 민간 투자가들의 활동 또한 도시 공간의 재구조화 과정과 유기적으로 연결되어 있다고 본다.

한국의 수도 서울은 하비의 개념을 적용할 수 있는 특징을 다수 보유하고 있다. 지하철 정책은 도시 개발 시 정부의 영향력을 점검해볼 수 있는 최적의 사례이다. 1974년 서울의 지하철 1호선 개통 이후, 지하철을 중심으로 역세권이 형성되면서 예전의 주거 지역이 상업 지구로 바뀌는 경우가 빈번히 발생했다. 서울의 강남 지역 개발 과정 또한 정부 주도하에 이루어진 전형적인 공간 재구조화 사례이다. 지하철 2호선의 원래 노선은 강남을 경유하는 순환선이 아니었으나, 강남 개발과 맞물리면서 지하철 노선이 변경되었다. 정부는 강남 개발 비용을 충당하기 위해 땅값을 올려 차익이 발생하면 다시 지역 개발에 투자하는 체비지 방식을 활용했다.

이외에도 정부는 강남 이주를 보다 활성화하기 위해 강북 지역의 명문 고교들을 강남 지역으로 이전시키는 정책을 주도했다. 강남 개발의 성공을 위해 한국 사회의 독특한 교육열을 활용했던 것이다. 그 결과 경기고등학교는 청담동으로 이주하고 그 자리에 정독도서관이 설립되었고, 서울고등학교는 서초동으로 이주하고 그 자리에 경희궁 공원이 들어섰다. 명문 고등학교들이 대거 강남으로 이전한 이후 강남으로의 인구 유입이 보다 활발하게 이루어졌음은 주지의 사실이다. 주요 일간지 《인명사전》에 수록된 주소를 검색해보면 1980년대 중반 이후부터 강남에 주소지를 둔 경우가 강북 거주자를 압도하는 것으로 나타났다. 1975년 서울의 아파트 거주 비율은 2%가 채 안 되었으나, 2014년에는 전국의 아파트 비율이 무려 68%로 치솟았다. 이 광경을 보고 프랑스의 인류학자 발레리 줄레조Valérie Gelézeau는 대한민국을 '아파트 공화국'이라 칭하기도 했다.

제2차 세계대전 이후 미국에서 광범위하게 진행된 교외화 정책은 부분적으로 인종 분리를 위해 백인들을 슬럼화된 도시로부터 이주시키기 위한 의도에서 출발했다. 당시 미국 정부는 교외로 이주하는 백인들에게 다양한 혜택을 제공하고, 주택 구매자와 건설업자들을 대상으로 세제상의 특혜를 제공하는 동시에, 금융기관 주도하에 주택 구매 시 저금리 대출을 유도함으로써 교외화에 성공했다. 뿐만 아니라 도시 외곽에 새로운 주택을 건설하고 구매 기반을 제공함에 따라 새로운 자동차 수요가 촉발되는 계기가 마련되었다. 교외 거주자의 출퇴근을 위해 도로 건설이 뒤따르고 자동차 수요가 급증하면서 자동차 산업이 융성했음은 물론이다.

1960년대 영국에서도 런던 남쪽으로 신도시 성장이 이루어졌는데, 이는 런던 북부 지역의 산업이 노후화됨에 따라 자본이 새로운 지역으로 이동한 결과이다. 1980-90년대 미국에서는 북부 및 동북부 지역의 탈산업화로 인해 공장이 문을 닫게 되면서, 그곳에 있던 노동력과 산업단지가 대거 남부 혹은 서부로 이동하기도 했다. 이들 사례에 비추어볼 때, 자본의 이동 경로에 따라 도시의 생성 및 재구조화 과정을 분석한 하비의 개념은 상당 부분 유효하다 하겠다.

마누엘 카스텔: 도시성과 사회 운동

도시를 연구한 또 한 명의 마르크시스트로는 마누엘 카스텔이 있다. 카스텔은 하비와는 차별화된 시각에서 도시의 잠재적 파워를 분석하고 있다. 도시 환경은 사회적 파워를 지닌 집단이 자신만의 파워를 상징적으로 시연하거나 공간적으로 표현하는 곳이라는 사실에 카스텔은 주목한다.[9] 도심에 위치한 고층 건물들이 상징하는 것은 바로 자본의 위력이라는 설명이다. 일례로 한국을 대표하는 대기업 본사는 주로 서울에 위치하는데, 건물마다 모기업의 상징을 표상하고 있다. 서초동 삼성 사옥, 여의도 LG 트윈 빌딩, 한화그룹의 63빌딩, 광화문 사거리 교보 빌딩, 파이낸스 빌딩 각각이 상징하고 있는 바를 주목하면 카스텔의 주장에 공감하게 될 것이다.

도시는 산업 자본주의의 핵심이라 할 집합적 소비가 이루어지는 곳이기도 하다. 인구가 끊임없이 유입되면서 도시의 소비 규모도 날로 증대되고 있다. 주거 시설, 공공시설, 오락 시설 등은 노동력의 재생산 및 재충전 영역에서 이루어지는 소비의 일부요, 학교, 도로, 대중교통 등은 현대 사회의 상품 소비 방식을 대변한다는 것이 카스텔의 분석이다.

한편 카스텔은 도시의 외양이야말로 시장의 힘과 정부의 힘이 상호작용한 결과물로 보았다. 실제로 기업, 은행, 보험회사 등은 건축 사업에 자본을 투자하고, 정부는 도로 및 공공 주택 건설, 공원 녹지대 조성 사업 등을 계획한다. 한국에서는 아파트단지 건설 시 도로 및 학교 부지 등 공공시설을 기부 체납하는 관행이 자리 잡고 있다. 국가의 조세 정책은 누가 어느 지역의 주택을 구매 혹은 임대할 것인지에 영향을 미친다. 결국 시장의 힘과 정부의 힘이 만나 도시의 전반적 환경이 구축된다고 할 수 있다.

단, 창조된 환경으로서의 도시 공간이 반드시 권력을 점유한 집단과 자본을 소유한 집단의 무대로 국한되는 것은 아니다. 사회 경제적으로 혜택받지 못하는 집단, 권력에서 소외된 집단도 도시에서는 목소리를 낼 수 있다. 카스텔에 따르면, 도시는 인구 밀도가 높기 때문에 도심에서 자신들의 주장을 구호에 담아 외치는 순간, 예상외의 실질적 효과를 기대할 수 있다는 것이다. 한국에서도 시청 앞 광장, 광화문 네거리, 서울역 광장, 청계천 입구, 여의도 광장 등지에서 촛불 시위를 위시하여 다양한 사회 운동이 전개된 바 있고, 2002년 월드컵 당시에는 붉은 악마를 중심으로 역동적 거리 응원이 펼쳐지기도 했다.

한편 다양한 사회 문제를 야기하는 도시에서는 문제 해결을 요구하는 목소리 또한 끊이지 않고 있다. 도심 거주자들을 중심으로 주거 시설 개선과 대기 오염에 대한 저항, 그리고 공원과 녹지대 보호를 위한 요구가 자연스럽게 등장하고 있고, 건축 개발에 대한 투쟁 등 다채로운 사회 운동이 촉발되고 있다. 6장에서 살펴보았던 샌프란시스코는 동성애자 밀집 지역으로 동성애자 인권 운동이 매우 활발하게 전개되는 곳이다. 동성애자들은 샌프란시스코에 모여들어 클럽과 조직을 만들고 술집 등을 거점으로 자신들을 지지하는 공동체 형성에 성공했다. 그 결과 샌프란시스코를 중심으로 정치적 파워의 장에서 동성애자들이 유리한 고지를 점하게 되었다는 분석도 있다.

마르크시스트 도시 이론에 대한 평가 역시 양가적이다. 창조된 환경으로서의 도시가 자본주의 체계를 어떻게 반영하고 있는가를 성공적으로 분석했다는 점에서 공헌을 인정받아 마땅하다는 평가가 있는가 하면, 논의 자체가 너무 추상적으로 흐른 나머지 이들의 개념을 활용해서 경험적 연구를 시도한 경우가 희소하다는 점에서 한계를 지적하기도 한다. 하지만 한편에서는 시카고학파 도시 이론의 경험적 특징과 하비 및 카스텔 이론의 정치적 요소 사이에 통합 가능성이 있다는 주장도 제기되고 있다. 실제로 도시는 생태학적 주장대로 비인격적이고 익명적인 관계가 주를 이루고 있고, 마르크시스트의 주장대로 자본의 영향을 받아 끊임없이 이동하는 측면도 나타난다.

서울은 이 두 요소가 적절하게 결합되어 있는 곳이다. 양재동의 예전 명칭은 말죽거리로, 한양 도성에 들어가기 전 말에게 먹이를 주면서 쉬어가던 곳이었다. 그 말죽거리가 개발되면서 지금의 양재동은 교통의 요지이자 금싸라기 땅이 되었다. 잠실 또한 이름 그대로 뽕나무가 숲을 이루던 곳이었는데, 정부 주도의 개발 정책에 힘입어 서울의 대표적 부심으로 변신했다. 이 과정을 설명할 때 하비나 카스텔의 개념이 유용하게 적용될 수 있으며, 익명성과 비인격성을 특징으로 하는 이곳 거주자들의 생활 양식을 설명할 때 도시 생태학 개념이 보다 유용한 만큼, 두 이론의 통합이 가능하리라 생각된다.

존 로건John Logan과 하비 몰로치Harvey Molotch는 토지 및 건물이 자본주의 사회에서 부동산의 성격을 갖는 상품이라는 사실에 주목한다.[10] 한국의 사례는 이 주장과 관련해서도 풍부한 설명력을 제공해주고 있다. 한국에서 아파트가 인기 있는 이유는, 명백한 부동산임에도 불구하고 쉽게 사고팔 수 있는 환금성이 높은 상품이기 때문이다. 거주자들에게 주택은 스위트 홈이자 가정이지만 주택 소유자에게는 이윤 창출이 가능한 '지대의 원천'이 된다. 공장주들도 토지 투기를 통해 이윤을 확보하는 경우가 종종 발견된다. 다만 실제 거주자와 소유자 사이에 토지와 건물의 용도를 둘러싸고 긴장과 갈등이 발생하기도 한다. 강남구에 위치한 도산공원 주변은 원래 주택가였으나, 음식점을 위시한 서비스업이 침투하면서 지역 주민들과 새로운 입주자 사이에 갈등이 발생했고, 결국은 서비스업이 승리하면서 공원 일대가 주택가로부터 상업 지구로 변모한 사례가 있다.

이윤 추구를 1차적 목적으로 하는 기업은 자신의 활동이 이웃이나 지역사회에 미치는 영향에 대해 무관심하다는 사실에 주목할 필요가 있다. 그로 인해 도시에서는 대기업에 적극 반대하는 특정 사업체 및 지역 주민들 사이에 충돌과 갈등이 빈번히 발생한다. 최근 한국에서도 대기업 유통업체가 들어오면서 지역 상권이 치명타를 입는 현상이 종종 나타나고 있다. 바로 이러한 문제들에 대해 비판적 시각에서 자본주의 체계와 연계시키면서, 관련 이슈들을 부각시킨 것은 마르크시스트 도시사회학자들의 공헌이라 하겠다.

3. 도시의 팽창

산업화와 도시화

우리에게 익숙한 개념 중 메갈로폴리스Megalopolis는 원래 고대 그리스에서 선망의 대상이 되었던 도시 국가를 지칭했다. 오늘날은 그 의미가 바뀌어 보스턴 북부에서 워싱턴 하단부에 이르는 약 405마일에 달하는 지역을 메갈로폴리스라 부른다. 4천만 명이 거주하고 있는 그곳은 인구 밀도가 매우 높다. 도쿄의 경우도 인근 지역까지 포함하면 유동 인구가 무려 3천 7백만 명이 넘는데, 이러한 도시의 팽창도 메갈로폴리스 개념으로 포착할 수 있을 것이다.

영국은 최초의 산업혁명 국가로서 전형적인 도시화 과정을 거쳤기에 도시화 논의에서는 영국 사례가 주목의 대상이다. 영국에서는 런던을 중심으로 산업화 및 도시화가 진행되었고, 수도 런던은 상업, 제조업, 금융업의 중심지로서 대영제국의 심장부 역할을 담당했다.

도시 거주 인구의 팽창 속도는 런던보다 뉴욕이 더욱 인상적이다. 1800년대 런던시의 거주 비율은 전체 인구의 약 20%를 기록했고 100년이 지난 1900년에는 74%로 3배 이상 증가했다. 1800년에 110만 명 정도를 기록했던 런던 인구는 20세기 초에 700만 명으로 확대되었다. 반면 뉴욕은 1800년부터 1900년까지 불과 100년 사이에 약 6만 명에서 무려 480만 명으로 80배나 폭증했다.

오늘날 도시화는 명실공히 글로벌한 현상이다. 특히 개발도상국을 중심으로 도시화가 매우 빠르게 진행되고 있다. 1950년만 하더라도 전 세계 도시 거주자 비율은 약 30%에 불과했으나, 2000년에는 47%로 거의 절반에 이르렀고, 2030년이 되면 약 60%가 도시에 거주하게 될 것이라 추산되고 있다. 2007년은 전 세계적으로 도시 거주자 비율이 농촌 거주자를 추월한 해로 기록되었다. 2000년부터 2030년 사이 도시 인구는 20억 명에서 40억 명으로 2배 가량 증가할 것으로 예상된다. 다만 선진국의 도시 인구 증가율은 같은 기간 중 9억 명에서 10억 명으로 다소 완만할 것으로 추론되고 있다.

읽을거리

김진송, 『서울에 딴스홀을 許하라』(1999)

1930년대 일제 강점기 "현대가 형성된 곳"으로 독자들을 안내하는 이 책은, 손에 잡히지 않는 현대성이라는 실체를 보여주고 느끼게 해주는 방식이 매혹적이기 그지없다. 필자의 고백대로 "되도록 일상적이며, 구체적인 현상들에 대한, 시답지 않게 보이거나 시시껄렁한 것으로 취급되는, 그러나 그 어느 것보다 '현대성'에 대해서 풍부하게 시사하고 있다고 생각되는 글 자료와 시각 자료들을" 배치하고 해석해낸 솜씨에서 장인의 손길이 느껴지기까지 한다. 한국인들에게 현대란 과연 어떤 방식으로 경험되고 어떤 의미로 해석되었는지에 대한 탁월한 분석을 담고 있는 책, 사회학적 관점이 흔히 빠지게 되는 함정 "현재 중심성"을 벗어나 1930년대 일상 속으로 들어가 "서울에 딴스홀을 허하라"던 기생들의 외침 속에서 새로운 대중문화가 탄생하는 목소리를 듣고, "단발이야말로 머리부터 해방시키는 것"이라는 여성의 주장 속에서 모더니티의 진정한 표상을 읽어내고 있는 책, 1930년대 서울 거리를 활보하자니 "단 3원 오십전의 라듸오"와 에디슨 스탠다드 축음기 소리가 들려오는 듯하고, 서구식 연애를 동경하는 신여성의 갈망이 손에 잡힐 듯 느껴지도록 하는 책이다.

현대 사회 도시의 발전

인구가 도시로 집중함에 따라, 서구에서는 20세기 초 타운과 시티, 곧 읍과 시를 구분하기에 이른다. 한국의 행정 체계는 서구에 비해 다소 복잡하게 나누어져 있다. 특별시, 광역시, 그 아래 시, 군, 구가 있고, 다시 읍, 면, 동, 리까지 구분되어 있다. 행정 체계는 지역에 상주하는 인구 수에 따라 나뉘는데 5만 명 이상이 거주하면 시로 승격하고, 거주 인구가 백만 명 이상이면 광역시가 된다. 하지만 시를 규정하는 기준이 인구 하나의 요인만으로 결정되는 것은 아니다.

대부분의 거대 도시는 개별 국가의 중심 지위를 넘어 국제적 성격을 지니고 있다. 올림픽 개최 도시의 면면은 이러한 특징을 명료하게 보여주고 있다. 일례로 1988년에는 서울 올림픽이 치러졌고, 1968년에는 동경 올림픽이 개최되었으며, 2008년에는 북경 올림픽이 열렸다. 동경, 서울, 그리고 북경에서 20년 간격을 두고 올림픽이 열렸음은 일견 흥미롭다. 더욱 흥미로운 건 동경 올림픽 4년 전인 1964년에는 멕시코시티에서 올림픽이 열렸다는 사실이다. 오늘날의 멕시코는 후진국으로 인식되고 있지만 1960년대 초반의 멕시코는 상대적으로 부유한 국가였다. 칸, 베니스, 베를린에서부터 부산, 토론토 등에 이르기까지 국제 영화제가 개최되고 있음은 도시의 국제적 성격을 가늠해볼 수 있는 좋은 사례라 하겠다.

도시가 계속해서 확장 및 팽창을 거듭하는 이유는 간단하다. 도시 내부의 인구 증가와 더불어 농촌으로부터 도시로 인구가 유입되기 때문이다. 최근에는 국제적 성격의 인구 이동이라 할 '이주migration'를 통해 인구가 도시로 집중되고 있다. 이주의 원인은 다양해서 빈곤을 벗어나기 위해, 환경 파괴로 인한 거주 지역의 붕괴로 인해, 정치적 갈등 및 내전을 피하기 위해 이주하기도 하고, 일자리가 부족한 가난한 나라에서 저출산 고령화로 인해 노동력 부족을 겪는 부자 나라를 찾아 이주하기도 한다. 전 세계의 이민자 수는 2013년 기준 2억 3천 2만 명에 이르는데, 이는 1970년 이래 4배 증가한 수치로 전 세계 인구의 3.3%가 넘는 규모라 한다. 농촌 거주자들은 일자리는 물론이요 다양한 상품 및 서비스가 제공되는 도시 지역에 매력을 느낀다. 그 결과 한국에서도 이주 초기에는 농촌 지역을 중심으로 결혼 이주가 이루어졌으나, 현재는 대도시 및 도시 주변을 중심으로 노동 이주가 이루어지고 있다.[11]

도시가 거대화되면서 특별히 개발도상국 도시를 중심으로 불평등이 확산되고 도시 빈곤이 심화되는 문제가 발생하기도 한다. 브라질의 옛 수도 리우데자네이루의 경우, 사설 경호원들이 안전을 책임지고 경비하는 부자촌과 세계 최대 규모의 달동네가 공존한다. 결국 역동성과 문화적 다양성의 원천으로서 '문명화된 선'으로 인식되기도 하고, 빈곤과 범죄의 온상으로 낙인찍혀 불신의 대상이 되기도 하는 도시는 사회적 관습과 개인적 행위에 지대한 영향을 미칠 뿐 아니라, 개인이 사유하는 방식이나 감정 유형에도 상당한 영향을 미치고 있다.

개발도상국의 도시화

개발도상국을 중심으로 도시화가 가파르게 진행되고 있음은 앞서도 언급한 바 있다. UN 추계에 따르면, 세계의 도시 인구는 2030년 50억 명으로 전망되는데, 이 가운데 40억 명은 개발도상국에 거주하고 있다. 2015년 기준 인구 천만 명 이상의 거대 도시는 전 세계 22개국에 걸쳐 포진되어 있다. 중국의 상하이, 북경, 인도의 카라치, 뭄바이, 델리, 터키의 이스탄불, 브라질의 상파울루, 러시아의 모스크바, 멕시코의 멕시코시티, 인도네시아의 자카르타 등이 거대 도시 사례인데, 개발도상국 도시 이름이 다수 등장한다.

개발도상국의 거대 도시는 글로벌화한 경제와 거대 인구를 연결하는 접점 역할을 한다. 거대 도시는 정치, 미디어 통신, 재정, 생산 등의 흐름을 강하게 집중시키는 경향을 보인다. 개발도상국의 도시화는 과잉 도시화의 특징을 보인다는 사실은 주목할 만하다. 과잉 도시화는 해당 국가의 인구 규모 및 경제 성장 수준 등에 비해 과도한 규모의 거대 도시가 형성되는 현상과 제조업 부문에 비해 서비스 부문이 비대하게 발달하는 현상을 지칭한다.[12] 서울은 유동 인구를 포함 전체 인구의 약 1/4이 수도권에 거주하면서 일상을 영위한다는 점과 더불어 비공식 부문을 비롯하여 서비스 산업이 현저하게 활성화되어 있다는 점에서 과잉 도시화의 전형적 사례에 속한다 할 수 있다. 한국의 경우 1970년대 중반까지만 해도 도시화 비율이 40.7%에 머물렀으나, 1980년에 이르면 56.7%로 절반을 넘어서기 시작했고, 2015년에는 82.5%로 10명 중 8명 이상이 도시에 거주하는 것으로 나타났다(〈표 14〉 참조).

특히 서울의 인구 집중이 두드러지는데, 1970년에는 전체 인구의 17.6%, 1980년에는 21.9%가 서울에 거주했고, 오늘날 경기도를 포함하는 수도권 인구 점유율

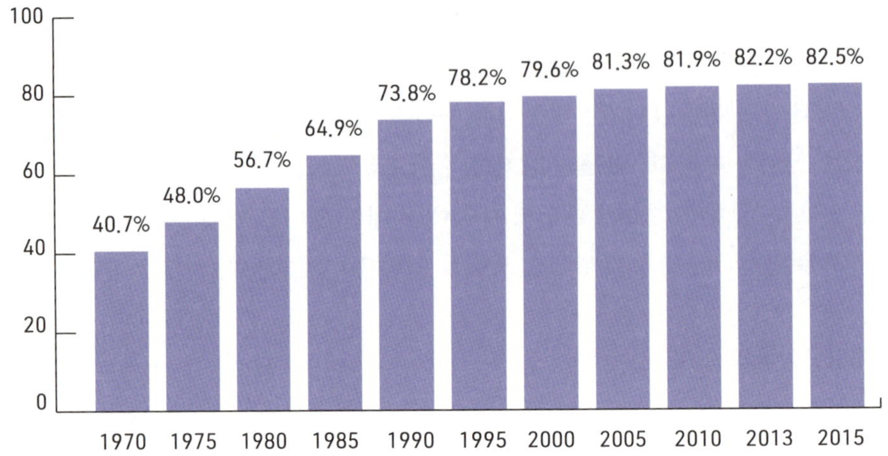

〈표 14〉 한국의 도시화율
출처: 통계청, 국제통계연감(해당년도)

은 24.4%에 달하고 있다.

개발도상국 도시화의 이슈

개발도상국 도시화가 야기하는 사회적 이슈로는[13] 무엇보다 경제적 문제가 있다. 개발도상국 대도시의 대부분은 과도한 규모의 비공식 부문을 보유하고 있다. 특별한 기술이 없는 이농민들을 포용하는 곳이 바로 도시의 비공식 부문이기 때문이다. 비공식 부문은 국가의 공식 통계엔 잡히지 않는 영역으로 세금을 내지 않으며 규제로부터 자유로운 대신 공식 부문보다 생산성이 떨어진다. OECD 전망에 따르면 개발도상국에서 현재의 도시 인구 성장률을 계속 유지하려면 2025년까지 약 10억 개의 일자리가 요구된다는 전망을 제시하고 있다. 이러한 전망에 대해 개발도상국에 존재하는 대규모 비공식 부문을 공식화하는 동시에, 기존의 비공식 부문을 정부가 규제해야 한다는 방안이 현실적 대안으로 제시되고 있다.

둘째로 개발도상국 도시들은 만성적 환경 문제를 안고 있다. 수질 오염 등 환경 공해가 심각한 수준이고, 주택은 턱없이 부족하며, 위생 시설 수준 또한 매우 낮다.[14] 멕시코시티는 인구 밀집과 과도한 개발을 통해 심각한 환경 문제를 유발하는 극단적 예로서 94%가 이미 개발이 끝났고 6%만이 빈 공간으로 남아 있다고 한다. 그 결과 자동차와 공장에서 뿜어져 나오는 매연 때문에 멕시코시티에서 사는 것은 하루 두 갑의 담배를 피우는 것과 같다는 농담이 나올 정도로 환경 공해가 심각한 상황이다. 1992년 3월 공해가 심화되고 오존 농도가 급증하자 멕시코 정부는 공장 일시 휴업과 학교 임시 휴교를 명하고, 자동차 40%의 운행을 금지하는 특단의 조치를 취하기도 했다.

주택 문제 또한 심각하기는 매한가지다. 서울은 아파트, 연립주택 등 다세대 주택을 통해 주택 문제를 상당 부분 해결했으나, 대부분의 개발도상국 대도시에서 주택 부족은 고질적 문제로 남아 있다. 1996년 무려 540만 명이 무주택자로 분류되었던 상파울루에서는 이들로 하여금 도시 가장자리에 임시 거처로 판잣집을 짓는 것을 허용했다. 그곳을 일컬어 한국의 달동네에 해당되는 파벨라라 부른다. 시와 지방 정부는 주택 문제 해결 방안을 둘러싸고 종종 견해 차이를 보인다. 한쪽에서는 임시 판잣집을 즉각 철거하고 새로운 주택을 건설해야 된다는 주장을 펴고 있고, 다른 쪽에서는 예산과 소요 시간을 고려할 때 임시방편이긴 하나 전기 및 수도 설치와 도로 포장 등을 통해 임시 판자촌의 생활 환경 개선에 주력해야 된다는 입장을 고수하고 있다.

셋째로 개발도상국 도시들은 인프라 및 자원 부족으로 인해 혼잡과 무질서를 경험하고 있고, 빈곤 현상도 만연되고 있다. 실제로 도시 거주자의 건강 관리, 가족계획, 교육, 훈련 등의 사회적 서비스를 둘러싸고 원하는 수요자는 많으나 공급이 수요를 따르지 못해 다양한 사회 문제가 파생되고 있다. 뿐만 아니라 불균형한 인구 분포와 과도한 대도시 집중은 개발도상국의 사회적·경제적 어려움을 가중시키고 있다. 특히 대도시로 갈수록 15세 이하 비경제 활동 인구가 높은 비중을 차지하면서 보살핌과 교육이 필요한 이들을 대상으로 한 사회복지 서비스 부족 현상도 공통적으로 나타나고 있다.

그럼에도 불구하고 개발도상국 도시의 미래는 밝다. 현재는 높은 출산율이 경제 성장의 압력 요인이 되고 있지만, 앞으로 도시화가 보다 진전되고, 교육 수준이 높아지면 출산율 감소가 예상된다. 나아가 글로벌한 규모로 노동 분업이 진행되는 상황에서 개발도상국 도시는 자본 투자 기회의 확대를 경험하게 될 것이다. 베트남 호치민 시의 삼성전자 공장, 인도 델리의 포스코 작업장, 필리핀의 한진 중공업 등은 이의 실례라 하겠다.

4. 글로벌리제이션과 도시화

20세기 후반의 세계화 과정 속에서 각국 도시가 수평적으로 연결됨에 따라 도시 간 글로벌 네트워크가 출현하고 있다. 뉴욕의 선물시장과 한국의 선물시장이 연결되는가 하면, 뉴욕, 런던, 도쿄의 증권시장 동향은 전 세계 도시로 파급력을확산해가고 있다. 뿐만 아니라 새로운 통신 기술로 인해 기존 도시가 쇠퇴될지도 모른다는 예견도 나오고 있다. 이제는 전통적 도시 기능이 가상 공간에서 충족될 가능성이 높아졌기 때문이다. 실제로 금융시장은 전자 상거래 및 e-비즈니스의 발달에 힘입어 가상 공간에서 빠르게 확산되고 있다.

지구적 도시

세계화의 중심이 전 세계의 거대 도시라는 점은 의미심장하다. 글로벌 시티에 주목한 학자 중 사스키아 사센Saskia Sassen은 대표작 『지구적 도시Global City』에서 뉴욕, 도쿄, 런던을 사례로 이들의 역할과 위상에 주목해야 함을 역설하고 있다.[15] 사슨의 분석에 따르면 지구적 도시는 이전 도시와 차별화된 새로운 특징을 구현하고 있다. 무엇보다 이곳은 거대 초국적 기업의 본사가 위치한 곳으로, 글로벌 경제가 앞으로 나아갈 방향을 제시하고 정책을 수립하는 요체이다. 이곳에서 어떤 일이 벌어지고 있는지 늘 주목해야 하는 이유가 여기에 있다. 또한 지구적 도시는 경제개발의 핵심이자 자본주의의 꽃이라 할 금융 및 관련 분야의 전문적 서비스가 제공되는 중심이자, 신산업 분야의 생산과 혁신이 이루어지는 곳이기도 하고, 다양한 서비스 산업의 상품이 거래되는 시장이기도 하다. 일례로 뉴욕에는 무려 350개의 외국계 은행과 2,500개가 넘는 외국계 금융 산업이 위치하고 있다. 뉴욕 도심을 거니는 은행원 및 금융업 종사자 넷 중 한 명은 외국계 기업에서 일하고 있다.

카스텔은 글로벌 무대 위의 다양한 도시들 사이에 일련의 위계가 만들어지고 있음에 주목한다. 홍콩, 싱가포르, 취리히, 오사카 등이 비즈니스와 금융 서비스를 제공하고 있다면, 선진국 문턱에 들어선 마드리드, 상파울루, 모스크바, 서울은 떠오르는 글로벌 시장으로 부상하고 있다는 것이다.

지구적 도시 내부의 양극화

지구적 도시 내부에도 양극화가 진행되고 있어, 도심을 중심으로 형성된 비즈니스 거리는 땅값이 오르고 보다 많은 이윤을 창출하는 곳이 된다. 반면 피폐된 도심에는 슬럼이 형성되면서 도시 내 불평등이 심화된다.

도시 내부의 양극화는 선진화된 금융 및 하이테크놀로지 부문과 전통적 제조업 부문 사이에서 이윤 창출의 불균등을 통해 심화되기도 한다. 뉴욕의 그리니치빌리지를 사례로 들어보면, 이곳에는 동일한 공간에 풍요로움의 상징인 중심성과 빈곤의 상징인 주변성이 공존하고 있다. 양 지역 간 접촉은 매우 희소하고, 이웃은 전자정보 장치로 차단되어 있으며, 공공의 공간은 담으로 대체되어가고 있다. 요즈음 일부 대도시에서는 노숙자들이 머무르는 의자가 모두 원통으로 교체됨으로써 노숙자들의 삶이 더욱 고달파지고 있다고 한다.

글로벌리제이션과 도시 관리

글로벌리제이션은 도시와 지방 정부로 하여금 새로운 정치적 역할을 담당할 기회를 제공해주기도 한다. 지구 온난화 등의 환경 위험이나 불안정한 금융시장 등은 개별 국가 차원에서 해결 가능한 문제가 아니기에, 도시 간 연대의 필요성이 그 어느 때보다 높아지고 있다. 국제적 도시에서 발생하는 다양한 욕구는 지방자치단체나 시 정부의 참여를 적극 유도하기도 한다. 서울시는 관광객이 증가함에 따라 한옥 마을, 전통 거리, 한류 등을 주제로 다양한 서비스를 제공하고 있다.

앞으로 모든 정부는 글로벌 맥락에서 발생하는 도시의 문제를 효율적으로 관리해야 하는 상황에 직면하고 있는 바, 호르디 보르하Jordi Borja와 카스텔은 다음 세 가지 이슈를 제기하고 있다.[16]

첫째, 도시는 경제적 효율성 및 생산성 증대를 위한 인프라 구축과 시설 관리를 담당해야 한다. 경쟁력의 관건은 우수한 시설을 갖춘 작업장에 있다. 도시 인프라에는 편리한 보육 시설 및 양질의 교육 시설, 거미줄처럼 얽힌 대중교통 체계, 값싸고 풍부한 주택 시설, 도시가스·수도·전기 등 효율적인 에너지 서비스, 그리고 도시적 매력의 한 축을 구성하는 활기 넘치는 문화 시설 등이 포함되는데, 이 모두를 완비하는 것이 도시의 첫 번째 역할이다.

둘째, 앞으로 다양한 인종이 함께 거주하게 될 도시는 사회문화적 통합 과정에 중요한 역할을 담당해야 한다. 초창기 미국 이민자들은 용광로와 같은 미국 사회에서 누구나 아메리칸 드림을 이룰 수 있으리라 기대했다. 그러나 아메리칸 드림이나 멜팅 폿은 환상이자 신화였음이 밝혀졌고, 대신 다문화주의, 다원주의, 다양한 문화의 공존이 대안으로 부상하면서, 미국은 '샐러드 바의 나라'라는 비유가 등장했다. 다원주의가 실패함으로써 인종 간 분열 및 인종에 대한 편견이 강화될 경우, 도시는 위험한 공간으로 변할 수 있다. 학계에서는 외국인 거주 비율이 전체 주민 중 5%를 넘으면 다문화 사회에 진입한 것으로 간주한다. 행정자치부의 『2015년 외국인 주민 현황』에 따르면, 한국에 거주하는 외국인의 총 숫자가 174만 1,919명으로 전체 인구의 3.4%를 차지하고 있다. 기초자치 단체 중 안산시와 시흥시의 외국인 비율은 각각 11.8%, 11.5%에 이르며, 이어서 포천이 9.9%, 화성 및 안성이 7%에 이른다. 이제 한국의 도시들도 다문화로 인한 사회문화적 통합 문제를 심각하게 고민할 시점에 이르렀다 하겠다.

셋째, 도시는 정치적 의사 표현과 관리를 위한 중요한 현장이 되고 있다. 이 점에서는 지방 정부가 국가보다 소신 있게 정책을 펴는 데 유리하다는 주장도 있다. 지방의 이해관계에 충실하다는 정당성을 확보할 수 있고, 전략적 측면에서 융통성을 발휘하기에 유리한 여건을 갖추고 있기 때문이다. 향후 서울, 부산, 인천 등 대도시들이 정치적 행위자로서 지역 주민의 삶의 질을 높이는 데 의미 있는 역할을 할 것으로 기대된다.

한편 도시는 정치·경제·사회적 행위자로서의 지위를 갖게 되었다. 도시 안에는 국내 기업은 물론이요 국제 비즈니스도 활동하고 있고, 시민단체·노동조합·정부청사 등 다종다양의 조직과 그룹이 공존하고 있다. 경제 행위자로서의 도시 역할이 강화되고 있는 모델 사례로는 1989년 유럽의 50개 도시로 결성된 유로 시티를 들 수 있다. 유로 시티는 도시가 주체가 되어 새로운 형태의 고용을 촉진시키고, 투자 활성화를 위한 노력을 기울였다.

한국에도 도시 브랜드를 살려 자본 유치에 성공하고 지역 주민들에게 실질적 도움을 주는 사례들이 있다. 함평의 나비 축제, 부천의 판타스틱 영화제 등이 성공 사례로 자주 인용되고 있다. 아시아권에서는 서울, 싱가포르, 방콕 등의 부상이 두드러지는데, 이들 도시는 국제 무역시장에서 정보통신망의 중요성을 인지함으로써 신축성과 효율성을 갖춘 생산 및 상업 구조를 구축한 바 있다. 세계적으로 도시

재개발 사업에 성공한 예로는 버밍엄, 암스테르담, 리옹, 리스본 등이 거론되고 있다. 서울도 은평, 강북, 잠실 등의 사례에서 볼 수 있듯이 재개발이 활발히 진행 중인 도시라 하겠다.

글로벌 도시의 성공 모델로는 바르셀로나가 있다. 바르셀로나는 1990년대 초반 시장 파스쿠알 마라갈Pasqual Maragall을 중심으로 '2000 경제 사회 전략'을 수립했다. 글로벌 시티로서의 위상 정립을 천명한 바르셀로나는 유럽의 여러 도시와 연계하면서 주민의 삶의 질 향상을 도모하는 동시에 새로운 경제 부문을 개척함으로써 기존의 산업 및 서비스 부문을 강화하는 데 성공했다. 그 결과는 바르셀로나의 1992년 올림픽 유치 성공으로 나타났다.

한편 이 과정에서 도시 발달의 주체로서 시장市長의 리더십에 주목하는 계기가 마련되었다. 거대 도시의 시장은 시의 국제적 면모를 드높이고 시의 품격 및 수준을 향상시키는 데 결정적 리더십을 발휘한다. 포르투갈의 리스본과 스페인의 바르셀로나는 시장의 리더십이 도시의 위상 제고에 결정적 기여를 한 사례로 거론되고 있다. 1997년 영국 노동당 정부는 런던의 업무를 선출된 시장에게 위임하기도 했다. 미국 뉴욕의 줄리아니 시장 또한 시장의 리더십과 관련해서 자주 등장하는 사례이다. 줄리아니 시장은 뉴욕시 범죄율을 낮추기 위해 실시한 불관용 정책이 큰 반향을 일으키면서 주목을 받았다. 범죄율을 획기적으로 낮추는 데 성공한 줄리아니 시장은 노숙자들을 위한 삶의 질 제고 정책도 성공적으로 추진한다.

도시의 미래

향후 국제 정치, 국제 교역, 국제 범죄 등 사회적 이슈를 둘러싸고 도시의 중요성은 점점 확대될 것이 분명하다. 다만 경제 통합과 무역, 이주와 난민, 공공 보건, 기술 등 거대 도시가 당면한 문제들은 글로벌 이슈와 연결되어 있기 때문에 개별 도시의 노력만으로는 해결이 불가능하다.

이 과정에서 도시와 도시 간 네트워크의 중요성이 대폭 증대됨에 따라 유엔 주도 하에 도시와 지방 정부 간 연결망 구축이 활발히 전개되고 있다. 한국의 도시 순천은 세계정원박람회를 개최하면서 전 세계의 다양한 도시와 자매 결연을 맺은 바 있다. 도시들이 저마다 글로벌 이슈에 적극 참여하면서 국제 관계의 민주화에 잠재적으로 기여하는 부분도 확대되고 있다.

chapter 14

환경과 위험

1. 인도양의 쓰나미, 그리고 후쿠시마 원전 사태

환경의 위험성을 강력하게 각인시켜주었던 대표적 사례들을 상기하면서 이 장을 시작하기로 한다.

• 2004년 겨울 인도양에서는 강도 높은 지진이 발생했다. 이 지진은 쓰나미 현상을 전 세계적으로 알리는 계기가 되었다. 당시 쓰나미는 인도네시아, 태국, 스리랑카를 거쳐 아프리카 해안에 이르기까지 수백 킬로미터에 이르는 지역을 완전히 삼켜버렸다. 2004년 쓰나미가 야기한 비극적 사태는 상상할 수 없을 정도로 처참했다. 처음에는 대략 만 2천여 명이 사망한 것으로 추정되었다. 그러나 실제로 인도네시아에서만 16만 여명의 사상자가 발생했고, 스리랑카에서는 3만 명 이상이 사망한 것으로 확인되었으며, 인도에서도 만 명 정도가 사망한 것으로 밝혀졌다. 당시 인도양 주변에 살고 있던 수백만 명이 집을 잃고 이재민이 되었다. 이 사건은 자연재해에 대해 안이했던 우리의 생각을 획기적으로 전환시키는 계기가 되었다.

• 다음으로 아직도 기억에 생생한 또 하나의 사건은 일본의 후쿠시마 원전 사고이다. 2011년 3월 일본의 동북부 지방을 관통했던 대규모 지진과 쓰나미로 인해 당시 후쿠시마 현 원자력발전소에서 방사능이 유출되는 대형 사고가 발생했다. 한데 더 큰 재앙은 그 이후 전개되었다. 당시 규모 9.0의 대지진으로 인해 후쿠시마 원전의 원자로 1, 2, 3호기 전원이 멈추면서 보다 심각한 위험 상황이 발생했던 것이다. 대지진 발생 당시 후쿠시마 원전에는 6기의 원자로가 있었다. 1, 2, 3호기는 가동 중이었고 4, 5, 6호기는 점검 중이었다고 전해졌다. 쓰나미로 인해 전원이 중단되면서 원자로를 식혀주는 긴급 노심 냉각 장치가 작동을 멈췄다. 3월 12일, 쓰나미가 몰려온 다음날 1호기에서 수소 폭발이 일어났고, 이틀 뒤인 3월 14일에는 3호기에서 수소 폭발이 일어났다. 15일에는 2호기와 4호기에서 수소가 동시에 폭발하면서 폐연료봉 냉각보관 수조에서 화재가 발생한다. 이 화재로 인해 방사성 물질을 포함한 기체가 대량 외부로 누출되는 대형 참사가 일어났다.

처음에는 일본 정부도 1차 고비는 넘겼다는 판단하에 고장 난 냉각 장치를 대신

해서 바닷물을 뿌렸다고 한다. 그로 인해 바닷물에 방사성 물질이 포함되면서 오염수가 되어 바다로 흘러들어가는 대형 참사가 발생한 것이다. 그해 4월 12일 일본 정부는 후쿠시마 제1원전의 사고 수준을 레벨 7로 격상한다고 공식 발표했다. 레벨 7이라 함은 국제원자력기구에서 규정하고 있는 0부터 7까지의 원자력 사고 등급 중 최고 위험단계를 지칭한다. 사고 등급 7단계는 1986년 소련 체르노빌 원전사고와 동일한 등급이다.

이상의 사례는 자연환경이 인간의 삶 속에 수동적으로 존재하는 배경이 아니라 사회적 삶을 구성하는 과정에 중요하고도 적극적인 영향을 미치는 힘이라는 교훈

읽을거리

레이첼 카슨, 『침묵의 봄』, (2002).

『침묵을 봄』은 레이첼 카슨이 1958년 1월 매사추세츠주에 사는 친구 허킨스로부터 받은 편지 한 통으로부터 시작되었다. 편지 내용은 정부 소속 비행기가 모기 방제를 위해 숲속에 DDT를 살포했는데 그 때문에 자신이 기르던 새가 대부분 죽었다는 것이었다. 친구는 DDT를 사용한 당국에 항의했으나 당국은 DDT가 무해하다며 항의를 묵살했다.

이를 계기로 카슨은 살충제 사용의 실태와 그 위험성을 알리는 책을 저술하기로 결심했다. 1962년 여름 《뉴요커》에 연재했던 내용을 묶어 9월에 발표한 『침묵의 봄』에서 카슨은 방사능 낙진으로 인해 더욱 절실해지기 시작한 환경 문제의 복잡성을 대중에게 설명했다. 카슨이 이 책에서 언급한 첫 번째 화학물질이 DDT가 아니라 방사능 요소인 스트론튬 90이라는 점은 단순한 우연이 아니다. 미국 육군이 비키니섬에서 실시한 원자폭탄 실험의 세부적인 내용을 감추려 할 때 연구를 시작한 카슨은 쿠바 미사일 위기로 핵전쟁이 일어나려는 찰나에 연구 내용을 발표했다.

언론의 비난과 책의 출판을 막으려는 화학업계의 거센 방해에도 불구하고 카슨은 환경 문제에 대한 새로운 대중적 인식을 이끌어내며 정부의 정책 변화와 현대적인 환경 운동을 촉발시켰다. 1963년 케네디 대통령은 환경 문제를 다룰 자문위원회를 구성했고, 1969년 미국 의회는 국가환경정책 법안을 통과시켰으며, 암연구소는 DDT의 암 유발 증거를 제시함으로써 미 전역에 걸쳐 DDT 사용 금지를 이끌어냈다. 『침묵을 봄』을 읽은 미국의 한 상원의원은 케네디 대통령에게 자연 보호 전국 순례를 건의했으며, 이를 계기로 지구의 날(4월 22일)이 제정되었다.

을 준다.[1]

현대 사회는 특정 지역에서 발생한 재해의 영향력이 전 지구적으로 확산되는 위험의 글로벌화 현상을 보이고 있다. 중국의 변방에서 발생했던 사스는 중국 경제는 물론이고 세계 경제를 침체의 늪으로 빠뜨린 주범이었다. 특히 1980년대를 지나면서 환경은 전 지구적 차원에서 발생하는 주요 이슈로 부상하기 시작했다. 자연과 사회의 운명이 밀접하게 연결되어 있음을 인식하면서 환경 문제는 사회학자들의 연구 주제로 포섭되기에 이른다.

전 세계인이 환경 문제에 주목하게 된 계기는 한 권의 책으로부터 시작되었다. 미국에서 1962년 출판된 레이첼 카슨Rachel Carson의 『침묵의 봄Silent Spring』이 주인공이다. 한국에도 번역 소개된 『침묵의 봄』은 20세기 환경학 분야 최고의 고전으로 평가받고 있고, 카슨은 《타임》지 선정 20세기를 변화시킨 100인 중 한 사람으로 이름을 올리기도 했다. 카슨은 『침묵의 봄』을 통해 생물학자로서의 전문적 지식과 작가로서의 문장력을 유려하게 발휘하면서, 살충제의 무분별한 사용이 어떻게 자연 생태계를 처참하게 파괴하는가를 생생하게 보여주었다.

2. 자연, 환경, 그리고 사회학

자연과 환경, 어떻게 정의할 것인가?

자연을 둘러싼 인간의 의식은 역사 속에서 변화 과정을 지나왔다. 한자로 자연自然은 '스스로 그러하다'는 의미를 갖고 있다. 레이먼드 윌리엄스Raymond Williams는 사회가 발전하면서 자연이라는 용어의 의미 또한 지속적으로 변화됨에 따라, 자연은 영어 단어 중 가장 복잡한 의미를 함유하게 됨으로써 명료한 정의가 어려워졌다[2]고 주장한다.

원래 자연은 인간 혹은 사물의 본질을 의미하는 것으로 사용되어왔다. 예를 들어 새는 해마다 같은 시기에 둥지를 틀고, 벌은 항상 육각형의 집을 짓는데, 새나 벌의 이런 움직임은 본능적 행위에 속한다. 이들 본능적 행위는 새와 벌이 속한 자연의 본질이라 이해할 수 있다.

유럽에서는 14세기 들어 자연을 둘러싸고 새로운 정의가 출현한다. 자연이 어떤 사건을 일으킨 궁극적 원인 혹은 원인을 설명해줄 수 있는 힘으로 인식되기 시작한 것이다. 그때부터 사람들은 인생의 중요한 결정을 앞두고 점성술에 의존하기 시작한다. 별자리를 보고 자신의 운명을 예측하게 되면서 별자리는 인간 운명의 원인이 된 것이다.

19세기에 이르면 자연의 의미가 다시 바뀌어 이때부터 자연은 사물로 구성된 물질 세계로 인식되기 시작한다. 이러한 인식의 변화는 자연과학의 발달과 맥을 함께하는 것으로 추론된다. 자연이란 동물과 식물, 벌판과 산 등으로 가득 찬 세계로 인식되면서, 인간은 자연을 바라보며 즐거움을 느끼고 자연의 아름다움에 감탄하며, 자연을 그림으로 표현한 풍경화를 감상하는 습관이 출현하기도 했다.

자연의 의미는 산업화 및 도시화 과정 속에서 또다시 변화를 거듭한다. 곧 개발을 위해, 발전 및 진보를 위해, 필히 극복해야 할 대상으로서 자연을 인식하게 되면서, 고속도로 건설 시 산이 가로막으면 굴을 뚫고, 깊은 강을 만나면 다리를 놓고, 영하의 날씨에도 농사를 짓기 위해 비닐하우스를 짓는 등의 노력을 기울이게 된다. 그러나 다른 한편에서 인간은 개발과 발전을 명분으로 자연을 오염시키고 자원을 낭비함에 따라, 자연은 길들임의 대상이 아닌 보존의 대상으로 인식되기 시작한다.

지금까지 살펴본 자연의 의미 변화 과정 속에는 공통점이 한 가지 발견된다. 자연을 길들임의 대상으로 인식하든, 보호의 대상으로 받아들이든, 모두 자연과 사회를 각기 분리된 것으로 보았다는 점이다. 지금도 자연과 사회를 이원적으로 파악하는 습관이 남아 있긴 하지만, 이러한 태도를 반성하며 사회와 자연은 유기적으로 연결되어 있음을 인정하는 방향으로 가고 있다. 1950년 이후부터는 자연을 대신해서 환경이라는 용어가 더욱 널리 사용되기 시작한다. 환경은 인간이 살아가는 자연 속의 모든 것을 함축한다는 의미에서 오늘날은 자연환경이라는 용어가 일상 언어로 자리 잡아 가고 있다.

사회학적 관점에서 본 환경 문제의 이해

환경 문제를 분석하고 이해함에 사회학은 자연과학적 패러다임과 구분되는 신선한 시각을 제공해줄 것으로 기대되고 있다. 첫째로 사회학은 환경 파괴 및 환경 오염으로 인해 인간의 삶이 위협받는다는 사실에 주목한다. 더불어 환경 문제의 분포가 기존의 불평등한 사회 구조와 밀접히 연계되어 있음에도 초점을 맞추고 있다.

2004년 인도양에서 발생한 쓰나미 희생자의 대부분은 인도양 해안가에 거주하고 있던 가난한 주민들이었다. 만약 동일한 쓰나미가 태평양 연안의 부유한 국가 해안에서 발생했더라면, 천문학적 규모의 피해가 발생하지 않았을지도 모른다. 부유한 국가에서는 지진 및 해일 경고 체제를 신속하게 발동함으로써 재해 예상지역의 거주민들이 신속히 대피할 수 있도록 조치를 취했을 것이 분명하다. 반면 방글라데시 같이 빈곤한 국가에서는 홍수로 인해 막대한 피해를 입는 상황이 빈번하게 발생하고 있다. 자연재해가 부국과 빈국에 차별적 영향을 미친다는 사실을 간파한 것은 분명 사회학자들의 공헌이다.

한국에도 한때 상습 수해 지역이 곳곳에 있었고, 지금도 태풍이 몰려올 때마다 적지 않은 피해를 보고 있다. 한반도를 강타했던 대표적 태풍으로는 사라Sara가 있다. 1959년 9월 15일부터 18일까지 3일 동안 전국을 강타한 태풍 사라로 인해, 849명이 사망했고 2,533명이 실종됐다. 무려 37만 3천 명이 넘는 이재민이 발생했고, 선박 11,700척 이상이 파손되었으며, 재산 피해액은 당시 기준으로 2,400억이 넘는 것으로 추산되었다. 전쟁의 폐허를 딛고 재기하려 했던 1959년 한반도에 상륙했던 태풍 사라는 한국인들에게 씻을 수 없는 좌절의 상처를 안겨주었던 2012년과 2013년에도 연이어 태풍이 몰려왔다. 2012년의 태풍 루사Rusa와 2013년의 태풍 매미Maemi 역시 유례없는 강풍과 집중호우를 동반하며 한국 사회에 막대한 사상자와 재산 피해를 가져왔다. 강릉은 8월 31일 하루 강수량이 870.5mm로 기상관측 이래 최고를 기록하기도 했다. 태풍 매미는 132명의 사망자 및 실종자와 6만 1천여 명의 이재민을 발생시켰고, 4조 7천억여 원의 재산 피해를 냈다. 특이한 점은 루사와 매미 모두 자연재해와 밀접한 관계가 있었다는 사실이다. 태풍 루사는 해수면 온도가 평년보다 높아지면서 다량의 수증기를 공급 받았기 때문이요, 루사에 이어 연속으로 대형 태풍이 이어진 것은 한반도 남부의 해수 온도가 예년보다 3도 오른 28도를 형성했기 때문이었다. 이에 따라 태풍은 다량의 에너지원인 수증기를 공급받은 상태에서 기압차가 커지면서, 원래 중형에 머물러야 했던 태풍이 대형 태풍으로 커져 한반도를 강타하며 엄청난 피해를 입혔던 것이다.

둘째로 사회학자들은 인간의 의도적 행위가 자연환경 파괴의 주요한 원인임을 밝히기 위해 노력하고 있다. 오늘날 환경 문제를 자연의 힘에 의해 자연스럽게 발생한 결과가 아닌 인간의 의도적 행위로 인한 필연적 결과로 보게 된 것은 사회학의 공헌임이 분명하다.

산업화 초기에는 오늘날 선진국 지위에 오른 국가에서도 엄청난 오염이 발생했다. 만일 선진국의 경험이 후진국에서도 그대로 반복된다면, 지구는 걷잡을 수 없는 재앙에 직면할 것이 확실하다. 울리히 벡이 남긴 현대판 고전 『위험 사회Risk Society』의 첫 장에는 런던 템스강에 빠졌던 사람들은 익사하기도 전에 질식사했다는 사실이 서술되어 있다. 산업 폐기물이 템스강을 뒤덮으면서 런던 전역에는 악취가 진동했고, 강물은 폐수로 인해 심하게 오염되었다. 이는 산업화와 환경 오염 간의 인과관계를 상징적으로 보여준다.

셋째로 사회학은 환경 문제를 해결하기 위해 각국 정부가 다양한 노력을 펼치고 있는 가운데, 정부의 정책 및 프로그램의 영향과 효과, 의도하지 않은 결과 등을 진단하고 평가함에 실질적 도움을 줄 수 있다. 일부 환경론자들은 선진국 국민부터 소비주의를 포기하고 단순한 생활 패턴으로 돌아가야 지속 가능한 발전을 유지할 수 있다고 주장한다. 지구를 환경의 위협으로부터 구출하기 위해서는 기술의 변화도 중요하지만, 환경 친화적 사회 시스템도 갖추어야 하고 개인 의식도 획기적으로 변화되어야 한다.

〈지구를 구하기 위해 당신이 해서는 안 될 일〉이라는 팸플릿에는 일상 속에서 조금만 신경 쓰면 누구나 쉽게 실천할 수 있는 소박한 행동들이 소개되고 있다. 일례로 우리가 행사장에서 흔히 볼 수 있는 고무풍선 날리기를 그만두자는 것이 있다. 하늘로 올라간 고무풍선이 어느 순간 터지게 되면 대개는 바다로 떨어지는데, 고무풍선 조각을 먹이로 착각하여 무심코 삼켰다가 폐사하는 물고기들이 많다는 것이다. 사소한 듯 보이는 작은 노력이 모이면 환경을 보호하고 지키는 데 충분한 가치와 의미가 있음을 보여주는 사례라고 생각한다.

앞으로 환경 정책을 수립할 때는 기술적 요소와 사회 구조적 측면을 동시에 고려함은 물론, 환경 친화적 문화를 구축할 때만이 소기의 성과를 거둘 수 있음을 기억해야 할 것이다. 한국에서는 쓰레기 분리수거가 성공적으로 진행되고 있지만, 안타깝게도 한국인들은 재생 용지로 만든 책을 좋아하지 않는다고 한다. 재생 용지를 이용해 만든 책값이 고급지로 만든 책보다 저렴함에도 불구하고, 서점에서는 고급 양장의 값비싼 책이 인기라는 것이다. 이러한 의식부터 바뀌어야 환경 문제를 해결하는 데 한 걸음 가까이 다가갈 수 있을 것이다.

그동안 선진 산업 국가들은 개발을 명분으로 환경 문제의 원인을 다수 제공해왔다. 그런 만큼 선진국 입장에서 후발 산업 국가를 향해 '개발을 희생하고 환경을 보호해야 된다'고 주장한다 해도, 개발도상국 입장에서 경제 개발을 희생하고 환경 보호를 선택할 가능성은 그다지 높지 않다. 현재 개발도상국에서는 글로벌 이슈로 부상한 지구 온난화에 대해 선진국에서 배출하는 가스는 사치스러운 용도의 가스지만, 개발도상국에서 배출하는 가스는 생존을 위한 가스이므로 동일한 기준 하에 규제하고 관리하는 것은 옳지 않다는 주장을 펴고 있다. 이는 환경 정책을 둘러싸고 국가 간 이해관계가 충돌하고 있음을 보여주는 대표적 사례로, 환경 문제의 해결을 위해서는 국가 간 이해관계를 조정할 수 있는 정교한 정책 개발이 필히 요구됨을 보여주고 있다.

3. 환경 문제란?

오염과 폐기물

대기 오염

환경 문제는 사회와 환경 간의 복합적·유기적 상호작용을 통해 파생되는 문제이다. 오염에는 대기 오염과 수질 오염이 있다. 대기 오염은 유해 가스가 공기 중에 방출되면서 발생하는 현상으로 연간 270만여 명의 목숨을 빼앗고 있다. 대기 오염에는 산업 오염이나 자동차 배기가스에 의한 외적 오염과, 난방이나 조리 시화석 연료를 태울 때 나오는 내적 오염, 두 가지 형태가 있다.

대기 오염과 관련된 사망 사건의 약 90%는 개발도상국에서 발생한다. 개발도상국에서는 청정 연료 대신 나무나 거름 등을 사용하기 때문이다. 대기 오염은 호흡기 질환이나 암, 폐 질환 등을 유발하기 때문에 국민 건강을 위협하는 요인이 되기도 한다. 현재 대부분의 개발도상국에서는 여전히 납 성분이 함유된 가솔린을 사용하고 있기에 위험도가 높다. 대기 오염은 동유럽 국가나 구소련 지역에서 특히 심각하며, 멕시코시티는 대기 오염으로 인해 매년 6,400명 정도가 목숨을 잃고 있다. 1960년대 이후 대기 오염의 주원인은 물론 자동차였다. 자동차에서 배출되는 배기가스는 굴뚝에서 배출되는 오염보다 상대적으로 낮은 고도에서 대기를 오염시키기 때문에 인체에 훨씬 유해하다고 알려져 있다. 선진국에서는 대기 오염 감소를 위해 자가용 대신 열차나 대형 버스 사용을 권장하고 있다.

대기 오염이 심각해지면 산성비가 내린다. 산성비는 모든 동물에게 해로울 뿐만 아니라 물도 오염시킨다. 캐나다, 폴란드, 북유럽 국가들은 산성비 피해가 매우 심각하다. 스웨덴의 경우 9만여 개의 호수 중 2천 개 정도가 산성화되는 피해를 입었다. 특히 산성비 폐해는 국경을 초월해서 원인부터 결과까지 영향을 미치기 때문에 적절한 대처가 어렵다. 실제로 동북 캐나다 지역의 산성비는 뉴욕으로부터 건너간 것이라 한다. 덕분에 두 국가 간에 미묘한 문제를 야기하기도 한다.

한국의 대기 오염 수준은 저황유 LNG 등 청정 연료 공급을 확대하고, 배출 규제를 강화하는 등 정부의 개선 대책에 힘입어 지속적인 감소 추세를 보이고 있다. 그러나 기후 변화에 따른 기온 상승과 자동차 등록 대수 증가 등으로 NO_2, O_3 농도의 개선 속도는 완만하게 나타나고 있다. 미세먼지 오염도는 수도권 지역을 중심으로 감소 추세이긴 하지만, 여전히 선진국과 비교해보면 2배 정도 높은 수준이다. 특히 2013년경에는 황사, 스모그 같이 국외 장거리 이동을 해온 오염 물질의 국내 유입량이 증가하면서 고농도 미세먼지가 발생했다. 중국을 비롯한 주변국의 오염 물질 배출량을 단기간 내 줄이기는 어렵다는 점과 대기 정체 등 기상 상황을 고려할 때, 당분간은 낙관적 전망이 어려운 상황이다. 현재 세계 평균 수준을 유지하고 있는 한국의 산성비는 이를 중화시키는 완충 능력이 상대적으로 높아 피해가 크지 않다고 한다.

수질 오염

수질 오염은 해로운 화학성분이 물속에 녹아들어 수질이 악화되는 현상을 의미한다. 수질 오염 역시 개발도상국 국민들에게는 커다란 위협이 되고 있다. 이 점에 주목한 UN은 2000년 〈새천년 개발 목표〉를 제시하면서, 2015년까지 안전한 식수를 구하지 못하는 비율을 2000년의 절반 수준으로 줄이겠다고 선언했다. 대부분의 빈곤 국가에서는 하수 처리 시설이 미비해 산업 폐기물이 그대로 계곡이나 강이나 호수에 버려진다. 그로 인해 물이 오염되고, 오염된 물은 이질·설사·간염 등 각종 수인성 질병을 초래한다. 수질 오염으로 인해 설사병을 앓는 인구가 전 세계적으로 20억 명에 이르는데, 이 가운데 5백만 명 정도가 사망에 이른다. 증권회사 크레디쉬스의 보고서에 따르면 지난 100년 동안 인구는 두 배 증가한 반면, 물 사용량은 여섯 배 증가했다. 인구 성장률이 높은 아시아 지역이 물 문제에 특히 취약한데, 인도는 2020년에 이르면 물 수요가 물 공급을 초과할 것이라는 예측이 나오고 있다.

좋은 소식도 있다. 아프리카는 여전히 물 때문에 고생하고 있지만, 1990년대부터는 약 10억 명이 안전한 물을 공급받고 위생 시설의 혜택을 누릴 수 있게 되었다. 이는 환경 문제에 관심을 갖게 된 전 세계인의 성과라 할 수 있다. 나쁜 소식으로는 물의 사유화 진행을 들 수 있다. 볼리비아에서 세 번째로 큰 도시인 코차밤바에는 미국계 대기업 백텔의 자회사가 물 사용권을 인수해 해당 지역의 물값을 큰 폭으로 인상시켰다. 그로 인해 빈곤층이 큰 타격을 입었다.

지구 온난화도 물 문제를 심화시키는 중요한 원인이다. 회계법인 딜로이트 앤드 토치Deloitte & Torch 보고서에는 "인간은 이전 시대에는 풍부하게 사용했던 자원을 희소한 자원으로 변화시키는 특별한 재주를 지닌 것처럼 보인다."는 경구가 쓰여 있다. 물 문제는 바로 이러한 지적에 정확히 들어맞는 사례임이 분명하다. 선진국의 경우도 화학비료를 과다하게 사용한 결과 지하수 오염이 심각한 수준에 이르렀다. 유럽에서는 25%의 지하수가 EU 허용 기준치를 초과할 정도로 오염되었고, 구소련 지역에서는 200개 강물 중 4/5가 위험 수준에 있는 것으로 밝혀졌다.

수질 오염과 관련된 논의를 정리하다 보니 한국에서 언제부터 생수를 사먹게 되었는지 궁금해진다. 한국에서는 1991년 낙동강 페놀 오염 사태 이후 생수에 대한 관심이 증가했다. 물론 1991년 이전에도 8개 생수 제조업체가 생수를 시판하고 있었는데, 보사부가 이들 생수업체를 대상으로 과징금을 부과하자, 1994년 생수업체가 소송을 제기했다. 이에 대법원은 "자신의 선택에 따라 깨끗한 물을 마실 수 있는 헌법상 국민의 행복 추구권을 침해하므로 생수 판매 금지는 무효"라는 판결을 내렸다. 이후 한국에서도 생수 판매가 일반화되기 시작했다.

고형 폐기물

고형 폐기물도 환경 문제의 핵심 쟁점 중 하나이다.[3] 고형 폐기물은 슈퍼마켓 혹은 패스트푸드점에서 상품 포장 시 사용되는 모든 물질을 의미한다. 소비 사회에서 상품을 매력적으로 보이도록 하고 동시에 안전하게 운반할 수 있도록 해주는 포장은 삶의 필수 불가결한 요소가 되었다.

소비의 증가 추이는 쓰레기의 증가 추세와 정확하게 일치한다. 1990년대 초 개발도상국의 연간 고형 폐기물 배출량을 계산해본 결과 1인당 100–330kg으로 나타났다. 당시 유럽연합은 414kg, 미국은 720kg으로, 고형 폐기물 및 쓰레기 배출량은 1인당 GDP 수준과 정확하게 비례하는 것으로 밝혀졌다. 실제로 미국, 덴마크, 오스트레일리아의 쓰레기 배출량은 폴란드, 체코슬로바키아의 두 배에 이른다. 그 결과 오늘날 선진 산업사회를 '쓰고 버리는 사회throw away society', 혹은 '낭비 사회waste land'라 비난하기도 한다. 잉글랜드 및 웨일스의 가정에서 일주일에 나오는 쓰레기양은 22kg 정도라고 한다. 한국의 생활 쓰레기 배출량은 4인 가족 기준 1주일에 약 26kg으로 확인되었다.

고형 폐기물의 85%는 쓰레기 매립지로 간다. 대부분의 국가에서 쓰레기 매립장은 빠르게 포화 상태에 이르고 있다. 마포구에 위치한 난지도 쓰레기 매립장은 1978년부터 15년 동안 서울시에서 배출되는 쓰레기를 매립 처리하던 곳이다. 원래는 약 45m까지 쓰레기를 매립할 예정이었으나, 당시 수도권 매립지 건설이 지연되면서 세계에 유례없는 95m 높이의 윗부분이 평평한 쓰레기산 두 개가 만들어졌다. 난지도 매립장에 쌓인 쓰레기양은 8.5톤 트럭 천 3백만 대분이라고 한다.[4]

1980년대 후반 매립지가 포화 상태에 이르자 이 지역의 악취, 먼지, 공해가 심각한 수준으로 악화되었고, 메탄가스와 침출수 등으로 인해 생물이 살기에는 부적합한 곳으로 판명되었다. 그러나 서울시와 정부의 노력으로 1990년대 중반 이후부터는 수풀에 각종 동식물이 발견되는 등 생태계가 되살아나고 있다. 현재는 2020

년을 목표로 환경 오염 방지 공사가 진행 중이다. 난지도 매립지에서는 하루 34만 4,000톤의 가스가 배출되고 있고, 이 중 약 절반인 17만 2,000톤의 메탄가스를 추출하여 안정적 에너지원으로 활용할 계획을 갖고 있다.

이제 쓰레기는 재활용 대상으로 부상했다. 영국 정부는 2005년까지 폐기물의 40%를 재활용하겠다는 목표를 세우고 있으나, 2001 – 2002년 가정용 쓰레기의 12%만이 재활용에 성공했다. 심지어 음식물 포장에 사용되는 플라스틱은 재활용이 불가한 쓰레기다. 선진국의 쓰레기 재활용 비율도 그다지 높은 수준은 아니지만, 문제는 개발도상국이다. 개발도상국은 아직 쓰레기 재활용에 대한 인식도 낮은 수준에 머물러 있고 쓰레기 재활용을 위한 관련 사회 시스템도 미비하여, 넘쳐나는 길 위의 쓰레기가 질병의 원인이 되기도 한다. 앞으로 전 세계가 쓰레기 문제 해결을 위한 협력 체계를 구축해야 함은 물론, 생활 속에서 인식의 전환을 위한 노력 또한 게을리 해서는 안 될 것이다.

자원 고갈과 유전자 변형 식품

자원 고갈

물: 지금까지 물은 비가 오면 자연스럽게 보충된다는 생각으로 인해 '물은 고갈되지 않을 것'이라는 확고한 믿음이 있었다. 오늘날은 유럽 및 북아메리카를 제외한 대부분의 지역에서 물 문제가 매우 심각해지고 있다. 특히 인구 밀도가 높은 곳을 중심으로 물 부족이 심화되고 있어, 북아프리카와 중동 지역의 물 부족 현상은 일상의 한 단면을 이루고 있다. 아프리카 여성은 하루 노동 시간 중 90%를 가족을 위한 물 마련에 할애한다고 한다. 21세기에는 인구가 빠르게 증가하는 곳에서 물 부족 현상이 집중적으로 악화될 것이다. 향후 대도시를 중심으로 한 급격한 인구 성장은 물 부족과 더불어 위생 시설 미비로 인해 상황을 더욱 악화시킬 것이 분명하다.

토양의 퇴화와 사막화: 전 세계 인구의 약 1/3은 토지에서 식량을 얻고 있는데, 급격한 인구 성장을 겪고 있는 아시아와 아프리카에서는 토양의 퇴화가 수백만 명을 헐벗게 할 정도로 위협이 되고 있다. 아프리카 농지의 3/4이 바람, 토양 부식, 영양 부족 등으로 인해 심각한 수준에서 토양의 퇴화를 겪고 있다. 아프리카에서는 전통적으로 농지를 비옥하게 유지하기 위해 한 해 경작하면 이듬해에는 농지를 쉬게 하는 휴경지 전통이 있었다. 그러나 급격한 인구 증가로 인해 휴경지 전통을 지킬 수 없게 되면서 나타난 결과가 토양의 퇴화이다.

토양 퇴화는 장기적 영향력이 심각하기도 하거니와 되돌리기도 어렵다. 토양이 퇴화되면 농업 생산량이 감소하고 가축 사료가 부족해진다. 거주민들은 보다 비옥한 토지를 찾아 거주 지역을 버리고 이주를 감행하게 된다. 또 한편에서는 거대한 지역이 사막처럼 변화하는 현상으로 인해, 전 세계적으로 이미 사막화된 지역이 러시아와 인도네시아를 합한 면적만큼 광범위하게 나타나고 있다.

산림 벌채: 산림 벌채 혹은 숲이 파괴되는 현상 또한 전 세계적으로 진행되고 있다. 산림은 물을 공급해주고 산소를 제공해주며 토양의 부식을 예방해주는 생태계의 주인공이자, 연료, 식량, 목재, 기름, 허브, 의약 재료 등의 원천이다. 현재 지구상에 존재했던 산림 중 1/3이 사라졌다. 1980년대만 1천 5백만 헥타르의 산림이 사라졌는데, 산림 벌채가 대규모로 이루어지는 곳으로는 라틴아메리카, 카리브해 연안(740만 ha), 사하라 사막 이남(410만 ha)을 들 수 있다.

특히 열대 우림 지역의 벌채가 심각한 것으로 알려지고 있다. 지구 표면의 7%를 차지하는 열대 우림 지역은 동 식물의 주요 서식지이자 약의 원료가 되는 풀이 자라는 곳이다. 이곳은 현재 매년 1%씩 사라지고 있어 현재 추세가 지속된다면 21세기 후반에는 열대 우림 지역이 거의 사라질 것이라는 비관적 전망이 우세하다. 열대 우림이 빠르게 사라지는 이유는 두 가지다. 하나는 남아메리카 지역에서 가축사육을 위해 목장 건설을 확대하면서 산림을 계속 벌채하기 때문이요, 다른 하나는 선진국으로부터 활엽수 수요가 증가함에 따라 서아프리카 지역 및 남태평양 지역에서 활엽수 수출을 위해 나무를 계속 베고 있기 때문이다. 결국 서구 선진국의 소비 트렌드가 환경 파괴 및 생물학적 다양성 상실의 주범이 되고 있다.

유전자 변형 식품

선진국에서는 곡식이 남아돌지만, 인구 증가율이 높은 후진국이나 가난한 나라는 만성적 식량 부족 현상을 경험하고 있다. 식량 부족 문제를 해결하기 위한 방안으로 과학과 생물공학에 대한 기대가 고조되는 가운데, 유전자 변형 작물GMO;

genetically modified organism이 등장하게 되었음은 익히 알려진 사실이다. 유전자 변형 작물은 문자 그대로 유전자를 변형시킴으로써 생산된 작물을 지칭한다. 유전자 조작을 통해 광합성을 증가시키거나 크기를 확대해서 생산성을 증가시킬 수 있다. 유전자 변형은 일면 긍정적 결과를 가져오기도 한다. 일례로 비타민을 다량 함유한 유전자 변형 작물을 생산할 수도 있고, 잡초 제거제인 제초제에 강한 내성을 가진 작물도 만들어낼 수 있다. 한데, 유전자 변형은 지금까지의 품종 개량이나 접붙이기와는 차원이 다른 시도이다. 과학자들은 초우량 쌀을 개발하게 되면 쌀 생산량을 35% 이상 증가시킬 수 있어, 기근 지역의 쌀 문제를 해결할 수 있을 것이라는 희망을 피력하고 있다. 비타민A를 추가한 황금 쌀이 생산되면, 전 세계 어린이 무려 1억 2천만 명의 비타민A 결핍 문제를 해결할 수 있으리라는 장밋빛 전망도 있다.

유전자 변형 식품을 이해하기 위해서는 미국의 기업 몬산토를 주목해야 한다. 몬산토는 1901년 설립된 회사로 현재 미국 미주리주 세인트루이스에 본사를 두고 있는 다국적 생화학 제조업체이다. 유전자 변형 작물과 관련된 글로벌 시장에서 몬산토의 시장 점유율은 무려 90%에 이른다. 몬산토는 《비즈니스 위크》지 선정 '2008년 세계에서 가장 영향력 있는 10대 기업'에 선정되기도 했다. 몬산토는 최근 제초제 '라운드 업Round-up'을 개발하면서 동시에 제초제에 강한 내성을 지닌 유전자 변형 식품을 세트로 개발, 판매하고 있다.

한국도 몬산토와 깊은 관계가 있다. 외환 위기 직후인 1998년 국내 1위 종자 회사와 3위 회사가 멕시코 종자 회사인 세미니스에 인수된 바 있다. 2005년 몬산토가 멕시코의 세미니스를 인수하면서 몬산토 코리아가 국내 종자 시장을 석권하게 되었고, 파프리카, 청양고추, 시금치, 토마토 등 70여 개에 이르는 종자 판매권을 보유하고 있는 상황이다.

몬산토는 유전자 변형 식품의 장점을 홍보하기 위해 다양한 캠페인에 주력해왔고, 초기에는 비교적 성공대로를 걸었다. 1999년 초까지 미국에서 생산된 콩의 55%, 옥수수의 35%가 유전자 변형 식품이었고, 당시 유전자 변형 작물은 전 세계에 걸쳐 3천 5백만 헥타르에서 재배 중이었다. 초기 몬산토는 유전자 변형 식품의 장점만을 강조했다. 식품 생산량이 증가하면 가난한 나라의 식량 문제를 해결할 수 있다거나, 살충제 제초제에 사용된 화학적 오염 감소에 도움을 줄 수 있다는 등

1902년 워싱턴 DC 농무부 사무실 지하에 열두 명의 청년이 모였습니다.

지금은 유독 물질로 분류돼 음식에는 전혀 쓸 수 없고 유약이나 세제에 주로 사용되는 성분인 붕사를 끼니마다 챙겨 먹고 그 유해성을 증명해내기 위해서였습니다. 이들의 정체는 바로 '독약 구조대'입니다.

화학 교수로 농무부 화학국에 부임한 하비 와일리는 1880년부터 유독성 식품 첨가물 사용을 규제하고자 노력했지만, 매번 로비스트들의 힘에 막혀 좌절하곤 했습니다. 그는 이런 식품첨가물이 몸에 해롭다는 사실을 알리기 위해서 직접 먹어보기로 했습니다.

와일리는 의회로부터 5천 불을 지원받아 신체적으로나 정신적으로나 모두 건강한 운동선수, 군인, 과학자 등을 모았습니다. 그들은 식품첨가물의 부작용으로 복통과 두통 등을 겪어야 했습니다. 수많은 식품 첨가물을 먹어본 그들은 마침내 일부 식품 첨가물의 유해성을 밝혀냈고, 그들의 노력은 1906년 빛을 발했습니다. 그렇게 해서 건강에 해로운 식품과 약품의 유통을 막을 수 있었습니다.

독약 구조대는 5년간의 활약을 마치고 역사 속으로 사라졌습니다.

— 〈따뜻한 하루 따뜻한 편지〉 952호, 2017년 11월 13일자

Q 최근 유전자 변형 식품을 둘러싸고 식품 안전성에 대한 논쟁이 화두로 부상하고 있다. 독약 구조대 사례가 오늘날 우리에게 시사하는 바는 무엇인지 함께 생각해보자.

긍정적 주장을 내세웠다. 실제로 유전자 변형 감자는 살충제 수요를 40% 감소시키는 효과가 있음이 밝혀졌다. 이에 몬산토는 생명공학이야말로 환경 유지 및 보호와 더불어 질적으로 우수한 작물의 생산성 증가에 실질적으로 기여할 수 있다는 메시지를 전파해갔다.

하지만 유전자 변형 식품에 대한 우려가 영국을 중심으로 확산되기 시작했다. 스코틀랜드의 유전학자 아파드 푸스타이Arpad Pusztai 박사가 주도한 실험에 의하면, 유전자 변형 감자를 먹은 쥐는 면역 체계에 치명적 손상을 입을 뿐만 아니라 다양한 기관의 성장 발달 저해를 겪는 것으로 확인되었다. 실험 이후 푸스타이 박사는 유전자 변형 작물 광고가 증가하는 것을 비판하기에 이른다.

환경 옹호론자들과 소비자 단체를 중심으로 한 집단적 항의는 몬산토의 운명을 바꾸는 데 결정적 영향을 미쳤다. 세계적 기업 유니레버와 네슬레는 유전자 변형 식품의 수용을 철회했고, 1999년 몬산토 주식의 가치는 1/3로 하락했다. 한편 유럽연합은 1998-2004년 사이 출시된 유전자 변형 식품의 특허권을 거부했고, 특히 2004년 수입된 유전자 변형 옥수수에 대해서는 지불 유예를 선언했다. 이후 유전자 변형 식품 표시 의무화 조항이 도입되었다. 와중에 미국은 세계무역기구를 상대로 유럽연합을 제소한 결과 재판에서는 승리하지만, 이미 돌아선 유럽 소비자의 마음을 돌리지는 못했다.

짐바브웨, 말라위, 모잠비크, 레소토, 앙골라 등 아프리카 국가는 유전자 변형 식품 원조를 받지 않겠다고 선언했다. 2002년 잠비아는 "그동안 미국의 원조 식품이었던 옥수수와 콩은 장기간 보존을 위해 유전자 변형을 시도했을 것이다. 이것은 독이 든 식품"이라는 주장과 더불어 원조 거부 사례의 주인공이 되었다.

유전자 변형 식품의 위험성에 대해서는 여전히 논란이 있다. 유전자 코드는 매우 복잡해 식물 혹은 유기체에 새로운 유전자를 추가할 경우 예상치 못한 질병이나 유해한 결과가 나타날 가능성이 있기 때문이다. 유전자 변형 식품이 실질적 혜택을 가져온다 할지라도 얼마나 많은 위험 요소가 잠재되어 있는지 알 수 없거니와 정확한 계산 또한 불가능하다. 이에 환경론자들을 중심으로 유전자 변형 식품 관행에 위험이 따른다면, 기존 관행을 따르는 것이 보다 안전할 것이라는 예방의 원리precautionary principle가 선호되고 있다. 하지만 유전자 변형 식품 재배 지역은 환경 운동의 영향력이 미약하고, 유전자 변형 식품 규제법 또한 덜 엄격한 개발도상국을 중심으로 꾸준히 확대되고 있다.

이상에서 살펴본 유전자 변형 식품에 대한 논쟁을 평가하면서 J. H. 마추라 Matsuura는 바이오 기술 산업이 수반한 두 가지 실수를 지적하고 있다.[5] 대중의 높은 관심을 무시했다는 점이 하나요, 전적으로 합리적 논의만을 통해 문제 해결을 시도했다는 점이 다른 하나라는 것이다.

지구 온난화

지구 온난화로 인해 기후는 세계 정치 무대의 뜨거운 쟁점으로 부상했다. 무더운 기후가 재앙이 되기 시작한 것이다. 1988년과 2005년은 19세기 이래 가장 무더운 해로 기록되었다. 지구정책연구소 발표에 따르면 2003년 유럽에서만 폭염 때문에 무려 3만 5천 명 이상의 희생자가 발생했고, 프랑스에서만 1만 4,802명이 사망해 가장 많은 희생자를 기록했다. 과학자들에 의하면 지구 온난화로 인해 매해 16만 명의 희생자가 발생하고 있다. 특히 개발도상국의 희생이 두드러지는데, 2020년이 되면 기후 변화 부작용으로 인해 말라리아 환자 및 영양실조 환자가 현재의 두 배 이상 증가할 것이라는 예상도 있다.

지구 온난화는 문자 그대로 전 지구적 차원의 환경 문제이기에 지구 온난화를 정확히 이해하기 위해서는 글로벌 시각이 필요하다.[6] 뿐만 아니라 지구 온난화 문제는 고도로 전문적인 자연과학적 지식의 도움 없이는 이해가 불가능하다. 자연적 현상이라 할 기후가 정치적 이슈로 포섭됨에 따라, 환경 문제를 향한 패러다임 전환이 그 어느 때보다 절실해지고 있다.

지구 온난화란?

오늘날 가장 심각한 환경 문제의 하나로 인식되고 있는 지구 온난화라는 지구 대기 내에서 온실가스가 데워지면서 온실 효과가 나타나는 현상을 의미한다. 지구 안에서 일어나는 온실 효과의 원리는 비교적 단순하다. 태양 에너지가 대기를 통과하면서 지구 표면을 따뜻하게 데워준다. 태양 방사선의 대부분은 지구에 직접 흡수되고 이 중 일부분만이 반사되는데, 온실가스가 지구 대기 안에서 대기를 데울 때 에너지가 반사되는 것을 방해한다. 덕분에 지구의 온도는 섭씨 15.5도 정도를 유지하게 된다. 만일 지구의 온도를 일정하게 유지시켜주는 온실 효과 기능이 사라진다면, 지구의 평균 기온은 섭씨 마이너스 17도로 하강할 것이며, 그 여파로 지구 전체가 냉대기후를 형성할 것이다.

문제는 온실가스가 너무 두터워지면서 지구의 기온이 계속 올라가고 있다는 사실이다. 온실가스를 만들어내는 1차 원인은 이산화탄소의 농축이다. 이산화탄소의 농축 현상은 1880년대 산업화 이후 30%가량 증가했고, 1980년대 이후부터는 더욱 가파르게 증가하고 있다. 같은 시기에 메탄 농축은 2배, 질소는 15% 증가했다. 대기 중 이산화탄소가 증가하는 이유는 산업화 및 개발 과정과 밀접한 관계가 있음은 물론이다. 화석 연료의 사용, 산업 생산, 대규모 농사, 산림 벌채, 쓰레기 매립 등은 모두 이산화탄소를 배출하는 주요인이 되고 있다.

지구 온난화 문제가 심각해지자 2007년 UN은 산하에 정부 간 기후변화위원회 IPCC; Inter-governmental Panel on Climate Change를 발족한다. IPCC에서 자연적으로 지구가 따뜻해졌다고 보는 자연 모델과 산업화 및 개발의 결과를 가미한 모델 두 가지 모델을 비교한 결과, 20세기 동안 관찰된 기온 상승은 인간 주도의 개발에 의해 배출된 온실가스로부터 비롯된 것이라 결론지었다.

최근 한반도의 아열대화를 우려하는 목소리가 나오고 있음을 고려할 때, 한국 사회도 지구 온난화 문제에서 자유로울 수는 없다. 어린 시절에는 나주 배, 대구 사과 맛이 일품이었으나, 한반도의 평균 기온이 계속 상승함에 따라 사과·배 재배 지역이 강원도까지 북상했다는 소식이 들려온다. 이제 제주도에서는 아열대 과일을 재배하기 시작했다. 식물뿐 아니라 한반도 인근 해안에서 잡히는 물고기 종류도 빠르게 변화하고 있다.

지구 온난화로 인한 결과는?

지구 온난화가 계속될 경우 우선 예상되는 자명한 결과는 해수면의 상승이다. 지구 온난화는 빙하를 녹이고, 이로 인해 해양 온도의 상승 및 해수 면적의 확대가 진행된다. 빙하가 녹으면서 해수면이 상승하면 해안 인근 도시나 저지대 지역은 홍수 피해를 입고, 거주 자체가 불가능하게 된다. 해수면이 1m 상승하면 방글라데시 전체 국토의 17%, 이집트의 12%, 그리고 네덜란드의 6% 가량이 사라진다.

두 번째로 지구 온난화는 토양을 부식시킴으로써 비옥한 토지를 사막화하는 효과를 가져온다. 실제로 사하라 사막 이남 지역, 아랍 지역, 그리고 남아시아 지역은 사막화의 피해가 극심한 것으로 알려져 있다. 세 번째로 지구 온난화는 말라리아 황열병 등 열대병을 옮기는 모기의 서식지를 확산시킴으로써 질병의 빠른 전파를 야기한다. 지구 전체적으로 섭씨 3도 내지 5도가 상승하면, 말라리아 발생 건수가 연간 5천만 건에서 8천만 건으로 증가한다는 통계가 있다. 네 번째로 지구 온난화는 저개발 국가의 농업 생산성을 큰 폭으로 감소시킨다. 약 4천 6백만 인구가 바다 폭풍으로 인해 하시라도 파괴될 가능성이 높은 지역에 거주하고 있으나, 기상 예측의 불확실성 증가로 인해 홍수 및 태풍으로 인한 피해는 더욱 가속화될 전망이다. 끝으로 기후 변화는 지정학적 불안정성을 고조시킬 것이라는 예측이 있다. 미 국방성은 국가 간 분쟁 내지 전쟁 가능성이 고조되고 있음을 보고하고 있다. 안전한 물, 농업 생산성 확보, 에너지 자원 방어 등을 목적으로 안전한 지역을 향해 대규모 이주를 감행할 가능성이 높아졌기 때문이다.

한 가지 덧붙인다면, 남극 및 북극의 빙하가 예상보다 빠른 속도로 녹아내리고 있다는 보고가 있다. 위성 측정 결과, 최근 수십 년 사이 여름과 가을에 걸쳐 약 40%의 빙하가 감소했다고 한다. 빙하의 두께도 1960년대 이래 10% 감소했고, 산속의 빙하도 급격하게 사라지고 있는 추세라 한다. 스위스에서는 몽블랑 산 속에서 녹아내리는 빙하를 관광 상품으로 판매하기도 한다.

지구 온난화가 야기하는 위험에 대한 반응은?

전 세계를 위협하고 있는 지구 온난화에 대해 적극적 대응이 필요함은 재론의 여지가 없을 것이다. 지구 온난화 초기에는 과학자들 사이에 지구 온난화가 실제로 발생하고 있다는 주장과 기후 변화는 자연적 추세의 결과일 뿐이라는 입장 사이에 팽팽한 의견 대립이 존재했다. 그러나 오늘날은 어떤 과학자도 지구 온난화에 대해 의문을 제기하지 않는다. 지구 온난화는 인류에게 닥친 실제적 위협이며, 온실 효과는 필히 해결되어야 할 과제임이 명백해졌기 때문이다. UN 정부 간 기후변화위원회 발표에 따르면, 1906년부터 2005년까지 약 100년 사이에 지구 표면 온도가 평균 0.74도 상승했다. 그것도 최근 50년 사이의 온도 상승이 가속화되어 전체 기간의 2배에 이른다고 한다.

전 세계가 한목소리로 온실가스 배출을 줄여야 한다고 주장하기 시작한 상황에서 국가별 이산화탄소 배출 통계를 보면, 미국이 전 세계 이산화탄소 배출량의 22%를 점하고 있다. 미국의 뒤를 이어 중국이 16%로 2위, 다음은 EU, 러시아, 인도, 일본의 순으로 나타나고 있다. 그러나 1인당 배출량을 비교해보면 미국, 러시아, 일본, EU의 순서로 높은 대신, 중국과 인도는 매우 낮은 수준을 기록하고 있다. 따라서 개발도상국이 배출하는 이산화탄소는 '생존을 위한 배출'이기에 선진국의 '사치스러운 배출'보다 피해가 적다는 주장이 설득력을 얻고 있기도 하다. 결국 이산화탄소 배출과 관련해서는 국가 간 이해관계가 심각하게 충돌하고 있기 때문에 전 지구적 차원의 온실가스 감축 과제는 해결이 쉽지 않을 전망이다.

1997년 일본 교토에서는 '세계생태학 정상회담'이 열린 자리에서 〈교토 의정서Kyoto Protocol〉가 채택되었다.[7] 교토 의정서에 따라 2010년까지 선진 산업 국가는 이산화탄소 배출량을 1990년 수준 이하로 감축하겠다는 약속을 공표했고, 당시 유럽 대부분의 국가는 8% 감축을 목표치로 제시했다. 미국은 7% 감축 목표를 제시했지만 교토 의정서에 서명은 하지 않았다. 과학자들은 7-8% 감축으로는 문제 해결이 불가능하리라 비판했다. 이미 심각한 수준에 이른 기후 문제를 극복하기 위해서는, 이산화탄소 배출량을 70% 내지 80%까지 감축해야 마땅하다는 주장이 과학자들의 공통된 의견이었다. 2001년 부시 행정부는 의정서 비준을 거부했을 뿐만 아니라 기후협약위원회Climate Change Conference에서도 탈퇴함으로써 국제 사회의 거센 비난을 받기도 했다. 반면 영국, 독일, 중국, 러시아 등은 오늘날 온실가스 감축을 비교적 성공적으로 추진해가고 있다.

한편 개발도상국 입장에서는 교토 의정서의 제반 규정이 선진국에 유리한 것이라 주장하고 있다. 지금까지 온실가스를 배출해온 주체는 주로 선진국이었는데, 이들이 역사적 책임을 져야 함에도 불구하고 이에 대한 고려가 없다는 점을 비판하고 있다. 나아가 개발도상국의 배출가스 감축을 둘러싸고 명확한 가이드라인이 없다는 불만도 제기되고 있다. 앞으로 지구 온난화의 진행과 결과를 확신할 수 없다는 점도 문제가 되고 있다. 이산화탄소 배출의 통제만으로 지구 온난화 문제가 해결될 수 있을지도 의문이다. 기후 문제는 매우 복잡하고도 다양한 요인들이 서로 맞물리면서 일어난 현상이며, 개별 국가에 미치는 영향 또한 동질적이기 않기에, 전 지구적 이슈임에도 해결의 실마리를 찾기는 요원한 상황이다.

4. 생태학적 지속 가능성, 실현 가능한가?

지금까지 환경 문제에 대한 논의는 자연과학이 선점해왔다. 대기 오염, 자원 고갈, 유전자 변형 식품, 온실 효과 등의 환경 문제는 자연과학적 자료와 증거를 활용한다는 점에서 사회과학적 주제와 상이하다는 인식이 주를 이루어온 덕분이다. 그러나 UN 산하 정부 간 기후변화위원회를 중심으로 20세기에 발생한 환경 문제는 대부분 산업화, 도시화, 지구촌화와 연결되어 있기에, 환경 문제를 성공적으로 이해하고 해결하기 위해서는 자연과학과 사회과학의 유기적 협력이 필히 요구된다는 인식이 광범위한 설득력을 얻고 있다. 사회학적 관점에서는 환경 문제를 어떻게 접근하고 있고 어디서 문제 해결의 고리를 찾고 있는지 정리해보기로 한다.

소비주의와 환경 파괴의 관계

첫 번째는 소비주의가 확산되면 환경 파괴 역시 심화될 것이라는 입장이다. 소비에도 긍정과 부정 두 얼굴이 공존한다. 소비 수준의 향상은 더 좋은 여건 속에서 삶을 영위하게 되었음을 의미하고, 나아가 소비는 삶의 질과 연결되는 개념으로서 풍부한 먹을거리, 편리한 자동차, 그리고 풍요로운 여가를 즐길 수 있는 삶의 질과 연결된다는 점에서 긍정적으로 비친다. 반면 소비로 인해 환경이 파괴되고 불평등이 심화된다는 점에서 부정적 측면이 부각되기도 한다.

전 세계적으로 소비시장이 본격적으로 시작된 것은 1990년대 이후로 볼 수 있다. 1990년 세계의 소비 수준은 약 1.5조 달러를 기록했는데, 1999년이 되자 개인 및 공공 소비시장 규모가 24조 달러로 급상승했다. 이 과정에서 소비 수준은 가파르게 상승했고 국가 간 불평등도 확대되었다. 선진 산업 국가의 경우 1인당 소비 수준이 매년 2.3%씩 증가했고, 동아시아 국가는 매년 6.1%씩 증가한 반면, 아프리카 국가는 가구당 소비가 30년 전 대비 20% 감소했다. 북미와 서유럽 거주 인구는 전 세계 인구의 약 12%를 차지하지만, 개인 소비 비중은 전 세계의 60%를 차지하고 있다. 반면 사하라 사막 이남 아프리카 지역은 전 세계 인구의 11%가 살고 있지만, 개인의 소비 비중은 1.2%에 불과하다. 국가 간 소비의 불평등 현상을 적나라하게 보여주고 있는 셈이다.

대량 생산은 대규모 소비를 동반한다. 오늘날 세계 자본주의 시장 경제에서는 생산비가 가장 적게 드는 곳에서 상품 생산이 이루어지고, 가장 좋은 가격을 보장하는 곳에서 상품 소비가 이루어진다. 그 결과 지난 60년간 생산 시설은 대거 개발도상국으로 이전해갔다. 1970년대는 한국, 싱가포르, 대만, 홍콩과 같은 신흥공업국으로 이전해갔고, 2000년대는 인도, 중국, 말레이시아 등지로 공장 이전이 진행되고 있다.

소비에 주목하는 사회학자들은 "소비란 단순한 행위가 아니라, 우리의 정신이자 사고방식이요 심지어는 이데올로기"라 주장하기도 한다.[8] 사람들이 소비를 원하는 이유에 대해서는 상품이 사용 가치를 갖고 있기에, 상품을 소비하면 시간과 노력을 절약하는 데 도움이 되기 때문이라는 설명이 통용되어왔다. 현대 사회에서는 지금까지의 소비 동기에 과시 소비conspicuous consumption라는 또 하나의 요소가 첨가되었다.[9] 우리가 필요 이상으로 많은 것들을 소비하는 이유는 소비가 개인의 사회적 지위를 드러내기 때문이다. 값비싼 명품 브랜드를 소비할 수 있다는 것은 그만큼 높은 사회적 지위에 있다는 것을 상징하기에, 과시 소비 행태가 이루어진다. 유행에 뒤질 경우는 사용 가치가 충분히 남아 있음에도 불구하고 이를 폐기함으로써 소비가 환경을 압박하는 요인으로 부상하게 되었다.

현대인들은 이미 소비 행위에 깊숙이 발을 들여놓고 있어 소비 외의 대안을 찾기가 쉽지 않다. 일례로 자동차가 대기 오염 및 쓰레기 양산의 주범이라는 사실에 착안하여 2005년 자동차 소유주를 대상으로 자동차 소비를 줄일 수 있는 방법은 무엇일지 설문 조사를 실시했다.[10] 그 결과 자가용 운전자들 사이에도 자동차와 환경의 관계를 인식하는 스펙트럼이 매우 다양한 것으로 밝혀졌다. 실제로 자동차가 환경 오염의 주범임을 인정하지만 대중교통은 불편하기 때문에 바꿀 의사가 없는 집단, 승용차 사용에 만족하기 때문에 어떠한 도덕적 압박도 느끼지 않는 집단, 승용차 사용을 줄이기는 하지만 멈출 수는 없다고 생각하는 집단, 승용차 운전을 즐기기에 대중교통 수단으로 대체하는 것에 부정적 견해를 보이는 집단, 환경보호를 위해 승용차 사용을 포기하고 대중교통 수단을 모색하는 집단, 그리고 승용차 타기를 꺼려하는 집단까지 다양한 의견이 제시되었다. 이 연구는 설득력 있는 구체적 대안 없이 사람들의 환경의식을 제고하고자 하는 노력은 실패하게 마련이라는 교훈을 안겨주었다. 환경 문제 해결을 위해서는 다양한 프로그램 및 정책이 주효할 수 있는데, 서로 다른 동기와 목적을 가진 사람들을 대상으로 정책 효과를 기대할 때는 정교하게 차별화된 정책 개발이 요구됨을 보여주고 있다.

한편 즐거움의 추구도 소비 행위의 주 동기가 된다. 콜린 캠벨에 따르면, 상품을 구매할 경우 상품을 사용하면서 느끼는 즐거움 못지않게 상품을 구매하고자 하는 열망, 기대, 선택 등이 더욱 크나큰 즐거움을 안겨준다는 것이다.[11] 환경론자의 시각에서 볼 때 소비가 재앙이 될 수도 있음을 보여준다 하겠다.

사회학자들은 산업화, 자본주의, 소비주의라는 세 가지 요인이 복합적으로 작용함으로써 사회와 환경의 관계를 변화시켰다는 사실에 주목하면서, 경제 성장이 무한정 지속되는 것은 불가능해졌다고 진단하고 있다. 소비주의가 우리를 끊임없이 유혹하고 있지만, 파괴된 자연환경의 회복력은 현저히 약화되고 있는 만큼 이제는 지속 가능성에 관심을 집중해야 한다는 것이 이들의 주장이다.

읽을거리

소스타인 베블런, 『유한계급론』(2012)

원제는 'The Theory of the Leisure Class'인 이 책은 자본주의 사회의 과시적 욕망을 통렬하게 비판한 경제학의 고전이라는 평가를 받고 있다. 베블런은 많은 돈을 가지고 있음을 남들에게 증명하는 최선의 방법은 그 돈이 자신에게 아무 소용없다는 듯 행동하는 것이라고 지적한다. 자본주의 사회의 유한 계급은 과시적 소비와 과시적 여가를 통해 그들의 약탈 능력을 드러낸다. 의복을 예로 든다면, "누가 보더라도 첫눈에 금력상의 지위를 알아볼 수 있도록" 만들기 때문에 상류 계급의 의복은 몸을 보호하는 기본적 기능과는 거의 무관하다고 말한다.

마르크스와 엥겔스에 비해 훨씬 냉소적이었던 베블런은 부자들의 자화상을 신랄하게 묘사하는 데 자신의 정열을 바쳤다. 그는 실용성보다는 과시성을 지향하는 현대 사회의 소비가 '의례'나 '성례'의 성격을 띠고 있음에 주목했고, 과시적 소비가 기껏해야 이성보다는 감정에 호소하는 제의적 산물에 불과하다고 갈파했다. 노동을 하지 않고도 과시 소비를 누릴 수 있는 유한 계급이 존재하는 한 베블렌의 분석은 현대에도 고전으로서의 진가를 발휘할 것이 틀림없다.

현대 사회의 소비 행태는 양극화 및 불평등의 심화를 보여주고 있고 환경 파괴 또한 심각한 수준으로 진행되고 있다. 신선한 물 소비는 1960년 이후 두 배 증가했고, 지구 온난화의 주원인인 화석 연료 소비는 지난 50년간 5배 증가했으며, 목재 소비는 25년 동안 40% 증가했다. 동시에 물 공급은 현저하게 감소하고 있고 숲 면적도 축소되고 있으며 야생종은 빠르게 사라지고 있다. 소비로 인한 환경 파괴는 빈곤층에게 특히 심각한 폐해를 안겨준다. 위험 물질을 배출하는 화학 공장이나 원자력 발전소, 철도 및 공항 주변, 그리고 환경 문제가 발생하는 지역에 살고 있는 거주민들의 사회 경제적 배경을 지켜보면 환경과 불평등의 관계에 대해 다시금 깊이 성찰해보는 계기를 갖게 될 것이다.

생태학적 지속 가능성과 '위험 사회'

지속 가능성

환경과 개발의 갈등 및 충돌을 해소하기 위한 개념으로 '지속 가능 개발 sustainable development' 개념이 환경론자들로부터 인기를 얻고 있다. 환경 문제 및 환경 운동에 대해 일반인들의 관심을 불러일으킨 계기는 1970년대 초 로마 클럽이 발간했던 한 권의 보고서 『성장의 한계The Limit to Growth』였다. 로마 클럽은 컴퓨터 모델링 기법을 활용하여 경제 성장, 인구 성장, 오염 및 자원 고갈 등에 대한 예측을 시도했다. 만일 1900년부터 1970년 사이에 일어난 변화 속도가 2100년까지 그대로 지속된다면 앞으로 어떤 상황이 발생할 것인가? 이 문제에 대해 로마 클럽의 보고서는 자원은 고갈되고 식량은 부족해지고 산업은 붕괴되어 2100년 이전에 성장이 정지될 것이라는 매우 비관적인 예측을 한다. 그러나 로마 클럽의 보고서 『성장의 한계』는 발표되자마자 다양한 비판에 직면했다. 비판의 근거로는 이들이 활용했던 컴퓨터 모델링에는 자연과학적 요소만이 고려됐을 뿐 정치적·사회적 변수들이 고려되지 않았다는 점, 기술은 끊임없이 발전함에도 불구하고 기술 수준을 상수로 놓았다는 점, 나아가 환경 문제에 대처하는 인간의 능력을 충분히 고려하지 않았다는 점 등이 제시되었다.

이후 지속 가능성, 혹은 지속 가능한 개발 개념이 대안으로 부상하게 되었다. 지속 가능성은 1987년 발간된 UN 보고서 『우리의 일상적 미래Our Common Future』에 최초로 소개되었다. 보고서는 지속 가능한 개발 개념을 제안하면서 경제 성장을 계속 촉진시키기 위해 자원을 재활용하고 동물의 다양성을 보존하며 깨끗한 공기와 물과 토양을 유지하기 위해 노력하는 것이 지속 가능한 개발의 핵심이라 정의하고 있다. 지속 가능한 개발은 당시 191개 국가가 참여했던 UN의 〈새천년 발전 목표Millennium Development Goals〉 중 하나이다. 새천년 발전 목표 중에는 2020년까지 지속 가능한 발전 원칙을 국가 정책 및 프로그램에 통합시키고, 환경 자원의 손실을 막기 위해 노력하며, 안전한 물을 제공받지 못했던 사람들을 지금의 절반 수준으로 감소시키는 동시에, 적어도 1억 명 이상에 달하는 도시 빈민들의 삶을 향상시키자는 내용이 포함되어 있다.

이러한 UN의 노력도 비판에서는 자유로울 수 없어, 지속 가능한 개발 개념 속에는 풍요로운 국가들의 소비 수준이 가난한 국가들의 희생을 통해 이루어진 과정이 간과되고 있다는 점이 지목되었다. 예를 들어 인도네시아를 향해 지속 가능한 개발을 위해 산림을 보존해야 된다고 요구하는 것은 불공평하다는 것이다. 인도네시아는 산림을 이용해서 개발을 추진함으로써 국민들의 생활 수준을 높여야 하기 때문이다.

다른 한편에서는 생태학적 지속 가능성과 경제 발전을 연결시키는 것은 모순이라는 지적도 있다. 실제로 지속 가능성 요구와 개발 필요성이 충돌하게 될 때, 개발도상국이나 후진국은 어떤 길을 선택할지 결정하기 어렵다는 것이다. 새로운 도로를 건설하고 상점을 열어 일자리 창출과 경제 성장이 가능해진다면, 대부분의 개발도상국 및 후진국은 개발을 선택할 수밖에 없기에, 지속 가능성은 부차적 이슈로 밀려날 것이라는 우려가 지속되고 있다.

전 지구적 '위험 사회'의 삶

지속 가능성 이슈 못지않게 위험 사회에 대해서도 깊은 성찰이 필요하다. 위험은 인류에게 그다지 새로운 개념은 아니다. 인류는 늘 가뭄, 지진, 기아 등의 외부 위험에 노출되어왔다. 다만 오늘날의 위험은 지금까지의 위험과는 질적으로 다른 특성을 지니고 있음에 주목할 필요가 있다. 오늘날의 위험은 인류 스스로가 만든 지식과 기술에 의한 위험, 곧 제조된 위험의 성격이 두드러지기 때문이다. 앞서 살펴보았던 유전자 변형 식품에서부터 지구 온난화, 기후 변화에 이르기까지 모든 위험은 제조된 위험임이 분명한데, 이들 제조된 위험에 대해서는 이정표가 없기에 인류에게 새로운 도전이 되고 있다.

울리히 벡의 위험 사회론은 현대 사회의 대표적 이론 중 하나이다. 벡에 따르면, 지금까지 자본주의 사회의 고전적 갈등은 부의 분배를 둘러싸고 전개되어 왔다. 그러나 환경 문제가 대두되면서 자본주의의 고전적 갈등은 힘을 잃기 시작했다. 지금까지는 '부'라는 케이크를 어떻게 나눌 것이냐를 놓고 고민했다면, 실상 우리가 나누고자 했던 케이크가 환경 오염으로 인해 독을 품고 있음이 밝혀지면서, 케이크의 분배를 둘러싼 갈등은 헛된 것임을 깨닫기 시작했다는 것이다. 산업사회는 환경 문제를 해결할 능력도 힘도 없다는 것이 벡이 던지는 경고인 셈이다. 오늘날 국경을 초월해서 발생하고 있는 위험 사회에서는 부유한 국가라 할지라도 환경 오염, 지구 온난화, 유전자 변형 식품 등이 야기하는 피해로부터 자유로울 수 없다. 이 문제의 해결 방안으로 벡은 산업 생산을 보다 안전하고 효과적으로 조절할 수 있는 높은 수준의 친환경 기술에 의존할 수밖에 없다고 주장한다.

벡의 위험 사회론은 지금까지 주로 환경에 초점을 맞추어왔지만, 실상은 사회구조 전반을 포괄하는 개념이다. 예를 들어 고용 및 직장의 불안정성이 심화되고 있는 현실이나 자아 정체성에 미치는 전통 및 관습의 영향력이 약화되고 있는 현실은 개인의 삶을 그 어느 때보다 위험한 상황으로 몰아가고 있다. 인간관계가 민주화되고 있지만, 전통적 가족 관계가 불안정해지면서 결혼과 가족이 평생 제도로부터 위험한 비즈니스가 되고 있는 현실 또한 삶의 위험 요소가 되고 있다는 것이 벡의 분석이다.

물론 벡도 비판을 받고 있다. 벡이 주장하고 있는 위험 사회론이 충분한 경험적·과학적 증거에 의존하고 있지 않다는 점, 계급에 근거한 갈등이 환경으로 인한 위험에 자리를 내주고 있다는 주장은 시기상조라는 점, 나아가 국가별 문화적 다양성을 지나치게 배제하고 있다는 점 등이 비판의 근거가 되고 있다.

생태학적 근대화, 환경 정의, 생태학적 시민권

생태학적 근대화

생태학적 근대화론은 일면 급진적 환경론과 정반대 편에 서 있다고 할 수 있다. 급진적 환경론은 산업화가 환경 오염을 가져올 수밖에 없기 때문에 멈추자고 주장하는 데 반해, 생태학적 근대화론은 생산 방법을 변화시키고 오염을 원천적으로 감소시키는 기술 혁신을 통해 생태 보호와 근대화 발전을 병행할 수 있다는 입장을 견지한다. 실제로 생태학적 근대화론은 경제 성장을 유지하면서 동시에 천연자원 및 환경 보호가 이론적·기술적으로 가능했던 성공 사례를 제안하고 있다. 일례로 유럽에서 개발된 자동차 촉매 컨버터 및 배기가스 조절 기술을 장착할 경우 자동차 배기가스의 유해 성분들을 제거할 수 있다. 이 조절 기술이 빠르게 보급되면서 온실가스 배출은 큰 폭으로 감소했다.

소비자들이 환경 보호를 요구한다면 시장은 이를 위해 노력할 수밖에 없다는 것 또한 생태학적 근대화론의 입장이다. 유럽 소비자들이 유전자 변형 식품을 반대한 결과, 유럽의 슈퍼마켓에서는 유전자 변형 식품을 진열하지 않았는데, 이는 소비자의 의식적 행동이 환경 보호에 적극적 기능을 할 수 있음을 보여준다.

생태학적 근대화론은 향후 다섯 가지 제도적 차원에서 체계적 변화를 추구할 것을 제안하고 있다. 1) 과학과 사회 영역에서는 지속 가능한 발전이 가능하도록 친환경 기술을 발명하고 전파할 것, 2) 시장과 경제 분야에서는 친환경적 실천에 대해 노력에 상응하는 인센티브를 제공할 것, 3) 국가는 1)과 2)를 지원하기 위한 시장 시스템을 구축할 것, 4) 사회 운동 차원에서는 기업과 국가에 압력을 넣어 친환경 개발이 가능하도록 할 것, 5) 생태학적 이데올로기 차원에서는 생태학적 근대화에 동참하는 시민들을 지지할 것 등이 그것이다.[12]

1990년대 이후 생태학적 근대화론에도 새로운 경향이 나타나고 있다. 지금까지의 유럽 중심적 시각에서 벗어나 개발도상국 상황을 충분히 고려해서 생태학적 근대화를 추진하자는 입장이 등장했고, 글로벌리제이션과 생태학적 근대화 간의 관계를 주제로 연구가 시작되었다. 소비자를 중요한 행위의 주체자로 접근하게 된 것도 새로운 흐름의 일환이다. 이에 지금까지의 기술적 접근을 벗어나 소비자들의 인식 및 적극적 참여 방안 등에 대한 관심이 고조되고 있다.

생태학적 근대화의 맥락에서 높은 가능성을 보여주는 대표적 사례로는 쓰레기 재활용 산업을 들 수 있다. 예전에는 나무를 재료로 종이를 만들었다면, 이제는 재활용 종이를 사용해서 신문 용지를 만듦으로써 비용 절감과 친환경 효과를 동시에 거두고 있다. 오늘날은 재벌 기업체와 개인이 힘을 합해 '제로 쓰레기' 목표 달성을 위해 노력하고 있다. 이는 미래를 위해 쓰레기를 확실하게 재활용한다면, 쓰레기가 제로 상태가 됨을 의미한다. 이제 쓰레기는 환경을 파괴하는 유해 물질 덩어리가 아니라, 산업을 위한 자원이자 효과적인 기술 혁신을 가져오는 수단이 되고 있다. 또 다른 좋은 소식으로 현재 캘리포니아의 실리콘밸리를 중심으로 빠르게 확산되고 있는 친환경 정보 기술을 들 수 있다. 친환경 정보 기술을 활용한다면, 지금까지의 환경 오염을 반복하지 않고도 저개발국에서 경제 성장 및 발전을 이룰 수 있는 가능성이 증대될 것이다.

생태학적 근대화론에 대한 비판으로는 최근 가시적 성과를 거둔 노력에도 불구하고 전 지구적 차원의 불평등에는 별다른 관심을 보이지 않은 채, 기업과 개인 혹은 비정부 기관의 사회 변화 역할에만 초점을 맞추고 있다는 점이 지목되고 있다. 이 입장은 전 지구적 불평등을 감소시키는 것이 환경 보호를 위한 선결 조건이라 주장하는 지속 가능한 개발과 현격한 차이를 보인다. 기술 낙관주의에 지나치게 의존함으로써 문화적, 정치적, 사회적 갈등을 간과하고 있다는 점도 비판의 대상이 되고 있다.

환경 정의

환경 정의는 미국에서 노동자 거주 지역을 중심으로 활동해온 풀뿌리 운동에서 시작되었다. 대표적으로는 루이스 깁스Lois Gibbs의 성공 사례를 들 수 있다. 깁스는 당시 뉴욕 버펄로 소재 러브 커넬 커뮤니티에 살고 있던 노동자 약 900가구를 이주시키는 데 성공하면서 널리 알려졌다. 이들의 이주를 주도했던 이유가 노동자 거주 지역에 2만 톤이 넘는 독성 물질이 매장되어 있었기 때문이다.

환경의 질과 사회 계급을 연결시킨 환경 정의론은 환경주의가 중산층은 물론 노동자층까지 아우르는 모든 계급의 관심 사안임을 입증했다. 빈곤층일수록 위험한 환경에 다량 노출되고 있는 현실은 사회에 실재하는 위험이 사회적 불평등과 긴밀히 연계되어 있음을 상징적으로 보여준다. 실제로 환경 정의론자들은 노동자 계급이나 소수 민족 거주 지역의 독성 쓰레기 제거에 주력하고 있다.

환경 정의를 실천하고자 하는 사회 운동가들이 존재한다는 사실은 환경 정치를 확장시키는 잠재력이 되기도 한다. 유럽의 녹색당은 명실상부한 정당으로서 환경 문제의 정치 이슈화를 주도하고 있다. 환경 정의 운동은 부유한 국가를 중심으로 진행되었던 기존의 환경 정책을 가난한 국가에 연결시켰다는 점에서 공헌을 인정받고 있다. 환경 정의 운동의 성공 사례로는 다국적 기업 셸을 대상으로 한 항의 운동, "오고니 사람들의 생존을 위한 운동"이라는 평가를 받은 바 있는 나이지리아 오고니 지역의 환경 운동 등을 들 수 있다. 환경 정의 운동은 단순한 자연보호 운동을 뛰어넘는 '환경주의'를 약속하면서 사회적 불평등과 빈곤 이슈를 환경 문제로 연결시킬 수 있는 잠재력을 보여주었다는 점에서 지지를 받고 있다.

생태학적 시민권

시민권 논의에서 점차 중요한 위상을 차지해가고 있는 바, 자연환경과 시민권을 연결해보는 시각에 대해 마크 스미스Mark Smith는 생태학적 시민권이라 이름 붙였고, 앤드류 돕슨Andrew Dobson과 데렉 벨Derek Bell은 환경적 시민권이라 명명했다.[12]

시민권의 형태로는 시민적 시민권, 정치적 시민권, 사회적 시민권, 그리고 생태학적 시민권의 네 가지가 있다. 먼저 시민적 시민권은 근대가 시작되면서 재산 소유권과 함께 출현했다. 자신의 재산뿐만 아니라 타인의 재산권을 인정해 주는 사람들 사이에 상호 책임과 의무를 규정한다. 정치적 시민권은 투표권, 노동조합 참여권, 그리고 언론의 자유를 보장해준다. 노동자와 여성의 선거권이 확장되는 시기에 출현했다. 사회적 시민권은 사회 복지와 책임에 관한 권리를 규정한다. 마지막 생태학적 시민권은 새로운 의무를 부과하고 있다는 점에서 기존의 시민권과 구별된다. 생태학적 시민권을 위해서는 동물의 생존과 인류의 미래에 대한 관심과 더불어 자연환경 본래 모습을 그대로 유지하는 책임이 부과된다. 덕분에 생체해부 실험, 사냥, 사육 방법, 반려동물 양육 등이 생태학적 시민권 차원에서 재평가 대상이 되고 있다. 개인의 정체성 안에 필히 생태학적 자아가 포함되어야 한다는 인식이 없다면, 생태학적 시민권의 발전은 기대하기 어려울 것이다.

미주

머리말

1 2015년 9월 한국형 무크K-MOOC가 시작되었다. MOOC란 대규모 공개 온라인 강좌Massive Open Online Course를 뜻하는 영어의 첫 번째 알파벳을 조합하여 만든 용어로, 현재 온라인에서 진행 중인 혁신적 교육 방식의 대명사가 되고 있다. K-MOOC는 무크의 원조에 해당되는 미국 하버드대학교 및 스탠포드대학교의 모델을 벤치마킹하여 한국적 상황에 접목한 것이다.

2 《동아일보》 2016년 4월 7일자 기사 〈한국형 온라인 공개강좌(K-MOOC), 최고의 강의는?〉

3 1989년 처음 출간된 기든스의 『현대사회학』은 한국에는 1992년 번역 소개되었다. 이후 2011년 6판이 소개되기까지 한국 사회학계에서 최고의 사회학 개론서로 손색이 없다는 찬사를 받은 바 있다. 1994년 2판 번역본을 읽었던 사회학과 제자는 기든스의 책이 너무 재미있어 시간 가는 줄 모르고 읽다 보니 아침 해가 떠오르더라는 이야길 들려주기도 했고, 소설가 배수아는 일간지 책 소개란에 필히 읽어보아야 할 책의 하나로 추천하기도 했다.

4 돈 탭스콧, 『디지털 네이티브: 역사상 가장 똑똑한 세대가 움직이는 새로운 세상』, 이진원 옮김, 비즈니스북스, 2009.

5 조앤 W. 스콧, 『페미니즘 위대한 역설』, 공임순·이화진·최영석 옮김, 앨피, 2006.

6 Joan Kelly, Women, *History & Theory: The Essays of Joan Kelly*, Chicago: University of Chicago Press, 1984.

7 Rosemary Crompton and Michael Mann (eds.), *Gender and Stratification*, Cambridge, UK.: Polity Press, 1986; 린지 저먼, 『성·계급·사회주의』, 장경선 옮김, 책갈피, 2003.

1장 사회학적 상상력

1 C. 라이트 밀즈의 대표적 업적으로는 『화이트칼라: 미국의 중간 계급』(1951년 발표), 『파워 엘리트』(1956년 발표), 『사회학적 상상력』(1959년 발표) 등이 있다. 제2차 세계대전 이후 지식인의 책임에 깊은 관심이 있었던 밀즈는 무관심한 대중을 향해 공적·정치적 관심을 표명할 것을 천명한 바 있다. 밀즈의 전기 작가 대니얼 기어리는 밀즈의 저작이 1960년대 신좌파 사회운동에 특별히 의미 있는 영향을 미쳤음을 증언하고 있다. 밀즈의 생애에 대해서는 기어리의 『C. 라이트 밀스: 실천적 지식인과 사회학적 상상력』(정연복 옮김, 삼천리, 2016)을 볼 것.

2 C. 라이트 밀즈, 『사회학적 상상력』 개정판, 이해찬·강희경 옮김, 돌베개, 2004.

3 강준만·오두진, 『고종, 스타벅스에 가다: 커피와 다방의 사회사』, 인물과사상사, 2005.

4 장 보드리야르, 『소비의 사회: 그 신화와 구조』, 이상률 옮김, 문예출판사, 1992; 박정자, 『로빈슨 크루소의 사치: 소비사회를 사는 현대인의 정경』, 기파랑, 2006.

5 하워드 슐츠·도리 존스 양, 『스타벅스: 한 잔에 담긴 성공신화』, 홍순명 옮김, 김영사, 1999.

6 강이수·신경아·박기남, 『여성과 일: 일터에서 평등을 찾다』, 동녘, 2015.

7 원래 밀즈가 제안한 사회학적 상상력의 특징으로는 당연시해온 것들에 물음표를 제기하기와 개인적 고민을 사회적 이슈로

연결해보기가 주로 언급되고 있다. 이 책에서는 여기에 더하여 기든스가 제안한 '구조화' 개념을 부가하고자 한다.

8 Christopher Bryant and David Jary eds., *Giddens' Theory of Structuration: A Critical Appreciation*, London: Routledge, 1991; 김용학, 『사회구조와 행위: 거시적 현상의 미시적 기초를 찾아서』, 나남, 1992.

9 지그문트 바우만·마이클 제이콥슨·카이스 테스터, 『사회학의 쓸모: 지그문트 바우만과의 대화』, 노명우 옮김, 서해문집, 2015.

10 김현미, 『우리는 모두 집을 떠난다: 한국에서 이주자로 살아가기』, 돌베개, 2014; 최협 외 엮음, 『한국의 소수자, 실태와 전망』, 한울, 2004. 이 대목에서 생각나는 이야기가 있다. 친구가 아프리카 여행 중 거리에서 마음에 드는 민속 공예품을 발견했다고 한다. 가격을 물으니 개당 3000원 정도면 살 수 있어 10개를 주문했다고 한다. 다음날 물건을 찾으러 갔더니 돈을 더 내라고 하더라는 것이다. 값을 깎아줘도 모자랄 판에 돈을 더 내라는 이유가 무엇인지 물었더니, 한두 개 만들 때는 재미도 있고 신도 났는데, 10개를 만들려니 힘도 들고 재미도 없었기 때문이라 답했다고 한다. 아프리카인의 사유방식이 자본주의에 익숙한 우리들과 다름을 느꼈던 일화였다.

11 게오르그 짐멜, 『(게오르그 짐멜의) 문화이론』, 김덕영·배정희 옮김, 길, 2007; 가이 오크스 엮음, 『게오르그 짐멜: 여성문화와 남성문화』, 김희 옮김, 이화여자대학교출판부, 1993.

12 함인희, 「1960년대 이후 한국사회 몸의 '식민화' 현상 연구를 위한 탐색」, 함인희 외, 『한국의 일상문화와 몸』, 이화여자대학교출판부, 2006, 17-63쪽.

13 William J. Goode, *World Revolution and Family Patterns*, New York: Free Press, 1963; 하용출 엮음, 『한국 가족상의 변화』, 서울대학교출판부, 2001.

14 케네스 톰슨, 『에밀 뒤르케임』, 이향순 옮김, 학문과사상사, 1991.

15 이각범 엮음, 『제3세계 사회발전 논쟁: 근대화론 종속이론의 비판과 한국』, 한울, 1986; 임현진·서문기·윤상우, 『글로벌 패러독스: 아시아의 도전과 과제』, 서울대학교출판문화원, 2016.

16 김경동, 『경제성장과 사회변동』, 한울, 1983; 한상진, 『한국 사회와 관료적 권위주의』, 문학과지성사, 1988.

17 브라이언 매기, 『칼 포퍼: 그의 과학철학과 사회철학』, 이명현 옮김, 문학과지성사, 1982.

18 고전과 현대를 막론하고 사회학자들이 주로 어느 시대에 활동했느냐에 주목하는 것은 해당 학자의 이론을 이해하는 데 도움이 될 것이다. 고전 사회학자의 이론을 정리해놓은 책으로는 루이스 A. 코저의 『사회사상사』(2016), 조지 리처의 『사회학 이론』(2006), 조나단 터너의 『현대 사회학 이론』(2001) 등이 있다.

19 에밀 뒤르켐의 저서 중 국내에 번역된 것으로는 『자살론: 사회학적 연구』(1990), 『자살론 사회분업론』(1992), 『종교생활의 원초적 형태』(2017) 등이 있고, 뒤르켐에 대한 연구서로는 민문홍의 『에밀 뒤르케임의 사회학: 현대성 위기극복을 위한 새로운 패러다임을 찾아서』(2001)가 있다.

20 칼 마르크스의 저서는 국내에 다수 번역 소개되었다. 대표적인 것으로 『경제학-철학 수고』(1987), 『정치경제학 비판을 위하여』(2007), 『자본론』1-3권(1987-1990)), 『헤겔 법철학 비판』(2011), 『독일 이데올로기』(1988), 이사야 벌린의 『칼 마르크스: 그의 생애, 그의 시대』(1982) 등이 있다.

21 막스 베버의 저서 또한 국내에 다수 소개되었다. 『프로테스탄티즘의 윤리와 자본주의 정신』(1988), 『막스 베버 선집』(1991), 『직업으로서의 학문, 직업으로서의 정치』(1994), 『막스 베버의 사회과학방법론 Ⅰ』(1997), 『경제와 사회 1』(1997), 『'탈주술화' 과정과 근대: 학문, 종교, 정치』(2002), 『(막스 베버) 종교사회학 선집』(2008), 『막스 베버: 소명으로서의 정치』(2011) 등이 있다.

22 현재로는 이념형 개념이 추상적으로 생각되지만 관료제를 다룰 때 이념형적 틀이 어떻게 활용되는지를 보면 보다 확실한 이해가 가능할 것이다.

23 케니스 H. 터커 Jr., 『앤서니 기든스와 현대사회이론』, 김용규·박형신 옮김, 일신사, 1999.

24 조나단 터너, 『현대 사회학 이론』, 정태환 외 옮김, 나남, 2001; 강정한 외, 『현대사회학이론: 패러다임적 구도와 전환』, 다산출판사, 2013.

2장 사회적 상호작용과 일상생활

1 어빙 고프만, 『자아표현과 인상관리: 연극적 사회분석론』, 김병서 옮김, 경문사, 1987; 조지 리처, 『사회학 이론』, 김왕배·김용학·김현미·김호기·박선웅 옮김, 한울, 2006.

2 피터 버거·토마스 루크만, 『실재의 사회적 구성: 지식사회학 논고』, 하홍규 옮김, 문학과지성사, 2013.
저자들은 실재가 사회적으로 구성되는 과정을 세 가지 계기의 끊임없는 변증법적 과정으로 설명한다. 1) 인간이 신체적·정신적 활동을 통해 지속적으로 자신을 외부로 표출하는 과정으로서 사회가 인간에 의해 만들어진다는 점을 보여주는 '외재화 Externalization', 2) 외재화된 산물이 반복을 통한 습관화를 통해 객관성을 획득하고 제도를 형성하게 되는 과정인 '객관화 Objectivation', 그리고 3) 객관화된 사회세계가 사회화 과정을 통해 인간의 의식에 들어와 영향을 미치게 되는 '내면화 Internalization'가 그것이다.

3 피터 버거, 『사회학에의 초대: 인간주의적 전망』, 이상률 옮김, 문예출판사, 1995.

4 Paul Ekmanand W. Friesen, *Facial Action Coding System*, New York: Consulting Psychologist Press, 1978.

5 Julia Wood, *Gendered Lives: Communication, Gender and Culture*, 7th. edition, Belmont, CA: Thomson/Wadsworth, 2007.

6 Harold Garfinkel, ed., *Ethnomethodological Studies of Work*, London, Routledge and Kegan Paul, 1986; 손민호·조현영, 『민속방법론=Ethnomethodology: 현상학적 사회학과 질적 연구』, 학지사, 2014.

7 실제로 TV에서 방영 중인 코미디 프로그램을 보는 동안 어떤 상황에서 자신이 웃음보를 터뜨렸는지 관찰해본다면, 일상생활방법론의 의미를 보다 명확하게 포착할 수 있을 것이다.

8 Edward Hall, *The Hidden Dimension*, New York: Anchor Books, 1990.

9 Eviatar Zerubavel, *Patterns of Time in Hospital Life*, Chicago: University of Chicago Press, 1979.

10 이정모, 『달력과 권력』, 부키, 2001. 서구식 시간 개념이 도입되기 전 우리 조상들은 어떤 시간 개념을 가지고 살았을까? 사회학적 상상력을 발휘하여 살펴봄은 흥미로울 것 같다. 서구에서 만들어진 달력 혹은 시계 등이 한국인의 삶에 들어온 시기는 고종황제 때라는 추측이 일반적이다.

11 Aron Cicourel, *The Social Organization of Juvenile Justice*, New York: Wiley, 1968.

12 한국의 수도 서울에서 영국의 수도 런던까지 가장 빠르게 갈 수 있는 방법은 무엇일까? 정답은 연인과 함께 가는 것이다. 이 퀴즈에서 주목할 만한 낱말은 시간이다. 시간의 흐름은 균질적이고 시간의 측정은 객관적으로 가능하리라 생각하지만, 시간에 대한 인식도 사회적으로 구성되는 것임을 보여주는 유머라 하겠다. 시간 개념과 관련해서 러시아혁명 당시 있었던 실화다. 혁명가들 입장에서는 일주일을 7일 단위로 끊기보다 10일 혹은 5일로 하는 것이 보다 합리적일 것으로 생각했다. 먼저 일주일을 10일 단위로 바꾼 결과 노동자들 대부분이 지루함을 느끼는 동시에 지쳐버림으로써 노동 생산성이 급격히 떨어지는 결과가 나타났다. 일주일을 5일 단위로 바꾸자, 이번에는 주말이 너무 빨리 돌아와 노동 능률이 떨어졌다. 결국 원래대로 일주일을 7일로 복원시켰다는 이야기가 전해지고 있다.

13 마크 스미스·피터 콜록 엮음, 『사이버 공간과 공동체』, 조동기 옮김, 나남출판, 2001; 윤영민, 『사이버 공간의 사회』, 한양대학교출판부, 2003.

3장 사회화, 생애주기, 고령화

1 Dennis Wrong, "The Oversocialized Conception of Man in Modern Sociology", *American Sociological Review*, 26(2), 1961: 183-193.

2 반면 외국어를 배우는 순서는 모국어를 습득하는 순서와 전혀 다르다. 최근에는 말하기의 비중이 강화되고 있지만 한국의 교육 제도 하에서는 읽기와 쓰기 비중이 보다 큰 것이 사실이다. 외국어 배우기의 어려움이 큰 이유에 대해 다각도의 분석이 필요하리라 생각된다.

3 David Brooks, *The Social Animal: The Hidden Sources of Love, Character, and Achievement*, Random House, 2011.

4 나는 어린 시절 4대가 함께 사는 확대 가족에서 자랐다. 집에는 외증조 할머니 할아버지, 외할머니 외할아버지 네 분이 함께 사셨다. 초등학교 2학년 무렵 외증조 할아버지께서 돌아가셨는데, 당시 집안 어르신이 '할아버지께서는 새가 되어 날아가셨다.'는 이야기를 들려주었다. 그 후로 하늘에 날아다니는 새를 보면 도대체 저 새는 생전에 누구였을까, 궁금해했다.

5 이재경, 「사회 계층과 가족」, 한국가족학회 엮음, 『현대 가족과 사회』, 교육과학사, 1994: 95-114.

6 미셸 푸코, 『감시와 처벌: 감옥의 탄생』, 오생근 옮김, 나남, 2016.

7 에드워드 P. 톰슨, 『영국 노동계급의 형성』 상, 나종일·김인중·한정숙·노서경·김경옥·유재건 옮김, 창작과비평사, 2000.

8 김선업, 「한국 사회 연줄망의 구조적 특성」, 『한국 사회학』 26(1), 1993: 1-19.

9 Barry Thorne, *Gender Play: Girls and Boys in School*, Rutgers University Press, 1993. 국내에서는 2014년 『젠더 플레이: 학교에서의 소녀들과 소년들』(한대동·오경희 옮김, 양서원)로 번역 출간되었다.

10 G. Gerbner, "The Mainstreaming of America: Violence Profile No. 11", *Journal of Communication* 30, 1979.

11 Robert Hodge and David Tripp, *Children and Television: A Semiotic Approach*, Cambridge: Polity, 1986.

12 Lenore Weitzman, "Sexual Socialization in Picture Books for Preschool Children", *American Journal of Sociology*, 77, 1972.

13 김주희, 『유아용 그림책에 나타난 성역할 고정관념』, 이화여자대학교대학원 석사학위논문, 1998.

14 정해숙·정경아, 『성인지적 관점에 기초한 제6차 교육과정 운영과 교과서 분석』, 한국여성개발원 연구보고서 240-1, 1998.

15 June Statham, *Daughters and Sons: Experiences of Non-Sexist Child Raising*, Oxford: Blackwell, 1986.

16 필립 아리에스, 『아동의 탄생』, 문지영 옮김, 새물결, 2003.

17 Mary Shanley, "Transracial and Open Adoption: New Forms of Family Relationships", pp. 255-262; Arlene Skolnick and Jerome Skolnick, *Family in Transition*, 12th edition, Boston: Pearson, 2003.

18 Lidz Theodore, *The Person, His and Her Development Throughout the Life Cycle*, New York: Basic Books, 1976.

19 마가렛 미드, 『사모아의 청소년』, 박자영 옮김, 한길사, 2008.

20 대니얼 레빈슨 외, 『남자가 겪는 인생의 사계절』, 김애순 옮김, 이화여자대학교출판부, 1996; 대니얼 레빈슨 외, 『여자가 겪는 인생의 사계절』, 김애순 옮김, 이화여자대학교출판부, 2004.

21 Paula England and Reuben J. Thomas, "The Decline of the Date and the Rise of the College Hook Up" pp.151-162, in Arlene Skolnick and Jerome Skolnick, *Family in Transition*, 14th edition, Boston: Pearson, 2007.

22 한경혜, 「사회적 시간과 한국 남성의 결혼 연령의 역사적 변화: 생애과정 관점과 구술생활사 방법의 연계」, 『한국 사회학』 27(2): 90-115, 1993.

23 Rebecca Traister, *All the Single Ladies: Unmarried Women and the Rise of an Independent Nation*, New York: Simon & Schuster, 2016. 국내에서는 2017년 『싱글 레이디스: 혼자인 우리가 세상을 바꾼다』(노지양 옮김, 북스코프)로 번역 출판되었다.

24 윌리엄 새들러, 『서드 에이지: 마흔 이후 30년』, 김경숙 옮김, 사이, 2006.

25 Lilian Rubin, *Women of A Certain Age: The Midlife Search for Self*, New York: Perennial Library, 1979. 이 책은 여성의 관점에서 중년의 의미를 조망하고 있다. 루빈은 자신의 이야기를 진솔하게 들려준 160명의 여성을 통해 인생의 전반기를 남편 수입에 의존하여 살았던 여성들의 경우 중년기로 이행해가는 데 상대적으로 어려움을 겪는 대신 보다 독립적인 삶을 구축해감을 확인하게 되었다. 동시에 중년기에 이른 여성들 가운데 부부간의 성생활에 대한 관심이 현저하게 떨어진다든가, 자녀들이 떠난 후 '빈 둥지 증후군'을 경험한다든가 하는 고정관념에서 벗어난 여성들 또한 다수임을 발견했다.

26 R. Atchley, *Social Forces and Ageing: An Introduction to Social Gerontology*, Belmont, CA: Wadworth,

2000.
27 HMSO(Her Majesty's Stationery Office), *Social Trends* 34, London: HMSO, 2004.
28 W. C. Levin, "Age Stereotyping: College Student Evaluations", *Research on Ageing*, 10, 1988.
29 Bill Bytheway, *Ageism*, Open University Press, 1995.
30 George H. Mead, *Mind, Self, and Society*, The University of Chicago Press, 1934; 루이스 A. 코저, 『사회사상사』, 신용하·박명규 옮김, 일지사, 1978.
31 한국심리학회 발달심리연구회 엮음, 『삐아제 연구』, 서울대학교출판부, 1982.
32 에리히 프롬, 『환상의 사슬을 넘어서』, 진덕규 옮김, 전망사, 1978.
33 낸시 초도로우, 『모성의 재생산』, 김민예숙·강문순 옮김, 한국심리치료연구소, 2008. Nancy Chodorow, "The Psychodynamics of the Family", in Linda Nicholson, *The Second Wave: A Reader In Feminist Theory*, New York: Routledge, 1997: 181-197.
34 Janet Sayers, *Sexual Contradiction: Psychology, Psycho Analysis and Feminism*, London: Tavistock, 1986.
35 캐롤 길리건, 『다른 목소리로: 심리 이론과 여성의 발달』, 허란주 옮김, 동녘, 1997. 길리건에게 명성을 안겨준 대표작에서 그녀는 '돌봄의 윤리학' 이론을 제안하고 있다. 이는 그녀의 스승 로렌스 콜버그의 보다 위계적이고 원칙적인 접근 방법에 대한 대안이라 할 수 있다. 콜버그는 소녀와 여성은 최고 수준의 도덕성 발달 단계까지 이르는 것이 불가능하다는 입장을 고수했다. 그러나 길리건은 스승에 반기를 들며 여성의 윤리적 문제에 대한 접근 방법은 남성과 다르다는 사실에 주목했다. 길리건에 따르면, 여성의 도덕성은 책임감과 관계성에 대한 이해를 중심으로 발달하는 반면, 남성의 도덕성은 권리 및 규칙과 연계된 공정성을 중심으로 구성된다. 나아가 여성은 도덕적 이슈를 서로 갈등하는 권리라기보다는 서로 상충하는 책임감의 문제로 인식하기에 그 상황을 보다 맥락적이고 내러티브하게 받아들이는 반면, 남성은 동일한 상황을 보다 형식적이고 추상적인 것으로 인지하는 경향이 있다. 이에 길리건은 여성의 경우를 '돌봄의 윤리'로 남성의 경우를 '정의의 윤리'로 범주화하고 각각은 기본적으로 양립 불가능하다고 보았다.
36 George E. Vaillent, *Ageing Well: Surprising Guideposts to A Happier Life From the Landmark*, New York: Little Brown & Company, 2002.

4장 현대 사회의 성과 사랑

1 Randall Collins, *Sociology of Marriage and the Family: Gender, Love and Property*, Chicago: Nelson-Hal, 1985.
2 스콧 펙, 『끝나지 않은 길: 고통에서 자기 완성으로』, 김창선 옮김, 소나무, 1993; 울리히 벡·엘리자베트 벡-게른샤임, 『사랑은 지독한 그러나 너무나 정상적인 혼란』, 강수영·권기돈·배은경 옮김, 새물결, 1999; 에바 일루즈, 『사랑은 왜 아픈가: 사랑의 사회학』, 김희상 옮김, 돌베개, 2013.
3 스테파니 쿤츠, 『진화하는 결혼』, 김승욱 옮김, 작가정신, 2009.
4 Paul Glick and Arthur Norton, "Marriage, Divorcing and Living Together in the U. S. Today", *Population Bulletin* 32(5), 1977: 2-39.
5 주디스 S. 월러스타인·줄리아 M. 루이스·샌드라 블레이크슬리, 『우리가 꿈꾸는 행복한 이혼은 없다』, 양은모 옮김, 명진출판, 2002.
6 Rosemary Tong and Nancy Williams, "Feminist Ethics", *Stanford Encyclopedia of Philosophy*. Retrieved 23 April, 2010. 이연정, 「여성의 시각에서 본 모성론」, 심영희·정진성·윤정로 엮음, 『모성의 담론과 현실: 어머니의 성, 삶, 정체성』, 나남, 1999: 21-42.
7 울리히 벡·엘리자베트 벡-게른스하임, 『사랑은 지독한, 그러나 너무나 정상적인 혼란』, 강수영·권기돈·배은경 옮김, 새물결, 1999.

8 Francesca M. Cancian, *Love in America: Self and Gender Development*, Cambridge: Cambridge University Press, 1987.

9 이동원·김현주·최선희·함인희·김선영, 『한국 가족의 현주소』, 학지사, 2002.

10 함인희, 「배우자 선택과정의 변화」, 『가족과 문화』 13(20), 2001: 3-28.

11 베스 베일리, 『데이트의 탄생: 자본주의적 연애제도』, 백준걸 옮김, 앨피, 2015.

12 Paula England and Reugen J. Thomas, "The Declines of the Date and the Rise of the College Hook Up", 2008 in Arlene Skolnick and Jerome Skolnick, *Family in Transition*, 14th edition, Boston MA.: Pearson/Allyn and Bacon, 2014, pp.151-161.

13 Bert N. Adams, *The Family: A Sociological Interpretation*, 3rd edition., Boston: Houghton Mifflin, 1980.

14 David Brooks, *The Social Animal: The Hidden Sources of Love, Character, and Achievement*, New York: Random House, 2011.

15 스테파니 쿤츠, 『진화하는 결혼』, 김승욱 옮김, 작가정신, 2009.

16 이동원 외, 『한국 가족의 현주소』, 학지사, 2002.

17 Rosemary Tong, *Feminist Thought: A More Comprehensive Introduction*, 4th edition., Boulder: Westview Press, 2014.

18 함인희, 「한국 가족 내 부부간 성관계에 투영된 젠더 격차」, 『여성학논집』 29(2), 2012: 175-210.

19 Michal Robert, *Sex in America: A Definitive Survey*, Boston: Little Brown, 1994.

20 Lillian Rubin, *Erotic Wars: What Happened to the Sexual Revolution?*, New York: Harper Perennial, 1991.

21 Anthony Astrachan, *How Men Feel: Their Response to Women's Demands for Equality and Power*, New York: Doubleday Anchor Press, 1986.

22 Morton Hunt, "Marital Sex" in Arlene Skolnick and Jerome Skolnick, *Family in Transition*, 3rd edition, Boston: Pearson, 1980: 145-159.

23 이동원 외, 『한국 가족의 현주소』, 학지사, 2002.

24 사회학의 창시자 오귀스트 콩트 또한 젊은 시절엔 실증주의 사회학을 집대성하는 데 주력했으나 말년에는 인류를 향한 사랑에 기초한 종교적 가치에 주목한 바 있다.

25 앤서니 기든스, 『현대성과 자아정체성: 후기 근대의 자아와 사회』, 권기돈 옮김, 새물결, 1997.

5장 가족과 친밀한 관계

1 스테파니 쿤츠, 『진화하는 결혼』, 김승욱 옮김, 작가정신, 2009.

2 죠지 P. 머독, 『사회 구조: 친족 인류학의 이해』, 조승연 옮김, 서경, 2004.

3 Arlene Skolnick and Jerome Skolnick, *Family in Transition*, 7th edition, Boston MA.: Pearson/Allyn and Bacon, 2007.

4 함인희, 「가족 사회학 연구의 흐름과 쟁점」, 김혜경 외, 『가족과 친밀성의 사회학』, 다산출판사, 2014: 3-28.

5 Jessie Bernard, "The Paradox of a Happy Marriage" in Vivian Gornick and Barbara Moran eds., *Women in Sexist Society*, New York: Basic Books, 1971: 70-92.

6 한국사회사연구회 엮음, 『한국사회사연구회 논문집』, 문학과지성사, 1986; 다이애너 기틴스, 『가족은 없다: 가족 이데올로기의 해부』, 안호용·김흥주·배선희 옮김, 일신사, 1997.

7 조은, 「역사적 형태로서의 가족과 계급」, 한국사회사연구회 엮음, 앞의 책, 1986: 11-41.

8 Lawrence Stone, *The Family, Sex and Marriage in England, 1500-1800*, New York: Harper and Row, 1980.

9 Stephanie Coontz, *The Way We Never Were: American Families and the Nostalgia Trap*, New York: Basic Books, 2000. 2016년에 개정판이 나왔다.

10 Betty Friedan, *Feminine Mistique*, New York: Basic Books, 1963. 국내에서는 1996년 『여성의 신비』(평민사)로 번역 출간되었고, 2005년 같은 제목으로 이매진에서 재출간되었다.

11 Christopher Lasch, *Haven In a Heartless World: The Family Besieged*, New York: W. W. Norton, 1977.

12 Alie Hochschild, *The Time Bind: When Work Becomes Home, Home Becomes Work*, New York: Metropolitan Books, 1997.

13 제도 결혼 및 우애 결혼 개념을 처음으로 제안한 가족사회학자는 어네스트 버제스Ernest Burgess이다. Ernest Burgess and Harvey Locke, *The Family: From Institution to Companionship*, New York: American Book, 1950.

14 이동원 외, 『한국 가족의 현주소』, 학지사, 2002.

15 Philip Blumsten and Pepper Schwartz, *American Couples: Money, Work, Sex*, New York: Pocket, 1983.

16 Amy Tan, *The Joy Luck Club*, New York: Ivy Books, 1989. 중국계 미국인 에이미 탄의 첫 번째 소설에는 미국 이민 1세대인 엄마와 2세대인 딸의 이야기가 등장한다. 미국인 남성과 동거에 들어간 딸네 집을 방문한 엄마는 딸과 그 남자가 사는 모습을 유심히 관찰한 후 딸에게 한마디를 남긴다. "넌 아무래도 남자를 잘못 고른 것 같아." 딸과 동거남을 대동하고 저녁 식사를 하러 간 자리에서 엄마는 딸과 동거남이 지출한 모든 비용에 대해 정확하게 50대 50으로 나누는 장면을 목격한다. 그날 저녁 식사에서 남자는 스테이크를 딸은 샐러드를 시켰음에도 불구하고 남자는 영수증을 받아 팁까지 1/2로 나눈다.

17 여성한국사회연구회 엮음, 『한국가족의 부부관계』, 사회문화연구소출판부, 1992; Rosanna Hertz, *More Equal Than Others: Women and Men in Dual-Career Marriages*, University of California Press, 1988. 이 책은 전문직 맞벌이 부부가 커리어와 가사 그리고 양육 분담을 어떻게 하고 있는지 경제적·사회적 맥락 속에서 분석한다. 결론은 제목에 표현되고 있듯이 겉으로는 그 어떤 커플보다 평등하고 자족적인 것으로 보이지만, 실상은 커리어에 올인하느라 가사와 양육은 거의 전적으로 상품 시장에 의존함으로써 결혼 생활과 부부 관계의 의미가 무엇일까를 묻게 한다는 것이다. 입주 가정부와 함께 사랑스런 딸아이 목욕을 시키다가 변호사 부인이 문득 스스로에게 질문하는 장면은 이 책의 주제를 압축적으로 보여주고 있다. "나는 왜 이토록 소중한 경험을 우리와 상관없는 입주 가정부와 나누고 있을까? 남편과 나누고 싶은데…"

18 하류층 및 노동자 계급 가족 연구의 대표작으로는 Lillian Rubin, *Worlds of Pain: Life of the Working-class Family*, New York: Basic Books, 1976. 동일한 저자의 *Families on the Fault Line: America's Working Class Speaks About the Family, the Economy, Race, and Ethnicity*, New York: Harper Collins, 1994.도 있다.

19 Terry Apter, *Working Women Don't Have Wives: Professional Success in the 1990s*, New York: St. Martin's Press, 1994.

20 Arlie Hochschild, *The Second Shift*, New York: Avon Books, 1989. 한국에서는 2001년 『(돈 잘 버는 여자) 밥 잘 하는 남자: 맞벌이 부부의 가사분담 이야기』(백영미 옮김, 아침이슬)라는 제목으로 번역서가 출판되었다.

21 한국형사정책연구원 연구보고서, 『아동 성학대의 실태 및 대책』, 강은영 연구, 한국형사정책연구원, 2000.

22 《중앙일보》 2015년 5월 25일자 기사 「친딸 학대도 모자라 성범죄까지 일삼은 아버지 징역 7년」; 《뉴시스》 2015년 7월 26일자 기사 「인면수심 '동자승의 아버지' 승려 친권 상실되나?」.

23 여성가족부(여가부)로부터 제출받은 최근 5년간 '여성긴급전화 1366'에 접수된 사건 현황 분류에 따르면 가정 폭력 상담 건수는 2010년 6만여 건에서 2013년 12만여 건으로 3년 새 두 배 정도 늘었다. 지난 2010년 33%를 차지했던 가정 폭력 상담 건수 비중은 2011년 37%, 2012년 42%, 2013년 6월 51%로 급증했다. 특히 가정 폭력 대부분이 부부 사이에서 벌어짐으로써 '매 맞는 아내'의 문제가 매우 심각함을 드러내고 있다.

24 Jan E. Stets and Murray A. Straus, "The Marriage License as a Hitting License: A Comparison of Assaults in Dating, Cohabiting and Married Couples", *Journal of Family Violence* 4(2), 1989: 161-180.

25 Karla Hacstaff, "Divorce Culture: A Quest for Relational Equality in Marriage," Arlene Skolnick and Jerome Skolnick, *Family in Transition*, 7th edition, Boston MA.: Pearson/Allyn and Bacon, 2007: 188-199.

26 우리나라에서 간통죄는 1953년 10월 이전까지 유부녀에게만 적용되었다. 그러나 유부녀만을 간통죄의 처벌 대상으로 한 것은 평등권에 위배되기 때문에, 위헌 여부를 따져 유부남과 유부녀 모두 처벌받도록 1954년 법을 개정했다. 헌법재판소는 간통죄에 대해 1990년, 1993년, 2001년, 2008년 네 차례에 걸쳐 합헌결정을 내렸다. (…) '간통으로 야기되는 사회적 해악의 사전예방을 위해 처벌하는 것은 성적 자기결정권에 위배되는 것이 아니다.' 더불어 '선량한 성도덕과 일부일처제, 부부간의 성적 성실의무 수호를 위해서는 간통죄가 필요하다.'(합헌 6명, 위헌 3명)는 것이 합헌의 사유였다. 마침내 헌법재판소가 2015년 2월 국가가 법률로 간통을 처벌하는 것은 국민의 기본권을 침해하는 것이라며 재판관 7대 2의 의견으로 위헌 판결을 내리면서 간통죄 처벌 규정은 제정된 지 62년 만에 폐지됐다.

27 통계청, 『인구 총조사』, 통계청, 해당년도.

28 David Blankenhorn, *Fatherless America*, New York: Basic Books, 1995.

29 함인희 외, 『우리 동거할까요?』, 코드, 2002.

30 Arlene Skolnick and Jerome Skolnick, *Family in Transition*, 14th edition, Boston MA.: Pearson/Allyn and Bacon, 2014.

31 한빛나, 『동성애 동거 커플의 '가족 실천'과 의미에 관한 연구』, 이화여자대학교 여성학과 석사학위논문, 2015; 리 배지트, 『동성 결혼은 사회를 어떻게 바꾸는가』, 김현경·한빛나 옮김, 류민희 감수, 음사, 2016.

32 Jeffrey Weeks, *Coming Out: Homosexual Politics in Britain, from the Nineteenth Century to the Present*, New York: Quartet, 1977; 제프리 윅스, 『섹슈얼리티: 성의 정치』, 서동진·채규형 옮김, 현실문화연구, 1994.

33 함인희, 「한국가족의 위기, 해체인가 재구조화인가」, 『가족과 문화』 14(3), 2002: 3-27.

34 프랑크 쉬르마허, 『가족: 부활이냐 몰락이냐』, 장혜경 옮김, 나무생각, 2008.

35 엘리자베트 벡-게른스하임, 『가족 이후에 무엇이 오는가?』, 박은주 옮김, 새물결, 2005.

36 James White and David Klein, *Family Theories*, 3rd edition, Los Angeles: Sage Publications, 2008.

37 Talcott Parsons, *Social Structure and Personality*, London: Free Press, 1964.

38 William J. Goode, *The Family*, 2nd edition, Englewood-Cliffs: Prentice-Hall, 1982.

39 배리 쏘온·매릴린 얄롬 엮음, 『페미니즘의 시각에서 본 가족』, 권오주 외 옮김, 한울, 1991.

40 앤 오우클리, 『가사노동의 사회학』, 문숙재 옮김, 신광출판사, 1990;. 나탈리 J. 소콜로프, 『여성 노동시장 이론: 여성의 가사노동과 시장노동의 변증법』, 이효재 옮김, 이화여자대학교출판부, 1990.

41 자본주의는 가사노동과 가외노동의 영역을 명료하게 구분한 다음, '남성=공적 영역', '여성=사적 영역'의 분리를 정교화하는 데 성공했다. 이에 따라 '여성=전업주부', '남성=가장bread-winner' 모델을 보편화시키는 동시에 가족 안에서 남녀 간 권력관계의 불평등을 고착화시키는 결과를 가져왔다.

6장 섹슈얼리티와 젠더

1 K-MOOC 동영상 촬영 때 영화 제목을 'Life-long Commitment'라고 기억하고 있었다.

2 Andrew Sullivan, *Virtually Normal: An Argument About Homosexuality*, London: Picador, 1995. 저자는 미국사회의 게이 권리를 주제로 서로 다른 관점에 대해 논의하고 비판한다. 설리번이 제안한 네 가지 범주는 동성애 금지론자Prohibitionist, 동성애 해방론자Liberationist, 보수주의자Conservative, 그리고 자유주의자Liberal이다. 동성애 금지론자들은 성경을 엄격하게 추종하는 사람들로 구성된다. 금지론자들에게 있어 동성애란 정도를 벗어난 탈선이요 동성애 행위는 혐오와 증오의 대상이자 치료를 필요로 하는 질병이기에. 동성애 행위는 처벌받아 마땅하다고 본다. 동성애 해방론자들은 퀴어 국가Queer Nation를 지지하는 사람들로 요약된다. 이들 역시 금지론자들과 마찬가지로 어느 누구도 동성애자는 아닌데 그 이유는 제각각이라고 믿는다. 해방론자들에게 호모섹슈얼, 호모섹슈얼리티, 게이, 레즈비언 등의 단어는 다수를 점하는 이성애자들이 소수집단인 동성애자들을 억압하기 위해 활용하는 단순한 도구일 뿐이다. 보수주의자들은 금지론자들과 달리 모든 이들이 기본적으로 이성애자라고 믿지는 않는다. 그들은 소수집단인 게이가 존재한다는 사실은 알고 있으나, 동성애는 사적 문제로 공공영역에서는 침묵을 지켜야 하는 사안이라 믿는다. 나아가 다른 소수집단이 역사 속에서 그래왔던 것처럼, 동성애를 공적으로

인정받기 위해 변화를 추구해선 안 된다고 생각한다. 자유주의자들은 게이 커뮤니티에 대해서도 다른 소수집단에게 적용되었던 자유주의를 적용하고자 한다. 다수의 게이들이 오남용된 시민권의 영원한 희생자라고 보지만, 자유주의자들은 손쉬운 치유방법이 없음을 알면서도 손쉬운 해결 방법을 찾고자 한다는 점, 상품의 언어language of goods를 피하는 것이 불가능한 영역에서 권리의 언어를 사용하고 있다는 점, 동성애자들 사이에 실제로는 고립을 완화시킨다기보다 증가시키는 태도를 장려한다는 점 등을 들어 비판하고 있다. 마지막으로 설리번은 동성 결혼이 인간적이며 오히려 결혼의 전통을 부활하려 한다는 점에서 바람직한 면이 있음을 들어 찬성을 표하고 있다.

3 Steven Rose, *Lifelines: Life beyond the Gene*, Oxford: Oxford University Press, 2003.

4 Judith Lorber, *Paradoxes of Gender*, New Haven: Yale University Press, 1994.

5 Clellan Ford and Frank Beach, *Patterns of Sexual Behavior*, New York: Harper and Row, 1951.

6 클로드 레비-스트로스, 『슬픈 열대』, 박옥줄 옮김, 한길사, 1998.

7 Edward Shorter, *A History of Women's Bodies*, New York: Basic Books, 1982.

8 Ronald Dworkin, *Life's Dominion: An Argument about Abortion, Euthanasia, and Individual Freedom*, New York: Knopf, 1993.

9 매릴린 옐롬, 『아내의 역사』, 이호영 옮김, 책과함께, 2012.

10 John Gagnon and William Simon, *Social Conduct: The Social Sources of Human Sexuality*, Chicago: Aldine, 1973.

11 John Bailry and R. Pillard, "A Genetic Study of Male Sexual Orientation", *Archives of General Psychiatry*, 48, 1991.

12 미셸 푸코, 『성의 역사』, 이규현·문경자·신은영·이혜숙·이영목 옮김, 나남, 2004; 앵거스 맥래런, 『20세기 성의 역사』, 임진영 옮김, 현실문화연구, 2003.

13 Kenneth Plummer, *Sexual Stigma: An Interactionist Account*, London: Routledge & Kegan Paul, 1975.

14 Steven Seidman, *The Social Construction of the Sexuality*, New York: W. W. Norton & Company, 1994.

15 제프리 윅스, 『섹슈얼리티: 성의 정치』, 서동진·채규형 옮김, 현실문화연구, 1994.

16 애너매리 야고스, 『퀴어 이론: 입문』, 박이은실 옮김, 여이연, 2012.

17 Raewyn Cornell, *The Men and The Boys*, Los Angeles: Allen and Unwin. 2005; Raewyn Cornell, *Masculinities*, Cambridge: Polity, 2001. 코넬에 따르면 남성성에 대해 논의하는 것은 젠더 관계에 대해 논의하는 것과 동의어이다. 물론 남성성과 남성은 동의어는 아니다. 남성성이란 젠더 질서하에서 남성의 위치에 관심을 둔다. 따라서 남성성이란 남성에게 부여된 지위를 수행할 때의 실행 유형으로 정의할 수 있다. 남성성이야말로 내부적 복잡성 내지 모순으로 점철된 다차원적 특성을 지니고 있음에 대해서는 풍부한 증거가 있다. 남성성도 물론 역사 속에서 변화를 거듭해왔고, 소년 및 남성과 상호작용하는 과정에서 여성이 남성성을 구축하는 데 상당한 역할을 수행해왔음도 부인할 수 없다. 코넬은 1970년대 후반부터 남성성을 자신의 경험적 연구 주제로 삼기 시작했다. 당시 권력구조에 관심이 있었던 학자라면 누구든 가부장제를 향한 페미니즘의 도전이 남성의 삶에 획기적 변화를 가져올 것이라는 사실에 동의를 표했다. 코넬은 중고등학교 청소년과 교사 그리고 부모를 인터뷰한 결과 남성성의 위계가 학교라는 조직 구조에서부터 활성화되고 있음을 발견했다. '헤게모니 남성성hegemonic masculinity' 개념은 코넬에 의해 1982년 처음 도입되었고, 남성과 남성성을 주제로 한 코넬의 첫 작품 또한 같은 해에 발표되었다. 이후 젠더 이론 정립에 뛰어든 코넬은 존 리, 템 캐리건과 공동 작업으로 정신분석학, 페미니스트 이론, 게이 이론, 그리고 구조주의 사회학을 통합하는 아이디어를 개발하기 시작했다. 이들과 함께 했던 공동 작업의 결과는 1985년 "남성성에 관한 새로운 사회학을 향하여Toward a New Sociology of Masculinity"라는 제목의 논문으로 출간되었다. 이 논문은 새로운 남성학의 선구적 작업으로 평가받았다. 그러나 코넬 자신의 이론적 전망은 남성성보다 젠더 질서 전체를 지향하고 있었다. 당시 코넬은 남성성과 관련된 대부분의 논의가 취약한 경험적 자료에 근거하고 있음을 우려하여 필드워크 프로젝트를 구성했지만 보수적 연방 정부에 의해 기각되었다. 1980년대 말까지만 해도 남성성을 주제로 한 책은 무수한 출판사로부터 거절당하곤 했는데 1990년대에 이르자 매우 인기 있는 연구 영역이 되었다. 1995년 출간된 코넬의 『남성성Masculinities』은 6개 언어로 번역되었으며 2005년 수정판이 나왔다. 남성성을 주제로 한 경험적 연구는 폭력 예방, 소년 교육, 남성의 건강, 젠더

평등 제고 등을 포함해서 실질적인 문제 해결을 위한 함의를 내포하고 있음이 분명하다. 글로벌 맥락에서 남성성을 연구하게 된 코넬은 자신의 개념이 서구 중심적임을 깨닫고 이의 수정을 모색하는 동시에 문화적 다양성에 주목하기 시작했다.

18 존 스튜어트 밀, 『여성의 종속』, 서병훈 옮김, 책세상, 2006.

19 슐라미스 파이어스톤, 『성의 변증법』, 김예숙 옮김, 풀빛, 1983.

20 실비아 월비, 『가부장제 이론』, 유희정 옮김, 이화여자대학교출판부, 1996.

21 로즈마리 통, 『페미니즘 사상: 종합적 접근』, 이소영 옮김, 한신문화사, 2000.

7장 조직과 네트워크

1 조지 리처, 『맥도날드 그리고 맥도날드화: 유토피아인가, 디스토피아인가?』, 김종덕 옮김, 시유시, 1999.

2 맥도널드 매장의 보수는 2018년 기준 매장마다 다른데 주휴수당, 배달수당 미포함시 시급 7530원(배달 사원), 6470원(매장 사원)이며 야간 근무 시 1.5배를 지급(9,705원)한다. http://www.mcalba.co.kr/careers/recruit_list.asp

3 조직이 현대 사회의 특징을 이룬다 함은 관습, 습관, 경험에 의존하던 전통 사회로부터 분명한 목적하에 구체적 장소에서 설계된 조직이 중심을 이루는 조직 사회로 이행해감을 뜻한다.

4 막스 베버, 『탈주술화 과정과 근대: 학문, 종교, 정치』, 전성우 옮김, 나남출판, 2002.

5 관료제와 관련된 개인의 경험도 양가적이다. 정부 부처 위원회 위원으로 참여할 경우 공무원들의 일처리가 얼마나 정확하고 신중한지 실감할 수 있다. 그러나 부정적 실례도 있다. 정부 부처에서 공무원의 실수로 세금이 다소 과다하게 부과되었는데, 이 경우 반드시 환급해야 된다는 규정으로 인해 액수 자체가 크지 않았음에도 불구하고, 환급해주기 위해 들어간 비용이 보상액보다 많이 소요되었다는 기사를 읽은 적이 있다. 관료제하에서는 룰을 엄격하게 따르는 과정에서 낭비적이고 비효율적인 요소가 드러나게 된다.

6 프리드리히 텐부룩, 『막스 베버의 사회과학 방법론』, 차성환 편역, 문학과지성사, 1990.

7 필립 아리에스·조르주 뒤비 책임 편집, 『사생활의 역사』, 새물결, 2002.

8 Peter Blau, *The Dynamics of Bureaucracy*, Chicago University Press, 1963.

9 한국 사회 조직 내 비공식 관계에 대해서는 풍성한 사례를 모을 수 있을 것이다. 사례 1. K은행의 경우 모대학 출신 중심의 학맥이 승진 시 막강한 영향을 발휘한다고 한다. 영남 인맥, 호남 인맥, 충청 인맥 등 정치권에서 자주 등장하는 OO마피아도 비공식 관계의 전형적 실례이다. 사례 2. 외국계 기업의 여성 임원은 업무에 필요한 정보 및 인맥을 숙지하는 데 3년 이상 걸렸는데, 남성 부하직원은 학맥을 활용하여 선배로부터 3개월 만에 습득하는 것을 직접 목격했다고 한다.

10 John Meyer and Brian Rowan, "Institutionalized Organizations: Formal Structure as Myth and Ceremony", *American Journal of Sociology*, 83(2), 1977: 340-363.

11 조지 리처, 『사회학이론』, 김왕배 외 옮김, 한울, 2006.

12 최근 사회적으로 관심을 끌었던 관료제적 의례주의의 사례로는 이명박 대통령 시절 대불공단의 전봇대를 들 수 있다. 5년 동안이나 굳건히 서 있었던 전봇대가 무수한 민원 제기에도 불구하고 뽑히지 않았는데, 대통령의 한마디로 5시간 만에 뽑힌 케이스가 있었다. 대불공단의 전봇대는 비효율성의 상징이자, 관료적 의례주의의 전형이라 하겠다. 〈대불공단 전봇대 뽑는다〉, MBC 2008년 1월 20일 뉴스, 〈대불산단 '전봇대' 5년 허송세월 속내는〉, 《뉴시스》 2008년 1월 20일자 기사.

13 Tom Burns and G. M. Stalker, *The Management of Innovation*, New York: Oxford University Press, 1994.

14 미셸 푸코, 『감시와 처벌: 감옥의 탄생』, 오생근 옮김, 나남, 2016.

15 감시사회의 특징을 상징적으로 보여주는 영화로 잭 니콜슨 주연의 〈뻐꾸기 둥지 위로 날아간 새One Flew Over The Cuckoo's Nest〉가 떠오른다. 영화의 배경이 된 정신병원에는 카리스마적 리더십을 발휘하는 수간호사가 있어 정신병원의 모든 환자를 어린아이처럼 길들이고 있었다. 영화는 수간호사에게 길들여져 있던 환자 한 명이 정신병원을 뛰쳐나가는 것으로 끝을 맺는다. 상징성이 뛰어났던 마지막 장면에서 "인간은 모두 사회라는 교도소에 갇힌 죄수들이다. 다만 실제 죄수들과 다른 점은 우리가 열쇠를 갖고 있다는 사실"이라 했던 P. 버거의 주장이 오버랩되었다. 원한다면 언제라도 인간을 강제하고 감시하는

사회로부터 탈출할 수 있는 인간의 잠재력을 신뢰해야 한다는 의미가 담겨 있다 할 것이다.

16 Erving Goffman, *Asylums: Essays on the Social Situation of Mental Patients and Other Inmates*, New York, Doubleday, 1961. '전체주의 조직' 개념이 최초로 등장한 책이다.

17 동아시아국가연합(ASEAN)은 동남아시아의 정치·경제·문화 공동체로 1967년 8월 8일 태국 방콕에서 창설되었다. 아세안은 2015년까지 유럽연합과 맞먹는 정치·경제 통합체를 지향한 바 있다. 아세안은 2008년 12월 15일 지역공동체의 헌법이라 할 "아세안 헌장"을 발효시켰다. 회원국 인구는 약 6억 2천 5백만 명으로, 세계 인구의 8.8%를 차지한다. 아세안을 독립체로 볼 경우, 미국, 중국, 일본, 독일, 프랑스, 영국에 이어 세계에서 일곱 번째로 큰 경제로 평가된다.(https://ko.wikipedia.org/)

18 한중일 3국 협력 사무국(TCS)은 2011년 9월 1일 한중일 3국이 동북아 지역에서의 평화와 공동 번영이라는 비전 실현을 목적으로 설립한 정부 간 기구이다. 사무국은 서울시 종로구에 위치하고 있다. 주요 기능과 활동으로는 3국 정상회의, 3국 외교장관회의, 3자 위원회 및 장관급 회의, 그리고 3국 고위급회의 등 당사자 간 3국 협의체의 운영과 관리를 위하여 행정적·기술적 지원, 그리고 필요한 경우 주요 협의체에 사무국 대표를 참석하도록 조치한다. (https://ko.wikipedia.org/)

19 경영혁명의 대표적 고전으로는 James Burnham, *The Managerial Revolution*, Blumington: Indiana University Press, 1960. 사회학적 관점에서 경영혁명을 다룬 흥미로운 책으로는 Alfred Chandler, *The Visible Hand: The Managerial Revolution in American Business*, Cambridge: Belknap Press, 1977. 한국에서는 2014년 『보이는 손』(김두얼·신해경·임효정 옮김, 지식을만드는지식)으로 번역 출간되었다.

20 Michael Allen, "Managerial Power and Tenure in the Large Corporation", *Social Forces*, 60, 1981.

21 장 클로드 드루앵, 『세계경제의 지배자들』, 김모세 옮김, 현실문화, 2012.

22 United Nations, "Transnational Corporations", *Journal*. vol. 12. no. 1.

23 다음으로는 한국 10%, 독일 8%, 일본 7%, 미국 3%의 순이고, 개발도상국 중에서는 중국·인도·브라질이 뒤를 잇고 있다.

24 국제노동분업의 역사와 의미를 이해하기 위한 사회학 분야의 고전으로는 Immanuel Wallerstein의 *The Modern World System* I부터 IV를 참조할 것. 같은 저자의 *Capitalist World Economy*, Cambridge University Press, 1979; *World System Analysis: Theory and Methodology*, Biverly Hills: Sage, 1982. 등도 도움이 될 것이다.

25 Howard Perlmutter, "Toward Research on and Development of Nations, Unions, and Firms as Worldwide Institutions" in H. Gunter ed., *Transnational Industrial Relations*, New York: St Martin's Press, 1972.

26 Richard Barnet and John Cavanagh, *Global Dreams: Imperial Corporations and the New World Order*, New York: Simon and Shuster, 1994.

27 사실상 '아이폰 만들기'는 거의 대부분이 미국 이외의 지역에서 이루어진다. 아이폰의 플래시 메모리는 일본 도시바, 'SDRAM-Mobile DDR'은 한국의 삼성, 카메라 모듈은 독일 인피니언에서 생산한다. 이러한 부품들이 중국 광둥성 선전에 있는 폭스콘 공장으로 실려가 완성품으로 조립되고 해외에 실려간다. 폭스콘은 타이완의 대형 전자업체이다. 이처럼 아이폰은 세계 각국의 기업이 얽힌 지구적 차원의 분업을 통해 만들어진다. (《시사IN》 2012년 1월 13일자 기사, 〈잡스는 왜 착취자가 되었나〉)

28 2015년 7월 인사혁신처가 발표한 '2015년 통계연보'에 따르면 행정부 소속 국가직 공무원 63만 4051명 중 여성공무원 비율은 약 49%로 나타났다. 국가직 공무원과 지방직 공무원을 합치면 전체 공무원 99만 1,543명 중 44.1%에 달하는 43만 7,343명이 여성공무원이다. 입법부 공무원 중 여성 비율은 36.5%, 입법부 내 전문경력관은 23명 중 21명이 여성이고, 사법부 내 여성 비율은 37.7%이다. 하지만 고위직으로 올라갈수록 여성공무원 비율이 줄어드는 것으로 나타나, 행정부 국가직 고위공무원단 1,011명 중 여성공무원 수는 34명, 3.4%에 불과하고, 지방직 1급과 2급 공무원은 66명 중 3명(4.5%)에 머물렀다. (《머니투데이》 2015년 7월 16일자 기사, 〈여성 공무원 비율 절반 됐지만 … 고위직은 3% 불과〉)

29 조혜원·함인희, 「기업 관리직의 젠더 격차와 유리천장 분석」, 『한국사회정책』 23(2), 2016: 49-81.

30 Rosabeth Kenter, *Men and Women of the Corporation*, New York: Basic Books, 1977.

31 R. 켄터의 제안은 이후 사회적으로 배제되어온 소수집단에 대해 할당제를 적용할 경우, 적어도 19%까지는 충원이 이루어져야 구조적 불평등이 상당 부분 해소될 수 있으리라는 주장의 논리적 근거가 되었다.

32 Kathy Ferguson, *The Feminist Case Against Bureaucracy*, Philadelphia: Temple University Press, 1984. 국내에서는 2009년 『페미니즘과 관료제』(강세영·김복규 옮김, 대영문화사)로 번역 출간되었다.

33 Mark Granovetter, "The Strength of Weak Ties", *American Journal of Sociology*, 78(6), 1973: 1360-1380.

34 Manuel Castells, *The Rise of the Network Society*, Cambridge: Blackwell Publishers, 1996. 2000년 개정판이 출간되었다. 국내에서는 2003년 『네트워크 사회의 도래』(김묵한·박행웅·오은주 옮김, 한울)로 번역 출간되었다. 동일 저자의 *The Internet Galaxy: Reflections on the Internet, Business and Society*, New York: Oxford University Press, 2001도 볼 것.

35 피에르 부르디외 외, 『사회 자본: 이론과 쟁점』, 유석춘 외 편역, 그린, 2003.

36 Robert Putnam, *Bawling Alone: The Collapse and Revival of American Community*, New York: Simon & Shuster, 2000. 국내에서는 2009년 『나홀로 볼링: 사회적 커뮤니티의 붕괴와 소생』(정승현 옮김, 페이퍼로드)으로 번역 출간되었다.

37 Robert Putnam(ed.), *Democracies in Flux: the Evolution of Social Capital in Contemporary Society*, New York: Oxford University Press, 2000도 볼 것.

38 David Halpern, *Social Capital*, Cambridge: Polity, 2005.

8장 일과 경제생활

1 Donald Campbell, "Assessing the Impact of Planned Social Change," *Occasional Paper Series*, Paper #8, The Public Affairs Center, Dartmouth College, 1976.

2 요하임 바우어, 『왜 우리는 행복을 일에서 찾고, 일을 하며 병들어갈까』, 전진만 옮김, 책세상, 2015. '번아웃 시대의 행복한 삶을 위하여'라는 부제는 이 책의 핵심 주제를 명료하게 담고 있다.

3 류지아, 『행복에 대한 경제적 자원의 효과: '포화점'의 존재 및 사회비교효과에 대한 연구』, 이화여자대학교 박사학위 논문, 2016.

4 『한국직업사전』은 우리나라 직업을 정리한 책이다. 직업의 소멸, 변동, 생성, 통합 등의 직업 변화를 파악할 수 있으며 우리나라 직업을 파악하는 기초 자료이다. 연도별로 특정 산업에 속하는 기업체를 방문 조사하여 산업별 직업사전을 발간하고 7-8년꼴로 통합본을 발간한다. 한국직업사전은 1986년 1판, 1995년 2판, 2003년 3판, 2012년 4판 이후, 2014년 5판이 발간되었다. 『2012 한국직업사전』의 경우 9,298개의 직업(11,655개 직업명)을 수록하고 있었고, 2014년 5판에서는 새로운 26개의 직업이 등재되었다. 2014년 새로 등재된 26개 직업 리스트: 입체(3D)프린터 개발자, 스마트헬스케어 개발자, 엔스크린서비스 개발자, 빅데이터 전문가, 기업 컨시어지, 스마트헬스케어서비스 개발자, 디지털광고게시판 기획자, 정리수납 컨설턴트, 온실가스 관리컨설턴트, 연구실안전 전문가, 빌딩정보모델링 전문가, 도시재생 전문가, 온라인평판 관리원, 정밀농업 기술자, 협동조합 코디네이터, 연구기획 평가사, 연구장비 전문가, 산림치유 지도사, 소셜미디어 전문가, 수의사 보조원, 생활코치, 이혼상담사, 임신출산육아 코치, 민간조사원, 영유아안전장치 설치원, 홀로그램전문가(한국 직업사전, 2014). 몇 가지를 살펴보면 1) 입체프린터 개발자: 3D프린터(컴퓨터 디자인 프로그램으로 만든 3차원 도면을 바탕으로 한 실물의 입체모양을 만드는 기계)를 개발한다. 최근 기술 발전으로 3D프린터의 활용성이 커짐에 따라 대중화 되었다. 2) 빅데이터 전문가: 사람들의 행동 패턴 또는 시장의 경제 상황 등을 예측하며 데이터 속에 함축된 트렌드나 인사이트를 도출하고 이로부터 새로운 부가가치를 창출하기 위해 대량의 빅데이터를 관리하고 분석한다. 3) 정밀 농업 기술자: 정밀 농업(생산관리에 GIS, GPS 등의 최신 기술을 접목한 과학적 농업) 관련 연구 및 기술 개발, 기술 보급 사업 진행, 기술 적용 등의 업무를 수행한다. 해외선진국에서는 이미 활성화되었던 정밀 농업 기술이 최근에 국내에서도 주목받으면서 공공부문을 중심으로 활동하고 있다. 4) 도시재생 전문가: 쇠퇴하는 도시의 지역 역량 강화 및 새로운 도시 기능 도입 등을 통해 도시의 정체성을 보존하면서 경제, 사회, 환경적으로 활성화시키는 도시재생 계획을 수립하고 지원한다. 도시개발 정책이 재건축, 재개발에서 도시재생으로 전환됨에 따라 등장했다. 5) 생활 코치: 코칭기법을 활용하여 개인, 부부, 청소년 등의 코칭 대상자 스스로가 인간관계 개선, 인생의 의미와 목표 발견, 삶의 만족감 향상 등을 위한 방법을 찾고 실천할 수 있도록 상담이나 조언을 해준다.

5 카를 마르크스·프리드리히 엥겔스 엮음, 『자본론: 정치경제학 비판』, 김수행 옮김, 비봉출판사, 2015; 요한 모스트, 『자본과 노동: 마르크스의 숨겨진 자본론 입문』, 오타니 다이노스케·정연소 옮김, 한울출판사, 2014; 에밀 뒤르켐, 『사회 분업론』, 민문홍 옮김, 아카넷, 2012.

6 던컨 폴리, 『아담의 오류: 던컨 폴리의 경제학사 강의』, 김덕민·김민수 옮김, 후마니타스, 2011.

7 자오원밍·황청루, 『20세기 최고 CEO들의 경영철학 산책: 20세기를 움직인 40가지 경영사상』, 최정희 옮김, 산지니, 2007.

8 초콜릿 M&M의 벤치마킹 사례도 흥미롭다. 초콜릿 맛의 성패는 재료들 간의 적절한 배합에 달려 있는데, 초콜릿 재료를 어떻게 배합할 것인가의 아이디어는 도로를 달리던 레미콘에서 얻었다고 한다. 서로 상관없는 이질적 영역이라 생각되는 상황에서도 유용한 정보를 얻을 수 있음을 보여주는 대표적 사례라 하겠다. 기업 경영 분야에서 '벤치마킹'이란 어떤 기업이 다른 기업의 제품이나 조직의 특징을 비교 분석하여 그 장점을 보고 배우는 경영 전략 기법을 의미한다.

9 Michael Piore and Charles Sabel, *The Second Industrial Divide: Possibilities for Prosperity*, New York: Basics, 1984. 한국에서는 2012년 『생산의 발전과 노동의 변화』(강석재·이호창 옮김, 중원문화)로 번역 출간되었다.

10 Anna Pollert, "Dismantling Flexibility", *Capital and Class*, 34, 1988.

11 통계청, 해당년도, 경제활동인구조사.

12 Bruce Western, *Between Class and Market: Postwar Unionization in the Capitalist Democracies*, Princeton: Princeton University Press, 1997.

13 『네이버 지식백과』 노동조합(labor union, 勞動組合) (한국민족문화대백과, 한국학중앙연구원)

14 노조수는 5,305개소로 전년 대비 2.5%(128개소) 증가했다. * 한국노총: 조합수 2,313개소(43.6%), 조합원수 819,755명(44.4%) * 민주노총: 조합수 356개소(6.7%), 조합원수 626,035명(33.9%) * 국민노총: 조합수 100개소(1.9%), 조합원수 20,221명(1.1%) * 미가맹노조: 조합수 2,536개소(47.8%), 조합원수 381,575명(20.7%). 한국의 노동조합 관련 현황에 대해서는 최영기 외, 『1987년 이후 한국의 노동운동』, 한국노동연구원, 2001; 이병훈 · 윤정향, 『노동조합 운동의 발전 전략 연구』, 한국노총 중앙연구원, 2006; 조효래, 『노동조합 민주주의: 노동조합 내부정치와 비정규노동』, 후마니타스, 2010 등을 참조할 것.

15 Robert Blauner, *Alienation and Freedom: Factory Worker and His Industry*, Chicago: The University of Chicago Press, 1964.

16 Richard Sennett, *The Corrosion of Character: The Personal Consequences of Work in The New Capitalism*, New York: Norton, 1998. 한국에서는 2002년 『신자유주의와 인간성의 파괴』(조용 옮김, 문예출판사)로 번역 출간되었다.

17 앤서니 기든스, 『현대사회학』, 제19장 일과 경제생활 중 p.774 〈표 19-2〉 유럽 국가의 지식 기반 산업 고용 비율, 2005. 출처: I. Brinkley and N. Lee, *The Knowledge Economy in Europe: A Report Prepared for the 2007 EU Spring Council*, London: The Work Foundation, 2007.

18 Richard Florida, *Cities and the Creative Class*, New York: Routledge, 2005; Charlotta Mellander et al.(eds.), *The Creative Class Goes Global*, New York: Routledge, 2014.

19 Allan S. Blinder, "Fear of Off-shoring", *Foreign Affairs* 85(2): March/April, 2006.

20 영국의 대학생이라면 전 생애주기 동안 적어도 평균 세 가지의 스킬을 습득한 후, 11개 직장에서 경험을 쌓게 될 것이라는 추산도 나오고 있다.

21 H. Bahrami and S. Evans, "Recycling and High-Technology Enterpreneurship", *California Management Review* 22, 1995.

22 이화여자대학교 한국여성연구원 엮음, 『한국여성과 일』, 이화여자대학교출판부, 1985; 강이수·신경아, 『여성과 일: 한국 여성노동의 이해』, 동녘, 2001.

23 앤서니 기든스·필립 서튼, 『현대사회학』 제7판, 김미숙 외 옮김, 을유문화사, 2014.

24 루이스 A. 틸리, 조앤 W. 스콧, 『여성 노동 가족』, 김영·박기남·장경선 옮김, 후마니타스, 2008.

25 5대 여성 직종으로 분류되는 직업은 공교롭게도 모두 영어의 C로 시작되며, 저임금 직종이라는 공통점이 있다. 세탁(cleaning), 음식 조리(catering), 돌보기(caring), 계산하기(cashiering), 사무 보기(clerical)가 5대 여성 직종이다.

26 동일 노동·동일 임금의 원칙에 대해서는 재론의 여지가 없다. 그러나 노동시장 내에 성별에 따른 직종 분리 현상이 나타나고 있기 때문에, 남녀가 동일 노동에 종사하지 않는 현실을 고려할 필요가 있다는 문제 제기가 이루어졌다. 이에 동일한 가치의 노동에 대해 동일한 임금을 지급해주자는 '동일 비교 가치comparable worth' 개념이 등장했다. 단 동일 비교 가치의 노동이라 해도 여성 직종이냐, 남성 직종이냐에 따라 임금 격차가 벌어지고 있음은 물론이다.

27 Arlie Hochschild, *The Second Shift*, New York: Avon Books, 1989.

28 1999년 조지프 론트리 재단은 고용 불안정과 노동 강도 조사Job Insecurity and Work Intensification Survey를 수행했다.

29 Brendan Burchell, D. Day, M. Hudson, D. Lapido, R. Mankelow, J. Nolan, H. Reed, I. Wichert and F. Wilkinson, *Job Security and Work Intensification: Flexibility and the Changing Boundaries of Work*, York Publishing, 1999.

30 COA, 2007. 세계 실업률 자료.

31 David Ashton, *Unemployment Under Capitalism: The Sociology of British and American Labor Markets*, London: Wheatsheaf, 1986.

32 Marie Jahoda, P. Lazarsfeld and H. Zeisel, *Marienthal: The Sociology of an Unemployed Community*, London: Tavistock, 1933.

33 Katherine Newman, *Falling from Grace: The Experience of Downward Mobility in the American Middle Class*, New York: Free Press, 1988. '품위 하락' 개념을 IMF 외환위기 이후 한국의 가족 상황에 적용해본 연구로는 함인희, 「사회경제적 위기와 중산층의 품위 하락: 가장의 실직 경험을 중심으로」, 『한국학연구』 43권, 2012: 531-569.

34 Andrea Gorz, *Paths to Paradise: On the Liberation from Work*, London: Pluto Press, 1985.

9장 교육: 순기능과 역기능

1 오욱환, 『한국 사회의 교육열: 기원과 심화』, 교육과학사, 2000.

2 강준만, 『서울대의 나라』, 개마고원, 1996.

3 사교육으로 점철된 일명 '사교육 세대'가 대학에 입학하면 일종의 문화충격을 경험한다고 한다. 그동안 사교육을 통해 일목요연하게 정리된 교육을 받다가 대학에 들어온 후, 교수의 강의는 이해가 잘 안 된다는 것이다. 이들은 교수들을 향해 이해하기 쉽게 강의 내용을 요약해달라고 요구한다. 교육의 핵심에 인적 자본human capital, 곧 자본으로서의 인간이 보유한 잠재적 역량을 키워주는 것이 자리하고 있다면, 생각하는 힘, 비판하는 힘, 문제를 해결하는 힘 등이 매우 중요한 인적 자본의 구성 요소일 것이다. 다만 사교육을 통해선 요령을 주로 배우게 되어, 아이큐IQ보다 제이큐JQ가 높아진다는 자조적 농담을 하기도 한다. 제이큐는 '잔머리 코우션트Quotient'라고 하는데, 뼈 있는 농담인 듯싶다.

4 양정호, 「우리나라 역대 정부의 사교육비 추이 분석」, 『교육행정학연구』 31권 4호, 2013.

5 교육개발원 연구보고서, 『사교육비 조사방법 개선 연구』, 김일혁 연구 책임, 한국교육개발원, 2007.

6 강수돌, 『팔꿈치 사회: 경쟁은 어떻게 내면화되는가』, 갈라파고스, 2013.

7 에밀 뒤르켐, 『교육과 사회학』, 배영사, 1978; 민문홍, 『에밀 뒤르케임의 사회학: 현대성 위기극복을 위한 새로운 패러다임을 찾아서』, 아카넷, 2011.

8 탈코트 파슨스의 기능주의 교육론은 Talcott Parsons, *Social Structure and Personality*, London: Free Press, 1964에 체계화되어 있다.

9 Dennis Wrong, 1961 "The Over Socialized Conception of Man in Modern Sociology", *American Sociological Review* 26(2): 183-93.

10 이반 일리치, 『학교 없는 사회』, 박홍규 옮김, 생각의나무, 2009.

11 폭로debunking란 피터 버거가 개념화한 것으로 사회 현상의 이면에서 작동하고 있는 이데올로기나 허위의식을 겉으로 드러내어 모두가 인지할 수 있도록 하는 작업을 의미한다. 피터 버거, 『사회학에의 초대: 인간주의적 전망』, 이상률 옮김, 문예출판사, 1995.

12 Basil Bernstein, *Class, Codes and Control*, London: Routledge, 1975; Basil Bernstein, *Pedagogy, Symbolic Control and Identity: Theory, Research, Critique*, Lanham, Md.: Rowman and Littlefield Publishers, 2000.

13 피에르 부르디외, 『언어와 상징권력』, 김현경 옮김, 나남, 2014; 양은경·이상길·장미혜·조은·주형일·홍성민, 『문화와 계급: 부르디외와 한국 사회』, 동문선, 2002.

14 폴 윌리스, 『교육현장과 계급 재생산: 노동 자녀들이 노동자가 되기까지』, 김찬호·김영훈 옮김, 동문선, 1989.

15 Nathan Glaser, *We Are All Muticulturalists Now*, Cambridge Mass: Harvard University Press, 1997. 국내에서는 2009년 『우리는 이제 모두 다문화인이다』(서종남·최현미 옮김, 미래를소유한사람들)로 번역 출간되었다.

16 Becky Francis, *Boys, Girls and Achievement: Addressing the Classroom Issues*, London: Routledge, 2000.

17 Arther Jensen, "How Much Can We Boost IQ and Scholastic Achievement?" *Harvard Educational Review*, 29, 1967.

18 Richard Herrnstein and Charles Murray, *The Bell Curve: Intelligence and Class Structure in American Life*, New York: Free Press, 1994.

19 Stephen Gould, *The Mismeasure of Man*, New York: W. W. Norton & Co., 1996.
국내에서는 2003년 『인간에 대한 오해』(김동광 옮김, 사회평론)로 번역 출간되었다.

20 하워드 가드너, 『지능이란 무엇인가? 인지과학이 밝혀낸 마음의 구조』, 김동일 옮김, 사회평론, 2016.

21 David Gillborn and Deborah Yondell, "The New IQism: Intelligence, Ability and the Rationing of Education" in J. Demaine ed. *Sociology of Education Today*, London: Palgrave, 2001.

22 Daniel Goleman, *Emotional Intelligence: Why It Can Matter More than IQ?*, Bantam Books, 1995. 국내에서는 2008년 『EQ 감성 지능』(한창호 옮김, 웅진지식하우스)이라는 제목으로 대니얼 골먼 10주년 기념 특별판이 번역 출간되었다.

10장 계층과 계급

1 홍두승 · 구해근, 『사회계층 · 계급론』 다산출판사, 2001.

2 Ralph Dahrendorf, *Life Chances: Approaches to Social and Political Theory*, Chicago: University of Chicago Press, 1979. 국내에서는 1986년 『삶의 기회: 사회 정치 이론에의 접근』(김병서 옮김, 이화여자대학교출판부)으로 번역 출간되었다. Stefan Svallfors(ed.), *Analyzing Inequality: Life Chances and Social Mobility in Comparative Perspective*, Stanford University Press, 2005.

3 2017년 7월 20일 인도에서는 인도 역사상 두 번째로 '달리트(불가촉천민)' 출신 대통령이 탄생했다. 인도 선거관리위원회에 따르면 여당인 인도국민당(BJP)의 람 나트 코빈드(71) 대통령 후보는 이날 치러진 선거에서 65.6% 득표율로, 제1야당인 인도국민회의(INC)의 메이라 쿠마르(72 · 여) 전 연방하원 의장을 제치고 새 대통령으로 당선됐다. 인도는 연방 상 · 하원 의원과 주 의회 의원들이 대통령을 뽑는다. 인도에서 불가촉천민 출신이 대통령으로 선출된 것은 1997년 코테릴 라만 나라야난 대통령 이후 20년 만이다. 인도는 의원내각제를 채택하고 있어 실질적 권력은 내각을 이끄는 총리에게 있다. 그러나 대통령은 인도 헌법상 국가원수로 규정돼 있으며, 사면권과 법률안 거부권 등을 행사할 수 있다. 현 모디 총리를 비롯해 역대 총리 중 불가촉천민 출신은 없다. 변호사 출신인 코빈드 당선인은 이날 "하루하루 생계를 꾸리기 위해 힘겹게 일하는 모든 인도 국민을 대표할 것"이라고 말했다. 《조선일보》 2017년 7월 21일자 기사 〈인도 불가촉천민 출신 코빈드 대통령 당선〉

4 이이효재, 『조선조 사회와 가족: 신분상승과 가부장제 문화』, 한울, 2003.

5 유팔무·김원동·박경숙, 『중산층의 몰락과 계급 양극화: 1990년대 한국 중산층에 관한 연구』, 소화, 2005.

6 칼 마르크스 이론에 대한 알기 쉬운 입문서로는 Erich Fromm, *Beyond the Chains of Illusion: My Encounter with Marx and Freud*, Blumberry Publishing, 1962. 참조. 국내에서는 1988년 『환상에서 탈출』(김진욱 옮김, 서음출

판사)로, 2007년 『에리히 프롬, 마르크스를 말하다』(최재봉 옮김, 에코의 서재)로 번역 출간되었다.

7 앤서니 기든스, 『자본주의와 현대 사회 이론: 마르크스와 뒤르켐 그리고 막스 베버의 저작 분석』, 박노영 · 임영일 옮김, 한길사, 2008.

8 막스 베버, 『막스 베버, 소명으로서의 정치』, 최장집 엮음, 박상훈 옮김, 후마니타스, 2013.

9 에릭 올린 라이트, 『계급론』, 이한 옮김, 한울, 2005; 김호기 엮음, 『현대 비판사회이론의 흐름』, 한울, 2001.

10 Rosemary Crompton, *Class and Stratification: An Introduction to Current Debates*, 3rd edition, Cambridge: Polity, 2008.

11 John Westergaard, *Who Gets What? The Hardening of Class Inequality in the Late Twentieth Century*, Cambridge Polity, 1995.

12 서관모, 『현대 한국 사회의 계급구성과 계급분화』, 한울, 1984.

13 한국사회학회 엮음, 『(기로에 선) 중산층: 중산층의 몰락과 복원』, 인간사랑, 2008.

14 다음 그림은 상위 1% 및 상위 10%의 소득 점유율에 대한 국가 간 비교 자료이다.

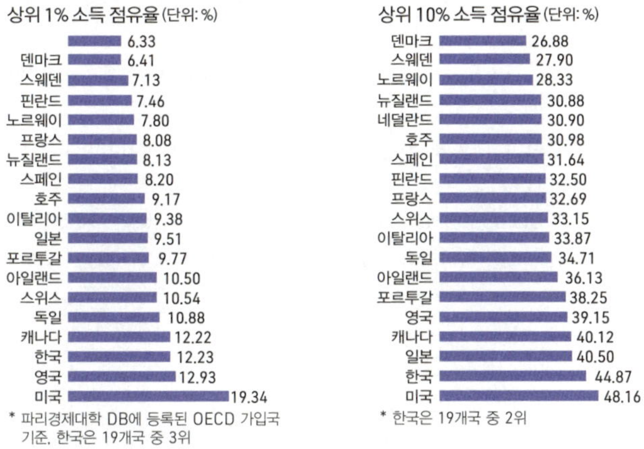

출처: 프랑스 파리 경제대학, 「세계 상위소득 데이터베이스」, 2014

15 김낙년, 「한국의 부의 불평등: 2000-2013 상속세 자료에 의한 접근」, 『낙성대 경제연구소 워킹 페이퍼』, 2016. 06. 이 논문은 상속세와 금융소득종합과세, 종합부동산세 등 국세청의 세금 자료를 토대로 상위 1%와 10%, 하위 50% 등 각 계층이 갖고 있는 재산(자산에서 부채를 뺀 순자산)을 분석한 국내 첫 연구로 주목받은 바 있다. 연구에 따르면, 자산 상위 10% 계층에 들려면 개인 기준으로 최소 2억 2,400만 원의 순자산을 갖고 있어야 한다. 이 계층의 평균 순자산은 6억 2,400만 원 가량으로 조사됐다. 소득 최상위층인 상위 1%에 들려면 순자산이 9억 9,000만 원을 넘어야 했다. 상위 1%의 평균 순자산은 평균 24억 3,700만 원으로 조사됐다. 이 기준에 따르면 우리나라 20세 이상 성인 인구 3950만 명(2013년 기준) 중 10억 원 이상의 재산을 본인 명의로 보유한 '금수저'가 약 40만 명에 달한다는 뜻이다. 이는 스위스 투자은행 크레디트스위스가 최근 발간한 '연례부자보고서'와도 비슷한 규모다. 이 보고서는 한국인 '백만장자'(자산 100만 달러 · 약 11억 원 이상)의 숫자를 31만 3,000만 명, 자산 5,000만 달러(약 573억 원)의 숫자를 1,800명으로 추산했다. 부자가 많아지는 것 자체는 나쁠 것이 없지만, 문제는 자산의 쏠림이 점점 심해지고 있다는 점이다. 논문에 따르면 상위 10% 계층이 보유한 자산은 글로벌 금융 위기를 전후해 63.2%에서 66%로 증가한 것으로 나타났다. 반대로 하위 50%가 보유한 자산은 2.3%에서 1.7%로 떨어졌다. 이는 전 세계적으로 공통된 현상이다. 크레디트스위스 조사에서는 전 세계 자산의 50.4%를 상위 1%의 부자들이 차지하고 있는 것으로 조사됐다. 보고서는 "2008년 세계 경제 위기 후 소득불평등 현상이 꾸준히 진행돼왔으며, 특히 상위 부자들의 자산이 늘어나는 속도가 중산층보다 더 빠른 것으로 나타났다."고 밝혔다. 김 교수의 연구 결과는 지니계수를 기준으로 한 우리나라의 소득 불평등도와도 궤를 같이한다. OECD(경제협력개발기구)에 따르면 한국의 지니계수는 0.30으로 34개 회원국 가운데 중간에 해당한다. 일본(0.34), 영국(0.35), 미국(0.40)보다는 소득 불평등 정도가 낮고, 북유럽 국가보다는 심한 편이다. 김 교수가

이번 논문에서 자산을 기준으로 비교한 불평등도 역시 이와 비슷하다. 상위 10%가 자산의 66%를 보유해 미국(76.3%), 영국(70.5%)보다는 낮지만 프랑스(62.4%)보다는 부의 쏠림이 심하다. (《조선일보》 2015년 10월 29일 기사 〈상위 1% 부자 기준은 순자산 9억 9000만원〉)

16 윌리엄 코커햄, 『의료사회학』, 박호진 외 옮김, 아카넷, 2005 ; 조병희, 『질병과 의료의 사회학』, 집문당, 2006.
17 John Goldthorpe, David Lockwood, and Frank Bechhofer, *The Affluent Worker in Class Structure*, Cambridge : Cambridge University Press, 1969.
18 William Wilson, *The Declining Significance of Race : Blacks and Changing American Institution*, Chicago : University of Chicago Press, 1978.
19 Charles Murray, *The Emerging British Underclass*, London : Institute of Economic Affairs, 1990.
20 피에르 부르디외, 『구별짓기 : 문화와 취향의 사회학』, 최종철 옮김, 새물결, 2007.
21 Michael Savage et al., Property, *Bureaucracy and Culture : Middle Class Formation in Contemporary Britain*, London : Routledge, 1992.
22 Rosemary Crompton and Michael Mann eds., Gender and Stratification, UK : Polity Press, 1988 ; 신광영, 『한국 사회 불평등 연구』, 후마니타스, 2013.
23 John Goldthorpe, "Women and Class Analysis in Defense of the Conventional View", *Sociology*, 17, 1983.
24 Gordon Marshall and David Firth, "Social Mobility and Personal Satisfaction Evidence from Ten Countries", *British Journal of Sociology* 50, 1999.
25 Peter Blau and Odley Duncan, *The American Occupational Structure*, New York : Wiley, 1967.
26 Seymore Martin Lipset and Richard Bendix, *Social Mobility in Industrial Society*, Berkeley : University of California Press, 1959.
27 Gordon Marshall and David Firth, 1999 앞 논문.
28 정재원, 『숨겨진 빈곤 : 여성의 빈곤은 어디로부터 오는가?』, 푸른사상, 2010.
29 David Glass, *Social Mobility in Britain*, London : Routledge, 1954.
30 John Goldthorpe, C. Llewellyn and C. Payne, *Social Mobility and Class Structure in Modern Britain*, Oxford : Clarendon Press, 1980. 이 연구는 옥스퍼드 사회 이동 연구로 알려져 있다.
31 Jo Blanden, A. Goodman and P. Gregg et al., *Changes in Intergenerational Mobility in Britain*, London : Center for the Economics of Education, London School of Economics and Political Science, 2002.
32 장상수, 『한국의 사회 이동』, 서울대학교출판부, 2001.
33 장 지글러, 『왜 세계의 절반은 굶주리는가?』, 유영미 옮김, 갈라파고스, 2007.

11장 범죄와 일탈

1 브리태니커 사전.
2 사회적 사실은 1장의 이론 부분에서 언급했듯이 외재성과 강제성 두 가지 특징을 지닌다. 외재성이란 개인의 의지나 의도와 무관하게 존재하는 현상을 의미하고, 강제성이란 개인의 행동에 제약을 가함을 뜻한다.
3 Robert K. Merton and Robert A. Nisbet (eds.), *Contemporary Social Problems*, 3rd edition, New York : Harcourt Brace and Jovanovich, 1971 ; A. Liska and S. Messner, 『일탈과 범죄 사회학』, 장상희 옮김, 경문사, 2001.
4 Albert Cohen, *Delinquent Boys : The Culture of The Gang*, Glencoe : Free Press, 1955.
5 Howard Becker, *Outsiders : Studies in the Sociology of Deviance*, New York : Free Press, 1973.
6 Richard A. Cloward and Lloyd E. Ohlin, *Delinquent and Opportunity : Theory of Delinquent Gangs*, New

York: Free Press, 1960.

7 Daniel Patrick Moynihan, "Defining Deviancy Down", *The American Spectator* 62(1), Winter, 1993.

8 로널드 L. 에이커스, 크리스틴 S. 셀러스, 『범죄학 이론』, 민수홍 외 옮김, 나남, 2011; 2017년 개정판이 출간되었다. 최영인·염건령, 『사회통제이론과 범죄낙인이론』, 백산, 2005.

9 Edwin Lemert, Human Deviance, *Social Problems and Social Control*, Englewood Cliffs, NJ: Prentice Hall, 1972.

10 Ian Taylor, Paul Walton, and Jock Young, *The New Criminology for A Social Theory of Deviance*, London: Routledge & Kegan Paul, 1973.

11 Stuart Hall, Charles Critcher and Tony Jefferson, *Policing the Crisis: Mugging, the State and Law and Order*, London: Macmillan, 1987.

12 Roger Hopkins Burke, *An Introduction to Criminological Theory*, Devon: Willan Publishing, 2005는 범죄이론을 폭넓게 다루고 있다.

13 Travis Hirschi, *Causes of Delinquency*, Berkeley: University of California Press, 1969.

14 통계청, 『범죄분석통계』, 1992.

15 통계청, 『범죄분석통계』, 2002.

16 Otto Pollak, *The Criminality of Women*, Philadelphia: University of Pennsylvania Press, 1950. 여성과 범죄의 관계에 대해서는 조앤 밸크넵, 『여성 범죄론: 젠더, 범죄와 형사사법』, 윤옥경·김지선·김은영 옮김, 박학사, 2009.

17 Francis Heidensohn, *Women and Crime*, London: Macmillan, 1995.

18 John Muncie, *Youth and Crime*, London: Sage Publications, 2004.

19 한국형사정책연구원, 『한국의 범죄 현상과 형사정책』, 한국형사정책연구원, 2014.

20 엔론은 미국 텍사스주 휴스턴에 본사를 두고 있는 에너지(전기, 천연가스), 물류, 통신, 서비스를 종합적으로 운영하는 회사다. 2000년 매출 1,110억 달러를 달성했고, 2001년 12월 2일 파산 직전까지 2만여 명의 직원이 근무 중이었다. 《포춘》지는 6년 연속 엔론을 "미국에서 가장 혁신적인 기업"으로 선정한 바 있다. 2001년 말 엔론이 보고했던 회계 장부들이 조직적이고 체계적으로 계획된 회계부정(분식회계)에 의해 유지되었다는 사실이 밝혀지면서 파산하게 되고, 당시 엔론의 케네스 레이 회장과 최고경영자였던 제프리 스킬링은 연방법원에서 사기와 내부자 거래 등으로 각각 징역 24년 4개월, 24년의 유죄 판결을 받았다. 당시 엔론의 외부 감사를 맡고 있던 미국의 5대 회계법인 중 하나였던 아서 앤더슨 역시 이 사건으로 인해 결국 파산의 길을 걷게 되었다. 이후 엔론 사태는 화이트칼라 범죄를 지칭하는 기업 사기와 부패의 전형적인 사례가 되었다.

21 Edwin Sutherland, *White Collar Crime*, New York: Holt, Reinhart & Winston, 1949. 한국의 화이트칼라 범죄에 관해서는 최인섭·최영신, 『화이트칼라 범죄에 관한 연구: 유형과 사례분석을 중심으로』, 형사정책연구원, 1996.

22 Gary Slapper and Steve Tombs, *Corporate Crime*, Essex: Longman, 1999.

23 유병규, 『기업지배구조와 기업범죄』, 한국형사정책연구원, 2004.

24 미국 담배소송에 대해서는 국립암센터 국가암사업관리본부 암예방사업과의 홈페이지 금연 길라잡이를 참조할 것. http://www.nosmokeguide.go.kr/

25 Glantz, Stanton, D. Barnes, L. Bero, P. Hanauer, and J. Slade, "Looking Through a Keyhole at the Tobacco Industry. The Brown and Williamson Documents", *Journal of the American Medical Association*, 274(3):219-24, 1995.

26 데이비드 월, 『사이버 범죄』, 정태진 옮김, 진영사, 2013.

12장 대중 매체: 전통 미디어와 뉴 미디어

1 김창남, 『대중문화의 이해』, 한울, 1998; 멜빈 드플레르, 『매스 커뮤니케이션 이론』, 권상희 옮김, 성균관대학교출판부, 2012.

2 Martial McLuhan and Quentin Fiore, *The Medium is the Massage: An Inventory of Effects*, Random

House, 1967. 한국에서는 1988년 『미디어는 맛사지다』(김진홍 옮김, 열화당)로 번역 출간되었다. 마샬 맥루한·브루스 R. 파워스, 『지구촌: 21세기 인류의 삶과 미디어의 변화』, 박기순 옮김, 커뮤니케이션북스, 2005.

3 맥루한의 주장으로 가장 자주 인용되는 문구는 "매체는 메시지"이다. 책은 쿠엔틴 피오르에 의해 주도되었으나, 맥루한은 메시지 대신 '마사지'라는 용어를 선택했다. 맥루한이 선택한 용어 "massage"는 각각의 매체가 인간의 감각기관에 미치는 영향을 함의한다. 원래는 타이핑 과정에서의 실수로 메시지가 마사지로 둔갑했으나, 실수를 발견한 순간 맥루한은 그대로 둘 것을 요구했다 한다. 덕분에 오늘날은 Message and Mess Age, Massage and Mass Age 모두 제목에 사용해도 별 무리가 없는 것으로 받아들여지고 있다.

4 James Curran and Jean Seaton, *Power Without Responsibilities: The Press, Broadcasting and New Media in Britain*, London: Routledge, 2003.

5 한국의 경우 전두환 정부 시절 언론 통폐합 시도가 있었다. 1980년 11월 12일 신군부 세력이 언론을 장악하기 위해 물리적 강제력으로 언론 매체를 폐지 또는 통합한 조치를 의미한다. 5·17 비상계엄확대조치로 권력을 장악한 군부는 곧바로 언론 장악 계획을 추진하고, 11월 12일의 언론통폐합조치와 12월 31일의 언론기본법 제정으로 완결한다. 언론통폐합의 구체적 내용을 보면 《신아일보》는 《경향신문》에, 《서울경제》는 《한국일보》에, 지방지는 '1도 1지(一道一紙)' 원칙하에 흡수·통합하고, 《합동통신》과 《동양통신》은 합병, 《연합통신》으로 발족하며, 동아·동양방송을 KBS에 통합, KBS와 MBC 두 방송국만 남긴다는 것 등이었다. 언론사 통폐합 및 언론인 강제해직 사건으로 인해 1980년 당시 28개 신문사, 29개 방송사, 7개 통신사 64개 언론사가 14개 신문사, 3개 방송사, 1개 통신사 등 18개 언론사로 강제 통폐합되었다. 이 과정에서 172종의 정기간행물이 폐간됐고 1,000명 이상의 언론인이 해직됐다.

6 2017년 12월 말까지 천만 명 이상의 관객을 동원한 영화는 다음 〈표〉와 같다.

〈표〉 천만 관객 동원 영화 리스트

순위	제목	감독	개봉일	관객수
1	〈명량〉	김한민	2014	17,615,039
2	〈국제시장〉	윤제균	2014	14,261,627
3	〈베테랑〉	류승완	2015	13,414,200
4	〈괴물〉	봉준호	2006	13,019,740
5	〈도둑들〉	최동훈	2012	12,983,841
6	〈7번방의 선물〉	이환경	2013	12,811,213
7	〈암살〉	최동훈	2012	12,323,555
8	〈광해, 왕이 된 남자〉	추창민	2005	12,302,831
9	〈왕의 남자〉	이준익	2015	12,192,697
10	〈택시 운전사〉	장훈	2017	12,186,205
11	〈태극기 휘날리며〉	강제규	2004	11,746,135
12	〈부산행〉	연상호	2016	11,565,827
13	〈해운대〉	윤제균	2009	11,453,338
14	〈변호인〉	양우석	2013	11,374,861
15	〈실미도〉	강우석	2003	11,081,000

(출처: 나무위키)

7 전영선, 『북한 영화 속의 삶 이야기』, 글누림, 2006.

8 1984년에는 납북된 신상옥 감독이 북한에서 처음으로 메가폰을 잡은 작품 〈돌아오지 않는 밀사〉(1984)가 카를로비바리 영화제에서 심사위원 특별상을 수상했고, 이듬해 신상옥 감독, 최은희 주연의 〈소금〉(1985)으로는 모스크바 영화제에서 최우수 여

우주연상을 수상했다. 특히 모스크바 영화제 여우주연상 수상은 북한의 영화 정책에도 큰 영향을 미쳐, 1987년 북한은 '평양영화축전'이라는 국제영화제를 직접 주최하기에 이른다. 평양영화축전에는 주로 비동맹 국가와 제3세계 영화들이 초대되며 2년에 한 번씩 개최된다. 최근에는 북한 영화의 국제영화제 출품이 더욱 활발해져서 〈살아 있는 영혼들〉이 2001년 홍콩영화제에 출품되었고, 2004년에는 〈푸른 주단 위에서〉가 베를린 영화제를 통해 소개되었다. 2003년과 2005년에는 부산국제영화제와 전주국제영화제를 통해 국내에도 〈살아 있는 영혼들〉, 〈피묻은 약패〉, 〈대동강변에서 만난 사람들〉 등의 북한 영화들이 공개된 바 있다. (네이버 매거진 스페셜 리포트, 〈북한에도 오락영화가 있나요?〉)

9 Neal Postman, *Amusing Ourselves to Death: Public Discourse in the Age of Show Business*, London: Heinemann, 1986.

10 나 홀로 볼링

11 Nicholas Negroponte, *Being Digital*, London: Hodder and Stoughton, 1995.

12 장 보드리야르, 『시뮬라시옹: 포스트모던 사회문화론』, 하태환 옮김, 민음사, 1992.

13 Sherry Turkle, *Alone Together: Why We Expect More From Technology and Less From Each Other*, New York: Basic Books, 2011.

14 Denis McQuail, *McQuail's Mass Communication Theory*, London: Sage, 2000.

15 Noam Chomsky, *Media Control: The Spectacular Achievements of Propaganda*, New York: Seven Stories Press, 1991. 국내에서는 2003년 『노암 촘스키의 미디어 콘트롤』(박수철 옮김, 모색)로 번역 출간되었다.

16 사회 비판과 대안, 『프랑크푸르트학파의 테제들』, 옹기장이, 2010.

17 손철성, 『허버트 마르쿠제: 마르크스와 프로이드를 결합시키다』, 살림, 2005.

18 루크 구드, 『민주주의와 공론장: 위르겐 하버마스』, 조항제 옮김, 컬쳐룩, 2015.

19 Jean Baudrillard, *The Gulf War Did Not Take Place*, Power Publications, 2004.

20 배영달, 『(보드리야르와) 시뮬라시옹』, 살림, 2005.

21 박명진, 『TV 드라마가 생산하는 즐거움(pleasure)의 다원적 기능에 대한 연구』, 방송문화진흥회, 1992. 드라마 〈사랑이 뭐길래〉는 MBC에서 1991년 11월 23일부터 1992년 5월 31일까지 방영한 주말연속극이다. 작가 김수현이 극본을 집필했으며, 유쾌한 분위기의 홈드라마였다. 여고 동창생인 두 여자의 아들과 딸이 결혼하는 과정과 시집에 들어가 가부장적인 시댁의 가치관을 허무는 것을 흥미롭게 묘사했다. 이 드라마는 평균 59.6%의 높은 시청률로 역대 평균 시청률 1위를 기록했으며, 최고 시청률 64.9%는 1997년 방송된 KBS 드라마 〈첫사랑〉의 65.8%에 이은 역대 2위 기록이다. 또한, 1996년 중국의 CCTV를 통해 방영된 이 드라마는 한국 방송 사상 최초로 해외 수출되기도 했다. (출처: 위키피디아)

22 David Held et al., *Global Transformation: Politics, Economics and Culture*, Cambridge: Polity, 1999.

23 홍석경, 『세계화와 디지털 문화 시대의 한류: 풀하우스, 강남스타일, 그리고 그 이후』, 한울, 2013.

24 제임스 커런, 『미디어 파워』, 김예란·정준희 옮김, 커뮤니케이션북스, 2005; 강준만, 『세계문화전쟁: 팍스 아메리카나와 글로벌 미디어』, 인물과사상사, 2010; 한수경, 『미디어의 세계화 이론과 모순』, 커뮤니케이션북스, 2015.

25 Greg Philo and Mike Berry, *Bad News From Israel*, Glasgow University Media Group, 2004.

26 Ali Mohammadi, "Electronic Empires: An Islamic Perspective" in D. K. Thussu (ed.), *Electronic Empires: Global Media and Local Resistance*, London: Arnold, 1998.

13장 도시와 도시 공간

1 김미영 외, 『서울사회학: 서울의 공간, 일상 그리고 사람들』, 나남, 2017; 정수복, 『도시를 걷는 사회학자: 서울을 생각한다』, 문학동네, 2015.

2 조명래, 『현대 사회의 도시론』, 한울, 2002.

3 아모스 H. 홀리, 『인간생태학: 지역공동체 이론』, 홍동식·강대기·민경희 옮김, 일지사, 1995.

4 Jan Lin and Christopher Mele (eds.), *The Urban Sociology Reader*, New York: Routledge, 2005.

5 송복, 『한국 사회의 갈등구조』, 경문사, 1997.

6 Claude Fischer, *The Urban Experience*, New York: Harcourt, 1984.

7 Edward Krupat, *People in Cities: The Urban Environment and It's Effects*, Cambridge: Cambridge University Press, 1985.

8 데이비드 하비, 『도시의 정치경제학』, 초의수 옮김, 한울, 1996.

9 Manuel Castells, *The Urban Question: A Marxist Approach*, Alan Sheridan trans., London: Edward Arnold, 1977.

10 John Logan and Harvey Molotch, *Urban Fortunes: The Political Economy of Place*, Berkeley: University of California Press, 1987.

11 윤인진 외, 『한국인의 이주노동자와 다문화 사회의 인식』, 이담Books, 2010; 박경태, 『소수자와 한국 사회: 이주 노동자, 화교, 혼혈인』, 후마니타스, 2008.

12 Harry W. Richardson and Chang-Hee C. Bae (eds.), *Globalization and Urban Development*, Berlin: Springer, 2005.

13 이효재·허석렬 엮음, 『제3세계의 도시화와 빈곤』, 한길사, 1983.

14 월드워치연구소 엮음, 『도시는 지속 가능할 수 있을까?: 2016 지구환경보고서』, 황의방·김종철·이종욱 옮김, 환경재단, 2016.

15 Saskia Sassen, *The Global City: New York, London, Tokyo*, Princeton: Princeton University Press, 1991.

16 Jordi Borja and M. Castells, *Local and Global: The Management of Cities in the Information Age*, London: Fontana, 1997.

14장 환경과 위험

1 구도완 외, 한국환경사회학회 엮음, 『환경사회학: 자연과 사회의 만남』, 한울아카데미, 2015.

2 Raymond Williams, *Key Words: A Vocabulary of Culture and Society*, London: Fontana Paperbacks, 1987.

3 Steven High and David W. Lewis, *Corporate Wasteland: The Landscape and Memory of De-industrialization*, New York: IRL Press, 2007.

4 홍성태, 『서울에서 서울을 찾는다: 홍성태의 서울 만보기』, 궁리, 2004.

5 J. H. Matsuura, "Commercial Tools, Processes and Materials Anticipating the Public Backlash: Public Relations Lessons for Nano-technology from the Biotechnology Experience", *Nanotech*, 2004. 3; 조지 마이어슨, 『도나 해러웨이와 유전자 변형 식품』, 류승구 옮김, 이제이북스, 2003; 매완호, 『나쁜 과학: 근본적으로 위험한 유전자 조작 생명공학』, 이혜경 옮김, 당대, 2005.

6 울리히 벡, 『글로벌 위험사회』, 박미애·이진우 옮김, 길, 2010; 스펜서 위어트, 『지구 온난화를 둘러싼 대논쟁』, 김준수 옮김, 동녘사이언스, 2012.

7 교토 의정서는 기후변화협약에 따른 온실가스 감축 목표에 관한 의정서이다. 교토 프로토콜이라고도 한다. 지구 온난화 규제 및 방지를 위한 국제 협약인 기후변화협약의 구체적 이행 방안으로, 선진국의 온실가스 감축 목표치를 규정했다. 1997년 12월 일본 교토에서 개최된 기후변화협약 제3차 당사국총회에서 채택되었다. 1995년 3월 독일 베를린에서 개최된 기후변화협약 제1차 당사국총회에서 협약의 구체적 이행을 위한 방안으로서, 2000년 이후의 온실가스 감축 목표에 관한 의정서를 1997년 제3차 당사국총회에서 채택키로 하는 베를린 위임사항(Berlin Mandate)을 채택함에 따라 1997년 12월 제3차 당사국총회에서 최종적으로 채택되었다. 의정서가 채택되기까지는 온실가스의 감축 목표와 감축 일정, 개발도상국의 참여 문제로 선진국 간, 선진국·개발도상국 간의 의견 차이로 심한 대립을 겪기도 했지만, 2005년 2월 16일 공식 발효되었다. 의무이행 대상국은 오스트레일리아, 캐나다, 미국, 일본, 유럽연합(EU) 회원국 등 총 37개국으로, 각국은 2008-2012년까지를 제1차

감축공약기간으로 하여 온실가스 총배출량을 1990년 수준보다 평균 5.2% 감축하기로 했다. 각국의 감축 목표량은 -8~+10%로 차별화했고 1990년 이후의 토지 이용 변화와 산림에 의한 온실가스 제거를 의무이행 당사국의 감축량에 포함하도록 했다. 그 예로 유럽연합 -8%, 일본 -6%의 온실가스를 2012년까지 줄이기로 했다. 감축 대상가스는 이산화탄소(CO_2), 메탄(CH_4), 아산화질소(N_2O), 불화탄소(PFC), 수소화불화탄소(HFC), 불화유황(SF6) 등 여섯 가지이다. 당사국은 온실가스 감축을 위한 정책과 조치를 취해야 하며, 그 분야는 에너지 효율 향상, 온실가스의 흡수원 및 저장원 보호, 신·재생에너지 개발·연구 등도 포함된다. 의무이행 당사국의 감축 이행시 신축성을 허용하기 위하여 배출권 거래(Emission Trading), 공동이행(Joint Implementation), 청정 개발 체제(Clean Development Mechanism) 등의 제도를 도입했으며, 1998년 11월 부에노스아이레스에서 개최된 제4차 당사국총회에서는 신축적인 제도 운용과 관련한 작업을 2000년까지 완료한다는 부에노스아이레스 행동계획(Buenos Aires Plan of Action)이 채택되었다. 한국은 제3차 당사국총회에서 기후변화협약상 개발도상국으로 분류되어 의무 대상국에서 제외되었으나, 몇몇 선진국들은 감축 목표 합의를 명분으로 한국·멕시코 등이 선진국과 같이 2008년부터 자발적인 의무 부담을 할 것을 요구했고, 제4차 당사국총회 기간에 아르헨티나 카자흐스탄 등의 일부 개발도상국은 자발적으로 의무를 부담할 것을 선언했다. 미국은 전세계 이산화탄소 배출량의 28%를 차지하고 있지만, 자국의 산업 보호를 위해 2001년 3월 탈퇴했다. 2012년 카타르 도하에서 열린 제18차 유엔기후변화협약 당사국총회에서는 2013년부터 2020년까지 8년간을 제2차 감축 공약 기간으로 설정하고, 온실가스를 1990년에 비해 25-40% 감축하기로 합의했다. 의무감축 대상국은 유럽연합과 오스트레일리아, 스위스를 비롯한 37개국이며, 미국·러시아·일본·캐나다 등 전세계 배출량의 절반 이상을 차지하는 주요 국가들이 불참했다. 한국은 1차 때와 마찬가지로 개발도상국으로 분류되었으나, 자발적으로 선진국과 마찬가지로 온실가스를 감축하기로 했다. 2008-2012년까지의 1차 공약 기간이 각국 의회의 승인을 받아 법적 구속력을 가진 반면, 2013-2020년까지의 2차 공약 기간은 각국 정부 차원의 약속으로 법적 구속력이 없는 차이점이 있다. 출처: 『네이버 지식백과』 교토 의정서(Kyoto protocol, 京都議定書)

8 피터 코리간, 『소비의 사회학』, 이성용 외 옮김, 그린, 2001.

9 원용찬, 『유한계급론: 문화 소비 진화의 경제학』, 살림, 2007.

10 Collin Campbell, *The Romantic Ethic and the Spirit of Modern Consumerism*, Oxford: Basil Blackwell, 1992.

11 문순홍, 『생태학의 담론』, 아르케, 2006.

12 Andrew Dobson and Derek Bell (eds.), *Environmental Citizenship*, MIT Press, 2005.

참고문헌

가드너, 하워드, 『지능이란 무엇인가? 인지과학이 밝혀낸 마음의 구조』, 김동일 옮김, 사회평론, 2016.

가완디, 아툴, 『어떻게 죽을 것인가: 현대의학이 놓치고 있는 삶의 마지막 순간』, 김희정 옮김, 부키, 2015.

강수돌, 『팔꿈치 사회: 경쟁은 어떻게 내면화되는가』, 갈라파고스, 2013.

강이수·신경아, 『여성과 일: 한국여성노동의 이해』, 동녘, 2001.

강이수·신경아·박기남, 『여성과 일: 일터에서 평등을 찾다』(개정증보판), 동녘, 2015.

강정한·김문조·김종길·김홍중·유승호·하홍규, 『현대사회학이론: 패러다임적 구도와 전환』, 다산출판사, 2013.

강준만, 『서울대의 나라』, 개마고원, 1996.

______, 『세계문화전쟁: 팍스 아메리카나와 글로벌 미디어』, 인물과사상사, 2010.

강준만·오두진, 『고종, 스타벅스에 가다: 커피와 다방의 사회사』, 인물과사상사, 2005.

게른샤임, 엘리자베스 벡, 『가족 이후에 무엇이 오는가?』, 박은주 옮김, 새물결, 2005.

고프만, 어빙, 『자아표현과 인상관리: 연극적 사회분석론』, 김병서 옮김, 경문사, 1987.

골먼, 대니얼, 『EQ 감성지능』, 한창호 옮김, 웅진지식하우스, 2008.

교육개발원 연구보고서, 『사교육비 조사방법 개선 연구』, 김일혁 연구 책임, 2007.

구도완·김철규·노진철·박재묵·양종회·오수길·윤순진·이시재·전광희·한상진, 『환경사회학: 자연과 사회의 만남』, 한울아카데미, 2015.

구드, 루크, 『민주주의와 공론장: 위르겐 하버마스』, 조항제 옮김, 컬처룩, 2015.

구해근, 『한국노동계급의 형성』, 한울, 2002.

글레이저, 나단, 『우리는 이제 모두 다문화인이다』, 서종남·최현미 옮김, 미래를소유한사람들, 2009.

기든스, 앤서니, 『현대사회의 성·사랑·에로티시즘: 친밀성의 구조변동』, 배은경·황정미 옮김, 새물결, 1996.

______, 『현대성과 자아정체성: 후기 근대의 자아와 사회』, 권기돈 옮김, 새물결, 1997.

______, 『자본주의와 현대사회이론』, 박노영·임영일 옮김, 한길사, 2008.
______, 『현대사회학』, 5판, 김미숙·김용학·박길성·송호근·신광영·유홍준·정성호 옮김, 을유문화사, 2009.
______, 『현대사회학』, 6판, 김미숙·김용학·박길성·송호근·신광영·유홍준·정성호 옮김, 을유문화사, 2011.
______, 『현대사회학』, 7판, 김미숙·김용학·박길성·송호근·신광영·유홍준·정성호 옮김, 을유문화사, 2017.
기어리, 대니얼, 『C. 라이트 밀스: 실천적 지식인과 사회학적 상상력』, 정연복 옮김, 삼천리, 2016.
기틴스, 다이애너, 『가족은 없다: 가족 이데올로기의 해부』, 안호용·김홍주·배선희 옮김, 일신사, 1997.
길리건, 캐롤, 『다른 목소리로: 심리 이론과 여성의 발달』, 허란주 옮김, 동녘, 1997.
김경동, 『경제성장과 사회변동』, 한울, 1983.
김낙년, 「한국의 부의 불평등, 2000~2013: 상속세 자료에 의한 접근」, 『낙성대연구소 워킹 페이퍼』, 2016-06.
김문조 외, 『오늘의 사회이론가들』, 한울아카데미, 2015.
김미영 외, 『서울사회학: 서울의 공간, 일상 그리고 사람들』, 나남, 2017.
김선업, 「한국사회 연줄망의 구조적 특성」, 『한국사회학』, 26(1): 1-19, 1993.
김용학, 『사회구조와 행위: 거시적 현상의 미시적 기초를 찾아서』, 나남, 1992.
김주희, 「유아용 그림책에 나타난 성역할 고정관념」, 이화여자대학교 석사학위논문, 1998.
김창남, 『대중문화의 이해』, 한울, 1998.
김현미, 『우리는 모두 집을 떠난다: 한국에서 이주자로 살아가기』, 돌베개, 2014.
김현주, 『장남과 그의 아내』, 새물결, 2001.
김호기 엮음, 『현대 비판사회이론의 흐름』, 한울, 2001.
노명우, 『TV, 또 하나의 가족』, 웅진 씽크빅, 2008.
다렌도르프, 랄프, 『삶의 기회: 사회 정치이론에의 접근』, 김병서 옮김, 이화여자대학교출판부, 1986.
뒤르켐, 에밀, 『교육과 사회학』, 이종각 옮김, 배영사, 1978.
______, 『자살론: 사회학적 연구』, 김충선 옮김, 청아출판사, 1994.
______, 『자살론/사회분업론』, 임희섭 옮김, 삼성출판사, 1982.
______, 『종교생활의 원초적 형태』, 노치준·민혜숙 옮김, 민영사, 1992.
드루앵, 장 클로드, 『세계경제의 지배자들』, 김모세 옮김, 현실문화, 2012.
드플레르, 멜빈, 『매스 커뮤니케이션 이론』, 권상희 옮김, 성균관대학교출판부, 2012.
라이트, 에릭 올린, 『계급론』, 이한 옮김, 한울, 2005.

레비-스트로스, 클로드, 『슬픈 열대』, 박옥줄 옮김, 한길사, 1998.
레빈, 로버트, 『시간은 어떻게 인간을 지배하는가』, 이상돈 옮김, 황금가지, 2000.
레빈슨, 대니얼 외, 『남자가 겪는 인생의 사계절』, 김애순 옮김, 이화여자대학교출판부, 1996.
______, 『여자가 겪는 인생의 사계절』, 김애순 옮김, 이화여자대학교출판부, 2004.
류지아, 『행복에 대한 경제적 자원의 효과: '포화점'의 존재 및 사회비교효과에 대한 연구』, 이화여자대학교 박사학위논문, 2016.
리스카, A.·S. 메스너, 『일탈과 범죄 사회학』(제3판), 장상희 옮김, 경문사, 2001.
리처, 조지, 『사회학 이론』, 김왕배·김용학·김현미·김호기·박선웅 옮김, 한울, 2006.
______, 『맥도날드 그리고 맥도날드화: 유토피아인가, 디스토피아인가?』, 김종덕 옮김, 시유시, 1999.
마르크스, 칼, 『경제학-철학 수고』, 김태경 옮김, 이론과실천, 1987.
______, 『정치경제학 비판을 위하여』, 김호균 옮김, 중원문화, 2007.
______, 『자본론 1/상·하』, 『자본론 2』, 『자본론 3/상·하』, 김수행 옮김, 비봉출판사, 2015.
______, 『헤겔 법철학 비판』, 강유원 옮김, 이론과실천, 1990.
______, 프리드리히 엥겔스 엮음, 『자본론: 정치경제학 비판』, 김수행 옮김, 개역판, 비봉출판사, 2015.
마르크스, 칼·프리드리히 엥겔스, 『독일 이데올로기』, 박재희 옮김, 청년사, 1988.
마이어슨, 조지, 『도나 해러웨이와 유전자 변형 식품』, 류승구 옮김, 이제이북스, 2003.
매기, 브라이언, 『칼 포퍼: 그의 과학철학과 사회철학』, 이명현 옮김, 문학과지성사, 1982.
매완호, 『나쁜 과학: 근본적으로 위험한 유전자조작 생명공학』, 이혜경 옮김, 당대, 2005.
맥래런, 앵거스, 『20세기 성의 역사』, 임진영 옮김, 현실문화연구, 2003.
맥루한, 마샬·꿰땡 피오르, 『미디어는 맛사지다』, 열화당, 1988.
맥루한, 마샬·브루스 R. 파워스, 『지구촌: 21세기 인류의 삶과 미디어의 변화』, 박기순 옮김, 커뮤니케이션북스, 2005.
머독, 죠지, 『사회구조: 친족 인류학의 이해』, 조승연 옮김, 서경, 2004.
모스트, 요한 지음, 칼 마르크스 개정 가필, 『자본과 노동: 마르크스의 숨겨진 자본론 입문』, 오타니 다이노스케 일본어판 옮김, 주석·정연소 옮김, 한울아카데미, 2014.
문순홍, 『생태학의 담론』, 아르케, 2006.
미드, 마가렛, 『세 부족 사회에서의 성과 기질』, 조혜정 옮김, 이화여자대학교출판부, 1988.
______, 『사모아의 청소년』, 박자영 옮김, 한길사, 2008.
민문홍, 『에밀 뒤르케임의 사회학: 현대성 위기극복을 위한 새로운 패러다임을 찾아서』, 아카넷, 2001.
밀, 존 스튜어트, 『여성의 종속』, 서병훈 옮김, 책세상, 2006.
밀즈, C. 라이트, 『화이트 칼라: 현대 미국 중간계급의 연구』, 강희경 옮김, 돌베개, 1980.

______, 『파워 엘리트』, 진덕규 옮김, 한길사, 1979.

______, 『사회학적 상상력』, 강희경·이해찬 옮김, 돌베개, 2004.

바우만, 지그문트, 『(사랑하지 않을 권리) 리퀴드 러브: 현대의 우울과 고통의 원천에 대하여』, 권태우·조형준 옮김, 새물결, 2013.

바우만, 지그문트·마이클 제이콥슨·카이스 테스터, 『사회학의 쓸모: 지그문트 바우만과의 대화』, 노명우 옮김, 서해문집, 2015.

바우어, 요하임, 『왜 우리는 행복을 일에서 찾고, 일을 하며 병들어갈까』, 전진만 옮김, 책세상, 2015.

박경태, 『소수자와 한국사회: 이주 노동자, 화교, 혼혈인』, 후마니타스, 2008.

박명진, 『TV 드라마가 생산하는 즐거움(pleasure)의 다원적 기능에 대한 연구』, 방송문화진흥회, 1992.박정자, 『로빈슨 크루소의 사치: 소비사회를 사는 현대인의 정경』, 기파랑, 2006.

배영달, 『(보드리야르와) 시뮬라시옹』, 살림, 2005.

배지트, 리, 『동성결혼은 사회를 어떻게 바꾸는가』, 김현경·한빛나 옮김, 민음사, 2016.

버거, 피터, 『사회학에의 초대: 인간주의적 전망』, 이상률 옮김, 문예출판사, 1995.

버거, 피터·토마스 루크만, 『실재의 사회적 구성: 지식사회학 논고』, 하홍규 옮김, 문학과지성사, 2013.

벌린, 이사야, 『칼 마르크스: 그의 생애, 그의 시대』, 신복룡 옮김, 평민사, 1982.

베버, 막스, 『프로테스탄티즘의 윤리와 자본주의 정신』, 박성수 옮김, 문예출판사, 1988.

______, 『막스 베버 선집』, 임영일·차명수·이상률 편역, 까치, 1991.

______, 『직업으로서의 학문, 직업으로서의 정치』, 이상률 옮김, 문예출판사, 1994.

______, 『막스 베버의 사회과학방법론 I 』, 전성우 옮김, 사회비평사, 1997.

______, 『경제와 사회 1』, 박성환 옮김, 문학과 지성사, 1997.

______, 『'탈주술화' 과정과 근대: 학문, 종교, 정치』, 전성우 옮김, 나남출판, 2002.

______, 『(막스 베버) 종교사회학 선집』, 전성우 옮김, 나남, 2008.

______, 『막스 베버: 소명으로서의 정치』, 최장집 엮음, 박상훈 옮김, 후마니타스, 2013.

베블렌, 쏘스타인, 『유한계급론』, 김성균 옮김, 개정판, 우물이있는집, 2012.

베일리, 베스, 『데이트의 탄생: 자본주의적 연애제도』, 백준걸 옮김, 앨피, 2015.

벡, 울리히. 『글로벌 위험사회』, 박미애·이진우 옮김, 길, 2010.

벡, 울리히·엘리자베트 벡-게른샤임, 『사랑은 지독한 그러나 너무나 정상적인 혼란』, 강수영·권기돈·배은경 옮김, 새물결, 1999.

밸크넵, 조앤, 『여성 범죄론: 젠더, 범죄와 형사사법』, 윤옥경·김지선·김은영 옮김, Cengage learning, 2009.

보드리야르, 장, 『소비의 사회: 그 신화와 구조』, 이상률 옮김, 문예출판사, 1992.

______, 『시뮬라시옹: 포스트모던 사회문화론』, 하태환 옮김, 민음사, 1992.
부르디외, 피에르 외, 『사회자본: 이론과 쟁점』, 유석춘 외 편역, 그린, 2003.
부르디외, 피에르, 『구별짓기: 문화와 취향의 사회학』 I·II, 최종철 옮김, 새물결, 2005~2007.
______, 『언어와 상징권력』, 김현경 옮김, 나남, 2014.
사회 비판과 대안, 『프랑크푸르트학파의 테제들』, 옹기장이, 2010.
새들러, 윌리엄, 『서드 에이지: 마흔 이후 30년』, 김경숙 옮김, 사이, 2006.
세넷, 리처드, 『신자유주의와 인간성의 파괴』, 조용 옮김, 문예출판사, 2002.
서관모, 『현대한국사회의 계급구성과 계급분화』, 한울, 1984.
소콜로프, 나탈리, 『여성노동시장이론: 여성의 가사노동과 시장노동의 변증법』, 이효재 옮김, 이화여자대학교출판부, 1990.
손민호·조현영, 『민속방법론: 현상학적 사회학과 질적 연구』, 학지사, 2014.
손철성, 『허버트 마르쿠제: 마르크스와 프로이드를 결합시키다』, 살림, 2005.
송복, 『한국사회의 갈등구조』(수정증보판), 경문사, 1997.
쉬르마허, 프랑크, 『가족: 부활이냐 몰락이냐』, 장혜경 옮김, 나무생각, 2006.
슐츠, 하워드·도리 양, 『스타벅스, 한 잔에 담긴 성공신화』, 홍순명 옮김, 김영사, 1999.
스미스, 마크·피터 콜록 공편, 『사이버 공간과 공동체』, 조동기 옮김, 나남출판, 2001.
스콧, 조앤 W, 『페미니즘 위대한 역설: 프랑스 여성참정권 투쟁이 던진 세 가지 쟁점, 여성·개인·시민』, 공임순·이화진·최영석 옮김, 앨피, 2006.
신광영, 『한국사회 불평등 연구』, 후마니타스, 2013.
쏘온, 배리·매릴린 얄롬 엮음, 『페미니즘의 시각에서 본 가족』, 권오주·김선영·노영주·이승미·이진숙 옮김, 한울아카데미, 2010.
아리에스, 필립, 『아동의 탄생』, 문지영 옮김, 새물결, 2003,
______, 조르주 뒤비 책임 편집, 『사생활의 역사』, 새물결, 2002~2016.,
야고스, 애너매리, 『퀴어이론 입문』, 박이은실 옮김, 여이연, 2012.
양은경·이상길·장미혜·조은·주형일·홍성민, 『문화와 계급: 부르디외와 한국 사회』, 동문선, 2002.
에이커스, 로널드 L.·크리스틴 S, 셀러스, 『범죄학 이론』, 개정판, 민수홍 외 옮김, 나남, 2017.
여성한국사회연구회 엮음, 『한국가족의 부부관계』, 사회문화연구소, 1992.
옐롬, 매릴린, 『아내의 역사』, 이호영 옮김, 책과함께, 2012.
오우클리, 앤, 『가사노동의 사회학』, 문숙재 옮김, 신광출판사, 1990.
오욱환, 『한국 사회의 교육열: 기원과 심화』, 교육과학사, 2000.
오크스, 가이 편, 『게오르그 짐멜: 여성문화와 남성문화』, 김희 옮김, 이화여자대학교출판부, 1993.

원용찬, 『유한계급론: 문화 소비 진화의 경제학』, 살림, 2007.
월, 데이비드, 『사이버 범죄』, 정태진 옮김, 진영사, 2013.
월드워치연구소 엮음, 『도시는 지속가능할 수 있을까?: 2016 지구환경보고서』, 황의방·김종철 ·이종욱 옮김, 환경재단, 2016.
월러스타인, 주디스 S.·줄리아 M. 루이스·샌드라 블레이크슬리, 『우리가 꿈꾸는 행복한 이혼은 없다』, 양은모 옮김, 명진출판, 200?.
월비, 실비아, 『가부장제 이론』, 유희정 옮김, 이화여자대학교출판부, 1996.
위어트, 스펜서, 『지구 온난화를 둘러싼 대논쟁』, 김준수 옮김, 동녘사이언스, 2012.
윅스, 제프리, 『섹슈얼리티: 성의 정치』, 서동진·채규형 옮김, 현실문화연구, 1994.
윌리스, 폴, 『교육현장과 계급 재생산: 노동 자녀들이 노동자가 되기까지』, 김찬호·김영훈 옮김, 동문선, 1989.
유병규, 『기업지배구조와 기업범죄』, 한국형사정책연구원, 2004.
유팔무·김원동·박경숙, 『중산층의 몰락과 계급 양극화: 1990년대 한국 중산층에 관한 연구』, 小花, 2005.
윤영민, 『사이버 공간의 사회』, 한양대출판부, 2003.
윤인진·송영호·김상돈·송주영, 『한국인의 이주노동자와 다문화 사회의 인식』, 이담Books, 2010.
이각범 엮음, 『제3세계 사회발전 논쟁: 근대화론 종속이론의 비판과 한국』, 한울, 1986.
이동원·김현주·최선희·함인희·김선영, 『한국 가족의 현주소』, 학지사, 2002.
이병훈·윤정향, 『노동조합운동의 발전 전략 연구』, 한국노총중앙연구원, 2006.
이연정, 「여성의 시각에서 본 모성론」, 심영희·정진성·윤정로 엮음, 『모성의 담론과 현실: 어머니의 성, 삶, 정체성』, 나남, 1999.
이윤희·유문무, 『사랑 다이얼로그: 사회학자가 영화로 풀어보는 사랑의 수수께끼』, 효형출판, 2008.
이이효재, 『조선조 사회와 가족: 신분상승과 가부장제 문화』, 한울, 2003.
이정모, 『달력과 권력』, 부키, 2001.
이재경, 「사회계층과 가족」, 한국가족학회 엮음, 『현대가족과 사회』, 교육과학사, 1994.
이화여자대학교 한국여성연구원 엮음, 『한국여성과 일』, 이화여자대학교출판부, 1985.
이효재·허석렬 엮음, 『제3세계의 도시화와 빈곤』, 한길사, 1983.
일루즈, 에바, 『사랑은 왜 아픈가: 사랑의 사회학』, 김희상 옮김, 돌베개, 2013.
일리치, 이반, 『학교 없는 사회』, 박홍규 옮김, 생각의 나무. 2009.
임현진·서문기·윤상우, 『글로벌 패러독스: 아시아의 도전과 과제』, 서울대학교출판문화원, 2016.
자오원밍, 황청루, 『20세기 최고 CEO들의 경영철학 산책: 20세기를 움직인 40가지 경영사상』, 최정희 옮김, 산지니, 2007.

장상수, 『한국의 사회이동』, 서울대학교출판부, 2001.
장순규, 『성공한 중소기업 브랜드의 마케팅 전략사례연구』, 전남대학교 경영학과 석사논문, 2004.
저먼, 린지, 『성·계급·사회주의』, 장경선 옮김, 책갈피, 2003.
전상인, 『아파트에 미치다: 현대한국의 주거사회학』, 이숲, 2009.
전영선, 『북한 영화 속의 삶 이야기』, 글누림, 2006.
전인권, 『남자의 탄생』, 푸른숲, 2003.
정수복, 『도시를 걷는 사회학자: 서울을 생각한다』, 문학동네, 2015.
정재원, 『숨겨진 빈곤: 여성의 빈곤은 어디로부터 오는가?』, 푸른사상, 2010.
정해숙·정경아, 『성인지적 관점에 기초한 제6차 교육과정 운영과 교과서 분석』, 한국여성개발원 연구보고서 240-1, 1998.
조명래, 『현대사회의 도시론』, 한울, 2002.
조병희, 『질병과 의료의 사회학』, 집문당, 2006.
조은, 「역사적 형태로서의 가족과 계급」, 한국사회사연구회 엮음, 『한국사회사연구회 논문집』, 문학과지성사, 1986.
조주은, 『기획된 가족: 맞벌이 화이트칼라 여성들은 어떻게 중산층을 기획하는가』, 서해문집, 2013.
조혜원·함인희, 「기업 관리직의 젠더 격차와 유리천장 분석」, 『한국사회정책』 23(2): 49-81, 2016.
조효래, 『노동조합민주주의: 노동조합 내부정치와 비정규노동』, 후마니타스, 2010.
쥴레조, 발레리, 『아파트 공화국: 프랑스 지리학자가 본 한국의 아파트』, 길혜연 옮김, 후마니타스, 2007
지글러, 장, 『왜 세계의 절반은 굶주리는가?』, 유영미 옮김, 갈라파고스, 2007.
짐멜, 게오르그, 『(게오르그 짐멜의) 문화이론』, 김덕영·배정희 옮김, 길, 2007.
챈들러, 알프레드, 『보이는 손』, 김두얼·신해경·임효정 옮김, 지식을만드는사람들, 2014.
초도로우, 낸시, 『모성의 재생산』, 김민예숙·강문순 옮김, 한국심리치료연구소, 2008.
촘스키, 노암, 『노암 촘스키의 미디어 콘트롤』, 박수철 옮김, 모색, 2003.
최영기 외, 『1987년 이후 한국의 노동운동』, 한국노동연구원, 2001.
최영인·염건령, 『사회통제이론과 범죄낙인이론』, 백산, 2005.
최인섭·최영신, 『화이트칼라 범죄에 관한 연구: 유형과 사례분석을 중심으로』, 형사정책연구원, 1996.
최협·한국사회학회 엮음, 『한국의 소수자, 실태와 전망』, 한울, 2004.
카스텔스, 마누엘, 『네트워크 사회의 도래』, 김묵한·박행웅·오은주 옮김, 한울, 2003.
카슨, 레이첼, 『침묵의 봄』, 김은령 옮김, 홍욱희 감수, 에코리브르, 2002.
커런, 제임스, 『미디어 파워』, 김예란·정준희 옮김, 커뮤니케이션북스, 2005.
코리간, 피터, 『소비의 사회학』, 이성용 외 옮김, 그린, 2001.

코커햄, 윌리엄, 『의료사회학』, 박호진 외 옮김, 아카넷, 2005.
코저, 루이스, 『사회사상사』, 신용하·박명규 옮김, 개정판, 한길사, 2016.
쿤츠, 스테파니, 『진화하는 결혼』, 김승욱 옮김, 작가정신, 2009.
태브리스, 캐롤, 『여성과 남성이 다르지도 똑같지도 않은 이유』, 히스테리아 옮김, 또하나의문화, 1999.
탭스콧, 돈, 『디지털 네이티브: 역사상 가장 똑똑한 세대가 움직이는 새로운 세상』, 이진원 옮김, 비즈니스북스, 2009.
터너, 조나단, 『현대 사회학 이론』, 정태환 외 옮김, 나남, 2001.
터커, 케니스, 『앤서니 기든스와 현대사회이론』, 김용규·박형신 옮김, 일신사, 1999.
터클, 셰리, 『외로워지는 사람들: 테크놀로지가 인간관계를 조정한다』, 청림출판, 2012.
텐부룩, 프리드리히, 『막스 베버의 사회과학 방법론』, 차성환 편역, 문학과지성사, 1990.
톰슨, 에드워드, 『영국노동계급의 형성』 상, 나종일·김인중·한정숙·노서경·김경옥·유재건 옮김, 창작과비평사, 2000.
톰슨, 케네스, 『에밀 뒤르케임』, 이향순 옮김, 학문과사상사, 1991.
통, 로즈마리, 『페미니즘 사상: 종합적 접근』, 이소영 옮김, 한신문화사, 2000.
트라이스터, 레베카, 『싱글 레이디스: 혼자인 우리가 세상을 바꾼다』, 노지향 옮김, 북스코프(아카넷), 2017.
틸리, 루이스 A.·조앤 W. 스콧, 『여성 노동 가족』, 김영·박기남·장경선 옮김, 후마니타스, 2008.
파이어스톤, 슐라미스, 『성의 변증법』, 김예숙 옮김, 풀빛, 1983.
퍼구슨, 캐시, 『페미니즘과 관료제』, 강세영·김복규 옮김, 대영문화사, 2009.
펙, 스콧, 『끝나지 않은 길: 고통에서 자기완성으로』 2판, 김창선 옮김, 소나무, 1993.
폴리, 던컨, 『아담의 오류: 던컨 폴리의 경제학사 강의』, 김덕민·김민수 옮김, 후마니타스, 2011.
푸코, 미셸, 『성의 역사』 재판, 이규현·문경자·신은영·이혜숙·이영목 옮김, 나남, 2004.
______, 『감시와 처벌: 감옥의 탄생』, 번역 개정판, 오생근 옮김, 나남, 2016.
푸트넘, 로버트, 『나홀로 볼링: 사회적 커뮤니티의 붕괴와 소생』, 정승현 옮김, 페이퍼로드, 2009.
프롬, 에리히, 『환상의 사슬을 넘어서』, 진덕규 옮김, 전망사, 1978.
______, 『에리히 프롬, 마르크스를 말하다』, 최재봉 옮김, 에코의서재, 2007.
프리단, 베티, 『여성의 신비』, 김행자 옮김, 평민사, 1996.
피오리, 마이클·찰스 세이블, 『생산의 발전과 노동의 변화』, 강석재·이호창 옮김, 중원문화, 2012.
하비, 데이비드, 『도시의 정치경제학』, 초의수 옮김, 한울, 1996.
하용출 엮음, 『한국 가족상의 변화』, 서울대학교출판부, 2001.
한경혜, 「사회적 시간과 한국 남성의 결혼 연령의 역사적 변화: 생애과정 관점과 구술생활사 방법의 연계」, 『한국사회학』, 27(2): 90-115, 1993.
한국사회사연구회 엮음, 『한국사회사연구회 논문집』, 문학과지성사, 1986.
한국사회학회 편, 『(기로에 선) 중산층: 중산층의 몰락과 복원』, 인간사랑, 2008.
한국심리학회 발달심리연구회 엮음, 『뻬아제 연구』, 서울대학교출판부, 1982.
한국형사정책연구원 연구보고서, 『아동 성학대의 실태 및 대책』, 강은영 연구, 2000.
______, 『한국의 범죄 현상과 형사정책』, 한국형사정책연구원. 2014.
한빛나, 『동성애 동거 커플의 '가족 실천'과 의미에 관한 연구』, 이화여자대학교 석사학위논문, 2015.
한상진, 『한국 사회와 관료적 권위주의』, 문학과지성사, 1988.
한수경, 『미디어의 세계화 이론과 모순』, 커뮤니케이션북스, 2015.
함인희, 「1960년대 이후 한국사회 몸의 '식민화' 현상 연구를 위한 탐색」, 함인희 외, 『한국의 일상문화와 몸』, 이화여자대학교출판부, 2006: 17-63쪽.
______, 「가족 사회학 연구의 흐름과 쟁점」, 김혜경 외, 『가족과 친밀성의 사회학』, 다산출판사, 2014.
______, 「배우자 선택과정의 변화」, 『가족과 문화』, 13(20), 2001: 3-28쪽.
______, 「한국가족의 위기, 해체인가 재구조화인가」, 『가족과 문화』, 14(3), 2002: 3-27쪽.
______, 「한국 가족 내 부부간 성관계에 투영된 젠더 격차」, 『여성학논집』, 29(2), 2012a: 175-210쪽.
______, 「사회경제적 위기와 중산층의 품위 하락: 가장의 실직 경험을 중심으로」, 『한국학연구』 43권, 2012b: 531-569쪽.
함인희 외, 『우리 동거할까요?』, 코드, 2002.
해리스, 마빈, 『문화의 수수께끼』, 박종렬 옮김, 한길사, 1982.
혹실드, 앨리, 『감정노동: 노동은 우리의 감정을 어떻게 상품으로 만드는가』, 이가람 옮김, 이매진, 2009.
______, 『(돈 잘 버는 여자) 밥 잘하는 남자』, 백영미 옮김, 아침이슬, 2001.
홀리, 아모스 H. 『인간생태학: 지역공동체 이론』, 홍동식·강대기·민경희 옮김, 일지사, 1995.
홍두승·구해근, 『사회계층·계급론』, 다산출판사, 2001.
홍석경, 『세계화와 디지털 문화 시대의 한류: 풀하우스, 강남스타일, 그리고 그 이후』, 한울, 2013.
홍성태, 『서울에서 서울을 찾는다: 홍성태의 서울 만보기』, 궁리, 2004.
훅스, 벨, 『페미니즘: 주변에서 중심으로』, 윤은진 옮김, 모티브북, 2010.

Adams, Bert, *The Family: A Sociological Interpretation*, 3rd edition, Boston: Houghton Mifflin, 1980.
Allen, Michael, "Managerial Power and Tenure in the Large Corporation", *Social Forces*, 60, 1981.
Apter, Terry, *Working Women Don't Have Wives: Professional Success in the 1990s*, New York: St. Martin's Press, 1994.

Ashton, David, *Unemployment Under Capitalism: The Sociology of British and American Labor-Markets*, London: Wheatsheaf, 1986.

Astrachan, Anthony, *How Men Feel: Their Response to Women's Demands for Equality and Power*, New York: Doubleday Anchor Press, 1986.

Atchley, Robert, *Social Forces and Ageing: An Introduction to Social Gerontology*, Belmont, CA: Wadworth, 2000.

Bahrami, H. and S. Evans, "Recycling and High-Technology Enterpreneurship", *California Management Review*, 22, 1995.

Bailry, John and R. Pillard, "A Genetic Study of Male Sexual Orientation", *Archives of General Psychiatry*, 48, 1991.

Barnet, Richard and John Cavanagh, *Global Dreams: Imperial Corporations and the New World Order*, New York: Simon and Shuster, 1994.

Baudrillard, Jean, *The Gulf War Did Not Take Place*, Power Publications, 2004.

Bauman, Zygmunt, *Liquid Love: on the frailty of human bonds*, Polity, 2003.

Becker, Howard, *Outsiders: studies in the sociology of deviance*, New York: Free Press, 1973.

Bernard, Jessie, "The Paradox of a Happy Marriage" pp.70-92 in Vivian Gornick and Barbara Moran eds. *Women in Sexist Society*, New York: Basic Books, 1971.

Bernstein, Basil, *Class, Codes and Control*, London: Routledge, 1975.

______, *Pedagogy, symbolic control and identity: theory, research, critique*, Lanham, Md.: Rowman and Littlefield Publishers, 2000.

Blanden, Jo, A. Goodman and P. Gregg et al., *Changes in Intergenerational Mobility in Britain*, London: Center for the economics of Education, London School of Economics and Political Science, 2002.

Blankenhorn, David, *Fatherless America*, New York: Basic Books, 1995.

Blau, Peter, *The Dynamics of Bureaucracy*, Chicago University Press, 1963.

_____ and Odley Duncan, *The American Occupational Structure*, New York: Wiley, 1967.

Blauner, Robert, *Alienation and Freedom: Factory Worker and His Industry*, Chicago: The University of Chicago Press, 1964.

Blinder, Allan, "Fear of Off-shoring", *Foreign Affairs*, 85(2): March/April, 2006.

Blumsten, Philip and Pepper Schwartz, *American Couples: Money, Work, Sex*, New York: Pocket, 1983.

Borja, Jordi and M. Castells, *Local and Global: The Management of Cities in the Information Age*, London: Fontana, 1997.

Brooks, David, *The Social Animal: The Hidden Sources of Love, Character, and Achievement*, Random House, 2011.

Bryant, Christopher and David Jary (eds.), *Giddens' theory of structuration: A critical appreciation*, London: Routledge, 1991.

Burchell, Brendan, Day, Hudson, D. Lapido, R. Mankelow, J. Nolan, H. Reed, I. Wichert and F. Wilkinson, *Job Security and Work Intensification: Flexibility and the Changing Boundaries of Work*, York Publishing, 1999.

Burgess, Ernest and Harvey Locke, *The Family: From Institution to Companionship*, New York: American book, 1950.

Burke, Roger Hopkins, *An Introduction to Criminological Theory*, Devon: Willan Publishing, 2005.

Burnham, James, *The Managerial Revolution*, Blumington: Indiana University Press, 1960.

Burns, Tom and G. M. Stalker, *The Management of Innovation*, New York: Oxford University Press, 1994.

Bytheway, Bill, *Ageism*, Open University Press, 1995.

Campbell, Collin, *The Romantic Ethic and the Spirit of Modern Consumerism*, Oxford: Basil Blackwell, 1992.

Campbell, Donald, "Assessing the Impact of Planned Social Change", *Occasional Paper Series*, Paper #8, The Public Affairs Center, Dartmouth College, 1976.

Cancian, Francesca, *Love in America: Self and Gender-Development*, Cambridge: Cambridge University Press, 1987.

Castells, Manuel, *The Urban Question: A Marxist Aapproach*, Alan Sheridan trans. London: Edward Arnold, 1977.

______, *The Rise of the Network Society*, Cambridge, Blackwell Publishers. 2000.

______, *The Internet Galaxy: Reflections on the Internet, Business and Society*, New York: Oxford University Press, 2001.

Chandler, Alfred, *The Visible Hand: The Managerial Revolution in American Business*, Cambridge: Belknap Press, 1977.

Chodorow, Nancy, "The psychodynamics of the family", in Linda Nicholson, *The Second Wave: a Reader in Feminist Theory*, New York: Routledge, 1997: 181-197.

Chomsky, Noam, *Media Control: The Spectacular Achievements of Propaganda*, New York: Seven Stories Press, 1991.

Cicourel, Aron, *The Social Organization of Juvenile Justice*, New York: Wiley, 1968.

Cloward, Richard A. and Lloyd E. Ohlin, *Delinquent and Opportunity: Theory of Delinquent Gangs*, New York: Free Press, 1960.

Cohen, Albert, *Delinquent Boys: the Culture of the Gang*, Glencoe: Free Press, 1955.

Collins, Randall, *Sociology of Marriage and the Family: Gender, Love and Property*, Chicago: Nelson-Hall, 1985.

Coontz, Stephanie, *The Way We Never Were: American Families and the Nostalgia Trap*, New York: Basic Books, 2000.

Cornell, Raewyn, *The Men and The Boys*, Los Angeles: Allen and Unwin, 2001.

______, *Masculinities*, Cambridge: Polity, 2005.

Crompton, Rosemary, *Class and Stratification: An Introduction to Current Debates*, 3rd edition, Cambridge: Polity, 2008.

Crompton, Rosemary and Michael Mann (eds.), *Gender and Stratification*, Cambridge, UK.: Polity Press, 1986.

Curran, James and Jean Seaton, *Power Without Responsibilities: The Press, Broad Casting and New Media in Britain*, London: Routledge, 2003.

Dahrendorf, Ralph, *Life Chances: Approaches to Social and Political Theory*, Chicago: University of Chicago Press, 1979.

Dobson, Andrew and Derek Bell (eds.), *Environmental Citizenship*, MIT Press, 2005.

Dworkin, Richard, *Life's Dominion: An Argument About Abortion, Euthanasia, and Individual Freedom*, New York: Knopf, 1993.

Ekman, Paul and W. Friesen, *Facial Action Coding System*, New York: Consulting Psychologist Press, 1978.

England, Paula and Reuben J. Thomas, "The Decline of the Date and the Rise of the College Hook Up", Arlene Skolnick and Jerome Skolnick, 14th edition *Family in Transition*, Boston: Pearson, 2007: 151-162.

Ferguson, Kathy, *The Feminist Case Against Bureaucracy*, Philadelphia: Temple University Press, 1984.

Fischer, Claude, *The Urban Experience*, New York: Harcourt, 1984.

Florida, Richard. *Cities and the Creative Class*, New York: Routledge, 2005.

Ford, Clellan and Frank. *Patterns of Sexual Behavior*, New York: Harper and Row, 1951.

Francis, Becky. *Boys, Girls and Achievement: Addressing the Classroom Issues*, London: Routledge, 2000.

Friedan, Betty. *Feminine Mistique*, New York: Basic Books, 1963.

Fromm, Erich. *Beyond the Chains of Illusion: My Encounter with Marx and Freud*, Blumberry Publishing, 1962.

Gagnon, John and William Simon, *Social Conduct: The Social Sources of Human Sexuality*, Chicago: Aldine, 1973.

Garfinkel, Harold ed.. *Ethnomethodological Studies of Work*, London, Routledge and Kegan Paul, 1986.

Gerbner, G. "The Mainstreaming of America: Violence Profile No. 11", *Journal of Communication* 30, 1979.

Gillborn, David and Deborah Yondell. "The New IQism: Intelligence, 'Ability' and the Rationing of Education" in J. Demaine ed. *Sociology of Education Today*, London: Palgrave, 2001.

Glantz, Stanton, D. Barnes, L. Bero, P. Hanauer, and J. Slade, "Looking Through a Keyhole at the Tobacco Industry. The Brown and Williamson Documents", *Journal of the American Medical Association*, 274(3):219–24, 1995.

Glaser, Nathan. *We Are All Muticulturalists Now*, Cambridge Mass.: Harvard University Press, 1997.

Glass, David. *Social Mobility in Britain*, London: Routledge, 1954.

Glick, Paul and Arthur Norton. "Marriage, Divorcing and Living Together in the U.S. Today", *Population Bulletin*, 32(5), 1977: 2–39.

Goffman, Erving. *Asylums: Essays on the Social Situation of Mental Patients and Other Inmates,* New York, Doubleday, 1961.

Goldthorpe, John, C. Llewellyn and C. Payne. *Social Mobility and Class Structure in Modern Britain*, Oxford: Clarendon Press, 1980.

Goldthorpe, John, David Lockwood, and Frank Bechhofer. *The Affluent Worker in Class Structure*, Cambridge: Cambridge University Press, 1969.

Goldthorpe, John. "Women and Class Analysis in Defense of the Conventional View", *Sociology*, 17, 1983.

Goleman, Daniel. *Emotional Intelligence: Why It Can Matter More than IQ?*, Bantam Books, 1995.

Goode, William. *World Revolution and Family Patterns*, New York: Free Press, 1963.

______, *The Family*, 2nd edition, Englewood-Cliffs: Prentice-Hall, 1982.

Gould, Stephen. *Dinosaur in a Haystack*, New York: Harmony Books, 1995.

Gorz, Andrea. Paths to Paradise: On the Liberation from Work, London: Pluto Press, 1985.

Granovetter, Mark. "The strength of weak ties", *American Journal of Sociology*, 78(6), 1973: 1360-1380.

Hacstaff, Karla. "Divorce Culture: A Quest for Relational Equality in Marriage", Arlene Skolnick and Jerome Skolnick, *Family in Transition*, 7th edition, Boston MA.: Pearson/Allyn and Bacon, 2007: 188-199.

Hall, Edward. *The Hidden Dimension*, New York: Anchor Books, 1990.

Hall, Stuart, Charles Critcher and Tony Jefferson. *Policing the Crisis: Mugging, the State and Law and Order*, London: Macmillan, 1978.

Halpern, David. *Social Capital*, Cambridge: Polity, 2005.

Heidensohn, Francis. *Women and Crime*, London: Macmillan, 1995.

Held, David etc, *Global Transformation: Politics, Economics and Culture*, Cambridge: Polity, 1999.

Her Majesty's Stationery Office(HMSO), *Social Trends 34*, London: HMSO, 2004.

Hernstein, Richard and Charles Murray, *The Bell Curve: Intelligence and Class Structure in American Life*, New York: Free Press, 1994.

Hertz, Rosanna. *More Equal Than Others: Women and Men in Dual-Career Marriages*, University of California Press, 1988.

High, Steven and David W. Lewis. *Corporate Wasteland: the landscape and memory of de-industrialization*, New York: IRL Press, 2007.

Hirschi, Travis. *Causes of Delinquency*, Berkeley: University of California Press, 1969.

Hochschild, Arlie. *The Managed Heart: Commercialization of Human Feeling*, Berkeley: University of Berkeley Press, 1983.

______, *The Second Shift*, New York: Avon Books, 1989.

______, *The Time Bind: When Work Becomes Home, Home Becomes Work*, New York: Metropolitan Books, 1997.

Hodge, Robert and David Tripp. *Children and Television: A Semiotic Approach*, Cambridge: Polity, 1986.

Hunt, Morton. "Marital Sex" pp. 145-159 Arlene Skolnick and Jerome Skolnick, 3rd edition, *Family in Transition*, Boston: Pearson, 1980.

Jahoda, Marie, P. Lazarsfeld and H. Zeisel. *Marienthal: The Sociology of an Unemployed Community*, London: Tavistock, 1983.

Jensen, Arther. "How Much Can We Boost IQ and Scholastic Achievement?" *Harvard Educational Review*, 29, 1967.

Kelly, Joan. *Women, history & theory: The essays of Joan Kelly*, Chicago: University of Chicago Press, 1984.

Kenter, Rosabeth. *Men and Women of the Corporation*, New York: Basic Books, 1977.

Kraus, Nicole. *The History of Love*, New York: W.W. Norton, 2005.

Krupat, Edward. *People in Cities: The Urban Environment and It's Effects*, Cambridge: Cambridge University Press, 1985.

Lasch, Christopher. *Haven In a Heartless World: The Family Besieged*, New York: W. W. Norton, 1977.

Lemert, Edwin. *Human Deviance, Social Problems and Social Control*, Englewood Cliffs, NJ: Prentice Hall, 1972.

Lin, Jan and Christopher Mele eds.. *The Urban Sociology Reader*, New York: Routledge, 2005.

Lipset, Seymore and Richard Bendix. *Social Mobility in Industrial Society*, Berkeley: University of California Press, 1959.

Logan, John and Harvey Molotch. *Urban Fortunes: The Political Economy of Place*, Berkeley: University of California Press, 1987.

Lorber, Judith. *Paradoxes of Gender*, New Haven: Yale University Press, 1994.

Marshall, Gordon and D. Firth. "Social Mobility and Personal Satisfaction Evidence from Ten Countries" *British Journal of Sociology*, 50, 1999.

Martel, Yann. *Life of Pi*, New York: A harvest Book, 2001.

Matsuura, J. H. "Commercial Tools, Processes and Materials Anticipating the Public Backlash: Public Relations Lessons for Nano-technology from the Biotechnology Experience", *Nanotech*, 2004. 3.

McLuhan, Martial and Quentin Fiore. *The Medium is the Massage: An Inventory of Effects*, Random House, 1967.

McQuail, Denis. *McQuail's Mass Communication Theory*, London: Sage, 2000.

Mead, George H. *Mind, Self, and Society*, The University of Chicago Press, 1934.

Mellander, Charlotta etc, *The Creative Class Goes Global*, New York: Routledge, 2014.

Merton, Robert K. and Robert A. Nisbet eds., *Contemporary Social Problems*, 3rd edition, New York: Harcourt Brace and Jovanovich, 1976.

Meyer, John and Brian Rowan, "Institutionalized Organizations: Formal Structure as Myth and ceremony", *American Journal of Sociology*, 83(2), 1977: 340-363.

Mohammadi, Ali. "Electronic Empires: An Islamic Perspective" in D. K. Thussu edited, *Electronic Empires: Global Media and Local Resistance*, London Arnold, 1998.

Moynihan, Daniel Patrick. "Defining Deviancy Down" *The American Spectator*, 62(1), winter, 1993.

Muncie, John. *Youth and Crime*, London: Sage Publications, 2004.

Murray, Charles. *The Emerging British Underclass*, London: Institute of Economic Affairs, 1990.

Negroponte, Nicholas. *Being Digital*, London: Hodder and Stoughton, 1995.

Newman, Katherine. *Falling from Grace: the Experience of Downward Mobility in the American Middle Class*, New York: Free Press, 1988.

Parsons, Talcott. *Social Structure and Personality*, London: Free Press, 1964.

Perlmutter, Howard. "Toward Research on and Development of Nations, Unions, and Firms as Worldwide Institutions" in H. Gunter ed. *Transnational Industrial Relations*, New York: St Martin's Press, 1972.

Philo, Greg and Mike Berry, *Bad News from Israel*, Glasgow University Media Group, 2004.

Piore, Michael and Charles Sabel. *The Second Industrial Divide: possibilities for prosperity*, New York: Basics, 1984.

Plummer, Kenneth. *Sexual Stigma: An Interactionist Account*, London: Routledge & Kegan Paul, 1975.

Pollak, Otto. *The Criminality of Women*, Philadelphia: University of Pennsylvania Press, 1950.

Pollert, Anna. "Dismantling Flexibility", *Capital and Class*, 34, 1988.

Postman, Neal. *Amusing Ourselves to Death: Public Discourse in the Age of Show Business*, London: Heinemann, 1986.

Putnam, Robert. *Bawling Alone: the Collapse and Revival of American Community*, New York: Simon & Shuster, 2000.

______, ed. *Democracies in Flux: the Evolution of Social Capital in Contemporary Society*, New York: Oxford University Press, 2000.

Richardson, Harry W. and Chang-Hee C. Bae eds., *Globalization and Urban Development*, Berlin:

Springer, 2005.

Robert, Michal. *Sex in America: A Definitive Survey*, Boston: Little Brown, 1994.

Rose, Steven, *Lifelines: Life beyond the Gene*, Oxford: Oxford University Press, 2003.

Rosemary Tong and Nancy Williams, "Feminist Ethics", *Stanford Encyclopedia of Philosophy*. Retrieved 23 April 2010.

Rubin, Lilian. *Worlds of Pain: Life of the Working-class Family*, New York: Basic Books, 1976.

______, *Women of a Certain Age: The Mid-life Search for Self*, New York: Perennial Library, 1979.

______, *Erotic Wars: What Happened to the Sexual Revolution?* New York: Harper Perennial, 1991.

______, *Families on the Fault Line: America's Working Class Speaks about the Family, the Economy, Race, and Ethnicity,* New York: Harper Collins, 1994.

Sassen, Saskia, *The Global City: New York, London, Tokyo*, Princeton: Princeton University Press, 1991.

Savage, Michael, etc. *Property, Bureaucracy and Culture: Middle Class Formation in Contemporary Britain*, London: Routledge, 1992.

Sayers, Janet, *Sexual Contradiction: Psychology, Psychoanalysis and Feminism*, London: Tavistock, 1986.

Seidman, Steven, The Social Construction of the Sexuality, New York: W.W. Norton & Company, 1994.

Sennett, Richard, *The Corrosion of Character: the Personal Consequences of Work in the New Capitalism*, New York: Norton, 1988.

Shanley, Mary, "Trans-racial and Open Adoption: New Forms of Family Relationships", Arlene Skolnick and Jerome Skolnick, 12th edition, *Family in Transition*, Boston: Pearson, 2003: 255-262.

Shorter, Edward, *A History of Women's Bodies*, New York: Basic Books, 1982.

Skolnick, Arlene and Jerome Skolnick, *Family in Transition*, 7th edition, Boston MA.: Pearson/Allyn and Bacon, 2007.

______, *Family in Transition*, 14th edition, Boston MA.: Pearson/Allyn and Bacon, 2014.

Slapper, Gary and Steve Tombs, *Corporate Crime*, Essex: Longman, 1999.

Statham, June, *Daughters and Sons: Experiences of Non Sexist Childraising*, Oxford: Blackwell,

1986.

Stets, Jan and Murray Strauss, "The Marriage License as a Hitting License: A Comparison of Assaults in Dating, Cohabiting and Married Couples", *Journal of Family Violence*, 4(2), 1989: 161–180.

Stone, Lawrence, *The Family, Sex and Marriage in England, 1500–1800*, New York: Harper and Row, 1980.

Sullivan, Andrew, *Virtually Normal: An Argument about Homosexuality*, London: Picador, 1995.

Sutherland, Edwin, *White Collar Crime*, New York: Holt, Reinhard & Winston, 1949.

Svallfors, Stefan ed., *Analyzing Inequality: Life Chances and Social Mobility in Comparative Perspective*, Stanford University Press, 2005.

Tan, Amy, *The Joy Luck Club*, New York: Ivy Books, 1989.

Taylor, Ian·Paul Walton·Jock Young, *The New Criminology for A Social Theory of Deviance*, London: Routledge & Kegan Paul, 1973.

Theodore, Lidz, *The Person, His and Her Development Throughout the Life Cycle*, New York: Basic Books, 1976.

Thorne, Barry, *Gender Play: Girls and Boys in School*, Rutgers University Press, 1983.

Tong, Rosemary, *Feminist Thought: a More Comprehensive Introduction*, 4th edition, Boulder: Westview Press, 2014.

Traister, Rebecca, *All the Single Ladies: Unmarried Women and the Rise of an Independent Nation*, New York: Simon & Schuster, 2016.

Turkel, Sherry, *Alone Together: Why We Expect More from Technology and Less from Each Other*, New York: Basic Books, 2011.

Union of International Associations, *Yearbook of International Organizations*, 2009/2010.

Vaillent, George, *Ageing Well: Surprising Guideposts to a Happier Life from the Landmark*, New York: Little Brown & Company, 2002.

Wallerstein, Immanuel, *The Modern World System: Capitalist Agriculture and the Orgins of the European World Economy in the Sixteenth Century*, New York: Academic Press, 1974.

______, *Capitalist World Economy*, Cambridge University Press, 1979.

______, *World System Analysis: Theory and Methodology*, Biverly Hills: Sage, 1982.

Weitzman, Lenore, "Sexual Socialization in Picture Books for Preschool Children", *American Journal of Sociology*, 77, 1972.

Western, Bruce, *Between Class and Market: Postwar Unionization in the Capitalist Democracies*,

Princeton: Princeton University Press, 1997.

Westergaard, John, *Who Gets What? The Hardening of Class Inequality in the Late Twentieth Century*, Cambridge Polity, 1995.

White, James and david Klein. *Family Theories*, 3rd edition, Los Angeles: Sage, 2008.

Williams, Raymond. *Key Words: A Vocabulary of Culture and Society*, London: Fontana Paperbacks, 1987.

Wilson, William. *The Declining Significance of Race: Blacks and Changing American Institution*, Chicago: University of Chicago Press, 1978.

Wood, Julia. *Gendered Lives: communication, gender and culture*, 7th edition, Belmont, CA: Thomson/Wadsworth, 2007.

Wrong, Dennis. "The Oversocialized Conception of Man in Modern Sociology", *American Sociological Review*, 26(2), 1961: 183-193.

Zerubavel, Eviatar. *Patterns of Time in Hospital Life*, Chicago: University of Chicago Press, 1979.

《경향신문》, 2014년 10월 21일자.

《동아일보》, 2006년 3월 30일자.

《동아일보》, 2016년 4월 7일자 24면.

《조선일보》, 2015년 2월 7일자 사설.

《씨네 21》, 2013년 11월 12일자 〈김진혁의 디스토피아로부터〉.

《시사IN》, 2013년 4월 5일자.

『네이버 지식백과』(두산백과).

『네이버 지식백과』(시사상식사전, 박문각).

『네이버 지식백과』(한국민족문화대백과, 한국학중앙연구원).

브리태니커 사전.

https://namu.wiki/

http://www.edaily.co.kr/news/NewsRead.edy

통계청, 『범죄분석』, 대전: 통계청.

통계청, 『인구 총조사』, 대전: 통계청.

OECD Labour Force Statistics Publication(2017).

United Nations, *Transnational Corporation*, 연속간행물.

찾아보기

[ㄴ]

[ㄷ]

[ㅂ]

[ㅅ]

[ㅈ]

[ㅊ]

[ㅋ]

인간 행위와 사회구조

펴낸날 1판 1쇄 2018년 3월 5일
2쇄 2023년 3월 24일
지은이 함인희
펴낸이 주소현
펴낸곳 이화여자대학교출판문화원
주소 서울특별시 서대문구 이화여대길 52 (우03760)
등록 1954년 7월 6일 제9-61호
전화 02) 3277-2966 (편집), 362-6076 (마케팅)
팩스 02) 312-4312
전자우편 press@ewha.ac.kr
홈페이지 www.ewhapress.com
책임편집 양지하

ISBN 979-11-5890-255-1 93300
값 28,000원

이 도서의 국립중앙도서관 출판예정도서목록(CIP)은 서지정보유통지원시스템 홈페이지(http://seoji.nl.go.kr)와 국가자료공동목록시스템(http://www.nl.go.kr/kolisnet)에서 이용하실 수 있습니다. (CIP제어번호: 2018005607)